Socioestadística
Introducción a la estadística en sociología

Alianza Universidad Textos

Manuel García Ferrando

Socioestadística
Introducción a la estadística en sociología

Alianza
Editorial

Primera edición en «Alianza Universidad Textos»: 1985
Segunda edición en «Alianza Universidad Textos»: 1994 (octubre)
Primera reimpresión en «Alianza Universidad Textos»: 1994 (diciembre)
Segunda reimpresión en «Alianza Universidad Textos»: 1995

A José Juan y Rafael

Reservados todos los derechos. De conformidad con lo dispuesto en el art. 534-bis del Código Penal vigente, podrán ser castigados con penas de multa y privación de libertad quienes reprodujeren o plagiaren, en todo o en parte, una obra literaria, artística o científica fijada en cualquier tipo de soporte sin la preceptiva autorización.

© Manuel García Ferrando
© Alianza Editorial, S. A., Madrid, 1985, 1987, 1988, 1989, 1992, 1994, 1995
 Calle Juan Ignacio Luca de Tena, 15, 28027 Madrid; teléf. 393 88 88
 ISBN: 84-206-8096-6
 Depósito legal: M. 31.918-1995
 Impreso en LERKO PRINT, S. A. Paseo de la Castellana, 121. 28046 Madrid
 Printed in Spain

ÍNDICE

Nota introductoria a la segunda edición … 17

Introducción … 19

Capítulo 1. *El análisis estadístico de los datos sociológicos*

1.1. Introducción … 23
1.2. Notas históricas sobre los métodos estadísticos … 24
1.3. Funciones de la estadística: Estadística descriptiva y estadística inferencial … 26
1.4. Relaciones entre la estadística y la sociología: Conceptos básicos … 29
1.5. Teoría, estadística y medición de variables … 33
    1.5.1. Medidas nominales … 35
    1.5.2. Medidas ordinales … 37
    1.5.3. Medidas de intervalo … 38
    1.5.4. Medidas de cociente o proporción … 40
    1.5.5. Tipos de variables … 40

Bibliografía … 43

Capítulo 2. *Estadística descriptiva univariable: La lógica del análisis comparativo*

2.1. Importancia del análisis comparativo en la sociología … 45
2.2. Tipos de comparación … 47
    2.2.1. Comparaciones entre grupos … 48
    2.2.2. Comparación entre un grupo y un individuo … 48
    2.2.3. Comparación entre el resultado de un estudio y un resultado estándar … 49

2.3. Operaciones básicas de comparación ... 49
    2.3.1. La organización de los datos ... 50
    2.3.2. Distribuciones ... 53
        2.3.2.1. Distribución de frecuencias ... 53
        2.3.2.2. Distribución porcentual ... 57
        2.3.2.3. Distribución acumulada ... 59
    2.3.3. Percentiles ... 60
    2.3.4. Razón ... 62

2.4. Técnicas básicas de representación gráfica ... 64
    2.4.1. Histogramas ... 64
    2.4.2. Polígonos ... 67
    2.4.3. Ojivas ... 68
    2.4.4. Líneas de grafos ... 71

2.5. Otras técnicas de representación gráfica ... 72

2.6. Terminología ... 79

Ejercicios ... 80

Bibliografía ... 83

CAPÍTULO 3. *Características de una distribución de frecuencias: Tendencia central, dispersión y forma. La distribución normal*

3.1. Características de una distribución univariable ... 85

3.2. Posición de una distribución: Medidas de tendencia central ... 88
    3.2.1. Moda ... 88
    3.2.2. Mediana ... 90
    3.2.3. Media aritmética ... 92
    3.2.4. Tipos especiales de medias ... 96
    3.2.5. Relación y comparación entre los índices de tendencia central ... 97

3.3. Variación o dispersión de una distribución ... 99
    3.3.1. Recorrido ... 100
    3.3.2. Desviación media ... 101
    3.3.3. Desviación típica y varianza ... 102
        3.3.3.1. Puntuaciones normalizadas y referencias tipificadas ... 106

3.4. Forma de una distribución ... 107
    3.4.1. Características de la forma de una distribución: Asimetría y apuntamiento ... 107
    3.4.2. Medidas de la forma de una distribución: Momentos. 110

3.5. La distribución normal ... 113
    3.5.1. La curva normal ... 114

3.6. Terminología ... 116

Ejercicios ... 117

Bibliografía ... 118

CAPÍTULO 4. *Estadística inferencial: Probabilidades y tipos de muestreo*

4.1. Introducción a la estadística inferencial ... 119

4.2. Probabilidad: Nociones básicas y definición ... 121
    4.2.1. Propiedades matemáticas de las probabilidades ... 122
    4.2.2. Combinatoria y probabilidad ... 129
        4.2.2.1. Variaciones y permutaciones ... 129
        4.2.2.2. Combinaciones ... 131

4.3. Aspectos generales del muestreo en la investigación sociológica. 132
    4.3.1. Tipos de muestreo ... 134
    4.3.2. Muestreo aleatorio simple ... 135
    4.3.3. Estimadores y errores de muestreo ... 138
    4.3.4. Determinación del tamaño de la muestra ... 140
    4.3.5. Otros tipos de muestreo probabilístico ... 145
    4.3.6. Muestreo no probabilístico ... 149

4.4. Terminología ... 151

Ejercicios ... 152

Bibliografía ... 154

CAPÍTULO 5. *El empleo de las pruebas de decisión estadística en la investigación social. Distribuciones muestrales*

5.1. Introducción ... 155

5.2. El uso de las pruebas de decisión estadística en la investigación ... 157
    5.2.1. Formulación de las hipótesis estadísticas ... 158
    5.2.2. Elección de una prueba estadística ... 159
    5.2.3. El nivel de significación y el tamaño de la muestra ... 159
    5.2.4. La distribución muestral ... 164
        5.2.4.1. El teorema del límite central ... 166
        5.2.4.2. Tendencia central, variabilidad y forma de una distribución muestral ... 168
    5.2.5. La región de rechazo: Pruebas unilaterales y pruebas bilaterales ... 169

5.3. Elección de una prueba de decisión estadística apropiada ... 171

5.4. Terminología ... 173

Bibliografía ... 174

CAPÍTULO 6. *Pruebas de decisión estadística para el caso de una sola muestra*

6.1. Introducción ... 175

6.2. La distribución binomial. La prueba binomial ... 176
    6.2.1. Ejemplo del uso de la prueba binomial ... 180

6.3. La prueba de chi-cuadrado (χ^2) para una sola muestra ... 183
    6.3.1. Ejemplo del uso de la prueba de χ^2 ... 185

6.4. Distribuciones muestrales de las medias ... 187
    6.4.1. Prueba para la media de una población, cuando se conoce la desviación típica σ ... 188
    6.4.2. La distribución t de Student ... 191

6.5. Estimación puntual y por intervalo de parámetros ... 194
    6.5.1. Estimación de proporciones. Intervalos de confianza ... 196
    6.5.2. Estimación de medias ... 200
    6.5.3. Determinación del tamaño de la muestra ... 201

6.6. Terminología ... 202

Ejercicios ... 202

Bibliografía ... 204

CAPÍTULO 7. *Estadística descriptiva bivariable*: *Características de una asociación bivariable*

7.1. Distribuciones bivariables: Un ejemplo ... 205

7.2. Presentación y análisis de una tabla bivariable ... 209
    7.2.a. Cálculo de los porcentajes en una tabla ... 210
    7.2.b. Distribuciones condicionales más complejas ... 215

7.3. Características de una asociación de dos variables ... 217

7.4. La obtención de medidas de asociación: Independencia estadística y asociación perfecta ... 222
    7.4.1. Medidas simétricas y asimétricas de asociación ... 228

7.5. Terminología ... 229

Ejercicios ... 229

Bibliografía ... 232

CAPÍTULO 8. *Medidas de asociación para variables nominales y ordinales*

8.1. Medidas de asociación basadas en el criterio de «reducción proporcional de error» (RPE) ... 233

8.2. Medidas de asociación para variables nominales ... 236
    8.2.1. El coeficiente *Lambda* ... 236
    8.2.2. El coeficiente *Tau-y* de Goodman y Kruskal ... 241

8.3. Medidas de asociación para variables ordinales ... 244
    8.3.1. Tipos y cálculo de pares ... 245
    8.3.2. Coeficiente *Tau-a* de Kendall ... 250
    8.3.3. Coeficiente *Gamma* de Goodman y Kruskal ... 250
    8.3.4. Coeficiente *d* de Somers ... 251
    8.3.5. Coeficiente *tau-b* de Kendall ... 251
    8.3.6. Coeficiente *rho* de Spearman ... 253

8.4. La matriz de asociaciones ... 255

8.6. Terminología ... 257

Ejercicios ... 257

Bibliografía ... 260

CAPÍTULO 9. *Medidas de asociación para variables de intervalo: Regresión y correlación*

9.1. Planteamiento general ... 261

9.2. Ecuaciones de regresión lineal ... 262
    9.2.1. Relación entre dos variables estadísticas: Ecuación de una recta ... 263
    9.2.2. La ecuación de regresión y el ajuste por mínimos cuadrados ... 265

9.3. Correlación. Coeficiente r de correlación de Pearson ... 272
    9.3.1. Interpretación del coeficiente de correlación ... 278
    9.3.2. Correlación y regresión con valores típicos z ... 280

9.4. La matriz de correlaciones ... 281

9.5. Consideraciones finales sobre la selección e interpretación de las medidas de asociación ... 282

9.6. Terminología ... 284

Ejercicios ... 284

Bibliografía ... 286

CAPÍTULO 10. *Pruebas de decisión para el caso de dos muestras*

10.1. La prueba de la diferencia entre dos medias ... 287

10.2. La prueba de la diferencia entre dos proporciones ... 292

10.3. La prueba de chi-cuadrado para dos muestras ... 294
    10.3.1. La prueba de chi-cuadrado para K muestras ... 298

10.4. Pruebas de la hipótesis de asociación ... 300
    10.4.1. El coeficiente de contingencia C ... 301
    10.4.2. La prueba para el coeficiente *rho* de Spearman ... 304
    10.4.3. La prueba para el coeficiente *gamma* ... 305
    10.4.4. La prueba para el coeficiente *tau* ... 306

10.5. Terminología ... 307

Ejercicios ... 307

Bibliografía ... 309

CAPÍTULO 11. *El análisis de varianza*

11.1. Introducción ... 311

11.2. El análisis de varianza con un solo factor ... 311

11.3. Otros tipos de análisis de varianza ... 319

11.4. Pruebas de decisión estadística para el caso de la correlación y regresión simples ... 320
    11.4.1. Regresión y correlación curvilínea ... 325

11.5. El análisis de varianza para variables no paramétricas ... 327
    11.5.1. El análisis de varianza por rangos de Kruskal-Wallis. 327
    11.5.2. La prueba de Friedman para el análisis de varianza con dos factores ... 329

11.6. Terminología ... 331

Ejercicios ... 332

Bibliografía ... 333

CAPÍTULO 12. *Estadística descriptiva III: Tres o más variables*

12.1. Elaboración de la relación entre dos variables ... 335

12.2. La interpretación de las relaciones estadísticas: Un ejemplo de elaboración ... 336

12.3. La fórmula de recuento de Lazarsfeld ... 339
    12.3.1. El papel de la teoría en la elaboración de relaciones entre variables ... 341

12.4. Modelos de elaboración ... 343
    12.4.1. La especificación de una relación entre dos variables. 343
    12.4.2. La explicación de una relación entre dos variables ... 345
    12.4.3. La interpretación de una relación entre dos variables: Ejemplo de una secuencia causal ... 348
    12.4.4. Variables supresoras y variables transformadoras. 353

12.5. Modelos con variables a distintos niveles de análisis ... 356
    12.5.1. Análisis estructural ... 357
    12.5.2. Análisis contextual ... 358

12.5.3. Falacias que surgen en el manejo de modelos con diferentes niveles de análisis 361

12.6. Coeficientes de correlación parcial 363
    12.6.1. Utilización de la correlación parcial 350

12.7. Terminología 367

Ejercicios 368

Bibliografía 370

CAPÍTULO 13. *Más allá de la elaboración de variables: El análisis multivariable*

13.1. El análisis multivariable en la investigación sociológica ... 374

13.2. Definición de análisis multivariable 375

13.3. Nociones algebraicas elementales en las técnicas multivariables 378

13.4. Clasificación de las técnicas de análisis multivariable 381

13.5. Breve panorama descriptivo de las técnicas multivariables. 385
    13.5.1. Técnicas basadas en la dependencia entre las variables 385
    13.5.2. Técnicas basadas en la interdependencia de las variables 388
    13.5.3. Técnicas basadas en la semejanza entre objetos ... 391

13.6. Terminología 393

Bibliografía 394

CAPÍTULO 14. *Regresión y correlación múltiples. El análisis de camino (path analysis)*

14.1. Planteamiento general 395

14.2. Introducción a la regresión múltiple: Supuestos básicos ... 396
    14.2.1. Regresión múltiple y mínimos cuadrados 398

14.2.2. Coeficientes de regresión parcial y coeficiente *beta*. 400
    14.2.2.1. Ejemplo de cálculo del coeficiente *beta*. 403
14.2.3. Regresión múltiple utilizando coeficientes no tipificados ... 404
    14.2.3.1. Ejemplo de cálculo de coeficientes de regresión parcial ... 405

14.3. Correlación múltiple ... 405
    14.3.1. Ejemplo de cálculo del coeficiente de correlación múltiple ... 407

14.4. Inferencia estadística en los problemas de regresión ... 408

14.5. Uso de variables ficticias *(dummy variables)* en la regresión múltiple ... 410

14.6. Regresión múltiple escalonada *(step-wise)* ... 411
    14.6.1. Ejemplo de regresión múltiple escalonada ... 412

14.7. Análisis de camino *(path analysis)* ... 413
    14.7.1. Ejemplo de análisis de camino en la verificación de una teoría sociológica ... 418
    14.7.2. Ejemplo de análisis de camino en un estudio de sociología electoral ... 420

14.8. Terminología ... 424

Ejercicios ... 425

Bibliografía ... 429

Capítulo 15. *El análisis espacial en sociología*

15.1. Introducción: Conceptos generales ... 431

15.2. Análisis factorial ... 434
    15.2.1. Introducción al análisis factorial por medio de un ejemplo hipotético ... 435
    15.2.2. Fundamentos teóricos ... 437
    15.2.3. Tipos de análisis factorial ... 441
    15.2.4. Un ejemplo de aplicación del análisis factorial en el estudio de actitudes políticas ... 443
    15.2.5. Otras aplicaciones del análisis factorial ... 447

15.3. Análisis de conglomerados 451

15.4. Análisis de segmentación 455

15.5. El escalamiento multidimensional 458

15.6. Terminología 463

Ejercicios 463

Bibliografía 467

APÉNDICE I. TABLAS ESTADÍSTICAS............................. 469

APÉNDICE II. SOLUCIÓN DE LOS PROBLEMAS................. 481

BIBLIOGRAFÍA... 547

INDICE DE MATERIAS.. 553

NOTA INTRODUCTORIA A LA SEGUNDA EDICION

El hecho, ciertamente grato para el autor, de haberse agotado cuatro reimpresiones de *Socioestadística* en Alianza Editorial, ha planteado la conveniencia de preparar una nueva edición que añadiese alguna novedad a las reimpresiones precedentes. La idea de recoger la importante bibliografía publicada en la década transcurrida desde su primera edición parecía en principio atractiva, pero después de considerar que no se había producido aportaciones realmente sustanciales al campo introductorio de la estadística aplicada a la investigación social, decidí que el libro saliese de nuevo con la bibliografía original datada, eso sí, con la fecha en que se escribió.

Sin embargo, la idea que me habían sugerido repetidas veces algunos colegas de ofrecer la solución de los problemas que se habían incorporado al final de cada capítulo a partir de la reimpresión de 1984, sí me pareció que podía mejorar el carácter didáctico del presente libro de texto. Animado por Margarita Latiesa, catedrática de Sociología, recopilé todas las fichas que conservaba con las soluciones de los problemas y se las entregué a Jaime Andreu, Angel Rodríguez y Manuel Vela, que comparten con la profesora Latiesa la enseñanza de la materia de Estadística aplicada a las Ciencias Sociales en la Facultad de Ciencias Políticas y Sociología de la Universidad de Granada. Gracias al trabajo de este joven pero experimentado grupo de profesores, que como es natural agradezco profundamente, se han elaborado soluciones sencillas y elegantes, y espero que didácticas, a los referidos problemas, lo que ha permitido preparar un nuevo apéndice que recoge el enunciado y las soluciones de los problemas que se incluyen al final de cada capítulo.

Espero que esta nueva edición de *Socioestadística* continúe contribuyendo a mejorar la formación estadística y metodológica de los estudiantes de Sociología y de otras ciencias sociales, y se siga utilizando como manual introductorio pero básico de consulta para la investigación social empírica.

INTRODUCCION

> «La estadística expresa cierto estado del alma colectiva.»
>
> (E. DURKHEIM, *Las reglas del método sociológico*, 1972, e. o. 1895, pág. 38.)

La enseñanza de la estadística a los estudiantes de sociología ha venido tropezando desde sus inicios con no pocas dificultades, no sólo en la universidad española, sino también en otros países que han logrado institucionalizar un programa de estudios sociológicos universitario. La falta de una preparación suficiente en estadística matemática por parte de muchos de los alumnos que aspiran a graduarse en una Facultad de Sociología y, en no pocas ocasiones, la difusión de una cierta actitud preventiva hacia los «tecnicismos» y la «cuantificación» en sociología, han impedido en cierto modo que la estadística se estudie en igualdad de condiciones académicas con otras materias sociológicas de tipo teórico o sustantivo.

Con todo, considero que existe en la actualidad un amplio consenso entre los profesionales de la sociología en aceptar el papel crucial que juega el análisis estadístico en la investigación empírica social, máxime en unos momentos en que los bancos de datos sociales y el uso generalizado del ordenador han provocado una transformación profunda en la forma de entender y ejercer el oficio de sociólogo.

De mi doble experiencia como profesor universitario de sociología e investigador social, he sacado la conclusión de que era necesario contar en nuestra universidad con un texto introductorio de estadística para sociólogos que, sin entretenerse excesivamente en la derivación de fórmulas matemáticas, ofreciese una visión rigurosa y amplia del uso actual del análisis estadístico en la investigación social. Y a este propósito responde la preparación de la presente *Socioestadística*.

Se trata de un libro que pretende recoger los conocimientos mínimos e imprescindibles que deben poseer los estudiantes y los estudiosos de sociología para poder entender e iniciarse en el trabajo empírico que se realiza en la actualidad en nuestra disciplina. No se trata de un recetario ni tampoco de un formulario que presenta, una tras otra, las expresiones estadísticas vulgarizadas de mayor uso. Por el contrario, el libro está compuesto por una serie conexa de 15 capítulos en los que se van introduciendo, paulatina y lógicamente, los fundamentos de la estadística, descriptiva e inferencial, tal como se utiliza ampliamente en la investigación sociológica.

De ahí, pues, el nombre de *Socioestadística* que le he dado al libro. Con esta expresión trato, sencilla y directamente, de expresar que los conceptos y expresiones estadísticos que aquí se estudian son los de mayor uso en sociología, presentados a través de ejemplos extraídos en su mayor parte de la investigación sociológica realizada en nuestro contexto académico y profesional.

Por supuesto, con este libro no se pretende simplificar algo que es, evidentemente, complejo por sí mismo, como es el análisis estadístico moderno. Más bien, he tratado de presentar, de la forma más clara posible y a un nivel introductorio, unos conceptos, unos métodos y unas técnicas de trabajo que son absolutamente necesarios para el trabajo científico en sociología. Y todo ello utilizando una presentación verbal de los conceptos, rehuyendo, en la medida de lo posible, las derivaciones matemáticas, mediante la utilización de un lenguaje científico claro, inteligible y actualizado de nuestro idioma castellano. En el texto, cuando utilizo un término en castellano para expresar un vocablo estadístico que suele expresarse habitualmente en inglés, pongo a continuación, entre paréntesis, la expresión original inglesa para evitar confusiones. Ahora bien, creo que debemos esforzarnos todos en utilizar correctamente el castellano en nuestra disciplina, máxime cuando existen vocablos que recogen correctamente el significado de las expresiones originales inglesas. De ahí el esfuerzo que se ha realizado en el presente texto por actualizar al castellano el lenguaje estadístico, que en su origen, y mayoritariamente, es inglés.

Como he dicho antes, el libro consta de 15 capítulos que presentan un panorama del análisis estadístico en su creciente complejidad. Comenzando por el análisis estadístico univariable y la lógica de la comparación, se llega al estudio en los últimos capítulos del análisis multivariable más complejo, dedicando los capítulos intermedios al estudio asociativo y correlacional entre dos variables. Además, tanto en el estudio del análisis estadístico para una, dos o más variables, en primer lugar se presentan los conceptos y técnicas desde la perspectiva de la estadística descriptiva, para pasar a continuación a estudiarlos desde la perspectiva de la estadística inferencial. De este modo he tratado de lograr una continuidad en el estudio de la estadística, poniendo en relación las técnicas más complejas con las más sencillas; de ahí que resulte conveniente, cuando se utilice el libro en un curso introductorio, seguir el orden numérico de los capítulos.

Para terminar, unas obligadas y sentidas notas de agradecimiento. Este libro no lo hubiera podido preparar en su versión original sin la ayuda recibida del Centro de Investigaciones Sociológicas, y de forma particular del que era entonces su director, Rafael López Pintor. En el CIS disfruté a principios de los años 80 de los medios materiales necesarios para llevar adelante mi trabajo, y de mis compañeros de entonces del CIS, Rosa Conde, José Ignacio Wert, Ubaldo Martínez Lázaro, Manuel Justel y Ludgerio Espinosa, recibí comentarios y sugerencias que me fueron de gran utilidad. Eduardo López-Aranguren y Pedro González Blasco, colegas del departamento de Sociología de la UNAM, leyeron con detenimiento todos los capítulos y aportaron oportunos comentarios. También recibí valiosos apoyos del resto de mis compañeros del departamento de Sociología de la UNAM, sobre todo de su director, José Juan Toharia. La transcripción mecanográfica del texto fue tarea de Carmen García Rubio, que realizó su trabajo con esmero y con ánimo de colaboración, lo que sirvió para paliar no pocos errores que se deslizaron al redactar el primer borrador del libro.

Agotada la primera edición del libro, el CIS preparó en 1984 una segunda edición, para lo que fue muy útil el apoyo prestado por Natalia Rodríguez-Salmones, responsable de publicaciones del CIS. A esta edición pude incorporar observaciones y correcciones que realizaron mis compañeros de la Facultad de CC. Políticas y Sociología de la Universidad Complutense, M.ª José Mateo, Margarita Latiesa, Rafael Alcaide, Ramón Blein, Angel Carrión, Modesto Escobar, Manuel Justel y José Javier Sánchez Carrión, con los que he compartido la enseñanza de la asignatura «Estadística Aplicada a las Ciencias Sociales», durante el curso 1983-84.

Espero que esta edición del libro que ahora aparece en Alianza Editorial tenga la misma acogida que las anteriores, y que la utilización del libro en las aulas de clase y en los gabinetes de estudio responda a los objetivos para los que ha sido preparado. Y para terminar, de nuevo mi gratitud al CIS que ha dado a Alianza Editorial todo tipo de facilidades para la realización de esta edición.

Capítulo 1
EL ANALISIS ESTADISTICO DE LOS DATOS SOCIOLOGICOS

1.1. Introducción

La estadística, en términos amplios y generales, puede considerarse como la ciencia de las regularidades que se observan en conjuntos de fenómenos naturales. Puede considerarse a la estadística también como la colección de métodos científicos que permiten el análisis e interpretación de la información numérica. El campo de la estadística tiene aplicaciones cada vez más amplias en una diversidad de disciplinas, desde la ingeniería a la zoología, desde la sociología a la economía de la empresa. Con todo, esta joven disciplina, en plena expansión, no es popular ni entre los estudiantes de ciencias humanas y sociales ni entre muchos profesionales de tales ciencias. La imagen de la estadística como una rama de las matemáticas, que sirve para manipular números y que es de difícil comprensión, por su carácter abstracto, va acompañada, sin embargo, de otra imagen, un tanto contradictoria con la primera, que hace de la estadística una especie de instrumento mágico que permite que los estudios o investigaciones con un regular aparato estadístico sean o aparezcan más «científicos». Quizá porque muchas personas tienen una actitud previa claramente temerosa hacia las matemáticas y todo aquello que signifique cuantificación, el estudio de la estadística como asignatura básica en los programas de ciencias sociales no suele ser bien recibido.

Este síndrome de actitudes e imágenes poco favorables hacia la estadística se produce en un contexto social en el que la información cuantitativa invade los aspectos más íntimos de la vida cotidiana. Vivimos inmersos en un mar de cifras, sobre los temas más diversos: paro, divorcio, natalidad, enfermedades, gasto público, salario mínimo, inflación, etcétera. De ahí que cada vez sea más necesario para el estudiante y estudioso de las ciencias humanas y sociales poseer unos conocimientos básicos y rigurosos sobre el contenido y alcance de la estadística, que le permitan comprender y evaluar apropiadamente esa realidad social que se presenta abrumadoramente cuantificada. Pero antes de pasar a estudiar tales conceptos básicos se hace preciso que realicemos unas consideraciones iniciales de carácter histórico, que nos ayuden a situar la estadística con la perspectiva suficiente en el marco del desarrollo científico contemporáneo. Sólo así, quizá, podemos entender el alcance y las limitaciones de los métodos estadísticos para el trabajo e investigación en las ciencias humanas y sociales.

1.2. Notas históricas sobre los métodos estadísticos

No se puede situar con precisión el origen histórico de la estadística, y ello es así porque, como señala acertadamente Kendall (1978, pág. 1093), en la corriente de conocimientos que constituyen en la actualidad el amplio campo de la estadística teórica, confluyen diversas aportaciones que han formado, a lo largo de los dos últimos siglos, lo que es hoy la disciplina. Los conceptos de la probabilidad surgen de los juegos de azar; la necesidad de reclutar soldados y obtener dinero para financiar la guerra lleva a los gobiernos a obtener sistemáticamente datos estadísticos; los seguros marítimos se originan como reacción ante la acción imprevisible de la piratería en el Mediterráneo; los estudios estadísticos sobre la mortalidad son provocados por las plagas, que tantas vidas se cobran en Europa a lo largo del siglo XVII; los astrónomos contribuyeron con la teoría de errores; la teoría de la correlación se origina en los estudios biológicos, como será la agronomía la que propicie la teoría del diseño experimental; la teoría de las series temporales surge de los estudios de series de datos en economía y meteorología. Finalmente, la psicología y la sociología también contribuyen al desarrollo contemporáneo de la estadística, por medio de la teoría del análisis de componentes y de la teoría del chi-cuadrado, respectivamente.

Pero, a pesar del amplio desarrollo que tiene en la actualidad la estadística, no será hasta alrededor de 1850 cuando la palabra «estadística» comience a utilizarse en el sentido amplio que tiene ahora. La primera vez que aparece impresa la palabra «estadística» es en un libro editado en Londres en 1770. Aparentemente, proviene del latín *status* o estado. En sus orígenes, el concepto de «estadística» aparece ligado con la actividad gubernamental, y el término «estadístico», con el de estadista o político. Y es que, en efecto, el primer y principal uso de las estadísticas fue realizado por los gobernantes, que deseaban conocer la extensión de sus dominios, la población residente en ellos y la cantidad de impuestos que podían esperar obtener de dicha población. Ahora se continúa utilizando el término «población» en estadística, pero para referirse de una forma genérica al conjunto de unidades individuales o elementos —sean o no seres humanos— en un grupo, clase o categoría que se estén estudiando.

En la actualidad, la teoría de la estadística va unida en buena medida a la teoría de las probabilidades, pero durante mucho tiempo esto no fue así. Los jugadores de dados, naipes y otros juegos de azar en la antigua Grecia y Roma ya habían observado las regularidades que se presentan al lanzar repetidas veces, por ejemplo, un dado. Más tarde se descubrieron regularidades en otros campos. La astronomía fue la primera ciencia en desarrollar la idea de las regularidades en la medición de los fenómenos. Galileo (1564-1642) realizó importantes contribuciones a las leyes de la probabilidad, como lo hicieron Pascal (1623-1662) y Fermat (1601-1665), y, ya en el siglo XVIII, Simpson descubrió la distribución continua, mientras que, a finales de siglo, Laplace y Gauss descubrieron la más importante de las distribuciones: la distribución normal.

Este retraso en la formulación matemática de las regularidades de los sucesos, que habían sido detectadas desde hacía tanto tiempo, se explica entre los modernos historiadores de la estadística (Kendall, 1978; Kruskal, 1978; Lazarsfeld, 1961) por las ideas religiosas y filosóficas imperantes hasta el período renacentista en el mundo occidental. Desde la óptica cristiana, como antes desde la óptica pagana, cada cosa ocurría por voluntad divina y, en tal sentido, no había azar; resultaba, pues, impío o irreverente suponer que los fenómenos obedecían a leyes de probabilidad. Por todo ello, hasta que Europa no superó la teología y filosofía medievales no fue posible desarrollar el cálculo de las probabilidades.

Otro paso importante lo dieron Quetelet y otros cuando introdujeron el concepto de que el mundo viviente, y no sólo el mundo inorgánico de los dados, naipes o estrellas, también ofrecía distribuciones de frecuencia. Desde finales del siglo XIX comienzan a descubrirse regularidades en disciplinas tan diversas como la genética, biología, meteorología, economía, psicología, sociología e incluso en las artes. Los conceptos de distribución de frecuencias y de distribución de probabilidades se utilizan ya intercambiablemente, al confluir definitivamente la teoría clásica de la probabilidad y la estadística como teoría de la información numérica.

Por otro lado, conviene señalar el papel tan fundamental que han jugado la demografía y las compañías de seguros en el desarrollo de la estadística. En la segunda mitad del siglo XVIII comienzan a recogerse en algunos países los primeros censos de población. En España, el primer censo de población se refiere al año 1860. El esfuerzo que supone obtener una información censal, y el carácter periódico que los censos pronto adquieren, significaron un magnífico impulso para crear una importante infraestructura administrativa y burocrática de índole estadística. Además, la extensión de los seguros de vida y la necesidad de construir tablas de esperanza de vida convirtieron a aquellos en una actividad científica exacta.

El período que transcurre desde la última década del siglo XIX hasta el comienzo de la Segunda Guerra Mundial significa el definitivo desarrollo y consolidación de la teoría estadística. Galton, Pearson, Yule y, más tarde, Fisher propician un gran despliegue de la estadística en el campo de la ciencia. La curiosidad científica y la fe en el progreso humano conducen a muchos científicos, matemáticos y estadísticos a buscar regularidades en la vida humana y social. La ciencia estadística era, para aquellos ilusionados y curiosos prohombres, un nuevo y excitante instrumento para la exploración del mundo viviente; de este modo, las ciencias de la conducta comenzaron a dar signos de que sus estructuras admitían el análisis matemático.

Es así como se desarrolla el estudio de las relaciones entre variables, y se introducen los conceptos de asociación, contingencia, correlación y regresión, primero en el campo de la biología y, después, en el resto de las ciencias. Con el desarrollo de la teoría de las muestras se hace posible realizar estimaciones precisas de los valores, lo que significó un importante impulso para el desarrollo de las ciencias sociales. Los problemas de la estimación, de la prueba de decisiones estadísticas y el contraste (prueba o test) de hipótesis, son áreas que experimentan un fuerte avance motivado por las necesidades científicas de las ciencias sociales.

Como señala Kendall (op. cit., pág. 1098), fue tanto lo que ocurrió en el campo de la estadística entre 1920 y 1940, que se hacía preciso un período de reposo para asimilar todo lo descubierto. La moderna estadística, que es sobre todo inglesa en su etapa de máximo desarrollo, es admitida por todos los científicos después de la Segunda Guerra Mundial. La Administraciones públicas y privadas y, sobre todo, los gobiernos pueden recurrir ya con seguridad al campo de la estadística para encontrar soluciones a los problemas de índole numérica que plantea una vida social y pública cada vez más complejas. En los momentos actuales, la estadística y los estadísticos se encuentran firmemente establecidos en la vida académica y en el mundo de las burocracias públicas y privadas, a la vez que se consolidan los campos de estudio iniciados por los Pearson, Yule, Fisher, etc., y se desarrollan nuevas áreas de estudio, tales como el análisis secuencial, el análisis multivariable, los métodos aparamétricos y otros, todos ellos aplicados también al tratamiento y análisis de datos sociológicos, como tendremos ocasión de ver a lo largo del presente libro.

1.3. Funciones de la Estadística: Estadística Descriptiva y Estadística Interferencial

Si la estadística se define, tal como se está haciendo aquí, de una manera amplia, esto es, como una teoría de la información numérica, resulta difícil oponerse a su utilidad, y necesidad. Con todo, la disciplina ha despertado, y continúa despertando, bastantes críticas, basadas muchas veces en la propia concepción que el crítico tiene de la estadística, aunque dicha concepción no tenga que ver mucho con las funciones que tanto de una forma teórica como aplicada, realiza la estadística.

Quizá muchos críticos de la estadística comparten el punto de vista que el siglo pasado formulara el famoso político conservador, primer ministro de la Reina Victoria, Benjamín Disraeli, que dijo en cierta ocasión que habían tres clases de mentiras: «mentiras, mentiras despreciables y estadísticas» (en inglés, *lies, damned lies, and statistics*). Y es que, en efecto, se pueden utilizar, como de hecho se utilizan, datos numéricos —«estadísticas»— para apoyar razonamientos falsos. Pero esto es así no porque los números mientan, sino porque se hace un mal uso —intencionado o no— de la lógica que permite la descripción cuantitativa y sintética de una población, y la inferencia de propiedades de dicha población a partir de la observación sistemática de una muestra de la misma.

Como señala Kruskal *(op. cit.*, pág. 1073), la vida no es estable o simple, aunque hay aspectos de ella que sí lo son. La ciencia trata, en general, de elucidar estos últimos y la estadística ofrece métodos generales para encontrar pautas recurrentes y construir modelos que faciliten su estudio. Siguiendo a este mismo autor, podemos enumerar las siguientes funciones generales que realizan los métodos estadísticos:

a) Resumen de los datos y extracción de información relevante de los mismos, esto es, de las mediciones observadas, sean éstas numéricas, clasificatorias, ordinales, o de otro tipo;
b) búsqueda y evaluación de los modelos y pautas que ofrecen los datos, pero que se encuentran ocultos por la inherente variabilidad aleatoria de los mismos;
c) contribuir al diseño eficiente de experimentos y encuestas;
d) facilitar la comunicación entre los científicos, ya que siempre será más fácil comprender la referencia a un procedimiento estándar, sin necesidad de mayor detalle.

Aparte de estas cuatro funciones básicas, Kruskal señala la existencia de otras dos que, desgraciadamente, facilitan la crítica contra la estadística. Una sería la de suministrar el requisito de «autentificación científica» —así, por ejemplo, hay editores de revistas y directores de tesis que insisten en la utilización de ciertos procedimientos estadísticos, sean o no apropiados— y otra es la de tratar de ofuscar, mitificar o impresionar —así, por ejemplo, hay publicaciones de trabajos sociológicos que contienen tal masa, no digerida, de datos estadísticos que no sirven para otro objetivo que para mostrar lo mucho que ha trabajado su autor—. Para prevenirse contra tales usos de la estadística, Kruskal recomienda, por un lado, la utilización por los científicos estadísticos de un código ético que evite abusos de dicha índole, y por otro lado, que el científico empírico sólo utilice aquellos métodos estadísticos de los que comprende bien su lógica subyacente, renunciando a emplear aquellos otros cuya lógica no domina.

Las anteriores funciones conducen a la división de la estadística en dos partes bien diferenciadas. Por un lado, la *Estadística Descriptiva*, que consiste en el conjunto de instrumentos y temas relacionados con la descripción de colecciones de observaciones estadísticas —se refieren tanto al total de la población como a una muestra de la misma—, y por otro lado, la *Estadística Inferencial o Inductiva*, que se ocupa de la lógica y procedimientos para la inferencia o inducción de propiedades de una población en base a los resultados obtenidos de una muestra conocida. Como señala Blalock (1960, pág. 5), la estadística inferencial demanda un tipo de razonamiento mucho más complejo que el que se emplea en la estadística descriptiva, pero cuando se comprende y emplea adecuadamente, se convierte en una herramienta importante para el desarrollo de una disciplina científica. La estadística inductiva se basa, como veremos con mayor detalle en los capítulos siguientes, en la teoría de las probabilidades que, como se sabe, es una rama de las matemáticas actuales. Es de esta forma como una disciplina deductiva, las probabilidades matemáticas, suministra la base racional para un razonamiento inductivo, la estadística inferencial. No existe otra base racional, desde nuestro punto de vista, para el razonamiento inductivo que aspire a ser científico.

Algunos autores no distinguen entre las dos ramas mencionadas de la estadística y quizá desde un punto de vista estricto no exista tal división. Así, Kruskal (1978, pág. 1072) considera que la estadística es la disciplina que se ocupa de los problemas de inferencia a partir de un conjunto de datos empíricos. De este modo, la estadística suministra los instrumentos que permiten el salto desde las observaciones a la inferencia o decisión, siendo la descripción y resumen de las observaciones un paso previo para la operación fundamental de la estadística, la inferencia. Pero desde nuestro punto de vista, y aun aceptando esta definición de la disciplina, nada impide que a efectos de una presentación pedagógica de la utilización de las técnicas estadísticas en la investigación sociológica de tipo empírico, se diferencien claramente los procedimientos estadísticos descriptivos de lo que son, formalmente, inductivos o inferenciales.

Y eso es lo que hemos hecho en el presente libro. Primero, presentar los instrumentos de análisis estadístico-descriptivo, para pasar en posteriores capítulos a tratar los problemas que comporta la inducción de propiedades a partir de los resultados obtenidos sobre muestras representativas. Conviene, a este respecto, realizar una aclaración terminológica. Un segundo significado técnico de la palabra *estadística* hace referencia a cualquier descripción de una *muestra* de observaciones estadísticas. Mientras que si el conjunto de observaciones estadísticas que se describen es una *población* estadística, en tal caso una descripción de tales observaciones se denomina un *parámetro*. Así, por ejemplo, el promedio de años de escolaridad que tiene la población española comprendida entre los quince y los veinte años de edad, según datos del Censo de Población de 1980, se puede tratar como un *parámetro* poblacional, mientras que el promedio de años de escolaridad que tiene la muestra de jóvenes estudiada en la Encuesta de la Juventud (Linz, 1978), puede ser tratado como un *estadístico*. Obsérvese que un parámetro y un estadístico pueden consistir en el mismo tipo de descripción —un promedio, en el ejemplo anterior—; lo que los diferencia es el objeto que describen ambos, esto es, una población o una muestra, respectivamente.

1.4. RELACIONES ENTRE LA ESTADÍSTICA Y LA SOCIOLOGÍA: CONCEPTOS BÁSICOS

El papel de la estadística en el proceso de investigación sociológica está claramente determinado. La estadística se utiliza para operar con números, que reflejan valores de mediciones que se supone satisfacen determinados supuestos. Esto es, las consideraciones estadísticas se introducen tan sólo en la fase analítica del proceso de investigación, después de haber obtenido los datos frecuentemente a partir de una muestra. En un sentido estricto, no es competencia del estadístico el diseño de un cuestionario, o la construcción de escalas de medición a partir de valores concretos de las variables. Estos son problemas metodológicos del diseño de la investigación, que deben de plantearse, y resolverse, a partir de una conceptuación clara y del establecimiento de un marco teórico pertinente.

Si el problema de investigación que nos ocupa no está teóricamente bien definido, de poco servirá la utilización de un gran aparato estadístico, ya que los resultados no van a mejorar por ello. La estadística hay que considerarla como un auxiliar en el proceso de investigación, un auxiliar ciertamente imprescindible y que cuando es utilizado correctamente, conduce a la utilización más detallada de la teoría y a la elaboración más precisa del modelo que se va a seguir en la investigación. Por supuesto, las cosas no pueden separarse con tanta precisión analítica en la realidad de la investigación social, que debe contemplarse como un proyecto unitario y global, aunque a efectos de iniciarse en el progresivo aprendizaje del trabajo científico, resulta conveniente que el estudiante aprenda a valorar el papel y funciones que desempeñen los diferentes instrumentos teóricos y metodológicos que se utilizan.

Debe, pues, quedar claro desde un principio para el estudiante de sociología, que la estadística es siempre una buena ayuda, pero nunca un sustituto, para un buen razonamiento teórico y un buen quehacer metodológico. En la historia de la sociología como ciencia, el desarrollo del proceso de cuantificación ha jugado un papel ciertamente importante en la configuración de la sociología como una disciplina científica. Los fundadores de la sociología, desde Marx a Durkheim y Weber, pasando por Quetelet y Le Play, reconocieron la importancia de la obtención de información cuantitativa relevante sobre los fenómenos sociales, y de su tratamiento estadístico, para construir una ciencia sobre la sociedad *. Durkheim fue de los primeros en reconocer el fundamental papel de la estadística para «aislar apropiadamente los hechos sociales de los hechos particulares». En los promedios, en los porcentajes sobre natalidad, matrimonios, suicidios, etc., veía Durkheim, creo que acertadamente, el hecho social, separado «de todo lo que está mezclado en él». Durkheim expresó en bellas palabras la importancia metodológica de la estadística para el desarrollo de la ciencia de la sociedad, cuando afirmó que «la estadística expresa cierto estado del alma colectiva» (Durkheim, 1972, pág. 38). Por supuesto, Durkheim se estaba refiriendo, al hablar de estadística, a los datos estadísticos y a lo que actualmente denominaríamos indicadores sociales, como elementos de información necesarios para una precisa conceptualización en Sociología, y no tanto a los instrumentos de análisis estadístico que forman parte rutinaria hoy en día de la investigación empírica de nuestra disciplina.

En cierto modo, la situación que se planteaba a los primeros sociólogos de finales del siglo XIX y principios del XX, era en buena medida opuesta a la actual. Disponían de poca información estadística para poder contrastar sus teorías, pero algunos de ellos estaban repletos del genio creador que les condujo a establecer las bases teóricas de la Sociología. En la actualidad ocurre lo contrario. La información cuantitativa sobre los hechos sociales acumulada en los bancos de datos sociológicos es muy importante, se encuentra en pleno desarrollo el movimiento de los indicadores sociales **, pero los avances teóricos son muy pobres. Los sociólogos actuales, inmersos en un mar de información cuantitativa, encuentran dificultades muy grandes en ordenar conceptual y teóricamente la disciplina. Sin embargo, es mi opinión que los nuevos desarrollos de la estadística, como por ejemplo el análi-

---

* Para un tratamiento más detallado de la historia de la cuantificación en la sociología y de los primeros intentos de Marx, Weber y Durkheim para trabajar con datos cuantitativos, véase mi trabajo: Manuel GARCÍA FERRANDO, *Sobre el método*, Madrid, C.I.S., 1979, especialmente las págs. 27-71.

** Los indicadores sociales, como mediciones repetidas en el tiempo de diversos fenómenos sociales, son cada vez más utilizados no sólo por los científicos sociales, sino también por los políticos y los planificadores. Desde mediados de los años setenta, los gobiernos de diversos países han comenzado a publicar, de forma regular, informes basados en indicadores sociales. La oficina del censo de los Estados Unidos publica desde 1973 un informe titulado *Social Indicators*. En España, el Instituto Nacional de Estadística ha comenzado a publicar, por primera vez en 1975, una *Panorámica social*. Para un tratamiento actualizado de la cuestión se recomienda la lectura del libro de ROSI y GILMARTIN *Hand-book of Social Indicators*, New York, Garland STPM Press, 1980.

sis multivariable, una vez se generalice su uso entre los sociólogos, va a facilitar enormemente la necesaria tarea de síntesis que en la actualidad requiere la sociología. En capítulos posteriores de este libro, trataremos con mayor detalle dichos problemas. Ahora, continuemos con la discusión y presentación de los conceptos básicos de índole estadística aplicados a la sociología.

En un cuestionario diseñado para estudiar actitudes y opiniones generales de la población, se suelen incluir preguntas sobre la edad, el nivel de educación, religiosidad, preferencias ideológicas y otras cuestiones que hacen referencia a las actitudes y opiniones objeto de estudio. Cada una de tales preguntas se formula para medir una propiedad o característica de cada una de las personas entrevistadas. A propiedades tales como la edad, la preferencia ideológica o la opinión sobre un tema determinado, se les denomina *variables*, que reflejan aspectos en los que difieren entre sí los individuos y que son de interés para el investigador. Algunos autores se refieren a las puntuaciones o valores que toman las variables como *observaciones estadísticas*. Siempre que se pueda, las observaciones estadísticas se expresan en números, aunque éstos no son esenciales para el empleo de la estadística.

El tipo de «objeto» al que hace referencia la variable que se mide se denomina *unidad de análisis*. En los estudios por encuesta suelen ser los individuos entrevistados las unidades de análisis, aunque esto no tenga que ser así necesariamente. Es decir, que las unidades de análisis pueden ser también grupos de diferente tamaño, o cualquier tipo de instituciones o agregados sociales (familias, partidos políticos, asociaciones voluntarias, comunidades, etc.).

Anteriormente hemos señalado que debido a los orígenes de la estadística, el término «población» ha permanecido en la actualidad, pero con diferente significado que el que tuvo originalmente. Una *población estadística*, o *universo*, lo forman el conjunto de todos los valores de las variables que desea medir el investigador en todas las unidades de análisis. En una encuesta sobre temas de opinión pública, por ejemplo, la población estadística es *finita*, dado que, en un principio, se pueden contar las observaciones estadísticas en una población estadística de tal tipo. Pero esto no es siempre así, ya que a veces las observaciones estadísticas que son de interés para el investigador no pueden limitarse en el tiempo o en el espacio. Entonces, se tiene una población estadística *infinita*, llamada a veces un *universo conceptual*. Si se estudian, por ejemplo, los sistemas de estratificación de las sociedades, el sentimiento de anomia o las actitudes post-materialistas en las sociedades industriales avanzadas, las observaciones estadísticas no están limitadas en forma tan concreta. En tal caso, pues, el investigador trata con poblaciones estadísticas infinitas o universos conceptuales.

Ahora bien, sea finito o infinito el universo estudiado, los sociólogos raras veces se ocupan de todas las observaciones estadísticas, sino que seleccionan un subconjunto de valores llamado *muestra estadística*. Precisamente, a la obtención de muestras que sean suficientemente representativas de la población que se pretende estudiar, dedican los sociólogos notables esfuerzos, ya que si se trabaja con muestras en lugar del conjunto de la población, los ahorros de coste de todo tipo que se producen son muy importantes. El campo de la estadística inferencial o inductiva se ocupa de la forma en que se pueden obtener muestras fiables, y los resultados obtenidos en ellas pueden hacerse extensibles a la población en general.

Antes de seguir adelante en este capítulo dedicado a realizar una introducción a la disciplina, puede resultar conveniente que insistamos una vez más, para así dejarlo bien claro desde un principio, en la naturaleza dual de la estadística que, por un lado, se presenta como una rama de las matemáticas y que, por tanto, trabaja con conceptos abstractos. Pero por otro lado, y ahí es donde le interesa al sociólogo, la estadística se ocupa de datos reales de los fenómenos naturales y sociales, datos que siempre ofrecen algún tipo de resistencia a ser incorporados a las fórmulas matemáticas. Tal como ha señalado agudamente Mosimann (1957), el análisis estadístico real del mundo social, no se refiere al universo euclideano, frío y abstracto, sino que se refiere al mundo de las relaciones humanas, y en tal sentido, el análisis real del mundo social tiene más de arte que de ciencia. Y es que mientras que la estadística matemática está ausente de error (hace referencia a entidades matemáticas puras), la estadística real se basa en medidas, sujetas a error, ya que al medir cosas reales nunca se puede alcanzar la exactitud perfecta. Así, uno de los problemas más importantes que se le plantean al sociólogo al tratar de medir ciertos fenómenos sociales, es el de no influir excesivamente en la alteración de los mismos con su presencia y sus instrumentos de medida.

A la consecución de medidas válidas y fiables de las variables que intervienen en la investigación, ha de dedicar el sociólogo los mayores esfuerzos, ya que por sofisticados que sean los métodos estadísticos que emplee en los cálculos, los resultados no van a mejorar si los datos de partida no son de buena calidad. Loether y McTavish (1974, página 357) sugieren que cuando el investigador dispone de unos datos, la primera pregunta que debe formularse debe ser: ¿merecen estos datos un análisis? Sólo cuando se haya obtenido una respuesta afirmativa, se podrá pensar en el empleo de un instrumento estadístico u otro. De ahí que los problemas de medición de las variables sean centrales en el quehacer del trabajo sociológico.

1.5. Teoría, Estadística y Medición de Variables

Ya hemos dicho anteriormente que la estadística juega un papel concreto, y limitado, en el proceso de investigación en sociología, y que no existe ningún sustituto estadístico para una correcta conceptualización teórica. Antes de llegar a la fase del análisis estadístico en una investigación determinada, el sociólogo debe resolver una serie de problemas teóricos cuya solución permitirá hacer un buen uso de los instrumentos estadísticos. Como ejemplo, supongamos que se desea probar la proposición «A mayor juventud y mayor *status* socioeconómico de la población, corresponden índices más elevados de conciencia regional». En ella encontramos dos conceptos que merecen una definición más clara, «status socioeconómico» y «conciencia regional». Supongamos que definimos el primero como la posición relativa de las personas en una jerarquía de *status*, y que la conciencia regional se define como un fenómeno subjetivo que implica la existencia de una identidad regional, la percepción del hecho diferencial regional y de los intereses de la región. Con unas definiciones tales, resulta difícil utilizarlas para medir el *status* socieconómico y la conciencia regional de una persona concreta o de un grupo social determinado.

Y es que las definiciones las hemos dado en términos teóricos y no en términos operacionales, es decir, especificando los procedimientos de medición que se han de seguir para dar valores o puntuaciones a la variable que se deduce del concepto definido operacionalmente. Un ejemplo de una definición operacional de *status* socioeconómico puede ser el índice de Warner para las características de *status*, y como definición operativa de conciencia regional puede utilizarse el conjunto de *items*, 38 en total, que utilizan los autores del estudio *La Conciencia Regional en España* (J. Jiménez Blanco *et al.*, 1977) para definir las cuatro dimensiones —administrativa, lingüística, económica y política— de dicho concepto.

De esta forma, es decir, operacionalizando el concepto, se puede pasar a la fase de la medición y, por tanto, a la introducción de los métodos estadísticos en la investigación. Queda claro, pues, que el razonamiento teórico, fase previa y necesaria en toda investigación, no conduce por sí mismo a la medición de las variables y a la realización de pruebas estadísticas. La operacionalización de los conceptos teóricos aparece como una fase intermedia que une la formulación teórica de un problema y la medición de las variables relevantes para el tratamiento empírico de dichas variables.

El empleo de las herramientas estadísticas requiere que las variables sociológicas sean cuantificadas siguiendo el nivel de medición que las propiedades de las variables exigen. Siguiendo la formulación ya clásica de Stevens, se puede definir la medición como el procedimiento de asignación de numerales a objetos o acontecimientos de acuerdo con ciertas reglas (Stevens, 1951, 1). Siguiendo esta conceptualización de la medición, se puede definir una *variable* como cualquier característica o propiedad de un objeto o acontecimiento que contenga dos o más categorías posibles en las que un «objeto o acontecimiento» puede ser clasificado potencialmente. El *status* social o la conciencia regional son dos variables de los individuos y de los grupos sociales. Si para medir el *status* social utilizamos el índice de Warner y hacemos que dicho índice varíe entre un mínimo de 10 y un máximo de 100, una medición de dicho índice para una persona determinada, de valor 70, representará una observación estadística y lo utilizaremos como el valor de la variable *status* para dicha persona.

Obsérvese que venimos utilizando los términos *indicador* e *índice* para referirnos a aspectos cuantitativos de los conceptos. En efecto, los indicadores son elementos, cuantitativos, que sirven para medir un concepto. Los años de escolaridad, el nivel de ingresos y el tipo de ocupación son los indicadores con los que Warner operativizó el concepto de *status* social. La combinación ponderada de los valores que toman cada uno de los tres indicadores forman un índice que tomará valores numéricos concretos, con lo que operará estadísticamente el investigador.

Cuando el investigador busca el procedimiento de medición más adecuado ha de fijarse, sobre todo, en dos aspectos del instrumento de medición. Dicho instrumento debe ser válido y fiable. La *validez* hace referencia a que el procedimiento utilizado mida lo que realmente se pretende medir —así, el índice de Warner es válido como medida del *status* social porque mide posiciones en una jerarquía de *status* y no otro concepto, como pudiera ser el prestigio social—, y la fiabilidad hace referencia a la propiedad del instrumento que permite, al ser utilizado repetidas veces bajo idénticas circunstancias, producir los mismos resultados. Los autores suelen distinguir entre *validez interna* y *validez externa*. La primera hace referencia a la cuestión siguiente: ¿se obtendrían resultados diferentes si se hubieran utilizado procedimientos diferentes?; mientras que la segunda hace referencia a otra cuestión: ¿cuán generalizable es el procedimiento utilizado? Se trata de problemas muy difíciles de resolver, sobre todo en sociología, ya que habitualmente los conceptos sociológicos más interesantes suelen ser lo bastante complejos como para impedir su operacionalización directa y simple.

El concepto de medición, tal como se utiliza en sociología y se define en el presente libro, es más amplio que el utilizado en las ciencias físicas, en las que el acto de medir se hace a las propiedades métricas del sistema, con lo que se excluyen de la medición las propiedades que se encuentran a nivel nominal e incluso ordinal, que son, por otro lado, el tipo de propiedades que con mayor frecuencia emplea el sociólogo. Se pueden distinguir *cuatro niveles de medición*, cada uno de los cuales requiere la utilización de un determinado conjunto de instrumentos estadísticos. En concreto, las pruebas o tests estadísticos que va a poder utilizar el sociólogo para contrastar sus hipótesis dependerán de la escala o nivel de medida de los diferentes aspectos estudiados.

Cualquier procedimiento adecuado de medición debe ser exhaustivo, esto es, debe tener suficientes categorías en las que puedan clasificarse cada uno de los casos considerados. Así, por ejemplo, si disponemos de las categorías 0, 1, 2, 3 y 4 para clasificar las familias según el número de hijos, no podremos incluir en dicha clasificación a las familias que tengan cinco hijos o más. En tal caso se puede ampliar la última categoría a «4 o más», con lo que se podrá incluir en la escala cualquier tipo de familia. La categoría «otros» se suele utilizar con frecuencia para crear un sistema clasificatorio que sea lógicamente completo o inclusivo. En el diseño de cuestionarios, el listado de las posibles respuestas a cada pregunta suele incluir también las categorías «no sabe» y «no contesta», con el mismo fin. Su análisis plantea especiales problemas al sociólogo a la hora de interpretar los resultados —a este respecto, ver el excelente artículo de José Luis Martín Martínez «Ensayo de tipificación de los sin opinión (1981)».

Otra propiedad de un buen sistema clasificatorio hace referencia a que las categorías deben ser *mutuamente exclusivas*, esto es, que debe ser posible clasificar cada caso individual tan sólo en *una* categoría del sistema clasificatorio. Si, por ejemplo, utilizamos las categorías «25 años o menos» y «25 años o más» para clasificar a la población según la edad, no sabremos en qué categoría colocar a los individuos que tengan exactamente veinticinco años. Para que las categorías fueran mutuamente exclusivas habría que ensayar una clasificación tal como «menos de 25 años» y «25 años o más».

También resulta conveniente que el procedimiento de medición sea lo más *preciso* posible, es decir, que haga el mayor número posible de distinciones. Así, el esquema de medición de preferencia por los partidos políticos: «partidos de derecha», «partidos de izquierda» y «otros partidos», es menos preciso que este otro esquema: «partidos de derecha», «partidos de centro», «partidos de izquierda», «partidos nacionalistas» y «otros partidos». Las variables bien definidas se clasifican generalmente en uno de los siguientes cuatro tipos de medidas.

1.5.1. *Medidas nominales*

Se realiza una medida nominal cuando la propiedad estudiada en los objetos o acontecimientos sólo puede agruparse en categorías lógicamente exhaustivas y mutuamente exclusivas, de tal modo que pueden establecerse claramente equivalencias o diferencias. A cada una de las categorías se le asignan atributos diferentes, que pueden ser tanto nombres como números. Ahora bien, si asignamos números, por ejemplo, 1, 2, 3 y 4, sólo se pueden interpretar como que son diferentes entre sí, esto es, que $1 \neq 2 \neq 3 \neq 4$, sin que se pueda afirmar que uno es superior a otro y, por tanto, sin que se puedan ordenar.

Con las medidas nominales se consigue realizar la operación más simple y básica de toda ciencia, que es la clasificación. Por medio de la clasificación, los elementos se dividen en categorías, y se decide cuáles son más parecidas y cuáles son más diferentes. El objetivo es siempre el de obtener categorías que permitan una clasificación clara de los elementos y que sean homogéneas en relación a otras variables. Así, por ejemplo, si clasificamos a la población española según el nivel de religiosidad que manifiesta, esto es, católicos practicantes, católicos no practicantes, indiferentes y otras creencias, y lo relacionamos con las preferencias ideológicas de la misma población, esto es, izquierda, centro y derecha, encontraremos que los individuos indiferentes en materia religiosa tienden a ser más de izquierdas que los individuos más católicos. Si los individuos los hubiéramos clasificado, por ejemplo, según su región de origen, no hubiéramos encontrado una relación con la preferencia política tan clara como la anterior relación. Esto es, las diferencias entre los individuos dentro de cada región serían mayores —por lo que a preferencias ideológicas se refiere— que las diferencias que se pudieran encontrar entre los individuos clasificados según el tipo de religiosidad. Por eso, la clasificación de la población según su religiosidad es analíticamente preferible a la clasificación según la región de origen, a efectos de estudiar las preferencias ideológicas de la población.

La clasificación o medida nominal es el nivel más bajo de medición. Algunos autores se refieren a este nivel de medición con el término *escala nominal*. En sociología, muchas variables aparecen medidas a nivel nominal, tales como el estado civil, el sexo, tipo de comunidad, tipo de religiosidad, tipo de relación de roles, etc.

Desde un punto de vista formal, las escalas nominales poseen la propiedad de la *relación de equivalencia*. Este tipo de relación engloba a la propiedad *reflexiva*, esto es, que $A=A$ para todo valor de A; la propiedad *simétrica*, es decir, que si $A=B$, también ocurrirá que $B=A$, y la propiedad *transitiva*, que quiere decir que si $A=B$ y $B=C$, también se produce que $A=C$. Dicho de otra forma, que si A se encuentra en la misma categoría que B, que B se encuentra en la misma categoría que C, y que si A y B se encuentran en la misma categoría y B y C también en la misma categoría, entonces se tiene que A y C deben encontrarse en la misma categoría.

Hemos dicho anteriormente que con las escalas nominales no pueden realizarse las operaciones aritméticas que se realizan usualmente con los números —suma, resta, multiplicación y división—. A veces, sin embargo, se hace preciso, por necesidades del modelo estadístico que utilizamos, cuantificar todas las variables. En tal caso, se pueden crear variables ficticias o por medio de algún procedimiento arbitrario, tal como hacer corresponder una o más de las categorías con el número 1 y el resto de las categorías con el número 0. Más adelante, al estudiar el análisis multivariable, tendremos ocasión de ver con más detalle este procedimiento.

1.5.2. Medidas ordinales

Se tiene una medida ordinal cuando, además de incluir las propiedades de la medida nominal, se incluye la propiedad de que las categorías pueden ser ordenadas en el sentido de menor que o mayor que. Con frecuencia, en sociología, las categorías de los fenómenos estudiados o los rasgos de los individuos se ordenan en términos de «mayor que», «más preferido», «más difícil», «más elevado», etc., o, inversamente, en términos de «menor que», «menos preferido», «menos difícil», «menos elevado», etc. Tales relaciones se pueden expresar mediante el signo >, que significa «mayor que», o mediante el signo opuesto <, que significa «menor que». Cuando la relación > se mantiene para todas las parejas de categorías que se pueden formar en un ordenamiento de todas las categorías de una variable, tenemos una *escala ordinal*.

Este tipo de medición es, por supuesto, de más alto nivel que el que se obtiene cuando se utiliza una medida nominal, ya que no sólo se puede distribuir a los fenómenos o individuos en categorías diferentes, sino que, además, se pueden ordenar tales categorías. Desde un punto de vista lógico, la diferencia fundamental entre una medida o escala ordinal y una medida o escala nominal es que la primera lleva incorporada no sólo la relación de equivalencia (simbólicamente =), sino también la relación «mayor que» (>). Esta última relación goza de la propiedad *irreflexiva*, esto es, que no es cierto que para todo A sea $A>A$; de la propiedad *asimétrica*, esto es, que si $A>B$, entonces $B<A$, y de la propiedad *transitiva*, esto es, que si $A>B$ y $B>C$, entonces $A>C$.

En sociología, son muchas las variables de interés que aparecen medidas a nivel ordinal. Por ejemplo, el *status* socioeconómico, tal como ha sido definido por Warner, constituye una escala ordinal. Así, el prestigio social de un grupo de *status alto* es mayor que el prestigio de un grupo de *status medio*, y éste, a su vez, manifiesta un prestigio social mayor que el que tiene un grupo de *status bajo*. En general, cuando se mide una variable sociológica que refleja una determinada propiedad o atributo, en términos de alto, medio y bajo, o cuando en el estudio de actitudes y opiniones las respuestas posibles vienen dadas en términos de muy de acuerdo, bastante de acuerdo, poco de acuerdo o nada de acuerdo, se está tratando de establecer una medida o escala ordinal.

Nótese que el nivel de medición ordinal no ofrece ningún tipo de información sobre la magnitud de las diferencias entre las categorías. Si éstas vienen dadas en términos de alto, medio y bajo, y decidimos asignar a tales categorías los numerales 3, 2, 1, ello no quiere decir que exista una diferencia de la unidad entre cada par de categorías, sino simplemente que $3>2>1$. Por esta razón no se pueden, en general, realizar las operaciones aritméticas de la suma, resta, multiplicación y división con los valores de las variables medidas al nivel ordinal. En este sentido, resulta indiferente que asignemos unos números u otros a las categorías de una escala ordinal, con tal de que se mantenga la relación «mayor que» y «menor que».

1.5.3. *Medidas de intervalo*

En un sentido restringido, el concepto de medición habría que aplicarlo sólo a las medidas de intervalo, las cuales incluyen no sólo las propiedades lógicas de las escalas ordinales y nominales, sino, además, sus categorías se definen en términos de una *unidad de medición* estándar, tal como años de edad, años de escolaridad, pesetas de ingresos, etc. En otras palabras, se realiza una medida de intervalo cuando pueden asignarse al objeto o acontecimientos estudiados números que, además de poseer las características de la medida ordinal, permiten la interpretación de la diferencia entre dos medidas. En tal caso, la medición se ha alcanzado en el sentido de una *escala de intervalo*, esto es, que la asignación de números a las diferentes categorías de los objetos o acontecimientos es tan precisa que podemos conocer cuán amplios son los intervalos (distancias) entre todos los objetos de la escala. Lo que caracteriza a una escala de intervalo es la existencia de una unidad de medición común y constante, que permite asignar un número real a todos los pares de objetos del conjunto ordenado. En una escala de intervalo, el punto cero y la unidad de medición son arbitrarios, y el cociente de cualquiera de los intervalos es independiente de los mismos.

Las escalas de temperatura más conocidas, la centígrada y la Fahrenheit, son ejemplos de medidas y escalas de intervalo. Ambas escalas difieren tanto en sus respectivos puntos cero como en sus unidades de medición. Con todo, ambas escalas contienen el mismo tipo de información. Así, el punto de congelación del agua se produce a los 0 grados centígrados y a los 32 grados Fahrenheit, mientras que la ebullición tiene lugar a los 100 grados centígrados y a los 212 grados Fahrenheit. Sin embargo, el cociente o razón de las diferencias entre las temperaturas leídas en una escala es igual al cociente o razón entre las diferencias equivalentes en la otra escala. Por ejemplo, en la escala centígrada, el cociente de las diferencias entre 30 y 10 y 10 y 0 es $\frac{30-10}{10-0}=2$. La misma lectura realizada en la escala Fahrenheit daría el siguiente cociente: $\frac{86-50}{50-32}=2$, lo que pone de manifiesto que el cociente es idéntico en ambos casos.

Por lo que a las ciencias sociales se refiere, con frecuencia se trata de alcanzar medidas de intervalo, pero sólo raras veces se consiguen. Y ello a pesar de las ventajas que acompañan al uso de medidas y escalas de intervalo, ya que es posible utilizar modelos estadísticos que son más poderosos y eficientes que los modelos que utilizan medidas nominales y ordinales. Con todo, la discusión sobre la viabilidad del empleo de escalas de intervalo·en las ciencias sociales y humanas todavía continúa, ya que se argumenta que incluso cuando se dispone de una escala claramente de intervalo, como puede ser la distribución de los ingresos en la población, al tener en cuenta las consecuencias sociales y psicológicas de las diferencias de ingresos en los diversos niveles, se pierde la propiedad de la igualdad de las diferencias entre los intervalos. Esto es, que no es lo mismo una diferencia de 20.000 pesetas cuando nos estamos moviendo en los niveles bajos de ingresos que cuando la diferencia se produce entre los niveles altos. No tiene las mismas consecuencias sociales y psicológicas el pasar de un nivel de ingresos mensuales de 50.000 a 70.000 pesetas, que pasar de un nivel de ingresos de 500.000 a 520.000 pesetas. En ambos casos, las diferencias son de 20.000 pesetas, pero no resulta difícil aceptar que las consecuencias sociales y psicológicas son bien distintas en ambos casos. En otras palabras, no existe un paralelismo entre los ingresos medidos en pesetas y «el ingreso psicológico», como lo denomina Blalock (*op. cit.*, pág. 15). Sin embargo, hay que señalar que, desde el punto de vista de los cálculos estadísticos que se pueden realizar con la escala de ingresos, resultan irrelevantes las diferencias de percepción psicológica. Este es un hecho social que habrá que tener en cuenta al *interpretar los resultados*, no al realizar los *cálculos estadísticos*.

Con las escalas de actitudes, el problema es también muy importante. Aunque han sido muchos los intentos, desde la iniciativa de Thurstone (1928) por medir las actitudes, de alcanzar niveles seguros de medición, permanecen todavía las dudas de si realmente los valores que se obtienen al aplicar escalas de medición de actitudes alcanzan el nivel de intervalo o, simplemente, se han quedado en el nivel ordinal, o incluso, y simplemente, en el nivel nominal. Aunque no es tema que competa exclusivamente al estadístico, y menos a un libro introductorio de estadística como el presente, conviene advertir a los sociólogos de los errores y sesgos que se pueden introducir al emplear métodos estadísticos que requieren medidas y escalas de intervalo, con datos sociológicos que no sobrepasan los niveles nominales y ordinales de medición. No es que exista una imposibilidad de emplear modelos basados en supuestos de medición de intervalo, con datos ordinales y nominales. Lo que ocurre es que los resultados no pueden interpretarse de una manera rigurosa, sino de una forma limitada y aproximada.

Desde el punto de vista lógico, se puede demostrar que las operaciones y relaciones que produce la estructura de una escala de intervalo son tales que las diferencias en la escala son isomórficas con la estructura de los números aritméticos. Por ello, con los números asociados a la posición de los objetos en una escala de intervalo se pueden realizar las operaciones aritméticas de la suma, resta, multiplicación y división. Al construir una escala de intervalo no sólo se ha de poder especificar la relación de equivalencia, como en las escalas nominales, y la relación «mayor que», como en las escalas ordinarias, sino que, además, se ha de especificar el cociente de cualquier par de intervalos.

1.5.4. *Medidas de cociente o proporción*

Cuando una medición tiene todas las características de una medida de intervalo y, además, se le puede asignar un punto de origen verdadero de valor 0, se tiene entonces una medida de cociente o proporción. En tal caso, se ha conseguido establecer una escala con cero absoluto o escala de cociente o proporción (en inglés, *ratio scale*).

La masa o el peso se miden mediante una escala de cociente o proporción, ya que la escala del peso, en gramos, contiene un punto cero verdadero, siendo el cociente de dos pesos independientes de la unidad de medida (sean kilogramos o libras, por ejemplo). La escala de tiempos, en segundos, también es una escala de cociente. Así, pues, el tiempo de reacción a un cierto estímulo será una medida de cociente.

Las medidas de cociente son isomórficas con la estructura aritmética. Por tanto, todas las operaciones aritméticas se pueden realizar con los números asignados en una escala de cociente. Las medidas de cociente no quedan afectadas por el hecho de multiplicarlas por una constante. En las medidas de cociente sólo es arbitraria la unidad de medida; no así el punto cero, que, como hemos dicho anteriormente, es absoluto o verdadero. La escala Kelvin de temperaturas es una escala de cociente, porque, a diferencia de la centígrada o la Fahrenheit, posee un cero absoluto.

En el trabajo sociológico suele ser difícil definir unidades de medición en la escala de cociente o proporción; de ahí que se encuentren muy pocos ejemplos en la literatura sociológica de empleo de dicha escala. En general, no se suele distinguir, cuando se trabaja con variables sociológicas, entre los niveles de medición de intervalo y los de cociente. Ejemplos de variables que se presentan medidas, indistintamente, en ambas escalas son: «tamaño de la familia», «tamaño del grupo», «tamaño del hábitat», «número de años de escolaridad», «número de niveles en una jerarquía organizacional» y, quizá también, «*status* social».

1.5.5. *Tipos de variables*

Según el nivel de medición que les sea aplicado, se pueden clasificar las variables, tal como hemos visto anteriormente, en nominales, ordinales y de intervalo. Para cada tipo de variable existen unos procedimientos estadísticos apropiados para hacer el mejor uso de la información que contienen los valores de las variables. Si se utilizara un procedimiento estadístico apropiado para niveles bajos de medición con puntuaciones definidas a un nivel de medición más alto, no se cometería un error técnico, sino simplemente se produciría una pérdida de información, dado que las propiedades de los niveles de medición son acumulativas. Así, se puede utilizar un procedimiento estadístico apropiado para escalas ordinales con variables de intervalo. Pero el contrario no es cierto, ya que sí se produce un error al emplear procedimientos estadísticos diseñados para niveles altos de medición, con variables de niveles más bajos. En este caso, estaríamos actuando como si las puntuaciones de las variables contuvieran más información de la que realmente tienen.

El tema del empleo de los diferentes procedimientos estadísticos según el nivel de medición de las variables ha sido objeto de amplia discusión en las ciencias sociales *. La ventaja de los procedimientos estadísticos apropiados para niveles de medición elevados es que permiten una descripción más concisa de los datos. Algunos autores señalan que la utilización de un procedimiento estadístico apropiado para medidas de intervalo con variables ordinales no produce grandes errores en los resultados estadísticos.

Otra diferencia entre las variables, además del nivel de medición, hace referencia a si las variables vienen definidas según una escala de medición *continua* o *discreta*. Una *variable continua* es aquella para la que los individuos pueden tener, en principio, infinitos valores fraccionados, esto es, valores en cualquier punto de una escala ininterrumpida. Por el contrario, una *variable discreta* viene definida de tal modo que sólo se puede alcanzar un determinado conjunto de valores. En otras palabras, la escala de medición está interrumpida por espacios en la escala numérica que, en un principio, no contienen casos medidos de ningún tipo.

Gráficamente, se pueden visualizar las diferencias entre una variable continua —por ejemplo, la edad— y una variable discreta —por ejemplo, el tamaño de la familia— como sigue:

Variable continua:								
edad en años	15	16	17	18	19	20	21	22
Variable discreta:								
tamaño de la familia	1	2	3	4	5	6	7	8

---

* Para una detallada exposición sobre el uso de modelos estadísticos para los diferentes niveles de medición, véase Cletus J. BURKE, «Measurement Scales and Statistical Models», cap. 7, en Bernhardt LIEBERMAN, *Contemporary Problems in Statistics: A Book of Readings for the Behavioral Sciences*, New York, Oxford University Press, 1971.

- Para una variable continua, y dados dos valores, siempre se puede encontrar un tercer valor que esté incluido entre los dos primeros. En sociología, variables tales como edad, alienación, segregación y clase social se definen usualmente como variables continuas.
- Para una variable discreta, y dentro de un determinado espacio, existe tan sólo un número concreto de posibles categorías. Así, una variable como el tamaño de la familia no puede tomar más que valores discretos, como 1, 2, 3, etc., pero no tiene sentido hablar de una familia de tamaño 2,5. La mayor parte de las variables nominales son discretas.

Finalmente, conviene destacar una tercera forma en la que pueden diferenciarse las variables sociológicas entre sí, y es en el uso que se hace de ellas en la investigación. La clasificación más simple diferencia entre *variables independientes* y *variables dependientes*.

Frecuentemente, el investigador trata de explicar las variaciones que se producen en un determinado fenómeno en función de determinados factores o elementos causales. Así, puede preguntarse por los factores que determinan el tipo de preferencia política, o por los factores que inciden en el éxito o fracaso de los estudios universitarios o de los matrimonios. Pues bien, la variable que atrae primordialmente la atención del investigador, y cuya variación trata de explicar, se llama variable dependiente, porque se supone que los valores que toma la variable dependen de los valores que presentan otras variables. Estas variables que se supone influyen en los valores que toma la variable dependiente son las variables independientes o variables explicatorias, ya que permiten conocer por qué varía la variable dependiente de la forma que lo hace en una determinada población.

Al elaborar la relación entre dos variables en sociología se suele introducir una tercera variable, que se denomina *variable interviniente*, porque se supone que tiene un efecto determinado sobre la variable dependiente que puede ser controlado o modificado por la variable independiente. Si pensamos en términos de causa/efecto, la relación entre los tres tipos de variables puede expresarse por medio de unas flechas que señalan el camino desde la variable independiente a la dependiente, pasando por la variable interviniente, como sigue:

variable independiente ⟶ variable interviniente ⟶ variable dependiente

El papel que representa una variable en una investigación y en un marco teórico determinado puede alterarse cuando cambiamos de investigación o de marco teórico. Así, por ejemplo, el estado civil o la situación matrimonial son variables independientes en el estudio de Durkheim sobre el suicidio, ya que las tasas de suicidio varían, como mostró Durkheim en su conocida investigación, según los valores que toman aquéllas. Por el contrario, en un estudio sobre las causas del divorcio, la situación matrimonial sería la variable dependiente que habría que explicar a partir de otras variables independientes. En general, las investigaciones sociológicas requieren la consideración simultánea de más de dos o tres variables, en cuyo caso hay que utilizar procedimientos estadísticos complejos, que tendremos ocasión de estudiar en próximos capítulos del presente libro.

Esperamos que haya quedado suficientemente claro en esta breve introducción la importancia e íntima relación entre el marco teórico, el nivel de medición alcanzado por las variables y los procedimientos estadísticos que es posible utilizar con los valores que presentan las variables. El papel crucial que juega el proceso de medición en la sociología es cada vez más evidente, en la medida que la rápida evolución de los procedimientos estadísticos y las enormes facilidades de cálculo que permite el uso generalizado de los ordenadores van derribando obstáculos para alcanzar una eficaz y pronta investigación cuantitativa de los fenómenos sociales. En estos momentos, uno de los mayores desafíos que se le presentan a los investigadores sociales, es el de desarrollar y encontrar procedimientos apropiados de medición de las variables sociológicas, que permitan su inclusión en los cada vez más complejos modelos estadísticos que se diseñan, con el fin de encontrar explicaciones realmente causales de los fenómenos sociales, objetivo último de toda explicación científica.

BIBLIOGRAFIA

BLALOCK, Hubert M.: *Social Statistics*, New York, McGraw-Hill, 1960.
BURKE, Cletus J.: «Measurement Scales and Statistical Models», capítulo 7, en Bernhardt LIEBERMAN: *Contemporary Problems in Statistics: A Book of Readings for the Behavioral Sciences*, New York, Oxford University Press, 1971.
DURKHEIM, Emile: *Las reglas del método sociológico*, Buenos Aires, La Plévade, 1972 (e. o., 1895).
GARCÍA FERRANDO, M.: *Sobre el método. Problemas de investigación empírica en Sociología*, Madrid, C.I.S., 1979.
JIMÉNEZ BLANCO, José, et al.: *La conciencia regional en España*, Madrid, C.I.S., 1977.
KENDALL, Maurice G.: «The History of Statistical Method», en W. H. KRUSKAL y J. M. TANUR (eds.): *International Encyclopedia of Statistics*, New York, Free Press, 1978, págs. 1093-1101.
KRUSKAL, William H.: «The Field of Statistics», en W. H. KRUSKAL y J. M. TANUR (eds.): *International Encyclopedia of Statistics*, New York, Free Press, 1978, páginas 1071-1091.
LAZARSFEL», Paul F.: «Notes on the History of Quantification in Sociology: Trends, Sources and Problems», *ISIS*, 52, 1962, págs. 277-233.
LINZ, Juan José: *Informe de la Encuesta sobre la Juventud 1977*, Madrid, Instituto de la Juventud, 1978.

LOETHER, Herman J., y Donald G. MCTAVISH: *Descriptive Statistics for Sociologists*, Boston, Allyn and Bacon Inc., 1974.
MARTÍN MARTÍNEZ, José Luis: «Ensayo de tipificación de los sin opinión», *Revista Española de Investigaciones Sociológicas*, 16, 1981, págs. 9-37.
MOSIMANN, Thomas F.: «Mathematical Statistics and Real Statistics», *IASI, Estadística*, junio 1957, págs. 390-394.
STEVENS, S. S.: «Mathematics, Measurement and Psychophysics», en S. STEVENS (ed.): *Handbook of Experimental Psychology*, New York, Wiley, 1951, págs. 1-30.
THURSTONE, L. L.: «Attitudes can be measured», *American Sociological Review*, vol. 33, 1928, págs. 529-554.

Capítulo 2
ESTADISTICA DESCRIPTIVA UNIVARIABLE: LA LOGICA DEL ANALISIS COMPARATIVO

2.1. Importancia del análisis comparativo en la sociología

Con frecuencia, escuchamos y vemos mensajes publicitarios que reclaman para sus productos aspectos cuantitativos con los que se pretende atraer la atención del público. Así, una marca de cigarrillos anuncia que su tabaco contiene un tanto por ciento determinado menos de nicotina. Aunque no se nos dice claramente, se sobreentiende que con el mensaje se pretende afirmar que tal marca de cigarrillos es mejor que otras que se encuentran en el mercado. Sin embargo, y desde una perspectiva estrictamente lógica, no se puede inferir que una marca de cigarrillos sea mejor que otra —desde el punto de vista de su contenido en nicotina— a partir del porcentaje que se anuncia, porque está ausente todo elemento comparativo y no se puede interpretar debidamente dicho porcentaje.

Así, con el mensaje publicitario que se transmite, ¿qué se pretende afirmar? ¿Que los cigarrillos tienen ahora menos nicotina que la que contenían hace un año? ¿Que dicho contenido está por debajo de la media de otras marcas competidoras? ¿O que se encuentra por debajo del contenido en nicotina que se puede considerar perjudicial para la salud? El problema, pues, que surge con tal mensaje publicitario es que contiene implícitamente una comparación, pero sólo ofrece parte de la información. Sin un referente o una medida estándar, no es posible extraer ninguna conclusión válida sobre el porcentaje nicotínico de menos que contienen los cigarrillos.

Veamos otro ejemplo de falta de elementos comparativos en los que justificar el resultado. Un semanario español de gran tirada encabezaba el informe de una encuesta sobre actitudes sexuales de la población española con el siguiente título: «Jóvenes españoles: más progres que nadie» (*Cambio 16*, núm. 311, 1977). Esta afirmación se basaba en el siguiente resultado: el 72 por 100 de los jóvenes españoles de ambos sexos considera como algo correcto el tener relaciones sexuales sin estar casados; un 27 por 100 afirma que no las tendría personalmente, y otro

26 por 100 lo juzga como algo incorrecto. No obstante, estudios similares realizados en otros países de la Europa occidental ponen de manifiesto que los porcentajes de jóvenes que no tendrían relaciones sexuales sin estar casados son sensiblemente menores que en el estudio español. Concretamente, el 12 por 100 en Finlandia, el 10 por 100 en Francia, el 21 por 100 en Grecia, el 26 por 100 en Italia y el 19 por 100 en Gran Bretaña. La comparación de tales porcentajes parece invalidar, pues, la afirmación de que los jóvenes españoles son «más progres que nadie».

Nuestra vida cotidiana, tanto la de los científicos sociales como la de cualquier otro ciudadano, está repleta de informaciones que contienen datos que, de algún modo, reclaman la realización de comparaciones. La tasa bruta de natalidad por 1.000 habitantes en España, en el período 1971-73, es de 19,4. ¿Se trata de una tasa alta o baja? ¿Es mayor, igual o menor que las correspondientes tasas de otros países europeos? Para responder a estas y otras preguntas se requiere una información adicional con el objeto de realizar una comparación válida.

Toda investigación comporta problemas de comparaciones, al tratar de alcanzar conclusiones relevantes, tal como sugieren los siguientes ejemplos:

«El Censo de 1950 nos indica que las mujeres casadas o que han estado casadas han tenido, como media, 3,1 hijos. El mismo cálculo, veinte años después, nos señala un promeio de 2,8 hijos. Es evidente, por tanto, el descenso general de la fecundidad a lo largo del período 1950-1970» (Amando de Miguel, 1977, pág. 52).

«El número total de becarios del Patronato de Igualdad de Oportunidades del Ministerio de Educación ha pasado de 34.246, en 1961, a 268.000 en 1971. Esto quiere decir que ha aumentado en un 688 por 100, mientras las asignaciones económicas totales han crecido un 433 por 100. Lo cual indica que ha bajado la cuantía de las asignaciones individuales, aparte de la depreciación de su valor adquisitivo, en diez años» (FOESSA, 1975, 242).

«De febrero de 1976 a febrero-marzo de 1978, el juicio sobre la situación económica del país se va tiñendo de colores más sombríos, como no podría esperarse otra cosa. Si en el 76 era un 64 por 100 el que evaluaba la situación económica como mala o muy mala, en el 78 ese porcentaje llega hasta el 80 por 100» (Andrés Orizo, 1979, pág. 63).

A través de los ejemplos anteriores se observa que las conclusiones se extraen a partir de las comparaciones realizadas sobre los resultados obtenidos en fechas diferentes, y es que la sociología hace continuamente uso de las comparaciones para avanzar el pensamiento sociológico. Ya Emile Durkheim, en *Las reglas del método sociológico*, publicado originalmente en 1895, afirmaba que «la sociología comparada no es una rama especial de la sociología; es la sociología misma, en tanto que cesa de ser meramente descriptiva y aspira a explicar los hechos». Para el sociólogo francés, cuando la producción experimental de los hechos no es posible —que es lo más usual en la investigación sociológica—, el método de investigación que hay que seguir es el comparado (Durkheim, 1972, págs. 163 y sigs.).

De este modo queda puesto de manifiesto la importancia del análisis comparativo en la investigación sociológica. Llegados a este punto, cabe hacerse dos preguntas en relación al análisis comparativo: *¿Qué* debe compararse? *¿Cómo* debe hacerse la comparación?

2.2. Tipos de comparación

La respuesta a la pregunta de qué cosas o fenómenos deben compararse depende, básicamente, de lo que se esté estudiando. Se trata de un tema estrictamente teórico. Si el problema de investigación está claramente formulado y conceptualizado, será más fácil saber qué datos es preciso reunir para realizar la comparación. Sin una conceptualización clara del problema será muy difícil elegir de entre las muchas alternativas que nos ofrece un entorno social cada vez más repleto de informaciones de todo tipo. Por ello se hace preciso formular y medir con todo cuidado las variables e identificar con toda claridad los objetos o fenómenos que se van a medir para que se puedan contrastar consistentemente grupos comparables. A lo largo de este libro insistiremos, siempre que sea oportuno, en que el análisis estadístico sólo puede ser relevante y fructífero una vez se hallan resuelto, al menos suficientemente, los problemas de teoría, conceptualización, medición y diseño que toda investigación comporta. En caso contrario, el análisis estadístico sólo servirá para dar una mera apariencia de seriedad y de rigor a unos resultados que probablemente serán inciertos, toda vez que no se hallan resueltos previamente los problemas teóricos y metodológicos a los que nos hemos referido.

De una forma general, tres son los tipos de comparación que se pueden realizar:

1. Comparaciones entre grupos, bien sea dentro del mismo estudio o entre estudios diferentes.
2. Comparaciones entre un grupo y un caso individual de dicho grupo.
3. Comparaciones entre los resultados de un estudio y unos resultados estandarizados que o bien han sido establecidos a partir de investigaciones previas o provienen de un modelo teórico formulado por el investigador.

2.2.1. Comparaciones entre grupos

El modelo de comparación ideal, desde un punto de vista científico, es el realizado entre un grupo experimental al que se le ha sometido a un tratamiento conocido, como podría ser un grupo de alumnos al que se le enseña un programa educativo especial, y un grupo de control que no ha sido sometido a dicho tratamiento —en nuestro ejemplo, sería un grupo de alumnos al que se le continúa enseñando un programa tradicional.

Este tipo de comparación entre un grupo experimental y un grupo de control está relacionado con el modelo de un experimento controlado, que constituye el diseño científico ideal. Este diseño consiste sencillamente en la comparación realizada entre un grupo experimental y un grupo de control en dos momentos en el tiempo, esto es, antes y después de someter el primer grupo al tratamiento especial o experimento. En un breve pero sustancial artículo, el sociólogo americano Samuel A. Stouffer (1950) destaca la escasa frecuencia con que los sociólogos emplean dicho modelo de diseño en sus investigaciones, utilizando, por el contrario, diseños que sólo incluyen dos observaciones, y a veces sólo una, en vez de las cuatro que se requieren en el modelo experimental. Naturalmente, los resultados científicos que se pueden obtener de diseños tan limitados no pueden ser muy esperanzadores.

Los grupos que se comparan pueden estar constituidos por individuos o por cosas u objetos no personales, tales como grupos de organizaciones o instituciones sociales. Los grupos que se comparan suelen venir caracterizados por una serie de puntuaciones sobre medidas de dimensiones o aspectos definidores del grupo. En tal caso, lo primero que hay que hacer es resumir dichas puntuaciones por medio del estadístico que se considera más oportuno, comparándose de este modo los estadísticos resúmenes de cada grupo.

2.2.2. Comparación entre un grupo y un individuo

Otro tipo de comparación es la que se realiza entre un grupo y un individuo —o caso individual— que forma parte del grupo. Así, podemos comparar la tasa de delincuencia en una ciudad con la tasa media correspondiente a la sociedad en general, o bien comparar la conflictividad laboral de una empresa determinada con la que muestra el sector productivo en el que se inscribe la empresa. En el caso de personas, se puede comparar los resultados escolares de un estudiante con los correspondientes a la media de la clase a la que asiste dicho estudiante. Lo importante en todos los casos mencionados consiste en delimitar y definir las características del grupo que se compara con las correspondientes al individuo.

2.2.3. Comparación entre el resultado de un estudio y un resultado estándar

Por último, se pueden comparar los resultados obtenidos en un estudio determinado con unos resultados estándar. Así, se pueden contrastar determinadas características demográficas de un grupo social objeto de nuestro estudio con las correspondientes tasas que ofrecen los resultados del Censo General de Población. Otras veces, el estándar es simplemente un estudio anterior que sirve de referente a una nueva investigación, como podría ser el caso de un antropólogo que estudia una comunidad rural que ya ha sido estudiada anteriormente por otro colega.

Conviene destacar aquí las comparaciones que pueden realizarse a partir de las teorías conocidas. De hecho, las teorías son una fuente sugerente de comparaciones estándar. Sabemos, por ejemplo, que la teoría de la transición demográfica de las sociedades que pasan del estado preindustrial al industrial predice un cambio en las tasas de natalidad y de mortalidad, de forma que los valores altos de tales tasas se reducen significativamente. Pues bien, podemos comparar la evolución en el tiempo de las tasas demográficas correspondientes a una sociedad concreta, para observar los cambios que se están produciendo en ella desde el punto de vista de la teoría de la transición demográfica, y cómo se está alterando la pirámide de población y la tasa de crecimiento demográfico de dicha sociedad en el período considerado.

También sabemos, por la teoría de la estratificación social, que los grupos sociales en los que predominan los individuos con una elevada inconsistencia de *status* son potencialmente más conflictivos e inestables que los grupos sociales en los que predominan los individuos con unos componentes de *status* más equilibrados. Pues bien, podemos estudiar un grupo de población determinado desde el punto de vista de su inconsistencia de *status* y el grado de conflictividad e inestabilidad que manifiesta. En resumen, pues, la teoría sociológica está repleta de resultados que pueden servirnos para contrastar los hallazgos de nuevas investigaciones. Tales comparaciones servirán, además, para contrastar, en el sentido de modificar, rechazar o modificar, la teoría que sirve como comparación estándar.

2.3. OPERACIONES BÁSICAS DE COMPARACIÓN

Los procedimientos existentes para realizar las operaciones de comparación son muy variados. De hecho, el campo de la estadística descriptiva, que es el más amplio y comúnmente utilizado por los sociólogos —en relación con el campo de la estadística inferencial—, tiene como uno de sus temas recurrentes la realización de comparaciones significativas entre agrupaciones de datos cuantitativos.

La realización de tales comparaciones en el campo de la estadística descriptiva incluye dos operaciones fundamentales. La primera de ellas se refiere a la organización y ordenación de los datos o medidas obtenidos en algún tipo de distribución, mientras que la segunda de dichas operaciones se refiere al tratamiento aritmético de dichos datos, bien sea por medio de la resta o sustracción o bien por medio de la división. Tal como destacan Loether y McTavish (1974, 43), la idea de la división, esto es, la creación de una relación entre un número (numerador) y otro número (denominador), es uno de los temas organizadores básicos tanto de la estadística descriptiva como de la estadística inferencial. Desde el punto de vista de la relevancia que tiene para la investigación sociológica la creación de tales relaciones, el problema consiste en saber qué es lo que hay que dividir entre qué, y la respuesta, normalmente, vendrá dada por el esquema teórico en el que se enmarque la investigación.

A continuación vamos a presentar un breve panorama de las operaciones básicas de comparación, utilizando para ello ejemplos prácticos de carácter sociológico.

2.3.1. *La organización de los datos*

Una lista de datos que no esté organizada según un criterio determinado suele ser de poca utilidad para el investigador interesado en realizar algún tipo de comparación. Una vez se hayan obtenido los datos que estimamos relevantes para realizar el análisis deseado es conveniente ordenarlos según algún criterio, bien sea de mayor a menor o de otra forma, con el fin de que se pueda obtener el máximo de información posible de los datos. La ordenación permitirá observar con mayor facilidad la distribución de los datos y el lugar dónde termina un grupo y comienza otro en relación a otros grupos.

Supongamos que estamos estudiando la población extranjera de origen europeo residente en España. La primera información que necesitamos reunir es la referente al número y origen de esta población extranjera. El *Anuario Estadístico* del Instituto Nacional de Estadística ofrece los datos que se recogen en la tabla 1 sobre la nacionalidad de origen y el número de extranjeros que han residido en España en 1979.

Los países se presentan ordenados en el *Anuario* por orden alfabético y así los hemos transcrito en la tabla 1. Una ordenación de este tipo puede que no resulte la más interesante para ofrecer de una forma relevante la información. Cabría pensar en realizar otra ordenación de los países según el número de personas que tienen residiendo en España. Así, tendríamos encabezando la lista a Portugal, con 21.801 personas, seguido de Alemania, con 18.144, y en el otro extremo estarían los países con menor número de residentes, que son la URSS, con 22, y Rumanía, con 26.

TABLA 1

Extranjeros europeos residentes en España, según nacionalidades (1979)

Nacionalidad	Número	Nacionalidad	Número
Alemania	18.144	Italia	9.192
Austria	1.145	Noruega	749
Bélgica	3.764	Países Bajos	4.784
Dinamarca	2.009	Polonia	88
Finlandia	892	Portugal	21.801
Francia	14.891	Rumanía	26
Gran Bretaña	17.330	Suecia	3.229
Grecia	425	Suiza	3.576
Hungría	36	U.R.S.S.	22
Irlanda	376	Yugoslavia	33

FUENTE: *Anuario Estadístico de España*, Madrid, I.N.E., 1979.

Ahora bien, teniendo en cuenta que el número de extranjeros que residen en un país dependerá, entre otros factores, del tipo de relaciones que guarden los países entre sí, es decir, de su proximidad política, cultural y económica, aparte de su proximidad geográfica, cabe realizar una ordenación de los países en grupos regionales, tal como se presenta en la tabla 2.

Con la nueva agrupación se obtiene, a primera vista, una ordenación más significativa de los datos. Así, se observa que el grupo más amplio de extranjeros, con 70.889 personas, proviene de los países de la Europa occidental, con los que España mantiene unos estrechos contactos de todo tipo. Este elevado grupo de europeos occidentales contrasta con el pequeño grupo de extranjeros que provienen de los países europeos socialistas, sólo 205, con los que España mantiene unas relaciones mucho más escasas y distanciadas. El resto de los países lo hemos distribuido entre países mediterráneos, que incluye a Grecia e Italia, con 9.617 residentes en España —la mayoría de ellos italianos—, y Portugal, que, como país vecino, lo hemos mantenido en una categoría aparte, además de tener el máximo número de residentes extranjeros en España.

La agrupación realizada, pues, ha permitido realizar una comparación con la que se pueden analizar de forma más relevante los datos originales. El marco teórico en el que se inscriba el análisis cuantitativo debe ser, en toda investigación empírica, el criterio básico que se ha de seguir para agrupar los datos y poder realizar una comparación significativa.

TABLA 2

Extranjeros europeos residentes en España, según áreas regionales (1979)

Resto Europa Occidental		Península Ibérica		Países mediterráneos		Países socialistas	
Alemania	18.144	Portugal	21.801	Grecia	425	Polonia	88
Inglaterra	17.330	TOTAL	21.801	Italia	9.192	Hungría	36
Francia	14.891			TOTAL	9.617	Yugoslavia	33
Holanda	4.784					Rumanía	26
Bélgica	3.764					URSS	22
Suiza	3.576					TOTAL	205
Suecia	3.229						
Dinamarca	2.009						
Austria	1.145						
Finlandia	892						
Noruega	749						
Irlanda	376						
TOTAL	70.889						

FUENTE: I.N.E., *op. cit.*, elaboración propia.

2.3.2. Distribuciones

Con el fin de obtener una organización más resumida y operativa de los datos, se utilizan tres tipos de distribuciones: *a)* la distribución de frecuencias; *b)* la distribución porcentual; *c)* la distribución acumulada.

2.3.2.1. *Distribución de frecuencias*

Cuando se está manejando un número amplio de datos, resulta conveniente distribuirlos en *clases* o *categorías* y determinar el número de casos que pertenece a cada clase. Este número se denomina *frecuencia de clase*, y se simboliza por medio de la letra f o f_i, en donde i se refiere a la clase i de la variable ordenada. El número total de casos es igual, por tanto, a la suma de la columna de las frecuencias, y se simboliza por la letra N, o bien como Σf_i, en donde Σ, que es la letra griega sigma, simboliza la suma de todas las frecuencias de clase.

El número de clases o categorías que se seleccionan vendrá determinado por las necesidades de la investigación. Supongamos que tenemos un grupo de 120 individuos adultos mayores de dieciocho años y menores de setenta y cinco años y queremos distribuirlos según su edad. Una distribución útil puede ser la siguiente:

Edad (años)	f_i
De 18 a 20	10
De 21 a 25	14
De 26 a 35	23
De 36 a 45	20
De 46 a 60	29
De 61 a 75	24
	N = 120

La primera clase o categoría de edad es «de 18 a 20 años», y a ella pertenecen 10 individuos, es decir, que la frecuencia de esta clase o categoría es 10.

Los datos, tal como han sido ordenados y resumidos en la distribución de frecuencia anterior, se suelen denominar *datos agrupados*. Aunque con el proceso de agrupamiento se pierde algo de la información que contienen los datos originales —por ejemplo, en la categoría «18 a 20» no sabemos cuántos individuos tienen dieciocho, diecinueve o veinte años—, sin embargo, ofrece la gran ventaja de presentar todos los datos de una forma sencilla en un pequeño cuadro, lo que facilita, evidentemente, su estudio.

Continuando con la terminología que se utiliza en la distribución de frecuencia, denominamos *intervalo de clase o categoría* al símbolo que define una clase o categoría; por ejemplo, la clase «de 21 a 25» la simbolizamos como 21-25. Los números extremos de cada clase o categoría, en este caso 21 y 25, se denominan *límites de clase*, siendo el mayor de ellos el *límite superior* y el menor el *límite inferior*. Los términos clase o categoría e intervalo de clase o categoría, que, al menos teóricamente, no tienen límite superior e inferior, se conocen como *intervalo de clase o categoría abierto*. Así, podemos escribir la anterior distribución de frecuencias dejando abierta la categoría «menos de 21» y «más de 60»:

Edad (años)	f
Menos de 21	10
De 21 a 25	14
De 26 a 35	23
De 36 a 45	20
De 46 a 60	29
Más de 60	24
	N = 120

Si las edades se registran con una aproximación de meses, el intervalo de la categoría 21-25 incluye, teóricamente, todos los individuos con edades que van desde 20,5 a 25,5 años. Estos números se conocen con la denominación de *límites reales o verdaderos de clase o categoría*, siendo el menor de ellos el *límite real inferior* y el mayor de ellos el *límite real superior*. En la práctica, los límites reales de clase o categoría se obtienen sumando al límite superior de un intervalo de clase o categoría el límite inferior del intervalo contiguo superior y dividiendo a continuación por dos.

Los límites reales se pueden utilizar igualmente para simbolizar las clases o categorías. Así, las diversas categorías del ejemplo anterior podrían indicarse por 17,5-20,5, 20,5-25,5, 25,5-35,5, etc. No obstante, esto se hace raramente, ya que con dicha simbolización se introduce un elemento perturbador por su ambigüedad, ya que los límites reales no coincidirán siempre con las observaciones reales. Por ejemplo, para la edad 25,5 no se puede saber si pertenece al intervalo de la categoría 20,5-25,5 o a la 25,5-35,5. Por esta razón resulta aconsejable utilizar intervalos cuyos límites sean mutuamente excluyentes para las diversas clases o categorías.

El tamaño o amplitud de la clase o categoría es la diferencia entre los límites reales que forman cada clase o categoría, y se conoce como *amplitud, tamaño o longitud* de clase o categoría, según los autores. El tamaño de cada categoría puede ser idéntico o diferente. En la distribución de frecuencia de edades utilizada anteriormente aparecen cuatro tamaños de categoría diferentes, una de tres, otra de cinco, dos de diez y otras dos de quince años, como se observa a continuación: 20,5 — — 17,5 = 3; 25,5 — 20,5 = 5; 35,5 — 25,5 = 10; 45,5 — 35,5 = 10; 60,5 — 45,5 = = 15; 75,5 — 60,5 = 15.

El punto medio del intervalo de clase o categoría se obtiene sumando los límites inferior y superior de la clase o categoría y dividiendo a continuación por dos. También se denomina *punto medio de la clase o categoría*, y se simboliza por X_i. Así, el punto medio del intervalo 21-25 es $(21+25)/2 = 23$. En los cálculos estadísticos ulteriores, las observaciones pertenecientes a un intervalo de categoría dado se supone que son coincidentes con el punto medio de la categoría. Así, todas las edades del intervalo de la categoría 21-25 se considerarán como de edad de veintitrés años. La anterior distribución de frecuencias según categorías de edad se puede escribir del siguiente modo, incluyendo límites reales y puntos medios:

Edad (años)	f_i	Punto medio X_i	Límites reales
De 18 a 20	10	19	17,5 a 20,5
De 21 a 25	14	23	20,5 a 25,5
De 26 a 35	23	30,5	25,5 a 35,5
De 36 a 45	20	40,5	35,5 a 45,5
De 46 a 60	29	53	45,5 a 60,5
De 61 a 75	24	68	60,5 a 75,5
	N = 120		

Tal como se ha señalado anteriormente, el agrupamiento de datos no sólo reporta ventajas, tales como las de resumir y permitir un manejo más fácil de la información, como también presenta algún inconveniente, siendo el principal lo que se denomina *error de agrupamiento*. Con este término nos referimos a las alteraciones que se producen al realizar determinados agrupamientos, lo que conduce a la variación de $N = \Sigma f_i$. Veamos a través de un ejemplo la aparición de este tipo de error:

$a_1)$

X_i	f_i	fX_i
1	5	5
2	2	4
3	1	3
4	2	8
5	0	0
6	3	18
N = 13		38 = fX_i

$a_2)$

Clase	X_i	f_i	fX_i
1 a 2	1,5	7	10,5
3 a 4	3,5	3	10,5
5 a 6	5,5	3	16,5
	N = 13		37,5 = fX_i

ERROR de AGRUPAMIENTO = 38 − 37'5 = 0'5

Hemos partido de 13 puntuaciones correspondientes a una distribución de 6 categorías cuyo tamaño es la unidad. En la tercera columna (fX_i) aparecen los números de casos totales dentro de cada categoría. La suma de estos totales parciales, fX_i, es igual a 38. Pero si ahora agrupamos los mismos datos en tres categorías cuya anchura sea 2, en lugar de 1, tal como aparece en el apartado $a_2)$ del cuadro, la columna de frecuencias totaliza el mismo número que en el caso anterior, pero no ocurre así con la columna del total de casos en cada categoría, cuya suma ya no es 38, sino 37,5. La diferencia entre ambos números se debe a que hemos calculado los totales parciales fX_i utilizando el valor medio de cada categoría. Precisamente la diferencia entre 38 y 37,5 es lo que se llama error de agrupamiento, y se produce porque los puntos medios de cada clase o categoría en el ejemplo no representan convenientemente el valor de los casos que se engloban en cada categoría.

⇒ Por tanto, al agrupar los datos, las categorías se calcularán con sumo cuidado, de forma que los valores medios de cada una de ellas refleje de la forma más exacta posible el valor de los casos en la categoría. Spiegel (1975, pág. 28) ofrece las dos siguientes reglas para formar las distribuciones de frecuencias y minimizar el error de agrupamiento:
- 1) determinar el mayor y el menor entre los datos registrados y así encontrar el *rango* (diferencia entre el mayor y el menor de los datos);
- 2) dividir el rango en un número conveniente de intervalos de clase de idéntico tamaño. Si ello no fuera posible, será preciso utilizar intervalos de clase de diferente tamaño e intervalos abiertos. El número de intervalos se pone generalmente entre 5 y 20, dependiendo de los datos de partida. Los intervalos se elegirán de forma que los puntos medios coincidan con datos realmente observados.

2.3.2.2. Distribución porcentual $N \geq 50$

Para calcular un porcentaje es preciso calcular previamente una proporción. La <u>proporción</u> de casos en una categoría dada es igual al número de casos en la categoría dividido por el número total de casos en la distribución. En una distribución de frecuencias de cinco categorías, en la que el número de casos en cada categoría fuese N_i y el número total de casos fuese N, la <u>proporción de casos en cada categoría será</u> N_i/N. Obviamente, el valor de una proporción no puede ser mayor que la unidad. Dado que

$$N_1 + N_2 + N_3 + N_4 + N_5 = N$$

se tiene:

$$\frac{N_1}{N} + \frac{N_2}{N} + \frac{N_3}{N} + \frac{N_4}{N} + \frac{N_5}{N} = \frac{N}{N} = 1$$

Por tanto, si se suman las proporciones de casos en todas las categorías, el resultado será la unidad. Se trata de una propiedad fundamental de las proporciones, y se puede generalizar a cualquier número de categorías.

Los <u>porcentajes</u> se obtienen a partir de las proporciones simplemente <u>multiplicando por 100</u>; de ahí que también se denominen *por ciento*. Al utilizar porcentajes, lo que se hace realmente es <u>estandarizar</u> según el tamaño, ya que se calcula el número de casos que habría en una categoría si el número total de casos fuera 100 y si la proporción en cada categoría no se alterase. Del mismo modo que la suma de las proporciones de una distribución dada es igual a la unidad, la suma de sus porcentajes será 100.

Si en lugar de los valores absolutos en una distribución de frecuencias se utilizan los correspondientes porcentajes, tendremos una *distribución porcentual*, que presenta algunas ventajas sobre la primera. Sobre todo, <u>facilita la comparación</u>, aparte de <u>evitar una fuente importante</u> de error. El porcentaje, que es en realidad una razón simple, se entiende fácilmente porque, tal como señalan Loether y McTavish (1974, pág. 54), tendemos en nuestra cultura a pensar en términos de partes de 100.

La distribución por edades anterior se puede escribir en términos de porcentajes del siguiente modo:

Edad (años)	f_i	% $= f_i/N \times 100$
De 18 a 20	10	8,33
De 21 a 25	14	11,66
De 26 a 35	23	19,16
De 36 a 45	20	16,66
De 46 a 60	29	24,16
De 61 a 75	24	20,00
	$N = 120$	99,97

Para calcular el porcentaje de cada categoría se ha dividido cada f_i por N y se ha multiplicado por 100. Obsérvese que la suma de los porcentajes no es exactamente 100,0, debido a que sólo hemos tomado dos cifras decimales y no hemos redondeado el porcentaje resultante. Es aconsejable utilizar una sola cifra decimal, redondeándola de forma que si el número de la centésima es menor de 5 se mantiene el valor de la décima, pero si el número de la centésima es 5 o superior a 5 se incrementa en una unidad la cifra de las décimas. Realizando esta operación de redondeamiento, la anterior distribución porcentual quedaría del siguiente modo:

Edad (años)	%
De 18 a 20	8,3
De 21 a 25	11,7
De 26 a 35	19,2
De 36 a 45	16,7
De 46 a 60	24,2
De 61 a 75	20,0
TOTAL	100,1
	(120)

Ahora, la suma porcentual es 100,1, es decir, una décima superior a 100, por efecto de la operación de redondeamiento. Obsérvese también que el número que representa los casos totales N se ha puesto, entre paréntesis, debajo del 100. Esta práctica es habitual en la presentación de las tablas de distribuciones porcentuales, porque de este modo se indica la base real sobre la que se ha calculado el porcentaje.

Resulta conveniente señalar que, para calcular porcentajes, el valor de N ha de ser suficientemente elevado. Blalock (1960, pág. 28) señala el número 50 como el mínimo aproximado de casos que ha de contar una distribución para poder calcular los porcentajes. Si el número de casos es bastante inferior a 50, resulta más adecuado ofrecer el número real de casos en cada categoría en lugar de los porcentajes.

No siempre puede estar indicado la utilización de porcentajes para realizar comparaciones significativas y, en tal caso, convendrá operar con las cifras absolutas. Zeisel, que ha escrito quizá los capítulos más didácticos en el campo de la metodología de las ciencias sociales sobre el uso de los porcentajes, utiliza el siguiente ejemplo. Supongamos que queremos comparar dos empresas en términos de la variación anual de sus ventas. Supongamos que la empresa A ha aumentado en el último año su volumen de ventas de 1 a 2 millones de pesetas, lo que significa un aumento del 100 por 100; mientras que la empresa B ha pasado en sus ventas de 4 a 7 millones de pesetas, lo que significa un aumento del 75 por 100. Si comparamos las empresas A y B según sus cifras absolutas, *B* aventaja claramente a *A*, ya que sus ventas experimentaron un incremento de 3 millones de pesetas, mientras que la segunda experimentó una subida de sólo 1 millón. Sin embargo, si comparamos las dos empresas según sus incrementos porcentuales o relativos, la empresa *A*, con el 100 por 100, claramente supera a la empresa *B*, que sólo aumentó el 75 por 100. Para Zeisel, en caso de duda sobre la forma en que deben realizarse las comparaciones, «la consideración más general es presentar el aumento de forma que determine tan exactamente como sea posible el concepto que deseamos medir» (Zeisel, 1962, pág. 27).

Tampoco recomienda Zeisel el uso de porcentajes que excedan considerablemente de 100. Decir, por ejemplo, que los visitantes extranjeros en España aumentaron en la década de los sesenta un 1.200 por 100 sobre el número de visitantes en la década de los cincuenta puede producir una cifra impresionante, pero estadísticamente es un recurso muy pobre; resulta más correcto decir que el número de visitantes aumentó 12 veces en relación al período anterior.

2.3.2.3. *Distribución acumulada*

Una distribución acumulada se forma al indicar para cada categoría el número (o porcentaje) de casos que quedan por debajo del límite real superior de dicha categoría. Normalmente, se sigue la convención de crear distribuciones acumuladas, comenzando a acumular desde las categorías de orden inferior e ir así acumulando hasta *N* o 100 por 100, según se trate, respectivamente, de una distribución de frecuencias o una distribución porcentual. Para el caso de la distribución por edad que venimos utilizando, las dos distribuciones acumuladas quedarían del siguiente modo:

Edad (años)	Frecuencia	Porcentaje	Frecuencia acumulada	Porcentaje acumulado
De 18 a 20	10	8,3	10	8,3
De 21 a 25	14	11,7	24	20,0
De 26 a 35	23	19,2	47	39,2
De 36 a 45	20	16,7	67	55,9
De 46 a 60	29	24,2	96	80,1
De 61 a 75	24	20,0	120	100,1
	N 120			

Así, para la categoría de 36 a 45 años, la frecuencia acumulada de 67, o el porcentaje de acumulado de 55,9 por 100, indican que el número o porcentaje de individuos con esa edad o menos es el que se indica.

Las distribuciones acumuladas son útiles en la comparación cuando se desea comparar la forma en que los casos se distribuyen a lo largo de una escala. Así, por ejemplo, al comparar los niveles de ingresos familiares en hogares españoles cuyo cabeza de familia pertenece a la clase social alta y media alta, o a la clase obrera, se obtienen los siguientes resultados:

TABLA 3
Distribuciones porcentuales acumuladas de los ingresos familiares, por clase social

Cantidad de pesetas mensuales	Clase social alta y media-alta (1)	Clase social obrera (2)	Frecuencia acumulada (1)	Frecuencia acumulada (2)
Más de 50.000	4	—	4	—
De 30.501 a 50.000	7	1	11	1
De 20.501 a 30.500	22	1	33	2
De 14.501 a 20.500	19	4	52	6
De 12.501 a 14.500	8	5	60	11
De 10.501 a 12.500	9	8	69	19
Menos de 10.000	31	81	100	100
	100	100		
	(279)	(1.126)		

FUENTE: FOESSA, 1970, pág. 563. Elaboración propia.

Las distribuciones acumuladas permiten una comparación más clara de las tremendas diferencias que, en materia de ingresos familiares, existían en los hogares españoles en el momento de realizar el estudio (finales de los años sesenta). Mientras que en los hogares cuyo cabeza de familia se identificaba con las clases sociales más altas el 69 por 100 disfrutaba de unos ingresos superiores a 10.500 pesetas, tal porcentaje era tan sólo del 19 por 100 en los hogares de familias obreras. De esta forma, vemos cómo los porcentajes acumulados permiten en una sola medida ofrecer los casos que se encuentran por debajo o por encima de unos niveles determinados.

2.3.3. Percentiles

El valor por debajo del cual queda un porcentaje determinado de casos es un *percentil*, y podemos representarlo por P_i, siendo i un valor que oscila entre 1 y 100. Así, el percentil 20 o P_{20} deja por debajo de su valor un 20 por 100 de casos.

El valor que divide a los datos en dos partes iguales, P_{50}, se llama también *mediana*. Por extensión, se puede hablar de aquellos valores que dividen a los datos en cuatro partes iguales. Estos valores, que podemos representar por Q_1, Q_2 y Q_3, se llaman primero, segundo y tercer *cuartil*, respectivamente; el valor de Q_2 es el valor que divide a los datos en dos partes iguales, y que se denomina mediana. De igual modo, los valores que dividen los datos en diez partes iguales se denominan *deciles*, y podemos representarlos por D_1, D_2, ..., D_z. Los resultados de muchas evaluaciones (tests) se presentan en forma de percentiles —el porcentaje de individuos que, en un determinado test, ha obtenido una puntuación igual o superior a un valor concreto.

Dos problemas de cálculo se presentan en relación a los percentiles. Cuando se desea calcular el rango de percentil de una puntuación determinada, hay que utilizar la siguiente fórmula:

$$\text{Rango de percentil de una puntuación dada} = \frac{\text{Lugar que ocupa la puntuación en la distribución}}{N} \times 100$$

En la distribución siguiente:

$$3$$
$$5$$
$$9$$
$$11$$
$$15$$
$$17$$
$$22$$

el rango de percentil del valor «11» será $= \frac{4}{7} \times 100 = 57{,}1$, ya que el valor 11 ocupa el cuarto lugar y $N=7$.

De manera inversa, se puede calcular el valor o puntuación correspondiente a un rango de percentil dado. Para ello se multiplicará el percentil por N y, a continuación, se buscará en la distribución el lugar que corresponde al número así calculado. Por ejemplo, en la distribución anterior, al percentil 70 le corresponde la puntuación 15, que ocupa el quinto lugar, ya que 5 es lo que resulta de redondear el número 4,9, que se obtiene al multiplicar 0,70 por N, que en este caso es 7.

El uso de percentiles resulta muy apropiado cuando se desea comparar, dadas una serie de distribuciones, unos grupos específicos, situados en un lugar dado de las distribuciones, con otros grupos situados en el mismo o diferente lugar. Murillo Ferrol hace un buen uso de esta lógica de la comparación cuando, al estudiar la distribución de las rentas en Andalucía, señala y denuncia que el incremento absoluto del volumen de las rentas no ha venido acompañado de un proceso de mejora en la redistribución de tales rentas entre todas las clases de población, ya que los pobres, mayoritarios, continúan percibiendo una proporción pequeña de las rentas, mientras que los ricos, que son muy pocos, reciben la parte más amplia de los ingresos. En la tabla 4 hemos reproducido las comparaciones porcentuales que realiza Murillo Ferrol, en base a la proporción de ingresos que corresponde al 20 por 100 más pobre de los hogares, al 20 por 100 más favorable y al 5 por 100 último de los más favorecidos. Esta utilización de los percentiles sirve mejor que otro algoritmo para evidenciar el desequilibrio existente en la distribución de las rentas. Así, y observando con más detenimiento los resultados de la tabla 4, se aprecia que, para el conjunto nacional, el 20 por 100 más pobre de la población recibe tan sólo el 6,8 por 100 de los ingresos totales, frente al 45,2 por 100 de ingresos que recibe el 20 por 100 más favorecido, o el 19,4 por 100 de ingresos que recibe el 5 por 100 más favorecido. Para las ocho provincias andaluzas, los resultados comparativos son parecidos a los de la media nacional, lo que revela un sistema de distribución económico muy injusto.

TABLA 4

Ingresos que corresponden a determinados grupos de la población

Provincias	% de ingresos que corresponde al 20 % más pobre de los hogares	% de ingresos que corresponde al 20 % más favorecido	% de ingresos que corresponde al 5 % último de los más favorecidos
Almería	8,0	43,3	19,5
Cádiz	8,2	41,9	15,3
Córdoba	8,1	43,8	20,8
Granada	7,8	47,5	20,8
Huelva	8,5	42,0	17,1
Jaén	7,7	46,2	24,0
Málaga	8,5	38,0	15,1
Sevilla	7,5	46,4	20,7
España	6,8	45,2	19,4

FUENTE: MURILLO FERROL, F., «La distribución de la renta en Andalucía», *Anales de Sociología*, 4, 1968, pág. 40.

2.3.4. *Razón*

La razón* de un número A a otro número B se define como A dividido por B. La cantidad que precede a la palabra clave «a» se coloca en

---

* Algunos tratadistas utilizan la palabra inglesa *ratio* para referirse al término razón, aunque resulta conveniente emplear este último.

el numerador, mientras que el número que le sigue va al denominador. Así, si en un parlamento hay 160 diputados de izquierdas, 150 diputados de derechas y 80 diputados regionalistas, la razón de los diputados de izquierda a los diputados de derecha será 160/150, mientras que la razón de los diputados de izquierda y regionalistas a los diputados de derecha será (160+80)/150. Se puede, pues, utilizar un número compuesto tanto en el numerador como en el denominador, aunque el resultado se suele expresar de la forma numérica más simple posible, en este caso como 24/15.

Las proporciones y los porcentajes son un tipo especial de razón, en donde el denominador es el número total de casos y el numerador una fracción dada de dicho número, en el caso de la proporción, y esa misma fracción del número multiplicada por 100 en el caso del porcentaje. Pero, a diferencia de la proporción, la razón puede ser mayor que la unidad, como ocurre en el ejemplo de los diputados empleado anteriormente.

Las razones se suelen expresar también en términos de cualquier base que resulte conveniente para nuestros objetivos descriptivos. Una razón muy empleada en demografía es la de sexos, que se define como el número de varones de una población determinada dividido por el número de mujeres. Dado que el número total de varones es menor que el número de mujeres (aunque nacen más niños que niñas, la tasa de mortalidad masculina es mayor que la tasa de mortalidad femenina, por lo que entre la población adulta es mayor el número de mujeres que el de varones), la razón de los sexos será un número decimal, por lo que convencionalmente se suele multiplicar por 100, con lo que una razón de sexos de 94 indicará que hay 94 varones por cada 100 mujeres.

Cuando se utilizan bases mayores que 100, tales como 1.000, 10.000 o un millón, tenemos las *tasas*, que son otro tipo de razón. Las tasas se emplean cuando el uso de porcentajes arroja números decimales. Las tasas también se utilizan abundantemente en demografía y, en general, cuando se quiere disponer de indicadores sencillos referentes a la población general. Así, una tasa bruta de natalidad de 30 por 1.000 significa que se han producido 30 nacimientos por cada 1.000 habitantes.

Las *tasas de crecimiento relativo* son otro tipo muy utilizado de razón. Para calcular la tasa de crecimiento en un período de tiempo dado, se toma el incremento real durante el período y se divide por el tamaño que había al comienzo del período. Así, si la renta *per capita* en un país determinado ha pasado, en el período 1960-1970, de 1.500 a 2.000 dólares, la tasa de crecimiento relativo de la renta *per capita* será:

$$\frac{2.000-1.500}{1.500}=\frac{500}{1.500}=0,33$$

o, si se quiere expresar en términos porcentuales, del 33 por 100. Naturalmente, cuando la cantidad al final del período sea más reducida que al comienzo, la tasa resultante será negativa por reflejar un decrecimiento. También se pueden expresar las tasas de crecimiento relativo en relación a 1.000, 10.000 u otra cantidad que resulte conveniente con fines descriptivos y analíticos. En general, la tasa de crecimiento relativo se puede expresar como $(b - a/a) \cdot k$, siendo a y b las cantidades al principio y al final del período, respectivamente, y k la base que se decida utilizar, y que normalmente será una constante con ceros, del tipo de 1.000, 10.000, un millón, etc.

2.4. TÉCNICAS BÁSICAS DE REPRESENTACIÓN GRÁFICA

Los resultados de las investigaciones estadísticas se suelen representar muchas veces gráficamente, con el fin de obtener un panorama más intuitivo y directo de los mismos. Aunque son muchos los recursos gráficos que los sociólogos utilizan para ofrecer una visión directa y simple de sus investigaciones cuantitativas, aquí vamos a referirnos, para comenzar, a las representaciones gráficas utilizadas en estadística para el caso de las distribuciones de frecuencia. Los *histogramas*, los *polígonos* y las *ojivas* son tales representaciones, y junto con la *línea de grafos*, constituyen los procedimientos gráficos básicos más utilizados en el campo de la estadística.

En toda representación gráfica se encuentra subyacente la idea de un *sistema de referencias* o *sistema de coordenadas*. El sistema de coordenadas más usual en las representaciones gráficas consiste en dos líneas, o «dimensiones», perpendiculares que forman el sistema de Coordenadas Cartesianas —en honor del filósofo René Déscartes (1596-1650), que fue el primero en combinar el álgebra con el análisis gráfico—. Como es sabido, la línea o eje vertical se llama *ordenada* o eje de las Y, y la línea o eje horizontal se denomina *abscisa* o eje de las X. Ambos ejes dividen al plano en cuatro *cuadrantes*, y el punto donde se cruzan ambos ejes se denomina *origen* o *punto cero*, ya que las escalas numéricas parten del origen en las cuatro direcciones. Las puntuaciones que parten del origen hacia arriba por el eje Y y, a la derecha, por el eje X son positivas, mientras que las puntuaciones que parten del origen hacia abajo por el eje X y, a la izquierda, por el eje Y son negativas. Dado que la mayoría de las mediciones en sociología se realizan en escalas que parten desde cero sólo en la dirección positiva, el cuadrante primero es el que suele necesitar preferentemente, por lo que en las representaciones gráficas se omiten con frecuencia el resto de los cuadrantes y sólo se representa el primer cuadrante (ver fig. 1).

2.4.1. *Histogramas*

Un histograma, o histograma de frecuencias, consiste en la representación de una distribución de frecuencias o porcentual, en la que la fre-

FIGURA 1
Sistema referencial de Coordenadas Cartesianas

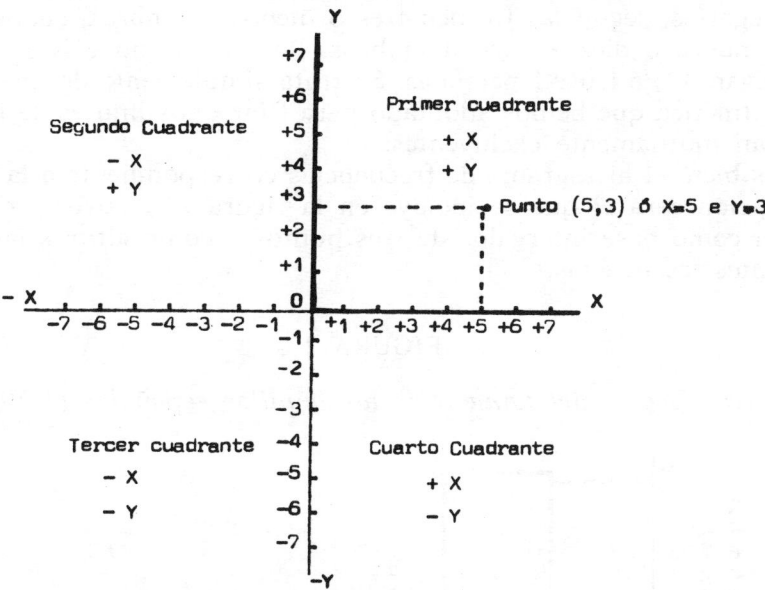

cuencia (o porcentaje) de casos en cada categoría se representa mediante un rectángulo que tiene su base sobre un eje horizontal (el eje X), con centro en el punto medio de la categoría y cuya anchura es igual al tamaño del intervalo de dicha categoría. La altura del rectángulo será proporcional a la frecuencia (o porcentaje) de casos que se incluyen en la categoría. Es decir, el área del rectángulo será proporcional a la correspondiente frecuencia (absoluta o relativa).

Supongamos que hemos elaborado la distribución de frecuencias que se incluye en la tabla 6 a partir de los datos que recoge el Censo de Población de España de 1970, referente al tamaño de las familias españolas.

TABLA 6
Distribución de las familias según el número de miembros

Número de miembros. Categoría	Punto medio	Frecuencia (en miles)
0,0 - 3	1,5	3.959
3,1 - 6	4,5	4.094
6,1 - 9	7,5	706
9,1 - 12	10,5	94
TOTAL		8.853

FUENTE: *Censo de Población 1970.*

Convencionalmente, hemos cerrado el límite superior de la categoría o clase más alta por medio del número 12, con el fin de tener intervalos iguales. De este modo, las familias españolas se han clasificado en cuatro categorías, según las formen tres o menos miembros, cuatro a seis, siete a nueve o diez a doce miembros. Realmente, no existen familias que tengan 3,1, 6,1 o 9,1 personas. Se trata simplemente de una convención aritmética que hemos adoptado para fijar unos límites de intervalo que sean mutuamente excluyentes.

Pues bien, el histograma de frecuencias correspondiente a la anterior distribución será el que se incluye en la figura 2, y cuyos rectángulos tendrán como base intervalos de tres puntos y como alturas las correspondientes frecuencias.

FIGURA 2

Histograma del tamaño de las familias españolas (1970)

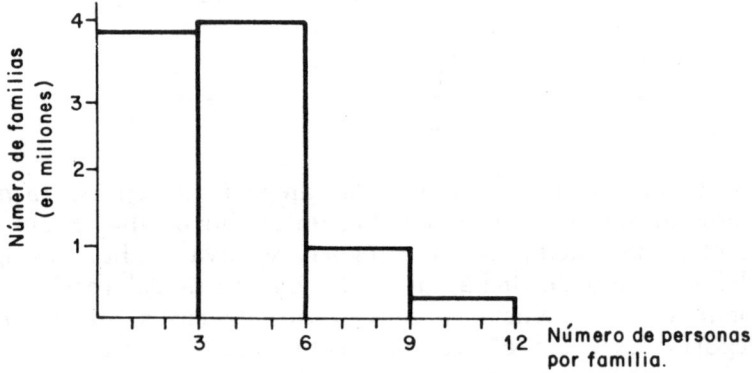

Si en lugar de disponer de las cifras absolutas tuviéramos los porcentajes de familias correspondientes a cada una de las categorías, el histograma resultante, que ahora sería un histograma de frecuencias porcentual, se construiría de idéntico modo.

Los histogramas se utilizan con ciertas variaciones, según que los datos que forman la distribución de frecuencias se encuentren medidos a nivel nominal, ordinal o de intervalo. Así, si la variable es nominal, los rectángulos del histograma se separan ligeramente unos de otros, con el fin de visualizar que se trata de categorías diferentes.

Cuando se trata de variables ordinales, en las que no se definen distancias iguales, también se suelen separar ligeramente los rectángulos para destacar tal hecho, aunque hay quien prefiere mantener las columnas juntas con el fin de conservar la impresión de «escalera» del histograma. También se suele adoptar una base estándar de amplitud constante, a pesar de que las distancias no están definidas. Vemos, pues, que las variables ordinales se pueden tratar como si fueran de intervalo, a efectos de construir el histograma, siempre y cuando se tengan presente las convenciones adoptadas para poder realizar la representación. Con todo, el histograma está más indicado cuando las variables se encuentran medidas a nivel de intervalo.

2.4.2. *Polígonos*

El polígono de frecuencias (o de porcentajes) es una figura que se cierra al unir los puntos medios de cada intervalo, a una altura proporcional a la frecuencia (o porcentaje) de dicho intervalo. La unión de tales puntos constituye un segmento rectilíneo que, al prolongarlo por los extremos hasta cortar al eje X, constituye un polígono de frecuencias. El área que queda por debajo del polígono de frecuencias es igual al área contenida dentro del correspondiente histograma.

En el siguiente gráfico se observa la construcción de un polígono a partir del correspondiente histograma:

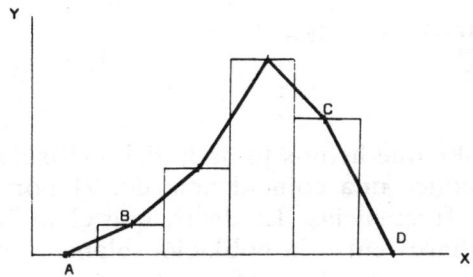

Obsérvese cómo se ha prolongado el segmento rectilíneo BC, constituido al unir los puntos superiores de cada intervalo, mediante el trazado de los segmentos BA y CD hasta los puntos medios de categoría inferior y superior inmediatos, y que corresponden a la clase de frecuencias cero. De este modo, el polígono queda cerrado y el área que contiene es igual al área de la suma de los rectángulos.

A veces resulta de interés representar los polígonos de varios grupos considerados conjuntamente. De este modo se pueden observar las áreas en donde las distribuciones correspondientes coinciden o se separan. Weitzman (1970, pág. 9), al estudiar las distribuciones de los ingresos de las familias de población blanca y negra en los Estados Unidos, utilizó el área de coincidencia de ambas distribuciones como una medida de integración, que la obtuvo mediante el cálculo del porcentaje o proporción del área de coincidencia de ambas distribuciones (ver fig. 3).

FIGURA 3

Polígonos de frecuencias porcentuales correspondientes a las distribuciones de ingresos en familias de población blanca y negra en los Estados Unidos.

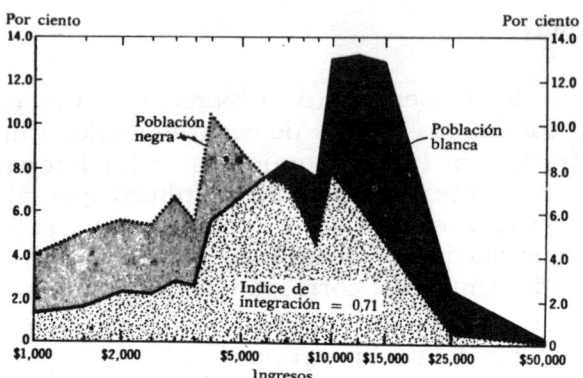

FUENTE: M. S. WEITZMAN, 1970, pág. 9.

En este ejemplo, que hemos tomado del análisis gráfico realizado por Weitzman, se produce una coincidencia del 71 por 100 del área de ambos polígonos de frecuencias. Es decir, que el índice de integración de los ingresos familiares entre la población blanca y negra es igual a 0,71. Una segregación completa, del 0,00, vendría dada por una representación gráfica en la que no se produjeran coincidencias, mientras que una integración completa, del 1,00, se produciría si coincidieran ambas curvas.

2.4.3. Ojivas

Las ojivas son polígonos de frecuencias acumuladas. El primer punto de dicho polígono vendrá dado por el límite real inferior del primer intervalo. A continuación, en la vertical sobre el límite real superior de cada intervalo, y a una altura proporcional a la frecuencia (o porcentaje) acumulada de dicho intervalo, dibujamos un punto. Uniendo mediante un segmento rectilíneo cada dos puntos consecutivos se obtiene, para el conjunto de todos los pares de puntos unidos, el polígono de frecuencias acumuladas u ojiva.

Supongamos que tenemos la distribución de frecuencias de los ingresos mensuales de un grupo de 100 trabajadores y obtenemos la correspondiente distribución de frecuencias acumulada, tal como aparece en la tabla 6.

TABLA 6

Distribución de frecuencias absoluta y acumulada de los ingresos mensuales de un grupo de 100 trabajadores

Distribución de frecuencias		Distribución de frecuencia acumulada	
Ingresos (miles de pesetas)	N.º de trabajadores	Ingresos (miles de pesetas)	N.º de trabajadores
40 a 42	5	Menos de 39,5	0
43 a 45	18	Menos de 42,5	5
46 a 48	40	Menos de 45,5	23
49 a 51	29	Menos de 48,5	63
52 a 54	8	Menos de 51,5	92
		Menos de 54,5	100
TOTAL	100		

Para construir el polígono de frecuencias acumuladas u ojiva correspondiente a la distribución anterior representamos los límites reales en el eje X y las frecuencias acumuladas en el eje Y, tal como aparece en la figura 4.

FIGURA 4

Ojiva correspondiente a la distribución de frecuencias acumuladas de los ingresos mensuales de 100 trabajadores

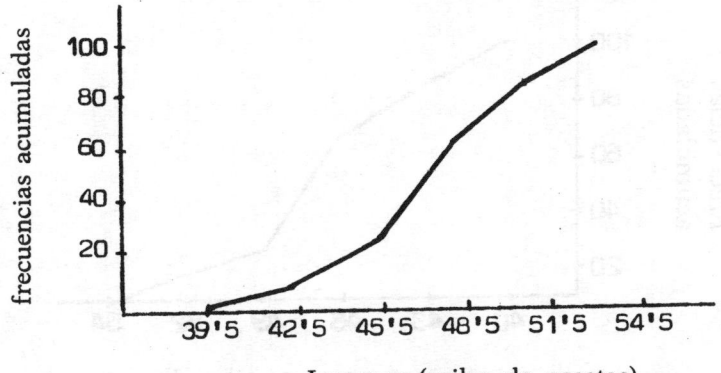

Algunas veces resulta más conveniente considerar una distribución de frecuencias acumuladas de todos los valores mayores o iguales al límite real inferior de cada intervalo de clase. Por lo que se refiere al ejemplo anterior, podríamos considerar los ingresos superiores a 39.500 pesetas o más, 42.500 pesetas o más, etc. Así se obtendría una *distribución acumulada «o más»*, a diferencia de la anterior, que se denomina *distribución acumulada «menos de»*. El paso de un tipo de distribución a otra es bien sencillo, a partir de la distribución de frecuencias absolutas, como se observa a continuación:

Distribución de frecuencias		*Distribución de frecuencias acumulada «menos de»*		*Distribución de frecuencias acumulada «o más»*	
Ingresos (miles de ptas.)	Núm. de trabajadores	Ingresos (miles de ptas.)	Núm. de trabajadores	Ingresos (miles de ptas.)	Núm. de trabajadores
40 a 42	5	Menos de 39,5	0	40 o más	100
43 a 45	18	Menos de 42,5	5	43 o más	95
46 a 48	40	Menos de 45,5	23	46 o más	77
49 a 51	29	Menos de 48,5	63	49 o más	37
52 a 54	8	Menos de 51,5	92	52 o más	8
		Menos de 54,5	100	54 o más	0
TOTAL	100				

La representación gráfica de una distribución de frecuencias acumuladas del tipo «o más» dará lugar a una ojiva de pendiente inversa a la de la ojiva resultante de representar gráficamente una distribución de frecuencias acumuladas del tipo «menos de», como se observa en el siguiente gráfico:

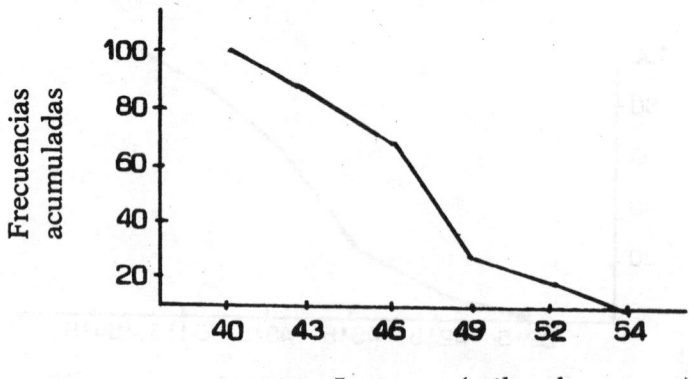

2.4.4. Línea de grafos

Otra de las técnicas de representación gráfica es la línea de grafos, que muestra el valor de una variable dependiente (que se representa a lo largo del eje Y) para cada valor de las diferentes categorías de otra variable, normalmente utilizada como variable independiente (que se representa a lo largo del eje X). Los puntos representados en el primer cuadrante se unen mediante una línea continua hasta el último de los puntos representados. La línea no se cierra sobre el eje X, como se hace en la representación de los polígonos, ya que el área que queda por debajo de la línea de grafos no tiene ningún significado espacial, como ocurre con los histogramas y polígonos. Más bien, lo que le interesa al investigador de la línea de grafos es la forma que adopta, la pendiente que toma al crecer o decrecer la línea y, en el caso de representar sobre el mismo cuadrante dos o más líneas, las semejanzas y diferencias que presentan.

Como ejemplo de esto último obsérvese la evolución de las tasas de natalidad, mortalidad y mortalidad infantil en España para el período 1941-1971, tal como han sido estudiadas por Amando de Miguel (1974, pá-

FIGURA 5
Líneas de grafos correspondientes a las tasas de natalidad, mortalidad y mortalidad infantil en España (1941-1971)

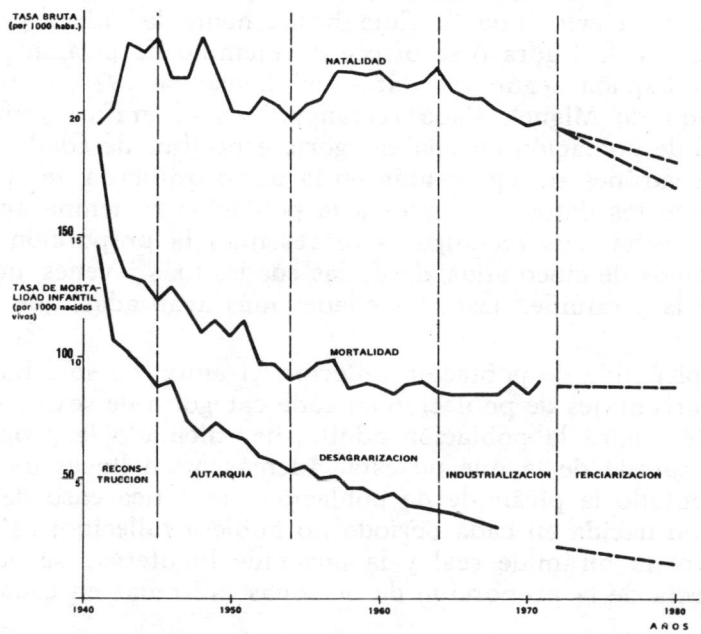

FUENTE: Amando DE MIGUEL, *Manual de estructura social de España*, Madrid, Tecnos, 1974, pág. 45.

gina 45). En el eje Y se han representado los valores de las tasas de natalidad y mortalidad, y en el eje X la variable años, haciendo coincidir el año 1940 con el origen o punto cero. Al representar las tres líneas de grafos en el mismo gráfico, el autor del análisis gráfico realiza una serie de consideraciones que le vienen dadas por la naturaleza comparativa de los datos. Además, al cubrir los datos un período de treinta años, Amando de Miguel relaciona los cambios que se observan en la evolución de las tasas con las fases experimentadas por la sociedad española, desde el punto de vista de su desarrollo económico. Además, el autor realiza una proyección al año 1980 de la evolución de las correspondientes tasas, continuando las tendencias que manifiestan las líneas de grafos.

2.5. Otras técnicas de representación gráfica

Aparte de las técnicas anteriores, los sociólogos utilizan otras técnicas que permiten realizar análisis muy útiles de los datos o una representación más asequible de los resultados. La pirámide de población, el gráfico rectangular, el gráfico de sectores y el gráfico triangular son cuatro de las técnicas gráficas más ampliamente usadas en sociología.

La *pirámide de población*, ampliamente utilizada en demografía, ofrece un diseño un poco más complejo de lo que llevamos visto hasta ahora, aunque en cierto modo refleja básicamente las ideas gráficas del histograma. En la figura 6 se ofrece un ejemplo de pirámide de la población en España según los datos del Censo de 1970, confeccionada por Amando de Miguel. Cada rectángulo en el gráfico representa el porcentaje de población en una categoría específica de edad y sexo. Los datos para varones se representan en la parte izquierda de la pirámide, mientras que los datos referentes a la población femenina aparecen en la parte derecha. Los rectángulos representan la proporción de población en grupos de cinco años, desde las edades más jóvenes, que forman la base de la pirámide, hasta las edades más avanzadas, que forman la cúspide.

En la pirámide de población anterior, el autor no sólo ha representado los porcentajes de población en cada categoría de sexo y edad, sino que también, para la población adulta, ha calculado la proporción de población casada de la que no está. Además, y en líneas de trazos, se ha representado la pirámide de población hipotética caso de que toda la población nacida en cada período no hubiera fallecido; así, por diferencia entre la pirámide real y la pirámide hipotética, se obtiene una visión directa de la proporción de personas fallecidas en cada categoría de edad.

Esta es precisamente la principal cualidad de la pirámide de población, al ofrecer directa e intuitivamente la distribución global de la po-

FIGURA 6

Pirámide de población en 1970

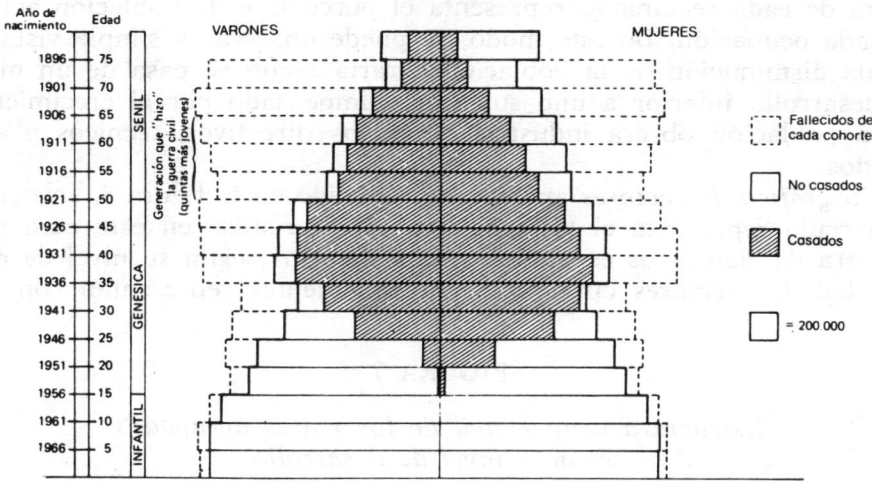

FUENTE: Amando DE MIGUEL, *La pirámide social española*, Madrid, Ariel, 1977, página 167.

blación y permitir comparaciones entre diferentes tipos de población. Al comparar las pirámides de población entre países se suelen distinguir tres formas principales de pirámides: las que ofrecen las poblaciones expansivas, las poblaciones estacionarias y las poblaciones constrictivas. Sus formas, idealizadas, son las siguientes:

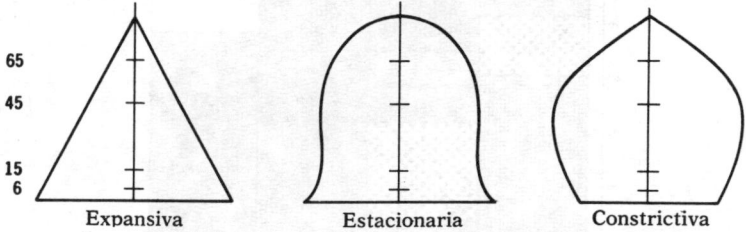

Según se asemejen las pirámides de población obtenidas para cada país a uno u otro modelo, así se podrá caracterizar el tipo de población. Por lo que se refiere a la pirámide de población española de 1970, su perfil se encuentra a medio camino entre el modelo expansivo y el estacionario. Esto indica que la población española, en la medida que va experimentando un descenso en las tasas de natalidad, va dejando atrás el modelo expansivo y se va acercando al modelo estacionario.

El *gráfico rectangular* es una variación del histograma, utilizado bien para representar variables nominales o bien para destacar categorías específicas de variables. En la figura 7 se ha representado la estructura ocupacional de diversos países, agrupados según los niveles de desarrollo alcanzados. En el gráfico se distinguen seis tipos de ocupaciones, y la altura de cada rectángulo representa el porcentaje de población activa en cada ocupación. De este modo, se puede observar a simple vista la rápida disminución de la población agraria según se pasa de un nivel de desarrollo inferior a uno superior, compensado por el crecimiento de la población obrera industrial y de los directivos, técnicos y empleados.

Un *gráfico de sectores* aparece reproducido en la figura 8, en donde un círculo representa el total de una característica, en este caso una muestra de científicos españoles. Al clasificarlos según su nivel de religiosidad, los sectores circulares correspondientes representan con sus

FIGURA 7

Estructura ocupacional de los países agrupados según el nivel de desarrollo

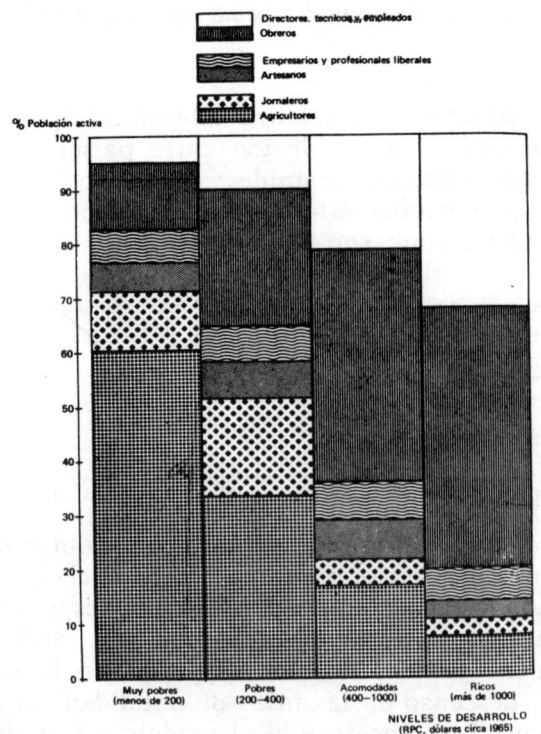

FUENTE: Amando DE MIGUEL, *Manual de estructura social de España*, Madrid, Tecnos, 1974, pág. 362.

áreas los porcentajes totales de científicos en cada categoría. En una representación sectorial, pues, el círculo se divide en sectores cuyo ángulo refleja el porcentaje del total para cada categoría. Como un círculo tiene 360°, al dividirlo en 100 partes, cada 3,6° representa una unidad porcentual del total. Así, los científicos que se declaran católicos practicantes ocuparán un sector cuyo ángulo será de 164,5° (45,7% × 3,6° = = 164,5%).

FIGURA 8

Nivel subjetivo de religiosidad de una muestra de científicos españoles

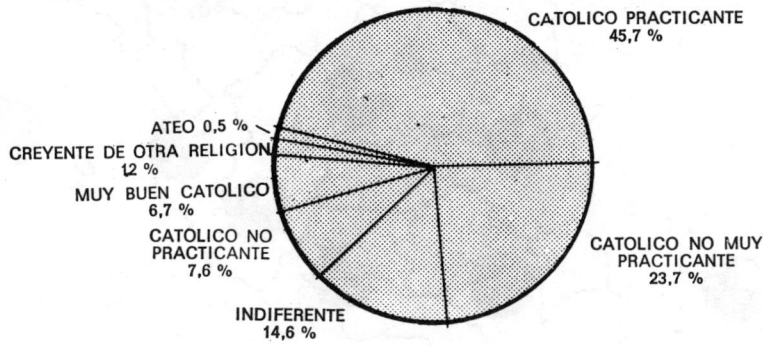

FUENTE: Pedro GONZÁLEZ BLASCO, *El investigador científico en España*, Madrid, C.I.S., 1980, pág. 161.

Con frecuencia, cada sector se raya de forma diferente con objeto de permitir un mayor contraste al comparar cada categoría. También se suelen utilizar los gráficos de sectores para comparar categorías de población para diversas áreas geográficas. De este modo, representando en un mapa dividido en regiones o áreas geográficas los diferentes círculos subdivididos según los valores que en cada una de ellas toman las diversas categorías de población, se consigue en una sola representación gráfica introducir un gran volumen de información, que permite obtener una buena imagen del conjunto. Esto es lo que se ha hecho en el mapa que se reproduce en la figura 9, en el que se ha representado sobre cada región española un gráfico circular, subdividido cada uno de ellos en cuatro segmentos que representan los correspondientes porcentajes de población activa agraria, diferenciada en cuatro clases o estratos sociales.

El *gráfico triangular* es una especie de diagrama de dispersión en el que cada caso o individuo se localiza mediante un punto o señal en el espacio del gráfico, de tal modo que se pueden examinar los conglomerados y las distancias entre los puntos referentes a variables determinadas. En el caso del gráfico triangular, los puntos se localizan en un gráfico que tiene la forma de un triángulo equilátero.

FIGURA 9
Estratificación social agraria por regiones

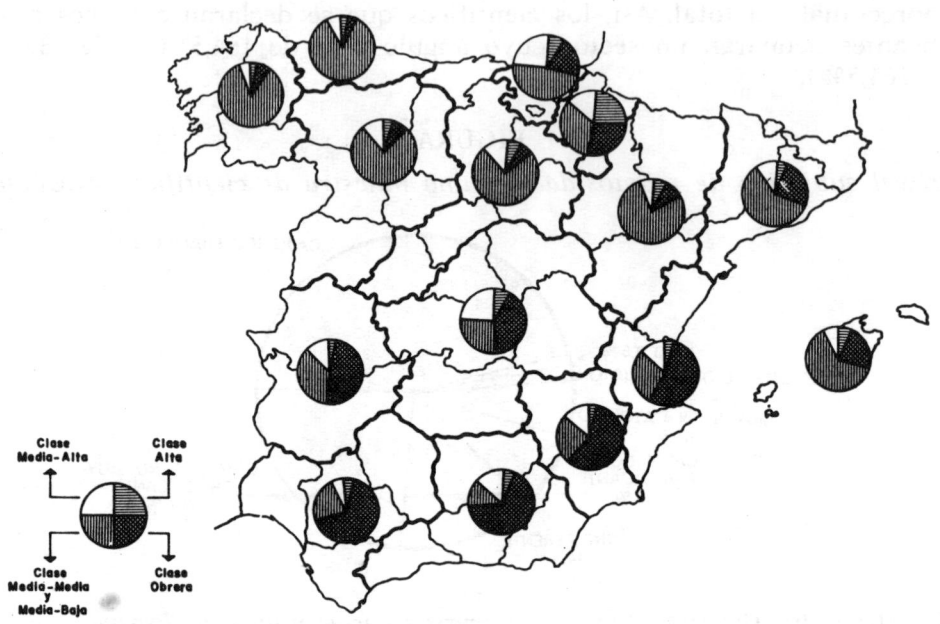

FUENTES Manuel GARCÍA FERRANDO, «Estratificación social en el campo español», *Revista de Estudios Agrosociales*, 102, 1978, pág. 21.

Se suele utilizar en aquellas situaciones en que una misma variable consta de tres categorías significativas (o, al menos, se pueden agrupar en tres categorías), y en donde un caso particular puede ser caracterizado en términos de un porcentaje en cada categoría, de tal forma que el total para cada caso será 100 por 100. Habitualmente, los casos que se representan en el gráfico triangular son grupos, tales como «población agraria», «población industrial» y «población de servicios», o una población que puede ser caracterizada en función de un rasgo que adopta tres categorías, y que totaliza para cada caso 100 por 100, como «favorable», «desfavorable» y «no opina», en relación a un tema determinado en una encuesta de opinión.

El papel en el que se representa el gráfico triangular, y que se suele vender comercialmente, contiene un triángulo equilátero en el que en cada lado se representa una escala que va de un vértice a otro, en un recorrido de 100 unidades porcentuales. Un punto que se encuentre a un tercio del camino de cada vértice cae exactamente en el medio del gráfico, en un punto que vale el 33,3 por 100 en cada una de las tres

FIGURA 10

Distribución sectorial de la población activa en los países desarrollados, subdesarrollados y España (1900-1970)

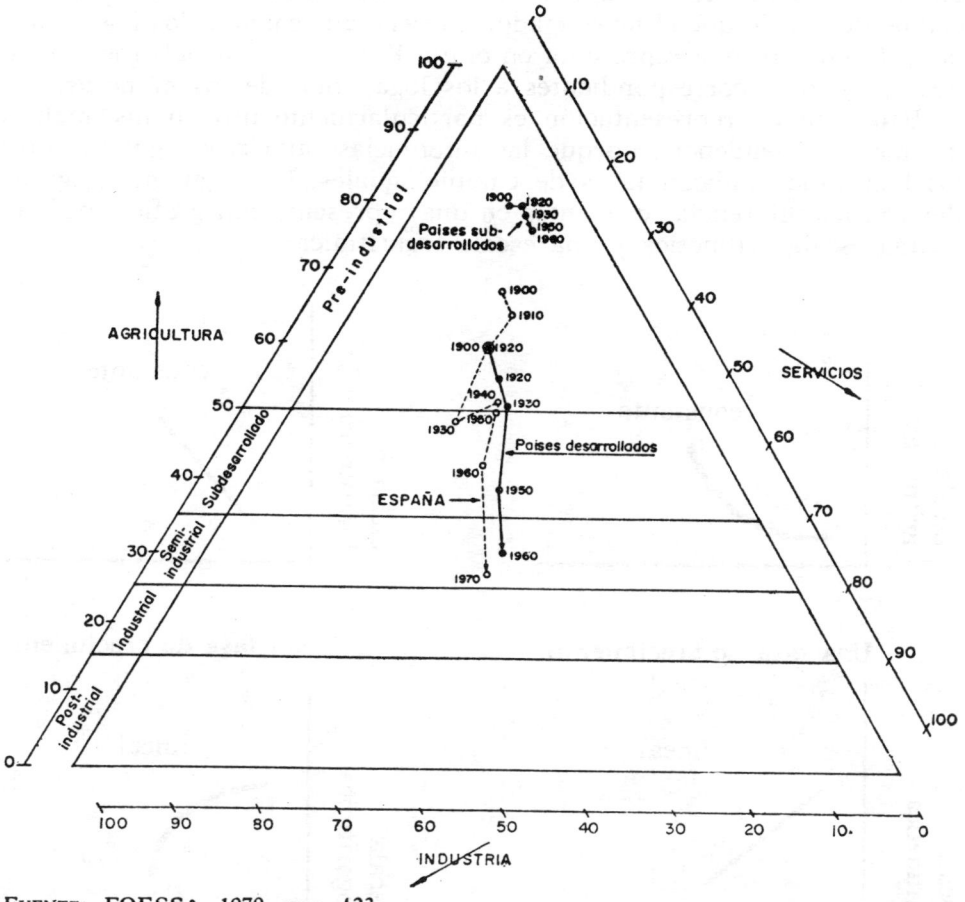

FUENTE: FOESSA, 1970, pag. 123.

escalas. En la figura 10 aparece representada triangularmente la evolución de la distribución sectorial de la población activa en los países desarrollados, subdesarrollados y en España para el período 1900-1970. De este modo se ha conseguido introducir en un solo gráfico una gran amplitud de información para un período de tiempo dilatado, permitiendo una comparación visual muy sencilla e intuitiva de las correspondientes evoluciones de la población activa para las tres categorías de países.

La última técnica gráfica que vamos a presentar en este capítulo es el *gráfico semilogarítmico*, que consiste en un gráfico representado en unas coordenadas rectangulares, similares a las coordenadas cartesianas, pero en las que en el eje Y se representa, en lugar de valores aritméticos, como en el eje X, los logaritmos de los números. Se distingue la representación logarítmica porque los intervalos que se señalan en el eje Y son de diferente amplitud, mientras que los intervalos en el eje X son constantes. El papel semilogarítmico también se vende comercialmente, por lo que el investigador no tiene que calcular los logaritmos de cada número que representa en el eje Y, ya que el papel trae marcados los valores correspondientes a los logaritmos de los números.

Este tipo de representación es particularmente útil en los análisis de líneas de tendencia, porque las diferencias numéricas iguales entre los logaritmos indican tasas de cambio iguales. Las siguientes figuras ilustran las diferencias existentes en una representación gráfica mediante una escala aritmética y una escala logarítmica:

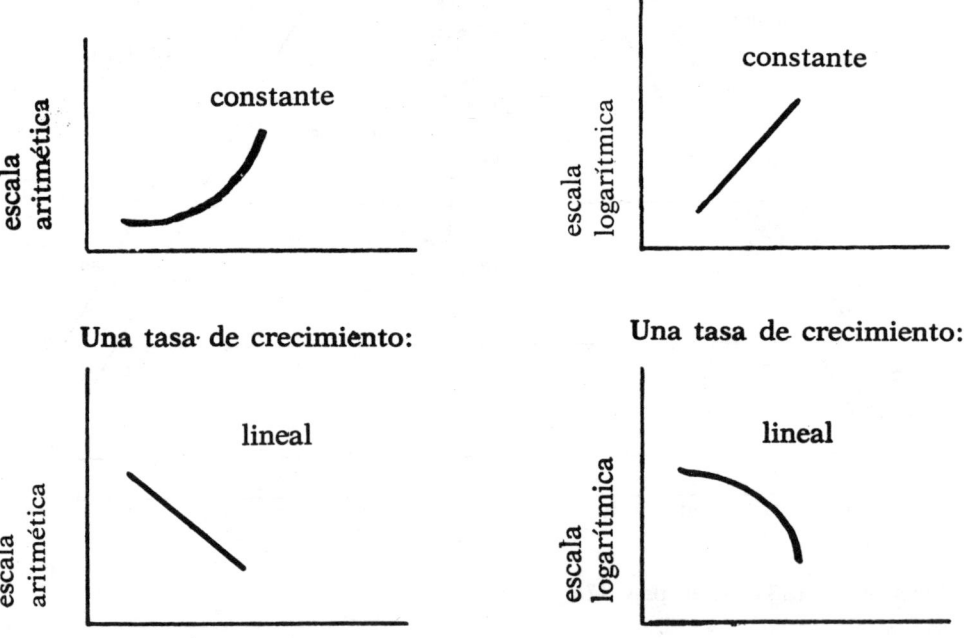

Aparte del estudio de líneas de tendencias, la representación semilogarítmica se utiliza siempre que dispongamos de unos datos cuyos intervalos tienen un recorrido tan amplio que no cabrían en el papel en una representación gráfica de tipo aritmético. Al ser el valor del logaritmo de un número mucho menor que éste, el papel semilogarítmico permite representar en el mismo gráfico valores muy dispares. En la figura 11 se reproduce la representación gráfica de la correlación entre el producto nacional bruto por habitante y la proporción de población activa agraria, para varios países, utilizando una escala semilogarítmica, pues de este modo se ha podido representar conjuntamente países cuyos valores del PNB por habitante oscilan entre 70 y 2.500 dólares.

FIGURA 11

Relación entre el PNB por habitante y la proporción de población activa agraria, para varios países (circo 1960)

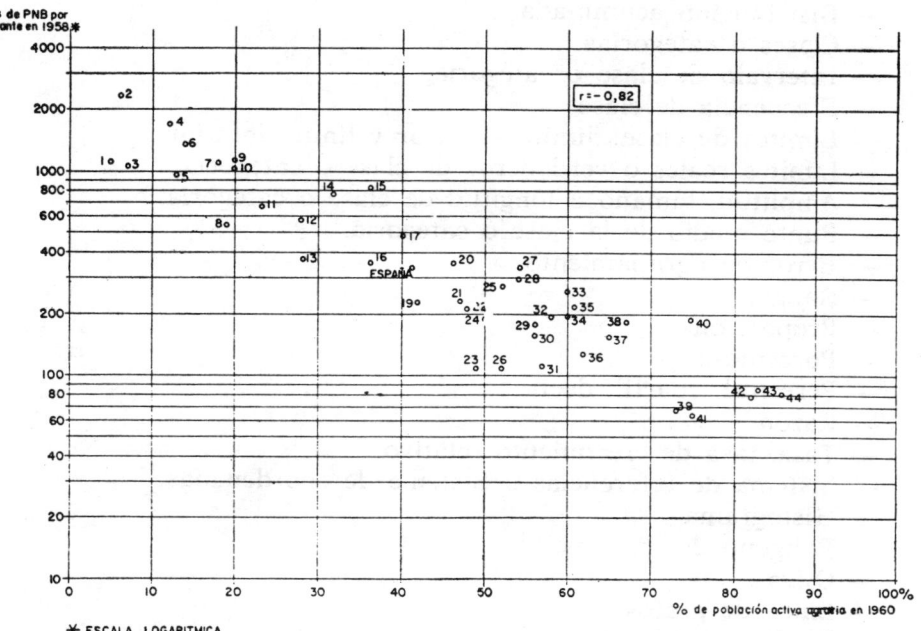

FUENTE: FOESSA, 1970, pág. 101.

Además de las aquí expuestas, existen otras técnicas gráficas que son también utilizadas por los científicos sociales, a veces no tanto con fines analíticos, sino más bien para ofrecer al público una imagen asequible de los resultados de sus investigaciones. No obstante, tales representaciones gráficas suelen ser variaciones de alguna de las técnicas básicas que hemos visto anteriormente, y con cuyo conocimiento resultan fácilmente interpretables el resto de ellas.

En el siguiente capítulo volvemos a ocuparnos de las distribuciones univariables, pero lo vamos a hacer por medio de la utilización de unos pocos números índices que resumen estadísticamente las características globales de las distribuciones.

2.6. TERMINOLOGÍA

Se recomienda la memorización y comprensión del significado de cada uno de los términos y conceptos siguientes:

- Tipos de comparación.
- Operaciones básicas de comparación.
- Organización de los datos.
- Distribución de frecuencias.
- Distribución porcentual.
- Distribución acumulada.
- Clases o categorías.
- Intervalo de clase o categoría.
- Frecuencia de clase.
- Límites de clase: límite superior y límite inferior.
- Límites reales o verdaderos de clase o categoría.
- Amplitud, tamaño o longitud de clase o categoría.
- Punto medio de la clase o categoría.
- Error de agrupamiento.
- Rango.
- Proporción.
- Porcentaje.
- Percentil, cuartil, decil.
- Razón.
- Tasa, tasa de crecimiento relativo.
- Sistema de referencias o Sistema de coordenadas.
- Histograma.
- Polígono de frecuencias.
- Ojiva.
- Línea de grafos.
- Gráfico rectangular.
- Gráfico de sectores.
- Gráfico triangular.
- Gráfico semilogarítmico

EJERCICIOS

1. La variación de la población española provincial que se ha producido en el período 1940-1975, ha sido la que sigue, tomando la población de 1940 como base 100:

    Alava, 211; Albacete, 88; Alicante, 175; Almería, 108; Avila, 80; Badajoz, 86; Baleares, 155; Barcelona, 227; Burgos, 92; Cáceres, 83; Cádiz, 159; Castellón, 132; Ciudad Real, 91; Córdoba, 94; Coruña (La), 118; Cuenca, 67; Gerona, 137; Granada, 100; Guadalajara, 68; Guipúzcoa, 206; Huelva, 109; Huesca, 93; Jaén, 86; León, 107; Lérida, 117; Logroño, 109; Lugo, 79; Madrid, 272; Málaga, 136; Murcia, 123; Navarra, 131; Orense, 90; Oviedo, 131; Palencia, 86; Palmas (Las), 221; Pontevedra, 129; Salamanca, 90; S. C. Tenerife, 191; Santander, 125;

Segovia, 80; Sevilla, 143; Soria, 65; Tarragona, 143; Teruel, 67; Toledo, 97; Valencia, 154; Valladolid, 136; Vizcaya, 225; Zamora, 77; Zaragoza, 135. Total España, 139.

Agrupar las provincias en categorías que sean sociológicamente significativas en relación a la tasa de variación de la población.

2. La población de los países europeos era, en 1983, la siguiente (en millones de personas):

Europa del Norte ...	82,0	Europa Occidental	155,0
Dinamarca	5,1	Alemania Federal	61,5
Finlandia	4,8	Austria	7,6
Irlanda	3,5	Bélgica	9,9
Islandia	0,2	Francia	54,6
Noruega	4,1	Luxemburgo	0,4
Reino Unido	56,0	Países Bajos	14,4
Suecia	8,3	Suiza	6,5
Europa Oriental	111,0	Europa del Sur	141,0
Alemania Oriental ...	16,7	Albania	2,9
Bulgaria	8,9	España	38,4
Hungría	10,7	Grecia	9,9
Polonia	36,6	Italia	56,3
Rumania	22,7	Malta	0,4
Checoslovaquia	15,4	Portugal	9,9
		Yugoslavia	22,3

Calcular los porcentajes que representan las poblaciones de cada país en relación al total europeo y al total del área geográfica a la que pertenecen.

3. En una encuesta sobre victimización, las 560 personas que respondieron afirmativamente a la pregunta: ¿ha sido víctima de algún delito o de algún intento de delito a lo largo de su vida?, se distribuyeron del siguiente modo de acuerdo con la edad:

Edad (años)	f_i
16-25	100
26-35	130
36-45	120
46-55	120
56-65	90

Desarrollar la distribución, calculando lo que sigue:

a) Frecuencias relativas y frecuencias acumuladas «menos de» y «o más».
b) Porcentajes y porcentajes acumulados.

4. Al visitar 84 hogares de un barrio, un encuestador encontró los siguientes números de miembros que viven en cada hogar:

3	5	6	1	2	4	4	3	5	1	3	2
4	5	3	6	4	5	3	4	8	7	4	3
4	5	4	2	6	7	1	3	2	4	3	4
6	7	4	5	3	4	7	4	3	5	6	3
7	2	9	10	3	2	1	3	2	3	4	4
6	7	1	2	3	4	7	3	4	6	1	3
3	4	3	2	3	9	3	6	2	2	4	5

a) Construir una distribución de frecuencias y una distribución acumulada, agrupando los datos en intervalos que sean sociológicamente significativos.
b) A partir de tales distribuciones, dibujar un histograma, un polígono de frecuencias y una ojiva.

5. Supóngase que los siguientes números representan los ingresos mensuales (en miles de pesetas) de una muestra de residentes en una comunidad determinada:

68	54	78	150	75	84	175	70	71	53	91	66
76	45	61	87	103	95	108	100	85	89	87	72
65	96	88	200	100	120	105	66	97	136	119	93
82	100	140	78	99	138	87	100	88	143	106	106
112	120	92	205	95	68	90	93	118	75	87	140
90	86	110	66	80	135	75	115	90	78	93	185

a) Construir una distribución de frecuencias y una distribución acumulada, agrupando los datos en intervalos que sean sociológicamente significativos.
b) A partir de tales distribuciones, dibujar un histograma, un polígono de frecuencias y una ojiva.

6. En 1960 la población urbana en España alcanzaba la cifra de 17.363.790 habitantes, y en 1970 llegó a la cantidad de 22.576.000. También en 1960 la población rural era 4.440.868, mientras que en 1970 descendió a 3.737.000. Calcular las tasas de crecimiento relativo (expresadas porcentualmente) para la población rural y para la población urbana, en el período considerado.

7. En una comunidad, el número de varones es 45.712 y el de mujeres es 47.523, ¿cuál es la razón de los sexos en dicha comunidad?

BIBLIOGRAFIA

ANDRÉS ORIZO, Francisco: *Cambio socio-cultural y comportamiento económico*, Madrid, Centro de Investigaciones Sociológicas, 1979.
BLALOCK, Hubert M.: *Social Statistics*, New York, McGraw-Hill, 1960.
DE MIGUEL, Amando: *Manual de estructura social de España*, Madrid, Tecnos, 1974.
DE MIGUEL, Amando: *La pirámide social española*, Barcelona, Ariel, 1977.
DURKHEIM, Emile: *Las reglas del método sociológico*, Buenos Aires, La Pléyade, 1972.
FOESSA: *Estudios sociológicos sobre la situación social de España 1975*, Madrid, Euramérica, 1976.
GARCÍA FERRANDO, Manuel: «Estratificación social en el campo español», *Revista de Estudios Agrosociales*, 102, 1978, págs. 7-31.
GONZÁLEZ BLASCO, Pedro: *El investigador científico en España*, Madrid, C.I.S., 1980.
LOETHER, H. J., y D. G. MCTAVISH: *Descriptive Statistics for Sociologists*, Boston, Allyn and Bacon, 1974.
MURILLO FERROL, Francisco: «La distribución de la renta en Andalucía», *Anales de Sociología*, 4, 1968.
SPIEGEL, Murray E.: *Estadística*, Madrid, Ediciones de la Colina, S. A., 1975.
WEITZMAN, Murray S.: «Measures of Overlap of Income Distributions of White and Negro Families in the United States», *Technical Paper*, 22, Washington D.C., U.S. Bureau of the Census, 1970.
STOUFFER, Samuel A.: «Some observations on Study Design», *American Journal of Sociology*, 40, 950a, págs. 355-361.
ZEISEL, Hans: *Dígalo con números*, México, F.C.E., 1962.

Capítulo 3
CARACTERISTICAS DE UNA DISTRIBUCION DE FRECUENCIAS: TENDENCIA CENTRAL, DISPERSION Y FORMA. LA DISTRIBUCION NORMAL

La observación visual de las representaciones gráficas de las distribuciones de frecuencia es, sin duda alguna, un método elemental y aproximado para el análisis de sus propiedades. El investigador necesita, a tal fin, disponer de procedimientos de medición más precisos para estudiar las características más sobresalientes de las distribuciones de frecuencias, así como tener un buen conocimiento de los posibles sesgos que puedan introducirse al utilizar tales instrumentos de medición. En el presente capítulo estudiaremos los instrumentos de medida utilizados para caracterizar las distribuciones de frecuencias.

3.1. Características de una distribución univariable

Vamos a aproximarnos a este tema a través de la exposición de un ejemplo basado en una investigación real. En un intento por desarrollar una medida fiable y relevante para el estudio de variables sociopsicológicas, Díez Nicolás y Torregrosa (1967, págs. 77 y sigs.) aplicaron la escala de Cantril en la realización de una encuesta sobre «El mundo en el año 2000», tal como es imaginado por la población española. La escala consiste en un *continuum* y se le pide al sujeto que defina, sobre la base de sus propios supuestos, percepciones y valores, los dos extremos de lo «bueno» y lo «malo» o de lo «mejor» y de lo «peor» en relación a un tema concreto.

En el caso concreto del estudio de Díez Nicolás y Torregrosa, el entrevistado sitúa en el extremo superior de la escala sus deseos y esperanzas tal como él mismo las concibe, y cuya realización constituiría «la mejor vida» posible para él. En el otro extremo, el entrevistado expresa sus miedos y preocupaciones, es decir, «lo peor» que podría ocurrirle. Una vez establecidos estos dos puntos extremos, y utilizando el *continuum* de 1 a 9, se le preguntó a cada entrevistado dónde creía que estaba situado en la actualidad, dónde creía que estaba situado hace cinco años y dónde creía que se situaría dentro de cinco años.

La aplicación del instrumento de medida a una muestra de 110 personas produjo los siguientes resultados (tabla 1):

TABLA 1

Distribución de las posiciones asignadas por el entrevistado en la escala de Cantril a sí mismo en el momento presente, hace cinco años y dentro de cinco años

Escala de Cantril	Pasado (%)	Presente (%)	Futuro (%)
1	6	—	1
2	7	3	—
3	16	4	2
4	11	16	4
5	25	21	12
6	11	25	16
7	12	18	31
8	6	4	18
9	4	7	14
No sabe, no contesta	2	2	2
TOTAL	(100)	(100)	(100)

FUENTE: J. Díez Nicolás y J. R. Torregrosa, «Aplicación de la Escala de Cantril en España», *REOP*, 1967, pág. 84.

La distribución porcentual de las respuestas pone de manifiesto la existencia de un cierto optimismo al evaluar la población su propia posición en la dimensión temporal. La puntuación asignada tiende a ser mayor a medida que se pasa del pasado al presente y del presente al futuro.

En base a los anteriores datos, y en un estudio sobre la imagen del mundo futuro, ambos autores se sirvieron de dicha investigación exploratoria para formular nuevas hipótesis sobre este tema. Con el fin de visualizar mejor los resultados obtenidos, Díez Nicolás y Torregrosa realizaron la siguiente representación gráfica de la distribución de frecuencias porcentual contenida en la tabla 1 (ver fig. 1).

Se observa que las tres líneas de grafos son claramente diferentes en una serie de rasgos. En primer lugar, difieren en la *posición* o concentración a lo largo de la escala de puntuaciones. El grafo correspondiente al pasado muestra las puntuaciones más bajas, mientras que el grafo correspondiente al futuro tiene las puntuaciones más altas. En segundo lugar, las tres distribuciones difieren en la relativa *concentración* de las puntuaciones que representan. Así, la distribución correspondiente al pasado está más «apilada» en el centro de la distribución, mientras que las distribuciones correspondientes al presente y al futuro se «apilan» más hacia la derecha y tienen menos casos en la parte izquierda de la

FIGURA 1
Distribución de frecuencias porcentuales de las posiciones asignadas por el individuo en la escala de Cantril a sí mismo en el momento presente, en el pasado y para el futuro

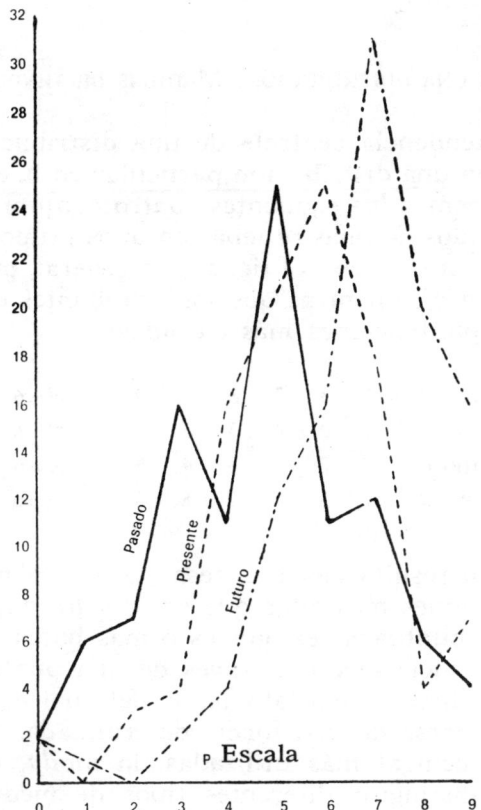

FUENTE: J. DÍEZ NICOLÁS y J. R. TORREGROSA, *op. cit.*, pág. 83.

escala que el grafo del pasado. Además, el grafo del pasado está más disperso que los otros dos, ya que tiene, en general, frecuencias más bajas en las categorías centrales, aunque las tiene más altas para las categorías más bajas. En tercer lugar, la _forma_ de las distribuciones también difiere en ciertos aspectos, tales como el número de picos, el grado de asimetría, etc. Estos tres rasgos de las distribuciones se conocen con los nombres de _tendencia central_ (o posición), _variación_ y _forma_.

En este caso, las diferencias entre las tres distribuciones se han mostrado de la forma que hemos visto en el capítulo anterior, al presentar las técnicas gráficas. En el presente capítulo vamos a ocuparnos de presentar otras formas más compactas para caracterizar las distribuciones de frecuencia que lo que permiten las técnicas gráficas. Y lo haremos a través de la utilización de unas pocas medidas o «números índices» que indican la tendencia central, la variación y la forma de una distribución. De esta manera, la comparación entre diferentes distribuciones se hace más fácil y eficaz, y permite precisar mejor los aspectos en que se asemejan y difieren entre sí las distribuciones de frecuencia.

3.2. LA POSICIÓN DE UNA DISTRIBUCIÓN: MEDIDAS DE TENDENCIA CENTRAL

La posición o «tendencia central» de una distribución se refiere al lugar donde se centra una distribución particular en la escala de valores. Supongamos que tenemos los siguientes cuatro conjuntos de valores referentes a los resultados de unas pruebas en unos grupos de estudiantes. Los seis estudiantes en el grupo *c)* tienen, en general, puntuaciones más bajas que los de *a)* o *b)*, mientras que los estudiantes que componen el grupo *d)* muestran puntuaciones más elevadas:

grupo *a)*	2	3	3	3	5	5	N=6
grupo *b)*	2	2	4	5	5	6	N=6
grupo *c)*	2	2	2	3	4	5	N=6
grupo *d)*	4	5	6	7	8	8	N=6

Esta comparación resulta cierta a pesar de que algunos estudiantes en *c)* tienen puntuaciones más altas que en *a)* y *b)*, y que algunos estudiantes de *d)* tienen puntuaciones iguales o más bajas que los de *a)*, *b)* y *c)*. La posición se suele medir a través de una puntuación central o «valor típico» de la distribución, alrededor del cual el resto de los valores tienden a agruparse de una forma determinada. Tres son las medidas de tendencia central más utilizadas, la *moda*, la *mediana* y la *media*, pudiéndose distinguir diferentes tipos de medias, tal como la *media aritmética*, la *media geométrica* y la *media armónica*.

3.2.1. *Moda*

La moda de una distribución de números es aquel valor que se presenta u ocurre con la mayor frecuencia. Es decir, la moda es el valor más común de la distribución. La moda puede no existir en una distribución determinada o bien puede no ser única. En una representación gráfica, la moda será el rectángulo más alto, en el caso de un histograma, y el pico más alto, en el caso de un polígono.

En el caso del grupo *a)* anterior, la moda sería el valor 3, mientras que en el caso del grupo *b)* aparecen dos modas, el 2 y el 5. Las distribuciones que contienen una sola moda se llaman *unimodales*, y las distribuciones que contienen dos modas se denominan *bimodales*. En general, cuando una distribución contiene diversas modas se denomina *multimodal*.

En el caso de datos agrupados, la moda es el punto medio de la clase que contiene la mayor frecuencia de casos. A la clase que contiene la moda se la denomina clase modal. Así, en el ejemplo siguiente, la clase modal será la 4-6 y la moda valdrá 5:

	f_i
De 9 a 11	6
De 7 a 8	10
De 4 a 6	15
De 1 a 3	4
TOTAL	35

ya que la clase 4-6 contiene la mayor frecuencia de casos, 15, y el punto medio entre 4 y 6 es 5.

Si los datos aparecen medidos a nivel nominal, la moda es la categoría a la que corresponde la frecuencia máxima. Así, en el momento de nacer, los niños representan el valor modal, pues nacen más niños que niñas.

Si los datos aparecen medidos a nivel ordinal, la moda es el valor ordinal al que corresponde frecuencia máxima. Así, en la siguiente distribución de frecuencias, que refleja los diferentes grados de acuerdo con un tema determinado, la moda será el valor ordinal «bastante de acuerdo», ya que en él se concentra el mayor número de contestaciones:

	f_i
Muy de acuerdo	15
Bastante de acuerdo	60
Ni poco ni mucho	20
Bastante en desacuerdo	18
Muy en desacuerdo	2
TOTAL	115

La moda tiene, en términos generales, la virtud de ser fácilmente reconocible por simple inspección, por lo que se utiliza como el índice más rápido y directo para determinar la posición de una distribución. Tiene, sin embargo, el inconveniente de no ser necesariamente única —es el caso de las distribuciones multimodales— y, además, no es calculable si todos los valores numéricos son diferentes.

3.2.2. Mediana

La mediana es el punto o valor numérico que deja por debajo (y por encima) a la mitad de las puntuaciones de una distribución. Así, en la distribución de números siguiente: 5, 6, 7, 8, 9, la mediana es 7, ya que este valor numérico divide exactamente en dos mitades la distribución que tiene un número impar, $N=5$, de puntuaciones. En general, cuando el número de casos N de la distribución es impar, la mediana se calcula mediante la expresión $K = \dfrac{N+1}{2}$; de este modo, K nos dará el valor de la posición de la puntuación en la distribución que es la mediana. En el caso anterior, en que $N=5$, $K = \dfrac{5+1}{2} = 3$, esto es, la mediana será el valor que ocupa la tercera posición; en nuestro caso, el 7.

Si el número de puntuaciones N de la distribución fuera par, como en el siguiente caso: 10, 15, 50, 75, 90, 100, en el que $N=6$, la mediana sería igual a un valor que se encontrará entre las puntuaciones centrales 50 y 75. En tal caso, el procedimiento habitual de cálculo de la mediana es tomar la media de los dos casos centrales como la media, es decir:

$$M_d = \frac{50+75}{2} = 62.5$$

En el caso de distribuciones agrupadas en intervalos, la mediana se calcula habitualmente bajo el supuesto de que los casos en el intervalo que contiene la mediana se distribuyen en él homogéneamente. Esto es, que si en un intervalo tenemos cuatro casos, suponemos que cada uno de ellos ocupa la cuarta parte del mismo. La fórmula mediante la que se calcula la mediana con datos agrupados es la siguiente:

$$M_d = L_{md} + \left(\frac{\dfrac{1}{2} N - acum\ f_{md}}{f_{md}} \right) \cdot W \qquad [3.1]$$

en donde L_{md} es el límite inferior del intervalo o categoría que contiene la mediana; N es el número total de casos; $acum\ f_{md}$ es la frecuencia acumulada por debajo de la frecuencia del intervalo que contiene la mediana, y W es la amplitud o distancia de la categoría que contiene la mediana.

Se trata de una fórmula similar a la utilizada para calcular los percentiles, dado que, después de todo, la mediana no es otra cosa que el percentil 50. Veamos, a través de un ejemplo, cómo se calcula la mediana en una distribución de datos agrupados. Lo primero que hay que hacer a partir de la distribución de datos dada es la creación de una distribución de frecuencias acumulada, comenzando por la categoría de puntuaciones más bajas:

Puntuaciones	Frecuencias	Frecuencias acumuladas	Límites reales	Amplitud intervalo
De 32 a 36	18	88	31,5-36,5	5
De 27 a 31	21	70	26,5-31,5	5
De 22 a 26	26	49	21,5-26,5	5
De 17 a 21	15	23	16,5-21,5	5
De 12 a 16	8	8	11,5-16,5	5

El número de casos que cae por debajo de la mediana será $N/2$, esto es, $88/2=44$. El intervalo que contiene la mediana será aquel cuya frecuencia acumulada está más próxima a 44. En la distribución anterior es el intervalo $22-26$ el que contiene la mediana, ya que su frecuencia acumulada, 49, es el número más próximo a 44.

Si la frecuencia acumulada de la categoría que contiene la mediana hubiera sido exactamente igual a $N/2$, entonces el límite superior del intervalo hubiera sido la mediana. Pero como esto no suele ocurrir habitualmente, como en nuestro ejemplo, se hace preciso recurrir a la anterior fórmula para calcular la mediana. Continuemos, pues, con los cálculos.

La lógica del cálculo es que deseamos localizar un valor, el de la mediana, dentro del intervalo que la contiene, que se encuentra a cierta distancia en el intervalo. La distancia depende de la proporción de frecuencia en el intervalo de la mediana que se necesita añadir a la frecuencia acumulada por debajo del intervalo de la mediana, con el fin de igualar el valor $N/2$ o el número de casos que caen por debajo de la puntuación de la mediana. Esta proporción se calcula, siguiendo la fórmula, del siguiente modo: $\dfrac{N}{2} - acum\, f_{md} = \dfrac{88}{2} - 23 = 21$. Dado que $f_{md}=26$ y $L_{md}=21,5$, tal como se observa en el cuadro que contiene las distribuciones, el valor de la mediana será:

$$M_d = 21,5 + \dfrac{21}{26} \cdot 5 = 25,5$$

Así, pues, 25,5 será el valor de la puntuación por debajo de la cual queda el 50 por 100 de los casos, esto es, 44 de los 88 casos.

Por todo lo que se ha dicho, queda claro que los valores de una distribución de frecuencias deben tener, como mínimo, un nivel de medición ordinal para que se pueda calcular la mediana, ya que el concepto de la misma implica dirección (puntuaciones por arriba y por debajo de la mediana). Ahora bien, la mediana es un índice de posición que no presupone conocimiento de la distancia, excepto para el caso de la amplitud del intervalo en el que cae la mediana cuando se tienen datos agrupados. Esto quiere decir que si se utiliza con datos medidos a nivel de intervalo, se pierde algo de información, al igual que ocurre si utilizamos la moda con tal tipo de datos. En cierto modo, esto constituye una ventaja de la mediana, ya que es poco influida por la existencia de valores extremos altos y erráticos, ya que es simplemente el punto que divide a todos los casos en dos mitades. En el caso de datos agrupados, la mediana se puede calcular aunque la categoría o intervalo máximo no tenga límite superior ni la categoría o intervalo mínimo lo tenga superior, siempre que la mediana no caiga en tales categorías y extremos, lo que, por otro lado, no es corriente.

La mediana es fundamento de diversas técnicas estadísticas, aunque el número y utilización de éstas es notablemente menor que el de las técnicas basadas en la media aritmética, que va a ser estudiada a continuación.

3.2.3. Media aritmética

La media común o media aritmética es, simplemente, la suma de todas las puntuaciones de una distribución dividida por el número de casos. Así, dados n valores, $X_1, X_2, ..., X_n$, su media aritmética, $\bar{X}$, viene definida por:

$$\bar{X} = \frac{X_1 + X_2 + ... + X_n}{n} = \frac{\sum_{i=1}^{n} X_i}{n} \qquad [3.2]$$

De una manera más simplificada, se puede escribir la media, prescindiendo de los subíndices en el sumatorio, mediante la expresión:

$$\bar{X} = \frac{\Sigma X}{n}$$

sobreentendiéndose que ΣX, sin ningún subíndice, indica la sumación de todos los valores.

La media aritmética posee algunas características muy interesantes, que la hacen muy útil y la medida más ampliamente utilizada de tendencia central.

Para comenzar, la media aritmética es otro buen ejemplo del uso estadístico de las razones como una forma válida de realizar comparaciones. La suma total de las puntuaciones se «estandariza», por decirlo de alguna forma, en términos de las puntuaciones que se incluyen en la suma. Esto permite comparar las medias de grupos de diferente tamaño, mientras que la comparación directa de las correspondientes distribuciones sería errónea. Algunas veces, no obstante, el número de puntuaciones que contribuyen a la suma no es la única fuente productora de diferencias al realizar comparaciones de tendencia central entre grupos. En el cálculo de la suma, cada puntuación contribuye en una forma o cantidad diferentes, dependiendo de su valor numérico. Naturalmente, las puntuaciones elevadas contribuyen más a la suma que las puntuaciones bajas, lo que significa que los valores extremos elevados tienen una influencia mayor en el cálculo de la media que las puntuaciones intermedias más bajas. Se puede decir que la media es «atraída» por los valores extremos altos en una distribución. Así, supongamos que tenemos la siguiente distribución: *a)* 2, 2, 4, 6, 8, 14, 20, cuya media $\overline{X}=8,0$. Pues bien, basta que el valor numérico del extremo pase de 20 a 30 —quedando entonces la distribución como *b)* 2, 2, 4, 6, 8, 14, 30— para que la media cambie significativamente su valor, $\overline{X}=9,4$, es decir, 1,4 unidades superior a la anterior.

Por esta razón, se ha comparado a la media como el punto de apoyo o fulcro de un tablero ideal e imaginario en el que quedan situados, a derecha e izquierda del fulcro, los valores que están situados por encima o por debajo de la media. En otras palabras, se puede describir a la media como el «centro de gravedad» de la distribución de frecuencias (Amón, 1973, pág. 50).

En algunos casos, interesa asociar a los números, X_1, X_2, ..., X_n, ciertos factores o pesos, W_1, W_2, ..., W_n, que dependen de la significación o importancia de cada uno de los números. En tal caso, la media se calcula mediante la expresión:

$$\overline{X} = \frac{W_1 X_1 + W_2 X_2 + \ldots + W_n X_n}{W_1 + W_2 + \ldots + W_n} = \frac{\Sigma WX}{\Sigma W} \quad [3.3]$$

A este tipo de media se la denomina *media aritmética ponderada*. Su uso viene aconsejado cuando se pretende calcular la media en una distribución cuyos valores tienen diferente significado o importancia de cara al resultado final. Supongamos que los resultados de un examen final dependen de tres exámenes parciales que se valoran de forma distinta; por ejemplo, el último de ellos es tres veces más importante que los dos primeros. Si las notas obtenidas en el primer, segundo y tercer examen por un alumno concreto han sido 6, 5 y 7, respectivamente, la nota media final o media ponderada será:

$$\overline{X} = \frac{(1)(6)+(1)(5)+(3)(7)}{1+1+3} = \frac{32}{5} = 6,4$$

Veamos ahora un ejemplo real de utilización de la media ponderada. En un estudio sobre la conciencia regional de los españoles se encontró la siguiente distribución porcentual de autoubicación, en un espacio político izquierda-derecha:

		% del total	% del total menos los % de NS/NC
Izquierda:	1	2	3
	2	3	4
	3	6	8
	4	7	9
	5	24	30
	6	14	18
	7	6	8
	8	7	9
	9	4	5
Derecha:	10	5	6
No sabe		14	
No contesta		7	100
		100	
		(6.342)	

FUENTE: J. JIMÉNEZ BLANCO et al., *La conciencia regional de España*, Madrid, C.I.S., 1977. Elaboración propia.

Con el fin de calcular la media nacional de la autoubicación en la escala izquierda-derecha, se hace preciso considerar el porcentaje de población que se autoubica en cada una de las casillas de la escala. Ahora bien, como en la distribución original existe un 21 por 100 de entrevistados que no han respondido —14 por 100 por «no sabe» y 7 por 100 por «no contesta»—, es necesario volver a calcular la distribución porcentual en base a los que sí se han autoubicado, distribución que aparece en la columna de la derecha de la tabla. Con estos datos ya se puede calcular la media ponderada, que nos dará el valor de la posición media de la población española en dicha escala:

$$\bar{X} = \frac{1\cdot 3 + 2\cdot 4 + 3\cdot 8 + 4\cdot 9 + 5\cdot 30 + 6\cdot 18 + 7\cdot 8 + 8\cdot 9 + 9\cdot 5 + 10\cdot 6}{100} = 5,64$$

Así, pues, si consideramos que el centro político se encuentra entre las casillas 5 y 6, se puede afirmar que la media nacional, con un valor de 5,64, es claramente centrista desde el punto de vista político.

Otras propiedades interesantes de la media aritmética son las siguientes:

a) La suma algebraica de las desviaciones de un conjunto de números con respecto a su media aritmética es igual a cero. Es decir, dada una media aritmética $\overline{X}=K$, la suma de las diferencias de las n puntuaciones X_1, X_2, ..., X_n, respecto a K, vale 0. En efecto, se tiene que:

$$\Sigma(X_i-\overline{X})=\Sigma X_i-n\overline{X}=\Sigma X_i-n\frac{\Sigma X_i}{n}=\Sigma X_i-\Sigma X_i=0$$

b) Si la suma de los cuadrados de las desviaciones de un conjunto n de números X_1, X_2, ..., X_n respecto a K es mínima, entonces $K=\overline{X}$, ya que si K fuera distinto de la media aritmética, la suma de las diferencias al cuadrado no podría ser mínima, tal como se ha visto anteriormente.

c) Si n_1 números tienen de media m_1; n_2 números tienen de media m_2, ...; n_i números tienen de media m_i, entonces la media de todos los números es:

$$\overline{X}=\frac{n_1m_1+n_2m_2+\ldots+n_im_i}{n_1+n_2+\ldots+n_i} \qquad [3.4]$$

$N = n_1+n_2+\ldots+n_i$

es decir, se trata de una media ponderada de todas las medias posibles del conjunto de números.

d) Si la media $Y_1=AX_1+B$, la media de $Y_2=AX_2+B$, ..., y la media de $Y_n=AX_n+B$, siendo A y B dos constantes arbitrarias, entonces la media de todas las Y_i es $\overline{Y}=A\overline{X}+B$, ya que, por definición (siendo $i=1$, 2, ..., n):

$$\overline{Y}=\frac{\Sigma Y_i}{n}=\frac{\Sigma(AX_i+B)}{n}=\frac{A\Sigma X_i+nB}{n}=A\frac{\Sigma X_i}{n}+\frac{nB}{n}=A\overline{X}+B \qquad [3.5]$$

Cuando los datos se presentan agrupados mediante una distribución de frecuencias, todos los valores caen dentro de unos intervalos de clase que, a efectos de cálculo, se consideran coincidentes con los puntos medios de cada intervalo. Para el caso en que todos los intervalos sean de idéntica amplitud, y siendo X_i el punto medio de cada intervalo y f la frecuencia, la *media aritmética de datos agrupados* se calcula mediante la expresión:

$$\overline{X}=\frac{fX_i}{N} \qquad [3.6]$$

Veamos a través de un ejemplo la utilización práctica de dicha fórmula. A partir de la distribución de frecuencias dadas se crea una columna de puntos medios:

Puntuaciones	X_i	f
De 22 a 26	24	18
De 17 a 21	19	21
De 12 a 16	14	26
De 7 a 11	9	15
De 2 a 6	4	8
		$N=88$

Con estos datos ya estamos en condiciones de aplicar la fórmula [3.6]:

$$\overline{X} = \frac{18\cdot 24 + 21\cdot 14 + 26\cdot 14 + 15\cdot 9 + 8\cdot 4}{88} = \frac{1.362}{88} = 15,5$$

3.2.4. Tipos especiales de medias

Existen otras medidas de tendencia central que son apropiadas para situaciones especiales que, sin embargo, son más corrientes en las ciencias físicas que en las ciencias sociales. De todos modos, algunas veces pueden ser utilizadas por los sociólogos, por lo que expondremos aquí su definición y forma de cálculo.

La *media geométrica* de una serie N de números $X_1, X_2, ..., X_n$, es la raíz n-ésima del producto de los números:

$$\text{Media geométrica} = \sqrt[n]{(X_1)(X_2)...(X_n)} \qquad [3.7]$$

En la práctica, la media geométrica se calcula mediante logaritmos *. Su uso es apropiado cuando hace falta calcular la razón media de varias razones, como ocurre en algunas técnicas de construcción de escalas de actitudes, o cuando se desea calcular el porcentaje medio de cambio de alguna característica variable. Obsérvese que la media geométrica se calcula de forma parecida a la media aritmética, cambiando tan sólo los signos de suma y división de ésta por los signos de multiplicación y radicación en aquélla.

La *media armónica* de una serie N de números $X_1, X_2, ..., X_n$, es el

---

* El procedimiento es el siguiente: aplicando logaritmos a la expresión [3.7] se tiene que, $\log M_G = \log \sqrt[n]{(X_1)(X_2)...(X_n)} = 1/n \log[(X_1)(X_2)...(X_n)] = 1/n [\log(X_1) + \log(X_2) + ... + \log(X_n)]$. Una vez calculada esta expresión, el valor de M_G se obtendrá tomando el antilogaritmo de la misma, esto es, que $M_G = \text{antilog}[1/n (\log X_1 + \log X_2 + ... \log X_n)]$.

número recíproco de la media aritmética de los recíprocos de los números:

$$\text{Media armónica} = \frac{1}{\frac{1}{N}\sum_{i=1}^{N}\frac{1}{X_i}} = \frac{N}{\sum_{i=1}^{N}\frac{1}{X_i}} \quad [3.8]$$

El uso de la media armónica puede resultar de utilidad en problemas que tengan que ver con cambios en el tiempo, distancias, etc.

La *media cuadrática* es un valor tal que su cuadrado es igual a la media aritmética de los cuadrados de los números:

$$\text{Media cuadrática} = \frac{X_1^2 + X_2^2 + \ldots + X_n^2}{N} \quad [3.9]$$

El uso de la media cuadrática tiene interés en el cálculo de la varianza, de la que nos ocuparemos más adelante.

3.2.5. *Relación y comparación entre los índices de tendencia central*

Hemos visto anteriormente que la media utiliza más información que la mediana, en el sentido de que todas las puntuaciones entran en el cálculo de la media, mientras que el cálculo de la mediana tan sólo implica la puntuación del caso medio. De ahí que la media quede afectada por cambios en los valores extremos, cosa que no ocurre en el caso de la mediana.

Esta importante diferencia entre la media y la mediana permite, en muchos casos, poder tomar una decisión sobre cuál de ellas resulta más apropiada. En un principio, suele resultar más apropiado para el investigador el poder hacer uso de toda la información que se contiene en la distribución de frecuencias, por lo que, desde este punto de vista, resulta más ventajoso el empleo de la media que el de la mediana. Además, la media es una medida más estable que la mediana, en el sentido de que varía menos de una muestra a otra. Este es un tema que estudiaremos con mayor atención cuando nos ocupemos de la estadística inductiva. Baste decir aquí que cuando se trabaja con una muestra proveniente de una población, lo que le interesa principalmente al investigador es poder generalizar los resultados de la muestra a la población. Se sabe que si se hubiera tomado otra muestra los resultados no serían ya los mismos. Sólo si se pudiera tomar una serie de muestras podríamos saber cuánto difieren entre sí las medias de las diferentes muestras. Lo que afirmamos ahora es que la media diferirá menos de una muestra a otra de la misma población que lo hará la mediana. En conclusión, pues, el uso de la media suele ser preferible al de la mediana como medida de tendencia central.

Ahora bien, si la distribución es muy asimétrica, se corre el peligro de que un valor extremo muy alto altere profundamente el valor de la media, distorsionando su sentido. En tal caso, el uso de la mediana está más recomendado, ya que ofrecerá una mejor descripción del carácter de la distribución. Las posiciones relativas de la media y de la mediana dependen, pues, del tipo de simetría-asimetría de la distribución. En las distribuciones perfectamente simétricas, la media y la mediana coinciden, mientras que en las distribuciones asimétricas las posiciones relativas de ambos índices varían según el sesgo de la asimetría, tal como se observa en las siguientes figuras:

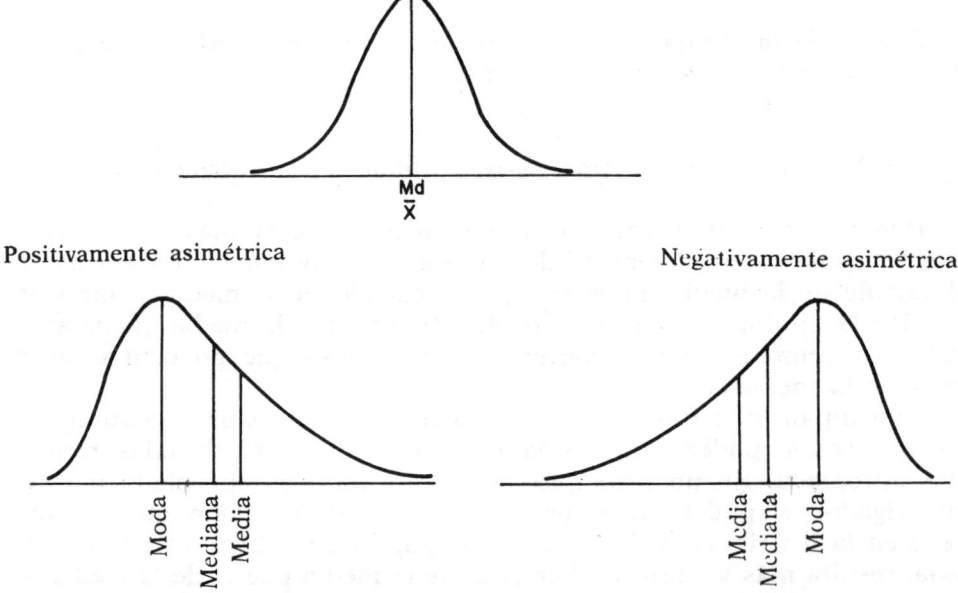

Pero no sólo varía la posición relativa de la moda y de la mediana según la forma y grado de asimetría, sino que también lo hace la posición de la moda, tal como se puede observar en las figuras anteriores. Se puede demostrar que para curvas de frecuencias unimodales que sean moderadamente sesgadas se cumple la siguiente relación empírica: Media − Moda = 3 (Media − Mediana).

Para terminar esta exposición sobre las medidas de tendencia central destaquemos, una vez más, la importancia estadística de la media aritmética, por ser parte integrante de la lógica seguida en la creación de otros procedimientos estadísticos, tales como la varianza y la desviación típica, la correlación y regresión y el análisis factorial, que tendremos ocasión de estudiar en capítulos subsiguientes.

3.3. Variación o dispersión de una distribución

Si realizáramos un estudio comparativo sobre el origen social de los estudiantes universitarios españoles en 1980 y en 1950 y midiéramos el origen social de los estudiantes, por medio de una escala del prestigio ocupacional de los padres, el proceso de masificación y la relativa democratización de la universidad española experimentado en el período 1950-1980, se reflejarían en una mayor dispersión y variación de los valores de la escala de prestigio ocupacional de los padres, por lo que se refiere a los estudiantes matriculados en 1980, en relación a los que estaban matriculados en 1950. Y ello como consecuencia de la afluencia a la universidad en mayor proporción de estudiantes de clase social media y obrera, lo que se ha traducido en una ampliación de los estratos sociales que envían alumnos a la universidad.

Para medir ese rasgo diferenciador de las distribuciones de frecuencias correspondientes a los dos extremos del período considerado, hace falta recurrir a medidas que den cuenta del grado de dispersión o variación de las puntuaciones. Así como las medidas de tendencia central o posición indican dónde se sitúa un grupo de puntuaciones, los índices de variabilidad o dispersión indican si esas puntuaciones son muy parecidas o muy distintas entre sí. Por ejemplo, las tres siguientes distribuciones:

a)   51   52   53   54   55 $N=5$

b)   52   53   53   53   54 $N=5$

c)   47   50   53   56   59 $N=5$

tienen idéntica media y mediana, 53, y, sin embargo, los tres grupos difieren entre sí en el grado de agrupamiento-dispersión de sus puntuaciones alrededor del valor medio. El grupo c) está claramente más disperso que los grupos a) y b).

Existe una diversidad de formas de cálculo para la medición de la variabilidad en un grupo de puntuaciones, distinguiéndose las diferentes formas de cálculo según se trate de datos nominales, ordinales o de intervalo. Frecuentemente, la variación en las distribuciones ordinales se mide a través de las mismas técnicas utilizadas con datos de intervalo, a pesar de que la distancia entre puntuaciones no está definida con los datos ordinales. Vamos a comenzar el estudio de las técnicas de medición de la variación o dispersión con las utilizadas en los datos de intervalo. En este caso se siguen dos procedimientos, según se considere el recorrido o amplitud de la escala en la que se distribuyen las puntuaciones, o bien se describe la variación por medio de las diferencias que se producen entre todas las puntuaciones y un índice de tendencia central. Veamos a continuación los primeros.

3.3.1. Recorrido

El recorrido o rango de un conjunto de números es, simplemente, la diferencia entre el mayor y el menor de todos ellos. Así, si disponemos de la distribución de los sueldos que perciben los empleados de una empresa de forma tal que el sueldo más elevado sea 150.000 pesetas y el sueldo más bajo 45.000 pesetas, el recorrido de los sueldos de dicha empresa será: 150.000 − 45.000 = 105.000 pesetas.

La desventaja de esta medida es que sólo depende de los valores extremos de una distribución y no tiene en cuenta los valores intermedios. Si se trata de dos valores atípicos, por ejemplo, en el caso anterior, los sueldos del gerente y del aprendiz, la medida del recorrido no nos dice nada acerca de los valores de los sueldos de los empleados de la fábrica. Por ello se utilizan otras medidas que tengan en cuenta un mayor volumen de la información que contienen las distribuciones.

El *recorrido intercuartílico*, o diferencia entre los cuartiles tercero y primero, mejora la medida del recorrido o rango ordinario, porque, al tratarse de cuartiles, son más sensibles a la propia concentración de los datos. Recuérdese que el primer cuartil Q_1 es el punto de la escala debajo del cual queda el 25 por 100 de los casos, mientras que debajo del tercer cuartil Q_3 queda el 75 por 100 de los casos. Por tanto, entre el recorrido intercuartílico Q_3-Q_1 queda el 50 por 100 de los casos. Alcaide (1976, pág. 143) calcula el recorrido intercuartílico de la distribución por edades de los españoles censados en 1970 en 35,74 años, ya que el primer cuartil se encuentra en la edad 13,44 y el tercer cuartil en la edad 49,18. En consecuencia:

$$Q_3 - Q_1 = 49{,}18 - 13{,}44 = 35{,}75 \text{ años}$$

y, tal como se ha dicho anteriormente, en este recorrido de edades se encuentra el 50 por 100 de la población española.

A veces se utiliza como medida de dispersión el *recorrido semiintercuartílico o desviación cuartílica*, que viene definido por la mitad del recorrido intercuartílico; esto es:

$$\text{Recorrido semiintercuartílico} = \frac{Q_3 - Q_1}{2} \qquad [3.10]$$

El recorrido intercuartílico tiene la ventaja sobre el recorrido ordinario, tal como se ha dicho antes, de evitar el uso exclusivo de las dos puntuaciones extremas y de estar menos sujeto, por tanto, a la variación errática de tales valores. También se pueden calcular las distancias entre otros dos puntos significativos. Así, por ejemplo, el *recorrido entre percentiles 10-90* de una distribución de frecuencias viene definido por la diferencia entre el percentil nonagésimo P_{90} y el percentil décimo P_{10}. Tiene parecidas ventajas que el recorrido intercuartílico.

3.3.2. Desviación media

La *desviación media o promedio de desviación* es otra medida de dispersión que viene dada por la media aritmética de los valores absolutos de las desviaciones observadas a un determinado valor medio. Así, dada una serie N de números $X_1, X_2, ..., N_n$, la desviación media DM viene definida por:

$$DM = \frac{\Sigma |X_i - \overline{X}|}{N} \qquad [3.11]$$

donde $\overline{X}$ es la media aritmética de los números dados y $|X_i - \overline{X}|$ es el valor absoluto de las desviaciones de los diferentes valores de X al valor medio $\overline{X}$. (Recuérdese que el valor *absoluto* de un número es el mismo número sin asociarle signo alguno, y se indica por dos barras verticales a ambos lados del número. Así, $|-5| = 5$, $|+3| = 3$, $|7| = 7$.)

Para calcular la desviación media de los números o conjunto de observaciones siguiente: (2, 4, 6, 8, 10), se calcula en primer lugar su media aritmética: $X = \frac{2+4+6+8+10}{5} = 6$, y a continuación se calcula la desviación media respecto a la media aritmética:

$$MD = \frac{|2-6|+|4-6|+|6-6|+|8-6|+|10-6|}{5} =$$

$$= \frac{|-4|+|-2|+|0|+|2|+|4|}{5} = \frac{4+2+0+2+4}{5} = 2,4$$

Si los números $X_1, X_2, ..., X_n$, se presentan con frecuencias $f_1, f_2, ..., f_k$, respectivamente, la desviación media puede escribirse como:

$$DM = \frac{\Sigma f_i |X_i - \overline{X}|}{N} = \frac{\Sigma f |X - \overline{X}|}{N}$$

donde $N = \Sigma f_i = \Sigma f$. Esta expresión es útil cuando se dispone de datos agrupados en donde las diferentes X_i representan los valores medios de clase y las f_i las correspondientes frecuencias de clase.

En general, se puede afirmar que cuanto mayor sea el valor de la desviación media, mayor será la variación entre las diferentes puntuaciones. Aunque la desviación media se calcula e interpreta fácilmente, existen otras medidas de dispersión que son más preferidas, porque intervienen en la elaboración de otras áreas de la estadística. La varianza es la medida de dispersión más ampliamente utilizada.

3.3.3. Desviación típica y varianza

La varianza y la desviación típica son medidas similares a la desviación media, en el sentido de que se basan en las diferencias existentes entre la media aritmética y cada puntuación, pero se diferencian de ella en que, en lugar de tomar el valor absoluto de tales desviaciones, se utiliza el cuadrado de las mismas. De esta forma, se logra una medida de dispersión para datos de intervalo que tiene un amplio campo de aplicabilidad en la estadística, por estar relacionado con otros temas estadísticos.

La *varianza* es simplemente el valor medio del cuadrado de las desviaciones de las puntuaciones a la media aritmética, mientras que la *desviación típica* (en inglés, *standard deviation*) es la raíz cuadrada de la varianza:

$$s^2 = \frac{\Sigma(X_i - \overline{X})^2}{N} \qquad [3.12]$$

$$s = \sqrt{s^2} = \sqrt{\frac{\Sigma(X_i - \overline{X})^2}{N}} \qquad [3.13]$$

Nótese una cuestión de símbolos. Cuando se opera con datos muestrales, los símbolos estadísticos con los que se representa la varianza y la desviación típica son los que aparecen en las fórmulas [3.12] y [3.13], esto es, s^2 y s; mientras que si los datos hacen referencia directamente a la población general, los parámetros que simbolizan la varianza y la desviación típica se representan mediante el símbolo σ, que es la letra griega sigma minúscula. En tal caso, la varianza será σ^2 y la desviación típica será σ.

Veamos un ejemplo concreto de cálculo. Dado el conjunto de números (2, 2, 4, 6, 8, 14, 20), de media $\overline{X} = 8$, el cálculo de la varianza y de la desviación típica requerirá el cálculo previo de las diferencias de cada número respecto a la media y ulterior aplicación de las fórmulas [3.12] y [3.13], del siguiente modo:

X_i		Diferencias $X_i - \overline{X}$	Diferencias al cuadrado $(X_i - \overline{X})^2$
2		2 − 8 = − 6	36
2		2 − 8 = − 6	36
4		4 − 8 = − 4	16
6		6 − 8 = − 2	4
8	$\overline{X} = 8,0$	8 − 8 = 0	0
14	$N = 7$	14 − 8 = 6	36
20		20 − 8 = 12	144
56		0	272

$$s^2 = \frac{\Sigma(X_i - \overline{X})^2}{N} = \frac{272}{7} = 38,9$$

$$s = \sqrt{s^2} = \sqrt{38,9} = 6,2$$

El significado intuitivo de una desviación típica de 6,2 no se hará evidente hasta que estudiemos, más adelante, las áreas que quedan por debajo de la curva normal. Por el momento, aceptemos el valor de la desviación típica como un número abstracto, que es tanto más grande cuanto más elevada sea la dispersión de las puntuaciones alrededor de la media aritmética.

Habitualmente, las fórmulas [3.12] y [3.13] no se utilizan a efectos de cálculo porque requieren el cálculo adicional de la media aritmética y de la desviación de cada puntuación a la media —lo que siempre puede introducir una nueva fuente de error—. Las siguientes fórmulas son de uso más práctico, distinguiéndose entre distribuciones de frecuencias que presentan sus datos agrupados de aquellas otras que no los presentan.

Datos no agrupados:

$$s^2 = \frac{\Sigma X_i^2 - (\Sigma X_i)^2/N}{N} \qquad [3.14]$$

en donde ΣX_i^2 es la suma de las puntuaciones al cuadrado y $(\Sigma X_i)^2$ es el cuadrado de la suma de las puntuaciones. Naturalmente, la desviación típica será la raíz cuadrada de la varianza.

En el ejemplo anterior, $\Sigma X_i^2 = 720$, $(\Sigma X_i)^2/N = 445$:

$$s^2 = \frac{720 - 445}{7} = 38,9$$

Datos agrupados:

La fórmula de la varianza para datos agrupados es similar a la fórmula anterior; sólo que en lugar de las puntuaciones originales se utilizan los puntos medios de la clase y las correspondientes frecuencias. En tal caso, la fórmula para la varianza es como sigue:

$$s^2 = \frac{\Sigma f_i X_i^2 - (\Sigma f_i X_i)^2/N}{N} \qquad [3.15]$$

en donde $\Sigma f_i X_i^2$ es el sumatorio de los productos de las frecuencias por el cuadrado de los correspondientes puntos medios para todas las clases o categorías, y $(\Sigma f_i X_i)^2$ es la suma al cuadrado de los productos de las frecuencias por los correspondientes puntos medios.

Otras propiedades de la desviación típica son las siguientes. Para el caso en que todos los valores de la distribución fueran iguales, las desviaciones de todos los valores alrededor de la media valen cero, y éste será también el valor de la desviación típica. Además, se observa fácilmente que los valores extremos en relación a la media tienen un gran peso en el cálculo de la desviación típica, ya que son elevados al cuadrado. Así, en el ejemplo numérico anterior, la puntuación 20 tiene una gran influencia en la determinación de s, ya que, al elevar al cuadrado su diferencia con la media, se convierte en 144, que representa más de la mitad del valor de la suma de todas las diferencias al cuadrado, que es 272. Vemos, pues, que los valores extremos tienen una gran influencia en el valor de s, por lo que, tal como señala Blalock (1960, pág. 8), hay que moderar el entusiasmo inicial con la desviación típica como la mejor medida de una dispersión. De ahí que el propio Blalock sugiera que cuando una distribución tenga unos pocos casos extremos conviene más utilizar la mediana o la desviación intercuartílica en lugar de s, como medidas más apropiadas de dispersión.

Para el caso de datos agrupados existen fórmulas más complejas de cálculo que las [3.12] y [3.13]. Sin embargo, nos abstenemos de reproducirlas aquí porque en la práctica cada vez se utilizan menos los cálculos manuales, toda vez que el uso masivo de pequeñas, medianas y grandes calculadoras exime cada vez más al investigador de realizar fatigosos cálculos manuales, sujetos a un margen de error más grande que el que permiten las calculadoras automáticas. Los programas estándar de análisis de datos sociológicos, sobre todo de los provenientes de encuestas, calculan ya, como parte de sus rutinas, la media y la desviación típica, como medidas de dispersión de las distribuciones de frecuencias. Una forma típica de salida de resultados en un análisis de datos de encuesta mediante ordenador es la que se reproduce en la tabla 2, en la que aparecen las calificaciones que a una población, diferenciada según su nivel de religiosidad, le merece una serie de delitos.

La interpretación de los resultados que se contienen en la tabla 2 no es tarea específica de este texto. Baste señalar, sin embargo, que las diferencias más claras entre los diferentes grupos de población, diferenciados por su nivel de religiosidad, se producen al evaluar el homicidio y el aborto, mientras que para el caso de la violación y del asesinato premeditado las medias entre los diferentes grupos son análogas y las desviaciones típicas muy bajas. No ocurre así en el caso, sobre todo, del aborto, para el que se observa una actitud claramente más condenatoria entre la población católico-practicante, $\overline{X}=3,5$ y $s=2$, que entre la población no creyente, $\overline{X}=5,2$ y $s=2,4$. Este es un buen ejemplo de cómo unos valores profundos, como son los religiosos, determinan unas opiniones concretas, en este caso la calificación de unos delitos, y de cómo

TABLA 2

Calificación en una escala del 1 al 9 de la gravedad de unos delitos

TOTAL	Homicidio por conducir embriagado			Violación			Asesinato premeditado			Aborto a los cinco meses		
	$\bar{X}$	s_x	%	$\bar{X}$	s_x	%	$\bar{X}$	s_x	%	$\bar{X}$	s_x	%
Religiosidad:												
Católico practicante ... (9.508)	4,1	1,7	84	3,2	1,6	87	1,6	1,1	89	3,5	2	85
Católico no practicante (4.880)	4	1,8	89	3,1	1,6	89	1,5	1,1	92	4,1	2,3	84
Creyente otra religión (98)	4,2	2,3	84	3,1	2	81	1,6	1	83	3,8	2,5	69
No creyente ... ... (392)	3,6	1,6	89	3	1,7	89	1,5	1	95	5,2	2,4	67
Indiferente ... ... (805)	3,8	1,9	88	3,2	1,6	87	1,6	1,4	92	4,6	2,5	74

FUENTE: «Encuesta de victimización», *Revista Española de Investigaciones Sociológicas*, 4, 1978, pág. 245. La escala va del 1, más grave, al 9, menos grave.

tales diferencias se hacen estadísticamente evidentes mediante el uso de dos medidas de dispersión o variación.

Algunas veces puede resultar deseable comparar diversos grupos en relación a su relativa homogeneidad cuando los grupos tienen medias diferentes, pero puede motivar cierta confusión la comparación de las magnitudes absolutas de las desviaciones típicas. Por eso resulta aconsejable utilizar como elemento de comparación la desviación típica en relación a la media. En tal caso, se puede obtener una medida de la variabilidad relativa dividiendo la desviación típica por la media, lo que se denomina *coeficiente de variabilidad V*. Entonces:

$$V = \frac{s}{\overline{X}} \qquad [3.16]$$

Veamos las ventajas del coeficiente de variabilidad sobre la desviación típica mediante la continuación del ejemplo anterior. En relación a la calificación del aborto, los católicos practicantes tienen una media de 3,5 y una desviación de 2, mientras que los no creyentes ofrecen una media de 5,2 y una desviación de 2,4. El coeficiente de variabilidad de ambos grupos será, por tanto, $2/3,5=0,57$ y $2,4/5,4=0,44$, lo que da una diferencia más pequeña que la existente entre ambas desviaciones típicas. El coeficiente de variabilidad, llamado también de Pearson, se suele multiplicar por 100 con el fin de ofrecer su valor porcentual. En el ejemplo anterior, la desviación típica del grupo de católicos es el 57 por 100 de la media aritmética, valor superior al 44 por 100 de la media aritmética que vale la desviación típica entre los no creyentes. Vistos así los resultados, la comparación de ambos grupos es más clara que si se hubieran utilizado exclusivamente las desviaciones típicas.

3.3.3.1. *Puntuaciones normalizadas y referencias tipificadas*

En el capítulo anterior vimos los diferentes tipos de comparaciones que se podían realizar. Buena parte de los procedimientos estadísticos que venimos exponiendo en el presente capítulo tratan de facilitar la comparación grupo a grupo o la comparación grupo con tipos estándar. También se puede hacer uso de algunos de los estadísticos estudiados hasta ahora para indicar la relativa posición de un individuo en su grupo. Una de estas formas puede ser el cálculo del rango de percentil de un individuo, esto es, el porcentaje de todas las puntuaciones que son iguales o menores que dicha puntuación. Otra forma de comparar un individuo con un grupo es la creación de *puntuaciones normalizadas o típicas*, que se suelen designar mediante la letra minúscula latina z. Una puntuación normalizada o típica es simplemente el número de unidades de desviación típica que un individuo queda por encima (o por debajo) de la media de su grupo:

$$z = \frac{(X_i - \overline{X})}{s} \qquad [3.17]$$

También se suelen referir las puntuaciones normalizadas como *variables normalizadas o típicas*. En todo caso, y como se ve a través de la fórmula [3.17], en la puntuación normalizada se elimina el efecto de la media (por sustracción) y se expresa la diferencia en unidades de desviación típica, al dividir por ella. Por esta razón, las cantidades de las puntuaciones normalizadas son adimensionales, esto es, son independientes de las unidades empleadas.

En general, cuando las desviaciones de la media vienen dadas en unidades de desviación típica, se dice que están expresadas en *unidades tipificadas o referencias tipificadas*. Son de gran valor en el manejo de comparaciones entre distribuciones. Varias son las propiedades de las puntuaciones z dignas de interés. La media de dichas puntuaciones es cero, y su desviación típica vale la unidad. Otra propiedad interesante de las puntuaciones z, que se utilizará, más adelante, cuando estudiemos el coeficiente de correlación, es que la suma de los cuadrados de las puntuaciones z es igual al número N de casos; esto es, que $\Sigma z^2 = N$.

3.4. FORMA DE UNA DISTRIBUCIÓN

El rasgo de una distribución más directamente aparente a partir de un histograma o de un polígono es la forma global de dicha distribución. En general, una distribución de frecuencias queda bastante bien caracterizada cuando conocemos de ella algún índice de tendencia central y de variabilidad, pero quedará todavía mejor caracterizada si conocemos su grado de simetría-asimetría y su apuntamiento. Veamos a continuación algunas características descriptivas de la forma de una distribución, y algunos de los índices desarrollados para medir dicha forma.

3.4.1. Características de la forma de una distribución: Asimetría y apuntamiento

Una primera característica de la forma de una distribución que, a simple vista, se puede tomar en consideración de un histograma o polígono de frecuencias es el número de picos o puntas (modas) que tiene la distribución. Si la distribución tiene sólo una punta o moda se llamará *unimodal*, y si tiene dos puntos altos se denominará *bimodal*. Obsérvese que la determinación del número de puntas o picos depende, en buena medida, del criterio del investigador en su asignación de importancia a las diferencias en la frecuencia de las categorías. En una distribución *multimodal*, en la que las puntas tengan diferentes alturas —es decir, representan diferentes frecuencias—, corresponde al investigador decidir cuántas modas considera relevantes. En los siguientes gráficos hemos representado algunas de las formas que pueden tomar las distribuciones de frecuencia desde el punto de vista de las puntas o picos que presentan:

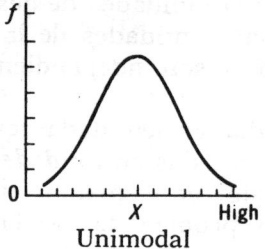
Unimodal

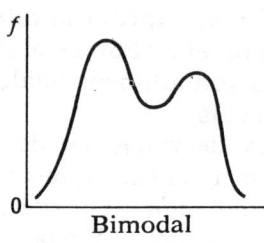
Bimodal

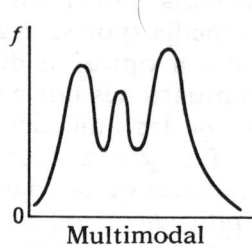
Multimodal

Una segunda característica de la forma de una distribución viene dada por su grado de simetría. La idea general de simetría es bastante sencilla. Sabemos que la mediana divide el histograma en dos áreas de la misma superficie. Pues bien, se dice que la distribución de frecuencias es simétrica cuando una de las áreas es imagen de la otra. Nótese que si un área es imagen de la otra ambas tienen la misma superficie, pero lo contrario no es necesariamente cierto. Es decir, ambas áreas pueden tener la misma superficie pero no representar imágenes recíprocas.

Cuando la curva es simétrica, la mediana coincide con la media. Si, además, la distribución de frecuencias es unimodal, la moda coincide igualmente con la media y la mediana.

Se dice que la simetría es positiva si existen muchas puntuaciones bajas y poco altas, mientras que la simetría es negativa si sucede lo contrario. Si la distribución es asimétrica y unimodal, la mediana y la moda no coinciden. Si la asimetría es negativa, el orden es de izquierda a derecha; es decir, primero está la media, después la mediana y, por último, la moda. Si la asimetría es positiva, el orden es el contrario; esto es, moda, mediana y media. En los siguientes gráficos se representan curvas simétricas y asimétricas:

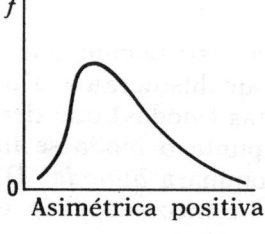
Asimétrica positiva

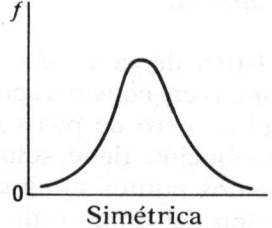
Simétrica

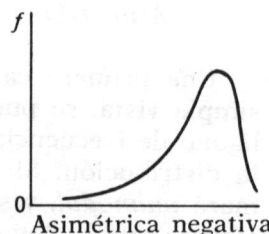
Asimétrica negativa

Otro rasgo importante de la forma de una distribución se refiere al grado de apilamiento de los casos alrededor de un punto en la distribución. La *curtosis* hace referencia precisamente al grado de apuntamiento de una distribución. Para el caso de una distribución unimodal y simétrica, la forma *leptocúrtica* aparece cuando presenta un apuntamiento relativo alto, es decir, cuando se tiene una distribución de frecuencias altamente concentrada, como en la figura siguiente:

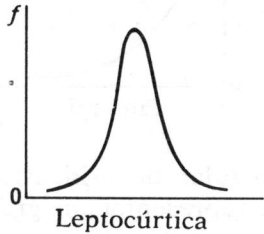
Leptocúrtica

Si la distribución de las frecuencias es más uniforme, la forma de la curva es más achatada y se denomina curva platicúrtica, como la de la figura:

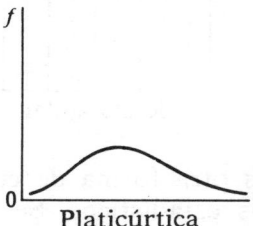
Platicúrtica

Cuando la distribución de frecuencias presenta las puntuaciones más «normalmente» distribuidas, la curva no está muy apuntada ni achatada, y se llama *mesocúrtica*. En este caso, el término «normal» tiene un significado técnico muy preciso, que discutiremos más adelante. También se dice que la curva mesocúrtica, por la suavidad de sus curvas, tiene forma de campana:

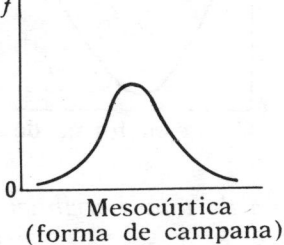
Mesocúrtica
(forma de campana)

Existen otras formas de curvas que se presentan con cierta frecuencia en el análisis estadístico de las distribuciones de frecuencias. Se denominan por aproximación a la forma global que adquieren. Así, la *curva J* responde a una distribución· en la que casi todos los casos se encuentran concentrados en un extremo de la escala y, desde allí, cae uniformemente en una dirección, tal como se ve en la figura:

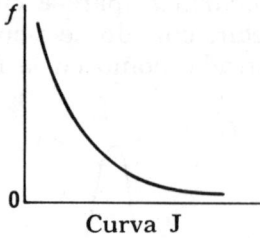
Curva J

Una distribución rectangular tiene idénticas frecuencias en todas las categorías; de ahí que su representación gráfica sea una línea paralela al eje X:

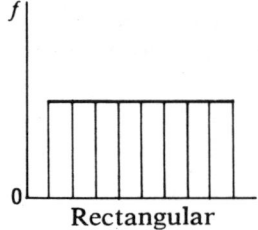
Rectangular

Finalmente, señalemos otra forma de curva que aparece con cierta frecuencia en los análisis estadísticos. Se trata de la distribución en *forma de U*, curva que aparece en las distribuciones bimodales con las modas en ambos extremos y un área de bajas frecuencias en el centro de la distribución, tal como se observa en la figura:

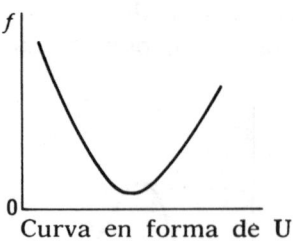
Curva en forma de U

3.4.2. *Medidas de la forma de una distribución. Momentos*

En la sección anterior hemos descrito la forma de una distribución haciendo referencia a conceptos generales, tales como simetría, curtosis o número de puntas, que ofrecen una imagen intuitiva y directa de dicha forma. Ahora vamos a introducir una serie de medidas o índices que, al igual que en el caso del estudio de la tendencia central, nos van a permitir fijar numéricamente las características descritas. La propia media, e incluso la mediana, o el uso de cuartiles y percentiles, pueden ser de ayuda para describir la forma de una distribución, pero existen otras medidas que son todavía de mayor utilidad.

Cuando tenemos datos medidos a nivel de intervalo resulta, con frecuencia, útil describir los datos en términos de su agrupamiento equilibrado alrededor de algún punto central. Así, por ejemplo, la media aritmética es el punto alrededor del cual el «equilibrio» algebraico de las puntuaciones es perfecto, ya que la suma algebraica de las desviaciones de las puntuaciones es cero. La desviación de las puntuaciones en relación a la media de una distribución se suele expresar mediante la letra minúscula $x = (X_i - \overline{X})$.

El momento de primer orden con respecto a la media aritmética es, simplemente, el promedio de la primera potencia de las desviaciones con respecto a la media; esto es:

$$m_1 = \frac{\Sigma x}{N} \qquad [3.18]$$

Dado que la suma de las desviaciones con respecto a la media es siempre cero, el momento de primer orden es también cero, lo que representa una característica definidora de la media. Si se utilizan potencias más elevadas, se obtienen nuevas medidas que ofrecen mayor información estadística. Así, el *momento de segundo orden* es la varianza:

$$m_2 = \frac{\Sigma x^2}{N}$$

Otros dos *momentos* de interés estadístico son los de tercer y cuarto orden, que se definen como los promedios de las potencias de tercer y cuarto orden de las desviaciones con respecto a la media, respectivamente:

$$m_3 = \frac{\Sigma x^3}{N} \qquad [3.19]$$

$$m_4 = \frac{\Sigma x^4}{N} \qquad [3.20]$$

En general, el momento de orden r de una distribución de frecuencias con respecto a un origen arbitrario X_0 viene dado por la expresión:

$$m_r = \frac{1}{N} \Sigma (X_i - X_0)^r \qquad [3.21]$$

Si $X^0=0$, se tienen los momentos respecto al origen $\frac{1}{N}\Sigma x_i^r$. Con todo, los momentos más utilizados en estadística son los momentos con respecto a la media, y ello por las dos ventajas que presentan. En primer lugar, por el hecho de que las potencias de orden par tienen el efecto de eliminar los signos negativos, pero las de orden impar preservan los signos negativos en el numerador de los momentos, y, en segundo lugar, por el hecho de que las potencias más altas tienden a destacar mayores desviaciones con respecto a la media.

El momento de tercer orden es un índice de asimetría porque es un momento impar: en consecuencia, si las puntuaciones altas y bajas no se equilibran alrededor de la media, no sería igual a cero. Además, como se trata de un momento elevado, acentúa las desviaciones extremas con respecto a la media que puedan existir. El momento de cuarto orden es un momento par, por lo que no diferencia entre las desviaciones por encima o por debajo de la escala media. Como se trata de un momento elevado, acentúa también las desviaciones de las puntuaciones que se encuentran en ambos extremos de la distribución. Por eso, el momento de cuarto orden resulta útil como medida del grado de curtosis en una distribución.

Los momentos vienen medidos en las unidades de medición de las puntuaciones de la distribución correspondiente. Pero como con frecuencia hacen falta medidas relativas de la asimetría y de la curtosis que no tengan en cuenta la unidad de medición, en tal caso se utilizan dos medidas, B_1 y B_2, que se definen del siguiente modo:

$$B_1 = \frac{m_3}{\sqrt{m_2^3}} \qquad [3.22]$$

$$B_2 = \frac{m_4}{m_2^2} \qquad [3.23]$$

El primero se utiliza como medida del sesgo o asimetría, y el segundo como medida de curtosis. Veamos algunas de sus propiedades.

El *sesgo* es el grado de asimetría, o falta de simetría, de una distribución. Ya hemos visto anteriormente que si la curva de frecuencias de una distribución tiene una «cola» más larga a la derecha del máximo central que a la izquierda, se dice de la distribución que está sesgada a la derecha o que tiene sesgo positivo. Si ocurre lo contrario, se dice que la curva está sesgada a la izquierda o que tiene sesgo negativo. También hemos visto con anterioridad que, según el grado y tipo de simetría, así se sitúan en orden relativo la moda, la media y la mediana. Pues bien, una forma de medir el sesgo de una curva viene dada por la siguiente fórmula:

$$\text{Sesgo} = \frac{\text{Media-Moda}}{\text{Desviación típica}}$$

Ahora bien, esta fórmula requiere el cálculo de tres índices, por lo que se utiliza una fórmula más sencilla en base a los momentos de segundo y tercer orden, y que no es otra que el coeficiente B_1:

$$\text{Coeficiente de sesgo} = B_1 = \frac{m_3}{\sqrt{m_2^3}}$$

Si la curva está sesgada a la derecha, B_1 tendrá un valor positivo, mientras que si el sesgo es negativo, B_1 ofrecerá un valor negativo. Por ser una magnitud relativa, B_1 expresa la cantidad relativa de asimetría y puede ser utilizada para comparar distribuciones que contienen diferentes unidades de medición.

En cuanto a B_2, se utiliza como coeficiente de curtosis o medida del grado de apuntamiento de una distribución. Los valores pequeños de B_2 representan una curva platicúrtica (más baja que la curva normal), mientras que valores altos de B_2 indican una distribución leptocúrtica o apuntada. La curva normal tiene un valor de B_2 igual a tres. A continuación vamos a ocuparnos de este último tipo de distribución.

3.5. LA DISTRIBUCIÓN NORMAL

Vamos a tratar ahora un tipo especial de distribución de frecuencias, la curva normal, que es muy importante en el análisis estadístico. Tal distribución resulta útil no sólo porque un gran número de distribuciones de frecuencias presentan formas aproximadamente normales, sino también por la significatividad teórica de la curva normal en el campo de la estadística inferencial. Ahora no vamos a ocuparnos de este último aspecto, limitándonos a exponer las propiedades de la curva normal en relación a la desviación típica *.

Antes de continuar adelante conviene que distingamos entre *distribuciones de frecuencias finitas* y *distribuciones de frecuencias infinitas*. Las distribuciones que hemos visto hasta ahora siempre se han referido a un número finito de casos. Sin embargo, resulta útil, desde un punto de vista matemático, pensar en términos de distribuciones basadas en un número infinito de casos. Tales distribuciones vendrán representadas por curvas cuyos extremos se van acercando suavemente al eje X, pero sin cruzarse con él, y que, además, pueden expresarse por medio de ecuaciones matemáticas relativamente simples. La distribución normal es una curva de este tipo. Veamos algunas de sus características.

* Al estudiar las pruebas de decisión estadística y la teoría de las muestras en próximos capítulos, se hará evidente la utilidad de la distribución normal en la estadística inferencial. El objetivo de la presente sección es el de mostrar las propiedades de la curva normal y el uso de las tablas basadas en ella.

3.5.1. *La curva normal*

La curva normal responde al tipo de curva perfectamente simétrica, basada en un número infinito de casos, por lo que sólo puede ser tratada de forma aproximada cuando se opera con datos reales. Tiene una forma acampanada, tal como se observa a continuación:

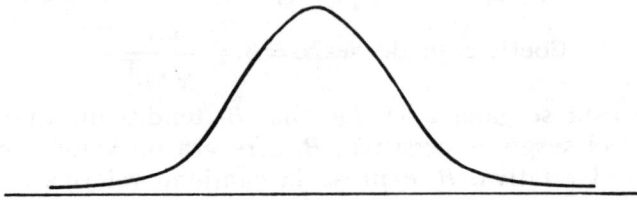

Forma general de una curva normal

Por tratarse de una curva simétrica y unimodal, coinciden la media, la moda y la mediana. La ecuación matemática de la curva normal es relativamente simple, en la que intervienen la desviación típica s y las desviaciones de las puntuaciones con respecto a la media $|X-\overline{X}|$, de la forma siguientes:

$$Y = \frac{1}{s\sqrt{2\pi}} \, exp \left| -\frac{(X-\overline{X})^2}{2s^2} \right| \qquad [3.24]$$

en donde Y representa la altura de la curva para cualquier valor dado de X, valor de la puntuación en la abscisa; exp representa la base e de los logaritmos naturales, elevada a la potencia indicada entre paréntesis, y π es el número pi. No resulta necesario memorizar esta fórmula, sino recordar simplemente que en su composición intervienen la media y la desviación típica. Además, en la práctica nunca se utiliza la fórmula [3.24], ya que para operar con ella se utilizan unas tablas que dan directamente el área que queda por debajo de la curva normal para determinados intervalos. Esta tabla se ha podido construir basándose en una importante propiedad de la curva normal, y es que, con independencia de los valores particulares que tomen la media y la desviación típica de una curva normal cualquiera, habrá siempre un área constante (o proporción de casos) entre la media y una ordenada que se encuentre situada a una distancia dada con respecto a la media en términos de unidades de desviación típica.

En términos estadísticos, resulta conveniente considerar una curva normal cuyas puntuaciones se expresen en puntuaciones típicas —puntuaciones z— en lugar de sus unidades originales (pesetas, años, etc.). Es lo que se llama una curva normal tipificada, y al venir la variable X expresada en unidades de desviación, $z=|X-\overline{X}|/s$, la ecuación [3.24] queda sustituida por la forma llamada tipificada:

$$Y = \frac{1}{\sqrt{2\pi}} e^{-1/2\, z^2}$$

En este caso se dice que la curva se distribuye normalmente con media cero y varianza uno.

Un gráfico de esta curva normal tipificada se muestra en la figura 2, indicándose en el mismo gráfico las áreas incluidas entre $s=-1$ y $+1$, $s=-2$ y $+2$, $s=-3$ y $+3$, que son, respectivamente, el 68,27, 95,45 y 99,73 por 100 del área total, que, como se recordará, vale uno.

FIGURA 2

Areas bajo la curva normal

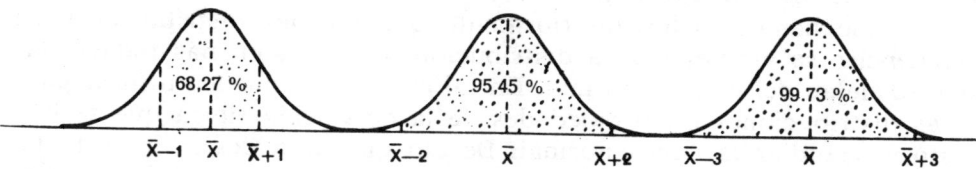

Dicho de otra forma, alejándonos una unidad, dos unidades o tres unidades de desviación típica con respecto a la media se encuentra el 68,27, el 95,45 y el 99,73 por 100, respectivamente, del área total.

Esta propiedad de la curva normal ofrece una interpretación de la desviación típica y un método para visualizar su significado. Y es que son muchas las distribuciones de frecuencias que son lo suficientemente parecidas a la distribución normal como para que en ellas se den también las anteriores relaciones entre áreas y desviaciones típicas. Incluso en el caso de distribuciones de ingresos económicos, o distribuciones de la talla y del peso de la población, que son ligeramente asimétricas en la dirección de los valores altos, habitualmente se puede encontrar que los dos tercios de los casos se encuentran dentro de una unidad de desviación típica con respecto a la media.

Los valores numéricos de cualquier curva normal pueden transformarse de tal modo que una sola tabla puede ser utilizada para evaluar la proporción de casos que queda dentro de un determinado intervalo. Supongamos, por ejemplo, que tenemos una curva normal de media 60 y desviación típica 15, y que deseamos conocer la proporción de casos que queda dentro del intervalo 60 a 85. Para ello, calculamos en primer lugar el número de unidades de desviación típica que separa a 85 de 60, y lo hacemos mediante la fórmula:

$$z = \frac{X - \overline{X}}{s} = \frac{85 - 60}{15} = 1{,}66$$

El valor de $z=1,66$ indica que la ordenada se encuentra a 1,66 unidades de desviación típica con respecto a la media. Para saber la proporción de casos que queda dentro de dicho intervalo recurriremos a la tabla B del apéndice, en la que aparecen las áreas que quedan por debajo de la curva normal, para diferentes valores de z. Los valores de z aparecen en la columna de la izquierda y en la fila superior. Los dos primeros dígitos de z se obtienen leyendo a lo largo de la columna de la izquierda, y el tercer dígito leyendo en la fila superior. Las cifras que forman el interior de la tabla indican la proporción del área entre la media (que vale 0) y la ordenada correspondiente a z. En el ejemplo anterior, con $z=1,66$, el área que queda dentro de tales límites vale 0,4515. Si el valor de z hubiera sido 1,6, el área correspondiente hubiera sido 0,4452. Es decir, que aproximadamente el 45 por 100 de los casos queda dentro del intervalo 60 a 85 en la distribución normal de media 60 y desviación típica 15.

Aunque hemos dicho anteriormente que muchas distribuciones de frecuencias se asemejan a la distribución normal, son más todavía las que se alejan del modelo normal. En tal caso, no se pueden utilizar para estas distribuciones las propiedades de la desviación típica que se han visto al estudiar la curva normal. De ahí que para describir correctamente tales distribuciones habrá que recurrir a otras medidas de tendencia central, forma y variación.

3.6. Terminología

Se recomienda la memorización y comprensión del significado de cada uno de los términos y conceptos siguientes:

— Posición o tendencia central de una distribución.
— Moda.
— Mediana.
— Media aritmética.
— Media geométrica.
— Media armónica.
— Media cuadrática.
— Variación o dispersión de una distribución.
— Recorrido o rango.
— Recorrido intercuartílico, recorrido semiintercuartílico.
— Desviación media.
— Desviación típica.
— Varianza.
— Coeficiente de variabilidad.
— Puntuaciones normalizadas o típicas.

— Simetría/asimetría de una distribución. Sesgo.
— Curtosis.
— Momentos de orden n.
— Distribución normal. Curva normal.

EJERCICIOS

1. Calcular la moda, mediana y media en la distribución de frecuencias del ejercicio 4 del capítulo 2.

2. Calcular la moda, mediana y media en la distribución de frecuencias del ejercicio 5 del capítulo 2.

3. En una encuesta de opinión pública la población se autoubicó en una escala ideológica izquierda-derecha (recorrido 1-10) tal como aparece en la siguiente distribución. Calcular la media y la mediana.

Escala izquierda-derecha	f_i
1- 2	13
3- 4	17
5- 6	42
7- 8	17
9-10	11

4. Las calificaciones de un estudiante en los cuatro exámenes parciales del curso fueron 5, 7, 6, 8. Si los pesos asignados a cada examen son 1, 2, 2, 1, ¿cuál es la nota final del curso? ¿Cuál sería si todos los pesos fuesen iguales?

5. El salario medio percibido por los empleados de una empresa es $\bar{X}$=80.000 pesetas. El salario medio de un hombre en dicha empresa es 85.000 pesetas y el de las mujeres 78.000 pesetas. Determinar el porcentaje de hombres y mujeres que trabajan en la empresa.

6. Calcular el recorrido, el rango intercuartílico, la desviación media, la varianza y la desviación típica en la distribución de frecuencias del ejercicio 4 del capítulo 2.

7. Calcular el recorrido, el rango intercuartílico, la desviación media, la varianza y la desviación típica en la distribución de frecuencias del ejercicio 5 del capítulo 2.

8. Si la media de una distribución normal es 70 y su desviación típica 8:

   a) ¿Qué proporción de casos se encuentra entre 70 y 85?

b) ¿Qué proporción de casos se encuentra entre 80 y 93?
c) ¿Qué proporción de casos es menor de 65?
d) ¿Cuántas unidades de desviación típica a ambos lados de la media hay que recorrer para obtener dos colas que contengan cada una de ellas el 3 por 100 del área total? ¿Y el 10 por 100?
e) ¿Qué puntuación tiene el 5 por 100 de los casos por encima de ella? (es decir, localizar el percentil 95).

9. Supóngase que una curva normal tiene una media de 50 y que el 7 por 100 de los casos tiene puntuaciones por encima de 70. ¿Cuál es la desviación típica?

BIBLIOGRAFIA

ALCAIDE INCHAUSTI, Angel: *Estadística aplicada a las Ciencias Sociales*, Madrid, Pirámide, 1976.
AMÓN, Jesús: *Estadística descriptiva para psicólogos*, Madrid, 1973.
BLALOCK, Hubert M.: *Social Statistics*, New York, McGraw-Hill, 1960.
DÍEZ NICOLÁS, H., y J. R. TORREGROSA: «Aplicación de la Escala de Cantril en España: Resultados de un estudio preliminar», *Revista Española de la Opinión Pública*, 10, 1967, págs. 77-100.
JIMÉNEZ BLANCO, José, et al.: *La conciencia regional en España*, Madrid, C.I.S., 1977.
LOETHER, H. J., y D. G. McTAVISH: *Descriptive Statistics for Sociologists*, Boston, Allyn and Bacon, 1974.

Capítulo 4
ESTADÍSTICA INFERENCIAL: PROBABILIDADES Y TIPOS DE MUESTREO

4.1. Introducción a la estadística inferencial

En los capítulos precedentes se han expuesto diversas técnicas para obtener y presentar de una forma resumida la información estadística, con el fin de facilitar la interpretación y el análisis de los datos. Este tipo de trabajo estadístico es lo que se denomina *estadística descriptiva*, ya que en realidad se utiliza para describir un grupo de individuos, características o *items* observados. Las medidas resumen que hemos estudiado en la estadística descriptiva no se pueden utilizar para obtener generalizaciones que sean aplicables a individuos, características o *items* que no hayan sido observados.

Muchas veces, sin embargo, el investigador está interesado en ampliar la indagación estadística, más allá del estudio de los objetos estudiados, a otras poblaciones de mayor alcance. Esta es precisamente la tarea que se realiza con la *estadística inferencial*, cuyo objetivo es la obtención de generalizaciones estadísticas sobre una población determinada, a partir del estudio de las características de una muestra extraída de dicha población o universo.

La sociología, como ciencia, aspira a establecer principios científicos y a predecir la conducta social. Precisamente, el sociólogo utiliza las técnicas que le brinda la estadística inferencial para realizar predicciones sobre el comportamiento de poblaciones determinadas, a partir del estudio directo de muestras pertenecientes a tales poblaciones. Veamos a través de un ejemplo el diferente uso que realiza el sociólogo de la estadística descriptiva y de la estadística diferencial.

Como es sabido, los demógrafos y los sociólogos de la población han desarrollado un esquema conceptual para describir los cambios demográficos que se producen en los países al pasar por diversos estadios de industrialización y urbanización. Tres son los tipos que se utilizan para describir los países: 1) de alto crecimiento potencial; 2) de crecimiento transicional, y 3) de decadencia incipiente. Tales tipos se definen en términos de tasas de natalidad, de mortalidad y de crecimiento vegetativo. Warren S. Thompson (1959), que desarrolló originalmente esta tipología, tiende a tratar los tres tipos como un esquema clasificatorio para los países del mundo. Pero hay otros autores que prefieren tratar los tres tipos como integrantes de una teoría de la población, llamada teoría de la transición.

Ahora bien, si se aspira a tratar los tres tipos como una teoría tendrá que someterse a la prueba de la verificabilidad. El valor de una teoría científica radica en su capacidad para predecir más allá de los datos que sirvieron de base para formularla. Si se desea que el esquema clasificatorio desarrollado por Thompson sirva como una teoría predictiva, será preciso realizar un análisis inferencial para comprobar su capacidad predictiva. Así, por ejemplo, se suele formular la hipótesis de que las estructuras políticas dominantes en los países varían según su estadio de crecimiento demográfico. Para contrastar dicha hipótesis se necesitará desarrollar indicadores fiables de estructura política, extraer una muestra de países del mundo, clasificarlos según su estadio de desarrollo, medir sus correspondientes estructuras políticas y, a través del uso del análisis estadístico, verificar el tipo de relación existente entre estructura política y crecimiento demográfico. Caso de que los resultados fueran positivos, se podrán generalizar al resto de los países del mundo.

En realidad, el campo de la estadística descriptiva no difiere en sus técnicas del campo de la estadística inferencial. La diferencia entre ambos campos de la estadística estriba en la manera de utilizar tales técnicas. Si las técnicas se utilizan tan sólo para resumir datos, se dice entonces que se trata de técnicas descriptivas. Si se utilizan para estimar parámetros de una población a partir de los cálculos realizados con los datos de una muestra, entonces se trata de técnicas inferenciales. Aquí aparece una dimensión terminológica que conviene tener siempre presente. Cuando nos refiramos a las características de una población hablaremos de *parámetros*, mientras que si nos referimos a características de la muestra tendremos *indicadores estadísticos* o, simplemente, *estadísticos*. Con el fin de diferenciar con toda claridad ambos tipos de características, se utilizan signos diferentes. Las letras griegas se utilizan habitualmente para referirse a las características de la población, mientras que las letras del abecedario latino se emplean con las características muestrales. Así, la letra griega mu (μ) representa la media aritmética de la población, mientras que la letra latina $\overline{X}$ denota la media aritmética de la muestra. Igualmente, la desviación típica de la población se representa por la letra griega sigma (σ), y la desviación típica de la muestra por la letra s. Los parámetros, que son valores fijos de la población, suelen desconocerse. Los estadísticos, que varían de muestra a muestra, se utilizan para estimar los parámetros. El proceso de estimación, eje de la estadística inferencial, se basa en la teoría de las probabilidades y en la teoría del muestreo.

4.2. Probabilidad: Nociones básicas y definición

Todos nosotros tenemos algún tipo de noción intuitiva del concepto de probabilidad, aunque no sepamos muy bien cómo definirlo. Si una persona afirma: «Es probable que mañana llueva», no tiene necesidad de explicar a su interlocutor el significado del término «es probable que...», ya que se sobreentiende que se refiere a la posibilidad de que pueda producirse «mañana» el suceso de «la lluvia». En este sentido, el concepto de probabilidad salpica el lenguaje común y la comunicación interpersonal cotidiana.

Ahora bien, si hemos de hablar con mayor precisión acerca del concepto de probabilidad, y especialmente si los matemáticos han de utilizarlo, se hace preciso definirlo con mayor rigor, con lo que surge una aparente contradicción. La *probabilidad matemática*, y las leyes del azar, se refieren tan sólo a sucesos repetidos bajo condiciones determinadas y constantes. Desde este punto de vista objetivista, no tiene sentido hablar de la probabilidad de un suceso concreto, tal como la probabilidad de que llueva mañana, dado que este suceso no es repetitivo. Tampoco se puede afirmar que la probabilidad de acertar una quiniela con resultados plenos es de uno entre un millón. Matemáticamente, «se acertará» o «no se acertará». Eso es todo. La probabilidad matemática tiene muy poco de probable. Tan sólo se admitirá la probabilidad de que, entre un millón de boletos, uno de ellos ofrezca un resultado acertado. La probabilidad matemática u objetiva se refiere al resultado medio de un gran número de apariciones del suceso u ocurrencias.

Pero si se acepta este punto de vista riguroso, el estadístico va a encontrar que a muchos problemas prácticos no es aplicable el concepto de probabilidad. Tan sólo se podrán aplicar las probabilidades a sucesos tales como la tirada de dados, los juegos de azar, los errores de una medición repetida, la producción en masa de un producto y otros sucesos en los que prevalece a largo plazo la variación aleatoria. Sin embargo, no podrá aceptar las afirmaciones probabilísticas de carácter socioeconómico, como, por ejemplo, que el desempleo tenderá a disminuir a lo largo del año, o que probablemente se recuperará la actividad económica en los dos próximos años, ya que para el matemático tales afirmaciones son simplemente correctas o incorrectas.

Desde el punto de vista de la *probabilidad real* o personalista, el término probabilidad se utiliza como una expresión del grado de creencia que una persona tiene de que un suceso vaya o no a ocurrir. Así, cuando alguien afirma que «es probable que vayan a convocarse pronto elecciones generales», está expresando su creencia de que tal suceso vaya a producirse, aunque puede ocurrir que otra persona opine sobre dicho tema de forma diametralmente opuesta. Esto es, que puede asignar una probabilidad «cero» a que se convoquen pronto las elecciones generales.

No obstante, los puntos de vista objetivista y personalista sobre la probabilidad no son tan diferentes como aparentan a primera vista. Porque cuando llega el momento de determinar prácticamente la probabilidad de un determinado suceso sólo existen dos métodos disponibles: el apriorístico y el empírico.

No existe una definición teórica de probabilidad universalmente aceptada. La más utilizada, y que se suele encontrar en la mayoría de los libros de texto, es la llamada *definición clásica de probabilidad:* sea un suceso determinado A, que de un total n casos posibles, todos ellos igualmente posibles, puede presentarse en un número a de los casos y no se presenta en los restantes b casos (siendo $b = n - a$). Entonces, la probabilidad apriorística de aparición del suceso A (llamado también la ocurrencia de A) viene dada por:

$$P(A) = \frac{a}{n} = \frac{\text{casos favorables}}{\text{casos posibles}} \qquad [4.1]$$

Es decir, la *probabilidad a priori* de ocurrencia del suceso A es, por definición, el cociente entre el número de casos favorables y el número de casos posibles. Esta definición supone que todos los casos sean igualmente probables.

Por ejemplo, supongamos que se tiene una urna con 10 bolas: una negra, cuatro blancas y cinco rojas. La probabilidad de que la primera bola extraída al azar sea negra vale $P(N) = \frac{1}{10}$; la probabilidad de que la primera bola sea blanca vale $P(B) = \frac{4}{10}$, y la probabilidad de que la primera bola extraída al azar sea roja vale $P(R) = \frac{5}{10}$.

La probabilidad igual a 1 significa certeza de ocurrencia del suceso. Si las 10 bolas de la urna hubieran sido blancas, la probabilidad de extraer una bola blanca será lógicamente 1. La probabilidad 0 indica, por el contrario, certeza de no ocurrencia del suceso, es decir, se trata de un suceso imposible.

Las probabilidades *a priori* se determinan, pues, en base a la lógica y a la naturaleza del suceso, en lugar de la experiencia o de la experimentación. Pero esta determinación de las probabilidades implica una dificultad lógica de razonamiento circular, ya que, tal como se ha dicho anteriormente, se basan en el supuesto de igual probabilidad o sucesos igualmente probables. Así, pues, la determinación de la probabilidad de los sucesos se basa en el conocimiento previo de las probabilidades de tales sucesos. Esto es fácil de saber en el caso de la tirada de los dados, o en la extracción de una bola de una urna, pero no ocurre así en la mayoría de los fenómenos sociales de interés para el sociólogo.

Por eso, el método empírico para determinar las probabilidades es de uso cada vez mayor. Las *probabilidades empíricas* se basan en el supuesto de que la proporción de aparición de los sucesos observada en el pasado persistirá en el futuro. Como reconoce Boris Parl (1967, pág. 83), las probabilidades empíricas son tan sólo estimaciones de las *probabilidades verdaderas*, pero cuanto mayor sea el número total de casos observados más precisa será la estimación. A través de este método es imposible obtener la probabilidad verdadera de un suceso, ya que ningún observador puede estudiar las tiradas de un dado durante un largo período de tiempo. Ahora bien, apoyándonos en la experiencia previa es posible obtener buenas estimaciones de los sucesos. Así es, por ejemplo, como las compañías aseguradoras estiman las tasas de fallecimiento para establecer los baremos de las pólizas de seguro de vida.

El tema de la teoría de la probabilidad ha provocado, ciertamente, la polémica y la controversia entre los matemáticos. Sobre él se ha escrito mucho, pero, afortunadamente, para establecer las bases de comprensión mínimas de las técnicas estadísticas utilizadas en la investigación sociológica no es preciso que profundicemos en el tratamiento estadístico de la probabilidad. El estudio elemental de algunas propiedades matemáticas de las probabilidades nos va a ser suficiente para poder seguir adelante en nuestra revisión del trabajo estadístico en la sociología empírica.

4.2.1. *Propiedades matemáticas de las probabilidades*

Tal como señala acertadamente Blalock (1960, pág. 102), aunque un estudiante de sociología puede que no necesite nunca calcular probabilidades, es importante que se percate de que, subyaciendo en cada tabla que vaya a utilizar para el contraste y verificación de hipótesis, se encuentran unas pocas y sencillas propiedades de las probabilidades. Por esta razón vamos a exponer a continuación algunas propiedades de las probabilidades empíricas de un suceso.

La primera propiedad ya la hemos visto anteriormente. La probabilidad de un suceso no puede ser mayor de la unidad (certeza total en la ocurrencia del suceso) ni menor de cero. Así, pues:

$$0 \leq P(A) \leq 1 \qquad [4.2]$$

en donde el símbolo $\leq$ significa «menor o igual que».

La segunda propiedad puede considerarse como un caso especial de la *regla de la adición:* si los sucesos A y B son mútuamente excluyentes, la probabilidad de obtener A o B —que se escribe $P(A \text{ o } B)$— es igual a la probabilidad de A más la probabilidad de B; esto es:

$$P(A \text{ o } B) = P(A) + P(B) \qquad [4.3]$$

Cuando decimos que los sucesos deben ser mutuamente excluyentes para que se cumpla [4.3], queremos decir que A y B no pueden ocurrir simultáneamente en el mismo experimento. En otras palabras, no se puede obtener en la misma tirada una cara y una cruz de una sola moneda.

Supongamos que la probabilidad de que un ciudadano español vote por un partido de derechas sea $P(A)=0,38$, y que la probabilidad de votar por un partido de izquierdas sea $P(B)=0,36$. Se trata, como vemos, de dos sucesos mutuamente excluyentes, ya que si se vota por un partido de derechas, no se puede votar por un partido de izquierdas. Entonces, la probabilidad de que un ciudadano español vote por un partido de izquierdas o por un partido de derechas será, aplicando la fórmula [2.3]:

$$P(A \text{ o } B) = 0,38 + 0,36 = 0,74$$

La regla de la adición se puede extender al caso de más de dos sucesos. Si $A, B, C, ..., K$ son sucesos mutuamente excluyentes, entonces:

$$P(A \text{ o } B \text{ o } C ... \text{ o } K) = P(A) + P(B) + P(C) + ... + P(K) \qquad [4.4]$$

Dado que las probabilidades son, en esencia, frecuencias relativas o proporciones, la suma de todos los sucesos posibles de un fenómeno ha de ser la unidad. Así, si en el ejemplo anterior añadimos la probabilidad de votar por un partido radical $P(C)=0,06$ (de derechas o izquierdas) y la probabilidad de no votar $P(D)=0,20$, a la probabilidad de votar por un partido de derechas $P(A)$ o por un partido de izquierdas $P(B)$, se ha de obtener una suma de 1. Entonces, para este ejemplo:

$$P(A) + P(B) + P(C) + P(D) = 1$$

y la probabilidad de que no ocurra un suceso A será igual a la suma de las probabilidades de los restantes (mutuamente excluyentes) sucesos. Si sustraemos $P(A)$ de la unidad, tendremos la probabilidad de no obtener A, ya que:

$$P(A) + P(B) + P(C) + P(D) = 1$$

y

$$1 - P(A) = P(B) + P(C) + P(D)$$

La propiedad de no votar a un partido de derechas será, en nuestro ejemplo:

$$1 - P(A) = 0,36 + 0,06 + 0,20 = 0,62$$

Si los sucesos no son mutuamente excluyentes, la regla de la adición se formula del siguiente modo:

$$P(A \text{ o } B) = P(A) + P(B) - P(AB) \qquad [4.5]$$

en donde $P(AB)$ representa la probabilidad de obtener simultáneamente A y B.

Supongamos que, en una región española, el 75 por 100 de la población ha votado en las últimas elecciones municipales, que el 54 por 100 sea población femenina y que el 40 por 100 de la población sean mujeres que han votado. La probabilidad de que un residente en dicha región sea mujer o haya votado será, aplicando la fórmula [4.5], como sigue:

$$P(A \text{ o } B) = P(A) + P(B) - P(AB) = 0,75 + 0,54 - 0,40 = 0,89$$

Una tercera propiedad de las probabilidades nos permite obtener la probabilidad de dos o más sucesos que ocurran simultáneamente. La *regla de la multiplicación* se puede formular del siguiente modo: si A y B son dos sucesos cualesquiera, la probabilidad de obtener simultáneamente A y B es igual a la probabilidad de obtener uno de ambos sucesos multiplicada por la probabilidad condicional de obtener el otro suceso una vez ha ocurrido el primer suceso. Es decir:

$$P(AB) = P(A) P(B/A) = P(B) P(A/B) \qquad [4.6]$$

en donde $P(B/A)$ y $P(A/B)$ representan las probabilidades condicionales. El término *probabilidad condicional* hace referencia a que la probabilidad del suceso A puede depender de la ocurrencia de otro suceso B.

Si la ocurrencia o no ocurrencia del suceso B no afecta a la probabilidad de ocurrencia de A, entonces $P(A/B) = P(A)$, y se dice entonces que A y B son *sucesos independientes*; por el contrario, si la ocurrencia de A depende de la ocurrencia de B, entonces se dice que los sucesos A y B son dependientes.

Veamos un ejemplo en que no existe independencia entre los sucesos. Supongamos que, de una población de mil jóvenes, la distribución numérica de los que manifiestan un carácter conflictivo o no conflictivo y la ideología con la que se identifican es la siguiente:

Rasgo	*Izquierda*	*Derecha*	*Neutro*	*Total*
Conflictivo	150	300	150	600
No conflictivo	300	50	50	400
Total	450	350	200	1.000

Ahora cabe preguntarse: ¿cuál es la probabilidad de que un joven cualquiera, elegido al azar, sea conflictivo e ideológicamente neutro? Dado que hay 150 jóvenes conflictivos y neutros de un total de 1.000, la probabilidad será $\dfrac{150}{1.000}$ o 0,15. Vamos a ver ahora cómo obtenemos esta misma probabilidad mediante la aplicación de la regla de la multiplicación.

Si A es el suceso de elegir un joven ideológicamente neutro y B el suceso de que el joven sea conflictivo, $P(A)=200/1.000=0,2$, ya que hay 200 jóvenes ideológicamente neutros en una población de 1.000 jóvenes y $P(B)=600/1.000=0,6$, ya que del total son 600 los jóvenes conflictivos. Entre los 600 jóvenes conflictivos hay, por otro lado, 150 que son ideológicamente neutros. Por lo tanto, entre la subpoblación conflictiva, la probabilidad de elegir un joven ideológicamente neutro es $150/600=0,25$. Entre los jóvenes ideológicamente neutros, la probabilidad de elegir uno que sea conflictivo es de $150/200=0,75$. Así, pues, tenemos que:

$$P(A)=0,2;\ P(B)=0,6;\ P(A/B)=0,25\ y\ P(B/A)=0,75$$

Aplicando ahora la fórmula [4.6] se obtiene la probabilidad de elegir un joven conflictivo ideológicamente neutro:

$$P(AB)=P(A)\,P(B/A)=(0,2)(0,75)=0,15$$
$$=P(B)\,P(A/B)=(0,6)(0,25)=0,15$$

Como vemos, con cualquiera de las dos expresiones se llega al mismo resultado.

Veamos otro ejemplo de aplicación de la regla de la multiplicación. Supongamos que el 35 por 100 de los jóvenes de edades comprendidas entre dieciocho y veintiún años se encuentra estudiando. Supongamos también que de esos jóvenes que están estudiando el 25 por 100 se pondrá a trabajar al cumplir los veintiún años, mientras que de los jóvenes de dichas edades que no están estudiando el 10 por 100 volverá a estudiar algún tipo de formación profesional al cumplir igualmente los veintiún años.

Dados estos datos, podríamos preguntarnos, si fuéramos a seleccionar aleatoriamente jóvenes de dieciocho a veintiún años, cuál es la probabilidad de que estuvieran estudiando (llamémosle suceso A) y que al cumplir los veintiún años se pusieran a trabajar (llamémosle suceso B). La probabilidad buscada se calculará, siguiendo la fórmula [4.6], del siguiente modo:

$$P(AB)=P(A)\,P(B/A)=(0,35)(0,25)=0,0875$$

También se podría calcular la probabilidad de encontrar jóvenes que no estuvieran estudiando (suceso A') y que vuelvan a reemprender sus estudios al cumplir los veintiún años, mediante la misma fórmula:

$$P(A'B)=P(A')\,P(B/A')=(0,10)(0,65)=0,065$$

Esta última probabilidad es un poco más baja que la primera, como consecuencia de que es menos probable que los jóvenes que se pongan a trabajar reemprendan o amplíen sus estudios.

Todavía cabe calcular otras dos probabilidades conjuntas. La probabilidad de encontrar jóvenes que estén estudiando y que no se pongan a trabajar al cumplir los veintiún años, que vale (0,35)(0,75)=0,2625, y la probabilidad de encontrar jóvenes que no estén estudiando y que no reemprendan ulteriormente sus estudios, que vale (0,65)(0,90)=0,585. Naturalmente, la suma de las cuatro probabilidades simultáneas vale la unidad. Obsérvese también que se puede llegar a calcular las cuatro probabilidades simultáneas multiplicando las probabilidades, siguiendo las ramas que se señalan en la figura:

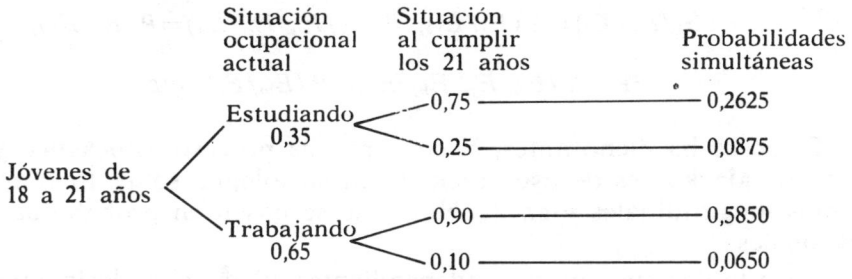

La regla de la multiplicación general también se puede hacer extensiva a más de dos sucesos. En el caso de tres sucesos, A, B y C, la fórmula de la ocurrencia conjunta de los tres será como sigue:

$$P(ABC) = P(AB) P(C/AB) = P(A) P(B/A) P(C/AB) \qquad [4.7]$$

Cualquiera de las dos expresiones se puede utilizar para calcular el producto de probabilidades.

En la investigación sociológica, cada vez son más importantes los estudios longitudinales y de series temporales, que implican medidas del mismo fenómeno a lo largo del tiempo. Supongamos que disponemos de un modelo que explica cómo se desarrollan los sucesos de un fenómeno dado (por ejemplo, tasas de movilidad intergeneracional, precios, tasas de interés, etc.) en el tiempo. Tal modelo se denomina un *proceso*, y si está regido por leyes de probabilidad se denomina *proceso estocástico*. Siempre que tratamos una secuencia de sucesos a lo largo del tiempo y se calculan las probabilidades de su ocurrencia conjunta, tenemos procesos estocásticos. La palabra estocástico significa que los sucesos son probabilísticos en lugar de determinísticos, es decir, es posible asignar probabilidades a la ocurrencia de tales sucesos.

Una forma especial de proceso estocástico viene dada por las llamadas *cadenas de Markov*, denominadas así en honor del matemático ruso

Markov, que introdujo su concepto en 1907. Las cadenas de Markov pueden considerarse una aplicación de la regla general del producto de probabilidades y de las probabilidades condicionales. En realidad, una cadena de Markov es un proceso al azar que goza de la propiedad de que se puede predecir su futuro a partir del conocimiento del presente, junto con la historia del pasado. Supongamos que $P(E_k/E_i, E_j)$ es la probabilidad condicional de que, en el tiempo $n+2$, el sistema E (una familia, una sociedad, una persona, un organismo) se encuentra en el estado E_k, dado que en los tiempos n y $n+1$ el sistema se encontraba en los estados E_i y E_j, y supongamos también que tenemos las probabilidades condicionales para una secuencia más o menos larga de estados. Pues bien, un proceso es una cadena de Markov si:

$$P(E_k/E_i, E_j) = P(E_k/E_j); \ P(E_e/E_i, E_j, E_k) = P(E_e/E_k);$$

$$P(E_m/E_i, E_j, E_k, E_e) = P(E_m/E_e), \text{ etc.}$$

Como se ha dicho antes, el concepto de proceso estocástico y de cadena de Markov es de uso creciente en sociología, sobre todo en los estudios longitudinales y en aquellos que se basen en probabilidades condicionales.

Cuando dos sucesos son independientes entre sí, es decir, que la ocurrencia del suceso A no depende de lo que le ocurra al suceso B, sabemos que $P(B/A) = P(B)$ y $P(A/B) = P(A)$. En tal caso, la regla general de la multiplicación se simplifica, ya que entonces la probabilidad de la ocurrencia conjunta de sucesos independientes es igual al producto de sus probabilidades por separado. Es decir, para el caso de dos sucesos, A y B:

$$P(AB) = P(A)P(B) \qquad [4.8]$$

y en el caso de tres sucesos, A, B y C:

$$P(ABC) = P(A)P(B)P(C) \qquad [4.9]$$

Como ejemplo de aplicación de la fórmula [4.9], supongamos que estamos interesados en seleccionar al azar matrimonios en los que la esposa haya tenido gemelos, que sean niño y niña, y que lleven menos de diez años casados. En un principio, se trata de tres sucesos que son independientes entre sí, pues no parece que haya ninguna razón especial que los relacione. Si la probabilidad de tener mellizos es 0,01, la probabilidad de que sean niño y niña es 0,35 y la probabilidad de llevar casados menos de diez años es 0,15, la sustitución de estos valores en la fórmula [4.9] nos dará la probabilidad buscada:

$$P(ABC) = (0,01)(0,35)(0,15) = 0,000525$$

Se trata, pues, de un suceso que va a ocurrir con poca frecuencia. En realidad, ocurrirá en 5 de cada 10.000 observaciones de matrimonios, según nuestros datos hipotéticos.

Ciertamente, suele ser difícil establecer la independencia de las variables en sociología. Con todo, la fórmula [4.9] es de utilidad en la investigación sociológica, sobre todo en la verificación de ciertas hipótesis estadísticas, como se verá más adelante.

4.2.2. *Combinatoria y probabilidad*

En la determinación de las probabilidades *a priori* se ha supuesto anteriormente que los diversos sucesos eran igualmente probables. Así, al lanzar una moneda, la probabilidad de obtener cara o cruz es la misma, y viene determinada por:

$$\frac{a}{a+b} = \frac{1}{1+1} = \frac{1}{2}$$

En este ejemplo elemental sólo se requiere contar el número de sucesos favorables y posibles. Pero en situaciones en las que hay que tratar con sucesos complejos, en lugar de sucesos elementales, el recuento de los sucesos alternativos puede ser una tarea muy complicada. En tales casos se hace necesario aplicar reglas matemáticas que nos den directamente el número de secuencias en que se pueden distribuir los sucesos favorables y posibles. A continuación vamos a estudiar algunas de las «técnicas de contar» que integran la «combinatoria» más elemental, por su relevancia para la comprensión de los conceptos estadísticos básicos que nos quedan por exponer.

Un principio es fundamental y previo a las diversas reglas combinatorias. Tal principio se puede enunciar así: si el fenómeno f_1 se puede verificar de n_1 maneras, el fenómeno f_2 de n_2 maneras, ..., y el fenómeno f_k de n_k maneras, las distintas maneras como pueden verificarse los k fenómenos vienen dadas por el producto $n_1 \times n_2 \times ... \times n_k$. Otro concepto y símbolo importante es el de «*factorial de un número n*». Se representa por $n!$, y es igual al producto $(1)(2)...(n)$. Por ejemplo, $5! = 1 \cdot 2 \cdot 3 \cdot 4 \cdot 5 = 120$.

4.2.2.1. *Variaciones y permutaciones*

Las *variaciones* se refieren a los distintos grupos que se pueden formar con m elementos tomados de n en n (siendo $n < m$), con la condición de que dos grupos serán distintos si difieren en el orden o en la naturaleza de sus elementos. Las variaciones de m elementos tomados de n en n se representa por $V_{m,n}$ y su número viene dado por la fórmula:

$$V_{m,n} = m(m-1) \ldots (m-n+1) = \frac{m!}{(m-n)!} \qquad [4.10]$$

Si, por ejemplo, tenemos una población de cuatro elementos (a, b, c, d), los distintos grupos de dos elementos que podemos formar serán:

$$V_{4,2} = 4 \cdot 3 = \frac{4!}{2!} = 12$$

Estos grupos son: (a,b), (a,c), (a,d), (b,a), (b,c), (b,d), (c,a), (c,b), (c,d), (d,a), (d,b) y (d,c). Obsérvese que estos doce grupos o tienen elementos distintos o bien los tienen en orden distinto.

Cuando pueden darse repeticiones de los elementos, tenemos las *variaciones con repetición*, cuya fórmula es:

$$V_{m,n} = m^n \qquad [4.11]$$

Con los cuatro elementos del ejemplo anterior se pueden formar: $V_{4,2} = 4^2 = 16$ grupos distintos, por lo que se refiere al orden o a la naturaleza de alguno de sus elementos. Tales grupos son (a,a), (a,b), (a,c), (a,d), (b,a), (b,b), (b,c), (b,d), (c,a), (c,b), (c,c), (c,d), (d,a), (d,b), (d,c) y (d,d). Como se puede observar, los grupos difieren en el orden o en la naturaleza de sus elementos, pero, a diferencia de las variaciones simples, hay cuatro grupos con los mismos elementos, es decir, con repetición.

Se tienen *permutaciones* de los elementos cuando los grupos varían tan sólo en el orden de los elementos que los integran. Pueden considerarse como un caso particular de las variaciones en las que $m=n$. Su fórmula es como sigue:

$$P_{n,n} = n! \qquad [4.12]$$

Con los cuatro elementos del ejemplo anterior se pueden formar: $P_{4,4} = 4! = 24$ grupos que difieren entre sí en el orden de sus elementos. Algunos de estos grupos serían = (a,b,c,d), (a,b,d,c), (a,d,c,b), (a,c,b,d), (b,a,c,d), ... Se observa, pues, que los grupos sólo difieren en el orden de los elementos.

Si en los grupos se repiten algunos de los elementos, se tienen las *permutaciones con repetición*. Se pueden definir del siguiente modo: son los distintos grupos que se pueden formar con n elementos, dentro de los cuales se repiten n_1, n_2, ..., n_k elementos, con la condición de que dos grupos sean distintos si difieren en el orden de los elementos.

La fórmula para obtener el número de permutaciones con repetición es la siguiente:

$$PR_n = \frac{n!}{n_1! \, n_2! \, \ldots \, n_k!} \qquad [4.13]$$

4.2.2.2. Combinaciones

En los ejemplos anteriores, los grupos se consideraban distintos si variaban en ellos el orden o la naturaleza de los elementos. Pero podemos estar interesados en obtener grupos que sólo difieran entre sí por la naturaleza de los elementos y no por su orden. Para calcular el número de grupos que se pueden formar de esta manera tendremos que conocer las *combinaciones*, que se definen como los distintos grupos que se pueden formar con m elementos tomados de n en n (siendo $n<m$), con la condición de que dos grupos sean distintos si difieren en la naturaleza de alguno de sus elementos. Su fórmula viene dada por la expresión:

$$C_{m,n} = \binom{m}{n} = \frac{m!}{n! \, (m-n)!} = \frac{(m)(m-1)\ldots(m-n+1)}{n!} \qquad [4.14]$$

Para el caso de una población de cuatro elementos, el número de combinaciones que se pueden formar, tomados de dos en dos, es el siguiente:

$$C_{4,2} = \binom{4}{2} = \frac{4!}{2!\,(4-2)!} = \frac{4!}{2!\,2!} = \frac{4 \cdot 3}{2} = 6$$

Estos grupos son los siguientes: (a,b), (a,c), (a,d), (b,c), (b,d) y (c,d). Se observa, pues, que estos grupos difieren tan sólo en la naturaleza de los elementos.

Veamos ahora algunas propiedades de las combinaciones. La combinación de n elementos tomados de n en n vale la unidad, ya que:

$$C_{n,n} = \binom{n}{n} = \frac{n!}{n!\,(n-n)!} = \frac{n!}{n!\,0!} = \frac{n!}{n!} = 1$$

ya que $0! = 1$.

También se cumplen las siguientes combinaciones particulares:

$$\binom{n}{0} = 1; \quad \binom{n}{1} = n; \quad \binom{n}{2} = n(n-1)/2$$

Con esto damos por finalizada la presentación de las reglas combinatorias más elementales. En la siguiente sección vamos a ocuparnos de estudiar la forma en que la teoría de las probabilidades se utiliza en el proceso de obtención de muestras aleatorias, mientras que en los siguientes capítulos nos ocuparemos del papel que juega la teoría de las probabilidades en el proceso de inducción.

4.3. Aspectos generales del muestreo en la investigación sociológica

La teoría del muestreo es el estudio de las relaciones existentes entre una población y las muestras extraídas de la misma. Se denomina «población» a un conjunto de casos o unidades que tienen en común una serie determinada de características —por ejemplo, el tener un trabajo remunerado determina la población laboral, o el hecho de residir en el medio rural determina la población rural—, y sobre la que se desea obtener cierta información. Dicha información puede consistir en la proporción de viviendas con cuartos de baño, el número de personas que opinan de un modo determinado o la proporción de posibles votantes en las próximas elecciones. Estos valores que se pretenden conocer, y que se expresarán mediante medidas de frecuencia, tendencia central o variación, tales como proporciones, razones, medias, desviaciones típicas, etc., se les denomina *valores verdaderos* (Sánchez-Crespo, 1971, pág. 11).

Normalmente, no se pueden calcular directamente tales valores porque las poblaciones no resultan directamente asequibles. De este modo, hay que recurrir al *muestreo*, que es un procedimiento por el que se infieren los valores verdaderos de una población a través de la experiencia obtenida con un grupo que contiene un número menor de casos que la población. Una *muestra* será el grupo de elementos seleccionados con la intención de estimar los valores verdaderos de la población. El investigador debe de preocuparse de que el número y el tipo de objetos incluidos en la muestra sean lo suficientemente representativos de la población total como para permitir hacer generalizaciones seguras acerca de la población. En otras palabras, los procedimientos de muestreo son unos medios para desarrollar una adecuada validez externa.

Diversas son las ventajas que ofrece el uso de las muestras para estimar valores de una población. En términos generales, se puede afirmar que el muestreo permite una reducción considerable de los costes materiales del estudio, una mayor rapidez en la obtención de la información y el logro de unos datos más comprensivos. Aunque esto último puede parecer aparentemente contradictorio, lo cierto es que a veces un buen plan de muestreo ofrece mejores estimaciones de los valores de una población que el propio Censo de Población. Este hecho ha sido, no obstante, destacado muchas veces por los propios estadísticos que elaboran los censos nacionales de población, ya que un proyecto de tal magnitud produce más *errores no muestrales* y de mayor cuantía que el propio *error de muestreo* que se origina al estimar los parámetros de la población por medio de la muestra *.

Dadas las ventajas del muestreo, el buen muestreo no es practicable sin una clara conceptualización de lo que se está muestreando. Tal como afirma Smith (1975, pág. 106), existen muestras en busca de universos y universos en busca de muestras. Muchos problemas pueden eliminarse si previamente se conceptualizan claramente los objetos que han de servir como base para las generalizaciones del investigador. Las nociones de «universo general» y «universo de trabajo» son claves para entender este problema (Sjoberg y Nett, 1968, pág. 130). El universo general es la población abstracta y teórica a la que el investigador desea generalizar sus resultados, mientras que el universo de trabajo es la operacionalización concreta de ese universo general del que se va a obtener la muestra. Supongamos que deseamos estudiar el mercado de los ejecutivos en las grandes empresas españolas (universo general). Se puede operacionalizar, por ejemplo, a través de los listados de ejecutivos que están trabajando en una fecha determinada en las cien mayores empresas españolas (universo de trabajo).

Es importante realizar esta distinción entre ambos tipos de universo porque, en las investigaciones sociológicas, rara vez se tiene la oportunidad de obtener muestras directamente en los universos generales. Los temas de auténtico interés sociológico rara vez se pueden enmarcar en listados concretos, de los que se pueda obtener una muestra precisa con todos los requerimientos que demanda el cálculo de probabilidades. Los «pequeños grupos», la «conducta desviada», la «interacción en lugares públicos», la «despersonalización del trabajo burocrático», son fenómenos que difícilmente pueden ser estudiados siguiendo estrictos diseños muestrales.

Con todo, los diseños muestrales son necesarios si se desea que la investigación sociológica ofrezca resultados científicos. Todos sabemos que muchas personas tienden a realizar afirmaciones generales muy amplias, a partir del conocimiento de casos muy particulares. Esto es lo que Smith llama «muestras en busca de universos». Las muestras sesgadas se producen, precisamente, porque el investigador o la persona que hace la selección muestral se deja llevar, inconscientemente, por sus preferencias al elegir los casos. Esta es la razón por la que ha de evitarse que los entrevistadores tengan libertad para elegir la última unidad muestral.

Otro aspecto irónico de la investigación social es la existencia de

---

* En España, el Instituto Nacional de Estadística ha diseñado una Encuesta General de Población, de tipo contínuo y que proporciona estimaciones independientes bimensuales sobre las familias españolas. Para algunas características, tales como presupuestos familiares, gastos de consumo, nivel cultural, equipamiento, estimación del paro, etc., la E. G. B. ofrece las estimaciones más precisas de que se dispone.

universos generales teóricamente interesantes, pero que son relativamente abstractos o inaccesibles desde un punto de vista muestral (Smith, *op. cit.*, pág. 110). La mayor parte de los universos relacionales o interactivos son de este tipo, al igual que muchas organizaciones sociales, tales como burocracias, asociaciones voluntarias y comunidades. Pese a tales dificultades y problemas, el sociólogo debe de esforzarse por emplear diseños muestrales aleatorios, siempre que ello le sea posible, aunque, en último término, todo ello dependa de las facilidades materiales —dinero, tiempo, equipo— de que se disponga y del grado de exactitud deseado.

4.3.1. *Tipos de muestreo*

Para algunos, el único muestreo científicamente relevante es el *muestreo de probabilidad* o *muestreo aleatorio*. Pero, por todo lo que hemos dicho anteriormente, no siempre resulta posible en la investigación sociológica obtener una muestra probabilística; de ahí que con frecuencia el sociólogo tiene que recurrir a diseños muestrales arbitrarios para lograr algún tipo de resultado. Ahora bien, siempre que sea posible, se ha de preferir el muestreo aleatorio, ya que sólo en una muestra de este tipo se puede calcular un intervalo de confianza dentro del que se encuentran, con un nivel de probabilidad dado, los parámetros del universo.

La característica que distingue a una muestra probabilística es que cada individuo debe tener una *probabilidad conocida* de poder ser incluido en la muestra. De esta manera, se pueden realizar legítimamente inferencias estadísticas. Si las probabilidades se desconocen, no se podrá utilizar la inferencia estadística. Con el muestreo no probabilístico se puede llegar a obtener una muestra muy representativa, pero no se podrá evaluar a partir de ella los márgenes de error.

Desgraciadamente, no siempre es posible satisfacer las condiciones que exige un muestreo probabilístico, sobre todo la que hace referencia a la necesidad de disponer de un listado completo de las unidades del universo de trabajo. Así, por ejemplo, si un investigador deseara estudiar cualquier tipo de conducta desviada, como, por ejemplo, la homosexualidad, la drogadicción, etc., iba a ser completamente imposible obtener una lista completa de tales conductas, dado el carácter semioculto de las mismas. En tal caso hay que recurrir al *muestreo no probabilístico*, en el que generalmente se desconoce la probabilidad de selección que tiene cada unidad. El principal problema que tienen las muestras no probabilísticas es que rara vez se puede saber cuán representativa es la muestra del universo de trabajo.

4.3.2. Muestreo aleatorio simple

El muestreo probabilístico más sencillo es el que se denomina *muestreo aleatorio simple*. Para obtener una muestra aleatoria simple se parte de un conjunto listado de elementos de la población y, entonces, se seleccionan aleatoriamente N elementos para formar con ellos la muestra. La selección aleatoria se lleva a cabo de tal manera que: 1) cada elemento en la población tenga idéntica probabilidad de ser incluido en la muestra, y 2) cada posible combinación de N elementos tenga la misma probabilidad de constituir la muestra. Obsérvese que una selección aleatoria o al azar no significa una selección hecha de cualquier modo o casualmente; más bien significa un proceso de selección que da a cada elemento en la población la misma oportunidad de aparecer en la muestra.

Así, si el número de elementos que constituyen la muestra es M, la probabilidad de cada elemento individual en la muestra debe ser $1/M$. Si, por ejemplo, se desea extraer una muestra aleatoria simple de los 650 alumnos que componen un curso introductorio en una Facultad de Medicina, el proceso de selección debe ser tal que cada uno de los alumnos tenga una probabilidad de 1/650 de ser incluido en la muestra.

Además, la probabilidad de que cada alumno sea incluido en la muestra debe ser independiente de la probabilidad que tenga cualquier otro alumno de ser incluido. De este modo se podrá conseguir que cada combinación posible de N elementos tenga idéntica oportunidad de constituir la muestra. Cuando se cumple esta condición, y de acuerdo con la regla de la multiplicación de probabilidades, de una población de tamaño M se podrán extraer M^n posibles muestras aleatorias simples de tamaño n. Así, de la población formada por los 650 alumnos del curso introductorio de Medicina, si decidiéramos extraer una muestra de 100 alumnos, existirían $(650)^{100}$ posibles muestras de las que realizar la selección, lo que representa, ciertamente, una cifra enorme.

Supongamos que hemos decidido extraer una muestra de tamaño 100 del referido curso. Para hacerlo, ordenaríamos en primer lugar los 650 alumnos desde el número 1 al número 650. La selección aleatoria de los 100 componentes de la muestra se puede realizar fácilmente con la ayuda de la tabla A del apéndice. Detengámonos un momento a explicar cómo se forma y cómo se utiliza *una tabla de números aleatorios*.

Los *números aleatorios* son un conjunto de cifras del 0 al 9 cuya ordenación es totalmente casual, no respondiendo a plan alguno. Este conjunto de cifras cumple la propiedad de que:

$$P(a) = 1/10; \text{ siendo } a = 0, 1, 2, ..., 9$$

En la tabla 1 se ha reproducido una parte de la tabla A de números aleatorios que se incluye en el apéndice. Las cifras están agrupadas en bloques de 5×2, con el fin de facilitar su presentación y lectura.

TABLA 1

Reproducción de una parte de una tabla de números aleatorios

10 09 73 25 33	76 52 01 35 86	34 67 35 48 76	80 95 90 91 17	39 29 27 49 45
37 54 20 48 05	64 80 47 42 96	24 80 52 40 37	20 63 61 04 02	00 82 29 16 65
08 42 26 89 53	19 64 50 93 03	23 20 90 25 60	15 95 33 47 64	35 08 03 36 06
99 01 90 25 29	09 37 67 07 15	38 31 13 11 65	88 67 67 43 07	04 43 62 76 59
12 80 79 99 70	80 15 73 61 47	64 03 23 66 53	98 95 11 68 77	12 17 17 68 33
66 06 57 47 17	34 07 27 68 50	36 69 73 61 70	65 81 33 98 85	11 19 92 01 70
31 06 01 08 05	45 57 18 24 06	35 30 34 26 14	86 79 90 74 39	23 40 30 97 32
85 26 97 76 02	02 05 16 56 92	68 66 57 48 18	73 05 38 52 47	18 62 38 85 79
63 57 33 21 35	05 32 54 70 48	90 55 35 75 48	28 46 82 87 09	83 49 12 56 24
73 79 64 57 53	03 52 96 47 78	35 80 83 42 82	60 93 52 03 44	35 27 38 84 35

Tal como señala Doménech (1977, págs. 51 y sigs.), la construcción de una tabla de números aleatorios es, teóricamente, muy simple. A partir de una urna o bombo de lotería que contenga 10 bolas idénticas, numeradas del 0 al 9 —con lo que todas ellas tienen la misma probabilidad de ser extraídas—, se extrae una bola y se anota esta primera cifra aleatoria. Se vuelve a introducir la bola en la urna, se mezclan nuevamente y se realiza una nueva extracción, y así sucesivamente.

De esta forma se ha construido la tabla 1, y su utilización en estadística permite que intervenga el azar en una serie de operaciones, sin necesidad de recurrir cada vez a una urna con bolas o a un bombo de lotería. La extracción de una muestra en una población finita se puede hacer ahora con más facilidad.

Así, supongamos una población de 100 individuos, de la que queremos extraer una muestra al azar de $n=10$ individuos. Los individuos de esta población están numerados del 00 al 99. Se toman bloques de dos cifras en la tabla de números aleatorios, con lo que tendremos números al azar comprendidos entre 00 y 99. La muestra estará formada por los 10 primeros individuos cuyo número venga dado por la tabla de números aleatorios.

Siguiendo las filas de los números contenidos en la tabla 1, los 10 primeros números seleccionados serán:

10-9-73-25-33-76-52-1-35-86

con lo que, buscando los correspondientes números en la lista de los 100 individuos, se tendría una muestra de 10 individuos seleccionados aleatoriamente.

Volviendo al ejemplo anterior de la población de estudiantes de medicina, de la que se deseaba obtener una muestra de 100 alumnos, el procedimiento de selección mediante la tabla de números aleatorios será idéntico. Se listarán los 650 alumnos que forman la población y, a continuación, se seleccionarán los 100 primeros números menores de 650 que aparecen en la tabla de números aleatorios. De esta forma se habrá conseguido una muestra de 100 individuos seleccionados aleatoriamente.

Por lo que se refiere a la selección de los números que constituyen la muestra, conviene hacer notar lo siguiente. Si se toman los números que se van seleccionando, aunque alguno de ellos salga más de una vez, diremos que se trata de una *muestra con reemplazamiento*. Si, por el contrario, seleccionamos los números de forma que aparezcan una sola vez, no seleccionando, pues, los que hayan aparecido previamente, diremos que hemos obtenido una *muestra sin reemplazamiento*.

En este segundo caso, aunque sí se cumple la primera condición del muestreo aleatorio, esto es, que cada elemento de la población tenga idéntica probabilidad de ser incluido en la muestra, no se cumple, sin embargo, la segunda condición, que, como se recordará, hace referencia a la equiprobabilidad de cada posible muestra de ser elegida.

En efecto, cuando el muestreo es con reemplazamiento, el número posible de muestras es M^n. Pero cuando el muestreo es sin reemplazamiento, el número de posibles muestras de tamaño n viene restringido por el requisito de que cada caso esté presente tan sólo una vez en cada muestra. De este modo, el número de posibles muestras ya no es M^n, sino que viene dado por las combinaciones de M elementos tomados de n en n, que es:

$$\binom{M}{n} = \frac{M!}{(M-n)!\, n!}$$

El número de muestras de tamaño $n = 100$ sin reemplazamiento que se podría extraer de la población $M = 650$ alumnos sería:

$$\binom{650}{100} = \frac{650!}{(650-100)!\, 100!} = \frac{650!}{550!\, 100!}$$

lo que no deja de ser también una cifra astronómica, aunque menor que 650^{100}.

Aunque técnicamente existan, como vemos, diferencias entre las muestras con y sin reemplazamiento, en la práctica el error que se produce al utilizar las segundas en lugar de las primeras es mínimo cuando el tamaño de n es relativamente pequeño en relación a M. Además, el sociólogo pocas veces recurre a las muestras aleatorias simples, no sólo por la posibilidad de extraer el mismo caso más de una vez, sino también porque la mayor parte de las veces no dispone del listado ordenado de las unidades que componen el universo de trabajo.

Ahora bien, aunque en la práctica de la investigación pocas veces se utiliza el muestreo aleatorio simple, tiene gran interés estadístico por ser la técnica muestral básica de la estadística inferencial, y a partir de la cual se han derivado la mayoría de las teorías y técnicas estadísticas originales. Además, el muestreo aleatorio simple sirve como modelo a partir del que se han derivado el resto de las técnicas muestrales aleatorias.

4.3.3. Estimadores y errores de muestreo *

Supongamos que, siguiendo el procedimiento aleatorio simple, se ha obtenido una muestra de n unidades. Se dirá que la expresión:

$$p = \frac{a}{n} = \frac{\Sigma_1 A_i}{n} \qquad [4.15]$$

es un *estimador de la proporción* p. A_i representa una variable cualquiera asignada a cada unidad de la población, tal como personas que poseen coche, familias de consumo alto, personas de ideología de izquierdas, etc. El sumatorio de todos los A_i representa, en los ejemplos anteriores, el total de personas que poseen coche, el total de familias de consumo alto o el total de personas de ideología de izquierda. Es lo que se denomina total de clase.

Dado que el estimador p ha sido calculado en base a las n unidades de la muestra, en lugar de las N unidades que constituyen la población, su valor estará afectado por un error que se denomina *error de muestreo*. Lo que se pretende al extraer una buena muestra es que el error de muestreo sea lo más pequeño posible, para que así el estimador sea tanto más preciso. Sánchez-Crespo explica de este modo el concepto de error de muestreo. Cada muestra de tamaño n que se extraiga de la población N dará una proporción p diferente de la anterior. Como el número de muestras sin reemplazamiento que se pueden obtener es $\binom{N}{n}$, éste será también el número de los posibles estimadores de p. Pues bien, el error de muestreo es la desviación típica de todos esos posibles valores de p (Sánchez-Crespo, *op. cit.*, pág. 35).

La estimación del error de muestreo se realiza utilizando los valores de la muestra, por medio de la fórmula:

$$\text{Error de muestreo} = s = \sqrt{\frac{N-n}{N} \cdot \frac{pq}{n-1}} \qquad [4.16]$$

en donde $q = 1 - p$, y s es un estimador de la desviación típica de p.

En esta fórmula, el factor $\dfrac{N-n}{N}$ se puede escribir como $1 - \dfrac{n}{N} = 1 - f$, siendo f una probabilidad llamada *fracción de muestreo*, ya que representa el cociente entre el tamaño de muestra n y el tamaño

---

* Puede resultar conveniente estudiar los apartados 4.3.3 y 4.3.4 después de haber estudiado los modelos inferenciales en los capítulos 5 y 6.

de la población N. Cuando el valor de n es muy pequeño en relación al de N, f también es muy pequeño, y todo el factor $\dfrac{N-n}{N}$ puede considerarse igual a la unidad, con lo que la anterior fórmula queda de la forma:

$$\text{Error de muestreo} = \sqrt{\dfrac{pq}{n-1}} = \sqrt{\dfrac{pq}{n}} \qquad [4.17]$$

A partir de la estimación del error de muestreo se pueden determinar los *intervalos de confianza*, que son intervalos del tipo:

$$(p-zs,\ p+zs) \qquad [4.18]$$

Se denominan de este modo por el hecho de que el valor que se trata de estimar se encuentra dentro del citado intervalo con una «confianza», medida en términos de probabilidad, determinada por el valor que tome z. Así, si suponemos que el estimador p se distribuye normalmente, para $z=2{,}81$ la citada confianza alcanzará el 995 por 1.000 —ya que, en una distribución normal, la probabilidad de que la variable aleatoria sea distinta de su media en $\pm 2{,}81$ veces la desviación típica es 0,005—. Dicho en otras palabras, de cada mil muestras que se extrajeran mediante idéntico procedimiento, sólo en cinco de ellas el intervalo de confianza no cubriría el valor de p. El intervalo de confianza será tanto más pequeño cuanto mayor sea el tamaño muestral n.

Si lo que se pretende es calcular el total de la clase a que hace referencia la variable a, se utilizará el estimador:

$$a = N \cdot p \qquad [4.19]$$

cuyo error de muestreo puede estimarse por la fórmula:

$$s_a = N \cdot s = N \sqrt{\dfrac{N-n}{N} \cdot \dfrac{p \cdot q}{n-1}}$$

Veamos, a través de un ejemplo, la utilización de estas fórmulas de estimación de la proporción p y de establecimiento del intervalo de confianza. Supongamos que en la población española, que en 1980 era de alrededor de 37 millones de habitantes, se ha obtenido una muestra aleatoria de 10.000. La población activa en la muestra es de 4.000, y de éstos se encuentran en paro 450. A partir de estos datos se desea estimar el porcentaje de la población activa, el correspondiente error de muestreo y el intervalo de confianza, con un riesgo del 3 por 1.000. También se desea estimar el número de personas activas que se encuentran en situación de desempleo.

El porcentaje estimado será:

$$p = \frac{4.000}{10.000} = 0,40 \ (40\%)$$

El error de muestreo aproximado será, utilizando la fórmula [4.17]:

$$s = \sqrt{\frac{pq}{n}} = \sqrt{\frac{0,40 \cdot 0,60}{10.000}} = 0,0049$$

con lo que el intervalo de confianza será, recordando la fórmula [4.18]:

$$(0,40 - 2,97 \cdot 0,0049; \ 0,40 + 2,97 \cdot 0,0049) = (0,385; \ 0,415)$$

que, dicho en otras palabras, puede expresarse diciendo que el porcentaje de la población activa está comprendido entre el 38,5 y el 41,5 por 100, con una probabilidad del 997 por 1.000.

Por lo que se refiere a la estimación del número de personas en situación de paro, será, teniendo en cuenta la fórmula [4.19] y que $p = \frac{450}{10.000}$:

$$a = 37.000.000 \times \frac{450}{10.000} = 1.665.000 \text{ personas en paro}$$

4.3.4. *Determinación del tamaño de la muestra*

Sabemos, a través de la teoría de las muestras, que un número suficientemente grande de casos tomados aleatoriamente de un universo o población presenta, con casi toda seguridad, los mismos caracteres que el universo o población. Tanto por la ley del cálculo de probabilidades que rige la teoría de las muestras como por el propio sentido común, sabemos que cuanto mayor sea el número de elementos considerados más seguro será el resultado. Las respuestas de 50 personas elegidas al azar en una gran ciudad, aunque hayan sido escogidas con toda la cautela posible, no pueden ser representativas de las actitudes políticas de toda la población. Pero quizá no sea necesario, por otro lado, elegir a 50.000 personas para conocer con bastante exactitud la distribución de tales actitudes. Además, la selección de una muestra de 50.000 puede estar fuera de la capacidad económica y material de cualquier investigador. Este ha de encontrar un equilibrio entre los márgenes de exactitud que pretende obtener de los resultados de la muestra y el coste de la misma.

En general, se puede afirmar que se ha de utilizar la muestra que mejor represente el universo de trabajo con los medios materiales y económicos de que dispone el investigador. Unas veces será suficiente seleccionar 500 unidades para obtener una buena representación del universo de trabajo, y otras veces será necesario recurrir a muestras de hasta 30.000 unidades para alcanzar los márgenes de precisión deseados. Así, por ejemplo, si deseamos conocer el grado de satisfacción que ha provocado la retransmisión televisada de un programa habitual, tal como un partido de fútbol de liga, será precisa una muestra de alrededor de 1.000 personas. Con este tamaño, ya es posible conocer con bastante aproximación el grado de satisfacción entre los telespectadores de la retransmisión deportiva. Pero si lo que deseamos es hacer una predicción ajustada de la intención de voto municipal en España, país con una alta diversidad cultural y, por tanto, política, será preciso obtener muestras muy amplias en cada una de las regiones, lo que dará un tamaño muestral nacional muy elevado, probablemente mayor de 20.000.

En el siguiente cuadro hemos elaborado un cuadro con el tamaño de las muestras empleadas en la década 1970-1980 por el Centro de Investigaciones Sociológicas (hasta 1976 llamado Instituto de la Opinión Pública), y que es la institución española que realiza más encuestas de carácter sociopolítico.

Tamaño de las muestras en 176 encuestas realizadas por el Centro de Investigaciones Sociológicas en el período 1970-1980

Tamaño de las muestras	N	%
Menos de 500 unidades	14	8
500 - 1.000	17	10
1.001 - 1.500	88	50
1.501 - 2.000	15	9
2.001 - 2.500	16	9
2.501 - 5.000	7	4
5.001 - 10.000	8	5
10.001 - 15.000	2	1
15.001 - 20.000	1	*
20.001 - 25.000	3	2
25.001 - 30.000	5	3
Total	176	

FUENTE: Banco de Datos del CIS. Elaboración propia.

La distribución que se incluye en este cuadro pone de manifiesto que de las 176 encuestas realizadas por el CIS en la década 1970-1980, el 50 por 100 se hizo sobre muestras cuyo tamaño está comprendido entre 1.001 y 1.500 unidades, siendo la moda o valor más frecuente 1.200.

Las muestras de tamaño superior a 10.000 son minoritarias, sólo el 6 por 100, lo que pone de manifiesto que, por su elevado coste y gran complejidad, se utilizan en ocasiones excepcionales, como pueda ser en vísperas de elecciones generales, para conocer con precisión la intención de voto de la población española.

Igualmente son minoritarias las encuestas cuyos tamaños muestrales son inferiores a 1.000, tan sólo el 18 por 100, tratándose por lo general de estudios específicos realizados sobre poblaciones concretas, lo que no suele requerir un elevado tamaño muestral.

Volvamos ahora al caso del muestreo aleatorio simple y veamos como se determina el tamaño de una muestra, con el fin de obtener una precisión dada. Sabemos que el hecho de que el intervalo de confianza $p+zs$ contenga el valor p que tratamos de estimar, con un cierto nivel de probabilidad, equivale a decir que la diferencia en valor absoluto entre P y su estimación muestral p es menor o igual que $z \cdot s = E$, siendo E una cota de error absoluto especificada (para más detalle, ver Sánchez-Crespo, *op. cit.*, pág. 38, y Sánchez-Crespo, 1967).

De este modo se puede determinar el tamaño n de la muestra para estimar la proporción P —unidades con cierta característica—, de forma tal que la estimación p no difiera de P en más de la cota de error E con una probabilidad predeterminada.

Haciendo $n \simeq n-1$, ya que, para tamaños altos de n, la sustracción de una unidad no va a alterar prácticamente el valor de n, tendremos que:

$$E^2 = z^2 s^2 = z^2 \frac{N-n}{N} \cdot \frac{pq}{n}$$

con lo que:

$$NnE^2 = z^2(N-n)pq = z^2 Npq - z^2 npq$$

y, por tanto:

$$NnE^2 + z^2 npq = z^2 Npq$$

despejando n, queda:

$$n = \frac{z^2 Npq}{NE^2 + z^2 pq} \qquad [4.20]$$

A partir, pues, del conocimiento del error absoluto prefijado, el margen de probabilidad deseado y el valor de p, es posible determinar el tamaño n de la muestra en una población de tamaño N conocido.

Veamos su aplicación a través de un ejemplo. Deseamos conocer el número de personas de todas las edades que sería necesario incluir en una muestra nacional para estimar la tasa de actividad en España, con un error absoluto de $E = 0{,}03$ y una probabilidad del 95,5 por 100. El valor censal de p es del 0,40 por 100, según datos del último censo.

Los datos de que disponemos son los siguientes:

$$z^* = 2;\ E = 0{,}03;\ N = 37.000.000;\ p = 0{,}40\ \text{y}\ q = 0{,}60$$

con lo que, sustituyendo en la fórmula [4.20], tenemos:

$$n = \frac{z^2 N p q}{N E^2 + z^2 p q} = \frac{4 \cdot 37 \cdot 10^6\, (0{,}40)\,(0{,}60)}{37 \cdot 10^6\,(0{,}03)^2 + 4\,(0{,}40)\,(0{,}60)} = 1.066$$

Es decir, el tamaño de la muestra que se necesitaría es $n = 1.066$ personas.

Puede parecer, para el no conocedor de la teoría de las muestras, que los universos de mayor tamaño han de requerir muestras igualmente de mayor tamaño. Pero ésta es una idea que hay que desechar de inmediato, ya que, ante todo, conviene aclarar *que el número de casos n a considerar en una muestra no depende de las dimensiones N del universo*. Es decir, no debe creerse que n constituye una cuota fija proporcional al universo, cosa que a veces parece desprenderse cuando en una publicación se indica el tamaño de la muestra por medio de la fracción del muestreo, es decir, basándose en el cociente entre el número de unidades elementales de la muestra y el de las que constituyen la población. Así, a veces, se suele hablar de una muestra del 5, del 1, del 10 por 100, etcétera. Pero debe quedar claro que n no depende del tamaño de N. Veamos su demostración matemática.

Elevando al cuadrado la fórmula [4.16], en la que se han sustituido los valores a estimar por los correspondientes en la población, y haciendo $n \simeq n-1$, queda que:

$$s^2 = \frac{N-n}{N} \cdot \frac{pq}{n}$$

y dividiendo por p^2:

$$C^2(p) = \frac{N-n}{nN} \cdot \frac{q}{p}$$

en donde C es un estimador del coeficiente de variación de p. Pues bien, despejando n, en esta fórmula queda que:

$$n = \frac{q}{pC^2(p) + \dfrac{q}{N}}$$

y dado que $\dfrac{q}{N}$ se puede considerar un valor aproximadamente igual

---

* z es igual a 2 porque la probabilidad dada es del 95,5 por 100, y sabemos que en una curva normal, se encuentra a ± 2 veces la desviación típica el 95,5 por 100 de todas las posibles muestras.

a 0, ya que q es menor que la unidad y N es un número elevado, queda que:

$$n = \frac{q}{pC^2(p)} \qquad [4.21]$$

con lo que queda claro que en la determinación de n no interviene el valor de N.

Colocándonos en el caso más desfavorable, esto es, que la proporción de casos favorables y desfavorables sea el 50 por 100, $p = q = 1/2$, y fijando una precisión del 10 por 100, se obtiene que

$$\frac{1}{100} = \frac{N-n}{nN}$$

de donde:

$$n = \frac{100\,N}{N + 100}$$

y, dando valores a N, se obtienen los siguientes valores de n, para un nivel de confianza del 95,5 por 100:

N	n	$f = n/N$
2.000	95	0,047
3.000	97	0,032
5.000	98	0,020
10.000	99	0,010
50.000	100	0,002
100.000	100	0,001
1.000.000	100	0,0001
3.000.000	100	0,00003
30.000.000	100	0,000003

FUENTE: J. L. SÁNCHEZ-CRESPO, *Principios elementales del muestreo*, Madrid, 1971, página 43.

Vemos, pues, por medio de esta tabla, que se puede necesitar prácticamente idéntica muestra para proporcionar datos de una pequeña ciudad de 50.000 habitantes que de una nación de 30 millones.

Para diferentes márgenes de error y de intervalo de confianza, y para valores fijos de p y q, se han construido tablas prontuarias que ofrecen la amplitud de la muestra para el caso de *poblaciones finitas*, no *muy grandes*. En la siguiente tabla aparecen los tamaños muestrales que se necesitan para márgenes de error que van del 1 al 10 por 100, en la hipótesis, más desfavorable, de $p = 50$ por 100, y con un margen de confianza del 95,5 por 100.

El uso de esta tabla es bien sencillo. Si se quieren estudiar ciertas características, tales como intención de voto, ideología, etc., de una comunidad de 20.000 personas, y se establece como validez de los resulta-

Tabla para la determinación de una muestra sacada de una población finita, para márgenes de error de 1, 2, 3, 4, 5, 10 por 100, en la hipótesis de p=50 por 100. Nivel de confianza del 95,5 por 100

Amplitud de la población	Amplitud de la muestra para márgenes de error abajo indicados					
	± 1 %	± 2 %	± 3 %	± 4 %	± 5 %	± 10 %
500					222	94
1.000				385	286	83
1.500			638	441	316	91
2.000			714	476	333	95
2.500		1.250	769	500	345	96
3.000		1.364	811	517	353	97
3.500		1.458	843	530	359	97
4.000		1.538	870	541	364	98
4.500		1.607	891	549	367	98
5.000		1.667	909	556	370	98
6.000		1.765	938	566	375	98
7.000		1.842	949	574	378	99
8.000		1.905	976	580	381	99
9.000		1.957	989	584	383	99
10.000	5.000	2.000	1.000	588	385	99
15.000	6.000	2.143	1.034	600	390	99
20.00	6.667	2.222	1.053	606	392	100
25.000	7.143	2.273	1.064	610	394	100
50.000	8.333	2.381	1.087	617	397	100
100.000	9.091	2.439	1.099	621	398	100
∞	10.000	2.500	1.111	625	400	100

p = proporción (en porcentajes) de los elementos portadores del carácter considerado. Si p es < 50 por 100 la muestra necesaria es más pequeña.

FUENTE: G. TAGLIACARNE, *Técnica y práctica de las Investigaciones de Mercado*, 1962, página 156.

dos un margen de error del 2 por 100 y un nivel de confianza del 95,5 por 100, la muestra deberá estar constituida por 2.222 personas, tal como se puede obtener mirando en la celdilla en la que se cruzan el valor $n=20.000$ de las filas y el valor ±2 de las columnas.

4.3.5. *Otros tipos de muestreo probabilístico*

En la práctica de la complejidad de la investigación sociológica, no suele ser corriente que el sociólogo disponga de una lista actualizada de las «unidades elementales» sobre las que va a realizar su investigación, sean obreros, votantes, familias, viviendas, etc. Incluso a veces, cuando tal lista existe pero es de ámbito geográfico disperso, la extracción aleatoria simple puede producir una muestra cuyas unidades se encuentran repartidas de tal modo que haga prohibitivo el coste de desplazamiento de los entrevistadores que han de conectar tales unidades.

Por esa razón, y de forma general, se hace necesario recurrir a una muestra de grupos de unidades elementales, denominados *conglomerados* (en inglés, *clusters*). Cuando es posible determinar los límites geográficos de los conglomerados, y así resulta de interés al investigador, el muestreo se denomina de *áreas*.

Cuando en la muestra de conglomerados se conecta con todas las unidades elementales que los forman, se dice entonces que el muestreo es en *una sola etapa* o sin submuestreo. A veces resulta de mayor interés, para reducir costos e incrementar la precisión, preparar una lista de unidades elementales dentro de cada conglomerado, a partir de la cual se obtiene una muestra de éstas. En tal caso, el muestreo se denomina *bietápico* o con submuestreo. Esta forma de proceder puede generalizarse fácilmente a un número mayor de etapas: en cada una de éstas existe un tipo de unidades de muestreo, denominándose primarias a las de la primera etapa, secundarias a las de la segunda, etc. Esta forma de muestreo se denomina *polietápico* o en varias muestras, y en él es necesario establecer una jerarquía de unidades de muestreo. Más adelante ofreceremos un ejemplo real de muestreo polietápico, pero antes introduzcamos un concepto fundamental en el diseño muestral, el de estratificación de la muestra.

En una *muestra estratificada* se dividen primeramente todos los individuos en grupos o categorías y, a continuación, se seleccionan muestras independientes dentro de cada grupo o estrato. Los estratos se deben definir de tal manera que cada individuo aparezca en sólo un estrato. Cuando las fracciones muestrales para cada estrato son idénticas se tiene el *muestreo estratificado proporcional*, y cuando son de tamaños diferentes se tiene el *muestreo estratificado desproporcional*.

Varios son los objetivos que se pueden perseguir al estratificar una muestra. Sánchez-Crespo cita los siguientes: 1) ofrecer estimaciones separadas para ciertas subpoblaciones; 2) agrupar unidades de muestreo homogéneas entre sí en estratos, con objeto de mejorar la precisión de las estimaciones globales, y 3) utilizar métodos diferentes de muestreo en los distintos estratos (Sánchez-Crespo, 1971, pág. 17).

Cuando se calculan estimaciones de la media y de la desviación típica a partir de muestras estratificadas, es preciso calcular los correspondientes valores para cada uno de los estratos y, a continuación, se ponderan de acuerdo con el tamaño relativo del estrato en la población. Así, si W_i representa el peso o ponderación del estrato i en la población y si establecemos que $\Sigma W_i = 1$, con lo que se consigue reducir los pesos a proporciones, se puede establecer la fórmula para estimar la media de la población como sigue:

$$\overline{X} = \sum_{i=1}^{K} W_i \overline{X}_i \qquad [4.22]$$

en donde $\overline{X}_i$ son las medias muestrales en cada uno de los K estratos. Veamos a través de un ejemplo sencillo la utilización de las ponderaciones en la determinación de los parámetros en una muestra estratificada. Supongamos que hemos tomado datos de tres comarcas en una provincia y los valores obtenidos son los siguientes:

	COMARCA			
	1	2	3	Total
Tamaño comarca	20.000	30.000	50.000	100.000
Peso W_i	0,20	0,30	0,50	$W_i = 1$
Tamaño muestra	100	100	100	$n = 300$
Media muestral $\overline{X}_i$	1.500	2.000	3.000	

La media muestral $\overline{X}_i$ hace referencia a la media de una característica determinada que se esté investigando. Pues bien, los datos que aparecen en el cuadro anterior ponen de manifiesto que se ha obtenido una muestra desproporcional, ya que se tienen fracciones muestrales diferentes para cada estrato, esto es: $\dfrac{100}{20.000}$ en la comarca 1; $\dfrac{100}{30.000}$ en la comarca 2, y $\dfrac{100}{50.000}$ en la comarca 3. Supongamos también que dentro de cada estrato se ha realizado un muestreo aleatorio simple y que las muestras son independientes entre sí. La media estimada será, aplicando la fórmula [4.22], la siguiente:

$$\overline{X} = 0{,}20\,(1.500) + 0{,}30\,(2.000) + 0{,}50\,(3.000) = 300 + 600 + 1.500 = 2.400$$

Otra propiedad interesante del muestreo estratificado es que puede demostrarse que cualquier estrato de una muestra aleatoria simple de una población es, en sí misma, una muestra aleatoria simple del correspondiente estrato de la población. Dicho en otras palabras, el procedimiento de obtención en primer lugar de una muestra aleatoria simple y después dividirla en estratos es equivalente al procedimiento de obtener una muestra aleatoria estratificada, utilizando como fracción de muestreo dentro de cada estrato la proporción de ese estrato que había en la muestra aleatoria simple (Sellitz *et al.*, 1961, págs. 580 y sigs.).

El procedimiento que usualmente se sigue, pues, en la obtención de muestras estratificadas es el de dividir la población objeto de estudio en grupos que llamamos estratos y, a continuación, se obtiene una muestra de cada estrato. Algunas veces, sin embargo, resulta conveniente dividir la población en un número más amplio de grupos, llamados conglomerados (o *clusters*), y realizar el muestreo entre los conglomerados. Así, por ejemplo, se puede dividir una ciudad en unos cuantos cientos de secciones censales y, entonces, seleccionar aleatoriamente 50 secciones para la muestra. Este tipo de diseño muestral se denomina *muestreo de conglomerados*, y se utiliza frecuentemente en las encuestas sociológicas, con el objeto de reducir el coste en la fase de recolección de datos. Para ello se seleccionan conglomerados lo más heterogéneos posible, pero que sean lo suficientemente pequeños como para reducir los costes de desplazamientos de los entrevistadores.

En el muestreo de conglomerados no se seleccionan las unidades finales directamente. En un proceso claramente polietápico se obtienen muestras de conglomerados. En el diseño más simple en este tipo de muestreo se puede utilizar una selección aleatoria entre los conglomerados y, a continuación, se selecciona cada unidad individual perteneciente a los conglomerados incluidos en la muestra de conglomerados. Tal diseño se denomina a veces muestra de conglomerados en una sola etapa, ya que, de hecho, sólo se selecciona una muestra. En un diseño polietápico, por otro lado, las cosas pueden ser más complicadas. Así, por ejemplo, se puede obtener en primer lugar una muestra de secciones censales dentro de una ciudad. A continuación se puede obtener una muestra aleatoria simple de manzanas en cada sección. En una tercera etapa se puede instruir al entrevistador para que seleccione determinada enésima vivienda en cada manzana y que entreviste a un miembro, seleccionado al azar, de la familia que resida en dicha vivienda. En este caso vemos, pues, que el proceso aleatorio se introduce varias veces.

Veamos a través de un ejemplo la complejidad de un diseño muestral polietápico utilizado para realizar una encuesta sobre actitudes regionales de la población española (Jiménez Blanco *et al.*, 1977, páginas 15 y sigs.). Se asignó una cuota provincial mínima de 100 entrevistas, que para las provincias más pobladas podían ser hasta 400 entrevistas. De este modo, el tamaño muestral para todo el territorio nacional fue de 6.500, lo que permitió obtener una muestra cuyos resultados iban a tener un error máximo admisible del 10 por 100, con un nivel de significación del 95 por 100.

El reparto intraprovincial de las entrevistas se realizó del siguiente modo. Como el tema de estudio era la problemática regional, se estimó que el criterio más acertado para la estratificación de la muestra sería el del tamaño del municipio, que, al combinarse con cada provincia, asegura una mayor homogeneidad de la población en cada contexto. De acuerdo con este criterio, se establecieron para cada provincia los siguientes seis estratos:

1. Areas metropolitanas.
2. Municipios cuya población de hecho es de 100.000 o más habitantes.

3. Municipios cuya población de hecho oscila entre 50.000 y 99.999 habitantes.
4. Municipios cuya población de hecho está comprendida entre 10.000 y 49.000 habitantes.
5. Municipios cuya población de hecho está comprendida entre 3.000 y 9.999 habitantes.
6. Municipios cuya población de hecho es menor de 3.000 habitantes.

Para cada provincia se establecieron los porcentajes que del total provincial representan cada uno de estos estratos y, en base a estas proposiciones, se repartió el total de entrevistas asignadas a éste entre aquellos estratos.

La elección de los puntos o unidades últimas de muestreo se llevó a cabo en las siguientes etapas: *a)* Elección de municipios —se realizó una elección con probabilidad proporcional al número de habitantes—. *b)* Elección de entidades singulares de población —se eligió, con probabilidad proporcional al número de habitantes, una entidad de población entre todas las que componían cada municipio—. *c)* Elección de la ruta —cada entidad de población se dividió en sectores, y en cada uno de ellos se eligió al azar un origen de ruta a seguir por entrevistador y, mediante una tabla de números aleatorios, se seleccionaron los portales con entrevistas a realizar—. *d)* Elección del hogar —una vez efectuada la elección del portal se censaron todos los hogares del mismo mediante una nueva serie de números aleatorios, con lo que se determinó el hogar a entrevistar. *e)* Elección de la persona a entrevistar —se realizó mediante una combinación del número de personas de la familia mayores de dieciocho años (sujetos de la entrevista), el número del cuestionario a aplicar y una tabla de números aleatorios.

Vemos cómo en las numerosas etapas del muestreo el azar interviene constantemente, con lo que se asegura el carácter probabilístico de las sucesivas elecciones y se evita la introducción de sesgos, tanto por parte del investigador que diseña la muestra como del entrevistador que elige las unidades últimas. Obsérvese también que el tamaño muestral se elige de forma apriorística —cosa que se hace comúnmente en las encuestas sociológicas—, en función de las disponibilidades de tiempo y dinero con que se cuenta para hacer la investigación, y posteriormente se distribuye la muestra polietápicamente y de acuerdo con estrictos criterios aleatorios.

4.3.6. *Muestreo no probabilístico*

Existen técnicas muestrales que no implican el criterio de aleatoriedad y probabilidad en la selección de las unidades muestrales. Se utilizan algunas veces tales técnicas porque tienen unos costes más bajos en la recolección de datos, o porque al utilizarlas se evitan los problemas que a menudo se presentan al extraer muestras al azar. La máxima desventaja de las muestras no probabilísticas es que no permiten la obtención de una estimación válida de los márgenes de error, y, en tal sentido, el sociólogo debe tratar de evitar, siempre que ello sea posible, su utilización.

Entre las técnicas no probabilísticas destacan las siguientes:

a) *Muestras accidentales.* En un muestreo accidental se toman simplemente los casos que vienen a mano, continuando el proceso hasta que la muestra adquiere un tamaño preciso. Esto es lo que hacen los periodistas de radio y televisión cuando tratan de «pulsar la opinión pública y, con sus micrófonos y cámaras, se dirigen a las primeras personas que encuentran en la calle y se dejan entrevistar.

En un muestreo accidental no hay forma de conocer los sesgos que se introducen al entrevistar, por ejemplo, personas atípicas o casos extremos, y lo único que puede desearse al proceder de este modo es que la equivocación no sea excesiva.

b) *Muestras sistemáticas.* Una muestra sistemática se consigue extrayendo de una lista cada enésimo caso; por ejemplo, extrayendo cada décima unidad. Este tipo de muestreo es no probabilístico, ya que si, por ejemplo, seleccionáramos en una cola de personas cada diez de ellas, las personas que ocupan los puestos 10, 20, 30, etc., tienen una probabilidad de 1,00 de ser incluidas, mientras que el resto de las personas de la cola tienen una probabilidad cero.

c) *Muestras de cuota.* Es quizá el tipo de muestreo más popular y más utilizado por los analistas de mercados y de opinión pública. El tipo de técnica muestral por medio de cuotas goza de tanta aceptación porque es un medio barato, rápido y conveniente de obtener datos. Una muestra por cuotas se obtiene al especificar las características deseadas de los sujetos que se desea entrevistar, y entonces se deja en libertad al entrevistador para que encuentre y entreviste una cuota de personas que posean las referidas características. Obviamente, el procedimiento es no probabilístico, ya que se deja en libertad a los investigadores para que alcancen la cuota prefijada de entrevistas de la forma que les sea más conveniente.

d) *Muestras intencionadas.* La hipótesis básica del muestreo intencionado (en inglés, *purposive sampling*) es que, con un buen juicio y una estrategia adecuada, se pueden decidir fácilmente los casos a ser incluidos en la muestra. Una estrategia corriente es tomar casos que se juzgan como típicos de la población, suponiendo que los errores de juicio en la selección tenderán a compensarse entre sí.

Ahora bien, sin una comprobación de otro tipo, no es posible saber si los casos «típicos» lo son en realidad; además, cuando se producen cambios es preciso, además, saber cómo afectan al caso «típico».

Los sociólogos y antropólogos que estudian comunidades rurales, o los sociólogos que estudian establecimientos e instituciones sociales concretos, siguen de algún modo un muestreo intencionado, ya que, en último término, se suelen apoyar en sus respectivos conocimientos subjetivos, y no en un criterio objetivo, contrastable y riguroso, como el cálculo de probabilidades, para elegir sus casos de estudio.

4.4. Terminología

Se recomienda la memorización y comprensión del significado de cada uno de los términos y conceptos siguientes:

— Parámetros.
— Indicadores estadísticos; estadístico.
— Probabilidad matemática u objetiva.
— Probabilidad real o personalista.
— Probabilidad *a priori*.
— Probabilidad empírica; probabilidad verdadera.
— Adición de probabilidades.
— Producto de probabilidades.
— Probabilidad condicional.
— Sucesos dependientes; sucesos independientes.
— Proceso; proceso estocástico.
— Cadenas de Markov.
— Variaciones.
— Permutaciones.
— Combinaciones.
— Teoría del muestreo.
— Valores verdaderos.
— Muestreo; muestra.
— Errores no muestrales.
— Error de muestreo.
— Universo general; universo de trabajo.
— Muestreo de probabilidad o muestreo aleatorio.
— Muestreo no probabilístico.
— Muestreo aleatorio simple.
— Números aleatorios; tabla de números aleatorios.
— Muestreo con reemplazamiento; muestreo sin reemplazamiento.
— Estimadores.
— Errores de muestreo.
— Fracción de muestreo.
— Intervalos de confianza.
— Tamaño de la muestra.
— Muestreo de conglomerados; muestreo de áreas.
— Muestreo polietápico.
— Muestreo estratificado proporcional y desproporcional.

— Muestreo no probabilístico.
— Muestras accidentales.
— Muestras sistemáticas.
— Muestras de cuota.
— Muestras intencionadas.

EJERCICIOS

1. ¿De cuántas maneras pueden sentarse ocho estudiantes a lo largo de una mesa en el caso de que puedan sentarse de cualquier manera?

2. Con un total de siete diputados de izquierda y cinco diputados de derecha, se pretende formar un comité de tres diputados de izquierda y dos diputados de derecha. ¿De cuántas maneras diferentes puede formarse el comité, si a) puede pertenecer a él cualquier diputado de derecha y de izquierda; b) un diputado de izquierda concreto debe estar necesariamente en el comité, y c) dos diputados de derecha determinados no pueden estar en el comité?

3. Explicar el significado de la siguiente proposición: una probabilidad no es una predicción de un suceso aislado, sino de un gran número de sucesos. Si el 60 por 100 de los estudiantes que siguen un curso de sociología aprueban el examen final, ¿se puede afirmar que un estudiante determinado tiene un 60 por 100 de probabilidades de aprobar?

4. Supóngase que a los estudiantes de un curso de sociología se les clasifica según sus aspiraciones ocupacionales a trabajar en la empresa pública o en la empresa privada. Teniendo en cuenta el sexo de los entrevistados, se obtuvieron los siguientes datos:

Sexo	Empresa privada	Empresa pública
Varón	20	86
Mujer	106	142

Si se seleccionan aleatoriamente individuos del conjunto de los estudiantes:

a) ¿Cuál es la probabilidad de seleccionar un estudiante varón que aspire a trabajar en una empresa pública? ¿y la probabilidad de seleccionar una estudiante que aspire a trabajar en la empresa privada?
b) Supóngase que se seleccionan individuos al azar (sin reemplazamiento), tratando de adivinar si el estudiante desea trabajar en la empresa pública o en la empresa privada, ¿con qué frecuencia se adivinaría que el estudiante prefería la empresa pública? ¿y la empresa privada?; ¿por qué?

5. Un grupo de jóvenes se distribuyen del siguiente modo, teniendo en cuenta si son estudiantes o trabajan, y sus preferencias políticas:

Preferencia política	Estudiantes	Trabajadores
Izquierda	150	450
Derecha	250	350

Si se seleccionan individuos al azar y $P(A)$ = probabilidad de elegir a un estudiante, $P(B)$ = probabilidad de elegir a un individuo de izquierda, y $P(C)$ = probabilidad de elegir a un trabajador, se pide calcular lo siguiente: a) $P(ABC)$; b) $P(A \text{ o } B)$; c) $P(A \text{ o } C)$.

6. Supóngase que del conjunto de hogares españoles, que según el censo de población de 1970 eran 8.853.660, se ha obtenido una muestra aleatoria de 5.000 hogares. En la muestra, el número de hogares constituidos por familias nucleares reducidas (dos a cinco miembros) es 2.970, mientras que los hogares sin núcleo familiar (una o varias personas que ocupan una vivienda) son 530. A partir de estos datos, se desea estimar el número de hogares con familias reducidas y el número de hogares sin núcleo familiar, el error de muestreo y el intervalo de confianza, con un riesgo del 5 por 1.000.

7. En 1982, la población activa en España ascendía a 13.426.000 personas, de las que 2.876.000 trabajaban en el sector industrial. Se desea conocer el número de personas activas que sería necesario incluir en una muestra nacional para estimar el porcentaje de trabajadores en el sector industrial en España, con un error absoluto de $E = 0,05$ y una probabilidad del 95 por 100.

BIBLIOGRAFIA

BLALOCK, Hubert M.: *Social Statistics*, New York, McGraw-Hill, 1960.
DOMÉNECH I MASSONS, J. M.: *Bioestadística. Métodos estadísticos para investigadores*, Barcelona, Herder, 1977.
JIMÉNEZ-BLANCO, J., et al.: *La conciencia regional en España*, Madrid, CIS, 1977.
PARL, Boris: *Basic Statistics*, New York, McGraw-Hill, 1960.
SÁNCHEZ-CRESPO, J. L., *Diseño de Encuestas por Muestreo Probabilístico*, Madrid, INE, 1967.
SÁNCHEZ-CRESPO, J. L.: *Principios Elementales del Muestreo y Estimación de Proporciones*, Madrid, INE, 1971.
SELLTIZ, C., et. al.: *Métodos de Investigación en las Relaciones Sociales*, Madrid, Rialp. 1971.
SJOBERG, G., y R. NETT: *A Methodology for Social Research*, New York, Herper & Row, 1968.
SMITH, H. W.: *Strategies of Social Research*, Englewood, Cliffs, New Jersey, Prentice-Hall, 1975.
TAGLIACARNE, G., *Técnica y práctica de las Investigaciones de Mercado*, Barcelona, Ariel, 1962.
THOMPSON, Warren S.: *Population and Progress in the Far East*, Chicago, The University of Chicago Press, 1959.

# Capítulo 5
EL EMPLEO DE LAS PRUEBAS DE DECISION ESTADISTICA EN LA INVESTIGACION SOCIAL. DISTRIBUCIONES MUESTRALES

5.1. Introducción

Ya se ha visto anteriormente que los dos grandes temas que estudia la estadística inferencial son la estimación de los parámetros de la población y las pruebas estadísticas. Al estudio de este último tema vamos a dedicar el presente capítulo.

El diccionario de la Real Academia Española de la Lengua nos dice que el verbo «inferir» significa «sacar consecuencia o deducir una cosa de otra». Así, por ejemplo, cuando vemos a una persona que viste ropa cara y joyas valiosas *inferimos* que se trata de una persona adinerada.

En la inferencia estadística, nuestro objeto de estudio es la obtención de conclusiones en relación a un gran número de sucesos, en base a la observación de una muestra obtenida de ellos. Por ejemplo, podemos estar interesados en el estudio de la popularidad de los programas de televisión. De una manera informal, podemos preguntar a nuestros amigos y compañeros de estudio o trabajo por el programa de televisión que más les guste y que vean con mayor asiduidad. A partir de sus respuestas, ¿podemos inferir la popularidad de los diferentes programas de televisión entre el conjunto de la población? Ciertamente, no, ya que con seguridad nuestros amigos y compañeros serán representantes, todo lo más, de determinados grupos de edad y grupos sociales, pero muy difícilmente podrán ser representantes del conjunto de la población.

Precisamente los métodos de la estadística inferencial nos señalan los procedimientos que hemos de seguir para poder extraer conclusiones válidas y fiables, a partir de la evidencia que suministran las muestras. La lógica de tales procedimientos indica las condiciones bajo las que se ha de obtener la evidencia buscada, y las pruebas estadísticas determinan cuál ha de ser el tamaño de las diferencias observadas para tener la seguridad de que representan diferencias reales en la población de la que hemos obtenido la muestra. Igualmente, las pruebas estadísticas nos permitirán saber si una muestra en la que se ha observado la proporción p_m puede proceder de una población en la que hay una proporción p.

Dos son, pues, los problemas que trata de resolver la estadística inferencial en torno a las pruebas estadísticas. Por un lado, se trata de determinar, en términos de probabilidad, si las diferencias observadas entre dos muestras significan que las poblaciones de las que se han obtenido las muestras son realmente diferentes. Sabemos que al obtener dos grupos de valores por medio de procedimientos aleatorios es muy probable que, por el propio azar introducido en las operaciones, los valores sean diferentes entre sí. En tal caso, ¿cómo podemos determinar para cualquier caso que las diferencias observadas se deben o no al azar? Precisamente, los procedimientos de la estadística inferencial nos permiten determinar, en términos probabilísticos, si las diferencias observadas se encuentran dentro del intervalo que se puede considerar debido al azar o si son tan amplias que ello significa que las dos muestras provienen probablemente de dos poblaciones diferentes.

Por otro lado, y tal como se ha señalado anteriormente, otro problema común que se presenta en la estadística inferencial es el de determinar si es probable que un valor obtenido a partir de una muestra, por ejemplo una proporción, pertenece realmente a una población. Esta prueba de comparación de una proporción observada a una proporción teórica, y la prueba de si las diferencias observadas en las muestras representan realmente diferencias entre las respectivas poblaciones, sirven de base para desarrollar los fundamentos de las *pruebas de decisión estadística*, llamadas también *pruebas de hipótesis* (en inglés, *test of hypotheses*) *.

Como destaca Siegel (1956, pág. 2), en el desarrollo de las técnicas estadísticas modernas, las primeras técnicas que aparecieron fueron aquellas que establecieron un buen número de restricciones sobre la naturaleza de la población de la que se obtenían los valores. Dado que los valores de la población son «parámetros», tales técnicas estadísticas se denominaron *paramétricas*. Así, por ejemplo, se puede basar una técnica inferencial en el supuesto de que los valores pertenecen a una población de distribución normal o que la varianza de los valores cumple determinadas condiciones. Las conclusiones que se pueden extraer del uso de tales técnicas suelen ser de tipo condicional: «Si los supuestos acerca de la forma de la población son ciertos, entonces se puede concluir que...»

Pero más recientemente se han desarrollado otras técnicas de inferencia estadística que no exigen tantas restricciones sobre la naturaleza de la población. Tales *técnicas aparamétricas*, o de «libre distribución», permiten obtener conclusiones con menos condiciones. El tipo de conclusión que se puede obtener del uso de una de tales técnicas será de la forma: «Con independencia de la forma de la población, se puede concluir que...»

---

* La traducción precisa al castellano de la palabra inglesa *test*, es docimar (o dócima) que significa «probar» o «ensayar». No obstante, este término se encuentra en completo desuso, y en su lugar se utiliza, en el lenguaje estadístico, el término «prueba» e incluso la propia palabra inglesa *test*.

Algunos autores denominan también a las técnicas aparamétricas como «pruebas de ordenación», lo que sugiere la existencia de otro factor diferencial entre las técnicas paramétricas y aparamétricas. En efecto, en el cálculo de las pruebas paramétricas se pueden realizar todas las operaciones aritméticas con los valores obtenidos de las muestras. Si tales procedimientos aritméticos se aplicaran a valores que no son realmente numéricos se introducirían distorsiones en esos datos; y las conclusiones que se obtuvieran vendrían sesgadas. Así, pues, sólo se pueden emplear técnicas paramétricas cuando los valores son verdaderamente numéricos. Sin embargo, las pruebas aparamétricas atienden a la ordenación de los datos, no a su valor «numérico», e incluso algunas técnicas pueden utilizarse con datos meramente clasificatorios, que no pueden siquiera ser ordenados. Por todo lo que hemos visto en el presente libro sobre la naturaleza de los datos sociológicos, es evidente que las pruebas aparamétricas son de gran utilidad en la investigación sociológica, sobre todo cuando tenemos dudas acerca del carácter pretendidamente «numérico» de los datos. Ahora bien, como a veces sí se pueden emplear pruebas paramétricas con datos sociológicos, en el presente libro estudiaremos ambos tipos de técnicas.

5.2. El uso de las pruebas de decisión estadística en la investigación

De una forma esquemática, se puede afirmar que una parte importante de la investigación que se lleva a cabo en el campo de la sociología está relacionada con la determinación de la aceptabilidad o rechazo de las hipótesis que se deducen de las teorías sociológicas. Para contrastar tales hipótesis se obtiene información empírica que nos ha de servir para tal fin, es decir, para aceptar, rechazar o revisar las hipótesis.

Naturalmente, no podemos basarnos en procedimientos subjetivos si queremos contrastar científicamente una hipótesis. Necesitamos criterios objetivos que, basándose en la información empírica obtenida, por un lado, y en el margen de riesgo que deseamos asumir en relación a nuestra decisión, por otro, permitan obtener conclusiones válidas y fiables.

Los procedimientos objetivos que se siguen en las pruebas de decisión estadística están completamente estandarizados, y son los siguientes:

1. Formulación de las hipótesis estadísticas, esto es, de la hipótesis nula (H_0) y de la hipótesis alternativa (H_1).
2. Elección de una prueba estadística (con su modelo estadístico asociado) para contrastar H_0.
3. Especificación de un nivel de significación (α) y un tamaño de la muestra (N).
4. Encontrar (o asumir) la distribución muestral de la prueba estadística en el supuesto de H_0.

5. En base a los puntos anteriores, definición de la región de rechazo de la hipótesis nula.
6. Cálculo del valor de la prueba estadística, utilizando los datos obtenidos a partir de la muestra. Si dicho valor se encuentra dentro de la región de rechazo, la decisión que se toma es la de rechazar la hipótesis nula H_0; si, por el contrario, dicho valor se encuentra fuera de la región de rechazo, la decisión que se toma es que no se puede rechazar H_0 al nivel de significación elegido.

Veamos ahora, con mayor detalle, los procedimientos lógicos que se siguen en cada uno de los pasos anteriormente señalados.

5.2.1. *Formulación de las hipótesis estadísticas*

El primer paso que se ha de tomar en la elaboración de un procedimiento objetivo para las pruebas de decisión estadística es la formulación de las hipótesis estadísticas. La *hipótesis nula* (H_0) es la hipótesis que se desea contrastar. Se suele formular con el deliberado propósito de ser rechazada. Cuando se consigue rechazarla, entonces se acepta la *hipótesis alternativa* (H_1). La hipótesis alternativa es la proposición operacional de la hipótesis de trabajo o *hipótesis de la investigación* que desea contrastar el investigador, es decir, la predicción que ha sido deducida de la teoría sometida a la prueba de contrastación.

Supongamos, por ejemplo, que se tiene una población que contiene una proporción p_a desconocida de miembros que presentan una determinada propiedad, y que sólo se conoce la proporción p_b observada en una muestra de n individuos procedente de dicha población. La hipótesis nula (H_0) se establecería, en este caso, del siguiente modo: la muestra procede de una población cuya proporción p_a es igual a la proporción teórica p, es decir, $p_a = p$. La diferencia entre la proporción observada p_b y la proporción teórica p será pequeña, ya que se debe tan sólo a las fluctuaciones aleatorias introducidas por el procedimiento del muestreo. La hipótesis alternativa (H_1) se establecería, igualmente, de la manera siguiente: la muestra procede de una población cuya proporción p_a es diferente de la proporción teórica p, esto es, $p_a \neq p$. En tal caso, la diferencia entre la proporción observada p_b y la proporción teórica es demasiado grande como para que se deba tan sólo al azar.

La propia naturaleza de la hipótesis de la investigación determina la forma en que se ha de formular H_1. Si la hipótesis de la investigación señala que la proporción p_a de la propiedad estudiada difiere de la proporción teórica, entonces la H_1 establece que $p_a \neq p$. Pero si la teoría predice la dirección de la diferencia, esto es, que una proporción es mayor que otra, en tal caso H_1 puede ser $p_a > p$, o bien $p_a < p$ (esto es, que p_a es mayor que p, o bien que p_a es menor que p).

Para el caso del estudio de diferencias entre dos grupos determinados, las hipótesis estadísticas se formulan del siguiente modo. Supongamos, por ejemplo, que determinada teoría sociológica predice que dos grupos sociales difieren en sus preferencias ideológicas. Esta predicción sería nuestra hipótesis de investigación, o hipótesis de trabajo. Para contrastar esta hipótesis a través de una investigación empírica formularíamos la hipótesis de investigación como la hipótesis alternativa H_1. Si medimos las preferencias ideológicas de ambos grupos mediante la aplicación de una escala izquierda-derecha a cada uno de los miembros de sendas muestras extraídas de los dos grupos, la H_1 sería tal que $\mu_1 \neq \mu_2$, siendo μ_1 y μ_2 las medias de los valores de la escala izquierda-derecha obtenidos en cada grupo. Por el contrario, H_0 sería tal que $\mu_1 = \mu_2$, esto es, que las medias de los valores de la escala izquierda-derecha son iguales en ambos grupos. Si los datos obtenidos nos permiten rechazar H_0, entonces aceptaríamos la H_1, y ello significaría una validación estadística de la teoría contrastada.

También en este caso, la H_1 puede o no incluir la dirección de la diferencia, esto es, que la H_1 puede señalar que $\mu_1 > \mu_2$, o que $\mu_1 < \mu_2$, o simplemente establecer que $\mu_1 \neq \mu_2$. Ello dependerá del detalle teórico con que se formule la hipótesis de investigación.

5.2.2. Elección de una prueba estadística

El campo de la estadística inferencial se encuentra tan desarrollado que, en los momentos actuales, se dispone de una gran variedad de pruebas estadísticas alternativas para los diferentes diseños de investigación. Más adelante estudiaremos algunos de los criterios que se siguen para elegir entre pruebas alternativas, que, como ya se ha indicado anteriormente, pueden ser del tipo paramétrico o del tipo aparamétrico. La propia naturaleza de los datos obtenidos en la fase empírica de la investigación indicará si la prueba estadística elegida ha de ser paramétrica o aparamétrica.

5.2.3. El nivel de significación y el tamaño de la muestra

Una vez formuladas las hipótesis estadísticas y elegida la prueba estadística, el siguiente paso a seguir en el proceso que venimos estudiando es el de especificar el nivel de significación (α) y seleccionar un tamaño para la muestra (N).

De manera esquemática, el procedimiento de selección es como sigue: antes de obtener los datos se especifica el conjunto de todas las muestras posibles que pueden ocurrir cuando la hipótesis nula (H_0) es verdadera. A partir de dicho conjunto especificamos un subconjunto de muestras que son tan extremas que, si H_0 es verdadera, la probabilidad de que la muestra que observamos se encuentre entre ellas es muy pequeña.

Si en la investigación que se lleva a cabo observamos una muestra que esté incluida en dicho subconjunto, rechazamos la hipótesis nula (H_0).

Dicho en otras palabras, el procedimiento consiste en rechazar H_0 en favor de H_1 cuando la prueba estadística dé lugar a un valor cuya probabilidad de que ocurra bajo H_0 es igual o menor que una probabilidad muy pequeña que denominamos $\overline{\alpha}$ o *nivel de significación*. Habitualmente, los valores que se utilizan para $\overline{\alpha}$ son 0,05 y 0,01. Ahora bien, nada obliga a que utilicemos rígidamente estos dos valores. Algunos autores prefieren tomar sus decisiones en términos de funciones que minimicen la «pérdida» máxima que se produce al aceptar un determinado resultado científico. Lo más práctico consiste simplemente en informar del nivel de probabilidad asociado con cada resultado e indicar que la hipótesis nula se puede rechazar a dicho nivel.

Obsérvese que el principio de la objetividad científica exige que el nivel de significación α se establezca con anterioridad a la obtención del resultado. Cuanto mayor sea la importancia, teórica o práctica, del resultado que se pretende obtener, mayor ha de ser el cuidado que pongamos al establecer el nivel de significación. Así, por ejemplo, si llevamos a cabo una investigación con el fin de probar la efectividad de varios mensajes publicitarios para seleccionar el más penetrante, antes de lanzar una campaña publicitaria de ámbito nacional, habremos de ser muy exigentes, estableciendo un nivel de significación muy restrictivo, pues una equivocación significaría una gran pérdida para los responsables de la campaña.

Ahora bien, no se puede estar completamente seguro al aceptar o rechazar la hipótesis nula, ya que nos estamos desenvolviendo en el campo de las probabilidades, lo que equivale a decir que la decisión de elegir uno de los dos tipos de hipótesis estadísticas, H_0 o H_1, comporta siempre un cierto riesgo de equivocarse, esto es, de no seleccionar la hipótesis verdadera. Como son dos las alternativas, dos serán también las posibilidades de equivocarse al tomar la decisión, es decir, se pueden cometer dos tipos de errores. El primero, llamado *error Tipo I*, consiste en rechazar la hipótesis nula (H_0) cuando de hecho es verdadera. El segundo, llamado *error Tipo II*, consiste en aceptar la hipótesis nula (H_0) cuando de hecho es falsa.

La probabilidad de cometer un error Tipo I se llama *riesgo α o riesgo de primera especie*, o simplemente *riesgo de error*. Al venir dado el error Tipo I por el valor de α, quiere ello decir que cuanto mayor sea α, más probable resultará rechazar una H_0 que es verdadera, esto es, que será más probable cometer el error Tipo I. Vemos, pues, que el riesgo α es conocido y, tal como se ha señalado anteriormente, se fija con antelación o *a priori*. De ahí que habitualmente se utilice, al referirnos al contraste de hipótesis, la siguiente frase: «se rechaza la hipótesis nula con riesgo α».

El error Tipo II se suele representar por β. El riesgo β es siempre desconocido y varía en relación inversa al valor de α. El *riesgo* β se denomina también de *segunda especie*, y se produce cuando el valor encontrado, debido a la influencia del azar y a pesar de ser diferente del valor teórico, cae dentro de la zona de no rechazo de H_0. En tal caso se acepta H_0 cuando en realidad es falsa, puesto que sí hay diferencia. Pero como, aparentemente, la diferencia encontrada no es significativa, nada se opone a aceptar la hipótesis nula. Tenemos, pues, que:

$$\text{prob. (error Tipo I)} = \alpha$$

$$\text{prob. (error Tipo II)} = \beta$$

De una forma ideal, los valores concretos de α y β deben ser establecidos por el investigador antes de comenzar su investigación, y tales valores servirán para determinar el tamaño N de la muestra que se ha de elegir para calcular la prueba estadística seleccionada. En la práctica de la investigación social, los valores de α y N se suelen especificar con antelación y, a continuación, se determina β. Dada la relación inversa que existe entre α y β, para todo valor de N un incremento de α significará una disminución de β. Con el fin de reducir la posibilidad de cometer ambos tipos de errores se debe aumentar el tamaño de N.

Debe quedar claro que el uso de toda prueba de decisión estadística comporta el riesgo de cometer uno de los dos errores anteriormente tipificados. Debe ser el investigador el que decida sobre el compromiso que desea alcanzar, para optimizar el equilibrio entre las probabilidades de cometer ambos tipos de errores. En este sentido, el concepto de potencia (en inglés, *power*) es relevante para alcanzar dicha optimización.

La potencia de una prueba de decisión estadística se define como la probabilidad de rechazar la hipótesis nula (H_0) cuando de hecho es falsa. Esto es:

Potencia $= 1 -$ probabilidad de cometer el error Tipo II $= 1 - \beta$

Tal como señala Doménech (1977, pág. 107), la potencia caracteriza la capacidad que tiene una prueba de decisión estadística de no equivocarse al rechazar la hipótesis nula (H_0). Si se aumenta el riesgo α, el intervalo $1 - \alpha$ se hará más estrecho, con lo que disminuirá la zona de no rechazo de H_0, lo cual hace que la prueba estadística ofrezca menos decisiones de no rechazo de H_0 y, consecuentemente, el riesgo β de equivocarse al tomar una decisión de no rechazo de la hipótesis nula será menor.

Si disminuye β se incrementa la potencia $1 - \beta$ de la prueba; esto es, se tomará más veces la decisión adecuada en el caso de rechazo de la hipótesis nula. Ahora bien, este procedimiento tiene el inconveniente de que aumenta simultáneamente el riesgo α, es decir, se incrementa la probabilidad de equivocarse al tomar la decisión de rechazo de la hipótesis nula. Por eso es preferible adoptar otra solución que permite no alterar α, y que consiste simplemente en aumentar el tamaño de la muestra N, lo que conduce directamente a una disminución de la probabilidad de cometer el error Tipo II o β. Veamos ahora, a través de un sencillo ejemplo gráfico, la visualización de todos estos conceptos.

Supongamos que p_x es la proporción de una determinada característica o propiedad que estamos estudiando, perteneciente a una población de distribución normal, siendo p la proporción teórica. Supongamos también que extraemos de dicha población una muestra cuya proporción observada de la referida característica es p_0. Cuando es verdadera la hipótesis nula ($p_x = p$), la proporción p_0 observada en la muestra estará dentro del intervalo de probabilidad $1-\alpha$. La ilustración gráfica de este razonamiento es como sigue:

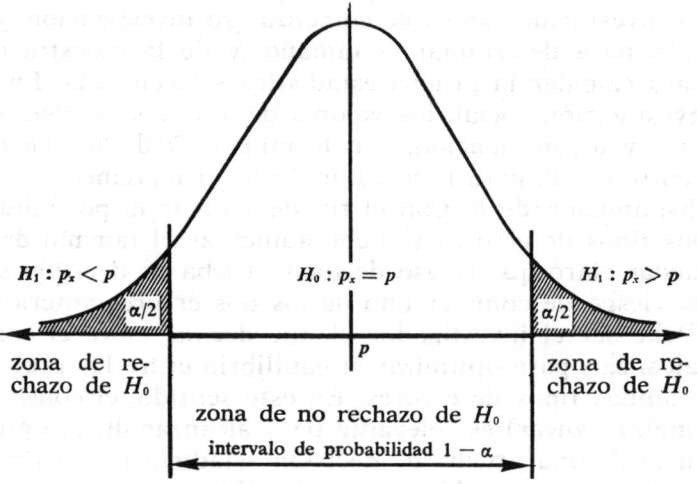

Cuando la proporción p_0 observada en la muestra pertenece al intervalo de probabilidad $1-\alpha$ se considera que la diferencia entre p y p_0 se debe a las fluctuaciones aleatorias del proceso muestral y, por tanto, no se rechaza la hipótesis nula. Por el contrario, si la proporción p_0 no pertenece al intervalo de probabilidad $1-\alpha$, se considera que la diferencia entre p y p_0 es demasiado grande para que pueda ser explicada únicamente por el azar y, en consecuencia, se rechaza la hipótesis nula (y se acepta la hipótesis alternativa) con riesgo α. Ahora podemos ver gráficamente cómo, al aumentar α, el intervalo de probabilidad $1-\alpha$ se hace más estrecho, con lo que disminuye la zona de no rechazo de H_0, disminuyendo la probabilidad de β de cometer el error Tipo II.

Por lo que se refiere a la relación entre la probabilidad β y el tamaño N de la muestra, la siguiente figura muestra también como, al aumentar el tamaño de N, disminuye la probabilidad de cometer el error Tipo II (β):

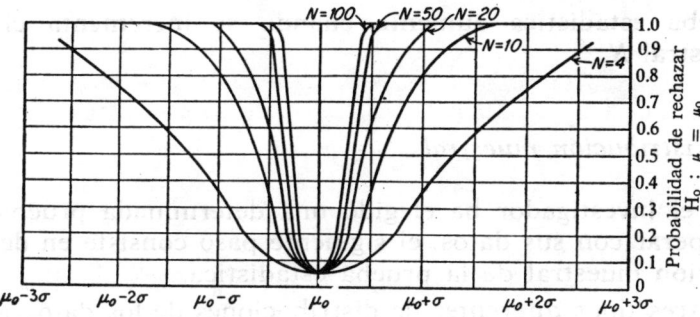

FUENTE: SIEGEL, *op. cit.*, pág. 10.

En esta figura se representan las distribuciones de varias muestras de tamaño $N=4, 10, 20, 50$ y 100, tomadas de poblaciones normales cuya varianza es σ^2, siendo μ_0 la media bajo la condición de la hipótesis nula (H_0). Se observa fácilmente el incremento de la potencia de una prueba bilateral de la media según aumenta el tamaño de la muestra, ya que cuando N se hace mayor disminuye el intervalo de probabilidad $1-\alpha$, disminuyendo consiguientemente la probabilidad β, lo que conduce al aumento de la potencia.

Veamos ahora, a modo de resumen, las cinco ideas o conceptos que hemos desarrollado con cierto detenimiento en la sección anterior, y que, como señala Siegel (*op. cit.*, pág. 10) deben ser siempre tenidas en cuenta en el momento de seleccionar el nivel de significación y el tamaño muestral:

1. El nivel de significación α es la probabilidad de que una prueba estadística producirá un valor bajo el cual se rechazará la hipótesis nula, cuando de hecho es verdadera. En otras palabras, el nivel de significación indica la probabilidad de cometer el error Tipo I.
2. La probabilidad de que una prueba estadística produzca un valor bajo el cual se acepte la hipótesis nula cuando en realidad es falsa viene dada por β.
3. La potencia de una prueba estadística, $1-\beta$, representa la probabilidad de rechazar la hipótesis nula cuando en realidad es falsa y, por tanto, debiera ser rechazada.
4. La potencia está relacionada con la naturaleza de la prueba estadística elegida y con la propia naturaleza de la hipótesis alternativa (H_1). Cuando H_1 tiene dirección, es decir, la diferencia entre el valor teórico y el valor observado es o bien «mayor que» o bien «menor que», se emplea una prueba estadística unilateral, que es más poderosa que una prueba bilateral.
5. En términos generales, se puede afirmar que la potencia de una

prueba estadística aumenta cuando se incrementa el tamaño muestral N.

5.2.4. *La distribución muestral*

Cuando el investigador ha elegido una determinada prueba estadística para operar con sus datos, el siguiente paso consiste en determinar la distribución muestral de la prueba estadística.

Existen tres tipos diferentes de distribuciones de los datos: 1) la *distribución de la población*, que es la que caracteriza la distribución de los elementos de una población; 2) la *distribución de la muestra*, que es la que caracteriza la distribución de los elementos de una muestra extraída de una población, y 3) la *distribución muestral*, que describe la conducta esperada de un gran número de muestras aleatorias simples extraídas de la misma población. Este último tipo de distribución difiere en varios respectos de las otras dos distribuciones, pero una diferencia que nos interesa destacar aquí es que las unidades que se distribuyen en la distribución muestral son medidas resumen de muestras completas de valores, en lugar de valores individuales de características de casos únicos.

Una distribución muestral es una *distribución probabilística teórica* de estadísticos pertenecientes a muestras, como pueden ser, por ejemplo, medias o proporciones de muestras. Hemos dicho anteriormente que es la distribución que se obtendría si extrajésemos aleatoriamente todas las muestras posibles, del mismo tamaño, de una población. Otra forma de expresar lo mismo es decir que la distribución muestral es la distribución, bajo la condición de la hipótesis nula (H_0), de todos los valores posibles que un estadístico —por ejemplo, una media o una proporción— puede tomar cuando se calcula dicho estadístico a partir de muestras aleatorias del mismo tamaño.

De una manera todavía más sencilla, podemos definir la distribución muestral como sigue: se obtiene una distribución muestral cuando se toman todas las muestras aleatorias simples (cada una de ellas con, al menos, un elemento diferente) de tamaño N de una misma población, se calcula un estadístico para cada muestra —por ejemplo, la media o una proporción— y se distribuyen dichos estadísticos alrededor del parámetro que estiman. Por ejemplo, consideremos la población española, que en 1980 era de unos 37 millones de personas. Supongamos que extraemos una muestra aleatoria simple de tamaño 2.000 de dicha población y calculamos el promedio de edad de los miembros de la muestra. Si repitiéramos esta operación con todas las muestras posibles de tamaño 2.000 que se pueden extraer del conjunto de la población obtendríamos una distribución de las medias de todas las muestras posibles, con lo que quedaría constituida una distribución muestral de las medias de edad.

La distribución muestral de un estadístico pone de manifiesto las probabilidades bajo H_0 asociadas con diversos valores numéricos posibles del estadístico. Tal como se utiliza en la literatura estadística (ver, por ejemplo, Siegel, *op. cit.*, pág. 11), la expresión «la probabilidad asociada con el hecho de que ocurra H_0» significa la probabilidad de un valor particular más las probabilidades de todos los valores posibles más extremos. En otras palabras, la «probabilidad asociada» es la probabilidad, bajo H_0, de un valor tan extremo o más que el valor particular de la prueba estadística. Al estudiar las diversas pruebas estadísticas en los capítulos siguientes, tendremos ocasión de utilizar y aclarar con más detalle esta terminología.

Naturalmente, cuando el sociólogo está realizando una investigación concreta no genera las distribuciones muestrales, extrayendo todas las posibles muestras de la población. El proceso, en la práctica, es mucho más sencillo, ya que se extrae una muestra, se calcula el correspondiente estadístico a partir de los datos pertenecientes a la muestra y, amparado en la autoridad de diversos teoremas matemáticos ya contrastados, utiliza este conocimiento sobre la naturaleza de su distribución muestral para generalizar al correspondiente parámetro de la población.

Ahora bien, conviene tener en cuenta que, al basar nuestros razonamientos acerca de la naturaleza de la distribución muestral en teoremas matemáticos ya contrastados, tales teoremas implican una serie de supuestos o condiciones que deben de tenerse en cuenta al realizar nuestros cálculos. Habitualmente, tales supuestos hacen referencia a la tendencia central, variabilidad y forma de la distribución, así como al tamaño de la muestra. Como señalan Loether y McTavish (1974, pág. 73), una de las tareas más importantes del investigador estadístico que desarrolla una nueva técnica estadística es la de especificar su distribución muestral. En los momentos actuales se conocen bastantes distribuciones muestrales que se suelen incluir en forma tabular en los libros de estadística (en el presente libro se incluyen cuatro distribuciones muestrales en las tablas B, C, D y E del apéndice). Así, por ejemplo, la distribución normal es la distribución muestral apropiada para diversas técnicas estadísticas inspiradas en el teorema del límite central, y que se pueden utilizar cuando se tratan muestras grandes. La distribución del chi-cuadrado es la distribución apropiada cuando tratamos con varianzas y la técnica del chi-cuadrado. La distribución t de Student es la distribución muestral apropiada para medias pertenecientes a muestras de tamaño reducido y de las que se desconoce la varianza de la población.

Al disponer de varias distribuciones muestrales, el sociólogo interesado en el contraste empírico de hipótesis debe de elegir la técnica estadística apropiada que se adapte a una de las distribuciones muestrales conocidas, si desea generalizar a la población los resultados obtenidos con los datos de la muestra.

5.2.4.1. El teorema del límite central

Por su importancia en la estadística, detengámonos un poco en el estudio del *teorema del límite central*. Por lo que hemos visto al estudiar la distribución normal, en el capítulo 3, sabemos que para una variable que se distribuya de este modo su distribución queda completamente caracterizada por la media y la desviación típica. Así, por ejemplo, sabemos que la probabilidad de que un valor observado de dicha variable difiera con respecto a la media en más de 1,96 unidades de desviación típica es menor que 0,05 (en la tabla B del apéndice aparecen listadas las probabilidades asociadas con las diferencias, en unidades de desviación típica, con respecto a la media para una variable distribuida normalmente).

El teorema del límite central establece que si se extraen repetidas muestras aleatorias simples de tamaño N a partir de una población distribuida normalmente, de media μ y desviación típica σ, las medias de tales muestras se distribuyen normalmente con media μ y desviación típica $\sigma/\sqrt{N}$. Y, lo que es más, si el tamaño N de cada muestra es suficientemente grande, con independencia de la forma de la distribución de la población, las medias de las muestras tenderán a distribuirse normalmente con media μ y desviación típica $\sigma/\sqrt{N}$.

Lo que nos dice la primera parte del teorema es que las medias de las muestras aleatorias simples extraídas de una población que se distribuye normalmente, darán lugar a una distribución muestral que es también normal, aunque el tamaño N sea pequeño. Hay que reconocer que, en la vida real, no existe una población perfectamente normal, pero a efectos matemáticos sí podemos imaginar su existencia, así como la extracción de un número muy grande de muestras aleatorias de tamaño N a partir de dicha población. Cada una de estas muestras tendrá una media $\overline{X}$, que variará ligeramente de una muestra a otra, pero que tenderán a agruparse alrededor de la media μ de la población, distribuyéndose normalmente con una desviación típica que valdrá $\sigma/\sqrt{N}$. En consecuencia, cuanto mayor sea el tamaño de la muestra seleccionada, más pequeña será la desviación típica de la distribución normal y mayor será el agrupamiento de las medias muestrales alrededor de la media de la población, tal como se puede observar en la siguiente figura:

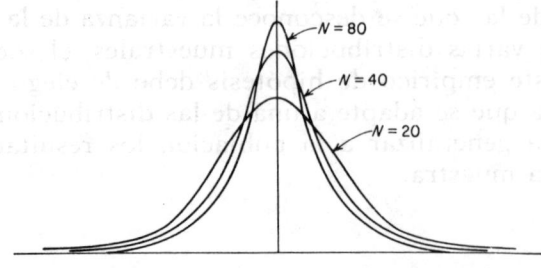

En efecto, al aumentar el tamaño N de la muestra, la curva normal que representa la distribución muestral se hace más aguda.

Anteriormente hemos visto que existen tres tipos de distribuciones: 1) la de la población, que se supone normal con una media μ y una varianza de σ^2 —se puede representar, tal como hace Blalock (1960, página 136), por Nor (μ, σ^2)—; 2) la distribución de los valores dentro de cada muestra, y 3) la distribución muestral de un estadístico, que, para el caso de la media, se distribuye también normalmente —según establece el teorema del límite central— con media μ y desviación típica $\sigma/\sqrt{N}$. La relación existente entre la primera y la tercera de las distribuciones se puede representar gráficamente del siguiente modo:

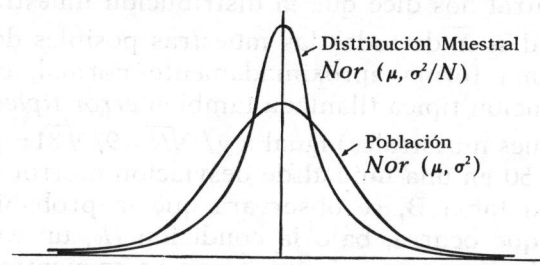

Aunque se trata de distribuciones que tienen la misma media y desviaciones típicas que están relacionadas, conviene tener presente que se trata de distribuciones completamente diferentes. Todos los «casos» en la distribución muestral son medias pertenecientes a muestras diferentes. Ahora bien, no hay que olvidar la importancia de las distribuciones muestrales, ya que son ellas, y no las distribuciones de la población, las que se utilizan directamente en las pruebas de significación. Como señala Blalock (*op. cit.*, pág. 137), es a través de la teoría de las probabilidades y del teorema del límite central como se traducen las proposiciones sobre la población y las técnicas de muestreo en proposiciones acerca de la distribución muestral.

La segunda parte del teorema del límite central, llamada por algunos autores *Ley de los Grandes Números*, establece, además, que al extraer repetidas muestras aleatorias de tamaño N de una población de cualquier forma de media μ y varianza σ^2, cuando N es suficientemente grande, la distribución muestral de las medias tiende a distribuirse normalmente, con media μ y varianza σ^2/N. Obsérvese que no existe un criterio exacto sobre lo que se entiende como un tamaño de N «suficientemente grande». Para algunos autores, ello quiere decir un N de 100 o más, mientras que para otros basta que N sea superior a 30. Obviamente, cuanto mayor sea N con más facilidad se aproximará la distribución muestral a la curva normal.

La importancia de esta ley es muy grande, ya que al ser la distribución muestral, y no la población, la que se utiliza en las pruebas de significación, ello quiere decir que cuando N es suficientemente grande no tenemos ya que preocuparnos de los supuestos referentes a la normalidad de la población, pudiendo emplear, no obstante, las propiedades de la curva normal en nuestras pruebas de decisión estadística, ya que la distribución muestral tiende a aproximarse a la normalidad.

Veamos a través de un ejemplo hipotético el funcionamiento del teorema del límite central. Supongamos que, entre la población universitaria de una determinada Facultad, el grado de permisividad sexual, medido a través de la correspondiente escala, se distribuye con una media $\mu = 50$ y una desviación típica $\sigma = 9$. Ahora queremos saber cuál es la probabilidad de que, al extraer de dicha población una muestra aleatoria de 81 casos, la media de la muestra, $\overline{X}$, valga al menos 51. El teorema del límite central nos dice que la distribución muestral de todos los valores de las medias $\overline{X}$ de todas las muestras posibles de tamaño 81 se distribuirán de una forma aproximadamente normal, con una media $\mu = 50$ y una desviación típica (llamada también *error típico* * para el caso de las distribuciones muestrales) igual a $\sigma/\sqrt{N} = 9/\sqrt{81} = 1$. Vemos, pues, que 51 difiere de 50 en una unidad de desviación o error típicos. Si consultamos ahora la tabla B, se observará que la probabilidad asociada con el hecho de que ocurra, bajo la condición H_0, un valor análogo al valor observado de $\overline{X}$, esto es, de un $\overline{X}$ que se encuentre al menos una unidad de error típico por encima de la media ($z \geqslant 1,0$), es $p < 0,1587$, o, redondeando, $p < 0,16$.

Queda, pues, claro que el conocimiento de la distribución muestral de un estadístico nos permite formular proposiciones probabilísticas acerca de la obtención de ciertos valores numéricos del referido estadístico. Más adelante veremos cómo se utilizan tales proposiciones probabilísticas para tomar una decisión acerca de la hipótesis nula (H_0).

5.2.4.2. Tendencia central, variabilidad y forma de una distribución muestral

Dado que una distribución muestral es una distribución univariable, se puede caracterizar y describir en términos de su tendencia central, variabilidad y forma.

Como señalan Loether y McTavish (*op. cit.*, pág. 73), al referirse a la tendencia central de una distribución muestral, es costumbre hablar del *valor esperado de un estadístico*, que no es otra cosa que el valor promedio que toma un estadístico para su distribución muestral. El valor esperado se representa por la letra mayúscula E; así, el valor esperado de la media de una muestra se representa por $E(\overline{X})$. Si el promedio o valor esperado de un estadístico es, de hecho, el parámetro que estima, entonces se dice que el estadístico es un estimador no sesgado del parámetro.

---

* Cuando se calcula la desviación típica en una distribución muestral, se denomina el *error típico* para distinguirlo de otras desviaciones típicas.

Ahora bien, obsérvese que el hecho de que, en términos generales, un estadístico sea un estimador no sesgado del parámetro no quiere decir que un estadístico de una sola muestra sea un estimador no sesgado del parámetro. Es decir, el promedio puede ser un estimador no sesgado, pero no así un valor particular del promedio. Con todo, la información de que el valor promedio sea un estimador no sesgado es útil, porque nos indica que cualquier diferencia que se produzca entre un estadístico concreto y su parámetro es atribuible más bien a un error aleatorio que a un sesgo sistemático del propio estadístico. Por eso, dado que las generalizaciones científicas se basan no en un solo estudio, sino en repeticiones del mismo, cuando se realizan estimaciones repetidas de un parámetro es importante que los errores estimados no sean sistemáticos (Loether y McTavish, *op. cit.*).

Otra característica importante de una distribución muestral es el valor de la variación del estadístico de la muestra alrededor de su parámetro. Esta variabilidad se puede medir por medio de técnicas tales como recorridos, varianzas y desviaciones típicas. El valor que mide tal variabilidad se denomina *error típico*. Existen errores típicos para los diferentes estadísticos, sean éstos frecuencias, proporciones, medias, medianas, varianzas o cualquier otro. Los errores típicos, en general, miden la variación aleatoria de los estadísticos alrededor de los parámetros que tratan de estimar, y su tamaño depende, en parte, del tamaño de la muestra de la que se calcula el estadístico. Tal como se ha visto anteriormente, y de acuerdo con la *ley de los grandes números*, al aumentar el tamaño de la muestra disminuye el error típico, esto es, que al aumentar N, los estadísticos se agrupan con mayor proximidad alrededor de sus respectivos parámetros.

En cuanto a la forma que adopta la distribución muestral, conviene saber si se trata de una curva simétrica o asimétrica, normal o en forma de J, etc. Se trata de un factor significativo que debe tenerse en cuenta al generalizar desde los estadísticos a los parámetros. Así, por ejemplo, veremos más adelante que la distribución muestral de las medias es, bajo ciertas condiciones, platicúrtica. Si la curva que describe la distribución muestral tiene una forma geométrica conocida, se podrá describir la distribución muestral mediante una fórmula matemática, tal como hicimos en el capítulo 3 con la curva normal.

5.2.5. *La región de rechazo. Pruebas unilaterales y pruebas bilaterales*

La región de rechazo es una región de la distribución muestral. Sabemos que una distribución muestral incluye todos los valores posibles que puede tomar un estadístico determinado bajo H_0; pues bien, la región de rechazo, que consiste en un subconjunto de tales valores posibles, se define de tal modo que la probabilidad, bajo H_0, de que ocurra un estadístico de prueba, teniendo un valor que se encuentre en dicha región, es α. Dicho con otras palabras, la región de rechazo (ver Siegel, *op. cit.*, pág. 13) consiste en un conjunto de valores posibles que son tan extremos que, cuando H_0 es verdadera, la probabilidad es muy pequeña (α) de que la muestra que observamos dé lugar a un valor que se encuentre entre ellos. Así, pues, la probabilidad asociada con la obtención de cualquier valor que se encuentre en la región de rechazo es igual o menor que α.

Tal como se ha indicado anteriormente, la localización de la región de rechazo viene afectada por la propia naturaleza de H_1, ya que cuando la hipótesis alternativa predice la dirección de la diferencia (por ejemplo, en la estimación de una proporción, si $p_1 > p$ o, por el contrario, $p_1 < p$), entonces hay que utilizar una *prueba estadística unilateral o de una cola;* mientras que si la hipótesis alternativa no indica la dirección de la diferencia que se predice, entonces hay que utilizar una *prueba estadística bilateral o de dos colas.*

Obsérvese que las pruebas estadísticas unilaterales y bilaterales difieren en la localización de la región de rechazo, pero no en su tamaño. En una prueba unilateral, la región de rechazo se encuentra totalmente en un extremo o cola de la distribución muestral; mientras que, en una prueba bilateral, la región de rechazo se localiza a ambos extremos de la distribución muestral.

El tamaño de la región de rechazo viene dado por el nivel de significación α. Así, por ejemplo, si $\alpha = 0,05$, el tamaño de la región de rechazo es el 5 por 100 del espacio incluido bajo la curva de la distribución muestral. Si la distribución muestral es del tipo normal, las regiones de rechazo para sendas pruebas unilaterales serán como sigue:

Para el caso de una prueba bilateral o de dos colas, las regiones de rechazo se distribuyen a ambos lados de la curva de la distribución muestral. Cuando el nivel de significación es $\alpha = 0,05$, y para el caso de una distribución normal, las regiones de rechazo se distribuyen del siguiente modo:

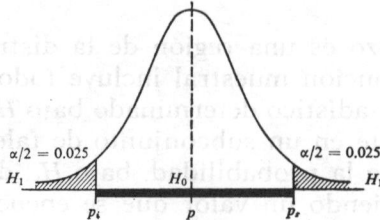

Obsérvese cómo, en el caso de la prueba bilateral, la suma de las regiones de rechazo equivale a la región de rechazo de una prueba unilateral, para un mismo nivel de significación α.

Una vez que se han culminado todas las fases descritas, el investigador debe tomar una decisión. Si la prueba estadística da lugar a un valor que se encuentra en la región de rechazo, entonces se rechaza la hipótesis nula (H_0). Tal como señala Siegel (*op. cit.*, pág. 14), la lógica que subyace a este proceso de decisión es muy sencilla. Si es muy pequeña la probabilidad asociada con el hecho de que ocurra bajo la hipótesis nula un valor determinado en la distribución muestral, se puede explicar de dos formas la obtención de dicho valor: primero, se puede explicar decidiendo que la hipótesis nula es falsa o, segundo, se puede explicar decidiendo que ha ocurrido un suceso extraño y poco probable. En el proceso de decisión que venimos estudiando elegimos la primera de estas explicaciones.

Por supuesto, puede ocurrir ocasionalmente que la segunda de las posibles explicaciones sea la correcta. De hecho, la probabilidad de que la segunda explicación sea la correcta viene dada por α, esto es, por rechazar H_0 cuando de hecho es verdadera y cometer, en consecuencia, el error Tipo I. Cuando la probabilidad asociada con un valor observado de una prueba estadística es igual o menor que el valor α, que ha sido previamente determinado, tomamos la decisión de rechazar H_0 por considerarla falsa. En tal caso, decimos que el valor observado es significativo. En otras palabras, cuando se obtiene un valor significativo de la prueba estadística, se rechaza la hipótesis nula (H_0), por ser la probabilidad asociada de dicho valor, bajo H_0, igual o menor que α.

5.3. Elección de una prueba de decisión estadística apropiada

Habitualmente, el sociólogo que haya iniciado una investigación empírica para contrastar una hipótesis se encontrará con pruebas estadísticas alternativas que pueden ser aplicadas a su diseño de investigación. Como tan sólo necesita emplear una prueba estadística, tendrá que realizar la elección, a ser posible siguiendo criterios lógicos.

Varios son los criterios lógicos de que dispone el investigador para basar su elección. Anteriormente hemos visto ya uno de ellos, la potencia de la prueba. Este criterio, como se recordará, indica que una prueba estadística es conveniente si tiene una probabilidad pequeña de rechazar H_0 cuando H_0 es verdadera, y una probabilidad elevada de rechazar H_0 cuando H_0 es falsa. Ahora bien, hay otros criterios, aparte de la potencia de la prueba, que conviene introducir en el proceso de selección de una prueba estadística. Siegel (*op. cit.*, pág. 18) señala los siguientes criterios: la forma de obtener las puntuaciones de la muestra, la naturaleza de la población en la que se basa la muestra y el tipo de medición o escalamiento empleado en las definiciones operacionales de las variables estudiadas, esto es, de las puntuaciones o valores obtenidos.

Un concepto de interés en este proceso de decisión es el de *modelo estadístico*, que viene determinado por la naturaleza de la población y la forma de extraer la muestra. Es decir, que asociados con cada prueba estadística aparecen un modelo estadístico y unas necesidades de medición; la prueba será válida sólo bajo determinadas condiciones, que vienen especificadas por el modelo estadístico y las necesidades de medición. Tales condiciones se llaman los «supuestos» de la prueba. Cuando se utiliza una prueba estadística concreta debemos preocuparnos de que se cumplan todos los supuestos que exige la prueba.

Cuantos menos, o más flexibles, sean los supuestos que definen un modelo particular, con más facilidad se podrán generalizar las conclusiones que se obtengan mediante el uso de una prueba estadística determinada. En general, las pruebas paramétricas comportan supuestos más restrictivos que las pruebas aparamétricas y son, por tanto, más potentes. Por eso, cuando la naturaleza de los datos lo permite, es recomendable utilizar una prueba paramétrica, ya que resulta más probable rechazar H_0 cuando es falsa. Ahora bien, no siempre resulta fácil en los diseños de investigación sociológica satisfacer los supuestos que demandan las pruebas paramétricas. A guisa de ejemplo, veamos los supuestos que se han de satisfacer para poder utilizar una de las pruebas paramétricas más potentes, la prueba estadística t, que más adelante estudiaremos con mayor detalle: 1) las observaciones deben ser independientes y pertenecer a poblaciones que se distribuyen normalmente; 2) las poblaciones deben ser homocedásticas, esto es, deben tener la misma varianza, y 3) las variables estudiadas deben estar medidas al menos al nivel de intervalo, de forma que se puedan emplear las operaciones aritméticas con las puntuaciones o valores de las variables.

Se trata, pues, de supuestos muy exigentes y restrictivos que no siempre pueden ser satisfechos por las variables que maneja el sociólogo. Cuando éste es el caso, lo más prudente es utilizar una prueba estadística menos restrictiva y, cuando es posible, incrementar su potencia mediante la ampliación del tamaño de la muestra. En otras palabras, si elegimos una prueba aparamétrica y que, por tanto, no exige tantas condiciones sobre la normalidad de la población y su homocedasticidad, podemos incrementar su potencia o capacidad para rechazar H_0, mediante una ampliación del tamaño N de la muestra.

El nivel de medición alcanzado por las variables también es importante a la hora de decidir el tipo de prueba estadística que vamos a emplear. Siguiendo a Siegel (*op. cit.*, pág. 30), podemos construir el siguiente cuadro, en el que se ordenan las pruebas estadísticas más conocidas con los niveles de medición de las variables que exige su uso:

Escala	Ejemplos de estadísticos más apropiados	Pruebas estadísticas más apropiadas
Nominal.	• Moda. • Frecuencia. • Coeficiente de Contingencia.	Pruebas aparamétricas.
Ordinal.	• Mediana. • Percentil. • r de Spearman. • r. de Kendall. • W de Kendall.	
Intervalo.	• Media. • Desviación típica. • Coeficiente de correlación de Pearson. • Coeficiente de correlación múltiple.	Pruebas paramétricas.
Cociente o ratio.	• Media geométrica. • Coeficiente de variación.	

Las pruebas estadísticas paramétricas tienen unos modelos que especifican ciertas condiciones sobre los parámetros de la población de la que se ha extraído la muestra, y requieren que los valores de las variables se encuentren medidos al menos a nivel de intervalo. Por el contrario, las pruebas estadísticas aparamétricas tienen unos modelos que no especifican condiciones acerca de los parámetros de la población. De hecho, los supuestos que acompañan a las pruebas no paramétricas, a saber, la independencia de las observaciones y la continuidad de las variables, son más débiles que los que requieren las pruebas paramétricas. Además, el nivel de medición de las variables en las pruebas no paramétricas debe ser, como máximo, el ordinal, cosa que ocurre con frecuencia con las variables que maneja el sociólogo.

Por supuesto, cuando el investigador dispone de datos medidos a nivel de intervalo, y el diseño de la investigación así lo permite, se deben emplear pruebas paramétricas, por su mayor potencia. Si no lo hiciera así y empleara pruebas aparamétricas, el investigador estaría desperdiciando sus datos. En términos generales, pues, el investigador debe utilizar la prueba estadística que mejor se adapte a sus datos y diseño de investigación y, ante alternativas diferentes, debe elegir la prueba con la que esté más familiarizado y mejor conozca su distribución muestral.

5.4. Terminología

Se recomienda la memorización y comprensión del significado de cada uno de los términos y conceptos siguientes:

— Pruebas de decisión estadística; pruebas de hipótesis.
— Pruebas estadísticas paramétricas.
— Pruebas estadísticas aparamétricas.
— Hipótesis nula (H_0).
— Hipótesis alternativa (H_1); hipótesis de investigación.
— Nivel de significación.
— Error Tipo I; riesgo de primera especie o riesgo de error.
— Error Tipo II; riesgo de segunda especie.
— Potencia de una prueba estadística.
— Intervalo de probabilidad.
— Distribución muestral.
— Teorema del límite central.
— Ley de los grandes números.
— Error típico.
— Valor esperado de un estadístico.
— Región de rechazo.
— Prueba estadística unilateral o de una cola.
— Prueba estadística bilateral o de dos colas.

BIBLIOGRAFIA

BLALOCK, Hubert M.: *Social Statistics*, New York, McGraw-Hill, 1960.
DOMÉNECH I MASSONS, Josep M.: *Bioestadística. Métodos estadísticos para investigadores*, Barcelona, Hercer, 1977.
GAMES, P. A. y G. A. KLARE: *Elementary Statistics: data analysis for the Behavioral Sciences*, New York, MacGraw-Hill, 1967.
HAYS, W. L. y R. L. WINKLER: *Statistics: Probability, Inference and Decisión*, New York, Holt, Rinehart & Winston, 1971.
LOETHER, H. J. y D. G. MCTAVISH: *Inferencial Statistics for Sociologists*, Boston, Allyn and Bacon, 1974.
SIEGEL, Sidney: *Nonparametric Statistics for the Behavioral Sciences*, New York, McGraw-Hill, 1956.

Capítulo 6
PRUEBAS DE DECISION ESTADISTICA PARA EL CASO DE UNA SOLA MUESTRA

6.1. Introducción

En el presente capítulo nos vamos a ocupar del estudio de aquellas pruebas de decisión estadística, paramétricas y aparamétricas, que sólo requieren la extracción de una muestra. Básicamente, tales pruebas estadísticas nos informan acerca de si la muestra bajo estudio pertenece a una población determinada. Las pruebas de decisión estadística para una sola muestra suelen medir la bondad del ajuste (en inglés, *goodness-of-fit*). En el caso típico se extrae una muestra aleatoria y, a continuación, se somete a prueba la hipótesis de que dicha muestra se ha extraído de una población que presenta una distribución específica. Como destaca Siegel (1956, pág. 35), las pruebas de decisión estadística para una sola muestra permiten responder preguntas como las que siguen: ¿existe una diferencia significativa de posición (tendencia central) entre la muestra y la población?; ¿existe una diferencia significativa entre las frecuencias observadas y las frecuencias que cabría esperar en base a algún principio?; ¿existe una diferencia significativa entre las proporciones observadas y las proporciones esperadas?; ¿está justificado considerar que una muestra concreta pertenece a una población con una forma determinada? (por ejemplo, normal); ¿está justificado considerar que una muestra concreta es una muestra aleatoria de una población conocida? Como vemos, se trata, en último término, de contrastar los valores observados de una sola variable en una muestra en relación a los valores que toma dicha variable en la población. Estas son, básicamente, las preguntas que cabe formularse cuando se trabaja con una sola muestra, y que pueden ser respondidas mediante el empleo de las correspondientes pruebas de decisión estadística. En primer lugar estudiaremos la distribución probabilística binomial y la correspondiente prueba binomial y, a continuación, la prueba del chi-cuadrado para una sola muestra. Las pruebas estadísticas de comparación de una proporción y media observadas a una proporción y media teóricas, respectivamente, serán igualmente tratadas en las páginas siguientes, así como la distribución t de

Student y la estimación por intervalo de una media. Con esto no pretendemos ofrecer una panorámica exhaustiva de esta parcela de la estadística inferencial. Otros libros de estadística citados en el apartado bibliográfico contienen un mayor número de pruebas, y a ellos remitimos al lector interesado en el estudio más detallado de las mismas. Con todo, las pruebas que se estudian en el presente capítulo se encuentran entre las más conocidas y utilizadas en la investigación empírica sociológica, y las hemos considerado suficientes para que el estudiante de sociología se familiarice con la lógica de las pruebas de decisión estadística en el trabajo sociológico, sin que se sienta abrumado por una diversidad de técnicas estadísticas que pueden distraer su atención de los temas básicos, y relativamente sencillos, de la lógica del contraste y verificación de hipótesis para el caso de una sola muestra y una sola variable.

6.2. LA DISTRIBUCIÓN BINOMIAL. LA PRUEBA BINOMIAL

Existen poblaciones que pueden considerarse que están formadas tan sólo por dos categorías. Así, por ejemplo, hombre y mujer, rural y urbano, éxito y fracaso, miembro y no miembro, alfabeto y no alfabeto, soltero y casado, religioso y no religioso, etc. Para tales casos, cada observación que se realice a partir de la correspondiente población pertenecerá a una u otra de las dos categorías discretas. Resulta obvio que, una vez conocida la proporción P de casos que pertenecen a una de las categorías, conoceremos automáticamente la proporción de casos que pertenecen a la segunda categoría, proporción que valdrá $1-P$. Habitualmente, para representar la expresión $1-P$ se utiliza el símbolo Q ($Q=1-P$).

Al extraer una muestra aleatoria de una población de este tipo, no cabe esperar que las proporciones respectivas de casos pertenecientes a ambas categorías en la muestra sean exactamente P y Q. Los efectos del azar del muestreo impedirán habitualmente que los valores de las muestras sean exactamente los valores P y Q de la población. Así, por ejemplo, podemos conocer por medio del Censo de Población que la proporción de solteros y la de casados en la población adulta de una región determinada es 35 y 65 por 100, respectivamente. Pero si extraemos una muestra aleatoria de la población adulta de dicha región, los solteros y los casados pueden representar, por ejemplo, el 32 y el 68 por 100, respectivamente, o incluso el 38 y el 62 por 100, respectivamente. Como se ha dicho anteriormente, el azar que se introduce al extraer una muestra aleatoria es el responsable de la aparición de tales diferencias entre los valores de la población y los valores observados.

Pues bien, la *distribución binomial* es la distribución muestral de las proporciones que se pueden observar en muestras aleatorias extraídas de una población que se caracteriza por estar compuesta por dos categorías de casos o miembros. Al ser una distribución muestral, la distribución binomial ofrece los diversos valores que pueden ocurrir bajo H_0, siendo en este caso H_0 la hipótesis de que el valor de la población es P. Por tanto, cuando las puntuaciones o valores obtenidos en una investigación se pueden distribuir en dos categorías, se puede utilizar la distribución binomial para contrastar H_0. La prueba binomial, al ser una prueba que mide la bondad del ajuste, nos dice si cabe esperar que las proporciones (o frecuencias) que se observan en una muestra pueden pertenecer a una población que tiene un valor específico de P.

Veamos ahora cómo se opera empíricamente con la prueba binomial. Mediante la combinación de la regla de la multiplicación de probabilidades y de la fórmula que expresa las combinaciones de m elementos tomados de n en n, se puede demostrar que la probabilidad de obtener x objetos en una categoría y $N-x$ objetos en la otra categoría viene dada por la fórmula:

$$p(x) = \binom{N}{x} P^x Q^{N-x} \qquad [6.1]$$

en donde P es la proporción de casos que pertenecen a una categoría; Q la proporción de casos que pertenecen a la segunda categoría, y:

$$\binom{N}{x} = \frac{N!}{x!(N-x)!}$$

La utilización de la fórmula [6.1] es bien sencilla. Supongamos que lanzamos un dado cuatro veces y deseamos saber cuál es la probabilidad exacta de que en dos de los lanzamientos salga el «cinco». En este caso, N es el número de lanzamientos, esto es, 4; x es el número de «cincos», que es 2; P es la proporción esperada de obtener un cinco, que es $\frac{1}{6}$ (ya que se supone que cada una de las seis caras del dado pueden salir con la misma probabilidad), y $Q = 1 - P = 1 - \frac{1}{6} = \frac{5}{6}$. Ya con estos datos podemos calcular la probabilidad de que salga dos veces el «cinco» en cuatro lanzamientos de un dado, mediante la aplicación de la fórmula [6.1]:

$$p(2) = \frac{4!}{2!\,2!} \left(\frac{1}{6}\right)^2 \left(\frac{5}{6}\right)^2 = 0{,}11$$

Así, pues, la probabilidad de obtener exactamente dos veces el «cinco» en cuatro tiradas de un dado es $p = 0{,}11$.

Ahora bien, en la realidad de la investigación empírica, la pregunta que formularemos no es habitualmente la que se refiere a la probabilidad de obtener *exactamente* los valores que fueron observados, sino la siguiente pregunta: ¿cuál es la probabilidad de obtener los valores observados o incluso valores más extremos? Para responder a preguntas de este tipo recurrimos a la distribución muestral binomial, que viene dada por la expresión:

$$\sum_{i=0}^{x} \binom{N}{i} P^i Q^{N-i} \qquad [6.2]$$

que recoge la suma de la probabilidad del valor observado y las probabilidades de los valores más extremos.

Para continuar con el ejemplo anterior, supongamos que deseamos conocer la probabilidad de obtener *dos veces o menos* el «cinco» cuando lanzamos un dado cuatro veces. De nuevo es $N=4$, $x=2$, $P=1/6$ y $Q=5/6$; pero ahora se trata de calcular la probabilidad de obtener dos o menos veces el «cinco», esto es, $p \le 2$. La probabilidad de obtener cero veces el «cinco» es $p(0)$; la probabilidad de obtener una vez un «cinco es $p(1)$, y la probabilidad de obtener dos veces el «cinco» es $p(2)$. Pues bien, aplicando el sumatorio [6.2] a las anteriores probabilidades, tenemos que:

$$p(x \le 2) = p(0) + p(1) + p(2)$$

En otras palabras, que la probabilidad de obtener dos veces o menos el «cinco» es igual a la suma de las tres probabilidades señaladas. Si ahora utilizamos la fórmula [6.1] para calcular cada una de las tres probabilidades que aparecen en la parte derecha de la anterior expresión, obtenemos los siguientes resultados:

$$p(0) = \frac{4!}{0!\,4!} \left(\frac{1}{6}\right)^0 \left(\frac{5}{6}\right)^4 = 0,48$$

$$p(1) = \frac{4!}{1!\,3!} \left(\frac{1}{6}\right)^1 \left(\frac{5}{6}\right)^3 = 0,39$$

$$p(2) = \frac{4!}{2!\,2!} \left(\frac{1}{6}\right)^2 \left(\frac{5}{6}\right)^2$$

y, por tanto:

$$p(x \le 2) = p(0) + p(1) + p(2) = 0,48 + 0,39 + 0,11 = 0,98$$

De este modo, pues, hemos determinado que la probabilidad, bajo H_0, de obtener dos veces o menos un «cinco» al lanzar un dado cuatro veces es $p=0,98$.

Ocupémonos ahora de estudiar algunas características (la tendencia central, la variación y la forma) de la distribución muestral binomial. Al tratarse de una distribución exacta, el N y el P en que se basa la distribución son parámetros. Dados estos parámetros es posible calcular una medida de la posición o tendencia central, que es también un parámetro. La media de una distribución binomial viene dada por la fórmula $\mu_B = NP$, en donde N es el tamaño de cada una de las muestras de la distribución y P es la proporción de resultados favorables. De este modo sencillo, podemos calcular la media como una medida de la posición o tendencia central de la distribución binomial.

También es posible calcular sencillamente otro parámetro como medida de la variación de la distribución binomial. La fórmula para el error típico de la distribución binomial es la siguiente: $\sigma_B = \sqrt{NPQ}$, en donde N y P tienen el mismo significado que en el caso anterior y, como ya sabemos, $Q = 1 - P$. Este error típico mide la variación de las frecuencias muestrales de resultados favorables alrededor de la media de la distribución muestral.

Por lo que se refiere a la forma de la distribución binomial, ésta depende de los valores que tomen N y P. Cuando $P = Q = 0,5$, la distribución será simétrica, y cuando N tiende al infinito, la distribución binomial tiende a aproximarse a la distribución normal. Incluso cuando P no es exactamente igual a 0,5 pero N es suficientemente grande, la distribución binomial tiende a parecerse a la distribución normal. Las siguientes figuras muestran la forma de la distribución binomial para el caso de igualdad de P y Q, forma simétrica, y para el caso de P ligeramente diferente de Q, forma ligeramente asimétrica:

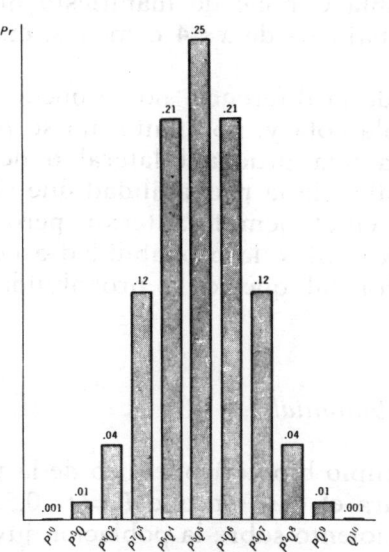

Distribución binomial simétrica con $P = Q = 0.5$ y $N = 10$.

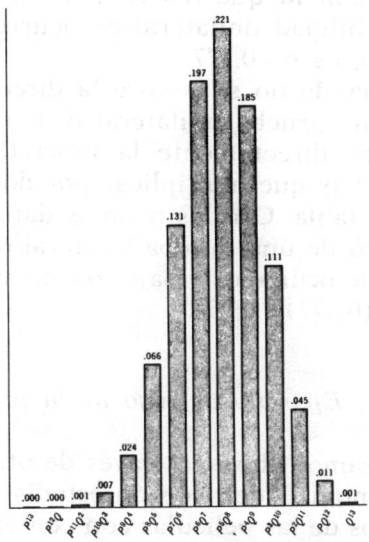

Distribución binomial ligeramente asimétrica con $P = 0.4$, $Q = 0.6$ y $N = 13$.

Cuando la distribución normal se aproxima a la distribución binomial, el error típico de la distribución binomial admite una interpretación similar al de la desviación típica. Esto es, aproximadamente el 68 por 100 de las frecuencias de la muestra quedan dentro del intervalo señalado por una unidad de error típico de la media, el 95 por 100 dentro de dos unidades de error típico y, aproximadamente, todas las frecuencias de la muestra quedan dentro de tres unidades de error típico. Ahora bien, cuando la distribución binomial se aleja de la normalidad, ya no es posible interpretar de este modo el error típico.

Tal como se ha señalado anteriormente, se han calculado tablas con las probabilidades asociadas para el caso de la prueba binomial, a las que se puede referir el investigador cuando está trabajando con la distribución binomial. La tabla C del apéndice recoge las probabilidades unilaterales o de una sola cola asociadas con la ocurrencia de diversos valores tan extremos como x bajo la hipótesis nula de $P=Q=1/2$. A efectos del uso de la tabla C, se hace coincidir x con la frecuencia observada más pequeña. El uso de la tabla C ya no hace necesaria la utilización de la fórmula [6.2], sobre todo cuando el valor de N es menor de 25. Sin embargo, cuando $P=Q$ y N es mayor de 25, hay que recurrir a la fórmula [6.2], ya que en tal caso no se puede utilizar la tabla C.

La tabla C contiene las probabilidades asociadas con la ocurrencia de diversos valores de frecuencia observados para diversos tamaños N de muestra (entre 5 y 25). Su utilización es bien sencilla. Supongamos que observamos que 6 casos pertenecen a una categoría y 4 pertenecen a otra, con lo que $N=10$ y $x=4$. La tabla C pone de manifiesto que la probabilidad unilateral de ocurrencia bajo H_0 de $x=4$ o menos, cuando $N=10$, es $p=0,377$.

Cuando no se conoce la dirección de la diferencia no se puede utilizar una prueba unilateral o de una sola cola y, por tanto, no se puede utilizar directamente la tabla C. Para una prueba bilateral o de dos colas hay que multiplicar por dos el valor de la probabilidad que ofrece dicha tabla. Con los mismos datos que en el ejemplo anterior, pero para el caso de una prueba bilateral o de dos colas, la probabilidad asociada con la ocurrencia bajo H_0 de un valor tal que x, la probabilidad es $p=2(0,377)=0,754$.

6.2.1. Ejemplo del uso de la prueba binomial

Veamos ahora, a través de otro ejemplo hipotético, el uso de la prueba binomial de decisión estadística para el caso en que $P=Q=0,5$. Los efectos de las películas con contenido violento sobre la población juvenil, es motivo de preocupación para muchos educadores y científicos sociales. La utilización de diversas fuentes de datos condujo a unos investigadores sociales a dividir en dos partes iguales a la población escolar de nivel primario de una comunidad, según que aceptasen o rechazasen la presencia de la violencia en la vida cotidiana. En un intento por encontrar métodos que facilitasen el incremento de las pautas de rechazo de la violencia, se pensó que la difusión en el colegio de películas de contenido artístico y científico podía ayudar en este sentido.

Para comprobar los efectos de una mayor exposición a este último tipo de películas, se eligió una muestra aleatoria de 20 niños a los que periódicamente se les hizo ver en el colegio películas de contenido artístico y científico durante un trimestre. Al finalizar el referido período, se les volvió a aplicar al grupo de 20 niños las mismas pruebas actitudinales sobre la aceptación-rechazo de la violencia que se habían aplicado con anterioridad al conjunto de la población escolar. La predicción realizada por el equipo de investigadores se formuló en el sentido de que el grupo de niños que habían sido sometidos en clase a las proyecciones y comentarios de películas de contenido artístico y científico, manifestarían un mayor rechazo de la violencia que el resto de sus compañeros. Los pasos seguidos para someter a la prueba binomial de decisión estadística los resultados del experimento fueron los siguientes:

a) *Hipótesis estadística.* La hipótesis nula será $H_0 : p = P = 0,5$. Esto es, la probabilidad de encontrar que un niño rechace la presencia de la violencia en la vida cotidiana es idéntica a la probabilidad de encontrar a uno que la acepte; cualquier diferencia que se observe en las frecuencias de los resultados de las pruebas actitudinales es de tal magnitud que puede esperarse en una muestra perteneciente a una población de resultados posibles bajo H_0. La hipótesis alternativa, de carácter unilateral, se formula como $H_1 : p > P$.

b) *Prueba estadística.* Se elige la prueba binomial porque los datos pertenecen a dos categorías discretas y el diseño de la investigación es del tipo de una sola muestra. Dado que la muestra de niños se eligió aleatoriamente, no existe razón para suponer que dichos niños tuvieran actitudes previas hacia la violencia diferentes a las del resto de los niños que componen la población escolar estudiada, bajo H_0, con lo que $P = Q = 0,5$.

c) *Nivel de significación.* Se estableció que $\alpha = 0,05$. El número de casos $N = 20$.

d) *Distribución muestral.* La distribución muestral viene dada por la fórmula [6.2], pero como N es menor de 25, y dado que $P = Q = 0,5$, se puede utilizar la tabla C, que contiene las probabilidades asociadas con la ocurrencia bajo H_0 de valores observados tan pequeños como α, y que, por tanto, nos evita la necesidad de utilizar la anterior fórmula para calcular la distribución muestral para esta prueba.

e) *Región de rechazo.* La región de rechazo consiste en todos los valores de x que son tan pequeños que la probabilidad asociada con la ocurrencia bajo H_0 es igual o menor que $\alpha=0,05$. Como la dirección de la diferencia se ha establecido con antelación ($p>P$), la región de rechazo es de una sola cola o unilateral.

f) *Decisión.* En el experimento, 15 niños dieron resultados en las pruebas actitudinales de rechazo de la violencia, y 5 niños dieron resultados de aceptación en tales pruebas.

Así, pues, $N=20$, $x=$ frecuencia menor $=5$. La tabla C pone de manifiesto que, para $N=20$, la probabilidad asociada con $x\leq 5$ es $p=0,021$. Como esta probabilidad es menor que $\alpha=0,05$, la decisión tomada por el equipo de investigadores fue la de rechazar H_0 en favor de H_1. La conclusión es, pues, que $p>P$ o, en otras palabras, que los niños que ven con frecuencia películas de contenido artístico y científico en el colegio, tienden a rechazar los actos violentos en la vida cotidiana en mayor proporción que los niños que siguen la programación habitual de los medios de comunicación de masas.

Tal como se ha señalado anteriormente, la tabla C sólo puede utilizarse cuando N vale 25 o menos. Esto quiere decir que, para valores superiores a 25, hay que recurrir a la fórmula [6.2] de la distribución muestral binomial. Ahora bien, se puede evitar esto recordando que la distribución binomial se aproxima a la normalidad cuando $P=Q=0,5$ y para valores suficientemente grandes de N. En tal caso, ya vimos anteriormente que la media $\mu_B=NP$ y el error tipo $\sigma_B=\sqrt{NPQ}$, con lo que la hipótesis nula H_0 puede ser sometida a prueba por medio de la expresión, referente a la distribución normal:

$$z=\frac{x-\mu_B}{\sigma_B}=\frac{x-NP}{\sqrt{NPQ}} \qquad [6.3]$$

donde z se distribuye de una forma aproximadamente normal con media cero y varianza la unidad.

De acuerdo con Siegel (*op. cit.*, págs. 40-41), esta aproximación se mejora notablemente si se incorpora una corrección para la continuidad. Tal corrección es necesaria, ya que, como se recordará, la distribución normal se basa en variables continuas, mientras que la distribución binomial se basa en variables discretas. Dicha corrección para la continuidad se realiza considerando la frecuencia observada x de la fórmula [6.3] como que ocupa un intervalo en el que el límite inferior se encuentra media unidad por debajo de la frecuencia observada, mientras que el límite superior se encuentra media unidad por encima de la frecuencia observada. La corrección para la continuidad consistirá en reducir en 0,5 la diferencia entre el valor observado de x y el valor esperado, $\mu_B=NP$.

Por tanto, cuando $x<\mu_B$ se añade 0,5 a x, mientras que cuando $x>\mu_B$ restamos 0,5 a x. Esto es, que la diferencia observada se reduce en 0,5. Entonces, el cálculo de z responde a la expresión:

$$z=\frac{(x\pm 0,5)-NP}{\sqrt{NPQ}} \qquad [6.4]$$

utilizándose $x+0,5$ cuando $x<NP$, y $x-0,5$ cuando $x>NP$. De este modo, se puede considerar que el valor de z, obtenido mediante la aplicación de la fórmula [6.4], se distribuye normalmente con media cero y varianza la unidad y, por tanto, se puede determinar la significación de un valor obtenido de z mediante la referencia a la tabla B del apéndice, que recoge la ley normal. Esto es, que la tabla B ofrece la probabilidad unilateral asociada con la ocurrencia, bajo H_0, de valores tan extremos como el z observado. Si se requiriese una prueba bilateral habría que multiplicar por dos la probabilidad p que ofrece la tabla B.

Para ver directamente el funcionamiento de la expresión [6.4] podemos aplicarla a los datos del ejemplo anterior. Recordemos que $N=20$, $x=5$ y $P=Q=0,5$. Para estos datos, $NP=20(0,5)=10$, y, por tanto, $x<NP$, ya que $5<10$, y, por tanto, la fórmula [6.4] queda así:

$$z=\frac{(5+0,5)-(20)(0,5)}{\sqrt{20(0,5)(0,5)}}=-2,01$$

La tabla B pone de manifiesto que un $z=-2,01$ tiene una probabilidad unilateral asociada con su ocurrencia bajo H_0 de $p=0,022$, que es prácticamente la misma probabilidad que se encontró anteriormente cuando se utilizó la tabla C de probabilidades exactas.

6.3. La prueba de chi-cuadrado (x^2) para una sola muestra

En la investigación social, el sociólogo se interesa con frecuencia por el número de personas, objetos o respuestas que pertenecen a varias categorías. Así, por ejemplo, se puede clasificar a un grupo de personas según la preferencia ideológica de cada uno de sus miembros, medida mediante una escala izquierda-derecha de preferencia política, y el sociólogo puede predecir que ciertas posiciones de la escala serán más frecuentes que otras. También se puede caracterizar a un grupo de entrevistados según el «grado de acuerdo» (mucho, bastante, poco, nada) manifestado ante cierto tipo de opinión, y el sociólogo puede contrastar la hipótesis de que la frecuencia de las respuestas obtenidas para cada categoría serán diferentes.

Cuando se tienen datos de este tipo está aconsejado utilizar la prueba de chi-cuadrado (x^2). La técnica x^2 es del tipo de las que miden la bondad del ajuste, cuando se dispone del *número observado* de personas, objetos o respuestas que pertenecen a cada categoría y del *número esperado* basado en la hipótesis nula. La prueba de x^2 mide la existencia o no de una diferencia significativa entre ambos tipos de números o frecuencias.

Con el fin de poder comparar los valores observados con los valores esperados es preciso establecer qué frecuencias cabe esperar. La hipótesis nula se formula de modo que establece la proporción de personas, objetos o respuestas que pertenecen a cada una de las categorías en la población supuesta. Con lo que se pueden deducir de la hipótesis nula las frecuencias esperadas. Mediante la técnica de x^2 se puede probar si las frecuencias observadas se asemejan suficientemente a las frecuencias esperadas como para suponer que han ocurrido bajo H_0. La expresión algebraica que permite probar la hipótesis nula es la siguiente:

$$x^2 = \sum_{i=1}^{k} \frac{(O_i - E_i)^2}{E_i} \qquad [6.5]$$

en donde O_i es el número observado de casos pertenecientes a la categoría i; E_i es el número esperado de casos pertenecientes a la categoría i, bajo H_0, y el sumatorio $\sum_{i=1}^{k}$ representa la suma de la expresión algebraica referida para todas las k categorías.

La interpretación inmediata de la expresión [6.5] es bien sencilla. Si las frecuencias observadas y esperadas se asemejan, las diferencias $(O_i - E_i)$ serán pequeñas y, consiguientemente, el valor de x^2 será pequeño. Por el contrario, si los valores se alejan entre sí, las diferencias serán grandes y, por tanto, el valor de x^2 también será elevado. Por ello, y hablando en términos generales, se puede afirmar que cuanto mayor sea el valor de x^2, mayor será la probabilidad de que las frecuencias observadas no provengan de la población en la que se basa la hipótesis nula.

Obsérvese otro aspecto, pero ahora de carácter terminológico. Con el fin de evitar confusiones, algunos autores (por ejemplo, Blalock, 1960, pág. 212, y Siegel, *op. cit.*, pág. 43) utilizan, al igual que hacemos aquí, el símbolo x^2 para el número que se calcula utilizando la fórmula [6.5] al realizar la prueba de x^2, mientras que la expresión «chi-cuadrado» se refiere a una variable aleatoria que se distribuye según lo hace la distribución muestral de chi-cuadrado, algunos de cuyos valores se contienen en la tabla D del apéndice.

Se puede demostrar que la distribución muestral de x^2, bajo H_0, tal como se calcula a partir de la fórmula [6.5], sigue la distribución chi-cuadrado con $df = k - 1$ grados de libertad (más adelante estudiaremos el significado de esta expresión). Como hemos dicho anteriormente, la tabla D que hemos reproducido en el apéndice pertenece a la distribución muestral del chi-cuadrado, y contiene ciertos valores críticos. Encabezando cada columna de dicha tabla aparecen las probabilidades bilaterales asociadas de ocurrencia, bajo H_0. Así, los valores que aparecen en cada columna serán los valores de chi-cuadrado que tienen la probabilidad asociada de ocurrencia, bajo H_0, dada en el encabezamiento de cada columna.

Veamos ahora el significado de los *grados de libertad*, *df*. Para cada valor de *df* existe un valor diferente de chi-cuadrado. El valor de *df* refleja el número de observaciones que pueden variar libremente después de haber establecido determinadas restricciones inherentes a la propia naturaleza de los datos. Así, por ejemplo, si los datos correspondientes a 30 casos se clasifican en dos categorías, tan pronto como sepamos que en una categoría hay 18 casos, sabremos de inmediato que en la segunda categoría habrán los 12 casos restantes. En este ejemplo, $df=1$, ya que, al disponer de dos categorías para un valor fijo de N, tan pronto como conozcamos el número de casos en una categoría se pueden determinar a continuación los casos pertenecientes a la segunda de las categorías. En general, y para el caso de una sola muestra, cuando la hipótesis nula H_0 especifica claramente el número de observaciones esperadas, los grados de libertad vendrán dados por la expresión $df=k-1$, en donde k representa el número de categorías que entran en la clasificación.

El uso del valor de x^2 para contrastar una hipótesis en el caso de una sola muestra (y una sola variable) es bien sencillo. En cada una de las k celdillas se colocan las frecuencias esperadas y las observadas en las muestras. Si la hipótesis nula se formula como que la proporción de casos en cada categoría es la misma, entonces $E_i=N/K$. Una vez conocidos los valores de E_i y 0_i se calcula el valor de x^2 mediante la expresión [6.5], y la significación del valor obtenido se determinará mediante el uso de la tabla D. Si la probabilidad asociada con la ocurrencia, bajo H_0, del valor obtenido de x^2 para $df=k-1$ es igual o menor que el valor previamente asignado de α, entonces se puede rechazar H_0. Si el valor de x^2 es mayor, entonces no se rechaza H_0.

6.3.1. *Ejemplo del uso de la prueba de* x^2

Algunos autores mantienen que el reclutamiento del profesorado universitario se hace preferentemente en determinadas clases o estratos sociales, y no en otras. Con el fin de comprobar esta hipótesis, se realizó un estudio entre una muestra del profesorado que había accedido a la categoría de profesor numerario durante el curso 1979-1980 en las universidades españolas. Se eligieron 180 profesores de una forma aleatoria y se clasificaron, según su origen social, en seis categorías, que representaban otros tantos estratos sociales. Estos estratos se construyeron de tal manera (en función del nivel de educación y renta y tipo de profesión del padre) que la población activa nacional quedaba distribuida en partes prácticamente iguales en cada uno de ellos.

La *hipótesis nula* H_0 se formuló del siguiente modo: no existen diferencias en el número esperado de profesores pertenecientes a los diversos estratos sociales considerados, y cualquier diferencia observada se debe a las fluctuaciones al azar que cabe esperar de una muestra aleatoria. Así, pues, $f_1=f_2=f_3=f_4=f_5=f_6$. La hipótesis alternativa H_1 será que las frecuencias f_i son diferentes.

La *prueba estadística* que se elegirá será la prueba de x^2, ya que vamos a comparar datos de una muestra con una supuesta población, con lo que la técnica del x^2 permitirá comparar las frecuencias observadas con las frecuencias esperadas en categorías discretas.

El *nivel de significación* lo establecemos en $\alpha=0{,}01$, siendo $N=180$ profesores.

La *distribución muestral* de x^2, tal como se calcula a partir de la fórmula [6.5], sigue la distribución de chi-cuadrado con $df=k-1$.

La *región de rechazo* permitirá rechazar H_0 si el valor observado de x^2 es tal que la probabilidad asociada con su ocurrencia, bajo H_0, para $df=6-1=5$ es igual o menor que $\alpha=0{,}01$.

La *decisión* se tomará ahora a la vista de los resultados. Los 180 profesores de la muestra se distribuyeron en los seis estratos sociales de la forma siguiente:

Estrato social	1	2	3	4	5	6	Total
Valores esperados	30	30	30	30	30	30	
Valores observados	33	28	35	24	35	25	180

En esta tabla se han incluido, en la misma celdilla correspondiente a cada estrato social, los valores esperados (que para este caso son $E_i=N/k=180/6=30$) y los valores observados, esto es, la distribución de los profesores según el estrato social de pertenencia. Ya con estos datos, el cálculo de x^2 es inmediato:

$$x^2 = \sum_{i=1}^{K} \frac{(O_i - E_i)^2}{E_i} =$$

$$= \frac{(33-30)^2}{30} + \frac{(28-30)^2}{30} + \frac{(35-30)^2}{30} + \frac{(24-30)^2}{30} + \frac{(35-30)^2}{30} + \frac{(25-30)^2}{30} =$$

$$= \frac{9}{30} + \frac{4}{30} + \frac{25}{30} + \frac{36}{30} + \frac{25}{30} + \frac{25}{30} = 4{,}13$$

En la tabla D se puede observar que $x^2 \geq 4{,}13$ para $df=5$ tiene una probabilidad de ocurrencia que se encuentra entre $p=0{,}50$ y $p=0{,}30$.

Pero en tanto que esta probabilidad es claramente superior que el nivel de significación previamente establecido, $\alpha=0,01$, no podemos rechazar H_0 para dicho nivel de significación. En conclusión, pues, habrá que obtener más datos, y para un período más amplio, antes de tomar una decisión definitiva en relación a la hipótesis alternativa H_1, esto es, que los profesores universitarios provienen preferentemente de determinados estratos sociales.

Algunos autores (por ejemplo, Cochran, 1954) señalan diversos requisitos que deben cumplir los valores de las frecuencias esperadas para poder calcular x^2. Cuando $K=2$ y, por tanto, $df=1$, cada frecuencia esperada debe ser al menos 5. Cuando $K>2$ y, por tanto, $df>1$, la prueba x^2 para una sola muestra no debe utilizarse cuando más del 20 por 100 de las frecuencias esperadas sean menores de 5, o cuando cualquier frecuencia esperada sea menor de 1. En tales casos se puede superar este obstáculo recombinando categorías de tal forma que las frecuencias esperadas ofrezcan valores más altos. Por supuesto, cuando se recombinen categorías hay que tener cuidado de que las categorías que se sumen tengan un significado similar.

6.4. Distribuciones muestrales de las medias

En los ejemplos utilizados para glosar el funcionamiento de la distribución (y prueba) binomial y de la distribución (y prueba) del chi-cuadrado, los estadísticos observados eran frecuencias o proporciones. Sin embargo, muchas veces el interés del sociólogo se dirigirá al estudio de las medias. Así, puede desear estudiar la media de ingresos de un colectivo profesional, o la media de años de escolaridad de un grupo social. La media es un estadístico utilizado con mucha frecuencia porque ofrece la mayor información sobre la tendencia central de una distribución de puntuaciones relativamente simétrica.

Cuando el sociólogo calcula una media de una muestra trata de generalizar a la población de donde proviene la muestra. Así, al calcular los ingresos medios de una muestra de trabajadores, trata de formular una generalización sobre la media de los ingresos de la población trabajadora de la que extrajo la muestra. Pero para realizar tal generalización necesita conocer la distribución muestral de las medias.

Como sabemos, al calcular las medias de todas las muestras del mismo tamaño extraídas de una población se obtiene una distribución muestral de las medias. La medida del error muestral que indica la magnitud de las desviaciones de los estadísticos de la muestra alrededor de sus respectivos parámetros se denomina *error típico*. Pues bien, el error típico de la media es una medida de la variabilidad de las medias de las muestras, alrededor de la media de la población. Fijémonos en que, mientras la desviación típica mide la variabilidad de los valores alrededor de su media, el error típico de la media mide la variabilidad de las medias muestrales alrededor de la media de la población.

A partir de la fórmula de la desviación típica de la población, que es $\sigma = \sqrt{\Sigma (X-\mu)^2/N}$, se sustituye $\overline{X}$ por X y N_s por N para convertirla en la fórmula del error típico de la media, que será $\sigma_{\overline{X}} = \sqrt{\Sigma (\overline{X}-\mu)^2/N_s}$, en donde $\overline{X}$ es la media muestral, μ es la media de la población, N_s es el número de muestras y $\sigma_{\overline{X}}$ es el error típico de la media.

El valor del error típico se puede interpretar de la misma forma que la desviación típica, si la distribución muestral es normal o casi normal. Dada una distribución muestral normal, alrededor del 68 por 100 de las medias muestrales en la distribución de la muestra quedan dentro de una unidad de error típico de la media de la población.

Como se recordará, el teorema del límite central y la ley de los grandes números pueden considerarse una extensión de las propiedades de las medias muestrales anteriormente señaladas. La utilización directa del teorema del límite central y, lo que es mejor, de la ley de los grandes números puede servir para elaborar pruebas de decisión estadística muy sencillas. Para poner de manifiesto el funcionamiento del proceso de decisión estadística con datos de intervalo, comenzaremos con un modelo muy sencillo a través de un ejemplo sociológico.

6.4.1. *Prueba para la media de una población, cuando se conoce la desviación típica* σ

En una consulta que realizó una revista española de gran tirada entre su público lector femenino se encontró que el 32 por 100 de las 300 mujeres casadas que respondieron a la encuesta promovida por la revista afirmaba que mantenía relaciones sexuales extramatrimoniales. Dado que este porcentaje parece un tanto elevado, dado el tipo de valores sociales predominantes en la sociedad española, el sociólogo que supervisó la encuesta sospechó que las mujeres que habían respondido a la encuesta pertenecían a grupos sociales muy concretos —sobre todo, clase media-media y media-alta, de tipo urbano—, por lo que no podían considerarse representativas de la población femenina española. Para confirmar esta sospecha, el sociólogo disponía de algunos datos referentes a la situación socioeconómica de las mujeres que habían respondido a la encuesta y de los mismos datos referentes a la población en general. En concreto, sabía que la media de los ingresos familiares de las mujeres casadas que habían contestado a la encuesta era de 70.000 pesetas mensuales, mientras que la media mensual de los ingresos familiares de las familias españolas se situaba, en el momento de realizar el estudio, en 60.000 pesetas, con una desviación típica de 20.000 pesetas. A partir de estos datos, ¿cómo se puede comprobar que las mujeres que habían respondido a la encuesta constituyen una muestra sesgada y, por tanto, no representativa de la población femenina general?

Para hacerlo, el investigador recurrió a la ley de los grandes números, para lo cual tuvo que realizar algunos supuestos previos. En primer lugar hay que asumir que la muestra es aleatoria. En realidad, en esto consiste la prueba, ya que se desea saber si las mujeres que responden a la encuesta se puede o no considerar que constituyen una muestra aleatoria de la población femenina. También habrá que suponer que los datos referentes a la población general son exactos, ya que si no lo fueran no se podría realizar la prueba. Así, pues, la *hipótesis nula* H_0 es que se trata de una muestra aleatoria. El resto de los supuestos realizados acerca de la población constituyen el modelo estadístico. La hipótesis alternativa H_1 será que se trata de una muestra sesgada y que, por tanto, no ha sido extraída aleatoriamente de la población.

Dado que N es suficientemente grande, 300, podemos soslayar el supuesto de la normalidad de la población —que sería necesario si deseáramos utilizar el teorema del límite central— y pasar directamente a utilizar la ley de los grandes números. Además, hay que asumir que la media μ y la desviación típica σ de los datos de la población general son datos de intervalo, como de hecho así es, ya que representan unidades monetarias. Por tanto, tenemos los siguientes supuestos:

Nivel de medición: Escala de intervalo.
Modelo: Población normal. $\mu = 60.000$ pesetas; $\sigma = 20.000$ pesetas.
Hipótesis nula: Muestreo aleatorio.

La obtención de la *distribución muestral* es también sencilla, ya que en realidad está calculada con anterioridad. En efecto, como se sabe que la distribución muestral de las medias muestrales es normal o aproximadamente normal, se puede utilizar directamente la tabla normal.

El investigador eligió como *nivel de significación* $\alpha = 0,05$. Además, decidió utilizar una prueba unilateral o de una sola cola, ya que la dirección del sesgo ya ha sido establecida con anterioridad. Dado que la media de la muestra, 70.000 pesetas, es claramente superior a la media de la población, que es 60.000 pesetas, parece bien fundamentada la sospecha de que se encuentran sobrerrepresentadas en la muestra las mujeres de clase media y alta.

Una vez realizada la elección del nivel 0,05, y de una prueba unilateral, la región crítica o de rechazo viene determinada por la tabla normal. Dado que sólo el 5 por 100 del área de la curva normal se encuentra a la derecha de una ordenada que es 1,65 unidades de desviación típica mayor que la media, como se observa en la figura:

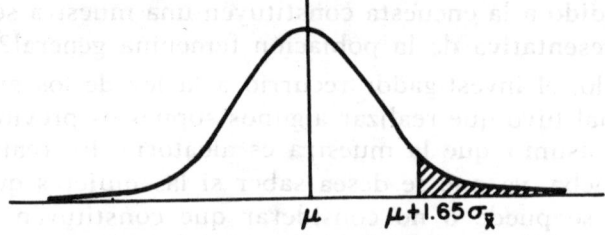

se puede saber ya que si el resultado obtenido es más de 1,65 unidades de desviación típica superior a la media μ que la hipótesis nula debe ser rechazada.

Realicemos ahora el cálculo de la prueba estadística. Se sabe que, si todos los supuestos son correctos, la distribución muestral de las medias $\overline{X}$ se distribuirá normalmente con una media μ y una varianza σ^2/N, es decir, $Nor\ (\mu, \sigma^2/N)$. Para los datos de que disponemos:

$$\mu = 60.000 \text{ ptas.}$$

$$\sigma_{\overline{X}} = \frac{\sigma}{\sqrt{N}} = \frac{20.000}{\sqrt{300}} = 1.153 \text{ ptas.}$$

Ahora bien, para poder utilizar la tabla normal es preciso convertir los datos anteriores en puntuaciones típicas, esto es, obtener un estadístico z que tenga de media 0 y de varianza la unidad, $Nor\ (0,1)$. Recordemos que, al estudiar la curva normal, utilizamos la fórmula:

$$z = \frac{X - \overline{X}}{s}$$

que es aplicable a la distribución de una muestra que tenga como media $\overline{X}$ y como varianza s^2, pero no resulta aplicable a una distribución muestral.

Recapitulemos lo que hemos hecho hasta ahora. En primer lugar formulamos una serie de supuestos con objeto de obtener una distribución muestral que nos va a permitir saber cuál es la probabilidad de una media $\overline{X}$ dada si los supuestos son verdaderos. A partir de la muestra, el investigador obtiene un solo valor de $\overline{X}$ y, a continuación, utilizará la distribución muestral teórica con el fin de evaluar la probabilidad de obtener un resultado tan poco corriente o más poco corriente que el valor particular de $\overline{X}$. La distribución muestral que utiliza viene dada, en realidad, por la tabla normal. En esta distribución, cada «caso» es un valor $\overline{X}$, la media es μ y la desviación típica es $\sigma/\sqrt{N}$. De este modo,

$\overline{X}$ reemplaza a X, μ reemplaza a $\overline{X}$ y $\sigma/\sqrt{N}$ reemplaza a s en la anterior fórmula de z, con lo que dicha expresión se puede escribir del siguiente modo:

$$z = \frac{\overline{X} - \mu}{\sigma/\sqrt{N}} = \frac{70.000 - 60.000}{1.153} = 8{,}67$$

Es decir, que la media muestral es 8,67 unidades de desviación típica mayor que la media de la población.

La *decisión* no admite dudas. Dado que $\overline{X}$ se desvía con respecto a la media μ asumida en más de 1,65 unidades de desviación típica, la hipótesis nula H_0 debe rechazarse al nivel $\alpha = 0{,}05$. En otras palabras, las lectoras de la revista que habían respondido a la encuesta no constituyen una muestra aleatoria y representativa de la población general femenina, sino que se trata de un grupo concreto y no representativo del conjunto de dicha población.

6.4.2. La distribución t de Student

No siempre podemos operar de la forma que lo hemos hecho en la sección anterior, por la sencilla razón de que se desconoce el valor de la desviación típica σ. Una posible solución consiste en sustituir la desviación típica de la población σ por la desviación típica de la muestra s. En la fórmula de z, el cociente $\sigma/\sqrt{N}$ se puede sustituir simplemente por $s/\sqrt{N}$ y, dado que s se puede calcular a partir de los datos de la muestra, ya se puede obtener el valor de z. Ahora bien, esta sustitución ofrece resultados razonables cuando el tamaño N de la muestra es suficientemente grande. Cuando N es pequeño, los resultados aparecen distorsionados.

Con el fin de obviar esta dificultad se puede utilizar una prueba estadística alternativa, que tiene una distribución muestral conocida, llamada la distribución t de Student. Tal distribución fue introducida por el matemático irlandés W. S. Gosset (1876-1977), quien fue el que descubrió que, para tamaños pequeños de N, la utilización de la desviación típica de la muestra s ofrece una distribución muestral de las medias que no es normal. Gosset publicó sus investigaciones en 1908, bajo el seudónimo de «Student», y con este nombre ha pasado a la historia de la estadística moderna.

La distribución muestral t de Student responde a la siguiente expresión:

$$t = \frac{\overline{X} - \mu}{s/\sqrt{N-1}} \qquad [6.6]$$

La comparación de las fórmulas de z con t pone de manifiesto que, mientras que los numeradores son idénticos, los denominadores difieren en dos aspectos: que σ ha sido reemplazado por s y que la $\sqrt{N}$ ha sido sustituida por la $\sqrt{N-1}$. Además, para el caso de t, el numerador y el denominador son variables aleatorias porque s es un estadístico en lugar de un parámetro. Cuando N es suficientemente grande (100 o más), t es aproximadamente igual a z, ya que cuanto mayor es N, mayor es la aproximación de s a σ. Por ello, cuando N es grande, la distribución normal es una buena aproximación de la distribución de t, y, como señalan la mayor parte de los autores (ver, por ejemplo, Loether y McTavish, *op. cit.*, pág. 95), es práctica común en dicho caso designar la fórmula [6.6] como z y utilizar la curva normal para su evaluación.

Cuando N es pequeño, la distribución t puede alejarse bastante de la distribución normal, ya que en la expresión [6.6] tanto el numerador como el denominador son variables, con lo que la dispersión será mayor que en la distribución normal, en donde $z = \overline{X} - \mu / \sigma_{\overline{X}}$ sólo tiene variable el numerador, ya que el denominador es constante. La variabilidad de t está relacionada con el tamaño de N, siendo mayor aquélla para los valores más pequeños de N. La familia de las distribuciones de t se presenta en la tabla E del apéndice. En dicha tabla, la primera columna se refiere a los grados de libertad $df = N - 1$, mientras que cada fila representa los valores de las diferentes distribuciones de t con $N - 1$ grados de libertad.

Los valores de las distribuciones de t han sido obtenidos en el supuesto de que el numerador de la fórmula de t se distribuye normalmente y de que el denominador es independiente del numerador. Pero esto es así tan sólo para el caso de las muestras aleatorias simples extraídas de una población de distribución normal. Fuera de este caso, el numerador y el denominador guardan el tipo de relación que cabe esperar entre la media de la muestra $\overline{X}$ y la desviación típica de la muestra s, que normalmente están relacionadas. De ahí que el cumplimiento de aquel supuesto, como señalan Loether y McTavish (*op. cit.*, pág. 96), limita el uso de la distribución t en la práctica de la investigación sociológica.

Las distribuciones t son simétricas, pero son más aplastadas (más platicúrticas) que la curva normal y, además, sus colas se acercan al eje de abscisas con menor pendiente, sobre todo para valores pequeños de N. En la siguiente figura se han representado las distribuciones t para 1, 2, 3 e infinitos grados de libertad df:

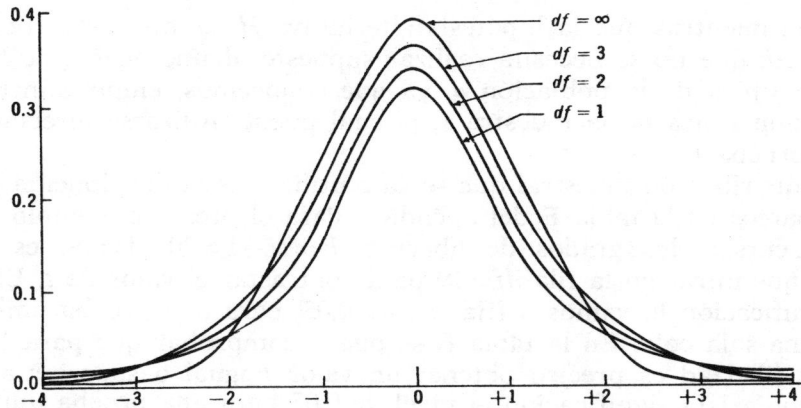

De la observación de esta figura y de los valores que se contienen en la tabla E del apéndice podemos saber que cuando $N=2$ $(df=1)$, los valores típicos más allá de los cuales queda el 5 por 100 del área de la curva son $-12{,}706$ y $+12{,}706$. Pero cuando $N=3$ $(df=2)$, tales valores se sitúan entre $-4{,}303$ y $+4{,}303$; mientras que para $N=4$ $(df=3)$ se convierten en $-3{,}182$ y $+3{,}182$. Vemos, pues, que, a medida que se incrementa el valor de N, la distribución de t se va aproximando a la curva normal. Así, cuando $N=100$ $(df=99)$, los valores típicos más allá de los cuales queda el 5 por 100 del área de la curva son $-1{,}98$ y $+1{,}98$, que son prácticamente los mismos que en el caso de la curva normal. En consecuencia, cuando $N \geq 100$ se puede sustituir la curva normal por la distribución t como distribución muestral.

Veamos ahora, a través de un ejemplo hipotético, el empleo de la distribución t como prueba de decisión estadística. Supongamos que un profesor universitario que cuenta con una larga experiencia docente guarda datos sobre las calificaciones obtenidas por sus alumnos a lo largo de los cursos que ha impartido en la universidad. Para los diez últimos años, en los que ha impartido 20 cursos, la media de los alumnos aprobados ha sido del 65 por 100, mientras que en los dos últimos años la media de los alumnos aprobados no ha pasado del 57 por 100, con una desviación típica del 10 por 100. La pregunta que se formula ahora el profesor es la siguiente: ¿hasta qué punto cabe hablar de un descenso significativo en el nivel académico de los alumnos universitarios durante los dos últimos años si se supone que los alumnos que siguen sus cursos representan una muestra aleatoria de los alumnos de toda la universidad? Para responder a esta pregunta vamos a utilizar una prueba estadística basada en la distribución t.

Comenzaremos por establecer nuestros supuestos de partida. El nivel de medición es la escala de intervalo (número de aprobados). El modelo estadístico queda constituido con el muestreo aleatorio y la distribución normal de la población. La hipótesis nula H_0 es que $\mu=65$

por 100, mientras que la hipótesis alternativa H_1 es que $\mu<65$ por 100. Obsérvese que no se necesita realizar supuesto alguno acerca de la desviación típica de la población σ, ya que conocemos, empíricamente, la desviación típica de la muestra s, la cual puede utilizarse directamente en la prueba t.

La distribución muestral que se va a utilizar es la distribución para t que aparece en la tabla E del apéndice. Para el presente ejemplo, como $N=20$ cursos, los grados de libertad $df=N-1=20-1=19$; es decir, habrá que mirar en la fila $df=19$ para contrastar el valor de t. El nivel de significación lo vamos a fijar en $\alpha=0,05$, para una prueba unilateral o de una sola cola. En la tabla E se puede comprobar que para 19 grados de libertad es preciso obtener un valor t igual o superior a 2.093 para que exista significación al nivel de 0,05 para una prueba unilateral o de una sola cola. Para el caso de una sola cola, simplemente tenemos que dividir por dos el nivel de significación que se requiere para una prueba bilateral. Esto es así porque tenemos que alejarnos el mismo número de unidades de desviación típica en relación a la media, con el fin de obtener una región crítica de 0,05, que para obtener una región de rechazo bilateral de 0,10.

El cálculo de la prueba estadística, a partir de los datos de que disponemos, es bien sencillo mediante la aplicación de la fórmula [6.6]:

$$t=\frac{\overline{X}-\mu}{s/\sqrt{N-1}}=\frac{57-65}{10/\sqrt{19}}=-3,44$$

Como el t obtenido es mayor que el t establecido para que exista significación (el signo negativo que acompaña al valor de t obtenido sólo indica la dirección en que se produce la diferencia, por lo que sólo tenemos en cuenta el valor absoluto de la cantidad obtenida), se rechaza la hipótesis nula de que $\mu=65$, y se concluye, con un margen de error del 0,05, que el nivel medio de aprobados entre los estudiantes universitarios de los dos últimos años es menor que el nivel medio de aprobados en los diez últimos años. Volviendo a la tabla E, se puede leer que para 19 grados de libertad, para una prueba unilateral, el nivel de significación correspondiente a $t=3,44$ se encuentra entre 0,005 y 0,0005.

6.5. ESTIMACIÓN PUNTUAL Y POR INTERVALO DE PARÁMETROS

En lo que llevamos visto en el presente capítulo tan sólo nos hemos ocupado del estudio de la prueba de hipótesis. Pero, con frecuencia, el sociólogo también tiene que estimar parámetros de la población, por su relevancia teórica y práctica. En los últimos años, por ejemplo, la publicación oficial y periódica del porcentaje de población activa en paro en España es siempre objeto de polémica entre el gobierno, los partidos políticos de la oposición y centrales sindicales, que suelen manejar cifras diferentes de paro. En este caso vemos que el interés se centra no tanto en la prueba de una hipótesis en torno al desempleo, sino en el cálculo lo más exacto posible de un porcentaje, ya que dicha cifra sirve de referencia para la toma de una serie de decisiones políticas de primera magnitud. Igualmente ocurre cuando se trata de estimar el porcentaje de población que piensa votar por los diferentes partidos. Se trata, como vemos, de un problema de estimación de un parámetro de la población a partir de datos muestrales obtenidos por los sociólogos.

Además, como ya se ha podido comprobar en las páginas anteriores, a veces la prueba de hipótesis no es posible en la resolución de problemas prácticos, sencillamente porque no es posible especificar el valor hipotético del parámetro; por ejemplo, de la media o de su desviación típica. En la presente sección vamos a ocuparnos del estudio de los procedimientos de estimación, en tanto que representan alternativas muy útiles a la prueba de hipótesis en casos como los anteriores.

Los sociólogos se han olvidado con frecuencia del importante papel que juegan los procedimientos de estimación en la investigación científica, concentrando más sus esfuerzos en las pruebas de significación y el contraste de hipótesis. Sin embargo, algunas voces se han levantado poniendo de manifiesto el mal uso que a veces se hace de las pruebas de significación en la investigación sociológica. Así, Morrison y Denkel, en un libro dedicado a este tema (*The Significance Test Controversy*, 1970), sostienen el punto de vista de que «la prueba de significación tal como se usa corrientemente en las ciencias de la conducta es inferencia estadística de baja calidad, y que incluso la buena inferencia estadística en la investigación básica es corrientemente sólo una forma conveniente de dejar de lado, en lugar de resolver, el problema de la inferencia científica» (*op. cit.*, vii). Otro autor, Labovitz (1970), desarrolla puntos de vista similares.

Sin entrar en polémica con tales puntos de vista y, por supuesto, aceptando que las distribuciones muestrales son necesarias tanto para la estimación de parámetros como para la prueba de hipótesis, lo que sí deseamos destacar aquí es que el sociólogo no puede concentrarse en sus problemas de investigación exclusivamente en la prueba de hipótesis, ya que la aparentemente simple estimación de parámetros comporta muchos problemas metodológicos y teóricos que en algunos casos todavía esperan respuestas satisfactorias, por lo que la sociología tendrá que seguir recurriendo a tratar de resolver tales problemas, porque así se lo exige el propio desarrollo del conocimiento sociológico.

Existen dos tipos básicos de estimación: la estimación puntual y la estimación por intervalo. En la estimación puntual, el interés se centra en un valor único que mejor estime un determinado parámetro. Así, por ejemplo, podemos desear conocer con la mayor exactitud posible el porcentaje de población en paro en el área metropolitana de Madrid. Pero, además, podemos desear conocer también el grado de exactitud de la estimación realizada. Entonces resulta relevante la estimación por intervalo, que permite conocer con un determinado grado de probabilidad que el parámetro se encuentra dentro de un intervalo alrededor del porcentaje o valor estimado. En tal caso se puede realizar una afirmación del siguiente modo: «el porcentaje de paro en el área metropolitana de Madrid se encuentra situado entre el 9,5 y el 10,5 por 100».

Aunque se suele recurrir con mayor frecuencia al uso de las estimaciones puntuales que a las de intervalo, sobre todo en los medios de comunicación social de masas, lo cierto es que existen ventajas muy claras al hacer estimaciones por intervalo en lugar de estimaciones puntuales. Como hemos visto anteriormente, una estimación por intervalo es una estimación que consiste en un conjunto de valores que varían entre dos límites, en lugar de un solo valor. Pues bien, una ventaja de la estimación por intervalo es que la amplitud del intervalo indica la bondad de la eficiencia de la estimación. Otra ventaja es que se puede adscribir una probabilidad determinada a la estimación. Por todo ello es preferible, en la investigación sociológica, calcular estimaciones por intervalo que estimaciones puntuales.

El intervalo que se utiliza para estimar un parámetro se conoce con el nombre de *intervalo de confianza*, y los valores extremos del intervalo se conocen como *límites de confianza*. Como señalan Loether y McTavish (*op. cit.*, pág. 108), el uso del término confianza se relaciona con el hecho de que se pueden asociar valores probabilísticos a las estimaciones por intervalo, con lo que es posible conseguir una noción de cuánta confianza se puede depositar en nuestro procedimiento de estimación. Naturalmente, se puede elegir cualquier nivel de probabilidad para asociarlo con nuestras estimaciones, pero los niveles más comúnmente utilizados son los del 95 y 99 por 100. Veamos ahora con más detalle el funcionamiento de estos procedimientos de estimación.

6.5.1. *Estimación de proporciones. Intervalos de confianza*

Comenzaremos por estudiar la estimación por intervalo de una proporción (o frecuencia o porcentaje, que son formas alternativas de presentar los mismos datos). Para realizar una estimación por intervalo de una proporción se necesita conocer la tendencia central, variabilidad y forma de la distribución muestral de las proporciones.

Cuando los datos con los que se trabaja forman una dicotomía, se puede utilizar como distribución muestral la distribución binomial. Cuando N es pequeño, la forma más fácil de analizar datos de este tipo consiste en trabajar con frecuencias, en lugar de proporciones, y utilizar directamente la distribución muestral binomial. Cuando N es grande y P no es un valor demasiado extremo, se puede utilizar la distribución normal como una aproximación a la distribución muestral binomial. En tales casos, las frecuencias se pueden utilizar directamente, con una media $\mu_B = NP$ y una desviación típica $\sigma_B = \sqrt{NPQ}$, para calcular las puntuaciones típicas. También se pueden calcular proporciones, pero ahora convertidas en puntuaciones típicas, que se pueden evaluar en la distribución muestral normal, para lo que hace falta conocer la media y el error típico de las proporciones.

En realidad, una vez conocida la proporción (o la media) p de la muestra, podemos estimar la proporción P de la población, dado que aquélla es un estimador no sesgado de ésta. El concepto de *sesgo* es importante que sea comprendido ahora. Se dice que una estimación no está sesgada cuando su distribución muestral es exactamente igual al valor del parámetro que se ha estimado (Blalock, *op. cit.*, pág. 155). Esto es, el valor esperado de la estimación a la larga es el propio parámetro. Obsérvese que no se dice nada del resultado de una muestra en particular. Es decir, que si p es un estimador no sesgado de P, o $\overline{X}$ es un estimador no sesgado de μ, no quiere decir que un valor particular de p será igual a P, o que un valor de $\overline{X}$ será igual a μ. Sólo a la larga es posible aplicar el concepto de sesgo a los resultados obtenidos.

Cuando se conoce la proporción P de la población, el error típico de la proporción puede calcularse a partir de la fórmula $\sigma_p = \sqrt{PQ/N}$, donde σ_p es un parámetro. Cuando la proporción P de la población no se conoce, el mejor estimador de P es, como se ha dicho antes, la proporción p de la muestra. En tal caso, el error típico basado en la proporción muestral será $s_p = \sqrt{pq/N}$. Con esto ya se pueden calcular los intervalos de confianza.

Aunque el Instituto Nacional de Estadística (INE) realiza estimaciones puntuales del paro entre la población activa, que son los datos que difunden los medios de comunicación social de masas, en sus informes técnicos ofrece la información necesaria para realizar estimaciones por intervalos. Supongamos que el error típico de la proporción de desempleados sea del 0,4 por 100 (esto es, 0,004). Supongamos también que, en un trimestre determinado, la estimación muestral de la proporción de desempleados es del 0,12. Veamos ahora cómo a partir de esta información se puede calcular un intervalo de confianza del 95 por 100.

Como las muestras con las que trabaja el INE son grandes, se puede esperar que la distribución muestral de la proporción de desempleados siga aproximadamente la distribución muestral normal. Las proporciones de la muestra se distribuirán normalmente alrededor de su valor esperado $E(p) = P$. Además, el 95 por 100 de las proporciones p muestrales en la distribución muestral cabe esperar que queden bajo la curva normal entre las puntuaciones típicas $-1,96$ y $+1,96$, ya que estas puntuaciones z son los límites del 95 por 100 de la curva normal (ver la tabla B del apéndice).

Dado que se desconocen los parámetros P y σ_p, la fórmula apropiada para la puntuación típica es como sigue:

$$z = \frac{p - E(p)}{s_p} \qquad [6.7]$$

Ahora bien, como la proporción p muestral es un estimador no sesgado de P, $E(p) = P$, y, dado que el 95 por 100 de las proporciones muestrales en una distribución muestral quedan dentro de ±1,96 unidades de error típico de P, si se conociera P, se podría construir un intervalo de confianza a su alrededor y, a continuación, comprobar si la proporción muestral observada cae dentro del intervalo. Pero dado que, en realidad, no se conoce P, lo que se hace en su lugar es construir un intervalo de confianza para el valor p observado.

A partir de la fórmula [6.7] se puede despejar $E(p)$ y establecer una fórmula para los límites de confianza del modo siguiente:

$$E(p) = p \pm z(s_p)$$

Como en realidad no se obtiene un valor preciso $E(p)$, sino más bien un límite superior y un límite inferior para el intervalo, se puede sustituir en la fórmula anterior $E(p)$ por los límites de confianza lc, con lo que la fórmula para estos límites quedaría así:

$$lc = p \pm z(s_p) \qquad [6.8]$$

Conocidos, pues, p y s_p, junto con los correspondientes valores típicos z, se pueden conocer los límites de confianza. Así, por ejemplo, para calcular los límites de confianza del 95 por 100 para la proporción de desempleados, cuando $p = 0{,}12$ y $s_p = 0{,}004$, siendo $z = \pm 1{,}96$, tenemos, sustituyendo en [6.8], que:

$$lc = 0{,}12 \pm 1{,}96 \, (0{,}004) : \begin{cases} lc_1 = 0{,}12 + 0{,}008 = 0{,}128 \\ lc_2 = 0{,}12 - 0{,}008 = 0{,}112 \end{cases}$$

Así, pues, el intervalo de confianza del 95 por 100 de la proporción de desempleados tiene como límites 0,128 y 0,112, lo que representa, sin duda, una visión más amplia que la mera estimación puntual del 0,12.

Veamos ahora el significado preciso de lo que representa el intervalo de confianza de, por ejemplo, 95 por 100. Como P es un valor fijo, la probabilidad de que se encuentre entre 0,112 y 0,128 es 1 ó 0, es decir, o bien se encuentra dentro de tales límites o bien no se encuentra. Lo que varía de muestra a muestra es el valor del estadístico p. Dado que, por desconocer P, se construye el intervalo alrededor de p, la posición del intervalo en relación al parámetro depende de la localización del valor particular de p que se ha utilizado a partir de la distribución muestral. Y dado que el 95 por 100 de las proporciones p en la distribución muestral se encontrarán dentro de $\pm 1{,}96$ unidades de error típico de la proporción de la población, y como quiera que hemos utilizado $\pm 1{,}96\ s_p$ para construir el intervalo alrededor de p, cualquier p dentro de dichos límites dará lugar a un intervalo de confianza que incluirá a P. Cualquier otro valor p que no se encuentre dentro de los límites $\pm 1{,}96$ unidades de error típico del parámetro dará lugar a un intervalo de confianza que no incluirá al parámetro. Si se representa gráficamente la distribución muestral de las proporciones, e incluimos en el gráfico diversos intervalos de confianza de seis proporciones muestrales alrededor de P, se obtiene lo siguiente:

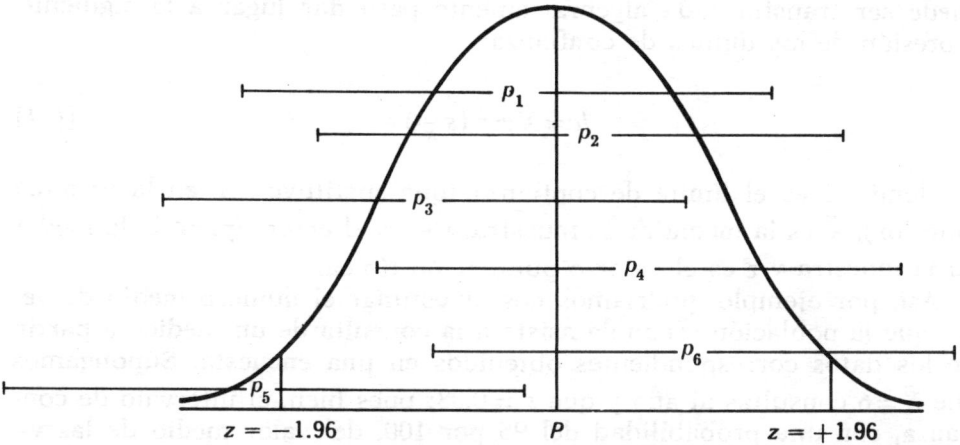

Las proporciones p_1, p_2, p_3, p_4 y p_6 se encuentran dentro del intervalo $\pm 1{,}96\ s_p$, mientras que la proporción p_5 se encuentra fuera de dicho intervalo. La probabilidad del 95 por 100 utilizada en nuestro ejemplo significa que si se realizara un gran número de estimaciones por intervalo, tales como las que aparecen en el gráfico anterior, y cada una de ellas basada en una muestra p, el 95 por 100 de los intervalos de confianza incluirían el parámetro y sólo el 5 por 100 de ellos lo dejarían fuera.

Además de servir como indicación del grado de exactitud de una estimación, la colocación de un intervalo de confianza alrededor de una estimación puede servir, implícitamente, para contrastar una serie de hipótesis (Blalock, *op. cit.*, 161). En efecto, en un intervalo de confianza se contiene una prueba implícita para cada posible valor del parámetro, por ejemplo la media μ, que se desea contrastar. La hipótesis alternativa se establece de forma que el valor del parámetro que se desea estimar quede dentro del intervalo de confianza para el nivel de probabilidad elegido. Así, por ejemplo, si establecemos un nivel de significación del 0,05, sabemos que el intervalo de confianza, en el caso de estimación de una media, tendrá como límites $\pm 1{,}96\ \sigma_{\bar{x}}$. Pues bien, si la media de la muestra X queda dentro de dichos límites se aceptará la hipótesis, mientras que si se obtiene un valor que queda fuera se rechazará la hipótesis.

6.5.2. *Estimación de medias*

De igual modo que se ha hecho con la estimación de proporciones, la estimación puntual de medias puede transformarse fácilmente en una estimación por intervalo de tales parámetros. Cuando N es suficientemente grande, la distribución muestral apropiada es la distribución normal, y la fórmula para las puntuaciones o valores típicos, $z = (\overline{X} - \mu)/s_{\overline{X}}$, puede ser transformada algebraicamente para dar lugar a la siguiente expresión de los límites de confianza:

$$lc = \overline{X} \pm z \, (s_{\overline{X}}) \qquad [6.9]$$

en donde lc es el límite de confianza (que sustituye a μ en la fórmula anterior), $\overline{X}$ es la media de la muestra, $s_{\overline{x}}$ es el error típico de la media en la muestra y z es el valor o puntuación típica.

Así, por ejemplo, podríamos desear estimar el número medio de veces que la población española asiste a la consulta de un médico a partir de los datos correspondientes obtenidos en una encuesta. Supongamos que $\overline{X} = 6$ consultas al año y que $s_x = 0{,}08$; pues bien, el intervalo de confianza, con una probabilidad del 95 por 100, del valor medio de las visitas al médico será:

$$lc = 6 \pm 1{,}96 \, (0{,}08) : \begin{cases} lc_1 = 6 + 0{,}16 = 6{,}16 \\ lc_2 = 6 - 0{,}16 = 5{,}84 \end{cases}$$

El intervalo de confianza al 95 por 100 de las visitas que la población española realiza por término medio a las consultas médicas, pues, va de 5,84 a 6,16.

Cuando el tamaño N de la muestra es pequeño y se desconoce la desviación típica σ, la distribución muestral de la media no es normal. En tal caso, la distribución muestral de las medias sigue la distribución de Student, con $N-1$ grados de libertad, y la expresión [6.9], para calcular los límites de confianza de la media, se transforma en:

$$lc = \overline{X} \pm t \, (s_{\overline{x}}) \qquad [6.10]$$

en donde t reemplaza a z, lo que significa que hay que utilizar la distribución t de Student como distribución muestral, en lugar de la distribución normal.

6.5.3. Determinación del tamaño de la muestra

La fórmula que recoge el cálculo de los límites de confianza para la estimación de un parámetro, por ejemplo la media —fórmula [6.9]—, puede servirnos también para calcular el tamaño de la muestra. Veamos con más detenimiento cómo se puede determinar el tamaño muestral.

Hasta ahora hemos partido del conocimiento del tamaño de la muestra y, a partir de ésta, se han calculado una serie de estadísticos con los que resulta posible estimar los correspondientes parámetros. Pero a veces el sociólogo puede no tener predeterminado el tamaño de la muestra, en cuyo caso debe calcular éste a partir de los datos de que dispone. En principio, parece una contradicción tratar de calcular el tamaño N de la muestra a partir de unos datos que deben obtenerse mediante una muestra todavía no calculada; sin embargo, la resolución de este problema es bastante sencilla, tal como vamos a ver a través de un ejemplo.

Supongamos que deseamos saber el número N de casos que se necesitan para estimar el número medio de años que la población extranjera que trabaja en España lleva residiendo en este país. Para responder a esta pregunta se necesita conocer lo siguiente: 1) el nivel de confianza que se va a utilizar; 2) el grado de exactitud con el que se desea estimar el parámetro, y 3) una estimación razonable de los valores de los parámetros (Blalock, *op. cit.*, pág. 166). Por ejemplo, se puede desear estimar la media con una exactitud de $\pm 0{,}2$ años de residencia, utilizando un intervalo de confianza del 95 por 100. Con estos valores se puede utilizar la fórmula [6.9] y, recordando que $s_{\bar{X}} = \sigma/\sqrt{N}$, tenemos que:

$$\bar{X} \pm \underbrace{1{,}96 \; \sigma/\sqrt{N}}_{0{,}2}$$

ya que, para un intervalo de confianza del 95 por 100, $z = 1{,}96$, y para una exactitud de $\pm 0{,}02$, o un intervalo total de anchura 0,4, sabemos que la cantidad $1{,}96 \; \sigma/\sqrt{N}$ debe ser igual a 0,2. Ya con estos datos se puede calcular N, a pesar de no conocer $\bar{X}$; pero esto resulta irrelevante, ya que nos basta con resolver la ecuación:

$$1{,}96 \; \sigma/\sqrt{N} = 0{,}2$$

para conocer N. Ahora bien, todavía nos hace falta conocer la desviación típica σ para resolver la anterior ecuación. Para ello no tenemos otra alternativa que realizar una conjetura sobre su valor, conjetura que puede basarse en el conocimiento adquirido sobre el funcionamiento de dicha variable en otras investigaciones ya realizadas sobre el mismo tema, o, en caso de que se carezca de tal conocimiento previo, simplemente imaginando un valor «razonable» para σ. Supongamos que estimamos que σ valdrá aproximadamente tres años. Ya con estos datos se puede resolver la ecuación anterior:

$$1{,}96\,(3/\sqrt{N}) = 0{,}2$$

$$\sqrt{N} = \frac{(1{,}96)\,(3)}{0{,}2} = 29{,}4$$

$$N = 865$$

Esto es, con una muestra que alcance los 865 casos será posible realizar la estimación de la media de años que los trabajadores extranjeros llevan residiendo en España. Por supuesto, no hay que entender este tamaño N de una forma rígida, sino como el valor aproximado que debe tener la muestra para alcanzar los objetivos propuestos.

6.6. Terminología

Se recomienda la memorización y comprensión del significado de cada uno de los términos y conceptos siguientes:

— Distribución muestral binomial. Prueba binomial.
— Distribución muestral de chi-cuadrado. Prueba de chi-cuadrado.
— Grados de libertad.
— Distribución muestral de medias.
— Error típico.
— Distribución t de Student.
— Estimación puntual de parámetros.
— Estimación por intervalo de parámetros.
— Intervalo de confianza. Límites de confianza.
— Estimación de proporciones.
— Estimación de medias.
— Estimación de varianzas.
— Sesgo de una estimación.

EJERCICIOS

1. Un profesor realiza un examen que consta de 10 preguntas tipo verdadero-falso. Con el fin de probar la hipótesis de que los estudiantes aciertan por azar, adopta la siguiente regla de decisión: a) si un estudiante acierta siete o más respuestas, no lo hace por azar; y

b) si un estudiante acierta seis o menos respuestas, lo hace por azar. Hallar la probabilidad de rechazar la hipótesis cuando en realidad es correcta (en otras palabras, se pide la probabilidad de error tipo I).

2. En una encuesta de opinión pública, se formuló la siguiente pregunta: ¿se considera muy partidario, bastante, poco o nada partidario de que España se integre definitivamente en la OTAN? Las respuestas del conjunto de la población (total nacional) y las del grupo de jóvenes menores de 21 años, se distribuyeron del siguiente modo:

	Muy partidario	Bastante partidario	Poco partidario	Nada partidario	No sabe
Total	3	10	15	42	30
Jóvenes	3	10	19	56	12

¿Hasta qué punto se puede afirmar que las opiniones de los jóvenes sobre la integración de España en la OTAN difieren de las del conjunto de la población, para un nivel de significación del 0,01?

3. Tres profesores imparten sus enseñanzas a los alumnos de tres clases diferentes. Al final del curso, los alumnos aprobados por los tres profesores son 50, 47 y 56, mientras que los suspendidos ascienden a 5, 14 y 8, respectivamente. Contrastar la hipótesis de que las proporciones de alumnos suspendidos por los tres profesores son similares, para un nivel de significación $\alpha = 0,05$.

4. Supóngase que se está evaluando un programa de estudios en un conjunto de escuelas experimentales de EGB. Uno de los objetivos principales de la evaluación es observar el número de alumnos que aprueban los exámenes de final de curso. Se establece como aceptable en el ámbito nacional un porcentaje de aprobados del 60 por 100. En una muestra aleatoria de 26 de tales centros se encuentra que el porcentaje de aprobados es el 50 por 100, con una desviación típica del 11 por 100. ¿Existen razones para sospechar que los centros de la muestra tienen un nivel de aprobados que está por debajo del nivel considerado como aceptable en el ámbito nacional, para un nivel de significación $\alpha = 0,05$?

5. En campañas políticas anteriores, un candidato ha reunido en una comunidad un porcentaje medio de intenciones favorables de voto del 50 por 100. Para conocer el grado de apoyo de los electores en una campaña actual, se toma una muestra aleatoria de 10 electores y se encuentra que el porcentaje medio de votos favorables es del

53 por 100, con una desviación típica del 3 por 100. ¿Hasta qué punto se puede afirmar que el grado de apoyo de los electores al candidato en la campaña actual es diferente del manifestado en el pasado, al nivel de significación de a) 0,05 y b) 0,005?

6. De una muestra de 500 votantes elegidos aleatoriamente en una comunidad, el 55 por 100 de ellos son partidarios de un determinado candidato. Hallar los límites de confianza del a) 95 por 100 y b) 99 por 100 para la proporción de todos los votantes que son partidarios de dicho candidato.

7. ¿Qué tamaño de muestra debería tomarse en el caso del ejercicio anterior para que la confianza de que el candidato salga elegido (es decir, obtenga el 50 por 100 o más de votos) fuera del 95 por 100? ¿y del 99 por 100?

8. En un estudio sobre la ideología de los trabajadores de una gran empresa, se pidió a 100 trabajadores elegidos al azar que se posicionasen en una escala de preferencia política que tiene un recorrido del 1 al 10 (1=extrema izquierda; 10=extrema derecha). El valor medio de los posicionamientos de los trabajadores fue $\overline{X}=4,2$, con una desviación típica de 0,04. Estimar el valor medio del posicionamiento ideológico de todos los trabajadores, con un intervalo de confianza de a) 95 por 100 y b) 99 por 100.

BIBLIOGRAFIA

BLALOCK, Hubert M., *Social Statistics*, New York, McGraw-Hill, 1960.
COCHRAN, W. G.: «Some methods for strengthening the common x^2 test», *Biometrics*, 10, 1954, pág. 417-451.
DOMÉNECH I MASSONS, J. M.: *Bioestadística. Métodos Estadísticos para Investigadores*, Barcelona, Herder, 1977.
LABOVITZ, Sanford: «The Nonutility of Significance Tests: The Significance of Test of Significance Reconsidered», *Pacific Sociological Research*, vol. 13, núm. 3, 1970, págs. 141-147.
LOETHER, N. J., y D. G. McTAVISH: *Inferential Statistics for Sociologists*, Boston, Ally & Bacon, 1974.
MORRISON, D. E., y R. E. HENKEL: *The Significance Test Controversy*, Chicago, Aldine, 1970.
SÁNCHEZ-CRESPO, J. L.: *Principios elementales del muestreo y estimación de proporciones*, Madrid, INE, 1971.
SIEGEL, Sidney: *Nonparametric Statistics for the Behavioral sciences*, New York, McGraw-Hill 1956.

Capítulo 7
ESTADISTICA DESCRIPTIVA BIVARIABLE: CARACTERISTICAS DE UNA ASOCIACION BIVARIABLE

Nuestro objetivo en el presente capítulo es el estudio de las características de las distribuciones bivariables o clasificaciones cruzadas de dos variables. Con ello adelantamos un nuevo paso en nuestro recorrido por el camino que nos va mostrando, en su creciente complejidad, la diversidad de las técnicas estadísticas utilizadas en la investigación sociológica. En la estadística descriptiva univariable comenzamos con una distribución de frecuencias y, a partir de ella, estudiamos una serie de medidas resumen que nos permitieron lograr números índices, de gran utilidad para la descripción de los datos sociológicos. Al mismo tiempo, se desarrollaron una serie de medidas para cada uno de los rasgos definitorios de una distribución; esto es, la tendencia central, la forma y la variabilidad o dispersión. En el presente capítulo, nuestro objetivo es similar, pero, si cabe, más interesante, pues nos vamos acercando más al tipo de tarea que con mayor frecuencia se realiza en la realidad de la investigación sociológica, esto es, el estudio de las condiciones que influyen en la distribución de una variable.

7.1. Distribuciones bivariables: Un ejemplo

Los sociólogos que estudian las actitudes políticas de la población vienen utilizando, desde hace años, en las encuestas de opinión una escala de preferencia ideológica izquierda-derecha. En la entrevista se pide al entrevistado que se sitúe en una de las casillas que componen una escala que, según el tipo de estudio, va del 1 al 7 o del 1 al 10, correspondiendo el extremo 1 a la preferencia por la extrema izquierda y el extremo 7, ó 10, a la preferencia por la extrema derecha. Como señalan los autores del estudio *La Conciencia Regional en España* (J. Jiménez Blanco *et al.*, 1977, pág. 88), «se trata de un planteamiento de extrema simplicidad, en el que se traspone la dimensión ideológica del espectro político a una dimensión geométrica en el plano». Pues bien, los porcentajes de autoubicación obtenidos de la población española en el referido estudio fueron los siguientes.

TABLA 7.1

Porcentajes de autoubicación en un espacio político abstracto

Escala		f	%
Izquierda.	1	127	2
	2	190	3
	3	381	6
	4	444	7
	5	1.522	24
	6	888	14
	7	381	6
	8	444	7
	9	254	4
Derecha.	10	317	5
	NS/NC	1.334	21
		6.342	100

FUENTE: J. JIMÉNEZ BLANCO, et. al.: *La Conciencia Regional en España*, Madrid, CIS, 1977, pág. 88.

La interpretación de estos datos puede ser muy diversa, según el número de casillas que se asignen a cada postura ideológica. Haciendo una «lectura desde el centro», como ensayan los autores, cabe asignar las primeras cuatro casillas a la izquierda y las últimas cuatro a la derecha, quedando para el centro las casillas cinco y seis. Ahora bien, los autores del estudio no desean tan sólo conocer la distribución global de la población española a lo largo de dicha escala, sino que, además, indagan su distribución en relación a otras variables relevantes. Así, a partir de la consideración de la influencia que tiene en las actitudes políticas el grado de religiosidad (o, en general, la religión), estudian la distribución de las preferencias ideológicas izquierda-derecha entre la población clasificada según su nivel de religiosidad.

En la tabla 7.2 aparece el conjunto de tales distribuciones. Se trata de cinco distribuciones univariantes de la escala izquierda-derecha, entre muy buenos católicos, católicos practicantes, católicos no muy practicantes, católicos no practicantes e indiferentes en materia religiosa.

En un primer análisis de estos datos se observan las diferencias que se producen en la distribución de la población entre las diversas posiciones ideológicas, para los distintos grupos considerados. Una parte importante de los que se declaran indiferentes en materia religiosa, o que se consideran a sí mismos católicos no practicantes, se autoubican en posturas de izquierda, mientras que todo lo contrario ocurre entre los muy buenos católicos, que tienden a situarse en el centro o, sobre todo, en la derecha. Los católicos practicantes o no muy practicantes se sitúan preferentemente en las casillas 5 y 6, correspondientes al centro.

TABLA 7.2

Escala izquierda-derecha entre la población clasificada según nivel de religiosidad

Escala izqda.-dcha. entre muy buenos católicos			Escala izqda.-dcha. entre católicos practicantes			Escala izqda.-dcha. entre católicos no muy practicantes		
Escala	f	%	Escala	f	%	Escala	f	%
Izqda. (1-4) ..	45	5	Izqda. (1-4) ..	187	8	Izqda. (1-4) ..	235	16
Centro (5-6) .	271	30	Centro (5-6) .	1.004	43	Centro (5-6) .	513	35
Dcha. (7-10) .	352	39	Dcha. (7-10) .	607	26	Dcha. (7-10) .	381	26
NS/NC	235	26	NS/NC	538	23	NS/NC	337	23
	903	100		2.336	100		1.466	100

Escala izqda.-dcha entre católicos no practicantes			Escala izqda.-dcha. entre indiferentes		
Escala	f	%	Escala	f	%
Izqda. (1-4) ..	292	34	Izqda. (1-4) .	352	52
Centro (5-6) .	317	37	Centro (5-6) .	190	28
Dcha (7-10) .	945	11	Dcha. (7-10) .	41	6
NS/NC	155	18	NS/NC	94	14
	859	100		677	100

FUENTE: J. JIMÉNEZ BLANCO, et. al.: *op. cit.* Elaboración propia.

Nótese que estamos llegando a estas conclusiones a través de la comparación de porcentajes, en lugar de frecuencias absolutas, ya que el número de miembros que corresponde a cada uno de los cinco grupos considerados es diferente entre sí. Por eso, el uso de porcentajes está aconsejado para realizar comparaciones válidas, tal como se estudió en el capítulo 2.

Lo que hemos hecho hasta ahora ha sido comparar la distribución de los valores de la escala izquierda-derecha entre diversas distribuciones univariables. La variable dependiente es común a cada una de las distribuciones, y cada tabla se diferencia porque agrupa a la población que manifiesta determinado nivel de religiosidad. Pero una forma más eficaz y rápida de obtener conclusiones válidas bajo estas condiciones sería la de combinar las cinco tablas separadas en una sola tabla, tal como se hace a continuación.

TABLA 7.3

Distribución porcentual de la escala izquierda-derecha según el nivel de religiosidad de la población española

Escala izquierda-derecha	Total	Muy buenos católicos	Católicos practicantes	Católicos no muy practicantes	Católicos no practicantes	Indiferentes
Izqda. (1-4)	18	5	8	16	34	52
Centro (5-6)	38	30	43	35	37	28
Dcha. (7-10)	22	39	26	18	11	6
NS/NC	21	26	23	21	18	14
Total	100	100	100	100	100	100
N =	(6.342)	(903)	(2.366)	(1.466)	(859)	(677)

FUENTE: Ver tablas 7.1 y 7.2

Esta tabla nos permite comparar los diversos grupos entre sí, y cada uno de ellos con la media nacional, de una forma más rápida y eficaz, a la vez que ofrece un excelente resumen de la información que se contiene en las dos tablas anteriores, en forma del tipo de relación que se produce entre dos variables. Es el tipo de tabla que se conoce con el nombre de *distribución porcentual bivariable*, porque permite examinar la distribución porcentual de una variable (la variable dependiente) dentro de las diferentes categorías de otra variable (la variable independiente). Precisamente las ideas que subyacen debajo de tales clasificaciones cruzadas constituyen las bases del análisis empírico en la sociología, ya que es a través de dicho análisis como se trata de formular y contrastar el tipo de relación existente entre las variables, así como las condiciones en que se produce.

Una distribución bivariable, tal como la que se presenta en la tabla 7.3, permite no sólo el examen directo de la distribución global de una variable dependiente, sino también las condiciones que se supone influyen en la manera en que se distribuye dicha variable. Por lo que se refiere al caso de la ideología política, la teoría sugiere que, bajo ciertas condiciones, las posturas ideológicas de izquierda, centro y derecha se distribuirán de forma diferente que bajo otras condiciones. En el caso concreto de los datos que se incluyen en la tabla 7.3, tales condiciones corresponden a los diferentes niveles de religiosidad, aunque, como resulta obvio, el sociólogo puede pensar en otras condiciones que también pueden influir en la preferencia ideológica, tales como la edad, el sexo, la clase social, el lugar de residencia, etc. Como se ha dicho otras veces, se puede imaginar que una de las tareas de toda disciplina científica es la de buscar los tipos de condiciones que contribuyen a mejor predecir y explicar el nivel de algún tipo de fenómeno (Loether y McTavish, 1974, pág. 174). Una tabla bivariable como la anterior, en realidad, pone en relación una serie de distribuciones condicionales con una distribución global de una variable dependiente.

En lo que resta de capítulo vamos a estudiar las principales características de las distribuciones bivariables o clasificaciones cruzadas de dos variables, y comenzaremos dicho estudio estableciendo algunas reglas prácticas sobre la forma de presentar y leer correctamente, desde un punto de vista tanto teórico como metodológico, una tabla bivariable.

7.2. Presentación y análisis de una tabla bivariable

La tabulación cruzada y comparativa de dos variables da lugar a una tabla compuesta de filas y columnas, utilizándose las categorías de cada variable para designar, respectivamente, las filas y las columnas. Se suele seguir la convención de situar la variable dependiente, cuando la hubiere, en las filas, y la variable independiente en las columnas.

Con el fin de ilustrar la forma en que se construye una tabla, supongamos que disponemos de 15 puntuaciones correspondientes a los

TABLA 7.4

Ejemplo de una tabla de frecuencias bivariable

Puntuaciones	Sexo	Escala izquierda-derecha	Puntuaciones (cont.)	Sexo	Escala izquierda-derecha
1	v	I	8	m	C
2	m	D	9	m	D
3	v	C	10	v	D
4	v	C	11	v	I
5	m	D	12	m	I
6	v	I	13	v	C
7	m	D	14	m	C
			15	m	I

Tabla de preferencia ideológica por sexo

		Sexo		Total filas
v — varón	Escala izqda.-dcha	v	m	
m — mujer				
I — izquierda	I	3	2	5
C — centro	C	3	2	5
D — derecha	D	1	4	5
	Total columnas	7	8	15

valores obtenidos en la escala de preferencia ideológica izquierda-derecha para 15 personas entrevistadas en una encuesta. La distribución bivariable se establecerá a partir de la consideración del sexo de los entrevistados y de los valores que cada uno de ellos ha obtenido en la escala izquierda-derecha (que, por simplificación, categorizaremos como izquierda I, centro C y derecha D). Para este caso se considera como variable independiente el sexo, por lo que las dos categorías que componen dicha variable, varón y mujer, se situarán encabezando las columnas. La variable dependiente, preferencia ideológica, vendrá compuesta por tres categorías, izquierda, centro y derecha, situándose su encabezamiento en las filas. En la tabla 7.4 aparecen los datos correspondientes al ejemplo utilizado.

Establecida una tabla 2×3 (dos columnas $\times$ tres filas), se forman seis celdillas en las que se escriben las correspondientes frecuencias que aparecen en la distribución global de puntuaciones y datos. De esta forma no sólo se distribuyen las frecuencias en cada celdilla, sino que, además, se calculan dos subtotales (el subtotal de las filas y el subtotal de las columnas) y un total global.

Para una tabla 2×2, se pueden simbolizar las operaciones que hemos realizado en el ejemplo anterior del siguiente modo:

	Columna 1	Columna 2	Total filas
Fila 1	n_{11}	n_{12}	$\sum_{j} n_{1j}$
Fila 2	n_{21}	n_{22}	$\sum_{j} n_{2j}$
Total columnas	$\sum_{i} n_{i1}$	$\sum_{i} n_{i2}$	N

El valor de la frecuencia correspondiente a cada celdilla se simboliza mediante n_{ij}, en donde el subfijo i indica el número de la fila y el subfijo j indica el número de la columna. Esto es, que la frecuencia de cada celdilla indica el número de casos que comparten dos características simultáneamente, y el conjunto de las frecuencias de todas las celdillas constituyen las distribuciones condicionales. Los subtotales correspondientes a las filas y columnas reflejan los marginales o distribuciones univariables.

7.2.a. *Cálculo de los porcentajes en una tabla*

Habitualmente, las tablas bivariables se presentan con números que reflejan porcentajes en lugar de frecuencias absolutas. Con ello se facilita la realización de comparaciones numéricas entre las distribuciones condicionales que se desean comparar. En tal caso surge la pregunta: ¿qué comparación debe facilitarse, la de las cifras de las distintas columnas o las que aparecen en las diferentes filas?

Existe una regla sencilla, universalmente aceptada, que se utiliza como guía para responder a la anterior pregunta. Dicha regla puede utilizarse cuando uno de los factores se considera como la causa de la distribución del otro factor. Entonces, *los porcentajes deben calcularse en el sentido del factor «causal» o de la variable independiente.*

Conviene tener en cuenta, al aplicar esta regla de «causa y efecto», que no se trata en realidad de resolver un problema de causalidad real, sino de qué factor consideramos que afecta a la distribución porcentual del segundo factor. Por esa razón, algunos autores prefieren hablar de variables independientes y dependientes, en cuyo caso se dice que los porcentajes deben calcularse en la dirección de la variable independiente. Todo esto quiere decir que los porcentajes deben sumar el 100 por 100 para cada categoría del factor causal o de la variable independiente, es decir, que los porcentajes de cada columna deben sumar el 100 por 100. Algunas veces, por motivos de presentación de la tabla, las variables independientes se escriben en las filas, en cuyo caso los porcentajes tendrán que calcularse en el sentido horizontal.

Tres son las formas en que se pueden calcular los porcentajes en una tabla, a partir de la distribución de las frecuencias absolutas. Los porcentajes se pueden calcular bien utilizando el total de las columnas como base de los porcentajes, bien tomando como base el total de las filas o bien tomando el total global como base porcentual. Considerando los datos hipotéticos que se han presentado en la tabla 7.4 se pueden calcular los tres tipos de porcentajes, tal como se observa en la siguiente tabla 7.5. Dado que la variable independiente en el ejemplo que venimos utilizando es el sexo, la forma correcta de examinar las diferencias que existen entre las dos categorías de la variable sexo, por lo que a sus preferencias políticas se refiere, es a través de las distribuciones porcentuales calculadas en base a los subtotales de las columnas, es decir, en base a los totales de varones y a los totales de mujeres (tabla 7.5.a).

Pero si lo que se desea es comparar la distribución de cada categoría de la variable dependiente entre las categorías de la variable independiente, entonces hay que calcular los porcentajes en la otra dirección, es decir, en sentido horizontal. De este modo, por ejemplo, podemos comprobar que mientras el 60 por 100 de los que se identifican como de izquierdas son varones y el 40 por 100 son mujeres, de los que se identifican como de derechas el 20 por 100 son varones, mientras que el 80 por 100 son mujeres (tabla 7.5.b).

Las comparaciones en una tabla bivariable porcentual, pues, se realizan mediante el examen de las diferencias que aparecen entre los porcentajes. Así, por ejemplo, en la tabla 7.5.a, la diferencia entre los

TABLA 7.5

Ilustración de las diferentes formas en que se pueden calcular los porcentajes en una tabla bivariable

Distribución de las frecuencias de la tabla 7.4.

Escala izqda.-dcha.	Sexo		
	Varón	Mujer	Total
I	3	2	5
C	3	2	5
D	1	4	5
Total	7	8	15

7.5.a. Cálculo de porcentajes tomando como base los totales de las columnas.

Escala izqda.-dcha.	Sexo		
	Varón %	Mujer %	Total %
I	42,9	25,0	33,3
C	42,9	25,0	33,3
D	14,2	50,0	33,3
Total	100	100	100

7.5.b. Cálculo de porcentajes tomando como base los totales de las filas.

Escala izqda.-dcha.	Sexo		
	Varón %	Mujer %	Total %
I	60,0	40,0	100
C	60,0	40,0	100
D	20,0	80,0	100
Total	46,7	53,3	100

7.5.c Cálculo de porcentajes tomando como base la frecuencia total N.

Escala izqda.-dcha.	Sexo		
	Varón %	Mujer %	Total %
I	20,0	13,3	33,3
C	20,0	13,3	33,3
D	6,7	26,7	33,3
Total	46,7	53,3	100

porcentajes de «izquierda» entre hombres y mujeres es 17,9 por 100 (42,9−25,0=17,9 por 100). Este valor se llama *epsilón*, y se simboliza mediante la letra griega ε (Loether y McTavish, *op. cit.*, pág. 178). En tablas con más de dos columnas se pueden calcular porcentajes de contraste o epsilones para cada par de columnas y entre las correspondientes categorías. Más adelante veremos con más detalle el uso que se puede hacer de tales valores.

Como destaca Zeisel en su clásico libro *Dígalo con números* (1974, pág. 38), el contenido estadístico de las tres formas de calcular los porcentajes en una tabla es el mismo, pero al calcular los porcentajes en diferentes sentidos se acentúan distintas distribuciones y se ofrecen diferentes comparaciones. Así, del examen de la tabla 7.5.a se puede concluir que los varones se identifican preferentemente con posiciones ideológicas de izquierda y centro —el 42,9 por 100 se identifica con la izquierda y otro tanto lo hace con el centro, mientras que sólo un 14,2 por 100 lo hace con la derecha—, y las mujeres se identifican en mayor proporción con las posiciones de derecha y, en menor grado, con el centro e izquierda —en concreto, el 50 por 100 se identifica con la derecha, y sólo el 25 por 100 lo hace con la izquierda y centro, respectivamente.

Conclusiones de otro tipo se alcanzarán si examinamos la tabla 7.5.b. Así, si nos fijamos en la categoría ideológica del centro, se observa que hay más varones, el 60 por 100, que mujeres, el 40 por 100, entre los que se identifican con tales posiciones. De igual modo se pueden analizar las categorías de izquierda y derecha, comprobando para cada una de ellas la composición de varones y mujeres que con ellas se identifican.

Por último, cabe observar la distribución de los datos que se presentan en la tabla 7.5.c. Aquí, los números de cada celdilla representan los porcentajes de casos en relación al total *N*. La lectura de esta tabla nos permite, por ejemplo, concluir que la categoría más numerosa es la de mujeres de derechas, el 26,7 por 100, mientras que la categoría menos numerosa es la de varones de derechas, el 6,7 por 100; o también se puede observar que existe el mismo porcentaje de varones de izquierdas que de derechas, el 20 por 100, y lo mismo ocurre con las mujeres, entre las que un 13,3 por 100 se manifiesta de izquierdas y otro tanto como de centro.

No siempre es posible determinar qué variable es la independiente (o «causa») y qué variable es la dependiente (o «efecto»). En tal caso no es aplicable la regla causa y efecto o variable independiente a variable dependiente, ya que las tablas que se obtengan al calcular los porcentajes en un sentido u otro ofrecerán diferentes interpretaciones. Como ejemplo vamos a considerar los siguientes resultados, obtenidos en una encuesta sobre temas de actualidad realizada por el Centro de Investigaciones Sociológicas entre la población española en febrero de 1981. Una de las preguntas incluidas en el cuestionario hacía referencia a la per-

TABLA 7.6
Percepción de la situación económica general del país según las preferencias ideológicas de la población

7.6.a. *Frecuencias absolutas*

Escala ideológica	Situación económica			
	Buena	Regular	Mala	Total
Izquierda	12	99	198	309
Centro	8	93	115	216
Derecha	3	39	69	110
Total	22	231	382	635

7.6.b. *Porcentajes calculados en el sentido de las columnas*

Escala ideológica	Situación económica			
	Buena	Regular	Mala	Total
Izquierda	55	53	52	49
Centro	36	40	30	34
Derecha	9	17	18	17
Total	100	100	100	100

7.6.c *Porcentajes calculados en el sentido de las filas.*

Escala ideológica	Situación económica			
	Buena	Regular	Mala	Total
Izquierda	4	32	64	100
Centro	4	43	53	100
Derecha	2	36	62	100
Total	4	36	60	100

FUENTE: Resultados parciales de la Tabla 6 correspondiente al Barómetro de Opinión Pública, febrero 1981, *REIS*, núm. 15, 1981, pág. 189.

cepción de la situación económica general del país. Al cruzar las respuestas obtenidas por la preferencia ideológica se obtuvieron los resultados parciales que se presentan en la tabla 7.6.

En la tabla 7.6.a se presentan las frecuencias absolutas que se obtienen al cruzar la variable «percepción de la situación económica» por la variable «preferencia ideológica». A partir de tales resultados se han calculado los porcentajes en el sentido de las columnas (tabla 7.6.b) y en el sentido de las filas (tabla 7.6.c). En este ejemplo resulta difícil destacar qué variable es la causa de la otra. Por eso, al calcular de una forma u otra los porcentajes, podemos responder a diferentes preguntas. Por medio de la tabla 7.6.b se puede responder a la siguiente pregunta: ¿cuál es la distribución de las preferencias ideológicas entre los que consideran como buena (o regular, o mala) la situación económica?; mientras que a través de los resultados que se presentan en la tabla 7.6.c se puede responder a la siguiente pregunta: ¿cómo perciben la situación económica los grupos de personas que se identifican con cada una de las posturas ideológicas?

De este modo, consultando la tabla 7.6.b se observa que, entre los que perciben la situación económica como buena, el grupo de los que se identifican con la izquierda está sobrerrepresentado en relación a la media, mientras que el grupo de los que se identifican con la derecha está subrepresentado. Lo contrario ocurre cuando se considera la columna de los que perciben la situación económica como mala, ya que entre ellos la proporción de los de derecha es más elevada que en relación a la media, mientras que baja ligeramente la proporción de los que se consideran de izquierdas. Al realizar estas comparaciones hay que tener presente que las bases numéricas de los que consideran buena o mala la situación económica es muy diferente, ya que los primeros sólo representan 22 casos, mientras que los segundos ascienden a 382. Por ello, los porcentajes calculados sobre esta última cifra son más fiables que los calculados en base a 22, ya que en este último caso se está operando con números absolutos muy pequeños.

La lectura de la tabla 7.6.c ofrece resultados diferentes a los anteriores. Así, por ejemplo, se puede observar que, tanto entre los que se identifican con la izquierda como entre los que se identifican con la derecha, las distribuciones de los que consideran la situación económica como buena, regular o mala son muy semejantes, mientras que entre los que se identifican con el centro político es mayor, relativamente, la proporción de los que consideran la situación como regular que en el resto, mientras que disminuye la proporción de los que consideran la situación económica como mala.

Otras consideraciones se podrían realizar al hilo de la comparación de las distribuciones condicionales que se incluyen en la tabla 7.6, sobre todo si situáramos tales resultados en el contexto de la estructura social de la sociedad española. Pero basten las breves consideraciones aquí formuladas para poner de manifiesto las posibilidades de este tipo simple, pero eficaz, de análisis estadístico.

7.2.b. *Distribuciones condicionales más complejas*

Con frecuencia, los sociólogos preparan tablas que, sin dejar de contener relaciones bivariables, son más complejas que las que hemos tenido ocasión de ver en las páginas anteriores. Así, se pueden confeccionar tablas en las que las distribuciones condicionales hacen referencia a más de una variable independiente, y en las que la atención se concentra en la observación de la categoría o categorías más relevantes de la variable dependiente. La tabla 7.7 ilustra con claridad lo que venimos diciendo.

TABLA 7.7

Perfil del español interesado y desinteresado por la política
(Porcentajes de encuestas nacionales de 1976 y 1980)

Variables socieconómicas	Con mayor interés		Con menor interés	
	1976	1980	1976	1980
Sexo:				
% de hombres	43	43	33	27
% de mujeres	23	23	54	49
Edad:				
% menos de 25 años	43	47	29	27
% más de 64 años	19	13	62	57
Ocupación:				
Más cualificados	51	61	28	16
Menos cualificados	16	14	65	55
Municipio:				
Más de 500.000 habitantes	41	43	35	38
Menos de 2.000 habitantes	30	19	44	52

FUENTE: LÓPEZ PINTOR, Rafael: «El estado de la opinión pública», *REIS*, 13, 1981, pág. 30.

En un estudio sobre el interés por la política entre la población española, Rafael López Pintor trata de delimitar el perfil de los españoles interesados por la política y el de aquellos que no lo están. Para ello toma datos de dos encuestas sobre actitudes políticas de los españoles realizadas, respectivamente, en 1976 y 1980, y con ellos prepara la tabla 7.7. En esta tabla sólo se contienen datos referentes a los porcentajes de los individuos que manifiestan tener un interés alto y un interés bajo por la política, según el sexo, edad, ocupación y municipio de residencia de los entrevistados. A su vez, de estas cuatro variables independientes sólo se incluyen en la tabla las dos categorías que aparecen más relevantes para el análisis buscado. Naturalmente, el sexo aparece dicotomizado en «hombres» y «mujeres», pero de la variable edad sólo se destacan los «menores de 25 años» y los «mayores de 64 años»; de la variable ocupación, los «más cualificados» y los «menos cualificados»; mientras que, en lo referente al municipio de residencia, sólo se incluyen los que residen en municipios de más de 500.000 habitantes y los que lo hacen en municipios menores de 2.000 habitantes.

De este modo, se destacan tan sólo los valores extremos o perfiles más acusados de los interesados o no por la política. Así, de la observancia de la tabla anterior cabe concluir que el perfil tipo del español más interesado por la política es el de un hombre, de edad menor de veinticuatro años, con ocupación cualificada y residente en una gran ciudad. El perfil de la persona más desinteresada por la política sería el de una mujer, de edad superior a los sesenta y cuatro años, de baja cualificación ocupacional y residente en una zona rural. En una sola tabla, pues, se ha podido condensar un gran volumen de información, que ha permitido obtener conclusiones muy generales. Ni que decir tiene que este tipo de tabla es de gran interés analítico, sobre todo en aquellos estudios, como los realizados a través de encuesta, que permiten obtener un gran volumen de información que, necesariamente, se ha de resumir para poder alcanzar resultados globales. Obsérvese igualmente que los porcentajes no suman 100, ya que sólo se han incluido unas pocas categorías, y éstas, en consecuencia, no son exhaustivas.

7.3. CARACTERÍSTICAS DE UNA ASOCIACIÓN DE DOS VARIABLES

Cuando establecemos una clasificación cruzada de dos variables, nuestro interés se centra sobre todo en el conocimiento de la forma en que se distribuye la variable dependiente para las diferentes categorías de la variable independiente o causal. La forma en que se relacionan dos variables se denomina *asociación entre dos variables*. Volviendo a la tabla 7.3, se observa que a medida que disminuye el nivel de religiosidad se incrementa la proporción de personas que se identifican con las posiciones ideológicas de izquierda y, viceversa, a medida que aumenta el nivel de religiosidad se incrementa la proporción de personas identificadas con posiciones de derechas. Ese es, pues, el tipo de asociación que cabe observar entre las variables religiosidad e ideología.

Tal como señalan Loether y McTavish (*op. cit.*, 185), de igual modo que, al estudiar las distribuciones univariables, éstas quedaban caracterizadas mediante el estudio de su tendencia central, variación o dispersión y forma, asimismo, se puede caracterizar la relación entre dos variables mediante el estudio de las siguientes características: 1) *existencia* o no de una asociación; 2) la *fuerza* de la asociación; 3) la *dirección* de la asociación, y 4) la *naturaleza* de la asociación.

A continuación vamos a estudiar con cierto detalle las cuatro características y, más adelante, se desarrollarán algunos índices que se pueden utilizar para medirlas.

Ya hemos dicho anteriormente que existe una asociación entre dos variables cuando la distribución de una variable difiere de algún modo entre las diversas categorías de la segunda variable. En su forma más general, y una vez calculados los porcentajes de la forma apropiada, se puede decir que existe una asociación entre dos variables cuando las correspondientes distribuciones condicionales porcentuales difieren en mayor o menor grado entre sí. Así, por ejemplo, en la siguiente tabla, que relaciona la variable «sexo» con la variable «interés por la política», se puede afirmar que existe una asociación entre ambas:

Interés por la política	Varones	Mujeres	Total
● Mucho	11	4	7
● Regular	27	19	23
● Poco	29	19	24
● Nada	32	54	43
● NS/NC	2	4	3
Total	100	100	100
	(576)	(616)	(1.193)

FUENTE: Barómetro de Opinión Pública, Sep. 1981, *REIS*, núm. 16, 1981, pág. 224.

En efecto, las distribuciones condicionales porcentuales correspondientes a varones y mujeres difieren claramente entre sí, ya que la proporción de los no interesados por la política es mucho mayor entre las mujeres, el 54 por 100, que entre los hombres, el 32 por 100. E, inversamente, las proporciones de los «mucho» o «regular» interesados por la política son superiores entre los varones que entre las mujeres. Por ello, la conclusión es de que existe una asociación entre la variable sexo y la variable interés por la política.

Anteriormente vimos también que las comparaciones se pueden realizar mediante el cálculo de los epsilón, ε, que son las diferencias porcentuales calculadas en la dirección en que se han realizado los porcentajes. Así, para la categoría «poco» interés por la política, $\varepsilon = 29 - 19 = 10$ por 100. Pues bien, cuando hay asociación entre dos variables, la mayor parte de los epsilón calculados al comparar las diferentes categorías son diferentes de cero, mientras que cuando todos los epsilón son cero no existe asociación alguna entre las variables. La idea de ausencia de asociación conviene ampliarla, por su interés para el cálculo de medidas de asociación.

Otra forma de decir si existe o no asociación entre dos variables consiste en comparar las *frecuencias observadas* en la tabla con las frecuencias que cabría esperar si no existiera asociación, o *frecuencias esperadas*. Si al comparar la tabla de datos reales con la tabla de no asociación no se observa diferencia alguna, cabe hablar entonces de que no existe asociación alguna entre las dos tablas cuyas categorías se cruzaron en la tabla.

Por su interés para ulteriores cálculos, vamos a ver a continuación cómo se calcula una tabla o modelo de no asociación a partir de una tabla bivariable cualquiera. El problema consiste en calcular las frecuencias de cada celdilla a partir de los datos totales, de forma que las distribuciones condicionales no ofrezcan asociación alguna. Supongamos que partimos de la siguiente distribución de frecuencias absolutas entre dos variables dicotómicas:

	(X)		
(Y)	I	II	Total
I	a	b	52
II	c	d	40
Total	30	62	92

Para obtener los valores de a, b, c y d de forma que no exista relación entre las variables (X) e (Y) hay que partir del siguiente razonamiento. Para que no exista asociación entre ambas variables, tanto las filas como las columnas que componen el cuerpo de la tabla deben distribuirse, en términos proporcionales, de la misma forma que lo hacen los valores globales de las dos variables, esto es, de la forma que lo hacen los «totales».

En general, la frecuencia esperada f_e para una determinada celdilla se calcula multiplicando el total de la fila correspondiente a la celdilla por el total de la columna que corresponde igualmente a dicha celdilla, y dividiendo el producto obtenido por el número global N de casos. Esto es:

$$f_{eij} = \frac{n_i \cdot n_j}{N} \qquad [7.1]$$

en donde f_{eij} representa la frecuencia esperada de la celdilla correspondiente a la fila i y a la columna j de la tabla; n_i es el total para la fila i, y n_j es el total para la columna j, siendo N el número total de casos.

Aplicando la fórmula [7.1] a los datos que se contienen en la tabla anterior, se calculan de inmediato los valores de a, b, c y d:

$$a = \frac{52 \cdot 30}{92} = 16,9 \qquad b = \frac{52 \cdot 62}{92} = 35,0$$

$$c = \frac{40 \cdot 30}{92} = 13,0 \qquad d = \frac{40 \cdot 62}{92} = 27,0$$

Una vez calculados los valores esperados en cada casilla, se pueden comparar los valores observados f_o, o reales, de la tabla con los valores esperados f_e. La comparación se realiza restando el valor esperado de cada celdilla del valor observado de la celdilla correspondiente. Este valor, denominado *delta* $\Delta = f_o - f_e$, se calcula para cada celdilla de la tabla. Mientras algunos de los valores Δ obtenidos sean diferentes de cero, se puede hablar de la existencia de algún tipo de asociación entre las dos variables. Si todos los deltas son cero, entonces se puede afirmar que no existe asociación alguna entre las variables, o, dicho con otras palabras, existe *independencia estadística* entre las dos variables.

Ahora bien, no es lo mismo, desde el punto de vista de la asociación entre dos variables, que los valores epsilón o delta sean altos o bajos. Aquí conviene introducir la noción del *grado o fuerza de la asociación* entre dos variables. Cuando los valores epsilón o delta son elevados cabe hablar de un alto grado de asociación o de una fuerte asociación entre las variables, mientras que si tales valores son pequeños se trata de una débil asociación o de un bajo grado de asociación.

Existe un problema con la utilización de los valores de epsilón y delta, y es que resulta difícil determinar con precisión el significado de un valor determinado, aparte de revelar la existencia o no de una asociación, ya que no existe una escala con un valor mínimo y un valor máximo entre los que puedan variar los valores obtenidos de epsilón y delta. Por dicha razón se utilizan con mayor frecuencia otro tipo de índices «estandarizados» que varían, de una forma fija, predeterminada e interpretable, entre un valor mínimo de no asociación y un valor máximo de mayor asociación. Más adelante estudiaremos los índices o coeficientes estandarizados de mayor uso en la investigación empírica en sociología.

Por lo que se refiere a la tercera de las características enunciadas, la *dirección de la asociación*, sólo cabe hablar de ella cuando las variables se han medido, como mínimo, al nivel ordinal. Con variables nominales o clasificatorias no cabe hablar de dirección de la asociación. Cuando, en una tabla, la tendencia de variación conjunta de las dos variables es a que los valores altos de una variable se correspondan con los valores altos de la segunda variable (y los valores bajos se corresponden igualmente), cabe hablar de la existencia de una *asociación positiva*. Así, en el siguiente ejemplo, con datos ficticios entre el nivel de ingresos y el nivel de satisfacción general, la dirección de la asociación entre ambas variables es positiva, ya que, a mayor nivel de ingresos, más elevado es el nivel de satisfacción:

	Nivel de ingresos		
Nivel de satisfacción	Bajo	Medio	Alto
— Bajo	60	40	30
— Medio	30	40	45
— Alto	10	20	25

Por el contrario, cuando los valores superiores de una variable se corresponden con los valores bajos de la segunda, y los valores altos de ésta se corresponden con los valores bajos de aquélla, se dice entonces que la dirección de la asociación es negativa. Así, por ejemplo, al estudiar la relación existente entre el nivel de ingresos de los individuos y el grado de anomia que padecen se observa una asociación negativa, ya que los individuos de ingresos altos tienden a tener un grado menor de anomia que los individuos de ingresos bajos, que padecen un mayor grado de anomia, como se puede observar en el siguiente cuadro:

	Nivel de ingresos		
Grado de anomia	Bajo	Medio	Alto
— Bajo	20	40	55
— Medio	30	25	45
— Alto	50	35	20

Finalmente, nos queda por analizar la cuarta característica de la asociación entre dos variables. La *naturaleza* de una asociación se refiere a la forma general en que se distribuyen los datos en la tabla. Habitualmente, dicha forma general o modelo se describe mediante el examen de las distribuciones de los porcentajes. En unos casos la distribución es irregular, distribuyéndose las diferencias elevadas o las aproximaciones entre cada par de porcentajes de una manera desigual, mientras que en otros casos se produce una progresión uniforme de las diferencias porcentuales desde las categorías bajas a las altas de las variables. Cuando, al pasar de una categoría a otra de una variable, el número de casos tiende a incrementarse (o disminuir) de una forma bastante homogénea entre las correspondientes categorías de la otra variable, se produce una asociación «lineal», esto es, que los casos se concentran en la variable dependiente siguiendo una línea recta. Las asociaciones lineales simples tienen un gran valor en la estadística en general, y en la investigación sociológica en particular, como modelos de asociaciones simples, aunque con frecuencia los datos sociológicos se distribuyen siguiendo formas curvilíneas o de otra naturaleza. Más adelante volveremos con mayor detalle a tratar este tema.

7.4. La obtención de medidas de asociación entre dos variables: Independencia estadística y asociación perfecta

Tal como se ha indicado anteriormente, el investigador necesita disponer de medidas que en un solo índice indiquen la existencia, grado y dirección de la asociación entre dos variables. Habitualmente, lo que se busca es una medida cuyos valores puedan variar a lo largo de una escala desde un valor mínimo, que indique una relación negativa, hasta un valor máximo, que indique una asociación positiva, pasando por el cero, que indicará la ausencia de asociación. Idealmente, tales valores límites se hacen coincidir con el -1 al $+1$, en el que el valor $+1$ indica una asociación perfecta en el sentido positivo, y el -1 una asociación perfecta en el sentido negativo, y el cero indica la existencia de independencia estadística.

Una medida de asociación del tipo que acabamos de describir es una medida de asociación estandarizada o tipificada, ya que los valores respectivos obtenidos mediante tal índice en diferentes tablas se pueden comparar entre sí. Así, por ejemplo, si al cruzar la variable «interés por la política» con la edad se obtiene una asociación de $+0,52$, y al hacer lo propio con la variable nivel de ingresos se obtiene una asociación de $+0,35$, podremos afirmar que la asociación entre edad e interés por la política es más fuerte que la asociación entre esta última variable y el nivel de ingresos. Dado que la comparación es la base de toda investigación científica, y la interpretación de los resultados obtenidos en las comparaciones es decisiva para lograr conclusiones relevantes, se entiende que el uso y desarrollo de medidas estandarizadas o tipificadas es muy importante en la investigación sociológica.

Las medidas estandarizadas o tipificadas de asociación suelen ser simples proporciones o cocientes *(ratios)* que son sensibles a los cambios que se producen en el grado de asociación y, en algunos casos, en la dirección y naturaleza de la misma. De lo que se trata es de conseguir índices que reflejen realmente la variación de los aspectos relevantes de las variables cruzadas y que sean más insensibles a las variaciones de características no relevantes para la asociación, como pueden ser el número de filas y columnas o el número total de casos en que se basan los porcentajes.

La medida más sencilla que se puede crear a partir de los valores delta Δ, o diferencias entre los valores observados y esperados, es la propia suma de todos los deltas que se pueden calcular al comparar las diferentes columnas y categorías que componen una tabla. De este modo se obtendría un sumatorio de todos los deltas, $\Sigma\Delta = \Sigma(f_o - f_e)$, que es igual a la suma de todas las diferencias que se pueden establecer entre los valores observados y esperados. Ahora bien, este índice es muy deficiente, ya que depende, en primer lugar, del tamaño de los valores esperados y, además, los valores deltas particulares se pueden neutralizar entre sí al sumar cantidades afectadas de signo contrario.

Estas limitaciones se superan en buena medida si, en lugar de sumar los diferentes deltas, se suman sus cuadrados (con lo que desaparece el problema de los signos) y se divide cada delta al cuadrado por el valor esperado para cada celdilla, con lo que se controlan en cierto modo los efectos distorsionantes que se producen al considerar diferentes números de casos. Los valores así obtenidos dan lugar a una medida de asociación de las denominadas «de distribución libre», ya que no depende de condiciones especiales que deban cumplir los datos. En el capítulo anterior ya estudiamos la prueba del chi-cuadrado para una sola variable, que se basa en los cálculos que acabamos de describir, de igual manera que encontraremos el chi-cuadrado cuando estudiemos las pruebas de decisión estadística con dos o más variables. Pero ahora volvamos a la medida de asociación que acabamos de estudiar. La medida resultante de sumar todos los cocientes anteriores para cada celdilla se denomina *chi-cuadrado* (x^2):

$$x^2 = \sum \left(\frac{\Delta^2}{f_e} \right)$$ [7.2]

Este índice se utiliza más en la estadística inferencial, para la prueba de hipótesis, que en la estadística descriptiva, para medir el grado de asociación entre dos variables, ya que presenta ciertos problemas al tratar de estandarizar sus valores. Sin embargo, al tener una «distribución libre», se convierte en una prueba muy útil para variables nominales y ordinales.

El coeficiente chi-cuadrado es siempre un número positivo, y se hace cero en las tablas en las que no hay asociación entre las variables. Sin embargo, el límite superior del coeficiente x^2 no es fijo, sino que vale $N(K-1)$, en donde N es el tamaño de la muestra y K es el número de filas o columnas en la tabla, según sean unas u otras las que representan el número más pequeño. Para una tabla 2×2, el límite superior de la magnitud de x^2 es N. Por tanto, dadas dos tablas que tengan una asociación idéntica en su forma porcentual, si una de ellas se basa en un número doble de casos que en la otra, su valor de x^2 será el doble que en la tabla basada en el menor número de casos.

Por todo ello, el coeficiente de chi-cuadrado no se utiliza como medida de asociación, aunque, como se ha dicho anteriormente, sí se utiliza, y ampliamente, en la estadística inferencial. Otros coeficientes basados en chi-cuadrado tratan de aprovecharse de las ventajas que ofrece dicho coeficiente, a la vez que tratan de superar, mediante determinadas correcciones, sus deficiencias o limitaciones. Así, se puede utilizar el coeficiente de «contingencia cuadrática media» o *fi-cuadrado*, ϕ^2, que se define simplemente como el valor de chi-cuadrado dividido por N:

$$\phi^2 = \frac{x^2}{N} \qquad \text{o} \qquad \phi = \sqrt{\frac{x^2}{N}} \qquad [7.3]$$

El valor de fi varía entre 0 —para el caso de independencia estadística— a un máximo de +1 —cuando existe una asociación perfecta—, en cualquier tabla de tamaño $2 \times K$, pudiéndose interpretar su magnitud como una medida del grado de asociación. Sin embargo, presenta el inconveniente de que, en tablas que contengan más de dos categorías en cada variable, el valor máximo de fi sobrepasa la unidad, dado que el límite superior de x^2, $N(K-1)$, se convierte en tal caso en un valor superior a N. El valor máximo de $\phi^2 = K-1$, en donde K representa el número más pequeño, bien de las filas o bien de las columnas.

El propio inventor del chi-cuadrado, el inglés Karl Pearson (1857-1936), considerado por muchos como el auténtico fundador de la estadística moderna, suministró una solución parcial a las anteriores limitaciones, mediante el desarrollo del *«coeficiente de contingencia»* o *coeficiente C de Pearson*. La fórmula para C es la siguiente:

$$C = \sqrt{\frac{x^2}{x^2 + N}} \qquad [7.4]$$

El coeficiente C no puede ser superior a la unidad, con independencia del tamaño de la tabla, ya que el coeficiente x^2 aparece tanto en el denominador como en el numerador, y aquél es siempre mayor que éste, ya que contiene la suma $x^2 + N$, que será siempre superior a x^2. En su valor mínimo, el coeficiente C puede llegar a ser cero cuando, en los casos de ausencia de asociación, el valor de x^2 sea también cero, pero nunca alcanza exactamente la unidad, aunque hubiera asociación perfecta, por la razón anteriormente apuntada de que el denominador es siempre superior al numerador en la expresión [7.4]. Para una tabla cuadrada, es decir, una tabla en la que el número de filas sea igual al número de columnas, el valor máximo de C se puede calcular a partir de la expresión siguiente:

$$C \text{ máximo} = \sqrt{\frac{K-1}{K}}$$

en donde K es el número de filas (o de columnas) en una tabla cuadrada. Así, por ejemplo, para una tabla 2×2, el valor máximo de C es 0,707;

para una tabla 4×4, el valor máximo de C es 0,87, y para una tabla 5×5, el C máximo es 0,89. Así, pues, utilizando el coeficiente C no se pueden realizar comparaciones con esta medida de asociación entre tablas de diferentes tamaños.

Otros autores han tratado de mejorar la obtención de un coeficiente de asociación que pueda utilizarse para comparar tablas de diferente tamaño, es decir, que se pueda disponer de un coeficiente suficientemente estandarizado o normatizado. El *coeficiente T de Tschruprow* corrige el problema del límite superior de C mediante una ligera modificación del denominador de la expresión [7.4], de tal modo que incluya un valor que refleje el número de celdillas de la tabla. En otras palabras, se trata de introducir el concepto de los grados de libertad en la fórmula del coeficiente de asociación. Parece ser que el propio Pearson nunca llegó a comprender el concepto de grados de libertad en relación tanto con el chi-cuadrado como en relación con el cálculo de los errores de probabilidad (H. M. Walker, 1978, pág. 695). Por esa razón han tenido que ser otros autores los que se preocuparon de obtener medidas de asociación mejor normatizadas. Recordemos que, en una tabla de n filas y m columnas, los *grados de libertad* * $df =$ $=(n-1)\cdot(m-1)$, es decir, es igual al número de filas menos uno multiplicado por el número de columnas menos uno.

Pues bien, el coeficiente T de Tschruprow se define del siguiente modo:

$$T = \sqrt{\frac{x^2}{N(df)}} \qquad [7.5]$$

El coeficiente T representa un avance en la búsqueda de una medida de asociación que esté adecuadamente estandarizada o normatizada para cualquier tipo de tabla. En efecto, el límite superior de T vale la unidad, con independencia del tamaño de la tabla, en tanto que ésta sea cuadrada, es decir, que el número de filas sea igual al número de columnas. Ahora bien, para tablas que no son cuadradas, el valor de T no puede alcanzar la unidad, aunque su valor máximo sea constante para tablas con idénticos grados de libertad.

Otro coeficiente, la *V de Cramer*, trata de resolver el problema de la estandarización o normatización mediante la sustitución en la ex-

---

* El concepto de grados de libertad lo hemos estudiado en el capítulo introductorio a la estadística inferencial. De una forma intuitiva, su concepto se puede entender en el estudio de las tablas bivariales, señalando que en una tabla 2×2 en donde $df = (2-1)(2-1) = 1$, se puede conocer una frecuencia esperada conociendo una frecuencia observada en una celdilla. El resto se puede calcular por substracción, ya que los marginales son fijos y, por tanto, conocidos. Se tiene, pues, un grado de libertad en elegir la frecuencia de una celdilla antes de que se puedan determinar las restantes frecuencias. En una tabla 3×3, se han de elegir cuatro frecuencias de celdillas antes de determinar el resto, esto es, tiene cuatro grados de libertad, y así para otros tamaños de la tabla.

presión de T de los grados de libertad df por un valor t que representa el número más pequeño de las dos cantidades, $n-1$ o $m-1$, siendo n y m el número de filas y columnas, respectivamente. Así, pues, la fórmula de la V de Cramer es como sigue:

$$V = \sqrt{\frac{x^2}{N \cdot t}} \qquad [7.6]$$

El coeficiente V de Cramer siempre puede alcanzar el límite superior de la unidad, con independencia del tamaño de la tabla, y vale cero cuando no existe asociación alguna. Por todo ello se trata de un coeficiente mejor normatizado que los vistos con anterioridad.

Pero, tal como señalan Loether y McTavish (*op. cit.*, pág. 197), el problema de la estandarización o normatización representa tan sólo una parte del problema que surge al desarrollar un número índice que sea útil para resumir la asociación en una tabla. Al menos se pueden citar otras dos características que debe reunir una buena medida de tal tipo. En primer lugar, el número que se obtenga debe poder interpretarse de una forma intuitiva y, en segundo lugar, el significado de 1,0, la norma de la «asociación perfecta», debe poder ser definible. Por lo que se refiere a los coeficientes basados en el chi-cuadrado, la magnitud del coeficiente sólo puede ser entendida dentro de una escala entre el 0 y el 1, de tal modo que cuanto más cerca de 1 se encuentra la magnitud obtenida del coeficiente, mayor será el grado de asociación. Sin embargo, no se pueden interpretar tales tipos de coeficientes en el sentido de, por ejemplo, la variación porcentual de una variable que es explicada por otra, o como la proporción de error predictivo que se puede reducir a través del conocimiento previo de una de las variables. Precisamente en el próximo capítulo estudiaremos tales tipos de medidas, que son de mayor interés para el sociólogo, que busca la «explicación» de la relación entre variables.

Por lo que se refiere al significado de los valores extremos del coeficiente que mide el grado de asociación de dos variables, ya hemos señalado anteriormente que el 0 representa la ausencia de asociación, o la independencia estadística entre las dos variables. En cuanto al límite superior 1, anteriormente hemos introducido el concepto de «asociación perfecta» para su interpretación, aunque no hemos explicado lo que tal concepto significa. Veámoslo ahora con mayor detalle.

Se dice que una tabla bivariable refleja una *asociación perfecta* cuando todos los casos de la tabla se concentran en una diagonal, lo que significa que cada valor de una variable se encuentra asociada con un solo valor de la segunda variable, de tal modo que para cualquier categoría de la variable independiente sólo será diferente de cero una celdilla de la variable dependiente, mientras que el resto de las celdillas serán ceros. En una tabla 2×2, esto significa que las celdillas de una de las diagonales contienen valores y las de la segunda diagonal contienen cero, como se observa a continuación:

a)

	(X)	
(Y)	I	II
I	A	0
II	0	B

b)

	(X)	
(Y)	I	II
I	0	A
II	B	0

La primera tabla a) refleja una «asociación perfecta positiva», ya que se corresponden las mismas categorías de ambas variables, mientras que la tabla b) refleja una «asociación perfecta negativa», pues la correspondencia se produce entre las categorías opuestas de ambas variables.

Veamos a través de un ejemplo hipotético el funcionamiento de estos conceptos. Supongamos que tratamos de contrastar la teoría de que los delitos por consumo de drogas son más elevados en las grandes ciudades en relación a las pequeñas ciudades y zonas rurales. Pues bien, el modelo de la asociación perfecta significaría que, al distribuir los datos en una tabla que cruzase la variable «frecuencia de delitos por consumo de drogas» por la variable «tamaño del lugar de residencia», todos los delitos de tal tipo se concentrarían en las grandes ciudades, mientras que en las ciudades pequeñas no se produciría ninguno de tales delitos. Cualquier desviación en relación a esta forma de distribuirse los datos correspondientes a las dos variables significa una asociación no perfecta.

Existe todavía una definición menos restrictiva de asociación perfecta, y que consiste en una distribución tal que, por lo que se refiere a una tabla 2×2, sólo sea cero la frecuencia de una de las celdillas, mientras que las otras tres celdillas tienen una frecuencia diferente de cero. El *coeficiente Q de Yule* se basa en esta consideración menos restrictiva de la asociación perfecta para establecer otra medida de asociación para tablas 2×2. Supongamos que las frecuencias de las cuatro celdillas de una tabla 2×2 son a, b, c y d, como se observa en la figura:

	(X)	
(Y)	I	II
I	a	b
II	c	d

Pues bien, el coeficiente Q de Yule se calcula a partir de los productos cruzados de las celdillas de una de las diagonales *ad* y de las celdillas de la segunda diagonal *bc*. El coeficiente Q de Yule se calcula mediante una fórmula como sigue:

$$Q = \frac{ad - bc}{ad + bc} \qquad [7.7]$$

Cuando la frecuencia de una de las celdillas sea cero, entonces el valor de Q es +1,0 o −1,0, según la dirección de la asociación. El coeficiente Q se puede utilizar con variables nominales y, cuando alcanza el valor de la unidad en una tabla 2×2, refleja la existencia de una asociación perfecta.

7.4.1. Medidas simétricas y asimétricas de asociación

Finalmente, vamos a señalar una última distribución de las medidas de asociación que tiene interés para la investigación sociológica. Hay medidas de asociación que distinguen entre la variable independiente (o «causa») y la variable dependiente («efecto»), mientras que otras medidas de asociación no realizan tal distinción.

Pues bien, a las medidas de asociación que no distinguen entre variables independientes o dependientes se les denomina *medidas simétricas*. Tales medidas reflejan tan sólo la fuerza (y dirección) de la relación entre dos variables, y no distinguen entre los papeles asignados a cada variable. Los coeficientes vistos con anterioridad, tales como la Q de Yule, el coeficiente fi, la C de Pearson, la V de Cramer o la T de Tschruprow son ejemplos de medidas simétricas de asociación.

Por otro lado, hay medidas de asociación que requieren para su cálculo que se distinga previamente entre la variable independiente y la variable dependiente. Se trata de *medidas asimétricas de asociación*, que están orientadas, en general, a medir la capacidad e influencia de una variable independiente en la predicción de los valores de la variable dependiente. Buena parte de los coeficientes que vamos a estudiar en los próximos capítulos son de tipo asimétrico, aunque ya en este mismo capítulo hemos tenido ocasión de estudiar una de tales medidas. En efecto, el coeficiente epsilón, que, como se recordará, es una simple diferencia entre porcentajes, ofrece diferentes valores según sea el sentido en que se calculen los porcentajes, es decir, según sea una u otra la variable que se considera independiente. Naturalmente, al variar las bases sobre las que se calculan los porcentajes, así variarán los valores de epsilón. De todas maneras, este coeficiente apenas se utiliza en la práctica de la investigación sociológica, porque no se trata de una medida normatizada, como las que veremos en el próximo capítulo.

7.5. Terminología

Se recomienda la memorización y comprensión del significado de cada uno de los términos y conceptos siguientes:

— Distribución porcentual bivariable.
— Distribución condicional.
— Asociación entre dos variables:

  • Existencia de la asociación.
  • Fuerza o grado de la asociación.
  • Dirección de la asociación.
  • Naturaleza de la asociación.

— Frecuencias observadas.
— Frecuencias esperadas.
— Independencia estadística.
— Asociación perfecta.
— Asociación positiva.
— Asociación negativa.
— Coeficiente epsilón.
— Coeficiente delta.
— Coeficiente fi.
— Coeficiente chi-cuadrado.
— Coeficiente C de Pearson.
— Coeficiente T de Tschruprow.
— Coeficiente V de Cramer.
— Coeficiente Q de Yule.
— Grados de libertad.
— Medidas simétricas de asociación.
— Medidas asimétricas de asociación.

EJERCICIOS

1. De los siguientes pares de variables: ¿Cuáles están formados por variables independientes entre sí (es decir, no es posible *a priori* especificar una ordenación causal o temporal entre ellas)?; ¿cuáles están formados por variables que están relacionadas entre sí condicionalmente? Para estos últimos pares de variables, especificar para cada par qué variable, desde un punto de vista lógico, antecedente de la otra.

   1) Tamaño de familia y religiosidad de los cónyuges.
   2) Edad y región de nacimiento.
   3) Interés por la política y nivel de educación.

4) Fallecimientos por crisis cardiacas y ocupación.
5) Consumo de alcohol y lugar de residencia.
6) Absentismo laboral y *status* civil.
7) Preferencia política y sexo.
8) Religiosidad y nivel de ingresos.
9) Número de libros leídos al año y preferencia política.
10) Afiliación sindical y origen social.

2. En un estudio sobre las preferencias del público por lo que respecta a los programas de televisión, se obtuvieron los siguientes resultados al agrupar a la población encuestada en tres segmentos según el nivel de su *status* socioeconómico:

Programa preferido	*Status socioeconómico*		
	Alto	Medio	Bajo
Seriales	33	108	75
Informativos	44	90	32
Teatro	15	66	30
Películas cine	85	288	202

A partir de la distribución bivariable de frecuencias de la tabla anterior, calcular las distribuciones porcentuales en el sentido vertical, horizontal y en relación al total de casos. Explique en sus propias palabras lo que expresan los porcentajes en cada tabla acerca de la existencia, grado, dirección y naturaleza de la asociación de la tabla. ¿Qué se puede decir acerca del efecto del *status* socioeconómico de la población en relación a la preferencia de los programas de televisión? ¿Cómo atraen los diferentes programas a los tres grupos de población?

3. En una encuesta de la juventud, realizada en 1982, la identificación religiosa de los jóvenes se distribuyó del siguiente modo teniendo en cuenta su edad:

Religiosidad	*Edad (años)*		
	19-20	17-18	15-16
Católico practicante	343	431	468
Católico no practicante	657	576	411
Otras religiones	15	11	12
No creyente	91	71	28
Indiferente	205	133	90

De las dos variables, edad y religiosidad, ¿cuál se puede considerar antecedente de la otra?
Calcular los porcentajes en la dirección de la variable antecedente o causal y explique en sus propias palabras lo que expresan los porcentajes acerca de la existencia, grado, dirección y naturaleza de la asociación de la tabla.

4. En una encuesta de opinión pública sobre la policía, la evaluación del trabajo de la policía en el cumplimiento de su deber se distribuyó del siguiente modo, teniendo en cuenta las siguientes variables: sexo, nivel de estudios, ideología, partido político, región y hábitat.

		Evaluación del trabajo de la policía		
Variables	Bueno	Regular	Malo	NS/NC
— Edad:				
Menos de 21 años	26	41	24	9
Más de 60 años	49	22	6	23
— Sexo:				
Hombre	41	35	14	10
Mujer	43	30	10	17
— Nivel de estudios:				
Primarios	42	35	9	13
Universitarios	29	36	28	7
— Ideología:				
Izquierda	29	43	21	7
Derecha	60	26	7	7
— Partido que votó:				
P.C.E.	27	40	26	7
C.D.	64	24	4	7
— Región:				
Andalucía	51	24	12	13
Vascongadas	15	36	32	17
— Hábitat:				
Rural	53	28	6	13
Metropolitano	39	38	14	9

A la vista de las anteriores distribuciones porcentuales, ¿qué se puede decir sobre la evaluación que realizan los distintos grupos sociales sobre el trabajo de la policía?

5. En una encuesta sobre actitudes de la población hacia el aborto, las opiniones sobre la legalización o prohibición del aborto se distribuyeron del siguiente modo, teniendo en cuenta la identificación ideológica de la población:

Ideología	¿Debe permitirse el aborto?		
	En ningún caso	Por necesidad	Por decisión libre
Izquierda	100	280	370
Centro	250	410	90
Derecha	370	280	60

A la vista de la anterior distribución, ¿se puede afirmar que existe asociación entre ambas variables? ¿De qué tipo es? En caso afirmativo, calcular el grado de asociación mediante el coeficiente de contingencia C de Pearson. Comparar el valor obtenido con el valor máximo de C que se podría obtener para una tabla del tamaño como la presente.

BIBLIOGRAFIA

Jiménez Blanco, J., et al.: *La Conciencia Regional en España*, Madrid, CIS, 1977.
Loether, H. J. y D. G. McTavish: *Descriptive Statistics for Sociologists*, Boston, Ally & Bacon, 1974.
López Pintor, R.: «El estado de la opinión pública y la transición a la democracia», *REIS*, núm. 13, 1981, págs. 7-47.
Walker, Helen W.: «Karl Pearson», en W. H. Kruskal y J. M. Tanur (eds.) *International Encyclopedia of Statistics*, New York, Free Press, 1978, págs. 691-698.
Zeisel, Hans: *Dígalo con números*, México, Fondo de Cultura Económica, 1974. (e. o. 1947).

Capítulo 8
MEDIDAS DE ASOCIACION PARA VARIABLES NOMINALES Y ORDINALES

Son muy variadas las medidas de asociación de que puede disponer un sociólogo interesado en el estudio de relaciones bivariables. En el capítulo anterior tuvimos ocasión de estudiar algunas de ellas basadas en el valor de delta, o diferencia entre la frecuencia observada y la frecuencia esperada. Pero algunos de los coeficientes estudiados en dicho capítulo no son de interés para el investigador social, ya que no están «normatizados» y, por lo tanto, no está recomendada su utilización comparativa entre diferentes tablas, y menos aún la interpretación del carácter de la asociación. En el presente capítulo vamos a estudiar las medidas de asociación basadas en el criterio de «reducción proporcional del error», por ser las más utilizadas por los sociólogos, y ello para las relaciones entre variables medidas a nivel nominal y a nivel ordinal. En el próximo capítulo continuaremos con el estudio de las medidas basadas en el mismo criterio de reducción del error, pero para el caso de variables de intervalo, con lo que abordaremos uno de los temas centrales de la estadística, el estudio de la regresión simple.

Dado el carácter introductorio del presente libro, no vamos a estudiar las medidas de asociación apropiadas para situaciones especiales, porque esperamos que, con el bagaje de técnicas estadísticas que se presentan aquí, el estudiante de sociología puede pasar a realizar por sí mismo una investigación empírica sólida. Por ello remitimos al lector interesado en medidas de asociación especiales a otros libros, tales como el de Freeman (1971), y algunos otros trabajos que se citan en la bibliografía, para que pueda estudiar y conocer las mismas.

8.1. Medidas de asociación basadas en el criterio de «reducción proporcional del error» (RPE)

Un simple repaso al estudio de las diferentes medidas de asociación disponibles para el estudio de datos pone rápidamente de manifiesto la dificultad de encontrar un principio lógico consistente que sea capaz de suministrar una visión integral de la asociación a todos los niveles de medición. Como señalan Leik y Gove (1971, pág. 279), al avanzar los datos del nivel nominal al ordinal y de éste al de intervalo, las medidas de asociación debieran simplemente incorporar las propiedades matemáticas que se van acumulando al tipo de expresión o fórmula utilizado en los niveles más bajos. Si esto se cumpliera, las medidas de asociación entre variables ordinales serían las mismas que para medidas nominales, pero utilizando datos ordenados jerárquicamente. E, igualmente, las medidas de asociación para variables de intervalo serían las mismas que las empleadas con medidas ordinales, pero utilizando el grado de distancia.

Sin embargo, ésta no es la situación actual con los procedimientos de que dispone el investigador que desea analizar unos datos sociológicos determinados. Se han intentado diversos procedimientos para establecer un principio lógico básico que dé coherencia a los diferentes tipos de medidas de asociación, pero todos presentan algún tipo de limitación. Con todo, es preciso recurrir a algún tipo de lógica para ordenar la presentación de las diferentes medidas de asociación, ya que, de lo contrario, se corre el peligro de que el estudiante de estadística y de sociología se desoriente ante la diversidad existente de índices.

Desde luego, ese principio lógico ordenador no se puede encontrar en los coeficientes basados en chi-cuadrado, porque, como ya señaló Blalock hace algún tiempo (1960, pág. 230), «todas las medidas basadas en chi-cuadrado son de naturaleza un tanto arbitraria, y su interpretación deja mucho que desear». En efecto, ya vimos en el capítulo anterior que el propio coeficiente de chi-cuadrado está relacionado con el tamaño de la muestra y con los grados de libertad, lo que dificulta su comparación para tablas de tamaño diferente.

Mejores perspectivas presenta el principio de «reducción proporcional del error» (*RPE*), sugerido por Costner (1965), inspirándose en los trabajos de Goodman y Kruskal (1954) y Guttman (1941), y desarrollado por Kim (1971). Las medidas de tipo *RPE* consisten en simples cocientes o *ratios* de la cantidad de error cometido al predecir la variable dependiente en dos situaciones: primeramente, la predicción se realiza cuando no se conoce más que la distribución de la propia variable dependiente y, en segundo lugar, la predicción se realiza cuando se dispone del conocimiento adicional de una variable independiente y de la forma en que la variable dependiente se distribuye dentro de las categorías de dicha variable independiente. Lo que realizan las medidas tipo *RPE* es simplemente formular la proporción en que se puede reducir el error cometido en la primera de las situaciones descritas, al utilizar la información que suministra la segunda de las situaciones. Es decir:

$$RPE = \frac{\text{Reducción del error con más información}}{\text{Cantidad original de error}}$$

Más recientemente, Leik y Gove (1971, págs. 279-301) han propuesto un principio lógico diferente, ya que, según estos autores, al asumir las medidas tipo *RPE* se introduce todavía una cierta diversidad en la forma en que se especifican las reglas de predicción. El nuevo principio lógico se basa en la predicción de pares de valores, en lugar de la predicción de valores únicos. Pero, dado que este nuevo modelo no se ha impuesto universalmente, vamos a basar nuestra presentación de las medidas de asociación en el criterio *RPE*, por su mayor implantación en el trabajo de análisis que realizan en la actualidad los sociólogos.

Por otro lado, y tal como señalan acertadamente Loether y McTavish (1974, pág. 212), el problema de la predicción es común a todas las ciencias; de ahí que parece adecuado basar una medida de asociación en la idea de realizar predicciones precisas de los valores de alguna variable dependiente. Así, si nuestro conocimiento teórico y empírico previo nos indica que las personas más religiosas tienden a votar con mayor frecuencia que las no religiosas a partidos políticos de derecha, lo que estamos diciendo realmente es que el conocimiento de las diferencias de puntuación en el nivel de religiosidad nos va a permitir realizar predicciones más precisas sobre el tipo de partido que se va a votar. Si fuera posible eliminar todos los errores de predicción del partido por el que se va a votar, al basar nuestras predicciones en el nivel de religiosidad, en tal caso existiría una asociación perfecta entre ambas variables. Si, por otro lado, y tal como ocurre en la realidad, la asociación entre ambas variables no es perfecta, aunque sí bastante alta, la medida de asociación que se obtenga expresará la proporción de los errores predictivos originales que se pueden evitar, gracias al conocimiento adicional del nivel de religiosidad.

Según sea el nivel de medición de las variables cuya asociación tratamos de conocer, así será el tipo de valor que se trata de predecir. Cuando disponemos de variables nominales, lo que interesa habitualmente predecir es la categoría o puntuación exacta de la variable dependiente, siendo suficiente a menudo predecir el valor modal o típico de la variable dependiente. Si el análisis de asociación se basa en variables ordinales, lo más probable es que pretendamos predecir el orden del rango de pares de valores en la variable dependiente, aunque también se puede tratar de predecir la mediana u otro percentil. Por último, cuando las variables vienen dadas al nivel de intervalo, el interés se dirigirá a predecir el valor de la media aritmética de la variable dependiente.

Tal como se ha dicho anteriormente, la predicción de la variable se realiza en dos situaciones o siguiendo dos reglas. La predicción I se realiza bajo la regla de la mínima suposición, es decir, cuando no se conoce más que la distribución de la variable dependiente, y la segunda predicción II se realiza bajo condiciones más favorables, al conocerse la distribución de las categorías de la variable independiente y de la distribución en cada una de ellas de las correspondientes categorías de la variable dependiente. Pues bien, las medidas de asociación que vamos a estudiar a continuación consisten simplemente en un contraste entre los errores cometidos al realizar la primera de las predicciones y los errores cometidos al utilizar la segunda predicción al predecir la moda (variables nominales), el orden del rango (variables ordinales) o la media (variables de intervalo) buscadas. Para cada caso, el contraste se forma como sigue:

$$\text{Medida asociación } RPE = \frac{\text{Errores cometidos con predicción I} - \text{Errores cometidos con predicción II}}{\text{Errores cometidos con predicción I}} \quad [8.1]$$

8.2. Medidas de asociación para variables nominales

En el capítulo anterior hemos estudiado los coeficientes basados en chi-cuadrado y el coeficiente Q de Yule, que pueden utilizarse para calcular medidas de asociación entre variables nominales, aunque de hecho no se suelen utilizar por los problemas de normatización que presentan, estando más aconsejado el empleo del coeficiente chi-cuadrado en la estadística inferencial para contrastar hipótesis. Por ello, vamos ahora a presentar otros dos coeficientes que, al estar basados en el criterio de la reducción proporcional del error de la moda, se encuentran normatizados y resulta más significativa la interpretación de los resultados obtenidos mediante su empleo en el análisis de datos sociológicos.

8.2.1. El coeficiente Lambda

El coeficiente Lambda, λ_{xy}, llamado también «coeficiente de predictibilidad de Guttman», es una medida asimétrica de asociación especialmente creada para analizar distribuciones bivariables en las que ambas variables son del tipo nominal. Además, se trata de una medida que ilustra perfectamente la lógica subyacente a las medidas RPE.

La fórmula para Lambda se puede expresar, en términos de la reducción proporcional en el error cometido al predecir la moda, de la siguiente manera:

$$\lambda_{yx} = \frac{(N - M_y) - (N - \Sigma m_y)}{N - M_y} = \frac{\Sigma m_y - M_y}{N - M_y} \quad [8.2]$$

en donde el primer término del numerador expresa el número de errores que se cometen mediante la predicción I y el segundo término es el número de errores que se cometen al utilizar la predicción II. Por lo que se refiere al contenido de cada término, N es el tamaño total de la muestra; M_y es la frecuencia modal global de la variable dependiente Y, y Σm_y es la suma de las frecuencias modales de la variable dependiente Y dentro de cada categoría, por separado, de la variable independiente X. Al simplificar la expresión original, la fórmula de Lambda queda tal como aparece en la segunda parte de [8.2], que se puede leer del siguiente modo: el numerador es el número de no-errores cometidos bajo la predicción II (Σm_y) menos el número de errores cometidos bajo la predicción I (M_y), siendo el denominador el número de errores cometidos bajo la predicción I.

Como ya se ha observado, el símbolo que se utiliza para representar el coeficiente Lambda es la correspondiente letra griega minúscula, acompañada de dos subfijos, x e y, que representan, respectivamente, la variable independiente, x, y la variable dependiente, y. El subfijo que ocupa el primer lugar representa la variable dependiente, y el que ocupa el segundo lugar la variable independiente, es decir, λ_{yx}.

Antes de pasar a discutir más propiedades del coeficiente Lambda nos detendremos en el estudio de un ejemplo práctico, con el fin de fijar los conceptos hasta ahora introducidos.

Supongamos que estamos estudiando la situación matrimonial de los cabezas de familia españoles y que hemos obtenido, a partir de una muestra representativa de la población, los datos que se presentan en la tabla 8.1. Nuestro interés concreto consiste en realizar predicciones sobre la situación matrimonial de las personas que son cabezas de familia. A partir de la información que se contiene en dicha tabla, nos va a resultar más fácil predecir, por ejemplo, qué cabezas de familia están casados. Así, si conocemos que el valor modal de la variable situación matrimonial es «casado», entonces el valor que más racionalmente se

TABLA 8.1

Distribución de frecuencias absolutas de la situación matrimonial de una muestra de cabezas de familia, según el tipo de familia *

	Tipo de familia				
	El cabeza de familia es varón		El cabeza de familia es mujer		
Situación matrimonial del cabeza de familia	Hay niños menores de 15 años	No hay niños menores de 15 años	Hay niños menores de 15 años	No hay niños menores de 15 años	Total
● Casado	6.444	4.804	78	50	11.376
● Separado	20	126	250	106	502
● Divorciado	19	237	284	276	816
● Viudo	47	300	236	1.614	2.197
Total	6.530	5.467	848	2.046	14.891

* Datos ficticios.

puede predecir en relación a un cabeza de familia es que se encuentre casado, ya que si elegimos dicha categoría acertaremos con mayor frecuencia que si hubiéramos elegido el resto de las categorías.

Esto es, si hubiéramos supuesto, antes de visitar a cada uno de los 14.891 cabezas de familia entrevistados, que cada uno de ellos estaba casado, habríamos acertado 11.376 veces y nos hubiéramos equivocado en 3.515 ocasiones (14.891−11.376=3.515). Esta última cantidad representaría el número total de errores de predicción que se cometerían si predijéramos simplemente la moda global de la situación matrimonial de la variable cabeza de familia.

Sin embargo, si en lugar de predecir la moda global, predijéramos la moda para cada una de las categorías consideradas de la variable «tipo de familia», que en este caso la consideramos como una varible independiente en relación a la variable dependiente «situación matrimonial», se produciría una reducción en el error de predicción de la moda. Veamos en cuánto se puede reducir dicho error. Es decir, vamos a ver cuántas veces acertaríamos y cuántas veces nos equivocaríamos al predecir la situación matrimonial del cabeza de familia si, al ir a visitar a cada entrevistado, conociéramos previamente el número de cabezas de familia que son varones o mujeres y que tienen o no viviendo en el hogar niños menores de quince años.

Si supiéramos que el cabeza de familia es un varón y que tiene hijos menores de quince años, al predecir su situación matrimonial como que se encuentra casado, acertaríamos 6.444 veces, en 6.530 visitas, y nos equivocaríamos en 86 ocasiones (6.530−6.444=86). Si supiéramos que el cabeza de familia no tiene viviendo en su casa niños menores de quince años, y predijéramos que está casado, acertaríamos 4.804 veces, de 5.467, y nos equivocaríamos en 663 ocasiones (5.467−4.804=663). El saber que el cabeza de familia es una mujer y que tiene en la casa viviendo niños de quince años nos conduciría a predecir con más facilidad que su situación matrimonial es la de estar divorciada, ya que ésta es la categoría modal para ese tipo de familia. Acertaríamos en 284 ocasiones de 848. Finalmente, si supiéramos que el cabeza de familia es igualmente una mujer, pero que no tiene viviendo con ella a niños de quince años, la mejor predicción sería para la categoría «viuda», acertando en 1.614 ocasiones de 2.046.

Ahora ya podemos calcular cuánto hemos mejorado nuestra capacidad predictiva al añadir la anterior información. El cálculo lo realizaremos sumando las predicciones correctas realizadas dentro de cada categoría de la variable independiente (predicción tipo II) y contrastando dicho resultado con la frecuencia global de la categoría modal de la variable dependiente.

Tenemos que la suma de las categorías modales dentro de cada categoría de la variable dependiente $\Sigma m_y = 6.444 + 4.804 + 284 + 1.614 = 13.146$ predicciones correctas, lo que representa 13.146−11.376=1.770 errores menos que se han cometido que si hubiéramos calculado la moda global de la situación matrimonial. Esto significa una reducción del 33,3 por 100 en los errores realizados al predecir la situación matrimonial de los cabezas de familia. Este valor es precisamente Lambda, que se obtiene simplemente sustituyendo los errores totales y las reducciones parciales de error en la fórmula [8.2]:

$$\lambda_{yx} = \frac{m_y - M_y}{N - M_y} = \frac{13.146 - 11.376}{14.891 - 11.376} = \frac{1.170}{3.515} = 0{,}333$$

El numerador expresa, pues, la reducción de error conseguido al mejorar la información que suministra la variable independiente, y el denominador expresa el error cometido al disponer del mínimo de información que suministra el solo conocimiento de la variable dependiente. El resultado del cociente es 0,333 o, en términos porcentuales, el 33,3 por 100, y expresa, como se ha dicho antes, la reducción proporcional de error lograda.

El coeficiente λ_{yx} varía en magnitud desde el valor 0,0 al valor $+1{,}0$, y ello con independencia del tamaño de la tabla y de la muestra. A partir del supuesto de que existe, globalmente, un cierto recorrido de las puntuaciones en la variable dependiente, se define una asociación perfecta como una condición en la que todos los casos en cada categoría de la variable independiente se concentran en una única categoría (la categoría modal) de la variable dependiente. En tal caso, el valor de Lambda es la unidad. Por el contrario, el valor de Lambda es cero cuando se realiza la misma predicción modal dentro de todas las categorías de la variable independiente que la que realizaríamos si se predijera la moda global. Esto es, en tal caso la información adicional suministrada por la variable independiente no añade ningún valor predictivo adicional a la predicción de la moda de la variable dependiente. En la tabla 8.2 se contiene un ejemplo para el que Lambda es cero.

En efecto, se observa que las modas se concentran en todos los casos en la misma categoría de la variable dependiente, programa «cine», para cada una de las categorías de la variable independiente o grupos de edad. Obsérvese, sin embargo, que el hecho de que Lambda sea cero no significa en absoluto que no exista ningún tipo de asociación entre las dos variables. De hecho, si nos fijamos en las distribuciones porcentuales que se contienen en la tabla 8.2, se observa un cierto grado de asociación entre el tipo de programa preferido y la edad, al comparar las diferencias entre los porcentajes de las columnas. Esto viene a ilustrar la necesidad de seleccionar medidas que sean sensibles a los rasgos deseados de los datos. Así, mientras desde el punto de vista de la predicción de la moda el valor de la medida de la asociación es cero, desde el punto de vista de la diferencia de los porcentajes de la columna la asociación sí existe y, por tanto, es diferente de cero.

TABLA 8.2
Distribución porcentual del tipo de programa de televisión preferido según la edad

Tipo de programa	Edad (años)				
	15-20	21-25	26-30	Más de 30	Total
• Noticias	8	12	20	25	18
• Musicales	20	24	12	10	15
• Divulgación	10	15	20	18	16
• Cine	62	49	48	47	51
Total	100	100	100	100	100
$\lambda_{yx} =$	0,00				

* Datos ficticios.

Estas consideraciones ponen de manifiesto una limitación del coeficiente Lambda, y es que, aunque ofrece una medida bastante sensible de la fuerza de la asociación, no ofrece información sobre la naturaleza de la asociación. Si el investigador desea analizar la naturaleza de la asociación, lo mejor será analizar las diferencias porcentuales entre las columnas, tal como se ha hecho en el capítulo anterior.

Ya hemos dicho que Lambda es una medida asimétrica. Por ello, antes de proceder a su cálculo se hace preciso definir previamente qué variable es la independiente y cuál es la dependiente. Si en lugar de haber utilizado el tipo de familia como predictor de la situación matrimonial hubiéramos estado interesados en el valor predictivo de la situación matrimonial de cara al tipo de familia, los papeles de ambas variables se intercambiarían y se obtendría un valor distinto de Lambda y unas conclusiones diferentes. Fijándonos de nuevo en los datos que se contienen en la tabla 8.1, al tratar de predecir las modas en la situación matrimonial tanto globalmente como dentro de cada categoría de la variable tipo de familia se obtienen los siguientes resultados:

$$M_x = 6.530$$

$$
\begin{array}{c}
m_x \\
\hline
6.444 \\
250 \\
284 \\
1.614 \\
\hline
\Sigma m_x = 8.592
\end{array}
$$

$$\lambda_{xy} = \frac{8.592 - 6.530}{14.891 - 6.530} = \frac{2.062}{8.361} = 0,246$$

La situación matrimonial permite una reducción proporcional de error del 24,6 por 100 al predecir el tipo de familia, porcentaje que es menor que en el caso contrario. Al utilizar el coeficiente Lambda se puede conocer, pues, la variable que permite una reducción mayor del error cometido al predecir las modas de una variable dependiente determinada. Nótese también que cuanto más precisa sea la medición de la variable independiente o predictora, mejor será la predicción. Así, si se quiere predecir una variable dependiente que consta de cuatro categorías mediante una variable predictora que sólo tiene tres categorías, en realidad sólo se podrán predecir tres modas diferentes, y no cuatro. De ahí que los investigadores prefieran habitualmente, y en general, conservar el mayor número de categorías en el análisis estadístico, ya que de esta forma el análisis ofrece mayores posibilidades de cara a la reducción del error con un número grande que con un número pequeño de categorías.

8.2.2. *El coeficiente Tau-y de Goodman y Kruskal*

Se trata de otra medida de la asociación para variables nominales, pero que se basa en una regla de predicción diferente de la utilizada por el coeficiente Lambda. Al igual que Lambda, el coeficiente Tau-y de Goodman y Kruskal es una medida asimétrica que varía entre el valor 0,0, para la ausencia de reducción en el error, y el valor 1,0, que representa una reducción perfecta del error. El coeficiente Tau-y ha sido ideado para tratar el problema de la *predicción de la distribución* de la variable dependiente Y. En esto difiere del coeficiente Lambda, que está indicado para predecir un valor óptimo de la variable dependiente, la moda.

Para el caso del coeficiente Tau-y, la predicción tipo I, o suposición con el mínimo de información, consiste en la asignación aleatoria de casos a las categorías de la variable dependiente, de tal manera que la distribución marginal de los casos no cambie. Volviendo a la tabla 8.1, podemos comprobar que esto significa que asignaríamos aleatoriamente 11.376 casos de la categoría de «casado», 502 a la categoría de «separado», 816 a la de «divorciado» y 2.197 a la de «viudo». Esta asignación de los 14.891 casos implicaría, naturalmente, algún tipo de error, y la cantidad esperada de error por dicha asignación aleatoria puede calcularse para cada categoría de la variable dependiente y, a continuación, sumarse para dar lugar al error esperado bajo la predicción tipo I. Utilizando los propios datos de la tabla 8.1, el procedimiento a seguir sería el siguiente:

En esta tabla, 11.376 casos se encuentran en la categoría de «casado», de un total de 14.891 unidades, dejando la diferencia, 3.515 casos, fuera de la categoría «casado». Cabe esperar que la proporción 3.515/14.891 de los 11.376 casos de la categoría «casado», se clasifiquen de forma incorrecta si se asignaran aleatoriamente 11.376 casos a dicha categoría del total de casos. La idea que subyace a este razonamiento es como sigue. Se supone que se clasificarán de forma incorrecta por puro azar una cierta proporción de casos, y que esta proporción, para cualquier categoría, es simplemente la proporción de casos que no pertenecen a dicha categoría en relación a los casos que sí pertenecen a ella, basado en la distribución marginal de la variable dependiente. De este modo, si todos los casos se encontraran en una categoría, no se produciría error alguno al predecir sólo dicha categoría. Pero, en tanto que los casos se distribuyen en más de una categoría, existe alguna probabilidad de que la asignación al azar será correcta, y también otra probabilidad de que se cometan errores. Volviendo a los datos del ejemplo, todo ello significa que el número de errores esperados asciende a:

$$\frac{3.515}{14.891}(11.376) = 2.684{,}7 \text{ errores esperados}$$

A este número se le añaden los errores esperados que resultan al asignar al azar los casos al resto de las categorías, errores que se calculan de idéntico modo; esto es:

Error esperado en una categoría, con asignación aleatoria = Proporción que no se encuentra en la categoría dada × La frecuencia de dicha categoría

Simbólicamente, se puede expresar la suma de los errores esperados para todas las categorías de la variable dependiente del siguiente modo:

$$E_1 = \sum_{i=1}^{k} \left[\frac{N - f_i}{N} (f_i) \right]$$

en donde f_i es la frecuencia de la categoría i de la variable dependiente, y K es el número de categorías de la misma variable.

Siguiendo esta notación, los errores que se cometerían al predecir la situación matrimonial a partir de los datos de la tabla 8.1, se calculan de la siguiente forma:

$$\frac{14.891 - 11.376}{14.891}(11.376) = 2.684{,}7$$

$$\frac{14.891 - 502}{14.891}(502) = 485{,}0$$

$$\frac{14.891 - 816}{14.891}(816) = 771{,}3$$

$$\frac{14.891 - 2.197}{14.891}(2.197) = \underline{1.867{,}5}$$

$$E_1 = 5.807{,}5$$

Para realizar ahora la predicción tipo II de la distribución exacta de la variable dependiente se hace uso de la información que suministra la distribución de la variable dependiente dentro de las categorías de la variable independiente. Los procedimientos de cálculo son idénticos a los anteriores; sólo que ahora se realizan para cada una de las columnas correspondientes a las categorías de la variable independiente, esto es, el anterior sumatorio hay que realizarlo para cada categoría y sumar, a continuación, los resultados globales. Simbólicamente, la expresión del error esperado al realizar la predicción tipo II se escribe así:

$$E_2 = \sum_{i=1}^{c} \sum^{k} \left[\frac{N_i - n_i}{N_i} (n_i) \right]$$

en donde n_i es la frecuencia de la celdilla en la categoría i de la variable dependiente, dentro de cada una de las c categorías de la variable independiente, y N_i es el total parcial de casos en cada una de las categorías de la variable independiente. Obtenidas las sumas para cada categoría, se suman todas ellas entre sí para obtener E_2. Con los datos de la tabla 8.1, el cálculo de E_2 sería como sigue:

- Error esperado para la categoría cabeza de familia varón con niños menores de 15 años 170,39
- Error esperado para la categoría cabeza de familia varón sin niños menores de 15 años 1.224,96
- Error esperado para la categoría cabeza de familia mujer con niños menores de 15 años 606,31
- Error esperado para la categoría cabeza de familia mujer sin niños menores de 15 años 728,74

$$E_2 = 2.730,40$$

Conocidos E_1 y E_2, el coeficiente Tau-y de Goodman y Kruskal se calcula a partir de la siguiente fórmula:

$$\text{Tau-y} = \frac{E_1 - E_2}{E_1} \qquad [8.3]$$

Aplicando los valores obtenidos anteriormente para E_1 y E_2 en [8.3], se obtiene:

$$\text{Tau-y} = \frac{E_1 - E_2}{E_1} = \frac{5.807,5 - 2.730,4}{5.807,5} = 0,53$$

Así, pues, el coeficiente Tau-y obtenido nos indica que se han reducido en un 53 por 100 los errores cometidos al predecir la colocación de los casos en las categorías de la variable dependiente, mediante la información que aporta la distribución de los casos en la variable independiente. Naturalmente, si en lugar de haber considerado como independiente la variable «tipo de familia» hubiéramos estado interesados en la predicción de esta variable a partir de la distribución de la variable «situación matrimonial», se hubiera obtenido un valor de Tau-y diferente, ya que, tal como se ha apuntado anteriormente, se trata de una medida asimétrica.

8.3. Medidas de asociación para variables ordinales

La predicción de valores en las variables ordinales es diferente del tipo de predicción que hemos estudiado anteriormente para el caso de las variables nominales. Como sabemos, una variable se llama ordinal cuando se puede ordenar a lo largo de ella una serie de casos u objetos, de tal manera que podamos saber cuál es el primero, cuál es el segundo, etc., pero sin poder atribuirles auténticos números, ya que no se conoce la distancia que hay entre dos casos u objetos. Como señalan Loether y McTavish (*op. cit.*, pág. 221), dado que el interés con las variables ordinales se centra en la ordenación de los valores, resulta útil considerar *pares de observaciones*, ya que hay que disponer al menos de dos valores o puntuaciones para poder «ordenar».

Si de lo que se trata es de obtener una medida de asociación para dos variables ordinales, el interés se centrará en la ordenación de pares de casos u objetos entre las variables, ya que lo que se pretende saber es si el conocimiento de la ordenación de los casos en una variable resulta útil para la predicción de la ordenación de los casos en otra variable. Si tal conocimiento no es de ninguna utilidad para predecir la ordenación de los casos en la segunda variable, entonces la medida de asociación ordinal debería ser igual a cero, mientras que si resulta de alguna utilidad diremos que sí existe asociación entre ambas variables, teniendo que distinguir en tal caso entre la «asociación positiva» y la «asociación negativa». Diremos que existe asociación positiva cuando el tipo de ordenación de los casos en la primera variable permite predecir en alguna medida la misma ordenación de los casos en la segunda variable. La asociación resulta de carácter negativo cuando la ordenación de los casos en la primera variable ayuda a predecir un ordenamiento inverso de los casos en la segunda variable. Así, por ejemplo, si un individuo *A* tiene un nivel de educación mayor que el individuo *B* se podría predecir que el nivel de ingresos de ambos guardarán el mismo orden, ya que existe una asociación positiva entre las variables nivel de educación y nivel de ingresos. Por el contrario, se puede predecir que los niveles de anomia de ambos individuos guardan una ordenación inversa a la de sus respectivos grados de interés por la política, porque sabemos que las variables nivel de anomia e interés por la política se encuentran negativamente relacionadas.

Antes de pasar a estudiar las medidas de asociación que más se suelen utilizar en el análisis sociológico, nos detendremos unos momentos en la exposición de algunas precisiones terminológicas.

8.3.1. *Tipos y cálculo de pares*

Recordemos en primer lugar que el número total de los pares de casos posibles, sin repetición, que se pueden formar a partir de N casos viene dado por:

$$T = \frac{N(N-1)}{2}$$

Así, si disponemos de 10 casos, es decir, que $N=10$, se pueden formar 45 pares de casos que difieran en uno, al menos, de sus elementos. Además, si los T pares diferentes se miden en dos variables ordinales, existen cinco posibles formas de ordenación en ambas variables: a) *Pares semejantes o concordantes* (N_s); son pares que se encuentran distribuidos con idéntico orden en ambas variables. b) *Pares desemejantes o discordantes* (N_d); son pares que se encuentran ordenados en orden opuesto. c) *Pares empatados* * *sólo en la variable independiente* (X), pero no empatados en la variable dependiente (Y); se representan mediante el símbolo T_x. d) *Pares empatados sólo en la variable dependiente* (Y), pero no empatados en la variable independiente (X); se representan mediante el símbolo T_y. e) *Pares empatados en ambas variables;* se representan mediante el símbolo T_{xy}.

Estos cinco tipos de pares representan todas las posibilidades de formación de pares a partir de N casos, y su suma es igual, por tanto, a T, que es el número total de pares que difieren en uno, al menos, de sus elementos. Veamos ahora la forma de calcular estos pares, a partir de una tabla que recoja la tabulación cruzada de dos variables ordinales.

Supongamos que en un estudio sobre estratificación social, realizado en base a los resultados obtenidos en una encuesta realizada con una muestra de jóvenes, se encontraron los siguientes datos que relacionan el nivel de educación alcanzado por los jóvenes con el nivel de educación alcanzado por sus padres:

(Y) Nivel de educación de los jóvenes	(X) Nivel de educación de los padres			
	Bajo	Medio	Alto	Total
● Alto	54	110	136	300
● Medio	118	106	96	320
● Bajo	142	74	60	276
Total	314	290	292	896

---

* Se dice que hay empate entre dos objetos o casos cuando ambos ocupan la misma posición, es decir, tienen el mismo valor ordinal.

Antes de proceder a calcular los diferentes tipos de pares de casos es preciso determinar qué diagonal es la «positiva», es decir, qué diagonal une las celdillas que contienen los valores «alto-alto» y «bajo-bajo», en ambas variables. En este ejemplo, la diagonal positiva es la que une el extremo inferior izquierdo con el extremo superior derecho de la tabla, mientras que la diagonal contraria es la negativa. Denominaremos con una s el final de la diagonal positiva y con una d el final de la diagonal negativa. De este modo, nos aseguraremos de que los pares N_s y N_d se calculan correctamente, y de que el signo del coeficiente final refleja la dirección de la asociación. Pasemos a calcular los diferentes tipos de pares.

a) T = número total de pares diferentes:

$$T = \frac{N(N-1)}{2} = \frac{896(896-1)}{2} = 400{,}960$$

b) N_s = número de pares semejantes o concordantes. Se localiza en primer lugar la celdilla que corresponde al extremo s de la tabla, como se indica en el diagrama. La frecuencia de esta celdilla se multiplica por la suma de las frecuencias de las celdillas que se encuentran arriba y a la derecha (ya que la celdilla s se encuentra en el extremo izquierdo-inferior). A continuación se realiza el mismo procedimiento con el resto de las celdillas que se encuentran arriba y a la derecha de la celdilla s, tal como se indica en el diagrama, y se suman todos los productos:

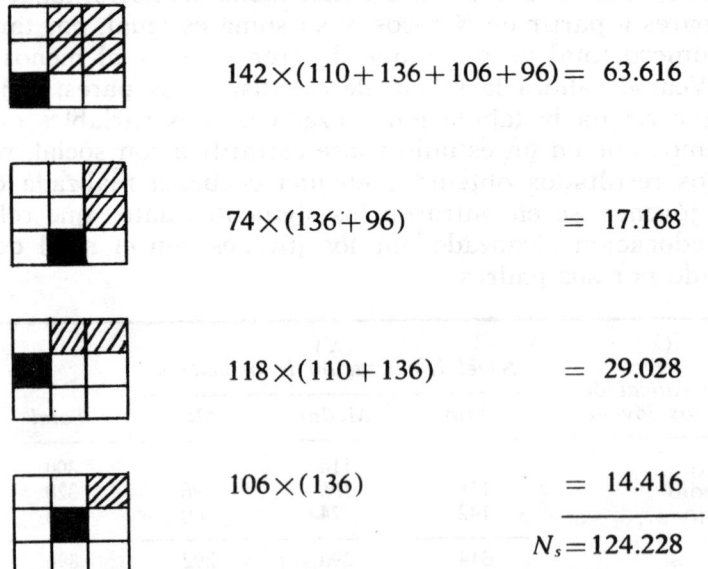

$142 \times (110 + 136 + 106 + 96) = 63.616$

$74 \times (136 + 96) = 17.168$

$118 \times (110 + 136) = 29.028$

$106 \times (136) = 14.416$

$N_s = 124.228$

c) N_d = número de pares desemejantes o discordantes. Se calcula del mismo modo que el N_s, con la excepción de que la celdilla de partida comienza en el extremo d de la tabla y procede a partir de ahí hacia abajo. De este modo, la frecuencia de la celdilla se multiplica por la suma de las frecuencias de las celdillas que se encuentran a la derecha y abajo:

$54 \times (106 + 96 + 74 + 60) \quad = 18.144$

$110 \times (96 + 60) \quad = 17.160$

$118 \times (74 + 60) \quad = 15.812$

$106 \times (60) \quad = 6.360$

$\overline{N_d = 57.476}$

De la simple comparación de las magnitudes de N_s y N_d se deduce que el número de pares semejantes es mayor que el número de pares desemejantes, lo que revela la existencia de una asociación positiva.

d) T_x = número de pares «empatados» sólo en la variable independiente (X). Estos son los pares que se forman dentro de la misma categoría de la variable x, tal como se indica en el siguiente gráfico. Para su cálculo se elige una celdilla que encabeza una columna, se multiplica su frecuencia por la suma de las frecuencias de las celdillas que se encuentran debajo de la primera, y así sucesivamente:

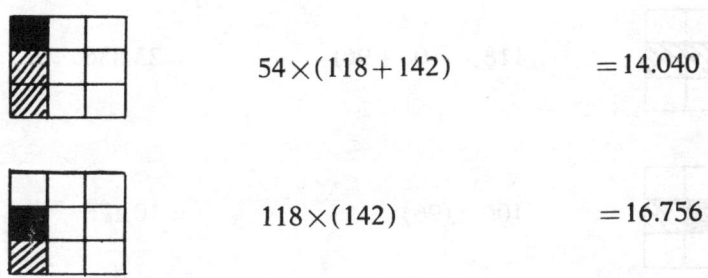

$54 \times (118 + 142) \quad = 14.040$

$118 \times (142) \quad = 16.756$

$110 \times (106+74)$ $= 19.800$

$106 \times (74)$ $= 7.844$

$136 \times (96+60)$ $= 21.216$

$96 \times (60)$ $= 5.760$

$$T_x = 85.416$$

e) T_y = número de pares «empatados» sólo en la variable dependiente (Y). Se calculan al igual que en el caso anterior, a excepción de que los productos se forman dentro de las categorías de la variable dependiente, es decir, a lo largo de las filas, como sigue:

$54 \times (110+136)$ $= 13.284$

$110 \times (136)$ $= 14.960$

$118 \times (106+96)$ $= 23.836$

$106 \times (96)$ $= 10.176$

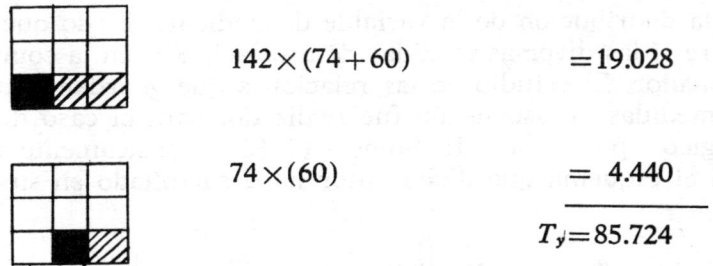

$142 \times (74 + 60) = 19.028$

$74 \times (60) = 4.440$

$T_y = 85.724$

f) T_{xy} = número de pares empatados simultáneamente en X e Y. Consiste en la suma de los pares que se pueden formar a partir de los casos que caen en la misma celdilla, esto es, que tienen idénticos valores en X e Y. Para cada celdilla se calculan a partir de la expresión:

$$f(f-1)/2$$

en donde f es la frecuencia de cada celdilla. Para el ejemplo anterior sería:

```
 54  (54-1)/2  =  1.431
110  (110-1)/2 =  5.995
136  (136-1)/2 =  9.180
118  (118-1)/2 =  6.903
106  (106-1)/2 =  5.565
 96  (96-1)/2  =  4.560
142  (142-1)/2 = 10.011
 74  (74-1)/2  =  2.701
 60  (60-1)/2  =  1.770
```

$T_{xy} = 48.116$

En la actualidad, los programas de ordenador diseñados para el análisis estadístico de los datos sociológicos contienen el cálculo de los diversos números de pares, para cualquier tipo de tabla, con lo que el investigador se ve aliviado en su tedioso cómputo. Con todo, es importante conocer el detalle de su cálculo, para hacerse una idea más completa de los fundamentos lógicos de las medidas de asociación. Conocidos los valores de los diferentes tipos de pares, ya se está en condiciones de sustituirlos en las fórmulas que expresan las diferentes medidas de asociación que veremos a continuación, ya que todas ellas incluyen algunos de los valores que hemos calculado. En todos estos coeficientes que vamos a ver, el numerador es el mismo, $N_s - N_d$, cuya diferencia va a indicar el carácter positivo ($N_s > N_d$) o negativo ($N_s < N_d$) de la asociación. Se trata de medidas tipo *RPE* que indican la reducción proporcional en el error que se produce al utilizar la variable independiente como predictora de la distribución de la variable dependiente. En lo que se diferencian entre sí las diversas medidas de asociación es en la composición del denominador. El estudio de las relaciones que guardan entre sí las diferentes medidas de asociación fue realizado, para el caso de los datos sociológicos, por Robert H. Somers (1962), y básicamente vamos a seguir aquí el esquema que dicho autor ha desarrollado en su trabajo.

8.3.2. Coeficiente Tau-a de Kendall

Es el más intuitivo de todos los coeficientes que miden la asociación entre variables ordinales, siguiendo el criterio de la reducción proporcional en el error. Fue definido por Kendall como la diferencia entre los pares semejantes y desemejantes en relación al número total de pares diferentes:

$$t_a = \frac{N_s - N_d}{T} \qquad [8.4]$$

Volviendo a los datos del ejemplo anterior, el coeficiente Tau de Kendall sería:

$$t_a = \frac{124.228 - 57.476}{400.960} = 0,17$$

El coeficiente Tau de Kendall varía entre $-1,0$ y $+1,0$, indicando el valor cero la incapacidad de una variable por reducir los errores que cabría esperar al distribuir al azar los valores de la otra variable. Cuando la asociación es negativa, el coeficiente Tau va acompañado de un signo negativo, mientras que el signo positivo indica una asociación positiva. El valor de la unidad indica que todos los posibles pares son del mismo tipo (semejantes o desemejantes, según el signo del coeficiente). Es una medida simétrica, ya que no es preciso distinguir entre variable independiente y variable dependiente al calcular N_s, N_d y T, y no depende del tamaño de la tabla ni del número de rangos de las variables ordinales.

Sin embargo, el coeficiente Tau-a presenta un inconveniente, y es que cuando existen empates, como ocurre con frecuencia, el coeficiente no puede alcanzar el valor de 1,0, porque el denominador, cuando existen empates, siempre será mayor que N_s o N_d.

8.3.3. Coeficiente Gamma de Goodman y Kruskal

Cuando la muestra consta de un número amplio de casos y son muy pocos los valores ordinales que pueden alcanzar los casos, el número de empates será muy grande, con lo que no está recomendado utilizar el coeficiente Tau-a de Kendall, ya que el máximo valor posible del coeficiente no alcanza la unidad. Una solución al problema de obtener un coeficiente igual a 1,0 cuando existen empates consiste, sencillamente, en la eliminación de los empates no sólo del numerador, como ocurre con el coeficiente Tau de Kendall, sino igualmente en eliminarlos del denominador.

El coeficiente Gamma (γ) de Goodman y Kruskal permite precisamente realizar dicha eliminación. Se trata de una medida simétrica de la asociación de dos variables ordinales que, a diferencia del coeficiente Tau-a, siempre puede alcanzar los valores límites de $-1,0$ a $+1,0$, independientemente del número de empates que presenten los datos. La fórmula para calcular el valor de Gamma es la siguiente:

$$\text{Gamma} = \frac{N_s - N_d}{N_s + N_d} \qquad [8.5]$$

Como se observa, el numerador es el mismo que para Tau-a, y el denominador es simplemente la suma de los pares que se encuentran ordenados de forma diferente en ambas variables. Tal como se ha dicho anteriormente, el valor de Gamma oscila entre $-1,0$ y $+1,0$. En efecto, si todos los pares no empatados son semejantes, en tal caso $N_d = 0$ y $\text{Gamma} = \frac{N_s - 0}{N_s + 0} = 1$; mientras que si todos los pares no empatados son desemejantes, en tal caso $N_s = 0$ y $\text{Gamma} = \frac{0 - N_d}{0 + N_d} = -1$. Cuando $N_s = N_d$, Gamma $= 0$. De cualquier forma, $N_s - N_d < N_s + N_d$, ya que N_s y N_d son números positivos y, en consecuencia, $N_s - N_d / N_s + N_d$ será (en valor absoluto) menor que 1.

Si utilizamos los datos calculados a partir de la tabla que relaciona el nivel de educación de los jóvenes con el nivel de educación de los padres, el valor de Gamma será el siguiente:

$$\text{Gamma} = \frac{124.228 - 57.476}{124.228 + 57.476} = \frac{66.752}{181.704} = 0,37$$

El valor de Gamma se puede interpretar como la reducción proporcional en el error cometido al predecir el ordenamiento de los casos en una variable mediante el conocimiento de la ordenación de los casos en otra variable, en lugar de realizar la predicción basándose en una ordenación aleatoria de los casos en las dos variables.

Resulta de interés destacar que, para el caso de una variable 2×2, el valor de Gamma es el mismo que se obtendría si en su lugar hubiéramos utilizado el coeficiente Q de Yule. Por esta razón se puede considerar que el coeficiente Gamma es una versión generalizada del coeficiente Q de Yule para tablas en las que el número de filas y columnas sea superior a dos.

8.3.4. Coeficiente d de Somers

Aparte de los coeficientes Gamma y Tau, tenemos dos medidas asimétricas, d_{yx} y d_{xy}, que han sido introducidas por Somers (1962), y que se definen como sigue:

$$d_{yx} = \frac{N_s - N_d}{N_s + N_d + T_y}$$

$$d_{xy} = \frac{N_s - N_d}{N_s + N_d + T_x}$$

[8.6]

Al tratarse de una medida asimétrica de asociación se hace preciso distinguir entre la variable independiente y la variable dependiente. De este modo, si se pretendiera predecir la ordenación de los casos en una variable dependiente utilizando para ello una variable independiente o predictora, la predicción afectaría no sólo a los pares que se encuentran ordenados de forma diferente en cada variable (los pares N_s y N_d), sino que se realizaría también una predicción de los casos T que son diferentes en la variable predictiva, pero que se encuentran empatados en la variable dependiente. La diferencia en la variable independiente permite realizar una predicción incluso de los casos de empate en la variable dependiente. Es así como el denominador de la medida de asociación d contiene todos los pares para los que se puede formular una predicción, esto es, $N_s + N_d + T_y$ (o T_x), según que sea X o Y la variable que se considera dependiente. El numerador, como se observa en [8.6], es otra vez la diferencia entre los pares semejantes y los pares desemejantes, y sólo se incluyen los empates de la variable que se va a predecir, quedando excluidos del cómputo los empates de la variable predictora. Al igual que los coeficientes anteriores, el coeficiente d de Somers se puede interpretar como la reducción proporcional en los errores que se cometen al predecir el ordenamiento de los casos en la variable dependiente cuando se tiene en cuenta el ordenamiento de los casos en la variable independiente, en lugar de realizar la predicción del ordenamiento de los casos por medios aleatorios.

Al igual que vimos al estudiar otra medida de asociación asimétrica, el coeficiente Lambda, los dos valores que se pueden obtener de d a partir de una misma tabla (según que la variable que se tome como independiente sea X o Y) suelen ser también diferentes entre sí.

8.3.5. Coeficiente Tau-b de Kendall

Existe otro coeficiente Tau debido a Kendall, que permite estudiar otro tipo de asociación. Supongamos que deseamos encontrar una medida del grado de asociación que sea simétrica pero que, a diferencia del coeficiente Gamma, tenga en cuenta los empates que se producen en una u otra variable, pero no los empates que se forman en ambas, T_{xy}. Pues bien, en tal caso conviene utilizar el coeficiente Tau-b, que se puede considerar como un promedio de los dos coeficientes d de Somers que pueden calcularse a partir de una misma tabla. Dicho coeficiente se expresa, de hecho, como la raíz cuadrada del producto de los dos coeficientes d:

$$T_b = \sqrt{d_{xy} \cdot d_{yx}}$$

Pero la forma operativa de utilizar el coeficiente T_b es a partir directamente del número de cada tipo de pares, tal como sigue:

$$T_b = \frac{N_s - N_d}{\sqrt{(N_s + N_d + T_y)(N_s + N_d + T_x)}} \quad [8.7]$$

Al igual que los coeficientes anteriores, T_b puede tomar valores que oscilan entre $-1,0$ y $+1,0$, según sea el sentido de la asociación, y su magnitud señala cuán fuerte es la asociación entre dos variables. Sin embargo, cuando la tabla no es cuadrada, es decir, el número de filas no es igual al de las columnas, el coeficiente Tau-b no puede llegar a valer la unidad, dado que cuando hay un número diferente de filas que de columnas existirán más pares empatados en una variable (la que tiene menos categorías) que en la otra variable. Con todo, se trata de una medida simétrica muy útil del grado de asociación entre dos variables ordinales, porque, a diferencia del coeficiente Tau-a, sólo tiene en cuenta para su cálculo los tipos de pares más relevantes para la asociación.

8.3.6. Coeficiente rho de Spearman

Uno de los coeficientes más utilizados para medir la asociación entre las variables sociológicas de tipo ordinal es el *rho* (r_s) de Spearman. La lógica que sigue este coeficiente para medir la dirección y la fuerza de la asociación es diferente de la que hemos visto hasta ahora. Su uso viene recomendado en aquellos casos en que se cuenta con el ordenamiento de todos los casos individuales en las dos variables, de tal modo que en cada variable los ordenamientos tienen un recorrido de 1 a N. En la tabla 8.3 se contiene un ejemplo de los ordenamientos de algunas regiones españolas según la evaluación que la población residente en ellas hace, en una escala del 1 al 10, de la actuación de los empresarios y de los obreros.

Un ordenamiento se refiere a las medias de la evaluación, en una escala del 1 al 10, de la actuación de los empresarios en general, y el segundo ordenamiento se refiere a la evaluación de la actuación de los obreros. Lo que se trata de saber es si la población, en una misma re-

TABLA 8.3

Medias y ordenamiento de la evaluación de la actuación de empresarios y obreros, en algunas regiones españolas

Región	Empresarios		Obreros		d	d^2
	Media	Orden	Media	Orden		
● Cataluña	3,87	6	6,81	5	1	1
● País Vasco	3,82	7	6,17	6	1	1
● Andalucía	4,78	2	7,64	3	—1	1
● Canarias	5,87	1	8,30	1	0	0
● Madrid	4,57	5	7,18	4	1	1
● Barcelona	4,65	4	6,06	7	—3	9
● Galicia	4,78	3	8,08	2	1	1
					$d=0$	$d^2=14$

FUENTE: Banco de Datos, CIS, 1982.

gión, evalúa diferentemente o en el mismo sentido a los empresarios y a los obreros.

El coeficiente *rho* (r_s) de Spearman es una medida adecuada para el problema que hemos planteado, ya que mide el grado de asociación de dos variables ordinales, basándose en la diferencia entre rangos. Si no existe diferencia alguna es igual a cero. A efectos de cálculo se utiliza el sumatorio de los valores de las diferencias al cuadrado, porque la suma de los valores simples es siempre igual a cero. Cuando $\Sigma d^2 \neq 0$, sabemos que las dos variables no se ordenan idénticamente. Con el fin de interpretar el valor de tal diferencia se utiliza el coeficiente *rho* de Spearman, que se define del siguiente modo:

$$r_s = 1 - \frac{6 \Sigma d^2}{n(n^2-1)} \qquad [8.8]$$

Para el caso de los datos que se contienen en la tabla 8.3, su valor es el siguiente:

$$r_s = 1 - \frac{6 \cdot 14}{7(7^2-1)} = 1 - \frac{84}{336} = 1 - 0,25 = 0,75$$

El valor de *rho* (r_s) varía entre —1,0 y +1,0, indicando el primer valor una ordenación opuesta de los casos en las variables, y el segundo valor un perfecto acoplamiento de las dos ordenaciones. Cuando $r_s=0$, significa que no existe una ordenación sistemática de ningún tipo entre las dos variables.

En realidad, la fórmula del coeficiente *rho* de Spearman es la del coeficiente r de Pearson (una medida de asociación para variables de intervalo, que veremos en el próximo capítulo) aplicado a ordenamientos. La interpretación de r_s se hace no en términos de la reducción proporcional en el error, sino en términos de la fuerza de asociación o correlación entre variables. Su uso está muy indicado en la investigación sociológica, siempre que se desee conocer si la ordenación de una variable está o no asociada a la ordenación de otra variable para los mismos usos. Otro ejemplo, con datos hipotéticos, nos va a permitir comprobar las posibilidades del coeficiente de Spearman para el análisis sociológico.

Supongamos que en ocho provincias españolas se ha producido, al comparar los resultados de dos elecciones diferentes, un incremento de los votos emitidos a favor de un partido regionalista y una disminución de los votos emitidos a favor de un partido de ámbito nacional, y se pretende saber si el incremento de votos para un partido y la disminución de votos del segundo partido es un fenómeno político que se encuentra relacionado en las ocho provincias. A esta cuestión se puede responder ordenando las ocho provincias según el porcentaje de pérdidas y ganancias respectivo de votos de ambos partidos y calculando un coeficiente rho de Spearman, como se hace a continuación:

Número de orden de la provincia	1	2	3	4	5	6	7	8	
Rango por disminución del partido nacional	8	1	5	3	2	7	6	4	
Rango por incremento del partido regional	8	1	5	5	2	7	4	4	
d, diferencia de rango	0	0	0	-2	0	0	2	0;	$d = 0$
d^2	0	0	0	4	0	0	4	0;	$d^2 = 8$

Aplicando la fórmula [8.8]:

$$r_s = 1 - \frac{6 \cdot 8}{8(64-1)} = 1 - \frac{48}{504} = 1 - 0{,}09 = 0{,}91$$

Lo que revela una alta correlación entre ambos movimientos electorales en las ocho provincias consideradas. Con el conocimiento de este estadístico, la interpretación sociológica de los resultados electorales sería ahora más sencilla y significativa.

8.4. La matriz de asociaciones

Con frecuencia, los investigadores sociales calculan simultáneamente un número de medidas similares de asociación, que sirven para poner de manifiesto el tipo de relación que existe entre todos los pares posibles de un conjunto de variables. Al colocar en una misma matriz todos los resultados se obtiene una evidente ventaja comparativa, ya que de una sola ojeada es posible observar el modelo de asociaciones que configuran las diversas variables. Un ejemplo de una matriz de asociaciones se incluye en la tabla 8.4, utilizando coeficiente Gamma.

TABLA 8.4

Matriz de asociaciones utilizando coeficientes Gamma entre cuatro variables culturales

	Tradic.	Patern.	Racion.	Nepot.
Tradicionalismo ...	—	23	10	03
Paternalismo	—	—	00	12
Racionalismo	—	—	—	07
Nepotismo	—	—	—	—

FUENTE: Rafael LÓPEZ PINTOR, «Satisfacción en el trabajo...» *REOP*, 44, 1976, páginas 113 y 114.

En un estudio que se enmarca dentro de la sociología de las organizaciones, López Pintor (1976) pretende encontrar una explicación satisfactoria a ciertas actitudes y comportamientos de la organización burocrática. Para explicar la satisfacción en el trabajo utiliza tres tipos de variables: sociológicas, orientaciones de valor y variables específicamente de organización. Para estudiar la orientación cultural de los funcionarios de una organización burocrática utiliza cuatro medidas referentes a las siguientes variables: tradicionalismo, paternalismo, racionalismo y nepotismo. Medidas estas variables a través de los correspondientes indicadores, calcula el grado de asociación que existe entre las cuatro variables, tomadas dos a dos, mediante el cálculo del coeficiente Gamma. Los resultados obtenidos son los que se recogen en la tabla 8.4. Los coeficientes obtenidos presentan unos valores ciertamente bajos, lo que revela la inexistencia o debilidad de la asociación entre las cuatro variables culturales. López Pintor, apoyándose en la teoría del conflicto de valores, interpreta la ausencia de una fuerte asociación entre las cuatro variables culturales como la manifestación de un potencial conflictivo en el sentido de enfrentamiento, yuxtaposición o falta de valores.

Obsérvese que al ser Gamma una variable simétrica, sólo se necesita incluir los coeficientes en una sola mitad de la matriz, tal como aparece en la tabla 8.4, ya que los coeficientes que debieran aparecer en la segunda mitad son idénticos (simétricos) a los de la primera. Por eso, sólo se suelen dar en las matrices de coeficientes de asociación (cuando éstos son simétricos, tales como el Gamma o el r de Pearson) los resultados para una sola mitad.

8.5. Terminología

Se recomienda la memorización y comprensión del significado de cada uno de los términos y conceptos siguientes:

— Reducción proporcional del error (*RPE*).
— Medida de asociación tipo *RPE*.
— Coeficiente Lambda.
— Coeficiente Tau-y de Goodman y Kruskal.
— Pares de observaciones:

  • Pares semejantes.
  • Pares desemejantes.
  • Pares empatados (en una sola variable o en ambas).

— Coeficiente Tau-a de Kendall.
— Coeficiente Tau-b de Kendall.
— Coeficiente Gamma de Goodman y Kruskal.
— Coeficiente *d* de Somers.
— Coeficiente *rho* de Spearman.
— Matriz de correlaciones.

EJERCICIOS

1. En una encuesta realizada entre la población juvenil, se obtuvo la siguiente distribución de la identificación religiosa de los jóvenes según el lugar de residencia:

Religiosidad	*Rural*	*Semi-urbano*	*Urbano*	*Metro-politano*
Católico practicante	320	305	188	80
Católico no practicante	432	290	170	62
Indiferente	280	212	126	66
No creyente	60	35	20	3

(*Lugar de residencia*)

Calcular el valor de la asociación entre ambas variables mediante el coeficiente Lambda, considerando el lugar de residencia como la variable independiente.

2. La siguiente tabla contiene la distribución de la situación laboral de la población activa de una muestra, según el nivel de estudios:

Situación laboral	Nivel de estudios		
	Alto	Medio	Bajo
Trabaja	22	42	47
No trabaja	8	19	23

Con el conocimiento del nivel de estudios de la población, ¿en qué tanto por ciento se puede reducir el error de la predicción de la situación laboral?

3. En un estudio sobre la movilidad social de un grupo de población, se encontró la siguiente distribución de la movilidad social de los individuos estratificados según el grado de movilidad social de los padres:

Movilidad social de los individuos	Movilidad social de los padres		
	Baja	Media	Alta
Alta	31	53	65
Media	57	51	46
Baja	68	34	28

La hipótesis del estudio se formuló en el sentido de que existe una asociación moderada entre la movilidad social de los individuos y la movilidad social de los padres. Mediante el cálculo del coeficiente Gamma, ¿qué cabe decir sobre dicha hipótesis?
Si se considera la movilidad social de los padres como la variable independiente, calcular el coeficiente de Somers. Comparar las interpretaciones de los resultados obtenidos mediante el cálculo del coeficiente «d» de Sommers.

4. Los estudios sobre el incremento de las tasas de la delincuencia en las grandes ciudades han puesto de manifiesto la existencia de una serie de causas, siendo una de las más importantes el deterioro de la situación del empleo entre amplios sectores de la población. Los siguientes datos recogen los incrementos del paro juvenil y de la tasa de delincuencia que han tenido lugar en los últimos años en diez ciudades:

Ciudad	Incremento paro juvenil	Incremento tasa delincuencia
A	9,8	2,5
B	6,3	2,4
C	10,5	3,4
D	11,2	3,3
E	3,4	0,5
F	7,8	2,6
G	10,8	2,9
H	8,6	1,9
I	12,2	3,6
J	12,3	3,5

Calcular el coeficiente «rho» de Spearman y explicar hasta qué punto se verifica la existencia de una asociación entre delincuencia y paro.

5. En un estudio sobre las preferencias políticas de los estudiantes universitarios, se aplicaron sendas escalas de autoposicionamiento político en una escala izquierda-derecha (1 - 7) y de evaluación del Presidente del Gobierno (1 - 10), a una muestra de estudiantes de 10 Facultades. Los resultados obtenidos fueron los siguientes:

Facultad	Media autoposicionamiento político	Evaluación Presidente Gobierno
A	3,6	6,8
B	3,4	6,9
C	3,1	6,0
D	4,0	6,3
E	4,1	5,9
F	3,5	6,4
G	3,3	6,7
H	3,0	7,0
I	3,7	6,1
J	3,8	6,5

Calcular el grado de asociación de ambas variables mediante el coeficiente «rho» de Spearman, e interpretar el resultado obtenido.

BIBLIOGRAFIA

BLALOCK, Hubert M.: *Social Statistics*, New York, McGraw-Hill, 1960.
COSTNUER, Herbert L.: «Criteria for measures of association», *American Sociological Review*, 30, 1965, págs. 341-353.
FREEMAN, Linton C.: *Elementos de Estadística Aplicada*, Madrid, Euramérica, 1971.
GOODMAN, L. y W. KRUSKAL: «Measures of association for cross classification», *Journal of the American Statistical Association*, 49, 1954, págs. 733-764.
GUTTMAN, Louis: «An outline of the statistical theory of prediction», en P. Horst (ed.) *The prediction of Personal Adjustment*, Social Science Research Council Bulletin 48, 1941, págs. 261-262.
KIM, Jae-On; «Predictive Measures of Ordinal Association», *American Journal of Sociology*, 76, 1971, pág. 891-907.
LEIK, Robert D. y WALKER, R. Gove: «Intgrated approach to measuring association», en H. L. Costnuer (ed.), *Sociological Methodology 1971*, San Francisco, Josey-Bass Inc, 1971, pág. 297-301.
LOETHER, H. J. y D. G. MCTAVISH: *Descriptive Statistics for Sociologists*, Boston, Allyn & Bacon, 1974.
LÓPEZ PINTOR, Rafael: «Satisfacción en el trabajo y formalismo como fenómenos burocráticos: un análisis de actitudes en Chile», *REOP*, 44, 1976. págs. 101-145.
SOMERS, Robert H.: «A new asymmetric measure of association for ordinal variables», *American Sociological Review*, 27, 1962, 799-811.

Capítulo 9
MEDIDAS DE ASOCIACION PARA VARIABLES DE INTERVALO: REGRESION Y CORRELACION

9.1. Planteamiento general

Una vez estudiadas las medidas de asociación para variables nominales y ordinales, pasamos al estudio de las medidas de asociación para variables de intervalo, estudio que presenta aspectos estadísticos y matemáticos inéditos hasta ahora, por lo que llevamos visto en los capítulos precedentes. Al tratar de estudiar el tipo de relación existente entre dos variables de intervalo aparecen dos conceptos que conviene diferenciar desde un principio. Por un lado, se trata de analizar el grado de *correlación* entre las dos variables, lo que nos remite al estudio de la variación conjunta de dos variables, su intensidad y dirección o sentido. Por otro lado, se presenta el problema de la *regresión* o predicción de los resultados en una de las dos variables, conocidos los resultados en la otra.

Al tratarse de variables de intervalo, el concepto de media recobra de nuevo su importancia. Como se recordará del estudio de la estadística univariable, la media aritmética de una variable es una predicción útil, porque la media goza de la propiedad de que la suma algebraica de las desviaciones de cada puntuación en relación a la media es cero. A partir de tales desviaciones se puede saber cuán acertada resulta la predicción, y para ello se suele utilizar la varianza (o su raíz cuadrada, la desviación típica) como medida del grado de dispersión de las puntuaciones alrededor de la media.

De este modo, pues, vemos que se puede predecir la media de una variable y medir los «errores» cometidos en la predicción por medio de la varianza (s^2), y ésta sería, de hecho, la predicción realizada con el mínimo de información.

Para realizar una predicción con mayor información, vamos a tener en cuenta la forma en que las puntuaciones de la variable independiente influyen en la distribución de las puntuaciones de la variable dependiente. Y ahora tenemos que introducir una línea de argumentación diferente a la seguida en el capítulo anterior, cuando estudiamos las medidas de asociación entre variables nominales y ordinales. Supongamos que somos capaces de obtener una fórmula que pueda describir la forma en que varía la media de la variable dependiente Y al trasladarnos de un extremo al otro de los valores de la variable independiente X. Mediante dicha fórmula lograríamos describir matemáticamente la naturaleza del tipo de relación entre las dos variables y, al mismo tiempo, nos permitiría «calcular» una estimación de una puntuación individual en la variable dependiente, a partir de la información de su puntuación en la variable independiente. Comparando las puntuaciones resultantes de realizar la predicción mediante la ecuación con las puntuaciones realmente observadas, podemos preguntarnos entonces por el grado de exactitud de la ecuación de predicción. Esto se puede expresar mediante una medida de asociación, llamada *coeficiente de correlación* (para él caso de las variables de intervalo), que expresaría la proporción en que se pueden reducir los errores predictivos mediante la ecuación de predicción, en lugar de utilizar como criterio predictivo la media global de la variable dependiente.

Este es el criterio que vamos a seguir a continuación para desarrollar la medida de asociación llamada coeficiente de correlación lineal de Pearson, que se designa mediante r_{xy}. Con el fin de desarrollar esta idea resulta conveniente comenzar nuestro análisis estudiando el problema de la predicción, ya que la noción de la regresión es, desde un punto de vista lógico y teórico, previa a la de correlación.

9.2. Ecuaciones de regresión lineal

Tal como se ha señalado repetidamente (ver, por ejemplo, Blalock, 1979, pág. 382), el fin último de toda ciencia es el de realizar predicciones. También trata el científico de lograr explicaciones en términos causales, pero las explicaciones, cuando alcanzan un alto grado de perfección, son las que permiten predecir mejor a partir del conocimiento de una información suficiente. Albert Einstein consiguió explicar la actuación de todas las fuerzas que actúan en el sistema solar mediante su teoría de la relatividad. A partir de los conocimientos aportados por la teoría de la relatividad, formalizados en las correspondientes expresiones matemáticas, ha sido posible hasta ahora predecir, entre otras cosas, el movimiento de los planetas y los eclipses solares.

En sociología, al igual que en otras ciencias sociales, también se realizan predicciones, pero, a diferencia de las que se realizan en las ciencias físicas, no suelen ir acompañadas de ninguna precisión matemática. Y ello es debido a que, como ya señaló Homans, en sociología existen muchas teorías, pero ninguna explicación (Homans, 1967, pág. 28). Las teorías sociológicas, en lugar de ser sistemas deductivos de proposiciones empíricas que hagan posible la explicación de las mismas, son en realidad matrices de definiciones operativas que, cuando establecen relaciones entre variables, lo hacen en términos meramente orientativos, con escaso o nulo poder explicatorio [*]. Además, al no haber alcanzado la mayoría de las variables sociológicas el nivel de medida de intervalo, los intentos por lograr sistemas deductivos formales se hacen extremadamente difíciles. Con todo, siempre que se disponga de dos variables medidas al nivel de intervalo debemos tratar de definir la función que relaciona a ambas variables, no sólo en términos verbales, sino tratando de especificar la forma y el significado de la misma.

Supongamos que disponemos de diversas observaciones referentes a dos variables de intervalo y tratamos de describir, de la forma más precisa posible, la forma en que varía una variable con la otra. Por ejemplo, se podría afirmar, a la vista de una serie de datos, que, por cada año de escolaridad recibida, los ingresos mensuales esperados se incrementarán en 10.000 pesetas. Si los datos confirman este hecho, podríamos decir que existe una relación lineal entre la variable educación y la variable ingresos. Ahora bien, no siempre el tipo de la relación entre dos variables es tan sencilla como la anterior, apareciendo entonces relaciones curvilíneas. Pero, como aproximación al verdadero tipo de relación, la relación lineal es con frecuencia una buena aproximación.

9.2.1. *Relación entre dos variables estadísticas: Ecuación de una recta*

Naturalmente, la forma más simple y clara de expresar una relación entre variables es a través de una ecuación matemática. Aunque existen relaciones muy complejas que se expresan por medio de ecuaciones matemáticas igualmente complejas, lo cierto es que en sociología, por las razones anteriormente apuntadas, la mayor parte de las relaciones empíricas conocidas entre variables son muy simples y del tipo lineal.

Veamos ahora, a través de unos datos ficticios, la forma en que se construye una ecuación matemática que exprese la relación lineal existente entre dos variables. Supongamos que disponemos de datos de seis individuos referentes a los años de escolaridad que han finalizado cada uno y el nivel de ingresos mensuales que alcanzan:

Individuo	(X) Años de escolaridad	(Y) Ingresos (10.000 ptas.)
A	1	2
B	2	4
C	3	6
D	4	8
E	5	10
F	6	12

---

[*] Para un tratamiento más detallado del problema de la explicación en sociología, ver mi trabajo, Manuel GARCÍA FERRANDO: *Sobre el Método*, Madrid, CIS, 1979, especialmente las páginas 143-150.

Estas puntuaciones se pueden representar en un sistema cartesiano de ejes coordenados, distribuyendo a lo largo del eje X las puntuaciones referentes a «años de escolaridad» y a lo largo del eje Y los ingresos. Obtendríamos así seis puntos para cada par de observaciones o puntuaciones, en el sistema cartesiano, como sigue:

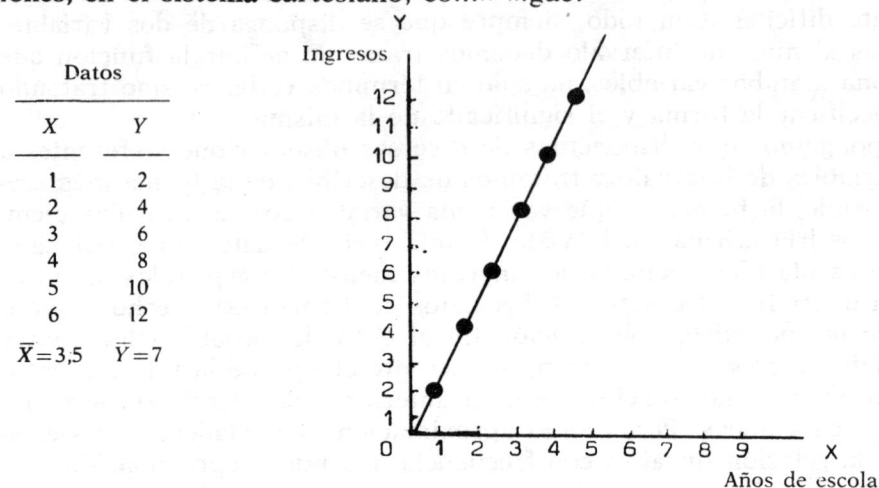

Datos	
X	Y
1	2
2	4
3	6
4	8
5	10
6	12
$\bar{X}=3,5$	$\bar{Y}=7$

Resulta evidente de la observación de este gráfico que la relación entre ambas variables es muy simple. En realidad, se puede predecir la puntuación en Y a partir del conocimiento de la correspondiente puntuación en X, mediante la multiplicación por dos de cada puntuación de X. Esta relación se expresa mediante la ecuación siguiente:

$$Y = 2X$$

Como se puede observar en la representación efectuada en el sistema cartesiano de coordenadas, las predicciones se distribuyen a lo largo de una línea recta, por lo que se dice que las variables X e Y están relacionadas linealmente. Veamos ahora otro conjunto de datos como los anteriores e, igualmente, los representamos en dos ejes coordenados:

Datos	
X	Y
1	3
2	6
3	8
4	10
5	12
$\bar{X}=3$	$\bar{Y}=7,8$

Las puntuaciones de Y para los cinco casos se pueden predecir también por una fórmula simple, como la que sigue:

$$Y = 2 + 2X$$

Es decir, dada una puntuación para X, podemos predecir el correspondiente valor de Y simplemente multiplicando por dos la puntuación de X y sumando una constante, 2. Como en el caso anterior, la ecuación describe una simple línea recta, que representa la relación lineal entre las dos variables. Pero ahora la fórmula que relaciona a X e Y incorpora un término constante, que representa el punto en el que la línea recta corta el eje Y. Pues bien, como se sabe, este tipo de ecuación con término constante responde a la forma más general de ecuación de una recta:

$$Y = a + bX \qquad [9.1]$$

Cualquier relación lineal entre dos variables X e Y se puede expresar mediante la expresión [9.1]. El significado de los parámetros a y b es también sencillo. Cuando $X = 0$, la expresión $Y = a + bX$ se convierte en $Y = a$, por lo que el parámetro a recibe el nombre de *ordenada en el origen*, ya que representa aquel punto de la recta cuya abscisa es el origen de coordenadas. En el ejemplo anterior, $a = 2$.

El otro parámetro b representa la cuantía en que varía Y cuando X varía en una unidad. En el ejemplo anterior, cuando X aumenta un año de escolaridad, los ingresos se duplican, es decir, $b = 2$. Al parámetro b se le denomina *coeficiente angular o pendiente de la recta*. Cuando b es un número positivo, la recta es creciente; esto es, al aumentar el valor de X crece también el valor de Y, mientras que si b es un número negativo la recta es decreciente, ya que al crecer el valor de la variable independiente X disminuye el valor que toma la variable dependiente Y.

9.2.2. *La ecuación de regresión y el ajuste por mínimos cuadrados*

Si en lugar de disponer de datos referentes a los años de escolaridad y nivel de ingresos de un grupo de individuos dispusiéramos de los correspondientes datos para grupos diferentes de población, el problema de la predicción se hace más significativo. Supongamos, por ejemplo, que para cada nivel de educación tenemos la distribución de los ingresos para cada uno de los individuos que se encuentran en el mismo nivel educativo. Naturalmente, no todos los individuos del mismo nivel educativo disfrutarán de idéntico nivel de ingresos, pero tales ingresos se distribuirán alrededor de una media. Pues bien, para cada nivel de escolaridad (valores de la variable X) tendremos una distribución de ingresos (variable Y) alrededor de una media. De este modo, representando los valores de X y las medias de Y en unos ejes coordenados, obtendremos una representación, lineal o curvilínea, de las medias de Y para cada valor de X como una *ecuación de regresión* * de Y en X, tal como se ilustra a continuación:

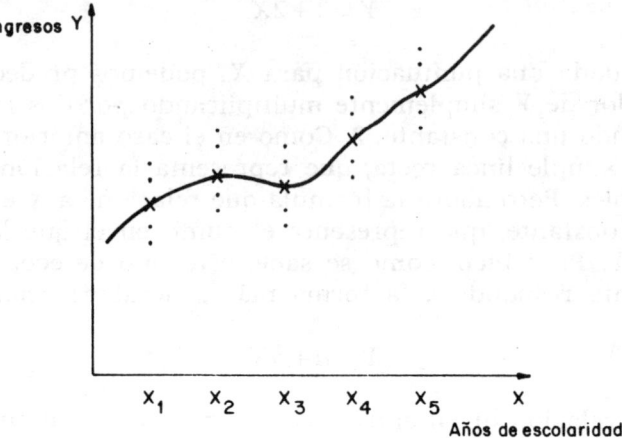

Como destaca Blalock (*op. cit.*, pág. 384), estas ecuaciones de regresión son las «leyes» de la ciencia. Conocida la expresión matemática que describe la forma y dirección de la línea o curva de las medias se pueden realizar predicciones muy exactas. Así, conociendo el nivel de escolaridad de un individuo y la ecuación matemática que describe la anterior relación, podemos predecir con bastante exactitud su nivel de ingresos. Ahora bien, a diferencia de otras ciencias más «exactas», en sociología usualmente no se conoce con precisión la curva o línea que relaciona a ambas variables. Al no disponer de mediciones precisas para sus variables, el sociólogo suele conceder cierta variabilidad a la ecuación de regresión y prefiere pensar en términos de medias y varianzas de la distribución de Y para cada X, en lugar de considerar la distribución precisa de los valores de Y en X.

Para hacer más manejable estadísticamente el problema de la predicción mediante la ecuación de regresión se hace necesario considerar un modelo lo más sencillo posible. Es por esta razón por lo que se presupone que la forma de la ecuación de regresión es lineal, que las distribuciones de los valores de Y en cada valor de X son del tipo normal, y que las varianzas de las distribuciones de Y son las mismas para cada valor de X (Blalock, *op. cit.*, pág. 385). De todos estos supuestos simpli-

---

* En realidad, el verbo «regresar» no tiene definición matemática, aunque como señala Guttman (1979), pág. 112, el nombre de «regresión» desgraciadamente va unido a él. Una regresión es sencillamente una serie de medias condicionales, usualmente de medias aritméticas, tal como estamos viendo aquí. En sus orígenes, las «ecuaciones de regresión» se desarrollaron con los estudios genéticos que trataban de conseguir líneas genéticas puras, es decir, trataban de «regresar» de los tipos reales genéticos impuros, a los tipos originales puros. Desde entonces, el nombre de «ecuaciones de regresión» ha permanecido, aunque como ecuaciones matemáticas se aplican a la investigación empírica en ciencias, como la sociología, bastante alejadas de la genética.

ficadores, el que más nos interesa destacar para seguir nuestro hilo argumental es el de la linearidad. En efecto, si la regresión de Y en X es lineal, su ecuación será de la forma [9.1], es decir, se representará matemáticamente como la ecuación de una recta, $Y = a + bX$, en donde los parámetros a y b tienen el significado que anteriormente hemos visto, es decir, a es la ordenada en el origen y b es el coeficiente angular de la recta.

Insistamos una vez más en el hecho de que no todas las asociaciones entre dos variables pueden describirse bien por medio de una línea recta, ya que con frecuencia es curvilínea la forma geométrica que describe la asociación. No obstante, dadas las dificultades que plantea la búsqueda de una fórmula adecuada que se ajuste a la descripción de la relación curvilínea, se suele utilizar el modelo más simplificado y, por tanto, aproximado de la relación lineal, como el criterio «óptimo» de ajuste de una línea de regresión. En la realidad de la investigación empírica, los datos que obtiene el sociólogo suelen encontrarse bastante dispersos, aunque el conjunto de todos ellos se adapte bastante bien alrededor de la línea de la regresión. El problema entonces radica en situar la línea de regresión de tal forma que se ajuste lo mejor posible a los datos.

En último término, el criterio de ajuste de una línea de regresión responde al grado en que la variable dependiente puede predecirse a través de la ecuación que representa a dicha línea. Vamos a desarrollar esta idea mediante otro ejemplo ficticio, y para ello partiremos de unos pocos datos referentes a la relación que venimos estudiando entre escolaridad e ingresos:

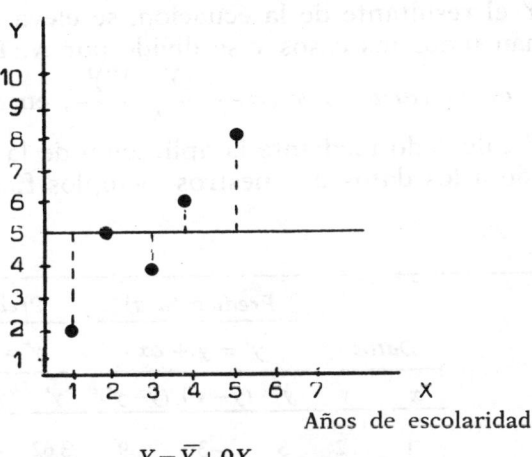

Datos	
X	Y
1	2
2	5
3	4
4	6
5	8
$\bar{X} = 3$	$\bar{Y} = 5$

$Y = \bar{Y} + 0X$

El conjunto de las cinco puntuaciones puede predecirse con formas diferentes. La forma más sencilla de hacerlo es mediante el uso de la media de Y, $\bar{Y}$, tal como se ha representado en el sistema de coordenadas a). La línea de regresión sería en tal caso una recta horizontal, como se observa en dicha figura. Del mismo modo se podría pensar en formular otras predicciones; por ejemplo, mediante las ecuaciones $Y=3+ +0,62X$ o $Y=1,15+1,35X$. En tal caso, las correspondientes representaciones gráficas serían las siguientes:

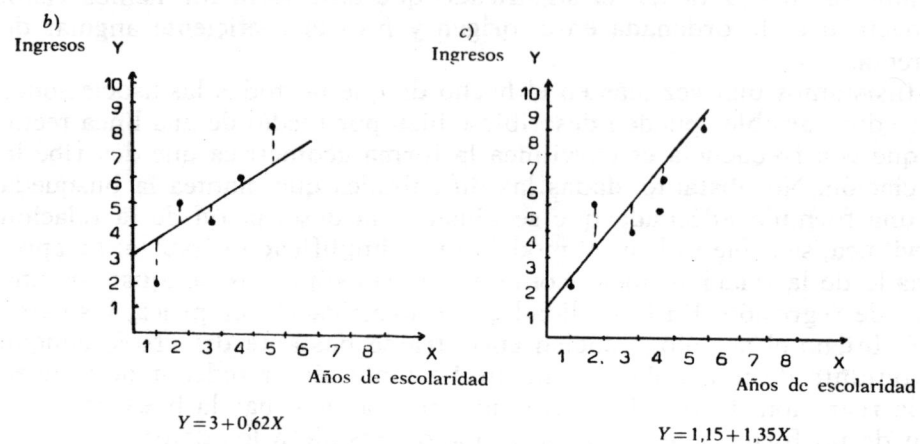

b) $Y=3+0,62X$

c) $Y=1,15+1,35X$

Ambas ecuaciones de ajuste se han elegido arbitrariamente, con fines ilustrativos. Con el fin de comprobar cuál de las tres ecuaciones predice con mayor exactitud los valores de Y en X podemos seguir el criterio de la varianza, que consistirá simplemente en restar de cada valor real de Y el resultante de la ecuación, se eleva al cuadrado la diferencia, se suman todos los casos y se divide por N. Es decir, mediante la *estimación de la varianza* $s^2_{yx} = \dfrac{\Sigma (Y-Y')^2}{N}$, en donde Y' representa el valor de Y calculado mediante la aplicación de la ecuación de predicción. Volviendo a los datos de nuestros ejemplos ficticios, tenemos que:

Datos		Predicción a) $y' = y + ox$			Predicción b) $y' = 3 + 0,62x$			Predicción c) $y' = 1,1 + 1,3x$		
x	y	y'	(y−y')	(y−y')²	y'	(y−y')	(y−y')²	y'	(y−y')	(y−y')²
1	2	5	−3	9	3,62	−1,62	2,62	2,40	0,40	0,16
2	5	5	0	0	4,24	0,76	0,58	3,70	1,30	1,69
3	4	5	−1	1	4,86	−0,86	0,74	5,00	−1,00	1,00
4	6	5	1	1	5,48	0,52	0,27	6,30	−0,30	0,09
5	8	5	3	9	6,10	1,90	3,61	7,60	0,40	0,16
Suma: 15	25			20			7,82			3,10
Promedio: 3	5			4			1,56			0,62

En este cuadro se puede comprobar que las tres ecuaciones de predicción utilizadas ofrecen estimaciones de la varianza que van disminuyendo según vamos utilizando una ecuación más precisa. Así, para la ecuación *a)* la estimación de la varianza es bastante elevada, 4; mientras que para la ecuación de predicción *b)* la estimación de la varianza desciende a 1,52; quedando tan sólo el valor de s^2_{yx} en 0,64 para la ecuación *c)*, que es, naturalmente, la que mejor se ajusta a la distribución real de los datos.

La raíz cuadrada de la estimación de la varianza, $\sqrt{s^2_{yx}}$, se denomina *error típico de la estimación*. En las representaciones gráficas, en el eje de coordenadas de las tres ecuaciones se han trazado las distancias entre cada punto real y la línea de regresión. Tales distancias son máximas en la representación de la ecuación *a)* y mínimas en la representación de la ecuación *c)*. Esto se ha reflejado, tal como se ha dicho anteriormente, en una menor varianza de la estimación, es decir, que la ecuación de predicción $Y'=1,15+1,35X$ produce la menor varianza, o, dicho en otros términos, representa la línea de regresión de Y en X que produce el mejor ajuste. El criterio de «mejor» se basa en que la suma de las desviaciones al cuadrado de las puntuaciones alrededor de la recta es la más pequeña de todas las rectas consideradas, por lo que se le denomina *línea de regresión de mínimos cuadrados* de Y en X.

Así, pues, el criterio de los mínimos cuadrados consiste en encontrar la línea recta que tenga la propiedad de que la suma de los cuadrados de las desviaciones de los valores reales de Y en relación a dicha recta sea mínima. De este modo, si trazamos las líneas verticales que unen a cada uno de los puntos con la línea de mínimos cuadrados, y si se elevan al cuadrado tales distancias, la suma resultante será la menor posible de todas las sumas de cuadrados que se puedan calcular en relación a cualquier otra recta, tal como se observa en la siguiente figura:

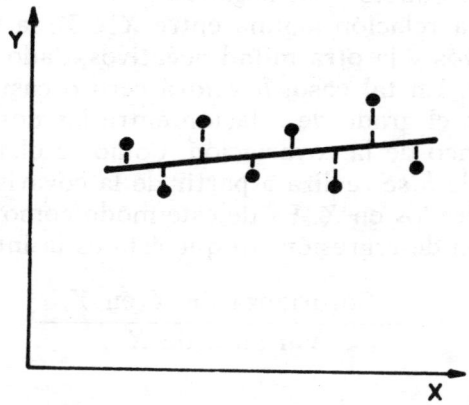

Obsérvese que si en lugar de trazar las distancias verticales trazáramos las distancias horizontales obtendríamos una recta de regresión de

Y en X. Es decir, permutaríamos los papeles de las variables dependientes e independientes. El criterio sería, pues, el mismo, sólo que con los papeles de las variables cambiados.

Con el fin de obtener la línea de los mínimos cuadrados, se hace preciso calcular el valor de los parámetros a y b. Se puede demostrar que:

$$b = \frac{\Sigma (X - \bar{X})(Y - \bar{Y})}{\Sigma (X - \bar{X})^2} \qquad [9.2]$$

$$a = \bar{Y} - b\bar{X} = \frac{\Sigma Y - b(\Sigma X)}{N} \qquad [9.3]$$

en donde $\bar{X}$ e $\bar{Y}$ son las medidas aritméticas de las variables X e Y, respectivamente *. El numerador de b está formado por la expresión $\Sigma (X - \bar{X})(Y - \bar{Y})$, que se denomina la *covariación* de Y en X. Esta cantidad es análoga directamente a las sumas de los cuadrados para X o Y, con la diferencia de que, en lugar de elevar al cuadrado $(X - \bar{X})$ o $(Y - \bar{Y})$, se realiza el producto de ambos términos. En realidad, lo que se consigue de este modo es obtener una medida de cómo varían conjuntamente X e Y, de donde proviene el término de *covarianza*.

En realidad, la covariación puede ser positiva o negativa, según el sentido de la relación de X en Y. Cuando X e Y se encuentran relacionados positivamente, los valores superiores de X se encontrarán relacionados con los valores superiores de Y, y, viceversa, los valores inferiores de X se encontrarán relacionados con los valores inferiores de Y. Entonces, si $X > \bar{X}$, también será $Y > \bar{Y}$, o si $X < \bar{X}$, también $Y < \bar{Y}$. Con lo cual, el producto de $(X - \bar{X})$ por $(Y - \bar{Y})$ será positivo, y la suma de todos los productos también será positiva. E, inversamente, si X e Y se encuentran relacionados negativamente, cuando $X > \bar{X}$, será $Y < \bar{Y}$, con lo que el anterior producto será negativo.

Cuando no exista relación alguna entre X e Y, la mitad de los productos serán positivos y la otra mitad negativos, dado que X e Y varían independientemente. En tal caso, b valdrá cero o casi cero. De ahí que cuanto más alto sea el grado de relación entre las dos variables, mayor será el valor numérico de la covariación. Como se observa en la fórmula [9.2], el cálculo de b se realiza a partir de la covariación dividida por la suma de los cuadrados en X. Es de este modo como se calcula la pendiente de la ecuación de regresión, ya que ésta es la interpretación de b:

$$b = \frac{\text{Covarianza de } X \text{ en } Y}{\text{Varianza de } X}$$

---

* Para ver el fundamento matemático de estas fórmulas, se pueden consultar algunos de los libros de estadística que se citan en el apartado bibliográfico al final del capítulo, como, por ejemplo, Alcaide (1975), Amón (1978), Blalock (1979).

Existe otra fórmula para el cálculo de b que no necesita tener en cuenta el valor de las medias de X e Y, y sólo utiliza las puntuaciones individuales de ambas variables. Dicha fórmula operacional de b se escribe como sigue:

$$b = \frac{N\Sigma XY - (\Sigma X)(\Sigma Y)}{N\Sigma X^2 - (\Sigma X)^2} \qquad [9.4]$$

Esta fórmula, en la que tanto el numerador como el denominador aparecen multiplicados por N, es de más fácil manejo que la [9.2].

Ejemplo: Supongamos de nuevo que estamos estudiando la relación que existe entre años de escolaridad e ingresos, y que hemos reunido los mismos datos que hemos utilizado en el ejemplo anterior. Lo que se trata ahora es de calcular los parámetros a y b y la consiguiente ecuación de regresión: $Y = a + bX$. Para ello prepararemos la siguiente tabla de datos y cálculos:

(X) Años de escolaridad	(Y) Nivel de ingresos	X^2	Y^2	XY
1	2	1	4	2
2	5	4	25	10
3	4	9	16	12
4	6	16	36	24
5	8	25	64	40
$\Sigma X = 15$	$\Sigma Y = 25$	$\Sigma X^2 = 55$	$\Sigma Y^2 = 145$	$\Sigma XY = 88$

Sustituyendo estos cálculos en la fórmula [9.4], obtendremos el valor de b:

$$b = \frac{N\Sigma XY - (\Sigma X)(\Sigma Y)}{N\Sigma X^2 - (\Sigma X)^2} = \frac{5 \cdot 88 - 15 \cdot 25}{5 \cdot 55 - 225} = \frac{440 - 375}{275 - 225} = 1,3$$

Y ahora, sustituyendo en [9.3], se puede obtener el valor de a:

$$a = \frac{\Sigma Y - b(\Sigma X)}{N} = \frac{25 - 1,3 \cdot 15}{5} = 1,1$$

Con lo que la ecuación de regresión queda como sigue:

$$Y = 1,1 + 1,3X$$

A partir de esta fórmula se pueden predecir los niveles de ingresos para los diferentes niveles de escolaridad. Así, para el nivel de escolaridad $X=9$, el nivel de ingresos sería el siguiente:

$$Y = 1,1 + 1,3 \cdot 9 = 12,8$$

De este modo hemos establecido una fórmula simple que describe la *naturaleza* de la asociación entre dos variables de intervalo y que, al mismo tiempo, nos permite utilizar la información que disponemos sobre la variable independiente, con el objeto de lograr una predicción mejor de la variable dependiente. A continuación nos ocuparemos de desarrollar una medida del grado de asociación que expresará, en último término, la reducción proporcional en los errores predictivos que se logra con dicha fórmula.

9.3. CORRELACIÓN. COEFICIENTE R DE CORRELACIÓN DE PEARSON

En realidad, en el estado actual del desarrollo de la investigación empírica en sociología, los sociólogos están con frecuencia más interesados en el descubrimiento de las variables más íntimamente asociadas con una variable dependiente determinada que en predecir, mediante una ecuación de regresión, los valores de la variable dependiente a partir de los valores conocidos de las variables independientes. Dado el carácter exploratorio de una parte todavía importante de la investigación empírica sociológica, el análisis de regresión pasa a un segundo plano, quedando como objetivo prioritario el estudio del grado de asociación o correlación entre las variables. En las ciencias más precisas, como la física o la biología, el problema, por el contrario, se centra más en la predicción exacta que en el análisis del grado de asociación. El énfasis, como se ve, depende del grado de desarrollo de los procedimientos de medición de cada ciencia. La sociología, con un nivel ciertamente bajo de desarrollo de la medición de sus variables, tiene hoy en día que concentrarse más en el estudio de la correlación que en el de la regresión y predicción.

El coeficiente de correlación más ampliamente difundido para el análisis de la asociación entre dos variables de intervalo fue desarrollado por Karl Pearson (1857-1936). Aunque fue el también británico Francis Galton el que desarrolló la idea de la correlación, Pearson generalizó los métodos y conclusiones de su compatriota y derivó la fórmula que actualmente se llama «momento-producto de Pearson», logrando una rutina de cálculo que ha alcanzado difusión universal. En la literatura estadística inglesa se habla del coeficiente de correlación del momento-producto de Pearson, r, aunque de una manera más simplificada se habla del coeficiente r de Pearson. Lo que mide en realidad este coeficiente es la cantidad de dispersión en relación a la ecuación lineal de mínimos cuadrados.

La dispersión en relación a dicha ecuación se podría igualmente medir mediante el cálculo de la desviación típica en relación a la recta, pero, como se ha dicho antes, el coeficiente r de Pearson ha logrado aceptación universal en el mundo de la ciencia. Se trata de un coeficiente fácilmente interpretable, ya que su recorrido oscila entre $-1,0$ (asociación perfecta negativa) hasta $+1,0$ (asociación perfecta positiva). Al tratarse de una medida de la relación lineal, que mide el grado de ajuste a la recta de mínimos cuadrados, no se puede interpretar el valor de $r=0$ como ausencia total de relación, ya que las variables X e Y pueden estar fuertemente asociadas de forma curvilínea y tener, sin embargo, un valor de r igual a cero o próximo a cero. De ahí que, antes de calcular el valor de r, resulta aconsejable representar en un sistema de coordenadas cartesiano los valores de X e Y, para observar si su distribución aproximada es lineal o curvilínea. En la actualidad, muchos programas estadísticos de ordenador incluyen entre sus rutinas de cálculo el diagrama de dispersión, lo que resulta muy conveniente para interpretar los resultados.

Veamos ahora, antes de pasar a analizar la fórmula del coeficiente de correlación de Pearson, distintos ejemplos de diagramas de dispersión para valores de X e Y:

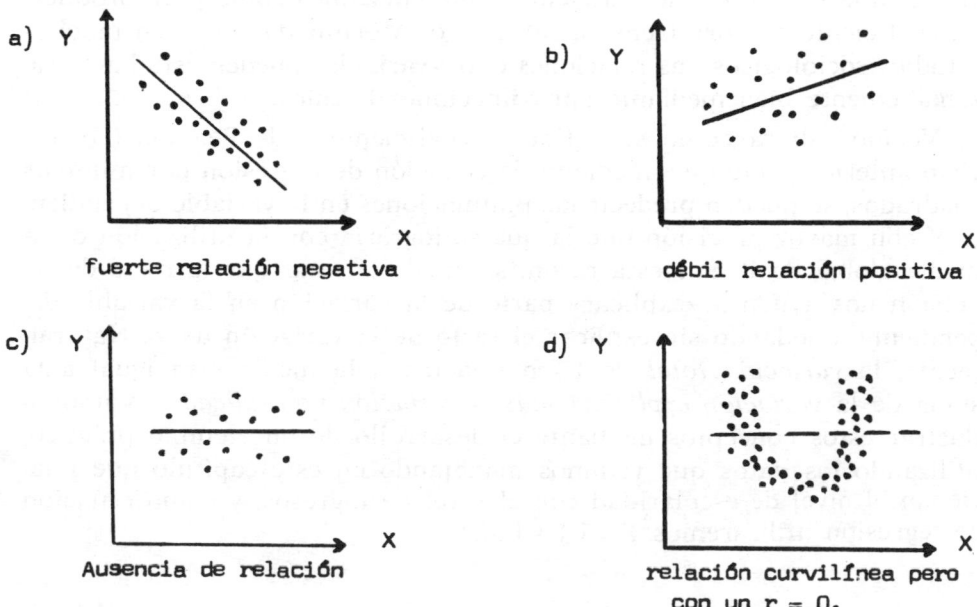

Hemos señalado anteriormente que los límites superiores de r son $+1,0$ y $-1,0$. Si todos los puntos se encuentran en la línea recta, el coeficiente r valdrá la unidad, dependiendo el signo de que la relación sea positiva o negativa. Cuando la distribución de los puntos se aproxima a la línea recta, el valor de r se encontrará próximo a la unidad. Ese sería el caso de la distribución que se presenta en los ejes de coordenadas *a)*, en el que si se calculara r se obtendría un valor próximo a 0,90, aunque afectado de signo negativo, ya que es negativa la relación entre las variables. En los ejes de coordenadas *b)*, la distribución de los puntos pone de manifiesto una débil relación positiva, que daría lugar a un coeficiente r que no sería superior a 0,40. La ausencia de relación lineal, es decir, el valor de $r=0$, se representa en los gráficos *c)* y *d)*, pero existe una diferencia importante entre ambas distribuciones de puntos. Mientras que en el gráfico *c)* el valor de $r=0$ se corresponde con una ausencia de relación entre X e Y, en el gráfico *d)* el valor de $r=0$ se refiere únicamente a la ausencia de relación lineal, pero no de relación curvilínea, ya que los puntos se distribuyen perfectamente en forma de U, pero naturalmente la relación lineal es nula.

Por ello, cuando el investigador encuentra una $r=0$, no puede concluir de inmediato que las variables no se encuentran relacionadas. Por eso resulta conveniente la inspección del diagrama de dispersión de los puntos para poder saber si se trata, de hecho, de una ausencia de relación o si la relación es lo suficientemente curvilínea como para producir un coeficiente de correlación igual a cero. Afortunadamente, en muchos estudios sociológicos, las relaciones entre variables pueden estudiarse razonablemente bien mediante aproximaciones lineales.

Veamos ahora cómo se define el coeficiente r de Pearson. Hemos visto anteriormente que mediante la ecuación de regresión por mínimos cuadrados, se pueden predecir las puntuaciones en la variable dependiente Y con mayor precisión que la que se lograría con la utilización de la media global de Y. Por esta razón, se puede afirmar que la recta de regresión nos ayuda a «explicar» parte de la variación en la variable dependiente, quedando sin explicar el resto de la variación de Y. Naturalmente, la *variación total* de Y en relación a la media será igual a la suma de la *variación explicada más la variación no explicada*. Vamos a ilustrar estos conceptos mediante el desarrollo de un ejemplo práctico, utilizando los datos que venimos manejando en este capítulo que relacionan el nivel de escolaridad con el nivel de ingresos, y como ecuación de regresión utilizaremos $Y=1,1+1,3X$:

Puntuaciones reales		Puntuaciones de y obtenidas mediante ec. regresión	Variación no explicada	Variación explicada	Variación total
x	y	y'	$(y-y')^2$	$(y'-\bar{y})^2$	$(y-\bar{y})^2$
1	2	2,40	0,16	6,76	9
2	5	3,70	1,69	1,69	0
3	4	5,00	1,00	0	1
4	6	5,30	0,09	1,69	1
5	8	7,60	0,16	6,76	9
15	25	25,00	3,10	16,90	20

$\bar{y}=5$
$20 = 3,10 + 16,90$

$(y-\bar{y})^2 \;\; = \;\; (y-y')^2 \;\; + \;\; (y'-\bar{y})^2$

Variación total = Variación no explicada + Variación explicada

De lo que se trata es de explicar el máximo posible de variación, y el cuadrado del coeficiente de correlación de Pearson, r^2, expresa precisamente el grado en que la ecuación de regresión lineal explica la variación en la variable dependiente, tal como sigue:

$$r^2 = \frac{\text{Variación explicada}}{\text{Variación total}} = \frac{\Sigma (Y'-\bar{Y})^2}{\Sigma (Y-\bar{Y})^2}$$

También se puede expresar el coeficiente de correlación de Pearson en términos de varianzas. En concreto, el coeficiente de correlación es el cociente entre la covariación de X e Y y la raíz cuadrada del producto de la variación en X y de la variación en Y:

$$r = \frac{\Sigma (X-\bar{X})(Y-\bar{Y})}{\sqrt{[\Sigma(X-\bar{X})^2][\Sigma(Y-\bar{Y})^2]}} = \frac{s_{yx}}{\sqrt{(s_x^2)(s_y^2)}} \qquad [9.4]$$

En el último término de la fórmula [9.4], el coeficiente de correlación r aparece como el cociente entre la covarianza y el producto de las desviaciones típicas de X e Y. Ahora bien, la primera expresión que se contiene en [9.4] no sirve como fórmula operacional porque puede producir valores superiores a la unidad. En efecto, sabemos que la covarianza es una medida de la variación conjunta de X e Y, pero su magnitud depende de la cantidad global de variabilidad en ambas variables, pudiendo en algunos casos sobrepasar considerablemente de la unidad su valor numérico. Por ello resulta inconveniente utilizar la expresión [9.4] como medida de asociación. Pero si se divide esta expresión por el producto de las dos desviaciones típicas se obtiene una medida estandarizada que varía entre $-1,0$ y $+1,0$, siendo el valor cero consecuencia de la falta de la relación lineal entre X e Y.

Veamos con más detalle estos extremos. Ya hemos visto anteriormente que la covarianza será cero cuando X e Y no están relacionados linealmen; luego, cuando esto ocurra, el coeficiente $r=0$. Con la misma sencillez se puede demostrar que el límite superior de r es la unidad. Tomemos el caso de un valor positivo para b y en el que todos los puntos se concentran en la recta. Sabemos que para cada valor de Y se puede escribir $Y=a+bX$. Ahora bien, como las medias también se encuentran en la recta, $\overline{Y}=a+b\overline{X}$. Por tanto, para todos los puntos de la recta:

$$Y-\overline{Y}=(a+bX)-(a+b\overline{X})=b(X-\overline{X})$$

de donde:

$$\Sigma(X-\overline{X})(Y-\overline{Y})=b\Sigma(X-\overline{X})^2 \qquad [9.5]$$

multiplicando por b los dos términos de la expresión queda:

$$(Y-\overline{Y})^2=b^2\Sigma(X-\overline{X})^2$$

y sustituyendo en [9.4] queda:

$$r=\frac{b\Sigma(X-\overline{X})^2}{\sqrt{[\Sigma(X-\overline{X})^2][b^2\Sigma(X-\overline{X})^2]}}=1,0$$

E igualmente se puede demostrar que, para el caso en que todos los puntos se distribuyeran a lo largo de una recta de pendiente negativa, el valor resultante de r sería $-1,0$.

Resulta conveniente destacar también la relación existente entre el coeficiente de correlación r y la pendiente de la ecuación de regresión b. De la expresión [9.5] podemos despejar b, con lo que tenemos:

$$b=\frac{\Sigma(X-\overline{X})(Y-\overline{Y})}{\Sigma(X-\overline{X})^2} \qquad [9.6]$$

Vemos, pues, que la fórmula [9.4] de r y la fórmula [9.6] de b contienen idéntico numerador. Por tanto, cuando b sea cero, también valdrá cero r, y viceversa. Si consideramos tanto la regresión de X en Y como su opuesta, la regresión de Y en X, la comparación en [9.5] y [9.6] nos conduce a la conclusión de que:

$$r^2=b_{yx}b_{xy}=\frac{(s_{xy})^2}{s_x^2 \cdot s_y^2} \qquad [9.7]$$

Es decir, que el cuadrado del coeficiente de correlación de Pearson, r^2, entre dos variables X e Y es igual al producto del coeficiente angular o pendiente de la recta de regresión de Y en X, b_{yx}, por el coeficiente angular o pendiente de la recta de regresión de X en Y, b_{xy}. De [9.7] se deduce que cuando $r=1,0$, $b_{yx}=1/b_{xy}$, lo que significa que ambas ecuaciones de regresión coinciden. Por el contrario, cuando r se aproxima a cero, el ángulo entre las dos rectas se va haciendo más grande, y, finalmente, cuando $r=0$, las dos rectas son perpendiculares.

Ahora bien, ninguna de las expresiones empleadas hasta ahora para definir r resulta de interés a efectos operacionales. Se puede demostrar que r se puede expresar en términos de las mismas expresiones utilizadas para calcular a y b, del modo siguiente:

$$r = \frac{N\Sigma XY - (\Sigma X)(\Sigma Y)}{\sqrt{[N\Sigma X^2 - (\Sigma X)^2][N\Sigma Y^2 - (\Sigma Y)^2]}} \qquad [9.8]$$

Con los cálculos previos realizados para determinar los parámetros a y b (ver ejemplo de la sección 9.2.2) resulta muy fácil conocer el valor r, que para los datos utilizados anteriormente es:

$$r = \frac{5 \cdot 88 - 15 \cdot 25}{\sqrt{(5 \cdot 55 - 15^2)(5 \cdot 145 - 25^2)}} = \frac{65}{70,6} = 0,92$$

Sabemos ya, pues, que el coeficiente r de Pearson es una medida de correlación entre dos variables de intervalo y que sus valores extremos son $-1,0$ y $+1,0$. Los valores de r indican tanto la dirección como el grado (fuerza) de la asociación. Ahora bien, conviene notar que al tratarse de una medida que implica la noción y cálculo de varianzas y covarianzas, resulta ser muy sensible a la presencia de unos pocos valores extremos en una o en las dos variables. Observemos, como ejemplo, el siguiente diagrama de dispersión:

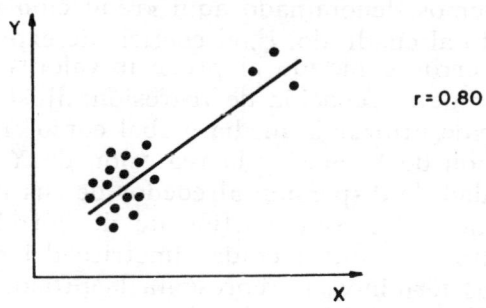

La presencia de tres puntos extremos da lugar a un valor de r próximo al 0,80, lo que representa, ciertamente, una fuerte correlación. Sin embargo, si hubiéramos calculado un coeficiente de correlación para cada uno de los dos grupos de puntos, los dos valores obtenidos hubieran sido notablemente inferiores, indicando sendas correlaciones débiles.

E, inversamente, puede ocurrir que dentro de un limitado recorrido de variabilidad de los valores de X e Y la correlación sea débil, pero considerado el conjunto de la distribución de los valores de X e Y la correlación sea fuerte, como se observa en el siguiente gráfico:

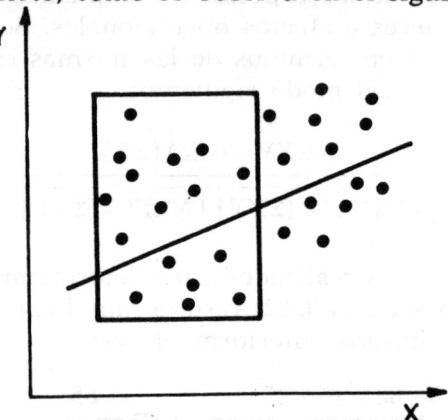

Ambos ejemplos ponen de manifiesto la necesidad de considerar la variabilidad total de X e Y antes de realizar una afirmación acerca de su grado de correlación. En el primero de los casos quizá pueda resultar aconsejable excluir a los casos extremos del cómputo global, mientras que en el segundo de los casos el investigador ha de esforzarse por lograr disponer del recorrido total de la variabilidad de los valores de ambas variables.

9.3.1. *Interpretación del coeficiente de correlación*

El coeficiente pearsoniano de correlación r es una medida de asociación del tipo que hemos denominado aquí «reducción proporcional del error», *RPE*. Elevado al cuadrado, r^2, el coeficiente expresa la reducción proporcional en el error cometido al predecir valores para la variable dependiente a partir de la ecuación de regresión, ajustada por mínimos cuadrados, en lugar de utilizar la media global como criterio predictivo. Dado que la regresión de Y en X y la regresión de X en Y tienen ambas la misma cantidad de dispersión alrededor de sus respectivas rectas de regresión, resultará el mismo coeficiente de correlación de ambas ecuaciones. Por tanto, r es una medida simétrica del grado de correlación. Dicho en otros términos, r^2 representa la proporción de la variación en una variable que queda explicada por su asociación lineal con otra variable.

El tipo de relación existente entre r y r^2 se pone de manifiesto en la figura 1, en la que se puede observar la proporción de variación que queda explicada para diferentes valores de r.

Venimos interpretando el coeficiente r^2 en función de la cantidad de variación explicada. Ahora bien, conviene insistir en que cuando hablamos de explicación no nos estamos refiriendo a una explicación causal, sino simplemente a una asociación entre dos variables.

Como se trata de una medida simétrica, r^2 se puede interpretar tanto como el cociente *(ratio)* entre la variación explicada en Y y la variación total en Y como el cociente entre la variación explicada en X y la variación total en X. Es decir, que el cuadrado del coeficiente de correlación se puede interpretar como la proporción de la variación total en una variable que queda explicada por la otra. La cantidad $\sqrt{1-r^2}$, que se denomina *coeficiente de alienación*, representa la raíz cuadrada de la proporción de variación no explicada por la variable independiente.

FIGURA 1

Porcentaje de variación explicada por coeficientes de correlación de diferentes tamaños

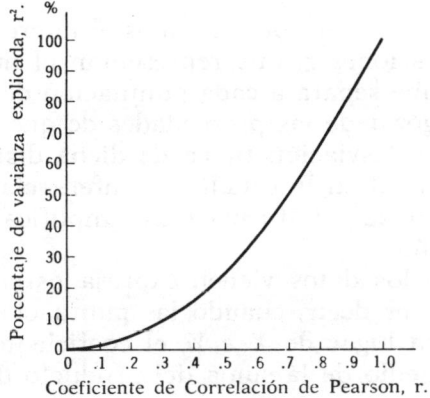

FUENTE: LOETHER y MCTAVISH: *op. cit.* pág. 246.

Nótese que no existe una interpretación sencilla y directa para el propio coeficiente r. Como destaca Blalock (*op. cit.*, pág. 409), en la práctica los valores de r nos pueden desorientar porque, a excepción de los valores 0 y 1,0, serán superiores a los de r^2. Así, nos puede parecer que un coeficiente r de valor 0,55 representa una buena correlación, cuando de hecho sólo estamos explicando $(0,55)^2 = 0,3025$, es decir, el 30 por 100 de la varianza. Es por ello por lo que las correlaciones que valen 0,3 o menos explican una pequeña proporción de la variación. En la siguiente tabla aparecen las relaciones numéricas existentes entre r, r^2, $1-r^2$ y $\sqrt{1-r^2}$:

Relaciones numéricas entre r, r^2, $1-r^2$ y $\sqrt{1-r^2}$			
r	r^2	$1-r^2$	$\sqrt{1-r^2}$
0,90	0,81	0,19	0,44
0,80	0,64	0,36	0,60
0,70	0,49	0,51	0,71
0,60	0,36	0,64	0,80
0,50	0,25	0,75	0,87
0,40	0,16	0,84	0,92
0,30	0,09	0,91	0,95
0,20	0,04	0,96	0,98
0,10	0,01	0,01	0,995

FUENTE: BLALOCK, 1979, pág. 409.

Aquí se ve con toda claridad que, para que se produzca una reducción importante del porcentaje de variación explicada, el valor de r ha de ser superior a 0,70.

9.3.2. *Correlación y regresión con valores típicos, z*

Al estudiar la distribución normal vimos el interés que tienen los valores típicos o puntuaciones z, que representan el número de unidades de desviación típica que separa a cada puntuación de la media. Las puntuaciones típicas, al gozar de las propiedades de que la media de su distribución es cero y la desviación típica de dicha distribución es la unidad, son de gran utilidad en la estadística inferencial. Pero también resultan útiles para expresar, de forma más simplificada y directa, la correlación y la regresión.

En efecto, cuando los datos vienen expresados en términos de puntuaciones o valores z, es decir, cuando las puntuaciones se expresan en términos de z_x y z_y en lugar de X e Y, el coeficiente de correlación es simplemente un promedio de la suma del producto de los valores z:

$$r = \frac{\Sigma z_x \cdot z_y}{N} \qquad [9.9]$$

Esta expresión revela, una vez más, que un simple cociente *(ratio)* expresa el grado de asociación o correlación entre dos variables de igual manera que, por medio de otro tipo de cocientes, hemos expresado anteriormente la media aritmética, la varianza y las medidas ordinales de asociación.

El valor de r expresado mediante [9.9] varía igualmente entre $-1,0$ y $+1,0$. En efecto, sabemos que la suma de los cuadrados de las puntuaciones z es igual al número total de casos, N. Pues bien, cuando un caso tiene una puntuación que se encuentra en idéntica posición relativa tanto en la variable X como en la variable Y, el valor de z en ambas variables será también el mismo, y $\Sigma z_x \cdot z_y = N$, con lo que $r = N/N = 1$. Pero en la medida en que las posiciones de los valores individuales sean diferentes en cada variable, los valores z también serán diferentes, con lo que $\Sigma z_x z_y < N$ y, por tanto, el valor de r será menor que 1, expresando su valor el grado de correlación entre X e Y.

La forma de la ecuación de regresión utilizando valores z, denominada *ecuación de regresión tipificada*, tiene también una expresión sencilla y directa:

$$z'_y = r(z_x)$$

Esto es, el valor estimado de la puntuación z en la variable Y, z'_y, se calcula a partir del producto del valor de z_x por una constante, que no es otra cosa que el coeficiente r de correlación de Pearson.

9.4. LA MATRIZ DE CORRELACIONES

De igual forma que vimos en el capítulo anterior la construcción de una matriz de medidas ordinales de asociación, se puede construir una matriz de correlaciones en base a los coeficientes r de correlación de Pearson obtenidos al calcular la correlación entre pares de variables de un conjunto de ellas.

En la siguiente tabla aparece una matriz de correlación entre ocho variables empleadas en un estudio sobre el significado del voto político en España:

Matriz de correlaciones entre ocho variables políticas, demográficas e históricas

	Históricas				Orientación política		Demográficas	
	A	B	C	D	E	F	G	H
A. Porcentaje de votos de izquierda ...	—							
B. Porcentaje de votos de derecha ...	.608	—						
C. Porcentaje de votos del PSOE ...	.400	−.187	—					
D. Porcentaje de votos de la CEDA ...	−.331	.721	.046	—				
E. Puntuación media (izda.-dcha) ...	−.107	.210	.162	.396	—			
F. Proporción favorable al centralismo.	.015	.171	.355	.352	.596	—		
G. Población autóctona.	−.152	.026	.213	.265	.507	.573	—	
H. Incremento de población intercensal.	.256	−.142	−.049	−.327	−.525	−.626	−.804	—

(Correlación entre las variable E y D.)

FUENTE: D. VILA, F. A. Oriza y M. GÓMEZ REINO: «Sociología del actual cambio político en España», FOESSA, 1978, pág. 720.

Tomando como unidad de análisis la provincia, los autores de este estudio calcularon las correlaciones existentes entre los resultados de las elecciones legislativas de junio de 1977 en España y diversas variables demográficas, políticas e históricas. Las variables dependientes utilizadas fueron el voto a los cuatro grandes partidos, operativizadas como votos de izquierda (PSOE y PCE) y votos de derecha (AP y UCD).

La tabla está organizada de forma que cada fila se refiere a una variable, al igual que ocurre con las columnas. El número que aparece en la intersección de cada fila con cada columna es un coeficiente de correlación que pone de manifiesto la correlación existente entre las variables referidas en la cabecera de cada fila y cada columna. Así, y tal como se señala en la propia tabla, el número 0,396 representa el coeficiente de correlación entre la variable «puntuación media (izda.-dcha.)» y la variable «porcentaje de votos de la CEDA».

Obsérvese que, dado que el coeficiente de correlación empleado en la tabla es el r de Pearson, que es una medida simétrica, sólo se han presentado los coeficientes para la mitad de la matriz, ya que la otra mitad de la matriz es idéntica (esto es, la correlación entre las variables E y D es idéntica que la correlación entre las variables D y E).

9.5. Consideraciones finales sobre la selección e interpretación de las medidas de asociación

En el capítulo anterior y en el presente hemos podido estudiar las medidas de asociación que con mayor frecuencia utilizan los sociólogos en sus análisis de datos empíricos. Tal como se ha visto, la selección de la medida más apropiada para resolver un problema concreto se realiza en base a considerar el nivel de medición de las variables, el tipo de relación —simétrica o asimétrica— que las caracteriza y los rasgos de la asociación que se desean destacar.

La consideración del nivel de medición de las variables es determinante a la hora de seleccionar una medida de asociación apropiada. Si se utiliza una medida de bajo nivel de medición con datos definidos a un nivel más alto de medición se perderá una información apreciable, mientras que si se hace lo contrario, esto es, utilizar una medida de alto nivel, por ejemplo r, con datos de bajo nivel, por ejemplo ordinales, cometeremos un error estadístico. Por eso es preciso adecuar la selección de una medida de asociación apropiada al nivel de medición de los datos de que disponemos.

También es importante tener en cuenta la manera en que se considera la relación entre la variable independiente y la dependiente. Cuando lo que se busca es la explicación y predicción de una variable dependiente se seleccionará una medida asimétrica. Pero si lo que realmente andamos buscando es la forma en que las dos variables covarían o se relacionan entre sí, entonces nos basta con elegir una medida simétrica.

Igualmente, hemos visto con anterioridad que las medidas de asociación difieren en los rasgos de la asociación a los que son más sensibles, con lo que seleccionaremos para resolver un problema concreto aquella medida que se adecúe mejor al rasgo que se pretende estudiar. Así, por ejemplo, algunas medidas como λ_{yx} y r están orientadas a la predicción de un valor central de una variable dependiente. Otras, como el coeficiente Tau, predicen la distribución de una variable; mientras que las hay, como r y G, que permiten el contraste entre un conjunto de datos observados y un modelo de asociación (o independencia) perfecta.

La selección de una medida concreta de asociación para resolver un problema determinado será, pues, el resultado de ponderar una serie de decisiones en relación a los diferentes aspectos que hemos analizado con anterioridad, alcanzando un óptimo por lo que se refiere a los fines de la investigación y al tipo de información que suministra el coeficiente elegido.

No quisiéramos finalizar este capítulo sin dejar de señalar un tipo de error que se ha cometido más de una vez al interpretar los resultados de un análisis de asociación entre variables. A veces se tiende a otorgar un significado a las medidas de asociación que no contienen. Nos referimos a la tendencia a atribuir a las variables independientes la capacidad de explicar el comportamiento de las variables dependientes. Así, por ejemplo, si el nivel de educación nos permite reducir el error al predecir la anomia, se puede estar tentado de afirmar que un bajo nivel de educación provoca o causa niveles altos de anomia, y viceversa. Pero esto no resulta en absoluto ser una interpretación correcta. Porque una cosa es la existencia de una fuerte asociación o correlación entre dos variables y una muy diferente es la existencia de una relación causal entre ambas.

En sociología se conocen muchas asociaciones entre variables, pero pocas relaciones causales. En puridad, sólo el experimento permite constatar la existencia o no de relaciones causales. Desgraciadamente, el sociólogo tiene pocas oportunidades de realizar experimentos sociales con los que contrastar sus teorías y poner a prueba las hipótesis sobre relaciones causales entre variables. En realidad, el sociólogo tiene que conformarse la mayor parte de las veces con ilustrar sus teorías con la obtención de datos empíricos por medios no experimentales, que suelen tener un alcance bastante limitado. Incluso si su teoría postula la existencia de una relación causal entre dos variables, y al realizar una encuesta encuentra que tales variables se encuentran fuertemente asociadas, no se puede concluir de ello que, en efecto, tales variables estén causalmente relacionadas. Porque la causalidad estará implícita en la teoría, pero no lo está en absoluto en la asociación o correlación. Esta hay que interpretarla, tal como se ha venido haciendo aquí, como una covariación o una influencia de una variable en otra. Sólo eso. Pero para inferir causalidad hace falta bastante más que la existencia de una fuerte correlación. Por eso conviene tener siempre presente que *ni la asociación ni la correlación significan causación.*

9.6. TERMINOLOGÍA

Se recomienda la memorización y comprensión del significado de cada uno de los términos y conceptos siguientes:

— Correlación.
— Regresión.
— Ecuación de regresión lineal.
— Ajuste por mínimos cuadrados.
— Ordenada en el origen.
— Coeficiente angular o pendiente de la recta.
— Covarianza; covariación.
— Coeficiente r de correlación de Pearson.
— Varianza explicada; varianza inexplicada.
— Coeficiente de alienación.
— Ecuación de regresión tipificada.
— Matriz de correlaciones.

EJERCICIOS

1. Ajustar una recta de mínimos cuadrados a los datos de la siguiente tabla, utilizando: a) x como variable independiente, y b) x como variable dependiente:

x	1	3	4	6	9	11	13
y	1	4	5	5	7	8	10

2. En una encuesta sobre ingresos familiares, se obtuvieron los siguientes resultados sobre los ingresos medios familiares para hogares de diferentes tamaños:

Número de miembros del hogar	Ingresos medios (miles de pesetas)
1	94
2	152
3	218
4	248
5	268
6	281

Se pide: a) ajustar una recta por el método de los mínimos cuadrados al diagrama de dispersión determinado por estos datos; b) calcular el coeficiente de correlación «r» de Pearson para ambas variables; c) ¿cuál es la variación explicada y la no explicada por la ecuación de regresión?

3. Los siguientes datos se refieren a la evolución en el período 1970-1978 de las tasas de participación de los salarios en la distribución de la renta nacional en España, Francia e Inglaterra:

	1970	1971	1972	1973	1974	1975	1976	1977	1978
España	63,7	64,5	66,5	67,0	66,6	68,1	69,3	69,5	70,2
Francia	68,2	68,6	68,5	69,5	71,3	72,0	72,9	73,2	73,1
Inglaterra	80,2	80,2	80,4	80,4	81,5	83,1	82,6	81,8	82,0

Se pide: a) representar los datos en un diagrama cartesiano; b) hallar las respectivas ecuaciones de la recta de mínimos cuadrados que se ajustan a los datos; c) estimar la participación de los salarios en la distribución de la renta para 1980, en los tres países; d) comentar el significado de las tres distribuciones. (Para hallar las ecuaciones de la recta, asignar el valor $x=0$ al primer año de la serie, esto es, 1970; $x=1$ al segundo año, 1971, y así sucesivamente para cada año de la serie.)

4. La siguiente tabla presenta una matriz de correlaciones de coeficientes «r» de Pearson entre pares de ítems que representan actitudes hacia el fenómeno autonómico. Uno de los objetivos del estudio es el de diferenciar, y caracterizar, a la población autonomista de la población centralista.
Analizar la matriz de correlaciones mostrando cómo la distribución de los pares de ítems configura la dicotomía autonomismo-centralismo.

Actitudes	1	2	3	4	5	6	7	8	9	10
1. Utilización lengua propia prensa-radio	—	.32	.35	.40	.42	.13	.21	.26	.19	.25
2. La lengua propia en las escuelas		—	.31	.38	.32	.10	.18	.25	.17	.20
3. La emigración beneficia zonas receptoras			—	.33	.30	.24	.32	.11	.22	.31
4. La autonomía mejora servicios locales				—	.45	.14	.18	.24	.18	.23
5. La autonomía controla recursos locales					—	.28	.19	.22	.21	.18
6. La autonomía rompe unidad del país						—	.42	.39	.44	.29
7. La autonomía incrementa diferencias							—	.28	.46	.39
8. La autonomía dificulta la planificación								—	.47	.40
9. La autonomía es cara									—	.39
10. El castellano, lengua dominante										—

BIBLIOGRAFIA

ALCAIDE INCHAUSTI, Angel: *Estadística aplicada a las Ciencias Sociales*, Madrid, Pirámide, 1975.
AMÓN, Jesús: *Estadística para Psicólogos. Estadística descriptiva*, Madrid, Pirámide, 1978.
BLALOCK, Hubert M.: *Social Statistics* (2.ª edición corregida), New York, McGraw-Hill, 1979.
GARCÍA FERRANDO, Manuel: *Sobre el Método. Problemas de Investigación Empírica en Sociología*, Madrid, CIS, 1979.
GUTTMAN, Louis: «Malos usos en estadística», *REIS*, núm. 6, 1979, págs. 101-127 (Traducción de Manuel García Ferrando).
HOMANS, George C.: *The Nature of Social Science*, New York, Harcourt, Brace & World, 1967.
LOETHER, H. J. y D. G. MCTAVISH: *Descriptive Statistics for Sociologist*, Boston, Allyn and Bacon, 1974.

Capítulo 10
PRUEBAS DE DECISION PARA EL CASO DE DOS MUESTRAS

En el capítulo 6 hemos estudiado algunas pruebas de decisión estadística para el caso de una sola muestra. Pero el valor de lo estudiado en dicho capítulo no radicó tanto en el análisis de instrumentos prácticos para le investigación sociológica empírica, como en la introducción de una serie de conceptos y de una lógica de análisis que nos van a ser de gran utilidad cuando estudiemos ahora algunos tipos de problemas que se presentan con mayor frecuencia en la investigación social. Porque, en efecto, el sociólogo no suele trabajar tanto con una sola muestra para, por ejemplo, predecir la media de ingresos o el nivel de intolerancia de una población, sino que más bien realiza *comparaciones* entre dos o más muestras o categorías para estudiar, por ejemplo, si un segmento de la población en relación a otro, tiene mayor o menor nivel de ingresos, o mayor o menor nivel de intolerancia.

En los tres capítulos anteriores hemos podido constatar la importancia que para la sociología tiene el estudio del tipo de asociación que presentan dos variables. Pues bien, lo que vamos a ver ahora representa un salto desde la estadística descriptiva a la estadística inferencial, dentro del campo de estudio de la relación entre dos variables. De este modo, vamos a ver en el capítulo presente y en el que le sigue, las pruebas de decisión estadística más relevantes para el sociólogo, cuando se contrasta la hipótesis del tipo de asociación entre dos variables.

10.1. La prueba de la diferencia entre dos medias

Aunque la prueba para la media de una población (ver capítulo 6, sección 6.4) se utiliza alguna vez por los sociólogos, la prueba de las medias para el caso de dos muestras es de uso más frecuente en la investigación sociológica. En esencia, la prueba de las medias con dos muestras consiste en disponer dos muestras aleatorias que se diferencian en relación a una variable, y comparar sus respectivas tendencias centrales por lo que se refiere a una segunda variable, con el fin de contrastar hasta qué punto las diferencias observadas se pueden considerar o no significativas. Así, por ejemplo, podemos estar interesados en la comparación de los ingresos medios de una muestra de trabajadores que han seguido cursos de formación profesional, con los ingresos de otra muestra de trabajadores que no han seguido cursos específicos de formación profesional, con el fin de comprobar si existe una diferencia sistemática entre ambos valores medios, y si se puede generalizar dicha diferencia a las poblaciones de las que se han extraído las muestras. Con el fin de realizar tal comparación, se hace preciso calcular un cociente o ratio entre la diferencia observada en las medias muestrales, y la diferencia que cabría esperar desde un punto de vista estrictamente aleatorio, lo que nos conduce a calcular una puntuación típica y un término de error típico.

El cálculo de un error típico que nos sirva para comparar las medias de dos muestras, requiere que consideremos en primer lugar el tipo de distribución muestral que se genera al extraer muestras aleatorias simples de dos poblaciones y hallar las diferencias que existen entre sus respectivas medias. Pues bien, se puede demostrar que cuando las poblaciones de las que se extraen las muestras aleatorias tienen una distribución normal, el teorema del límite central se puede formular del siguiente modo: «si se extraen muestras aleatorias simples de tamaños N_1 y N_2 de dos poblaciones que se distribuyen normalmente, y que tienen como medias μ_1 y μ_2, y como varianzas σ_1^2 y σ_2^2, respectivamente, la distribución muestral de la diferencia entre las dos medias muestrales $(\overline{X}_1 - \overline{X}_2)$ será también normal, con una media igual a la diferencia $\mu_1 - \mu_2$, y una varianza $\sigma_1^2/N_1 + \sigma_2^2/N_2$» (Blalock, 1979, pág. 224). También se puede demostrar que este teorema se puede extender al caso de K muestras, pero ahora lo que nos interesa es continuar nuestro argumento para el caso de dos muestras.

Lo que nos dice el anterior teorema es que si hipotéticamente extrajéramos pares de muestras de una población normal, calculásemos sus medias y a continuación las restáramos, la serie de diferencias obtenidas se distribuiría normalmente. Ahora bien, en la práctica de la investigación social, habitualmente extraemos una sola muestra de una población y luego comparamos subgrupos dentro de la misma muestra, por ejemplo, hombres con mujeres, católicos con no católicos, trabajadores no manuales con trabajadores manuales, etc. Si la muestra se ha extraído de acuerdo con un plan estrictamente aleatorio y proporcional, entonces las subpoblaciones que consideremos dentro de la muestra extraída, también pueden considerarse muestras aleatorias independientes entre sí, en cuyo caso es perfectamente aplicable el anterior teorema al caso de estos pares de muestras independientes entre sí, pero que forman parte de una muestra global.

Volvamos ahora al cálculo del error típico. La aplicación del teorema del límite central tal como ha sido formulado anteriormente, nos permite definir el *error típico de la diferencia de medias,* para muestras independientes, del siguiente modo:

$$\sigma_{\bar{X}_1-\bar{X}_2} = \sqrt{\frac{\sigma_1^2}{N_1}+\frac{\sigma_2^2}{N_2}}$$

pero como $\sigma_1^2=\sigma_2^2=\sigma^2$ ya que se trata de muestras de subpoblaciones que integran una sola población, tenemos que

$$\sigma_{\bar{X}_1-\bar{X}_2} = \sqrt{\sigma^2\left(\frac{1}{N_1}+\frac{1}{N_2}\right)} \qquad [10.1]$$

en donde $\sigma_{\bar{X}_1-\bar{X}_2}$ es el error típico de la diferencia entre pares de medias de las muestras, σ^2 es la varianza de la población, N_1 es el número de casos en la primera muestra y N_2 es el número de casos en la segunda muestra.

La interpretación del error típico de la diferencia entre pares de medias muestrales, es análoga a la de la desviación típica o a la del error típico de la media, esto es, que aproximadamente el 68 por 100 de las diferencias entre pares de medias muestrales quedan dentro de una unidad de error típico de la diferencia media de cero.

Ahora bien, el problema que surge con la fórmula [10.1] es que para poder ser utilizada, hay que conocer la varianza de la población, lo cual no es lo habitual cuando el sociólogo trabaja con datos muestrales. Dado que se han extraído dos muestras, el sociólogo tendrá por tanto dos varianzas muestrales, s_1^2 y s_2^2, que se pueden considerar como estimaciones no sesgadas e independientes de la varianza de la población, σ^2. Con el fin de ganar en eficacia, es conveniente combinar las dos estimaciones de la varianza en una sola estimación del parámetro, que va a ser más fiable, al basarse en un número de casos N_1+N_2 mayor por tanto que cuando se hace la estimación sólo para cada muestra por separado. La combinación de las dos estimaciones de la varianza, se puede hacer a través de la siguiente fórmula:

$$s^2 = \frac{\Sigma x_1^2 + \Sigma x_2^2}{N_1 + N_2 - 2}$$

en donde:

$$\Sigma x_1^2 = (N_1-1)s_1^2 = \Sigma(X-\bar{X}_1)^2 \quad \text{y} \quad \Sigma x_2^2 = (N_2-1)s_2^2 = \Sigma(X-\bar{X}_2)^2$$

Conocida de este modo la estimación de la varianza, se puede sustituir en la fórmula [10.1], con lo que la fórmula para el error típico de la diferencia quedaría así:

$$s_{\overline{x}_1-\overline{x}_2} = \sqrt{s^2\left(\frac{1}{N_1}+\frac{1}{N_2}\right)} \qquad [10.2]$$

La fórmula [10.2] se puede utilizar cuando sabemos que las dos estimaciones muestrales de la varianza son bastante homogéneas, pero si sospechamos que son muy heterogéneas, es conveniente no combinarlas, y mantener sus valores originales, con lo que la fórmula para el error típico de la diferencia se escribe así:

$$s_{\overline{x}_1-\overline{x}_2} = \sqrt{\frac{s_1^2}{N_1}+\frac{s_2^2}{N_2}} \qquad [10.3]$$

Veamos ahora, a través de un ejemplo, la manera de operar en la comparación de dos medias muestrales. Supongamos que se realiza en una región una comparación entre una muestra de trabajadores manuales y otra muestra de trabajadores no manuales, que difieren con respecto al porcentaje de trabajadores que manifiestan su intención de votar por un partido de izquierdas en unas elecciones legislativas, con los siguientes resultados:

Trabajadores manuales	*Trabajadores no manuales*
$N_1 = 97$	$N_2 = 384$
$\overline{X}_1 = 49$	$\overline{X}_2 = 37$
$s_1^2 = 159{,}88$	$s_2^2 = 133{,}22$
$\Sigma x_1^2 = 15.349$	$\Sigma x_2^2 = 46.228$

A partir de estos datos, se pretende saber si existe una diferencia significativa que nos permita concluir que los dos tipos de trabajadores difieren en sus preferencias de voto. Los supuestos que hay que satisfacer para poder aplicar la prueba de' la diferencia entre dos medias, son los siguientes: las muestras han sido extraídas aleatoriamente de la población activa de la región estudiada, y se trata por tanto de muestras aleatorias e independientes. La población general y las poblaciones de las muestras se distribuyen normalmente, con varianzas iguales, esto es, $\sigma = \sigma_1 = \sigma_2$. La hipótesis nula del modelo estadístico se puede formular como que las medias muestrales son iguales $\mu_1 = \mu_2$, es decir, no hay diferencias en el promedio de intención de voto por partidos de izquierda entre ambos tipos de trabajadores.

Dado que la población se distribuye normalmente y tenemos un número suficiente de casos, se puede emplear una aproximación normal a la distribución muestral. Caso de que las muestras hubieran sido más pequeñas ($N<120$), se hubiera empleado la distribución t de Student con N_1+N_2-2 grados de libertad.

Recordemos que el valor típico para evaluar los datos en relación a la curva normal, es como sigue:

$$z=\frac{\overline{X}_1-\overline{X}_2}{s_{\overline{X}_1-\overline{X}_2}}$$

en donde $\overline{X}_1$ es el promedio de trabajadores manuales que manifiestan su preferencia de voto por un partido de izquierdas y $\overline{X}_2$ es el promedio de trabajadores no manuales que así se manifiestan.

La varianza común estimada vale:

$$s^2=\frac{\Sigma x_1^2+\Sigma x_2^2}{N_1+N_2-2}=\frac{15.349+46.228}{97+384-2}=128{,}55$$

y el error típico de la diferencia será:

$$s_{\overline{X}_1-\overline{X}_2}=\sqrt{s^2\left(\frac{1}{N_1}+\frac{1}{N_2}\right)}=\sqrt{128{,}55\left(\frac{1}{97}+\frac{1}{384}\right)}=$$

$$=\sqrt{2{,}17}=1{,}47$$

con lo que el valor típico valdrá:

$$z=\frac{\overline{X}_1-\overline{X}_2}{s_{\overline{X}_1-\overline{X}_2}}=\frac{49-37}{1{,}47}=\frac{12}{1{,}47}=8{,}16$$

Dado que el valor típico del límite de la región crítica, para un nivel de significación del 1 por 100, es +2,33 para una sola cola, su valor será el doble para el caso de dos colas. Aún así, se trata de un valor inferior al $z=8{,}16$ que hemos obtenido. En consecuencia, se rechaza la hipótesis nula de la no diferencia, y se acepta la hipótesis alternativa de que los promedios de intención de voto entre las dos poblaciones son significativamente diferentes.

La prueba de decisión estadística para contrastar la diferencia entre medias es una herramienta estadística robusta aunque su uso viene delimitado por los supuestos que ya hemos visto con anterioridad, esto es, que el nivel de medición de la variable se encuentre en el nivel de intervalo, que las observaciones sean independientes y aleatorias y extraídas de una población distribuida normalmente, y que las varianzas muestrales sean homogéneas. Este último supuesto es importante ya que se trata de una técnica sensible a las diferencias en variabilidad. En caso de que las varianzas sean diferentes, no resulta aconsejable utilizar esta técnica.

Cuando se tienen más de dos muestras, y se desean comparar las medias muestrales, existe otra técnica estadística disponible, el análisis de varianza, que estudiaremos con detalle en el capítulo próximo.

10.2. La prueba de la diferencia entre dos proporciones

Con gran frecuencia, los sociólogos trabajan con datos que vienen dados en forma de proporciones y porcentajes, con lo que surge en ocasiones la necesidad de contrastar hipótesis sobre proporciones *. El estudio inferencial de la diferencia entre dos proporciones puede considerarse como un caso especial de una diferencia entre dos medias.

Si tuviéramos que generar una distribución muestral de las diferencias entre proporciones, lo haríamos mediante la extracción de pares de muestras aleatorias de una población, calculando una proporción para cada muestra, y tomando la diferencia entre cada par de proporciones. Realizando esta operación para todos los pares posibles de muestras de tamaño N, y sumando las diferencias obtenidas, la suma sería cero y la diferencia media también valdría cero, ya que cualquier diferencia entre pares de proporciones, cuando se trata de muestras aleatorias de la misma población, no son otra cosa más que diferencias aleatorias. Representando todas las diferencias en una curva, se distribuirían normalmente alrededor de la diferencia media de cero, con un error típico que valdría:

$$\sigma_{p_1-p_2} = \sqrt{PQ\left(\frac{1}{N_1} + \frac{1}{N_2}\right)} \qquad [10.4]$$

en donde P es la proporción en la población, $Q = 1 - P$, N_1 es el número de casos en la primera muestra y N_2 es el número de casos en la segunda muestra. Este error típico se denomina *error típico de la diferencia entre proporciones*.

Lo más frecuente es que el sociólogo desconozca el valor verdadero de los parámetros P y Q, y sólo disponga de las proporciones muestrales, p_1 y p_2, que son estimaciones de las proporciones de las subpoblaciones de las muestras P_1 y P_2. Para obtener una estimación más fiable de P,

---

* Como las proporciones son más convenientes para ser utilizadas en los cálculos que los porcentajes, cuando los datos vienen en forma de porcentajes se convierten fácilmente en proporciones dividiendo por 100 cuando se pretende realizar una prueba de decisión estadística.

se pueden combinar las estimaciones muestrales de acuerdo con la fórmula:

$$p = \frac{N_1 p_1 + N_2 p_2}{N_1 + N_2}$$ [10.5]

bajo el supuesto de la hipótesis nula de que $p_1 = p_2 = p$. Se puede estimar Q por substracción, ya que $q = 1 - p$. Sustituyendo los valores estimados de las proporciones en [10.4], se obtiene la estimación del error típico de la diferencia del siguiente modo:

$$s_{p_1 - p_2} = \sqrt{pq\left(\frac{1}{N_1} + \frac{1}{N_2}\right)}$$ [10.6]

A partir de esta fórmula, y sabiendo que la distribución muestral de las diferencias entre proporciones es normal, se puede ya contrastar la hipótesis nula. Veamos ahora, a través de un ejemplo, cómo se puede realizar la prueba de la diferencia entre proporciones.

Supongamos que en un estudio sobre las aspiraciones educacionales que los padres tienen para sus hijos, encontramos los siguientes resultados en un estudio realizado con dos muestras de padres y madres, respectivamente, en el que tratamos de saber si los padres tienen mayores aspiraciones de educación superior para sus hijos que las madres:

Muestra de padres	Muestra de madres
$p_1 = 0{,}45$	$p_2 = 0{,}38$
$q_1 = 0{,}55$	$q_2 = 0{,}62$
$N_1 = 250$	$N_2 = 120$

La hipótesis nula se formularía en el sentido de que no hay diferencia entre las aspiraciones educacionales de padres y madres, mientras que la hipótesis alternativa se formularía como que los padres tienen unas aspiraciones mayores que las madres.

Por medio de la fórmula [10.5] podemos estimar p y consiguientemente q:

$$p = \frac{N_1 p_1 + N_2 p_2}{N_1 + N_2} = \frac{(250)(0{,}45) + (120)(0{,}38)}{250 + 120} = 0{,}43$$

$$q = 1 - p = 1 - 0{,}43 = 0{,}57$$

Con estos resultados ya podemos calcular el error típico de la diferencia:

$$s_{p_1 - p_2} = \sqrt{pq\left(\frac{1}{N_1} + \frac{1}{N_2}\right)} = \sqrt{(0{,}43)(0{,}57)\left(\frac{1}{250} + \frac{1}{120}\right)} = 0{,}058 \simeq 0{,}06$$

El valor típico lo calcularemos mediante la expresión

$$z = \frac{p_1 - p_2}{s_{p_1 - p_2}}$$

$$z = \frac{0,45 - 0,38}{0,06} = 1,12$$

Dado que el valor de $z=1,12$ es menor que $z=1,65$, que es el límite de la región crítica de rechazo para un nivel de significación del 5 por 100, decidimos no rechazar la hipótesis nula y concluimos en consecuencia que no existe base empírica suficiente para suponer que los padres tienen diferentes aspiraciones educacionales para sus hijos que las madres.

Recapitulando lo hecho hasta ahora con la prueba de diferencias entre proporciones, vemos que su uso requiere que se cumplan ciertos supuestos tales como que tanto las muestras como las observaciones sean independientes, y que las muestras se extraigan aleatoriamente de una población con distribución normal. Como sólo se trabaja con proporciones, o porcentajes, los datos pueden estar medidos al nivel nominal, aunque también se puede utilizar con datos de intervalo u ordinales. Sin embargo, en este último caso el empleo de la prueba de la diferencia de proporciones representaría un desperdicio de información.

10.3. La prueba de chi-cuadrado para dos muestras

De uso más generalizado entre los sociólogos cuando se trata de contrastar la significación de las diferencias entre dos muestras o grupos independientes, es la prueba de chi-cuadrado (x^2), que al igual que la prueba para la diferencia entre proporciones, sólo necesita que las dos variables se encuentren medidas al nivel nominal. Recuérdese que el término chi-cuadrado se usa simultáneamente para designar una técnica estadística para el contraste de hipótesis, y también para designar una distribución muestral. En el capítulo 6 ya estudiamos la prueba de chi-cuadrado para una sola muestra, y en el presente capítulo estudiaremos su extensión para el caso de dos muestras independientes, que es la forma que suele emplear con mayor frecuencia el sociólogo en el análisis empírico.

La hipótesis que se somete a prueba se formula en el sentido de que las dos muestras difieren en relación a alguna característica y en consecuencia en relación a la frecuencia relativa con que los miembros de ambas muestras se distribuyen en diversas categorías. El contraste de esta hipótesis requiere simplemente que se cuente el número de casos de cada muestra que corresponden a las diversas categorías, y comparar a continuación la proporción de casos de una muestra que corresponden a cada categoría, con la proporción de casos de la otra muestra. De este modo, se puede contrastar si dos muestras de población que se identifican con dos ideologías políticas diferentes, difieren igualmente en sus opiniones sobre el divorcio, o se puede contrastar si hombres y mujeres difieren en sus preferencias políticas o en su forma de utilizar el tiempo libre, etc.

La fórmula de chi-cuadrado que permite someter a prueba la hipótesis nula de la no diferencia, es como sigue:

$$x^2 = \sum_{i=1}^{r} \sum_{j=1}^{k} \frac{(O_{ij} - E_{ij})^2}{E_{ij}} \qquad [10.7]$$

en donde O_{ij} representa el número de casos que pertenecen a la categoría situada en la fila 1 y columna j, mientras que E_{ij} representa el número de casos que cabe esperar corresponden a la fila i y columna j bajo la hipótesis nula H_0. El doble sumatorio $\Sigma \Sigma$ simboliza que la suma afecta a todas las filas y columnas, esto es, que se suman todas las celdillas.

Los valores de chi-cuadrado que se obtengan después de aplicar la fórmula [10.7] se distribuyen como chi-cuadrado con un número de grados de libertad $df = (r-1)(K-1)$, en donde r es el número de las filas y K es el número de las columnas.

Para hallar los valores esperados E_{ij} correspondientes a cada celdilla se multiplican los totales marginales comunes a cada celdilla, y se divide el producto por el número total de casos, N.

Veamos a través de un ejemplo hipotético la forma de operar con esta técnica estadística. Supongamos que deseamos probar si los hombres y las mujeres difieren en sus niveles de religiosidad. Para ello contamos con los siguientes datos:

	Hombres	Mujeres	Total
• Católicos practicantes	64	24	88
• Católicos no practicantes ...	28	44	72
• Indiferentes	12	18	30
• Total	104	86	190

Los hombres y mujeres se clasifican de acuerdo con su nivel de religiosidad en católicos practicantes, católicos no practicantes e indiferentes en materia religiosa. La hipótesis nula se formulará en el sentido de que el nivel de religiosidad es independiente del sexo, esto es, que la proporción de hombres que son católicos practicantes es la misma que la de las mujeres, y lo mismo para las categorías «católicos no practicantes» e «indiferentes». Para poder utilizar la fórmula [10.7] necesitamos conocer los valores esperados que, tal como se ha dicho antes, se obtienen multiplicando los totales marginales, totales correspondientes a cada celdilla y dividiendo por N. Realizada dicha operación, se obtiene la siguiente distribución de frecuencias observadas y esperadas:

	Hombres	Mujeres	Total
• Católicos practicantes	48,2 64	39,8 24	88
• Católicos no practicantes ...	39,4 28	32,6 44	72
• Indiferentes	16,4 12	13,6 18	30
• Total	104	86	190

El número que se encuentra en el margen superior izquierdo de cada celdilla representa la frecuencia esperada. Así, por ejemplo, la frecuencia esperada correspondiente a la celdilla en la que se intersecciona la fila «católicos practicantes» y la columna «hombres», se calcula del siguiente modo:

$$E_{11} = \frac{(88)(104)}{190} = 48,16 = 48,2$$

Cuanto más cerca se encuentren los valores esperados de los valores observados, menor será el numerador de [10.7] y consiguientemente será pequeño el valor de x^2. Cuanto más pequeño sea x^2 más fácil será no rechazar la hipótesis nula, mientras que cuanto más diferentes sean los valores esperados y observados, mayor será el valor de χ^2 y más fácil resultará rechazar la hipótesis nula. Las probabilidades asociadas con los diversos valores de chi-cuadrado aparecen en la tabla D del apéndice, que se utiliza del mismo modo que hemos visto al estudiar el chi-cuadrado para una sola muestra. Los grados de libertad para una tabla de r filas y K columnas es, como se sabe, igual a $df = (r-1)(K-1)$. En el ejemplo que venimos estudiando, $r=3$ y $K=2$, con lo que $df=(3-1)(2-1)=2$.

Ahora ya estamos en disposición de calcular el valor de chi-cuadrado para los datos del ejemplo:

$$x^2 = \sum_{i=1}^{r} \sum_{j=1}^{k} \frac{(O_{ij}-E_{ij})^2}{E_{ij}} = \frac{(64-48,2)^2}{48,2} + \frac{(24-39,8)^2}{24} +$$

$$+ \frac{(28-39,4)^2}{39,4} + \frac{(44-32,6)^2}{32,6} + \frac{(12-16,4)^2}{16,4} +$$

$$+ \frac{(18-13,6)^2}{13,6} = 5,18 + 10,40 + 3,30 + 3,99 + 1,18 + 1,42 = 25,47$$

Con el fin de determinar la significación de un valor de $x^2 = 25,47$ para dos grados de libertad, consultamos la tabla D del apéndice correspondiente a la distribución de x^2, y se observa que dicho valor de χ^2 es significativo para el nivel 0,01, con lo que se decide rechazar la hipótesis nula para dicho nivel de significación.

Como señala Siegel (1956, pág. 107), quizá el uso más difundido de la prueba de chi-cuadrado para contrastar la significación de las diferencias entre dos grupos, sea a través de una tabla de contingencia de tamaño 2×2, de la forma siguiente:

	Grupo I	Grupo II	Total
+	A	B	A+B
−	C	D	C+D
Total	A+C	B+D	N

Para este caso, no es preciso calcular los valores esperados y utilizar la fórmula [10.7], ya que el valor de chi-cuadrado se puede obtener directamente a partir de los valores observados, mediante la fórmula:

$$\chi^2 = \frac{N\left(\left|AD-BC\right| - \frac{N}{2}\right)^2}{(A+B)(C+D)(A+C)(B+D)} \qquad [10.8]$$

Como se observa, la utilización de [10.8] es más simple que la de [10.7], ya que sólo se opera con las frecuencias observadas.

Para poder utilizar la prueba de chi-cuadrado, los datos deben satisfacer algunos requisitos. Por lo que respecta al caso de las tablas 2×2, si $N > 40$ hay que utilizar la fórmula [10.8], y si N se encuentra entre 20 y 40, sólo se puede utilizar la [10.8] cuando todas las frecuencias esperadas valen 5 ó más. Si no es así, conviene utilizar otra prueba de decisión estadística, como la de Fisher u otras (Siegel, *op. cit.*, pág. 110).

Cuando el número de grados de libertad es mayor que 1, lo que significa que el número de columnas es mayor que 2, la prueba de χ^2

requiere que las frecuencias esperadas no sean muy pequeñas (Cochran, 1954). Si los valores en algunas celdillas son menores de 5, se pueden recombinar algunas categorías con el fin de conseguir valores más altos. Sólo cuando se satisfacen estos requerimientos se pueden interpretar adecuadamente los resultados de la prueba de chi-cuadrado.

10.3.1. *La prueba de chi-cuadrado para* K *muestras*

Cuando se dispone de varias muestras independientes, también se puede utilizar la prueba de chi-cuadrado para determinar la significación de las diferencias entre los diferentes grupos. En realidad, la prueba de chi-cuadrado para el caso de k muestras es una extensión directa de la prueba de chi-cuadrado para el caso de dos muestras que acabamos de ver.

Una vez dispuestos los datos en una tabla $k \times r$, se calculan los valores esperados, y mediante la misma fórmula [10,7] se contrasta la hipótesis nula de que las k muestras de frecuencias o proporciones provienen de poblaciones idénticas. Veamos a través de un ejemplo práctico la utilización de la prueba de chi-cuadrado para más de dos muestras. En un estudio sobre movilidad social, J. Díez Nicolás se pregunta sobre la interrelación de diversos indicadores de *status* socioeconómico. Para responder a esta pregunta, se basa en los siguientes datos obtenidos mediante un estudio a través de encuesta:

TABLA 1

Ocupación y nivel de estudios terminados de dos generaciones

	Padres	Cabeza de familia
	%	%
Ocupación:		
Profesionales, gerentes y directivos	10	12
Empleados, comerciantes y funcionarios	23	36
Trabajadores especializados	18	26
Trabajadores no especializados	49	26
TOTAL	(304)	(271)
Nivel de estudios terminados:		
Universitarios	6	10
Secundarios	10	14
Primarios	42	53
Menos que primarios	42	23
TOTAL	(314)	(319)

FUENTE: J. DÍEZ NICOLÁS: *Los españoles y la opinión pública*, Madrid, 1976, pág. 82.

Se dispone, pues, de dos tipos de indicadores con los que tratar de responder a la pregunta formulada, la ocupación y el nivel de estudios terminados de los entrevistados y de sus padres. Para contrastar la relación entre el nivel de estudios y el tipo de ocupación, Díez Nicolás preparó la siguiente tabla:

TABLA 2

Relación entre el nivel de estudios terminados y la ocupación de los padres

Ocupación del padre	NIVEL DE ESTUDIOS DEL PADRE			
	Universitarios	Secundarios	Primarios	Menos de primarios
Profesionales, gerentes y directivos ...	15	11	5	1
Empleados, comerciantes y funcionarios.	3	14	40	15
Trabajadores especializados	1	5	30	16
Trabajadores no especializados	—	1	52	92

FUENTES J. DÍEZ NICOLÁS: *op. cit.*, pág. 83.

Aplicando la fórmula del chi-cuadrado se obtienen los siguientes resultados, una vez obtenidos los valores esperados:

$$\chi^2 = \sum_{i=1}^{r}\sum_{j=1}^{k}\frac{(O_{ij}-E_{ij})^2}{E_{ij}} =$$

$$\frac{(15-2)^2}{2}+\frac{(11-3,3)^2}{3,3}+\frac{(5-13,5)^2}{13,5}+\frac{(1-13,2)^2}{13,2}+$$

$$+\frac{(3-4,5)^2}{4,5}+\frac{(14-7,4)^2}{7,4}+\frac{(40-30,4)^2}{30,4}+\frac{(15-29,7)^2}{29,7}+$$

$$+\frac{(1-3,3)^2}{3,3}+\frac{(5-5,4)^2}{5,4}+\frac{(30-21,9)^2}{21,9}+\frac{(16-21,4)^2}{21,4}+$$

$$+\frac{(0-9,2)^2}{9,2}+\frac{(1-14,9)^2}{14,9}+\frac{(52-61,2)^2}{61,2}+\frac{(92-59,7)^2}{59,7}=181,20$$

Para la tabla 2, el número de grados de libertad $df=(k-1)(r-1)=(4-1)(4-1)=9$. En la tabla D del apéndice se puede observar que para

9 grados de libertad, el valor de $\chi^2 = 181,20$ es significativo más allá del nivel 0,001. Por tanto, no se puede aceptar la hipótesis nula, y se concluye que existe una fuerte relación entre el nivel de estudios y el tipo de ocupación.

Cochram (1954) recomienda que para poder aplicar la prueba de chi-cuadrado, los valores esperados E_{ij} no deben ser muy bajos. En concreto, puntualiza que como máximo sólo el 20 por 100 de las celdillas pueden tener valores menores de 6 y mayores de 1. En caso contrario, el valor de chi-cuadrado que se obtenga no tiene significado. Dado que en el ejemplo anterior el 20 por 100 de los valores esperados son inferiores a 6, aceptamos con reservas como significativo el resultado obtenido.

10.4. Pruebas de la Hipótesis de Asociación

En la investigación sociológica, con frecuencia deseamos conocer si existe o no una relación significativa entre los valores de dos variables. En el capítulo 8 hemos tenido ocasión de estudiar algunas de las medidas de asociación para variables nominales y ordinales, más empleadas por los sociólogos. Pero además de desear estudiar el grado de asociación entre dos variables, el sociólogo puede estar interesado en la determinación de la significación de la asociación observada. Esto es, que aparte de comprobar la existencia de una asociación y de medir la fuerza de la misma, se puede estar interesado en contrastar la existencia de una asociación en la población de la que se ha extraído la muestra. Porque si resulta interesante conocer el grado de asociación entre los valores de dos variables, resulta aún de mayor interés conocer si la asociación observada entre las puntuaciones de una muestra indica que las variables estudiadas se encuentran probablemente asociadas en la población de la que se ha extraído la muestra. El coeficiente de asociación representa tan sólo el grado de la asociación, pero la prueba de la significación de dicho coeficiente determina, para un nivel de probabilidades previamente establecido, si la asociación existe igualmente en la población de la que se extrajo la muestra.

La prueba de decisión estadística para contrastar la hipótesis de la asociación de las variables en la población, se puede realizar con variables medidas en cualquier escala de medición. Sólo que para las pruebas de asociación entre variables nominales utilizaremos coeficientes de asociación nominal, para variables ordinales emplearemos coeficientes de asociación ordinal, y para variables de intervalo utilizaremos el coeficiente de correlación de Pearson. Este último caso será estudiado en el próximo capítulo, mientras que las pruebas no paramétricas serán estudiadas a continuación.

10.4.1. *El coeficiente de contingencia* C

El coeficiente de contingencia C es una medida del grado de asociación o relación entre dos atributos. Su uso está indicado preferentemente cuando se dispone de dos variables medidas tan sólo a nivel nominal, es decir, están formadas por categorías no ordenadas. No necesita que se suponga la existencia de continuidad entre las categorías utilizadas para medir los atributos.

Para calcular el coeficiente de contingencia se distribuyen las dos series de categorías, $A_1, A_2, ..., A_k$ y $B_1, B_2, ..., B_r$, en una tabla de contingencia de tamaño $k \times r$. Para formular la hipótesis nula, se hace necesario calcular para cada celdilla de dicha tabla los valores esperados E_{ij} del mismo modo que se ha hecho en el estudio de la prueba de chi-cuadrado. Si las diferencias entre los valores observados y los valores esperados fueran insignificantes, sería señal de la no existencia de asociación. Por el contrario, cuanto mayor sea la discrepancia entre los valores observados y los esperados, mayor será el grado de asociación entre las dos variables y en consecuencia, mayor será el valor de C.

La tabla de contingencia que se construye con las categorías A_i y B_j adquiere la siguiente forma:

	A_1	A_2	A_3	...	A_i	...	A_k	Total
B_1	A_1B_1	A_2B_1	A_3B_1	...	A_iB_1	...	A_kB_1	
B_2	A_1B_2	A_2B_2	A_3B_2	...	A_iB_2	...	A_kB_2	
B_3	A_1B_3	A_2B_3	A_3B_3	...	A_iB_3	...	A_kB_3	
B_i	A_1B_i	A_2B_i	A_3B_i	...	A_iB_i	...	A_kB_i	
B_k	A_1B_k	A_2B_k	A_3B_k	...	A_iB_k	...	A_kB_k	
Total								N

La fórmula para calcular el coeficiente de contingencia, C, se basa en el valor obtenido al aplicar el valor de chi-cuadrado para la tabla de contingencia dada, esto es:

$$C = \sqrt{\frac{\chi^2}{\chi^2 + N}} \qquad [10.9]$$

en donde χ^2 se calcula mediante la fórmula ya conocida de:

$$\chi^2 = \sum_{i=1}^{r} \sum_{j=1}^{k} \frac{(O_{ij} - E_{ij})^2}{E_{ij}}$$

Esto es, que para calcular C se calcula primero el valor de χ^2 y a continuación se sustituye su valor en la 'fórmula [10.9]. Considerando de nuevo el ejemplo utilizado para calcular el χ^2 para el caso de dos muestras, en el que estudiábamos la significación de la diferencia de religiosidad entre una muestra de hombres y otra muestra de mujeres, y recordando que en dicho ejemplo $N=190$ y $\chi^2=25,45$, se puede calcular el valor de C por medio de la fórmula [10.9] del siguiente modo:

$$C = \sqrt{\frac{\chi^2}{\chi^2 + N}} = \sqrt{\frac{25,45}{25,45 + 190}} = 0,34$$

Por tanto, concluimos que la asociación, expresada mediante el coeficiente de contingencia, entre sexo y nivel de religiosidad es $C=0,34$.

Para contrastar la significación del coeficiente de contingencia, en realidad contrastamos la hipótesis nula de que no existe correlación en la población, esto es, que el valor observado de la medida de asociación en la muestra puede haber surgido por azar en una muestra aleatoria extraída de la población en la que las dos variables no se encuentran asociadas. Como se sabe, el contraste de la hipótesis nula, se realiza a través del conocimiento que poseemos de la distribución muestral del estadístico (en este caso, la medida de asociación) bajo H_0. Cuando la probabilidad asociada con la obtención de un valor bajo H_0 tan grande como el valor observado del estadístico, es igual o menor que el nivel de significación previamente establecido, se decide rechazar la hipótesis nula, y se concluye que la asociación observada en la muestra no es un resultado aleatorio, sino que más bien representa una relación auténtica en la población. Si, por el contrario, la prueba estadística pone de manifiesto que el valor observado se ha producido en las condiciones de H_0, es decir, la probabilidad de ocurrencia es mayor que el nivel de significación, decidimos no rechazar la hipótesis nula y por lo tanto podemos concluir que existe relación entre las dos variables en la población.

Pero este método no es de fácil aplicación para el caso del coeficiente de contingencia C, porque la obtención de su distribución muestral va acompañada de ciertas complejidades que no conviene introducir aquí. Además, para calcular C debemos calcular previamente un estadístico, el χ^2, del que conocemos fácilmente su distribución muestral y que ella misma es, por tanto, un indicador sencillo y directo de la significación de C. En otras palabras, para contrastar la significación de C lo hacemos a través de la propia significación de χ^2. Así, para una tabla de contingencia de tamaño $k \times r$, la significación del grado de asociación medido a través de C, se realiza contrastando la probabilidad asociada con la aparición bajo H_0 de valores tan amplios como el valor observado de x^2, para unos grados de libertad $df=(k-1)(r-1)$. Si dicha probabilidad es igual o menor que α, decidimos no aceptar la hipótesis nula para dicho nivel de significación. En la tabla D del apéndice se incluyen los valores de la distribución muestral de χ^2 para diferentes niveles de significación. Cuando el chi-cuadrado es significativo para los valores muestrales obtenidos, llegamos a la conclusión de que la asociación entre los dos atributos en la población no es cero. Esta será también, pues, la conclusión a la que llegaremos con el valor de C obtenido en el ejemplo anterior, ya que el valor de χ^2 es altamente significativo, lo que nos permite concluir que las variables sexo y religiosidad se encuentran también asociados en la población.

La sencillez de cálculo y fácil interpretación de C podría hacerle aparecer como una medida de asociación ideal para muchos tipos de problemas. Pero esto no es así, porque comporta algunas limitaciones, que Siegel (*op. cit.*, pág. 201) resume del siguiente modo: 1) el coeficiente de contingencia, aunque sí puede valer cero, no puede en cambio alcanzar el valor de la unidad, que como sabemos representa la asociación perfecta; 2) el límite superior de C depende del número de categorías que componen la tabla. Cuando $r=k$, es decir, el número de filas es igual al número de columnas, el límite superior de C para dos variables perfectamente asociadas vale $\sqrt{k-1/k}$. Así, por ejemplo, para una tabla 2×2, el límite superior de C es $\sqrt{1/2}=0{,}707$. Para una tabla 3×3, el límite superior vale $\sqrt{2/3}=0{,}816$. Por eso, no se pueden comparar dos valores del coeficiente de contingencia cuando los tamaños de las tablas respectivas son diferentes; 3) los datos deben estar dispuestos convenientemente para que se pueda calcular el χ^2 antes de obtener el valor de C. Como se recordará, cuando existen valores esperados muy bajos en algunas celdillas, no resulta conveniente calcular χ^2, y tampoco, por tanto, resulta apropiado calcular C; 4) finalmente, una cuarta limitación de C es que no se puede comparar directamente con ninguna otra medida de asociación y correlación, como el coeficiente de correlación de Pearson, el coeficiente *rho* de Spearman y el coeficiente Tau de Kendall.

Con todo, el coeficiente de contingencia C continúa siendo una medida de asociación muy útil, porque resulta ampliamente aplicable para muchos tipos de datos, ya que no realiza supuesto alguno acerca de la forma en que se distribuyen los valores de la población, no requiere tampoco que las variables sean continuas, y sólo exige que las variables se encuentren medidas al nivel nominal. Por todo ello, se puede utilizar C para indicar el grado de asociación entre dos atributos, cuando otras medidas de asociación no se pueden aplicar.

10.4.2. La prueba para el coeficiente rho de Spearman

De todos los estadísticos utilizados para medir la asociación entre variables ordinales, el coeficiente *rho* de Spearman fue el primero en ser desarrollado y es uno de los más conocidos y utilizados en la actualidad. Tal como tuvimos ocasión de estudiar en el capítulo 8, su uso viene recomendado en aquellos casos en que se dispone del ordenamiento de todos los casos individuales en las dos variables, de tal modo que en cada variable los rangos tienen un recorrido que va de 1 a N. Como se recordará, la fórmula que permite calcular dicho coeficiente es la siguiente:

$$r_s = 1 - \frac{6 \Sigma d^2}{N(N^2-1)}$$

Pues bien, si los casos individuales cuyas puntuaciones se han utilizado al calcular r_s se hubieran extraído aleatoriamente de alguna población, se pueden utilizar tales valores para determinar si las dos variables se encuentran asociadas en la población. Esto es, se puede contrastar la hipótesis nula de que las dos variables estudiadas no se encuentran asociadas en la población de la que se extrajeron las muestras, y que por tanto el valor observado de r_s es diferente de cero sólo por azar.

Veamos ahora cómo se obtiene la distribución muestral de r_s que nos permita contrastar la hipótesis nula. Para ello supongamos que H_0 es cierta, lo que equivale a decir que no existe asociación alguna entre las variables X e Y en la población. En consecuencia, si se extrae una muestra aleatoria de valores de X e Y de dicha población, a cualquier ordenamiento de los valores de Y puede corresponder cualquier ordenamiento de los valores de X, y viceversa. Si se dispone de N casos individuales, el número de ordenamientos de los valores de X que pueden ocurrir en asociación con los valores de Y es igual a $N!$, y por tanto la probabilidad de que se produzca una ordenación particular de los valores de X en asociación con un determinado ordenamiento de los valores de Y, vale $1/N!$. Así, pues, como para cada posible ordenación de Y existirá un valor de r_s, la probabilidad bajo H_0 de que se produzca un valor particular de r es proporcional al número de permutaciones que han dado lugar a dicho valor.

Utilizando la fórmula de r_s, nos encontramos que para $N=2$, los valores posibles de r_s son $+1$ y -1, lo que equivale a decir que cada uno de ellos tiene una probabilidad de que ocurra bajo H_0 de $1/2$. Para $N=3$, los valores posibles de r_s son -1, $-1/2$, $+1/2$ y $+1$, y sus respectivas probabilidades bajo H_0 son $1/6$, $1/3$, $1/3$ y $1/6$. La tabla G del apéndice contiene los valores críticos de r_s calculados de este modo para $N=4$ a $N=30$. Los valores de r_s que aparecen en la tabla representan los valores que tienen una probabilidad asociada bajo H_0 de $p=0,05$ y $p=0,01$. La tabla de los valores para una prueba de una cola, es decir, para los casos en que la dirección de la asociación viene determinada, sea positiva o negativa. Si el valor observado de r_s es igual o mayor que el valor de r_s en la tabla, el valor observado es significativo para el nivel indicado, y se puede rechazar la hipótesis nula. Así, para el ejemplo desarrollado en el capítulo 8 al estudiar el coeficiente *rho* de Spearman (sección 8.3.6), el valor de r_s observado fue de 0,75, lo que representa un valor significativo para el nivel de significación de 0,05 para $N=7$, pero no es significativo para el nivel de 0,01. Lo que equivale a decir que se puede rechazar la hipótesis nula de la no asociación en la población entre las dos variables que representan las evaluaciones de la actuación de los empresarios y de los obreros, respectivamente, al nivel de significación de 0,05, pero que no podemos rechazar H_0 cuando el nivel de significación es más estricto.

10.4.3. La prueba para el coeficiente gamma

Tal como se ha visto en el capítulo 8 (ver sección 8.3.3), una medida de asociación frecuentemente utilizada en estadística descriptiva para datos ordinales es el coeficiente gamma (γ). Ahora bien, el parámetro γ se puede estimar para la población total utilizando el estadístico G calculado a partir de datos muestrales. Cuando G se utiliza para estimar el correspondiente parámetro γ, se hace preciso contrastar la hipótesis nula de la no asociación, $\gamma=0$, para de este modo evaluar la posibilidad de que el valor del estadístico G observado se deba simplemente al error muestral.

Para poder realizar tal evaluación, Goodman y Kruskal (1963), han desarrollado una aproximación normal a la distribución muestral de G, que permite contrastar la hipótesis nula. La fórmula para transformar G en una puntuación típica, es la siguiente:

$$z = (G-\gamma)\sqrt{\frac{N_s+N_d}{N(1-G^2)}} \qquad [10.10]$$

Cuando la hipótesis nula se cumple, entonces el γ de esta fórmula vale 0. A partir de los datos y resultados muestrales, se puede sustituir en la fórmula y calcular z. Recordando que en el ejemplo utilizado en el capítulo 8 para estudiar la asociación entre el nivel de educación de los jóvenes y el nivel de educación de los padres, $G=0,37$, $N_s=124,228$, $N_d=57,476$ y $N=896$, obtenemos el siguiente resultado:

$$z = (0,37-0)\sqrt{\frac{124,228+57,476}{896\,(1-0,14)}} = 0,37\sqrt{235,80} = 5,69$$

Si decidimos que el nivel de significación para contrastar la hipótesis nula sea $\alpha=0,01$, la puntuación z en la que comienza la región crítica de la distribución muestral será $+2,33$. Dado que el valor observado de z ha sido 5,69, decidimos rechazar la hipótesis nula en favor de la hipótesis alternativa de que γ es mayor de cero. Los resultados obtenidos cabe interpretarlos, pues, como que existe una relación positiva entre el nivel educacional de padres e hijos.

Recordemos ahora los supuestos que se han de satisfacer para poder aplicar la prueba de significación de γ: 1) las medidas en las que se basa la muestra G deben ser independientes; 2) el nivel de medición de ambas variables ha de ser el ordinal, y 3) la muestra ha de ser aleatoria simple y suficientemente grande como para justificar la utilización de la aproximación normal a la distribución muestral.

10.4.4. La prueba para el coeficiente Tau

Ya vimos en el capítulo 8 que una alternativa a γ para medir la asociación de dos variables ordinales, es el coeficiente Tau de Kendall. En dicho capítulo estudiamos dos versiones del coeficiente Tau, uno el coeficiente Tau-a que resulta apropiado cuando no existen rangos emparejados en los datos, y otro el coeficiente Tau-b que sí tiene en cuenta los datos emparejados.

El coeficiente Tau-a es de menor interés para el sociólogo, ya que en la investigación sociológica los datos aparecen con frecuencia emparejados. Con todo, cuando los datos lo permitan, la prueba de la significación de Tau-a es relativamente sencilla. La hipótesis nula se formula como $T_a=0$. Cuando N es igual o mayor de 10, la distribución muestral de T_a es aproximadamente normal con un error típico como el que sigue:

$$s_t = \sqrt{\frac{2(2N+s)}{9N(N-1)}} \qquad [10.11]$$

A partir de esta fórmula una puntuación típica se puede calcular fácilmente:

$$z = \frac{T_a}{s_t}$$

Calculado el valor de z, se puede evaluar mediante la tabla de la ley normal (tabla B del apéndice) de la forma que lo venimos haciendo. Si el valor observado de z se encuentra en la región crítica, la hipótesis nula se puede rechazar. En caso contrario, hay que aceptarla.

Cuando a pesar de disponer de datos pertenecientes a muestras independientes, extraídas aleatoriamente de una población, y las variables se encuentren medidas al nivel ordinal, existan rangos emparejados, ya no se puede utilizar Tau-a y hay que emplear el coeficiente Tau-b.

La prueba de significación de Tau-b se basa igualmente en la transformación del estadístico observado en un valor típico z, que nos va a permitir comprobar su significación por medio de la tabla de la ley normal. Ahora bien, en el caso de Tau-b, la fórmula propuesta por Kendall para su transformación en un valor típico es ciertamente compleja, por lo que nos abstenemos de incluirla aquí, aunque se puede encontrar su desarrollo en Kendall (1955). Dada la fácil disponibilidad de programas estándar de cálculo estadístico en la actualidad, aconsejamos el empleo de Tau-b cuando dispongamos de programas que calculen automáticamente el valor de este estadístico. Caso de no ser así, conviene utilizar otra medida de asociación ordinal que tenga una prueba de decisión más sencilla de calcular.

10.5. TERMINOLOGÍA

Se recomienda la memorización y comprensión del significado de cada uno de los términos y conceptos siguientes:

— Prueba de la diferencia entre dos medias.
— Prueba de la diferencia entre dos proporciones.
— Error típico de la diferencia de medias, de proporciones.
— Prueba de chi-cuadrado.
— Frecuencias observadas y frecuencias esperadas.
— Coeficiente de contingencia C.
— Prueba para el coeficiente rho de Spearman.
— Prueba para el coeficiente gamma.
— Prueba para el coeficiente Tau.

EJERCICIOS

1. Las diferencias rural-urbano tienen variadas manifestaciones sociales. Al estudiar 18 comarcas rurales y 26 comarcas urbanas se encontró que la media de las tasas de divorcio eran las siguientes en ambos tipos de comarcas:

Rural	Urbano
$\bar{x}_1 = 25$	$\bar{x}_2 = 32$
$s_1 = 5$	$s_2 = 9$

A partir de estos datos, se pretende saber si existe una diferencia significativa entre ambos tipos de comarcas por lo que se refiere al divorcio, y todo ello para un nivel de signicación del 1 por 100.

2. Supóngase que esperamos encontrar que la diferencia en los ingresos mensuales de los funcionarios de élite de la Administración Central y de las Administraciones Autonómicas sea de 20.000 ptas. (esto es, que $\bar{x}_1 - \bar{x}_2 = 20.000$ ptas.). La estimación de las desviaciones típicas para $s_1 = 15.000$ ptas. y para $s_2 = 13.000$ ptas. Si se intenta tomar el mismo número de funcionarios de ambos tipos de Administración, ¿cuántos casos habrá que tomar con el fin de establecer una diferencia significativa entre las medias de los ingresos de ambos tipos de funcionarios, para un nivel de significación del 1 por 100? Si lo que se pretende es extraer una muestra de funcionarios de las Administraciones Autonómicas que sea tres veces más grande que la correspondiente muestra de funcionarios de la Administración Central, ¿cuántos casos se necesitarían para el mismo nivel de significación?

3. En una muestra de población activa, el 64 por 100 de los trabajadores manuales se declara identificado con posiciones ideológicas de izquierdas, mientras que así lo hace el 47 por 100 de los empleados. La muestra está integrada por 225 trabajadores manuales y 217 empleados. ¿Se puede considerar significativa la diferencia al nivel de significación del 1 por 100?

4. La distribución de las notas obtenidas en las asignaturas de Estadística Social y de Teoría Sociológica por los alumnos de una Facultad de Ciencias Sociales, es la que sigue:

Teoría sociológica	Estadística social		
	N. altas	N. medias	N. bajas
Notas altas	56	71	12
Notas medias	47	163	38
Notas bajas	14	42	85

Ensayar la hipótesis de que las notas de Estadística sean independientes de las de Teoría, a un nivel de significación de a) 0,01 y b) 0,001. Calcular el coeficiente de contingencia C para medir el grado de asociación de ambas variables.

5. En base a los datos del ejercicio 3 del capítulo 8, ensayar la hipótesis de la relación entre la movilidad social de los padres y la de los hijos, para un nivel de significación del 1 por 100.

6. A partir de los datos del ejercicio 4 del capítulo 8, ensayar la hipótesis de la relación entre el incremento del paro juvenil y el incremento de la tasa de delincuencia, para un nivel de significación del 5 por 100.

BIBLIOGRAFIA

BLALOCK, Hubert M.: *Social Statistics*, New York, McGraw-Hill, 1979.
COCHRAN, W. G.: «Some methods for strangtheming the common χ^2 tests», *Biometrics*, 10, págs. 417-451, 1954.
DÍEZ NICOLÁS, Juan: *Los españoles y la opinión pública*, Madrid, Ed. Nacional, 1976.
GOODMAN, Leo A., y KRUSKAL, W. H.: «Measures of Association for Cross Classifications III: Aproximate Sampling Theory», *Journal of the American Statistical Association*, 58, págs. 310-364, 1963.
KENDALL, Maurice G.: *Rank Correlation Methods*, New York, Hafner, 1955.
LOETHER, H. J., y MCTAVISH, D. G.: *Inferential Statistics for Sociologists*, Boston, Allyn & Bacon, 1974.
SIEGEL, Sidney: *Nonparametric Statistics for the Behavioral Sciences*, New York, McGraw-Hill, 1956.

Capítulo 11
EL ANALISIS DE VARIANZA

11.1. Introducción

El análisis de varianza es una técnica estadística diseñada para comparar varias medias observadas. Se puede considerar como una extensión de la prueba de la diferencia entre medias, y generalmente se utiliza cuando se está sometiendo a prueba una relación entre una variable nominal u ordinal, y una variable de intervalo. También se puede extender su uso cuando se tiene más de una variable nominal u ordinal, y una variable de intervalo, aunque en el presente capítulo sólo vamos a estudiar con más detalle el modelo más sencillo. También estudiaremos en el presente capítulo algunas alternativas no paramétricas al análisis de varianza.

Esta técnica estadística que vamos a estudiar a continuación recibe el nombre de análisis de la varianza, porque la prueba de comparación de las diversas medias se basa en el cálculo de la varianza entre tales medias. El detalle y fundamentación estadística del análisis de varianza puede resultar de alguna complejidad para el estudiante que se enfrenta por primera vez con esta técnica, por lo que vamos a tratar de introducirnos en su estudio a través de un ejemplo que permita desde un principio esclarecer el significado del análisis.

11.2. El análisis de varianza con un solo factor

Hemos dicho anteriormente que el análisis de varianza se puede considerar una extensión o generalización de la prueba de diferencia entre medias. En consecuencia, los supuestos estadísticos que han de cumplir los datos para que se les pueda aplicar el análisis de varianza, son los mismos que se requieren para la prueba de la diferencia de las medias, esto es, que se trate de muestras aleatorias simples, que exista normalidad en la distribución de los datos y que las varianzas de la población sean iguales. Ahora bien, en lugar de comparar medias se trabaja directamente con varianzas en el análisis de varianzas.

Vamos a comenzar introduciendo los nuevos conceptos que acompañan al análisis de varianza, mediante la discusión de un ejemplo hipotético. Supongamos que disponemos de los datos de la tabla 11.1, que hacen referencia a tasas de consumo de drogas entre la población estudiantil que asiste a tres tipos de colegios: colegio público, colegio privado laico y colegio privado religioso. En este ejemplo el número de casos es el mismo para cada muestra, aunque esto no represente una condición necesaria.

TABLA 11.1

Tasas de consumo de drogas en tres tipos de colegio

	TASAS DE CONSUMO DE DROGAS			
	Colegio público	*Colegio laico*	*Colegio religioso*	*Total*
	3,2	5,4	6,2	
	4,6	3,6	2,9	
	10,1	6,3	3,5	
	6,5	9,1	3,7	
	2,7	8,7	7,9	
	4,9	2,6	4,8	
	9,2	3,9	4,3	
	7,1	6,6	9,8	
	5,4	7,2	5,2	
	6,5	11,3	5,9	
Núm. casos ...	10	10	10	30
Suma	60,2	64,4	54,2	178,8
Media	6,02	6,44	5,42	5,96

A partir de estos datos, se trata de saber si existen o no diferencias significativas en las medias de consumo de droga entre los estudiantes que asisten a los tres tipos de colegio. Esta es, pues, la hipótesis de trabajo, que se traduce en las dos hipótesis estadísticas. La hipótesis nula afirma la igualdad de las medias, mientras que la hipótesis alternativa afirma que cada grupo considerado tiene una media diferente.

Tal como se observa en la tabla 11.1, se han calculado dos tipos de medias. Una media dentro de cada grupo, y una media global para el conjunto de la población de la muestra. Dado que se ha supuesto que todas las poblaciones tienen idéntica desviación típica, se pueden realizar dos estimaciones diferentes de la varianza común de la población, σ^2.

Una de ellas será el promedio ponderado de las varianzas s_i^2 dentro de cada una de las muestras por separado. Es decir, se calculan las desviaciones en relación a la media de cada muestra, y después se realiza un promedio entre las varianzas así calculadas, s_m^2. Se tratará, naturalmente, de una estimación no sesgada de la varianza, aunque las medias difieran grandemente entre sí.

Para realizar la segunda estimación de la varianza común se tratan las medias de cada muestra como si fueran puntuaciones individuales, y se calcula entonces la varianza a partir de las desviaciones de tales medias en relación a la media global. Para los datos de la tabla 11.1, esta segunda estimación significa obtener la variación de las tres medias de cada una de las subpoblaciones, 6.02, 6.44 y 5.42, en relación a la media global, 5.96. Bajo la hipótesis nula, es decir, suponiendo que las medias de cada subpoblación son iguales, esta última estimación de la varianza estará no sesgada, y las medias de cada una de las muestras diferirán entre sí siguiendo el teorema del límite central. En otras palabras, según aumente el tamaño de las muestras se aproximarán a la distribución normal, con lo que se puede utilizar esta propiedad junto con las diferencias observadas entre las medias de las muestras para estimar la varianza verdadera. Bajo la hipótesis alternativa, es decir, si las medias de las subpoblaciones son diferentes, cabe esperar que las medias de las muestras difieran más entre sí que bajo la hipótesis nula. Por tanto, si la hipótesis nula es falsa, esta segunda estimación de la varianza será estadísticamente superior a la varianza de la población.

La prueba estadística que se utiliza para contrastar la hipótesis nula consiste simplemente en calcular el cociente o *ratio* entre la segunda estimación de la varianza y la primera estimación de la varianza. En esto consiste la *prueba F de Snedecor* de comparación entre ambas estimaciones de la varianza. Cuando la hipótesis nula sea cierta, tenderán a coincidir ambas estimaciones, y el cociente se aproximará al valor de la unidad. Por el contrario, cuando las medias de las subpoblaciones difieran entre sí, la segunda estimación de la varianza será mayor que la primera, y el cociente F será mayor que la unidad. Como la ley de Snedecor nos ofrece los valores de la distribución muestral de F * (ver tabla F del apéndice), podemos saber para cada valor de F obtenido, el riesgo que corremos al rechazar la hipótesis nula. Esto es, en resumen, lo que se hace con la prueba del análisis de la varianza. Antes de continuar con el cálculo del ejemplo numérico, vamos a estudiar con mayor detalle la forma de estimar los dos tipos de varianza.

En primer lugar vamos a introducir un nuevo concepto que nos va

---

* La distribución de F se define, en sentido estricto, como el cociente entre dos chi-cuadrados distribuidos independientemente, cada uno de ellos dividido por los grados de libertad asociados. También se puede considerar a la distribución F como una generalización de la distribución t. La distribución F se utiliza ampliamente en conexión con el estudio de modelos estadísticos lineales, tales como la regresión simple y la regresión múltiple, como se verá más adelante.

a ser de utilidad para realizar las estimaciones de la varianza. El término *variación* se define como la suma de los cuadrados de las desviaciones en relación a la media. Así, si $\overline{X}$ es la media global, la variación global para todas las muestras valdrá $\sum_{i=1}^{n}(X_i-\overline{X})^2$. Como se observa, el término variación se refiere, pues, a una suma de los cuadrados de las desviaciones; pero sin que se divida por el número de casos n, como ocurre con la varianza.

Vamos ya a proceder a estimar las varianzas, y para ello partiremos de la tabla simbólica de datos 11.2. Las puntuaciones individuales se representan por X_{ij}, las medias muestrales por $\overline{X}_k$ y la media global por $\overline{X}$. Ahora podemos pasar a expresar la diferencia entre una puntuación individual X_{ij} y la media global $\overline{X}$, como una suma de las diferencias, por

TABLA 11.2
Tabla simbólica de datos

	Grupos					
	1	2	3	...	k	Total
	X_{11}	X_{12}	X_{13}	...	X_{1k}	
	X_{21}	X_{22}	X_{23}	...	X_{2k}	
	X_{31}	X_{32}	X_{33}	...	X_{3k}	
	.	.	.		.	
	.	.	.		.	
	.	.	.		.	
	$X_{n_1 1}$	$X_{n_2 2}$	$X_{n_3 3}$		$X_{n_k k}$	
				...		
Núm. casos:	n_1	n_2	n_3	...	n_k	N
Suma:	$\sum_{i=1}^{n_1} X_{i1}$	$\sum_{i=2}^{n_2} X_{i2}$	$\sum_{i=3}^{n_3} X_{i3}$	...	$\sum_{i=k}^{n_k} X_{ik}$	$\sum_i \sum_j X_{ij}$
Medias:	$\overline{X}_1$	$\overline{X}_2$	$\overline{X}_3$	...	$\overline{X}_k$	$\overline{X}$

un lado entre la puntuación individual y la media del grupo, y por otro, entre la media del grupo y la media global. En efecto,

$$X_{ij}-\overline{X}=(X_{ij}-\overline{X}_k)+(\overline{X}_k-\overline{X})$$

ya que en el segundo término hemos introducido la media $\overline{X}_k$ del grupo dos veces pero afectada del signo contrario, con lo que resulta cero el valor real de lo añadido. Si ahora elevamos al cuadrado ambos términos, queda que,

$$(X_{ij}-\overline{X})^2=(X_{ij}-\overline{X}_k)^2+2\,(X_{ij}-\overline{X}_k)\,(\overline{X}_k-\overline{X})+(\overline{X}_k-\overline{X})^2$$

Si ahora sumamos este valor de la variación del término X_{ij} para todas las filas y columnas, tenemos una doble suma tal como sigue:

$$\sum_i \sum_j (X_{ij}-\overline{X})^2 = \sum_i \sum_j (X_{ij}-\overline{X}_k)^2 + 2 \sum_i \sum_j (X_{ij}-\overline{X}_k)(\overline{X}_j-\overline{X}) + \sum_i \sum_j (\overline{X}_k-\overline{X})^2$$

Pero como para cada columna la suma de las desviaciones en relación a la media vale cero, el término intermedio

$$2 \sum_i \sum_j (X_{ij}-\overline{X}_k)(\overline{X}_k-\overline{X})$$

vale también cero, con lo que la expresión anterior queda del siguiente modo:

$$\sum_i \sum_j (X_{ij}-\overline{X})^2 = \sum_i \sum_j (X_{ij}-\overline{X}_k)^2 + \sum_i \sum_j (\overline{X}_k-\overline{X})^2 \qquad [11.1]$$

La expresión [11.1] se puede leer como que la suma total de los cuadrados de las desviaciones de cada individuo en relación a la media global es igual a la suma de los cuadrados de las desviaciones entre cada individuo y la media de su grupo (desviación intra-grupo), y la suma de los cuadrados de las desviaciones entre cada media de grupo y la media global (desviación entre grupos). Descompuesta de este modo la variación total, vamos a utilizar ahora la desviación intra-grupo para obtener la primera estimación de la varianza común σ^2, mientras que la desviación entre grupos se utilizará para realizar la segunda de las estimaciones de la varianza.

Algunos autores (ver, por ejemplo, Blalock, 1979, pág. 341) se refieren a la suma de los cuadrados de las desviaciones intragrupo y entre grupos como las *variaciones inexplicada y explicada*, respectivamente. Intuitivamente vemos que si los grupos fueran homogéneos, lo que equivaldría a afirmar para los datos de la tabla 11.1 que las tasas de consumo de drogas son muy parecidas dentro de cada tipo de colegio, entonces la variabilidad observada se debería principalmente a las diferencias existentes entre las medias de los grupos. Esto equivaldría a decir que la variable tipo de colegio y la variable tasa de consumo de drogas se encuentran fuertemente asociadas, y que el tipo de colegio ayuda a explicar la variación en las tasas de consumo de drogas entre la población estudiantil. Por eso se denomina a la variación entre grupos *explicada*. Nótese una vez más que cuando hablamos de explicación, no estamos refiriéndonos para nada a causación. En el sentido estadístico del término, explicar es sinónimo de estar asociado y nada más. Esto es, que suponiendo que el tipo de colegio explica una buena parte de la variación de la variable consumo de drogas, no quiere decir, sin embargo, que sea el tipo de colegio el que induzca o no a los estudiantes a consumir drogas. Simplemente, se obtiene una constatación de que estadísticamente existen diferencias en el consumo de drogas entre la población estudiantil que asiste a los diversos tipos de colegio.

La estimación de la varianza es ahora muy sencilla, ya que basta dividir por los grados de libertad apropiados las dos sumas de cuadrados por separado. Los grados de libertad asociados con la suma total de cuadrados es $N-1$, mientras que los grados de libertad asociados con la variación entre grupos es $K-1$, siendo $N-K$ los grados de libertad asociados con la variación intra-grupo. Obsérvese que:

$$(N-1) = (N-K) + (K-1)$$

Pues bien, las dos estimaciones de la varianza son:

$$\text{varianza intra-grupo, } V_r = \frac{\sum_i \sum_j (X_{ij} - \overline{X}_k)^2}{N-K}$$

$$\text{varianza entre grupos, } V_a = \frac{\sum_i \sum_j (\overline{X}_k - \overline{X})^2}{K-1}$$

La *varianza intra-grupo o varianza residual*, V_r, indica la variabilidad de los individuos dentro de un determinado grupo. Esta variabilidad no es debida a la influencia de la variable independiente, sino que es debida a la propia variabilidad de los individuos, por lo que se denomina varianza residual.

La *varianza entre grupos*, V_a, indica la varianza entre las medias de os K grupos.

Para calcular el cociente: $\qquad F = V_a / V_r \qquad$ [11.2]

se procede habitualmente calculando en primer lugar la varianza entre grupos y la varianza total, obteniendo por diferencia la varianza residual. Obsérvese que no se compara la estimación de la varianza total con cualquiera de las otras dos estimaciones de la varianza, esto es, de la varianza entre grupos y de la varianza residual, lo que a primera vista parecería más lógico, porque la prueba estadística F requiere que las estimaciones comparadas sean independientes entre sí, y naturalmente la estimación de la varianza total depende de las otras dos estimaciones. Por eso, se comparan directamente la varianza entre grupos y la varianza residual.

A efectos de cálculo, cada uno de los tres términos de la fórmula [11.1] se pueden expresar del siguiente modo:

$$\text{Variación total} = \sum_i \sum_j (X_{ij} - \overline{X})^2 = \sum_i \sum_j X_{ij}^2 - \frac{(\sum_i \sum_j X_{ij})^2}{N} \quad [11.3]$$

$$\text{Variación entre grupos} = \sum_i \sum_j (\overline{X}_k - \overline{X})^2 = \sum_j \frac{(\sum_i X_{ij})^2}{n_j} - \frac{(\sum_i \sum_j X_{ij})^2}{N} =$$

$$= \left[\frac{(\sum_i X_{i1})^2}{n_1} + \frac{(\sum_i X_{i2})^2}{n_2} + \ldots + \frac{(\sum_i X_{ik})^2}{n_k} \right] - \frac{(\sum_i \sum_j X_{ij})^2}{N} \quad [11.4]$$

Aunque parecen a primera vista un tanto complejas ambas fórmulas de cálculo, cuando resolvamos un ejemplo práctico comprobaremos que son de sencilla aplicación. Obsérvese igualmente que no ofrecemos la fórmula de cálculo de la variación intra-grupo, porque en la práctica se obtiene a partir de la diferencia entre la variación total y la variación entre grupos.

Ahora ya estamos en condiciones de volver al ejemplo práctico cuyos datos se incluyen en la tabla 11.1, para comprobar si existen o no diferencias significativas entre las medias de consumo de drogas en los tres tipos de colegio. Consideremos en primer lugar los supuestos estadísticos que deben cumplir los datos para poder realizar la prueba del análisis de varianza. Las tasas de consumo de drogas representan una variable de intervalo, mientras que el tipo de colegio no pasa de ser una variable nominal. Se supone que se ha realizado un muestreo independiente aleatorio, y que dentro de cada tipo de colegio la población se distribuye normalmente. También se supone que existe *homocedasticidad*, es decir, que las varianzas de la población son iguales ($\sigma_1^2 = \sigma_2^2 = \sigma_3^2 = \ldots = \sigma_k^2 = \sigma^2$). La hipótesis nula se expresa como que las medias de la población son iguales ($\mu_1 = \mu_2 = \ldots = \mu_k$), mientras que la hipótesis alternativa se expresa como que las medias de la población son diferentes ($\mu_1 \neq \mu_2 \neq \ldots \neq \mu_k$).

Cuando se dice que las muestras deben ser aleatorias e independientes, se quiere decir que los tres tipos de colegios no están emparejados entre sí, y que se han seleccionado aleatoriamente del conjunto de cada tipo de colegio. Y dentro de cada conjunto de colegio seleccionado, también se ha seleccionado aleatoriamente a la población estudiantil de la que se ha calculado la tasa de consumo de drogas.

Hay que notar con todo que el análisis de varianza es una prueba robusta y que, por tanto, las condiciones estadísticas supuestas no hay que entenderlas en un sentido altamente restrictivo. Quiere ello decir que si, por ejemplo, se producen ligeras desviaciones del principio de homocedasticidad (es decir, las varianzas no llegan a ser exactamente iguales) no queda invalidado el análisis, ya que tales desviaciones son tolerables. Sólo si se supone que existe algún grupo cuya varianza se aleja excesivamente del resto de las varianzas, resulta aconsejable omitir dicho grupo y continuar el análisis de varianza con el resto de los grupos.

A efectos de contrastar la hipótesis nula, vamos a utilizar como nivel de significación el nivel 0,01. Si F resulta ser mayor que la unidad, nos dirigiremos a la tabla de distribución de F para comprobar si para ese nivel de significación el valor de F teórico es menor que el valor de F realmente obtenido. Caso de que así sea, estaremos en condición de rechazar la hipótesis nula. Pero si el valor obtenido de F es la unidad o menor que la unidad, no será preciso consultar la tabla de distribución de F, ya que un valor tal pone de manifiesto la existencia de un grado de heterogeneidad intra-grupo mayor del que cabría obtener simplemente por azar, por lo que en tal caso habrá que aceptar la hipótesis nula.

Para calcular el valor de F, es decir, el cociente entre las estimaciones inter e intra-grupo, hay que comenzar calculando la variación total, mediante el empleo de la fórmula [11.3], para a continuación pasar a calcular la variación entre grupos, mediante la fórmula [11.4]. A continuación, y por diferencia, calcularemos la variación intra-grupo.

$$\sum_i \sum_j X_{ij}^2 = (3,2)^2 + (4,6)^2 + (10,1)^2 + \ldots + (5,2)^2 + (5,9)^2 = 1.229,36$$

$$\frac{(\sum_i \sum_j X_{ij})^2}{N} = \frac{(178,8)^2}{30} = 1.065,64$$

Variación total $= 1.229,36 - 1.065,64 = 163,72$

$$\text{Variación entre grupos} = \frac{(60,2)^2}{10} + \frac{(64,4)^2}{10} + \frac{(54,2)^2}{10} - 1.065,64 =$$
$$= 1.070,88 - 1.065,64 = 5,24$$

Variación intra-grupo = variación total − variación entre grupos =
$$= 163,72 - 5,24 = 158,48$$

Conocidas las variaciones totales y parciales, se puede pasar a estimar las correspondientes estimaciones de las varianzas dividiendo por los, grados de libertad asociados. Es habitual presentar los cálculos del análisis de varianza mediante una tabla como la que sigue:

TABLA 11.3

Cálculos del análisis de varianza

	Suma de cuadrados	Grados de libertad	Estimación de la varianza	F
• Total	163,72	$N-1=29$		
• Entre grupos	5,24	$K-1=2$	2,62	0,44
• Intra-grupos	158,48	$N-K=27$	5,86	

Dado que el valor obtenido para F es menor que la unidad, no se hace preciso consultar la tabla de distribución de F, ya que sabemos que con un valor tan pequeño de F hay que aceptar la hipótesis nula de la no diferencia de medias, esto es, que no se observan diferencias significativas entre las tasas de consumo de drogas de la población estudiantil que asiste a los tres tipos de colegios.

Con el fin de ver el manejo de la tabla de la distribución de F, vamos a suponer que hubiéramos obtenido un valor de F de 1,87. En tal caso, consultaríamos la tabla de F para un nivel de significación de 0,01, que es el que habíamos asignado previamente, y localizaríamos el valor teórico de F para 2 grados de libertad, que corresponde a la estimación de la varianza entre grupos (en la tabla de F se localiza en la fila superior), y 27 grados de libertad, que corresponde a la estimación de la varianza intra-grupo (en la tabla F se localiza en la primera columna). Para un $F_{2,27}$, que es como se escribe, el valor que se obtiene en la tabla es 5,49, que continúa siendo superior al valor supuesto de $F=1,87$. Así, pues, también en este caso rechazaríamos la hipótesis alternativa y aceptaríamos la hipótesis nula, pese a haber obtenido un valor de F superior a la unidad. Sólo en el caso de haber obtenido un valor de F igual o superior a 5,49 hubiéramos podido rechazar la hipótesis nula al nivel de significación del 0,01.

11.3. OTROS TIPOS DE ANÁLISIS DE VARIANZA

Algunas veces puede resultar aconsejable ampliar el análisis de varianza para el caso de más de una variable independiente. Es decir, en lugar de operar con una sola variable nominal, estudiando el tipo de relación que ofrece con una variable de intervalo, variable dependiente, podemos considerar dos o más variables nominales. Ahora bien, tal tipo de diseño estadístico resulta más aconsejable su uso para el caso de experimentos controlados, como los que se suelen efectuar en el campo de la psicología social, en los que el investigador puede asignar aleatoriamente los individuos a diferentes grupos, controlando de este modo el número de individuos que pertenecen a cada uno de los grupos. Pero para el caso de situaciones no experimentales, como las que suele estudiar el sociólogo, el uso del análisis de la varianza con dos o más factores está menos aconsejado. Por esta razón no vamos a extendernos en su estudio, remitiendo al lector interesado a la bibliografía especializada (por ejemplo, Lindman, 1974, y Namboodiri *et al.*, 1975) para su estudio con mayor detalle.

Básicamente, la diferencia de cálculo entre el análisis de varianza con un solo factor y con dos factores radica en que, en este último caso, hay que calcular dos cocientes o *ratios F*. Uno de ellos relaciona la estimación de la variación entre columnas con el residuo no explicado (es decir, con la porción de la varianza no explicada por ninguna de las dos variables nominales), mientras que el segundo relaciona la estimación de la varianza entre filas con el residuo no explicado. En realidad, pues, se realizan dos pruebas de decisión estadística para contrastar la existencia de una relación entre la variable de intervalo, variable dependiente, con cada una de las variables nominales, controlando la segunda variable.

Si se dispusiera de tres o más variables nominales, nada impide, en principio, aplicar el análisis de varianza; sólo que habría que calcular un número mayor de valores de F. Sin embargo, en la realidad no se utilizan en la investigación sociológica empírica, porque en la actualidad se dispone de modelos de análisis multivariables de mayor capacidad explicativa y de más fácil interpretación, como los que tendremos ocasión de estudiar en los capítulos que siguen.

11.4. Pruebas de decisión estadística para el caso de la correlación y regresión simples

En el capítulo 9 hemos estudiado el modelo lineal simple de regresión y correlación, para realizar un análisis descriptivo de los datos de una muestra, lo que nos ha conducido, básicamente, a calcular el coeficiente r de Pearson y a estimar los parámetros a y b de la ecuación de regresión. Pero nuestro interés se puede centrar en el estudio de los correspondientes parámetros de la población, ρ, α y β, para comprobar si existe o no una relación lineal en la población o para calcular unos intervalos de confianza para el coeficiente de regresión.

Por su mayor utilización en el análisis sociológico, aquí vamos a estudiar una prueba de decisión estadística para la hipótesis nula de la no existencia de relación lineal en la población, lo que nos va a conducir a la utilización de un análisis de varianza para contrastar la hipótesis de que $\alpha = \beta = 0$.

Dado que, como se recordará, las fórmulas para b —ver la fórmula [9.2], en el capítulo 9— y para r —ver la fórmula [9.4], en el mismo capítulo— contienen el mismo numerador, el contraste de la hipótesis $\beta = 0$ es también un contraste de la hipótesis $\rho = 0$, e, inversamente, una prueba de $\rho = 0$ lo es también de $\beta = 0$. Como una ecuación de regresión representa en realidad a una recta que une las medias de Y para valores concretos de X, quiere ello decir que cuando $\beta = 0$ —esto es, la pendiente de la recta es cero—, las medias de Y deben ser las mismas para cada valor de X. Si ahora suponemos que dividimos el eje X en un número determinado de categorías o grupos, cabe esperar que las medias en la población para cada categoría serían las mismas, lo que nos permite extender la hipótesis nula de que $\rho = \beta = 0$ a la proposición de que las medias de Y serán iguales para cada una de las categorías de X.

Ahora bien, para poder realizar un análisis de varianza, los datos de las muestras han de satisfacer los presupuestos de homocedasticidad (igual varianza) y de normalidad. Suponiendo, pues, una población infinita, con un eje X dividido en un número infinito de categorías, cada una de las cuales que tenga idéntica media en Y, la hipótesis nula se puede formular en el sentido de que $\mu_1 = \mu_2 = \mu_3 = \ldots$, esto es, que las medias de la población para cada una de las categorías son iguales.

Si deseamos utilizar el análisis de varianza, no sólo se ha de suponer el carácter normal de la distribución de los datos, su homocedasticidad y la existencia de muestras aleatorias, sino que, además, se ha de suponer que la distribución bivariable de X e Y es normal. Con esto nos aseguramos el cumplimiento de los supuestos estadísticos para la utilización del análisis de varianza para la prueba de la hipótesis de que $\beta = \rho = 0$.

A efectos de cálculo, el proceso de utilización del análisis de varianza para contrastar la hipótesis de $\rho = 0$ es muy sencillo, una vez conocido el valor del coeficiente r de Pearson. En efecto, como se recordará cuando estudiamos la correlación, la interpretación de r^2 es que representa la proporción de la suma de los cuadrados de Y que quedan explicados por X, mientras que la proporción que queda sin explicar por X viene dada por $1 - r^2$. Si representamos por Σy^2 la suma de los cuadrados, la suma explicada de los cuadrados se puede representar mediante $r^2 \Sigma y^2$, mientras que la suma no explicada de los cuadrados será $(1 - r^2) \Sigma y^2$. Considerando los grados de libertad asociados a cada expresión *, tenemos que el análisis de varianza para la prueba de la hipótesis de que $\rho = \beta = 0$ se efectúa del siguiente modo.

---

* Los grados de libertad asociados con la suma total de cuadrados es $N - 1$, mientras que los asociados con la suma no explicada de cuadrados es $N - 2$. Esto es debido a que para obtener esta última hay que calcular las desviaciones con respecto a la línea de mínimos cuadrados, para lo que se utilizan los dos coeficientes a y b. En consecuencia, se pierden dos grados de libertad. Por diferencia, queda 1 grado de libertad para asociar a la suma explicada de cuadrados.

TABLA 11.4

Cálculo del análisis de varianza para la prueba de la hipótesis $\rho=\beta=0$

	Suma de cuadrados	Grados de libertad	Estimación de la varianza	F
● Total	Σy^2	$N-1$		
● Explicada	$r^2 \Sigma y^2$	1	$r^2 \Sigma y^2$	
● No explicada	$(1-r^2)\Sigma y^2$	$N-2$	$\dfrac{(1-r^2)\Sigma y^2}{N-2}$	$\dfrac{r^2(N-2)}{1-r^2}$

FUENTE: BLALOCK (1979, pág. 417).

De este modo, la obtención del valor de F resulta muy sencillo, ya que sólo depende del valor de r y del número de casos N, con lo que nos evitamos calcular un análisis de varianza mediante la estimación de la varianza entre grupos e intra-grupo. Veamos ahora, a través de un ejemplo práctico, la utilización del análisis de varianza para el contraste de la significación de una regresión y correlación entre dos variables.

En un estudio sobre la enseñanza superior en España, Salustiano del Campo (1971, págs. 414-425) estudia, entre otras cosas, la relación existente entre la variable renta *per capita* provincial (X) y la variable número de alumnos en la enseñanza superior por 100.000 habitantes (Y). Los datos de los que parte son los siguientes:

Provincias A	Renta «per capita» (1692) X	Número de alumnos enseñanza superior por 10.000 habitantes (1962-63) Y
Navarra	27.693	30,29
Logroño	26.668	27,71
Tarragona	26.472	18,83
Baleares	26.305	22,47
Santander	25.676	25,89
Lérida	25.419	19,92
Huesca	24.777	18,97
Castellón de la Plana	22.364	13,73
Burgos	19.898	25,58
Segovia	19.810	26,99
Alicante	19.607	17,11
León	18.803	25,11
Palencia	18.087	20,82
Teruel	17.969	15,80

Provincias A	Renta «per capita» (1962) X	Número de alumnos enseñanza superior por 10.000 habitantes (1962-63) Y
Soria	17.709	24,21
Guadalajara	16.966	16,89
Cuenca	16.747	13,00
Palmas (Las)	16.557	17,17
Zamora	16.195	20,69
Pontevedra	16.192	17,02
Cádiz	16.162	13,95
Albacete	16.025	14,37
Lugo	15.851	12,47
Huelva	15.552	11,00
Toledo	15.325	17,04
Jaén	15.244	15,90
Ciudad Real	15.133	14,25
Córdoba	14.412	15,14
Badajoz	13.981	11,23
Avila	13.902	20,56
Málaga	13.860	14,61
Cáceres	13.223	16,25
Almería	11.933	15,97
Orense	11.127	13,51

FUENTE: Salustiano del CAMPO (1971, pág. 416).

Para analizar la asociación entre X e Y se realiza un análisis de regresión a partir de los datos que se contienen en la tabla anterior [*]:

$$N = 50$$

$$\Sigma Y = 1.118,12; \quad \Sigma Y^2 = 30.520,90$$

$$\Sigma X = 1.019,099; \quad \Sigma X^2 = 23.131.076,359$$

$$\Sigma XY = 25.266.430,08$$

$$\overline{X} = 20.381,90; \quad \overline{X}^2 = 415.421.847,61$$

$$\overline{Y} = 22,36; \quad \overline{Y}^2 = 499,96$$

$$\overline{X}\ \overline{Y} = 455.739,28$$

---

[*] Obsérvese que el análisis de la regresión y del análisis de la varianza se realizan en base a datos de población general, y no de datos muestrales. Esto introduce algunas dudas a la hora de interpretar los resultados de un modelo estadístico como es el análisis de varianza, diseñado para inferir el comportamiento de una población a partir de los datos de una muestra. Con todo, y debido a la claridad de los cálculos realizados por el profesor Del Campo, hemos decidido incluir este ejemplo para glosar el procedimiento de la utilización del análisis de varianza para la contrastación de la regresión.

Para calcular el coeficiente de regresión r utilizaremos la fórmula de cálculo siguiente:

$$r = \frac{N\Sigma XY - (\Sigma X)(\Sigma Y)}{\sqrt{[N\Sigma X^2 - (\Sigma X)^2][N\Sigma Y^2 - (\Sigma Y)^2]}} =$$

$$= \frac{(50)(25.266.430,08) - (1.019,099)(1.118,12)}{\sqrt{[(50)(23.131.076,359) - (1.019,099)^2][(50)(30.520,90) - (1.118,12)^2]}} =$$

$$= 0,687$$

Ahora, para calcular la ecuación de regresión, tenemos que calcular en primer lugar los parámetros b y a:

$$b = \frac{N\Sigma XY - (\Sigma X)(\Sigma Y)}{N\Sigma X^2 - (\Sigma X)^2} =$$

$$= \frac{(50)(25.266.430,08) - (1.019.099)(1.118,12)}{(50)(23.131.076.359) - (1.019.099)^2} = 0,001$$

$$a = \frac{\Sigma Y - b\Sigma X}{N} = \frac{1.118,12 - 0,001(1.019.099)}{50} = 2$$

Con lo que podemos escribir la ecuación de regresión como sigue:

$$Y = 0,001 + 2X$$

Ya con estos resultados, estamos en condiciones de realizar el análisis de varianza, siguiendo el modelo contenido en la tabla 11.4, para contrastar la hipótesis nula de que $\rho = \beta = 0$:

	Suma de cuadrados	Grados de libertad	Estimación de la varianza	F
• Total	$\Sigma y^2 = 5.520$	$N - 1 = 49$		
• Explicada	$r^2\Sigma y^2 = 2.574$	1	$r^2\Sigma y^2 = 2.574$	$\dfrac{r^2(N-2)}{1-r^2} = 42$
• No explicada ...	$(1-r^2)\Sigma y^2 = 2.946$	$N - 2 = 48$	$\dfrac{(1-r^2)\Sigma y^2}{N-2} = 61,4$	

Si establecemos como nivel de significación 0,001, el valor de F para 1 y 48 grados de libertad, respectivamente, ha de ser igual o superior a 12,10 para que podamos rechazar la hipótesis nula de que no existe una asociación lineal en la población. Dado que el valor de F obtenido es 42, claramente podemos rechazar la hipótesis nula y aceptar la hipótesis alternativa de la existencia de una asociación lineal entre la renta *per capita* y el número de alumnos de enseñanza superior en cada provincia.

11.4.1. *Regresión y correlación curvilínea*

Hasta ahora hemos asumido la forma lineal para la ecuación de regresión. Pero, tal como se ha dicho al estudiar la regresión, en muchos casos el sociólogo se encuentra con datos cuyo diagrama de dispersión indica la existencia de una relación curvilínea. En tales casos, si calculáramos el coeficiente r de Pearson, su valor subestimaría el verdadero grado de relación existente, ya que el ajuste por mínimos cuadrados que se utiliza para calcular r se realiza por referencia a una línea recta.

La complejidad del estudio de las relaciones curvilíneas es excesiva para ser tratada con detalle en un texto introductorio como el presente, ya que intervienen ecuaciones no lineales muy variadas que representan las diferentes formas que pueden adquirir tales relaciones.

En los casos más sencillos de relaciones no lineales, algunas veces se puede superar el obstáculo de la no linearidad mediante la transformación logarítmica de las variables, para poder utilizar el modelo lineal. Así, cuando se tienen funciones logarítmicas del tipo $Y = a + b \log X$, en las que Y es función no de X, sino de su logaritmo, se puede transformar cada uno de los valores de X en una nueva variable $Z = \log X$, con lo que se puede escribir Y como una función lineal de Z, esto es, $Y = a + b \log X = a + bZ$. Ahora ya la relación entre Y y Z es lineal, con lo que se puede comparar el grado de relación entre Y y Z con el existente entre Y y X. Si el primero es mayor que el segundo, ello quiere decir que el modelo logarítmico se ajusta mejor que el modelo lineal entre X e Y.

Pero, con frecuencia, nuestro interés no se centra en el tipo de modelo curvilíneo que mejor se ajusta a la distribución exacta de los datos, sino que simplemente deseamos comprobar que la relación no es lineal, o bien deseamos conocer el grado de relación existente con independencia de su forma. Para tratar problemas de este tipo, el análisis de varianza nos suministra de nuevo principios básicos con los que poder encontrar una relación aceptable.

Sabemos que, para cada categoría de X, la suma de los cuadrados de las desviaciones de los valores de X con respecto a la media será siempre menor en valor numérico que la suma de los cuadrados de las desviaciones con respecto a cualquier otro número. Cuando se tiene una ecuación de regresión de forma lineal, los valores medios de Y caerán aproximadamente en la recta de los mínimos cuadrados, por lo que será indiferente que las desviaciones se tomen en relación a las medias de cada categoría o en relación a la recta de regresión. Pero si la relación es curvilínea, al menos para algunas categorías, la suma de los cuadrados en relación a la media de la categoría será más pequeña que la suma de los cuadrados en relación a la recta de los mínimos cuadrados. Esto quiere decir que la suma de los cuadrados intra-grupo, no explicada, será mínima utilizando las medias de las categorías, mientras que será máxima la suma de los cuadrados entre grupos, o explicada. En cuyo caso, la proporción de variación explicada por las categorías, tal como viene medida por el *cociente o ratio de correlación*, E^2 *, será mayor que la proporción explicada por la recta de los mínimos cuadrados. A partir de este hecho podemos desarrollar una prueba de comparación de la no linearidad. Sabemos que la cantidad $E^2 - r^2$ representa la proporción de variación explicada, suponiendo cualquier forma de la relación que no quede explicada por una relación lineal.

Veamos ahora cómo utilizamos el modelo del análisis de varianza para contrastar la no linearidad de la relación entre dos variables de intervalo.

TABLA 11.5

Prueba del análisis de varianza para contrastar la no linearidad

	Suma de los cuadrados	Grados de libertad	Estimación de la varianza	F
• Total	Σy^2	$N-1$		
• Explicada por el modelo lineal	$r^2 \Sigma y^2$	1		
• Adicional explicada por el modelo no lineal	$(E^2 - r^2) \Sigma y^2$	$k-2$	$\dfrac{(E^2-r^2)\Sigma y^2}{k-2}$	$\dfrac{(E^2-r^2)(N-k)}{(1-E^2)(k-2)}$
• No explicada	$(1-E^2) \Sigma y^2$	$N-k$	$\dfrac{(1-E^2)\Sigma y^2}{N-k}$	

FUENTE: BLALOCK (1979, pág. 430).

---

* El cociente o ratio de correlación, E^2, denominado también coeficiente eta, se define simplemente como el cociente entre la varianza explicada y la varianza total. Se trata de un coeficiente asimétrico. Indica la proporción en que se reduce el error cometido al predecir los valores de Y al utilizar las medias de cada categoría en lugar de la media global. Esto es,

$$E^2 = \frac{\text{Varianza entre grupos}}{\text{Varianza total}}$$

Desarrollemos el contenido de esta tabla. Para utilizar el análisis de varianza como prueba de la forma no lineal de la relación entre dos variables se calcula, en primer lugar, la cantidad de variación que puede explicarse mediante el modelo lineal, $r^2\Sigma y^2$. De la variación que deja inexplicada el modelo lineal, $(1-r^2)\Sigma y^2$, se calcula cuánta puede ser explicada por el modelo general. Dado que $E^2\Sigma y^2$ representa la suma de los cuadrados que puede ser explicada por X en cualquier circunstancia, la cantidad $(E^2-r^2)\Sigma y^2$ representa la parte de variación que se explica por la no linealidad. La realización de la prueba F se puede llevar a cabo simplemente dividiendo la cantidad de varianza explicada por el modelo general que no ha sido previamente explicada por el modelo lineal, $(E^2-r^2)\Sigma y^2/k-2$, por la cantidad de varianza que queda sin explicar, $(1-2^2)\Sigma y^2/N-k$.

Cuando el valor de F así obtenido sea superior al valor de F teórico dado por la tabla de distribución de F para el correspondiente nivel de significación, se podrá rechazar la hipótesis nula de la linearidad entre las variables estudiadas y aceptar que la forma de su relación es curvilínea. Caso de obtener un valor de F menor que el teórico, no se podrá aceptar la hipótesis alternativa de la no linealidad y habrá que aceptar, en cambio, la hipótesis nula de la linearidad de la relación entre las dos variables.

Una vez se ha encontrado que la relación entre dos variables no es lineal, podemos desear estimar el grado de relación existente en la población de la que se extrajo la muestra. Se puede demostrar que tal estimación se puede realizar mediante el uso del cociente o *ratio* de correlación no sesgado, que viene dado por la fórmula siguiente:

$$\eta^2 = \frac{E^2(N-1)-(k-1)}{N-k} \qquad [11.5]$$

11.5. El análisis de varianza para variables no paramétricas

Cuando el nivel de medición de la variable dependiente no alcanza la escala de intervalo, se dispone de pruebas de decisión estadística no paramétricas que se pueden utilizar como alternativas al análisis de varianza clásico. A continuación estudiaremos la prueba de Kruskal-Wallis para el análisis de varianza con un solo factor por rangos y, a continuación, estudiaremos la prueba de Friedman para el análisis de varianza con dos factores.

11.5.1. *El análisis de varianza por rangos de Kruskal-Wallis*

Se trata de una prueba de decisión estadística que resulta muy útil cuando se dispone de un cierto número K de muestras aleatorias independientes y de una variable ordinal. La prueba de Kruskal-Wallis permite contrastar si las K muestras provienen de diferentes poblaciones. Naturalmente, los valores de una muestra difieren entre sí, y de lo que se trata es de contrastar si tales valores muestrales significan diferencias poblacionales reales o si representan simplemente variaciones al azar, tales como las que cabe esperar al extraer muestras aleatorias de una misma población. Así, pues, la técnica estadística de Kruskal-Wallis contrasta la hipótesis nula de que las K muestras provienen de la misma población. Dado que la variable estudiada debe tener una distribución continua, su nivel mínimo de medición debe ser al menos el ordinal.

Lo que caracteriza a la prueba de Kruskal-Wallis es que, en lugar de trabajar con las N observaciones directamente, se trabaja con órdenes o rangos. Esto es, que se ordenan en una serie todas las puntuaciones obtenidas correspondientes a las K muestras, de tal modo que la puntuación más pequeña se reemplaza por el rango 1, la siguiente por el rango 2, y así hasta la puntuación más alta, que se reemplaza por el rango N, siendo N el número total de observaciones independientes en las K muestras.

El estadístico utilizado en la prueba de Kruskal-Wallis se representa por H, y viene dado por la fórmula siguiente:

$$H = \frac{12}{N(N+1)} \sum_{j=1}^{k} \frac{R_j^2}{n_j} - 3(N+1) \qquad [11.6]$$

en donde K es el número de las muestras; R_j es la suma de los rangos en la columna (muestra) j; n_j es el número de casos en la columna (muestra) j; N, tal como se ha dicho anteriormente, es el número total de observaciones en el conjunto de las muestras, y el sumatorio $\sum_{j=1}^{k}$ indica que la expresión que le sigue se suma para todas las muestras.

Se puede demostrar que, cuando el tamaño de las diversas muestras no es muy pequeño, la distribución muestral de H es idéntica a la distribución de chi-cuadrado con $df = K-1$ grados de libertad.

Para ilustrar el uso de la técnica de Kruskal-Wallis vamos a utilizar de nuevo el ejemplo anterior, cuyos datos se contienen en la tabla 11.1. Aplicando con estos datos la fórmula [11.6], tenemos que:

$$H = \frac{12}{30(30+1)} \left[\frac{162^2}{10} + \frac{169^2}{10} + \frac{134^2}{10} \right] - 3(30+1) = 93{,}93 - 93 = 0{,}93$$

Si ahora consultamos la tabla de distribución muestral de chi-cuadrado (tabla D del apéndice), observaremos que para dos grados de libertad ($df = K - 1 = 3 - 1 = 2$) necesitamos un chi-cuadrado de 5.991, o mayor, para obtener un nivel de significación de 0,05. Dado que el valor de H obtenido es 0,93, decidimos aceptar la hipótesis nula a dicho nivel de

TABLA 11.6

Tasas de consumo de drogas en tres tipos de colegio, ordenadas por rangos, para realizar el análisis de Kruskal-Wallis

COLEGIO PUBLICO		COLEGIO PRIVADO LAICO		COLEGIO PRIVADO RELIGIOSO	
Tasa	Rango	Tasa	Rango	Tasa	Rango
3,2	4	5,2	14	6,2	18
4,6	10	3,7	6	2,8	3
10,1	29	6,1	17	3,5	5
6,5	20	9,1	26	3,8	7
2,7	2	8,7	25	8,0	24
4,9	12	2,6	1	4,8	11
9,2	27	3,9	8	4,3	9
7,1	22	6,3	19	9,7	28
5,3	15	7,2	23	5,2	13
6,5	21	11,2	30	5,9	16
Suma:	$R_1 = 162$		$R_2 = 169$		$R_3 = 134$

significación, es decir, consideramos que los estudiantes que asisten a los tres tipos de colegio pertenecen a la misma clase de población estudiantil, por lo que se refiere al consumo de drogas. Se trata, como vemos, de los mismos resultados que obtuvimos al estudiar, al principio del capítulo, el análisis de varianza.

11.5.2. La prueba de Friedman para el análisis de varianza con dos factores

La prueba de Friedman para el análisis de varianza con dos factores es de utilidad cuando los datos provenientes de K muestras emparejadas se encuentran al menos medidos en una escala ordinal, y se desea contrastar la hipótesis nula de que las K muestras provienen de la misma población.

El emparejamiento de las K muestras se puede alcanzar al estudiar el mismo grupo de individuos bajo K condiciones diferentes, o bien se pueden obtener diversos conjuntos, cada uno de los cuales consistente en K individuos emparejados, y a continuación asignar un individuo en cada conjunto a la primera condición, un individuo en cada conjunto a la segunda condición, etc. Considerando de nuevo el ejemplo del consumo de drogas entre los estudiantes asistentes a diferentes colegios, se pueden emparejar las unidades individuales (en este caso, tipo de colegio) según el criterio que se desee utilizar, como puede ser el tamaño, los años de antigüedad, etc. A continuación se asigna un miembro de cada conjunto a una condición experimental, tomando como el número de «casos» el número de conjuntos de individuos emparejados. En sociología, con frecuencia no es posible realizar la asignación a los grupos específicos de forma aleatoria (esto es más fácil de conseguir en los experimentos psicosociales), por lo que la interpretación que se realice de los emparejamientos y de los resultados obtenidos debe ser más prudente. Así, en el ejemplo que venimos estudiando, no es posible asignar aleatoriamente los colegios a las categorías «público, laico y religioso».

Para realizar la prueba de Friedman, los datos se distribuyen en una tabla de doble entrada de N filas y K columnas. Las filas representan las diversas unidades individuales o conjuntos de individuos emparejados. En cada fila se asigna un número de orden a cada conjunto, según el valor que presente en relación a la variable dependiente, y a continuación se suman los valores de los rangos para cada columna, lo que da como resultado una suma de rangos R_j para cada columna j. Si la variable independiente (experimental) no influyera en la variable dependiente, cabe esperar que los diversos R_j sean iguales o aproximadamente iguales. Ahora de lo que se trata es de encontrar una medida de las diferencias de los valores de R_j que tenga una distribución muestral conocida.

La prueba de Friedman es esa medida, que se calcula mediante la expresión:

$$S = \sum_{j=1}^{k} (R_j - \overline{R})^2$$

en donde K es el número de categorías y $\overline{R}$ es la media de los valores R_j. Cuando K es mayor o igual que 4 y N mayor o igual que 10, se puede utilizar la aproximación del chi-cuadrado de la forma siguiente:

$$\chi^2 = \frac{125}{NK(K+1)} = \left[\frac{12}{NK(K+1)} \sum_{j=1}^{k} R_j^2 \right] - 3N(K+1) \qquad [11.7]$$

en donde el número de los grados de libertad para utilizar la distribución de chi-cuadrado es igual a $K-1$.

Para ilustrar el uso de [11.7] vamos a continuar con el ejemplo anterior, suponiendo que las tasas de consumo de drogas están medidas al menos en la escala ordinal y que la hipótesis nula que se desea contrastar es que las muestras han sido extraídas de la misma población. Si se tratase de un experimento, la hipótesis nula así formulada significaría que la variable experimental no influye en la distribución de la variable dependiente. Retornando a nuestro ejemplo, suponemos que las muestras están emparejadas en tripletas de colegios, uno público, otro privado laico y otro privado religioso. El número de categorías es $K=3$, y el número de casos es $N=10$. Suponiendo que los colegios han sido emparejados simultáneamente según el tamaño y lugar de ubicación (urbano-rural), los datos originales de la tabla 11.1 se pueden disponer del siguiente modo para realizar la prueba de Friedman.

TABLA 11.7

*Tasas de consumo de drogas en tres tipos de colegio,
ordenadas para realizar la prueba de Friedman*

Conjunto	COLEGIO PUBLICO		COLEGIO PRIVADO LAICO		COLEGIO PRIVADO RELIGIOSO	
	Tasa	Rango	Tasa	Rango	Tasa	Rango
A	3,2	1	5,2	2	6,2	3
B	4,6	3	3,7	2	2,8	1
C	10,1	3	6,1	2	3,5	1
D	6,5	2	9,1	3	3,8	1
E	2,7	1	8,7	3	8,0	2
F	4,9	3	2,6	1	4,8	2
G	9,2	3	3,9	1	4,3	2
H	7,1	2	6,3	1	9,7	3
I	5,3	2	7,2	3	5,2	1
J	6,5	2	11,2	3	5,9	1
R_i		22		21		17

Aplicando ahora la fórmula [11.7], tenemos que:

$$x^2 = \frac{12}{10\,(3)\,(4)} [22^2 + 21^2 + 17^2] - 3\,(10)\,(4) = 121,4 - 120 = 1,4$$

y este valor de $x^2 = 1,4$, para dos grados de libertad ($df = K - 1 = 3 - 1 = 2$), no es significativo ni siquiera para el nivel 0,10. Por lo tanto, no se puede rechazar la hipótesis nula y hay que aceptarla, lo que significa considerar que los estudiantes que asisten a los tres tipos de colegio pertenecen a idéntica población.

11.6. TERMINOLOGÍA

Se recomienda la memorización y comprensión del significado de cada uno de los términos y conceptos siguientes:

— Análisis de varianza.
— Prueba F de Snedecor.
— Variación.

— Variación inexplicada y explicada.
— Varianza intra-grupo o varianza residual.
— Varianza entre grupos.
— Homocedasticidad.
— Regresión y correlación curvilíneas.
— Cociente o *ratio* de correlación E^2.
— Prueba de Kruskal-Wallis.
— Prueba de Friedman.

EJERCICIOS

1. Las tasas de delitos debidos a problemas relacionados con la droga, se distribuyeron del siguiente modo en tres grupos de ciudades:

Ciudades industriales	Ciudades de servicios	Agro-ciudades
30,2	20,4	18,2
20,6	26,2	23,4
25,2	30,4	19,3
26,3	24,2	21,6
28,6	25,6	24,2
32,3	28,2	22,2

    A partir de estos datos, se desea conocer si existen o no diferencias significativas en las tasas de delitos por drogas en los tres tipos de ciudades, para un nivel de significación del 1 por 100.

2. Suponiendo que los datos sobre ingresos familiares del ejercicio 2 del capítulo 9 corresponden a una muestra significativa de cabezas de familia de una población dada, ensayar la hipótesis de la relación entre tamaño de la familia e ingresos familiares, para un nivel de significación del 1 por 100.

3. En un estudio sobre autoritarismo, se aplicó una escala (1 - 10) para medir dicho componente de la personalidad a 16 líderes de tres partidos políticos, obteniéndose los siguientes resultados:

Partido A	Partido B	Partido C
4,6	3,9	5,4
5,2	6,1	5,9
3,9	4,8	7,1
1,2	5,3	6,3
3,8	5,5	4,9
5,1		

Aplicando la prueba Kruskal-Wallis, analizar la relación existente entre autoritarismo y pertenencia a uno de los tres partidos políticos, para un nivel de significación del 5 por 100.

4. Con el fin de analizar los efectos de la información sobre los efectos de la droga en las actitudes de los adolescentes hacia las mismas, se eligieron los alumnos de 18 clases del curso primero de varios institutos de Bachillerato, y durante un año se ofreció un servicio de información amplio y continuo de las drogas a un grupo formado por los alumnos de seis clases. A un segundo grupo, integrado por los alumnos de otras seis clases, se les ofreció una información discontinuada y menos detallada sobre la droga. Finalmente, a un tercer grupo de alumnos pertenecientes a otras seis clases, no se les dio información alguna sobre la droga.

Transcurrido el año se aplicó una escala de actitudes hacia la droga (1, rechazo fuerte; 10, aceptación total) a los jóvenes y, a través de la composición por sexo y origen social, se emparejaron las clases correspondientes a los tres grupos, obteniéndose los siguientes resultados:

Conjunto	Información amplia	Información media	Sin información
A	1,2	2,3	3,1
B	1,4	1,9	2,1
C	2,1	2,8	4,2
D	1,6	3,1	1,9
E	2,2	3,2	3,6
F	1,9	2,5	4,1

Aplicando la prueba de Friedman, analizar el tipo de relación que existe entre las actitudes de los jóvenes hacia la droga, y el nivel de información recibida sobre la misma (para un nivel de significación del 1 por 100).

BIBLIOGRAFIA

BLALOCK, Humbert, M.: *Social Statistics*, New York, McGraw-Hill, 1979.
LINDMAN, H. R.: *Analysis of Variance in Complex Experimental Designs*, San Francisco, Freeman & Co., 1974.
NAMBOODIRI, N.; CARTER, L., y BLALOCK, H.: *Applied Multivariate Analysis and Experimental Designs*, New York, McGraw-Hill, 1975.
SIEGEL, Sidney: *Nonparametric Statistics for the Behavioral Sciences*, New York, McGraw-Hill, 1956.

Capítulo 12
ESTADISTICA DESCRIPTIVA III: TRES O MAS VARIABLES

12.1. Elaboración de la relación entre dos variables

En los tres capítulos anteriores nos hemos ocupado de analizar los tipos de relaciones que se establecen entre dos variables y las medidas de asociación utilizadas más comúnmente en tales relaciones bivariantes. En el presente capítulo vamos a ocuparnos de una fase más avanzada del análisis. Una vez estudiadas las relaciones bivariantes que se establecen en una determinada investigación, el analista puede estar interesado en conocer cómo funciona una determinada relación básica entre una variable independiente y otra dependiente, en diferentes subpoblaciones. Con la introducción de una o más variables se elabora y clarifica la relación básica entre dos variables. De la comparación cuidadosa del tipo de relación que aparece entre las dos variables básicas en cada una de las subpoblaciones definidas, al introducir una o más variables, se pueden extraer consecuencias interesantes acerca del efecto de tales variables en la relación básica original. Esta forma de análisis, que denominamos *elaboración*, engloba una serie de procedimientos específicos de análisis que pueden representarse por medio de un esquema formal generalizado, que fue presentado por primera vez por Lazarsfeld, a quien se puede considerar la figura más destacada del moderno análisis sociológico a través de encuestas.

El carácter multidimensional de muchos fenómenos sociales determina que la simple relación entre dos variables sea insuficiente para alcanzar una explicación satisfactoria de tales fenómenos. Además, las variables sociológicas no se suelen presentar de manera aislada. Más bien, las variables sociológicas se presentan asociadas unas con otras o en «bloque» (Rosenberg, 1968, pág. 26). Cada individuo o cada grupo social pueden describirse en términos de un número determinado de dimensiones. Al describir a un individuo según una característica, lo estamos describiendo al mismo tiempo en términos de otras características.

Supongamos, por ejemplo, que encontramos en una investigación que los trabajadores manuales se encuentran más alienados que los trabajadores no manuales. Por otro lado, sabemos que ambos tipos de trabajadores difieren en muchas otras dimensiones, además del tipo de trabajo específico que realizan. Así, los trabajadores manuales suelen tener un nivel de educación más bajo que los no manuales. Su índice de religiosidad es menor, y su autoritarismo es mayor. Tienden a votar con mayor frecuencia a partidos de izquierda, y sus hijos asisten en menor proporción a la universidad. Sus niveles de ingresos familiares son menores, aunque suelen estar afiliados a un sindicato con mayor frecuencia que los trabajadores no manuales.

Ser un trabajador manual o no manual, pues, significa algo más que realizar un trabajo «físico» o «mental», respectivamente. Por eso, cuando tratamos de explicar por qué los trabajadores manuales se encuentran más alienados que los no manuales, trataremos de referirnos a algunas de las características que se han mencionado anteriormente, y que se presentan asociadas o en «bloque». El objetivo de un análisis como el propuesto es el de precisar qué características de las que definen la situación del trabajador manual son las responsables de la relación con la alienación. Es decir, la relación bivariable entre tipo de trabajo y grado de alienación deberá ser examinada a la luz de terceras variables que el marco teórico de la investigación señale como relevantes para el análisis.

12.2. La interpretación de las relaciones estadísticas: Un ejemplo de elaboración

Los resultados que aparecen al establecer relaciones significativas entre dos variables son de naturaleza descriptiva. Por ejemplo, tales resultados pueden poner de manifiesto que las mujeres son más conservadoras que los hombres al emitir su voto político, o que manifiestan índices de religiosidad superiores. Pero tales resultados no indican *por qué* ocurre esto. Aunque se puede especular teóricamente sobre el contenido de tales relaciones, el analista debe seguir un camino más sistemático, y que no es otro que el de la introducción de una tercera variable, llamada variable de control o factor de prueba, en la relación bivariable original. Este es precisamente el proceso que hemos llamado anteriormente *elaboración*.

La variable de control se introduce con el fin de obtener una mayor y mejor comprensión de la relación original, al tratar de determinar si la relación entre X (variable independiente) e Y (variable dependiente) se debe a T (factor de prueba o variable de control). Así, caso de que introdujéramos el tipo de ocupación en la relación entre sexo y voto político, o el nivel de educación en la relación entre sexo y religiosidad, el valor de las correspondientes relaciones bivariables disminuiría sensiblemente, lo que prueba que las variables introducidas, en este caso la ocupación y la educación, son realmente las «responsables» o «determinantes» de las relaciones originales.

Tal como señala Rosenberg en el trabajo anteriormente citado, tales términos tienen un significado bien preciso. Al decir que la relación entre X e Y es debida a T, o que T es la responsable o determinante de la relación existente entre X e Y, se quiere significar que *si no fuera por la variable T* no hubiera aparecido una relación significativa entre las variables X e Y. De este modo, la proposición «las mujeres son más conservadoras que los hombres al emitir su voto político» debe ser formulada del siguiente modo: «si no hubiera una proporción tan alta de mujeres que no trabajan, el voto femenino sería menos conservador».

La frase clave «si no fuera por la variable T» se traduce, a efectos estadísticos, en el control —mantener constante— del factor de prueba, eliminando de esta manera su influencia en la relación original. Con el fin de ofrecer una mayor claridad explicativa de este procedimiento, vamos a utilizar el mismo ejemplo con el que Lazarsfeld originalmente glosó esta técnica analítica.

En un estudio sobre las preferencias del público norteamericano en materia de emisiones radiofónicas, se encontró que la gente de más edad escucha con mayor frecuencia los programas religiosos que los jóvenes. Los datos se presentan en la tabla 12.1.

TABLA 12.1

Edad y audiencia de programas religiosos

Escuchan programas religiosos	EDAD	
	Jóvenes	Edades más avanzadas
Sí	17	26
No	83	74
Porcentaje total	100	100

FUENTE: Adaptado de Paul F. LAZARSFELD y Morris ROSENBERG (eds.): *The Language of Social Research* (Glencoe, Ill., The Free Press, 1955), pág. 117.

Al tratar de explicar este resultado, Lazarsfeld sugiere que quizá se deba al factor educación, es decir, que si las personas de más edad no tuvieran los niveles más bajos de educación no escucharían con tanta frecuencia los programas religiosos. Con el objeto de probar esta sugerencia es preciso, analíticamente, eliminar la influencia de la educación.

Y esto se puede hacer simplemente al comparar los jóvenes y los de edad más avanzada que tengan idénticos niveles de educación. Es decir, se comparan los hábitos de audiencia de los jóvenes y viejos más educados con los hábitos de los jóvenes y viejos menos educados. Los resultados que encontró Lazarsfeld se presentan en la tabla 12.2.

TABLA 12.2

Edad y audiencia de programas religiosos según el nivel de educación

	NIVEL DE EDUCACIÓN			
	Alto		Bajo	
Escuchan programas religiosos	Jóvenes	Edades más avanzadas	Jóvenes	Edades más avanzadas
Sí	9	11	29	32
No	91	89	71	68
Porcentaje total	10	100	100	100

Se observa que entre las personas que tienen un nivel alto de educación, apenas existen diferencias en los niveles de audiencia entre jóvenes y viejos, y lo mismo se produce dentro del grupo de personas con niveles bajos de educación. En consecuencia, si no fuera por el nivel de educación, no aparecería la relación original observada entre edad y audiencia de programas religiosos.

El procedimiento analítico seguido es, pues, bien sencillo. Hemos partido de una relación global entre dos variables, o *asociación de orden cero*, y se ha tratado de explicar dicha relación mediante la introducción de una *variable de control* o *factor de prueba*. La relación original se ha estratificado según los valores del factor de prueba, lo que en nuestro ejemplo ha dado lugar a otras dos tablas, llamadas *tablas condicionales* o *asociaciones de contingencia*. En este caso, la «estratificación» se ha realizado al distinguir entre valores «altos» y «bajos» de educación. En el caso de que en el factor de prueba se hubieran distinguido tres o más categorías, el número resultante de tablas condicionales seguiría el mismo orden.

Cuando se considera una sola variable de control, las *tablas condicionales* resultantes se denominan de *primer orden*. Ahora bien, podemos estar interesados en introducir una segunda variable de control, por ejemplo, tipo de residencia (rural o urbana), en las tablas resultantes de introducir la primera variable de control. En este caso, se obtendrán *tablas condicionales de segundo orden*, y su número vendrá dado por las diferentes combinaciones de las categorías de las dos variables de control. En términos generales, se puede afirmar que el número de tablas condicionales es igual al producto del número de variables de control introducidas. El número de orden de las tablas condicionales será igual al número de variables de control introducidas.

12.3. La fórmula de recuento de Lazarsfeld

Volviendo al caso de tres variables, dos de ellas que definen la relación original y una tercera variable de control que ayuda a explicar o determinar dicha relación, vemos fácilmente que se pueden definir cuatro relaciones. Para el ejemplo de la audiencia de programas radiofónicos según la edad y el nivel de educación, la relación principal se produce entre la edad y las preferencias (XY). Es la información que aparece en la tabla 12.1. En segundo lugar, tenemos las relaciones condicionales que se producen entre ambas variables para cada nivel de educación. Un simbolismo apropiado para las relaciones que aparecen en la tabla 12.2 es $(XY; T)$ y $(XY; T')$. En tercer y cuarto lugar, tenemos las relaciones entre la variable independiente y la variable de control, por un lado —en nuestro ejemplo, entre la edad y el nivel de educación (XT)—, y la que se produce al cruzar la variable dependiente y la variable de control —en nuestro ejemplo, entre el nivel de educación y el tipo de audiencia radiofónica (TY)—. Estas dos últimas *relaciones*, llamadas también *marginales*, no las hemos reproducido en el texto, pero se pueden obtener fácilmente si dispusiéramos de los datos originales.

Resumiendo, hemos partido de una relación original (XY), y al introducir una variable de control, T, se han producido cuatro nuevas relaciones, las dos relaciones condicionales y las dos relaciones marginales. (Esto para el caso, naturalmente, de que el factor de control esté dicotomizado. Si estuviera dividido en más de dos categorías, el número de relaciones condicionales se incrementaría correspondientemente.) Pues bien, Lazarsfeld ha demostrado que las nuevas relaciones resultantes pueden igualarse a la relación original de la que se han originado. La ecuación resultante se puede escribir como sigue:

$$(XY) = (XY; T) \oplus (XY; T') \oplus (XT)(TY)$$

Esta ecuación se puede formular verbalmente de la siguiente manera: la relación original entre dos variables, X e Y, es igual a la suma de las relaciones parciales entre X e Y cuando la población se estratifica según los dos valores del factor de prueba T, más un término que es el producto de la relación entre X y T, por un lado, y entre T e Y, por el otro. (El signo $\oplus$ de la ecuación anterior ha sido rodeado por un círculo para indicar que no se trata de una suma aritmética convencional, ya que para realizar la suma aritmética de las anteriores relaciones habría que considerar ciertos factores de corrección que no se han introducido con el objeto de simplificar la exposición.

Tal como ha señalado Hyman (1955, pág. 283), la ecuación anterior no es una ecuación de cálculo convencional. En otras palabras, no necesitamos dicha ecuación para determinar la relación original, o cualquiera de las relaciones condicionales o marginales. El valor de dicha ecuación radica en que explicita la diversidad de relaciones que se producen al introducir una tercera variable en una relación original entre dos variables, al mismo tiempo que pone de manifiesto cómo se relacionan entre sí las diferentes relaciones. Se trata, en palabras de Hyman, de una ecuación «formalizadora», ya que formaliza las conexiones mutuas que se producen entre diversas relaciones, y los valores que pueden tomar al variar el valor de cada uno de sus términos.

Existen dos situaciones en las que la fórmula toma valores que interesan especialmente al sociólogo. La primera de ellas se produce cuando el factor de prueba no está relacionado con una o ninguna de las variables originales. En este caso, el término de los marginales de la ecuación se reduce a 0 y la relación original entre X e Y es igual a la media ponderada de las dos relaciones parciales o condicionales. En términos simbólicos, la ecuación queda así,

$$(XY) = (XY; T) \oplus (XY; T') + (0)(TY)$$

o

$$(XY) = (XY; T) \oplus (XY; T') + (XT)(0)$$

Lazarsfeld designa a esta ecuación con el *tipo P*, o *«parcial»*, de elaboración, ya que la relación original depende de los valores de las relaciones parciales.

La segunda situación de interés se produce cuando desaparecen las relaciones parciales. En dicho caso, la relación original es igual a los términos marginales, es decir, al producto de las relaciones que se establecen entre el factor de prueba y cada una de las variables originales. En términos simbólicos, dicha situación se puede expresar del siguiente modo:

$$(XY) = 0 + 0 + (XT)(TY)$$

A este caso, lo denomina Lazarsfeld el *tipo M*, o *«marginal»*, de elaboración, ya que depende de las relaciones marginales que se establecen entre las tres variables.

12.3.1. El papel de la teoría en la elaboración de relaciones entre variables

Conviene señalar que en la práctica de la investigación real, pocas veces se encuentran casos puros de los tipos P y M de elaboración. Lo más corriente es que los términos que aparecen como 0 en las ecuaciones anteriores tengan valores que no son precisamente 0. Nuestro interés en los tipos P y M no se basa, pues, en su carácter empírico, sino en que representan, de forma esquematizada, ciertos procedimientos analíticos y de investigación en sociología. Las diferencias que existen entre P y M ponen de manifiesto que no todos los factores de prueba o variables de control tienen el mismo significado, exhiben las mismas propiedades estadísticas o responden a idéntica finalidad teórica.

El papel del marco teórico es muy importante a la hora de realizar la elaboración analítica de la relación entre tres o más variables. En primer lugar, la teoría nos ayudará a seleccionar las relaciones originales y las variables de control más relevantes. Piénsese que en un estudio, modesto ciertamente, en el que interviniesen sólo 5 variables, y que cada variable tuviese 5 categorías, se pueden confeccionar 10 tablas de orden cero, 150 tablas condicionales de primer orden, 1.500 tablas de segundo orden, etc. Es obvio que en la realidad de la investigación sociológica se maneja un número muy superior a 5 variables, por lo que el problema consiste en seleccionar las relaciones realmente relevantes, dejando de lado las irrelevantes. Y en esto consiste precisamente el papel de la teoría.

Además, el *orden teórico* de las variables es decisivo en la interpretación de los resultados en el proceso de elaboración. Sabemos, por definición, que la variable independiente antecede a la variable dependiente. Sin embargo, la variable de control o factor de prueba, puede ocupar posiciones diferentes. Si el factor de prueba *antecede* a las variables dependiente e independiente, se denomina *variable antecedente*. Simbólicamente, tendríamos lo siguiente:

$$(T) \longrightarrow (X) \longrightarrow (Y)$$

Si los efectos del factor se prueba se producen *después* de las variables dependiente e independiente, se denomina entonces *variable consecuente*, y se representa así:

$$(X) \longrightarrow (Y) \longrightarrow (T)$$

Si el factor de prueba actúa antes de la variable dependiente pero después de la variable independiente, se trata entonces de una *variable interviniente* como sería en el siguiente caso:

$$(X) \longrightarrow (T) \longrightarrow (Y)$$

Son muchos los autores que sugieren la utilización de un diagrama de flechas de las relaciones entre variables, para clarificar el orden teórico de las variables y el tipo de análisis estadístico que debe emplearse ante un problema de investigación determinado. Así, Loether y Mctavish (1974) utilizan un estudio de la relación entre la implicación en organizaciones y la participación política realizada por William Erbe (1964), para ejemplificar la utilización del diagrama de flechas. La revisión de la literatura disponible sobre el tema, condujo a Erbe a sugerir la existencia de otras dos variables relevantes para explicar la relación entre aquellas dos variables. Las relaciones teóricas entre las variables utilizadas para guiar su estudio, las esquematizó del siguiente modo:

Este modelo indica de inmediato la ordenación de las variables, cuáles de ellas son intervinientes, y sugiere la necesidad de tener en cuenta la clase social y la alienación para explicar la relación entre implicación en organizaciones y participación política.

Conviene insistir en que la ordenación teórica de las variables también juega un papel básico en la interpretación de los resultados. Como señalan Loether y Mctavish, resultados estadísticos virtualmente idénticos pueden interpretarse bien como evidencia de que una unión causal hipotética es espuria, o falsa, bien como evidencia de la existencia de un lazo causal, o como evidencia de una influencia independiente, y todo ello dependerá de la ordenación de las variables. Más adelante veremos ejemplos concretos de lo que venimos diciendo.

Algunas veces, el orden temporal de las variables viene determinado simplemente por la lógica de la medición o por el tipo de variables. Así, si se observa una relación significativa entre la pertenencia a un grupo de *status* socioeconómico y determinadas actitudes políticas, cabe pensar con una alta probabilidad que la pertenencia a un grupo de *status* es el factor causal. Pero otras veces las variables no se encuentran tan claramente ordenadas. Así, por ejemplo, en todos los países industriales, incluido España, se ha encontrado que existe una relación significativa entre la situación ocupacional de la mujer casada y la tasa de fecundidad, de tal manera que las mujeres que trabajan fuera del hogar tienen, por término medio, un número de hijos menor que el que tienen las amas de casa. Sin embargo, lo que no resulta evidente por sí mismo es si al trabajar fuera del hogar las mujeres deciden tener menos hijos o si es el hecho de tener una familia reducida lo que facilita o impulsa a las mujeres a tener un trabajo extradoméstico.

Otras veces, la ordenación temporal de las variables se establece sencillamente al obtener información sobre algunos fenómenos sociales en dos o más momentos en el tiempo. Los *diseños longitudinales* se utilizan precisamente para estudiar la evolución, en el tiempo, de determinados fenómenos sociales, como pueden ser el ciclo familiar o la movilidad social. En los estudios que utilizan el *diseño de panel*, una misma población es estudiada en varios momentos en el tiempo. Tales diseños son frecuentes en el estudio del comportamiento electoral, en el estudio de audiencias en televisión y en los estudios de mercado *.

El papel central de la teoría en la interpretación de los resultados de la elaboración de las relaciones entre variables, se puede ver con mayor claridad al glosar con ejemplos concretos de investigaciones sociológicas reales los diferentes modelos de elaboración.

12.4. Modelos de elaboración

Una vez familiarizados con la formalización avanzada por Lazarsfeld para elaborar las relaciones bivariables, vamos a estudiar con mayor profundidad los modelos de elaboración que aparecen con más frecuencia en la investigación sociológica empírica.

12.4.1. *La especificación de una relación entre dos variables*

Responde al tipo P de elaboración en la fórmula de Lazarsfeld. En este caso, el interés del investigador se centra en el tamaño relativo de las relaciones parciales con el fin de especificar las circunstancias bajo las cuales la relación original es más o menos pronunciada. Debido a la *interacción estadística* ** entre el factor de prueba y la variable independiente, se especifican los valores que toma la variable dependiente. Así, por ejemplo, en un estudio sobre los hábitos deportivos de los españoles, se encontró una clara asociación entre la edad y la práctica de un deporte. Los resultados obtenidos se presentan en la tabla 12.3.

Vemos que a medida que aumenta la edad de la población, disminuye sensiblemente la proporción de personas que practican algún tipo

---

* Para una exposición de los problemas metodológicos que comportan los estudios de panel, ver Hans Zeisel, *Dígalo con números*, México, FCE, 1962.
** Se produce un efecto interactivo entre una variable independiente y una variable de control, cuando ambas explican una mayor proporción de la variación de la variable dependiente, de la que cabría esperar del simple efecto aditivo de ambas por separado.

TABLA 12.3
Edad y práctica de un deporte

Practica un deporte	EDAD (AÑOS)			
	15 - 25	26 - 40	40+	Total
• Sí	56	32	12	24
• No	43	66	85	74
• No contesta	1	2	3	2
• Porcentaje total	100	100	100	100
• Número de casos	(865)	(1.267)	(2.359)	(4.493)

FUENTE: Manuel GARCÍA FERRANDO, *Deporte y sociedad*, Madrid, Ministerio de Cultura, 1982.

de deporte. En una primera aproximación se podría concluir, pues, que el factor edad determina la práctica o no de un deporte. Pero en el contexto de la investigación referida, el deporte en una sociedad moderna es contemplado como un fenómeno cultural de la sociedad de masas, cuya práctica responde más a criterios sociales que a criterios estrictamente biológicos o cronológicos. Es decir, que para hacer deporte no se necesita tanto ser joven como disponer de una situación social y personal que lo permita. Si introducimos la variable educación, que es un buen indicador del *status* social de los individuos, podremos saber mejor cómo funciona la relación entre edad y práctica de un deporte en cada grupo social. Los resultados obtenidos aparecen en la tabla 12.4.

La introducción de la variable educación en cuatro categorías, esto es, estudios primarios o menos, bachiller, grado medio y universitario, ha dado lugar a cuatro tablas parciales en las que el grado de relación entre la edad y la práctica de deporte va disminuyendo según pasamos de T_1 a T_4. En efecto, mientras que las diferencias de práctica de un deporte son máximas entre los diferentes grupos de edad para el nivel de estudios primarios, tales diferencias se hacen mínimas en el nivel de estudios universitarios, en donde el 45 por 100 de las personas de más de 40 años practican algún deporte, frente al reducido 6 por 100 de dicho grupo de edad que manifiesta tal comportamiento en el nivel de estudios inferiores. Concluimos, pues, que la práctica de deporte, como fenómeno social y cultural, responde más a condicionamientos clasistas que a los estrictamente físicos de edad y salud. La interacción estadística entre la variable de control «educación» y la variable independiente «edad», ha contribuido a especificar el nivel de la variable dependiente «práctica de algún deporte». El resultado es diferente para cada una de

TABLA 12.4

Edad y práctica de un deporte, según el nivel de educación

(T_1): Estudios primarios o medios

Práctica de un deporte	EDAD		
	15-25	26-40	40+
• Sí	41	20	6
• No	59	79	92
• Porcentaje total	100	100	100
• Número de casos	2(306)	(621)	(1.532)

(T_2): Bachiller

Práctica de un deporte	EDAD		
	15-25	26-40	40+
• Sí	67	42	24
• No	33	58	75
• Porcentaje total	100	100	100
• Número de casos	(507)	(301)	(212)

(T_3): Grado medio

Práctica de un deporte	EDAD		
	15-25	26-40	40+
• Sí	71	55	33
• No	29	44	64
• Porcentaje total	100	100	100
• Número de casos	(59)	(118)	(90)

(T_4): Universitario

Práctica de un deporte	EDAD		
	15-25	26-40	40+
• Sí	64	62	45
• No	36	38	52
• Porcentaje total	100	100	100
• Número de casos	(60)	(87)	(42)

las categorías de la variable de control y ha permitido especificar algunas de las condiciones bajo las que permanece la relación original.

Naturalmente, no es solamente el nivel de educación el que determina la relación entre edad y práctica de un deporte. En el estudio citado se analizan otras variables, tales como sexo, tipo de residencia, estilos de vida, etc., que también contribuyen a especificar las condiciones bajo las que opera la relación bivariable original. El caso analizado aquí nos ha permitido ejemplificar una línea de investigación que consideramos muy provechosa.

12.4.2. La explicación de una relación entre dos variables

Cuando un investigador descubre una relación entre dos variables, la primera pregunta que implícitamente se formula es: ¿se trata de una relación realmente significativa? Dado que las variables sociológicas se encuentran con frecuencia asociadas unas con otras, el investigador debe asegurarse de que existe una ligazón inherente entre las dos variables originales para que se pueda hablar de relación significativa, porque de lo contrario pudiera ocurrir que la relación se debiera a una conexión accidental con una variable asociada. En este último caso, tendríamos una *relación espuria* (este término proviene del latín *spurius*, que significa bastardo o falso) y el investigador debe estar bien prevenido contra ellas.

Tal como señala con acierto Rosenberg (1968, pág. 28), no existen relaciones espurias en sentido estricto, sino más bien interpretaciones espurias. No obstante, es costumbre hablar de «relación espuria» cuando no existe una ligazón inherente o significativa entre dos variables, ya que la relación aparente se debe a la asociación accidental de ambas variables con una tercera variable ajena a la relación original. Es decir, la relación que aparentemente aparece como asimétrica es, en realidad, simétrica, ya que se trata de dos consecuencias de la misma causa, de dos indicadores del mismo concepto, de dos manifestaciones de un fenómeno complejo o, también, de dos factores que aparecen asociados puramente por azar.

La *explicación* de la relación bivariable original, que es como denomina Lazarsfeld a este modo de elaboración, consiste en el control de factores, antecedentes, que invaliden la relación. Simbólicamente, se puede expresar el modelo de la siguiente manera:

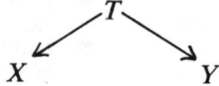

En la literatura sociológica se pueden encontrar diversos ejemplos que, tradicionalmente, se utilizan para glosar este proceso, algunos de los cuales vamos a exponer a continuación. Así, se suele señalar que existe una relación entre el número de cigüeñas en una región y el número de nacimientos. Se trata, qué duda cabe, de una relación espuria, aunque realmente lo que es espuria es la interpretación, ya que sabemos que las cigüeñas no son portadoras de los bebés.

También se puede encontrar en cualquier sociedad que la tasa de mortalidad entre la gente que está en los hospitales es mayor que entre las personas de la misma edad que residen fuera de los hospitales. Este resultado, sin embargo, no permite sacar ninguna conclusión sobre la influencia de los hospitales en determinar la esperanza de vida de las personas. También se puede comprobar que existe una asociación de signo positivo entre el número de bomberos que acuden a apagar un incendio y el valor de los daños causados por el fuego. Pero esto no quiere decir que cuantos más bomberos participan en la extinción de un incendio, se producen más destrozos.

En los tres ejemplos anteriores, la razón, o causa, de las relaciones originales es siempre la existencia de una tercera variable, asociada a las dos variables originales. Así, la razón de la aparición de una relación entre el número de cigüeñas y el número de nacimientos, es la localización rural o urbana. La mayoría de las cigüeñas se encuentran en las áreas rurales, en donde además la tasa de natalidad es mayor que en las zonas urbanas. Si en la relación original se introdujera la variable rural-urbano, la relación original desaparecería en cada una de las dos tablas parciales resultantes.

De igual modo, la razón de la relación entre personas hospitalizadas y tasa de mortalidad se debe, como es obvio, a que la proporción de personas enfermas en un hospital es notablemente mayor que fuera del hospital. Y por lo que se refiere al ejemplo de los bomberos, la causa de la aparente relación entre el número de éstos y la cuantía de las pérdidas se encuentra en que acuden más bomberos a los incendios más intensos, en los que las pérdidas materiales son mayores. Con el fin de glosar con mayor claridad este último caso, podríamos confeccionar la siguiente tabla 12.5 en base a datos ficticios, pero que guardan similitud con lo que se podría encontrar en la realidad.

TABLA 12.5

Tablas totales y parciales para el ejemplo de los bomberos

A. Tablas totales.

Cuantía de las pérdidas (ptas.)	Tipo de incendio		Número de bomberos	Tipo de incendio	
	Pequeño	Grande		Pequeño	Grande
• Un millón o menos	60	20	• 4 ó menos	75	20
• Más de un millón	40	80	• Más de 4	25	80
• Porcentaje total.	100	100	• Porcentaje total.	100	100

B. Tablas parciales.

T_1: Incendios pequeños

Cuantía de las pérdidas (ptas.)	Número de bomberos	
	Cuatro o menos	Más de cuatro
• Un millón o menos	60	60
• Más de un millón	40	40
• Porcentaje total.	100	100

T_2: Incendios grandes

Cuantía de las pérdidas (ptas.)	Número de bomberos	
	Cuatro o menos	Más de cuatro
• Un millón o menos	20	20
• Más de un millón	80	80
• Porcentaje total.	100	100

Las tablas totales, que eran casi perfectamente asimétricas, y por lo tanto mostraban una relación de valor elevado (caso de haber calculado un coeficiente de correlación apropiado a los datos), dan lugar a unas relaciones parciales o condicionales que son perfectamente simétricas y, por lo tanto, de nula relación. Queda claro, pues, que el investigador debe estar en guardia contra asociaciones accidentales como las anteriores, para no alcanzar conclusiones erróneas. Cuando se manejan datos sociológicos incompletos y se especula superficialmente sobre ellos, pueden alcanzarse conclusiones con visos aparentes de plausibilidad, pero que en el fondo encubren relaciones espurias. La elaboración analítica apropiada de las relaciones estadísticas aparentes, es la mejor salvaguarda contra tan equivocado proceder.

12.4.3. *La interpretación de una relación entre dos variables. Ejemplo de una secuencia causal*

Hasta ahora hemos tenido ocasión de estudiar el papel que desempeña un factor de prueba o variable de control en la especificación de una relación bivariable —analizando los valores diferentes que toma la relación en cada una de las categorías de la variable control—, o en el análisis del carácter real o aparente de una relación original. Además, los factores de prueba ofrecen otra ventaja teórica y es que a través del uso de variables antecedentes e intervinientes se pueden establecer secuencias causales. Para glosar este último modelo de elaboración, vamos a analizar dos ejemplos que son clásicos en el análisis sociológico de encuestas.

En una investigación relacionada con el absentismo laboral, se encontró que las mujeres casadas faltaban el trabajo en la fábrica en mayor proporción que las mujeres solteras. Los datos obtenidos se reflejan en la siguiente tabla 12.6.

TABLA 12.6

Absentismo laboral femenino, según el estado civil

Situación de absentismo	Mujeres casadas	Mujeres solteras
• Faltan al trabajo	6	2
• Asisten a su trabajo	94	98
• Porcentaje total	100	100
• Número de casos	(6.496)	(10.560)

FUENTE: Adaptado de Hans ZEISEL: *Dígalo con números*, México, F. C. E. 1962.

Conviene señalar, por otro lado, que estos resultados sobre el trabajo femenino que cita Zeisel y que, por tanto, se refieren a la población laboral norteamericana, son semejantes a los que pueden encontrarse al respecto en cualquier otro país industrial, como España. Pues bien, a la vista de los resultados de la tabla 12.6, el investigador pensó en la siguiente explicación: las mujeres casadas faltan en mayor proporción al trabajo que las solteras, debido a que tienen que atender a más tareas domésticas. A fin de comprobar esta hipótesis, se introdujo en el análisis como factor de prueba la cantidad de trabajo doméstico al que tienen que hacer frente los diferentes grupos de mujeres. Si la hipótesis es cierta, la relación entre estado civil y tasa de absentismo debe desaparecer. Utilizando la nomenclatura de Rosenberg, esto representa la equivalencia técnica a la afirmación que establece que si no fuera por el factor trabajo doméstico, las mujeres casadas y solteras no ofrecerían diferentes tasas de absentismo.

Y, en efecto, los resultados que aparecen en la tabla 12.7 confirman la hipótesis anterior, tal como se puede observar a continuación.

TABLA 12.7

Absentismo laboral femenino, según el estado civil y la cantidad de tareas domésticas

Situación de absentismo	Cantidad de tareas domésticas			
	Muchas		Pocas	
	Casadas	Solteras	Casadas	Solteras
• Faltan al trabajo	7	6	3	2
• Asisten a su trabajo	93	94	97	98
• Porcentaje total	100	100	100	100
• Número de casos	(5.680)	(1.104)	(816)	(9.126)

Entre las mujeres con idéntica cantidad de trabajo, las diferencias en las tasas de absentismo son mínimas. Realmente las diferencias no se han eliminado del todo, lo que indica que la cantidad de trabajo doméstico no es el único factor que interviene en la relación entre absentismo y estado civil, pero sí es, con mucho, el factor principal. El *status* lógico del factor de prueba es, claramente, el de variable interviniente, pues tal como se ha visto con anterioridad en la sección 12.3.1, se trata de un factor que es consecuencia de la variable independiente —en nuestro caso, estado civil— y es determinante de la variable dependiente —es decir, del absentismo laboral—.

Otro ejemplo, clásico en los estudios de conducta electoral, es el analizado por Lazarsfeld, Berelson y Gaudet, en *The People's Choice*. Los investigadores estaban interesados en el examen de la relación entre clase social y participación en las elecciones. Los resultados obtenidos en su investigación les permitieron comprobar que las personas con niveles de estudios más elevados, tienden a votar con mayor frecuencia que aquellas otras que tienen menos años de escolaridad, tal como se puede observar en la siguiente tabla 12.8.

TABLA 12.8

Nivel de estudios e intención de voto

Intención de voto	Nivel de estudios	
	Secundarios y más	Menos de secundarios
• Piensa votar	92	86
• No piensa votar	8	14
• Porcentaje total	100	100
• Número de casos	(1.613)	(1.199)

FUENTE: Adaptado de Paul F. LAZARSFIELD, V. BERELSON y H. GAUDET: *The People's Choice*, N. Y., Columbia University Press, 1948, pág. 47.

Como vemos, los investigadores utilizaron como indicador de la clase social de las personas su nivel de estudios. Para explicar la relación que aparece en la anterior tabla, Lazarsfeld y colaboradores formularon la hipótesis de que las personas de clase social más elevada tienden a votar con mayor frecuencia que los de clase social baja, porque están más interesados por la política, lo que les conduce a votar en mayor proporción. Es decir, existe una secuencia causal entre clase social (medida en este caso por el nivel de estudios), interés por la política e intención de voto. El diagrama se puede establecer del siguiente modo:

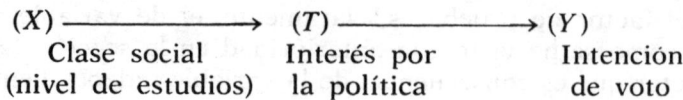

(X) ⟶ (T) ⟶ (Y)
Clase social   Interés por   Intención
(nivel de estudios)   la política   de voto

Cabría pensar en explicaciones alternativas a la anterior, por ejemplo, que la clase social influye en el interés por la política al mismo tiempo que incide su efecto también en las intenciones de voto. En tal caso, el diagrama de relación de las tres variables sería el siguiente:

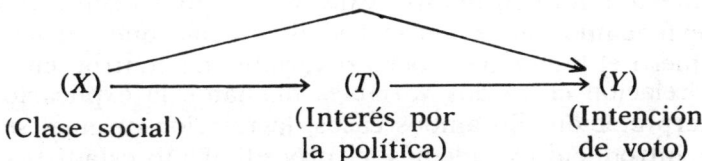

Si realmente existe una relación causal como la señalada con anterioridad, la introducción del factor de prueba, interés por la política, deberá producir tablas parciales o condicionales en las que la relación original desaparezca, ya que al controlar la variación debida a dicho factor, desaparecerá también la variación debida a la variable independiente, clase social; con lo que ya no existirá relación entre esta variable y la variable dependiente, intención de voto. Por el contrario, si la introducción del factor de prueba no consigue hacer desaparecer la asociación original, entonces no se puede aceptar como válida la secuencia causal y, en cambio, habría que aceptar como válida la explicación que se ha representado en el segundo diagrama. Los resultados que lograron obtener Lazarsfeld y colaboradores permitieron, no obstante, aceptar como válida la primera de las explicaciones, como se puede comprobar a través de los datos que se presentan en la tabla 12.9.

TABLA 12.9

Nivel de estudios e intención de votos, según el interés por la política

	Interés por la política					
	ALTO		MEDIO		BAJO	
Intención de voto	Estudios secundarios +	Menos de estudios secundarios	Estudios secundarios +	Menos de estudios secundarios	Estudios secundarios +	Menos de estudios secundarios
● Piensa votar	99	98	93	90	56	59
● No piensa votar	1	2	7	10	44	41
● Porcentaje total	100	100	100	100	100	100
● Número de casos	(495)	(285)	(986)	(669)	(132)	(245)

La observación de las distribuciones porcentuales de la tabla 12.9 pone de manifiesto que entre aquellas personas que muestran idéntico interés por la política, no aparece una relación consistente o sustancial entre educación y voto. En consecuencia, la relación original se puede explicar por el factor interés por la política.

Llegados a este punto en nuestra exposición, quizá resulte conveniente que nos extendamos en explicar las diferencias que existen en los papeles que juega el factor de prueba o variable de control, en la elaboración de la relación entre dos variables mediante la explicación y mediante la interpretación. En ambos casos, la relación original se explica por el factor introducido y, además, el procedimiento estadístico que se sigue es idéntico: la introducción de la tercera variable permite estratificar a la población de acuerdo con los valores de las categorías de dicha variable, encontrándose entonces que la relación original desaparece. Sin embargo, en el caso de la interpretación, el factor de prueba es una variable interviniente, mientras que en el caso de la explicación el factor de prueba es una variable ajena (Rosenberg la denomina, en inglés, *extraneous*). La diferencia entre ambos tipos de variable es de naturaleza lógica y teórica, pero no estadística —ya que el proceso estadístico que desencadenan es el mismo—. La distribución se basa en el tipo de relación causal que se supone existe entre las variables. Para el caso de una variable ajena, no se presupone la existencia de un lazo causal entre las variables independiente y dependiente. La asociación original observada se debe enteramente a su asociación respectiva con una tercera variable.

Para el caso de las variables intervinientes, el proceso analítico es diferente, ya que el factor de prueba, en lugar de estar relacionado por separado con las dos variables originales, representa a una variable que *interviene* entre ambas. Y en tal caso, se producen tres relaciones asimétricas: 1, una relación original entre la variable independiente y la variable dependiente; 2, una relación entre la variable independiente y el factor de prueba, y 3, una relación entre el factor de prueba y la variable dependiente.

Estas tres relaciones asimétricas implican una dirección o influencia dominante, pero no absoluta. La clase social influye en la intención de voto, pero ésta no es responsable de aquélla. La clase social influye igualmente en el interés por la política, pero sólo en algunos pocos casos puede el interés por la política producir movilidad social y un cambio, por tanto, de clase social. Finalmente, el interés por la política conduce a las personas a que voten, y sólo raras veces se producirá la influencia contraria. De este modo, en tanto se pueda establecer la dirección dominante de la influencia en las tres relaciones asimétricas, será posible caracterizar al factor de prueba como variable interviniente.

12.4.4. *Variables supresoras y variables transformadoras*

A lo largo de este capítulo nos hemos preocupado principalmente de comprobar si la relación que aparecía entre dos variables era real o aparente, mediante la introducción de un factor de prueba. Pero desde el punto de vista de la investigación sociológica, resulta del mismo interés teórico comprobar si la *ausencia* de relación entre dos variables es real o se debe, por el contrario, a la existencia de una tercera variable que *suprime* la manifestación de una asociación entre las dos variables originales. Como también resulta de gran interés teórico comprobar si la relación de un determinado signo no viene alterada, en sentido contrario, por una tercera variable que *transforma* el sentido real de la relación. La denominación de algunas variables como *supresoras* o *transformadoras*, se debe originalmente a Rosenberg (1968, págs. 84-104) quien utiliza tales términos (*supressor and distorter variables*, en inglés) «a falta de otros mejores». Y por la misma razón los empleamos aquí.

Quizá sea a través de sendos ejemplos la mejor forma de explicar el significado y papel analítico-estadístico de ambos tipos de variables, y para ello vamos a utilizar datos imaginarios, pero que están basados en nuestra experiencia como investigador social.

Se podría formular la hipótesis de que la aprobación del control de natalidad es mayor entre los personas de *status* socioeconómico alto que entre las personas de *status* socioeconómico bajo. Sin embargo, al realizar una encuesta para comprobar tal hipótesis se puede encontrar un resultado que aparentemente la invalida, tal como el que se recoge en la tabla 12.10.

Aparentemente y en contra de la hipótesis formulada, no aparece relación alguna entre ambas variables. Si calculáramos un coeficiente de

TABLA 12.10

Opinión sobre el control de la natalidad según el nivel de «status» socioeconómico *

Opinión sobre el control de la natalidad	Status socioeconómico		
	Bajo	Medio	Alto
● Lo aprueba	48	47	52
● Lo desaprueba	52	53	48
● Porcentaje total	100	100	100

* Datos imaginarios.

correlación para los datos que se contienen en la tabla 12.11, su valor sería 0 o muy próximo a 0. No obstante, nuestro conocimiento previo sobre el tema nos puede conducir a pensar que existe algo extraño en la «no relación» que se observa en tales datos. Por eso, cabe pensar que puede existir algún factor que esté ejerciendo un papel de supresión de la relación. Veamos qué ocurre si introducimos como factor de prueba la asistencia o no a misa, por el papel que juega la religiosidad en las actitudes y opiniones con un alto contenido ético y moral.

TABLA 12.11

Opinión sobre el control de natalidad, según el nivel de «status» y la asistencia a misa

	T_1: Van a Misa				T_2: No van a Misa		
Opinión sobre el control de la natalidad	Status socioeconómico			Opinión sobre el control de la natalidad	Status socioeconómico		
	Bajo	Medio	Alto		Bajo	Medio	Alto
• Lo aprueba ...	42	25	21	• Lo aprueba ...	62	66	74
• Lo desaprueba ...	58	75	79	• Lo desaprueba ...	38	34	26
• Porcentaje total ...	100	100	100	• Porcentaje total ...	100	100	100

Al separar a la población en dos grupos, según vayan o no a misa, aparecen sendas relaciones entre la opinión sobre el control de natalidad y el *status* socioeconómico, pero de signo opuesto. Entre las personas que van a misa, el rechazo al control de la natalidad es mayor entre las personas de *status* más elevado, mientras que lo contrario ocurre entre aquellas que no van a misa, ya que el grado de aprobación del control de la natalidad es mayor cuanto más elevado es el *status socioeconómico de las personas*.

La variable religiosidad, medida por la asistencia o no a misa, estaba actuando como supresora de la asociación, que ahora resulta evidente, entre la aprobación o rechazo del control de la natalidad y el *status* socioeconómico. Caso de haber detenido el análisis en los resultados de la tabla 12.10, hubiéramos alcanzado unas conclusiones totalmente erróneas.

Otro caso de gran interés para el análisis sociológico se produce al actuar una variable desvirtuando el sentido de una determinada relación. Antes de alcanzar conclusiones definitivas, conviene estar alerta ante la aceptación de relaciones que realmente funcionan en sentido contrario. Recurramos de nuevo a un ejemplo imaginario para esclarecer nuestro argumento analítico. En relación a las actitudes regionalistas de los españoles, cabe pensar que las preferencias por el autonomismo, como oposición al centralismo político, es mayor entre las personas de *status* socioeconómico más alto. Unos resultados que permitirían la aceptación de tal hipótesis, son los que se contienen en la tabla 12.12.

TABLA 12.12

Preferencias regionalistas según el nivel de «status» socioeconómico *

Preferencias regionalistas	Status socioeconómico	
	Alto	Bajo
• Centralismo	37	45
• Autonomía	73	55
• Porcentaje total	100	100

* Datos imaginarios.

En efecto, se observa que las preferencias autonomistas son mayores entre la población de *status* socioeconómico elevado, frente a la población de *status* bajo. Sin embargo, sabemos que en las regiones en las que se ha producido una fuerte inmigración en los últimos años, tales como el País Vasco y Cataluña, existen diferencias notables, en muchos sentidos, entre la población autóctona y la población inmigrante. Veamos qué ocurre en la relación anterior cuando introducimos como factor de prueba el carácter de oriunda o inmigrante de la población.

Al examinar las relaciones que aparecen en la tabla 12.13, nos damos cuenta de lo infundado de la relación original. Entre la población inmigrante, la preferencia autonomista es mayor entre las personas de *status* socioeconómico más alto, mientras que entre la población autóctona ocurre lo contrario, ya que las preferencias autonómicas son ligeramente superiores entre la población de *status* bajo. En tal caso, nos referiremos al carácter de inmigrante o de oriunda de la población, como una variable «transformadora», que altera el sentido de la relación entre las preferencias autonómicas y el *status* socioeconómico de la población.

Después de esta exposición, creemos que resulta evidente la importancia que para el analista sociólogo tiene el saber reconocer el tipo de variable o factor de prueba que introduce en la elaboración de las rela-

TABLA 12.13

Preferencias regionalistas según el nivel de «status» y el carácter de oriundo o de inmigrante de la población

Preferencias regionalistas	Población inmigrante		Población oriunda	
	Status		Status	
	Alto	Bajo	Alto	Bajo
• Centralismo	50	70	30	20
• Autonomía	50	30	70	80
• Porcentaje total	100	100	100	100

ciones entre dos variables originales, y la necesidad de considerar simultáneamente el papel de la teoría y del análisis lógico y estadístico de las variables, para lograr resultados de interés que permitan un avance real de nuestros conocimientos sociológicos.

12.5. Modelos con variables a distintos niveles de análisis

Hasta ahora hemos estudiado modelos de análisis estadístico en los que las variables venían referidas todas ellas al mismo nivel. Con frecuencia nos hemos ocupado de variables que hacen referencia a características de los grupos o de los individuos, en el supuesto implícito de que la agregación pertinente de tales variables nos remite al sistema del más alto nivel de la colectividad como un todo. Pero una de las mayores dificultades que se le presentan al analista social, es el de la traslación de la noción de colectividad como un todo o sistema social a la propia práctica investigadora. Y de dificultad no menor es el manejo de asociaciones que impliquen relaciones de variables referentes a propiedades individuales, tales como actitudes u opiniones, con propiedades grupales, tales como valores societales o características demográficas de un sector de la población.

En un tratamiento muy lúcido de este tema, la socióloga y antropóloga norteamericana Matilda White Riley (1963, págs. 701 y sigs.) sugiere que con el fin de comprender la naturaleza del sistema social, el analista debe utilizar propiedades de dos o más niveles del sistema, ya que es a través de los análisis combinados de varios niveles como es posible investigar las interacciones e interdependencias de las partes, y sus consecuencias, funcionales y disfuncionales como diría Merton, para el sistema como un todo. Matilda White Riley propone como ejemplo de un análisis ideal de este tipo, al que denomina *análisis del sistema social**, la observación en un conjunto de sociedades de la totalidad de interrelaciones de las características que las definen, tanto a nivel individual como a nivel grupal. Se podría comenzar mediante la identificación de cada individuo —en términos de las propiedades objeto de estudio— como perteneciente al sector agrario o industrial, y como residente en un área urbana o rural. A partir de aquí se determinaría cómo se ordenan los diferentes tipos de individuos al formar la estructura interna de roles dentro de cada sociedad estudiada. Finalmente, se compararían las diferentes sociedades en términos de sus estructuras internas de roles y en sus modelos globales de urbanismo e industrialismo.

En la práctica habitual de la investigación sociológica, dado el actual nivel de desarrollo científico social, tal modelo de análisis raramente es utilizado. Tal como destaca Riley, existe todavía una cierta confusión acerca de las definiciones conceptuales de los diferentes niveles y de sus relaciones mutuas. Además, con frecuencia, el análisis completo no es necesario. Aquí vamos a referirnos, brevemente, a dos tipos de análisis parciales del sistema social, que cuentan con una buena tradición sociológica. Se trata del análisis estructural y del análisis contextual, refiriendo al lector interesado en un tratamiento más amplio de tales temas a la obra de Riley señalada.

12.5.1. *Análisis estructural*

En un análisis estructural, el interés está centrado en las propiedades del grupo, pero con alguna referencia a los roles diferenciados que se relacionan mútuamente para formar la estructura interna del grupo. En este caso, las acciones y motivaciones de los actores individuales se consideran como mecanismos en el funcionamiento de la colectividad, y las normas y reglas que gobiernan a los individuos pueden considerarse como las condiciones bajo las que los fenómenos del grupo objeto de la investigación operan sin que se resienta la integración del sistema. Riley sugiere como ejemplo de análisis estructural, dentro del ejemplo global anteriormente propuesto, la comparación de los residentes en las zonas rurales de las diversas sociedades consideradas, con el fin de saber si el grado de industrialización de la sociedad como un todo afecta al proceso de industrialización de los segmentos rurales.

En el famoso estudio de Durkheim sobre el suicidio (1960, e. o. 1897)

---

* Este término no tiene nada que ver con el moderno análisis sistémico o teoría de los sistemas, que a partir de modelos cibernéticos, trata de lograr la unidad de la ciencia. Para un reciente tratamiento en español del análisis sistémico aplicado a la sociología, ver Francisco PARRA: «¿Para qué sirve la teoría de sistemas en Sociología?», *Revista Española de Investigaciones Sociológicas*, 15, 1981, págs. 77-111.

se puede encontrar un buen ejemplo de análisis estructural. Después de haber descubierto en un análisis de grupo que la tasa de suicidio de un país se encuentra asociada con su composición religiosa, Durkheim quiso asegurarse de que la religión no es un factor espurio, y por tanto que los segmentos de población católica y protestante difieren en efecto en sus respectivas tasas de suicidio, después de controlar el «entorno social» del país (es decir, su composición familiar, sistema político, etc.). Durkheim continuó su análisis dividiendo cada grupo en un segmento compuesto por individuos protestantes y en otro segmento compuesto por individuos católicos —ya que como el propio Durkheim escribió, con el fin de mantener constantes los efectos de diferencias más amplias entre los grupos, es preciso comparar las dos religiones en el corazón de cada sociedad—.

Al comparar el segmento de población protestante con el segmento católico dentro de cada grupo, le fue posible a Durkheim demostrar su argumento de que aquellos segmentos de población caracterizados por instituciones y valores protestantes son los que manifiestan tasas de suicidio más elevadas. El análisis de tipo estructural seguido por Durkheim le permitió poner de manifiesto que en cada país la población protestante se suicida en mayor proporción que la población católica, con independencia del carácter del país.

Para terminar esta breve referencia al estudio de Durkheim sobre el suicidio, conviene señalar que este estudio continúa siendo un modelo de investigación sociológica riguroso y un ejemplo para la actual metodología de las ciencias sociales, ya que todo el análisis de Durkheim en este trabajo consiste en contemplar los efectos que surgen al introducir progresivamente terceras variables en las relaciones bivariables originales. A pesar de que Durkheim carecía de las técnicas estadísticas para desarrollar sus ideas con rigurosidad, supo anticiparse en muchos años a una de las líneas dominantes del actual análisis sociológico (Selvin, 1958, pág. 609).

12.5.2. *Análisis contextual*

En un análisis contextual, el interés se centra en el individuo, pero se sitúa y explica el papel del individuo con referencia a su contexto de grupo. Así, el investigador puede estar interesado en saber por qué las personas eligen ciertas tareas ocupacionales o en cómo las normas sociales de movilidad ocupacional y geográfica influyen en los individuos y en sus intereses, o en cómo las personas se relacionan y son influenciadas por otras personas y grupos dentro de determinadas estructuras económicas y demográficas. Para estudiar todos estos problemas, el tratamiento analítico adecuado es el contextual. En el ejemplo ideal de Riley, habría que aplicar esta perspectiva si se desea saber si los residentes rurales participan en ocupaciones industriales con mayor probabilidad en el contexto de una sociedad altamente urbanizada, que los residentes rurales en el contexto de una sociedad predominantemente rural.

Los autores del cuarto Informe FOESSA sobre el Cambio Político en España (Juan J. Linz y cols., 1981), han realizado un amplio uso del análisis contextual. Con ello, han tratado de superar las limitaciones que, por separado, presentan los estudios electorales basados, respectivamente, en datos individuales y en datos agregados o ecológicos. Al estudiar la influencia contextual en las actitudes y comportamientos del electorado, los autores intentan conocer si diferentes contextos dan lugar a diferentes actitudes y comportamientos políticos del electorado, al mismo tiempo que relacionan los diferentes tipos de contextos con variables individuales. Ejemplos de variables contextuales políticas utilizadas por los autores del informe FOESSA son las siguientes: participación —proporción del Censo electoral que ha depositado su papeleta en las urnas—, votos positivos, negativos y en blanco de cada Referéndum, y votos derecha, izquierda y regionalistas de las Elecciones legislativas. Como variables contextuales ecológicas, los autores utilizaron las siguientes: número de habitantes del municipio, crecimiento demográfico intercensal, proporción de empresarios agrícolas y fuerza electoral de la derecha en 1979 *.

Para conocer la aplicación que se ha hecho del análisis contextual en el Informe FOESSA, vamos a reproducir aquí un análisis parcial del modelo explicativo seguido en el estudio del autoposicionamiento del electorado en una escala ideológica izquierda-derecha de valor mínimo 1 y valor máximo 10. Las diferentes mediciones realizadas sobre el autoposicionamiento ideológico de la población española en el período 1976-1979, han puesto de manifiesto un incremento de las posiciones de izquierda, hasta su relativa estabilización a partir de 1978. Este hecho conduce a Linz y colaboradores a sugerir una cierta estabilidad política del electorado español, que no responde ya a los estímulos políticos coyunturales. Con el fin de comprobar la influencia que los diferentes contextos puedan haber ejercido en la conducta del electorado, prepararon una tabla a partir de las puntuaciones medias de diferentes grupos, dentro de los contextos que los controlan.

La primera conclusión que se obtiene de la observación de la tabla 12.14 es la de que en los diferentes tipos de contextos considerados se dan diferentes puntuaciones medias del electorado, lo que revela diferentes autoposicionamientos en el espacio político. Tal como señalan los autores del Informe FOESSA, «tanto el "tamaño del hábitat", como el peso del "empresariado agrícola", como los contextos definidos por los diferentes "niveles de crecimiento", presentan variaciones en el autoposi-

---

* Para una exposición detallada de la metodología del análisis contextual utilizada en el Informe FOESSA, ver el apéndice metodológico que se incluye en la referida obra.

TABLA 12.14

Puntuaciones medias de autoposicionamiento ideológico para diferentes grupos de población, en algunos contextos ecológicos

	Tamaño de municipio		% Empresarios agrícolas			Crecimiento demográfico intercensal		Fuerza electoral derecha	
	Más de 100.000	Menos de 100.000	Superior media	Inferior media		Crecen	No crecen	Alta	Baja
TOTAL	4,51	4,83	5,03	4,58		4,54	4,96	5,13	4,27
Sexo:									
• Varón	4,23	4,60	4,89	4,30		4,27	4,76	5,05	3,89
• Mujer	4,76	5,05	5,18	4,84		4,80	5,15	5,21	4,63
Religiosidad:									
• Católico	5,58	5,67	5,85	5,54		5,57	5,73	5,86	5,14
• Indiferente	3,29	3,28	3,30	3,28		3,31	3,21	3,46	3,17
Clase social:									
• Alta-media-alta	4,84	5,66	5,90	5,10		5,11	5,52	5,39	4,88
• Obrera	4,19	4,53	4,71	4,29		4,26	4,63	4,92	4,09

FUENTE: Adaptado del IV Informe FOESSA, 1981, pág. 186.

cionamiento, que se corresponden con diferentes estructuras del electorado, que se constituye así en diversos "electorados"» (Linz y cols., *op. cit.*, pág. 186).

También se puede observar en la tabla anterior que las mayores diferencias se dan en el contexto de la variable «fuerza electoral de la derecha». Del conjunto de las diferencias observadas, se puede concluir que en los contextos de tamaño de población reducidos, con pesos elevados de la población empresarial agrícola y con un crecimiento demográfico inferior a la media, el autoposicionamiento tiende más hacia la derecha que en el resto de los contextos, lo que viene a confirmar la influencia contextual.

Por lo que se refiere a las diferencias que se establecen para las diversas categorías de las variables sociodemográficas individuales, en el caso del sexo y de la clase social las oscilaciones de las puntuaciones medias son reducidas, mientras que son máximas para el indicador de la religiosidad. De este modo, «el factor religioso se destaca como el más discriminante a la hora de diferenciar posiciones del electorado en el espacio político de competencia entre partidos» (Linz y cols., *op. cit.*, pág. 187).

Numerosas son las conclusiones que los autores del Informe FOESSA obtienen de los diversos análisis contextuales incluidos en el texto. Basten las aquí citadas para poner de manifiesto las excelentes posibilidades que brinda la utilización simultánea de variables individuales y variables contextuales dentro del mismo modelo analítico. Con todo, este tipo de análisis ofrece algunos problemas que surgen al trasladar conclusiones de un nivel analítico a otro diferente, que conviene tener presente a fin de no alcanzar resultados erróneos.

12.5.3. *Falacias que surgen en el manejo de modelos con diferentes niveles de análisis*

La mayor parte de las dificultades con las que se enfrenta el investigador que utiliza modelos con dos o más niveles de análisis, surgen de la incapacidad de trasladar el modelo conceptual en operaciones a un nivel apropiado del sistema social. Las falacias que surgen al utilizar datos inapropiados originan obviamente resultados equivocados.

Así, si el modelo se refiere a roles individuales pero el análisis lo basa el investigador en el manejo de grupos, se produce la *falacia agregacional o falacia ecológica*, tal como fue denominada por W. S. Robinson en un artículo ampliamente citado (Robinson, 1950). Inversamente, si el modelo se refiere al grupo, pero el análisis se basa en individuos, se producirá una *falacia atomística*.

En el ejemplo de Robinson, la hipótesis inicial se refiere a individuos y establece que dado que los niveles de estudios son más bajos entre la población inmigrante en relación a la población nativa, la relación entre el porcentaje de población inmigrante y el porcentaje de analfabetismo debe ser positiva. Para probar su hipótesis, Robinson tomó datos censales— por tanto, datos agrupados—, y encontró una correlación negativa (—0,619) entre la proporción de población inmigrante y la proporción analfabeta. Pero Robinson no rechazó su hipótesis inicial a pesar de este aparente resultado negativo, ya que en caso de haber basado sus datos en individuos, las conclusiones hubieran sido diferentes, como se observa en la tabla 12.15.

TABLA 12.15

Distribución de la población según niveles de alfabetismo y lugar de nacimiento

	Inmigrantes	Nativos	Total
• Analfabetos	1.304	2.614	3.918
• Alfabetos	11.913	81.441	93.354
• Total	13.217	84.055	97.272

FUENTE: *Robinson*, 1950, pág. 354.

En efecto, la proporción de analfabetos es mayor entre la población inmigrante que entre la población activa, luego la correlación ahora es de signo contrario a la obtenida utilizando datos censales. Claramente, este último tipo de datos resulta inapropiado para comprobar la hipótesis inicial, que se refería a individuos y no a grupos.

En los estudios electorales es fácil caer en la falacia ecológica, ya que con frecuencia sólo se dispone de datos agregados, y a veces se pretende obtener de ellos conclusiones referidas a individuos. Así, a pesar de que en las zonas rurales existe un voto predominantemente de derechas, no se puede concluir por ello que los agricultores votan sobre todo a la derecha. En una buena discusión sobre la falacia ecológica en los estudios electorales, López Guerra (1977, págs. 85-86) sugiere la utilización de diversas técnicas, tales como la adopción de modelos de regresión múltiple o de modelos no lineales, para evitar este tipo de falacia, así como el máximo uso posible de variables de tipo individual.

Inversamente, la falacia atomística se produciría si se pretendieran obtener conclusiones sobre las características de los grupos censales a partir de los datos individuales que Robinson preparó y que hemos reproducido en la tabla 12.15. Naturalmente, la falacia atomística se evitará cuando al formular hipótesis sobre grupos sociales, los datos que se utilizan se refieran igualmente a grupos, y no a individuos. En general, pues, el investigador debe reunir la información que demande su modelo de análisis, y no debe suplir la ausencia de una información relevante por otra referida a un nivel de análisis diferente, ya que inevitablemente los resultados que logre serán erróneos.

12.6. Coeficientes de correlación parcial

Al elaborar la relación entre dos variables, los objetivos del investigador pueden estar dirigidos al análisis de las diferencias que se produzcan en las tablas condicionales, o bien al cambio global que se pueda producir en el grado de asociación de las relaciones condicionales. En el primer caso, se deben de seguir algunos de los procedimientos de elaboración expuestos anteriormente, pero si lo que se pretende es lo segundo, se pueden utilizar otros recursos estadísticos para observar si el grado de asociación en las tablas condicionales es el mismo, ha aumentado o ha disminuido en relación a la asociación de la tabla original. Precisamente el procedimiento del cálculo de la *correlación parcial* es el apropiado para obtener tales medidas, y para ello se calcula como una «media» de los resultados de las tablas condicionales.

El coeficiente de correlación parcial representa una medida única del grado de asociación entre dos variables al controlar los efectos de terceras variables adicionales. Desde el punto de vista conceptual, la correlación parcial es análoga al procedimiento de elaboración de tabulaciones cruzadas estudiado anteriormente. No obstante, ofrece algunas ventajas que conviene tener en cuenta al elegir uno u otro procedimiento de análisis. En la elaboración de relaciones bivariables, el control que se ejerce es literal —se examina la relación bivariable en cada categoría de la variable de control— y, además, para que resulte significativa, conviene que cada celdilla cuente con un número suficiente de casos. Caso de no ser así, la relación observada pierde significado cuando alguna celdilla está vacía o cuenta con pocos casos.

En la correlación parcial, el control es, naturalmente, de tipo estadístico y se basa en el supuesto de la existencia de relaciones lineales entre las variables, permitiendo al investigador separar el efecto de la variable de control de la relación entre la variable independiente y la dependiente, sin manipular directamente los datos originales. A partir del cálculo de las relaciones bivariables posibles entre las tres variables, esto es, la independiente, la dependiente y la de control, el coeficiente de correlación parcial se calcula por medio de la construcción estadística de nuevas variables independiente y dependiente, al separar el efecto de la variable de control. La nueva variable independiente se construye al calcular la diferencia entre el valor original de la variable independiente y su valor tal como lo predice la variable de control. La nueva variable no está, pues, por definición, correlacionada con la variable de control. Lo mismo se hace con la variable dependiente. La correlación simple entre las nuevas variables ajustadas es la correlación parcial. De hecho, para calcular el coeficiente de correlación parcial se parte de la matriz de correlaciones —bivariables—, siendo estos los valores que se introducen en el cálculo.

Tales cálculos se pueden hacer a partir de variables de nivel ordinal o a partir de variables medidas a nivel de intervalo, aunque en la investigación sociológica la mayor parte del análisis de correlación parcial se realiza a partir del coeficiente r de Pearson, esto es, entre variables de intervalo. En tal caso, el *coeficiente de correlación parcial de primer orden* (sólo se controla una variable) se calcula por medio de la siguiente fórmula:

$$r_{yx \cdot t} = \frac{r_{yx} - (r_{yt})(r_{xt})}{\sqrt{(1-r^2_{xt})(1-r^2_{yt})}}$$

Del mismo modo se pueden calcular coeficientes de correlación parcial de orden superior, es decir, con el control de dos o más variables, en cuyo caso la fórmula es la misma pero utilizando los coeficientes de correlación parcial de orden inferior. Así, para el caso de dos variables de control, el coeficiente de correlación parcial de segundo orden se calcula por medio de la fórmula:

$$r_{12,34} = \frac{r_{12,3} - (r_{14,3})(r_{24,3})}{\sqrt{(1-r^2_{14,3})(1-r^2_{24,3})}}$$

Al igual que con el coeficiente de correlación total, r, el coeficiente de correlación parcial varía desde $-1,00$ a $+1,00$. El cuadrado de su valor expresa la proporción de la variación en Y (ó X) que queda explicada por su asociación lineal con la otra variable X (ó Y), después de controlar los efectos de la variable de prueba.

12.6.1. *Utilización de la correlación parcial*

La correlación parcial puede emplearse con diversos fines de investigación en sociología. Utilizada adecuadamente, resulta ser una técnica apropiada para descubrir relaciones espurias y para localizar variables intervinientes. Blalock (1964) propone también su uso para realizar cierto tipo de inferencias causales. No obstante, aquí nos vamos a ocupar tan sólo del empleo de la correlación parcial en el estudio de relaciones más o menos espurias.

Supongamos que estamos estudiando tasas de delincuencia en una muestra de ciudades españolas, y convengamos en que los primeros resultados de la investigación han puesto de manifiesto la existencia de una relación moderadamente positiva entre la proporción de población inmigrante en las ciudades y la tasa de delincuencia. Sin embargo, podemos sospechar que la relación es espuria y se debe, en realidad, a los efectos de otras dos variables: 1) tasa de desempleo y 2) tamaño de la ciudad, que están correlacionadas fuertemente con las dos variables originales, con lo que la relación entre la proporción de inmigrantes y la tasa de delincuencia es simplemente una función de la relación previa con la tasa de desempleo y el tamaño de la comunidad. El problema que hay que resolver, pues, es el de saber cuál es realmente el grado de asociación entre inmigración y delincuencia, cuando se controlan los efectos del desempleo y del tamaño de la ciudad. Examinemos unos datos hipotéticos, para glosar el usar de la correlación parcial. Supongamos que hemos obtenido las siguientes correlaciones bivariables.

		(X) Proporción de inmigrantes	(T_1) Tasa de desempleo	(T_2) Tamaño ciudad	(Y) Tasa de delincuencia
(X)	% inmigrantes	1,00	0,49	0,38	0,33
(T_1)	Tasa de desempleo		1,00	0,26	0,60
(T_2)	Tamaño ciudad			1,00	0,47
(Y)	Tasa de delincuencia ...				1,00

La observación de la matriz de correlaciones pone de manifiesto que la correlación (0,60) entre tasa de desempleo y tasa de delincuencia, por un lado, y entre el tamaño de la ciudad y la tasa de delincuencia (0,47), por otro, es mayor que la que aparece entre proporción de población inmigrante y tasa de delincuencia (0,33). Además, las correlaciones entre la proporción de inmigrantes y las otras dos variables independientes son bastante elevadas, 0,49 y 0,38, respectivamente. Estos datos permiten ya al investigador sospechar que existe una relación espuria. El cálculo de tres coeficientes de correlación parcial (dos parciales de primer orden y otro parcial de segundo orden) nos va a permitir matizar y comprobar tales sospechas.

Si la correlación entre la proporción de inmigrantes y la tasa de delincuencia desaparece, esto es, se hace cero o casi cero, cuando se controlan los efectos del desempleo y del tamaño, habremos obtenido la evidencia estadística de que la relación es, en efecto, espuria. Veamos ahora los cálculos:

$$r_{yx \cdot T_1} = \frac{(0{,}33) - (0{,}60)(0{,}49)}{\sqrt{(1-0{,}49^2)(1-0{,}60^2)}} = 0{,}08$$

$$r_{yx \cdot T_2} = \frac{(0{,}33) - (0{,}47)(0{,}38)}{\sqrt{(1-0{,}38^2)(1-0{,}47^2)}} = 0{,}20$$

$$r_{yx \cdot T_1 T_2} = \frac{r_{yx \cdot T_1} - (r_{yT_2 \cdot T_1})(r_{xT_2 \cdot T_1})}{\sqrt{(1-r^2_{xT_2 \cdot T_1})(1-r^2_{yT_2 \cdot T_1})}} = -0{,}06$$

Veamos ahora cómo interpretamos estos coeficientes de correlación parcial. La correlación parcial entre inmigración y delincuencia, al controlar el desempleo, es 0,08, lo que indica una fuerte reducción de la relación original, que es 0,33. Cuando se controla el tamaño de la ciudad, la correlación parcial es 0,20, que indica también una reducción de la relación original, pero no tan fuerte como en el caso anterior. En cuanto a la correlación parcial de segundo orden, esto es, cuando controlamos simultáneamente los efectos del desempleo y del tamaño, el coeficiente se reduce a $-0{,}06$, que a efectos prácticos equivale a cero. Estos resultados clarifican notablemente las cosas: así, la relación entre la proporción de población inmigrante y tasa de delincuencia es efectivamente espuria, por efectos de las variables tasa de desempleo y tamaño de la ciudad; pero la variable tasa de desempleo ejerce un efecto contaminante de mayor importancia que el tamaño de la ciudad. Así, pues, los resultados obtenidos ponen de manifiesto que las tasas de delincuencia en las ciudades españolas, cuando se controlan los efectos de la tasa de desempleo y del tamaño de la ciudad, son independientes de la proporción de población inmigrante que en ellas reside.

Otro ejemplo, con datos reales, del uso de la correlación parcial lo vamos a extraer de la sociología política. En un estudio sobre el voto emitido por la población española con motivo de las elecciones legislativas del 15 de junio de 1977, los autores tratan de obtener un mayor nivel de profundidad en el análisis, mediante la identificación de los factores más influyentes (Vila Carro, D. y cols., 1978). Para ello, tratan de aislar aquellos factores que, aparte de estar relacionados con el voto de cada uno de los partidos, sean al mismo tiempo independientes entre sí o estén poco interrelacionados. Por lo que respecta al voto de UCD, el análisis de correlación simple había puesto de manifiesto que la variable histórica presentaba las relaciones más débiles con el resto de los factores demográficos y socioeconómicos que determinan dicha tendencia de voto. Pues bien, para comprobar la fuerza del hecho histórico se obtuvieron los coeficientes de correlación parcial de la variable histórica (proporción de votos de la CEDA en 1936) y la proporción de votos de UCD, controlando el resto de las variables que inciden más fuertemente en el voto:

Variables de control	Coef. correlación parcial entre voto UCD y voto CEDA (1936)
● Población activa agraria (1975)	0,518
● Población autóctona	0,391
● Peso de la clase media urbana	0,439
● Consumo de Kw/mes por hogar	0,416

Dado que la correlación entre voto UCD y voto CEDA es del 0,46, los resultados de la correlación parcial ponen de manifiesto que al mantener constante la influencia de las variables de población activa agraria, población autóctona, peso clase media urbana o consumo de kW/mes, no se altera significativamente la relación original. Los autores interpretan estos resultados del siguiente modo: el voto UCD es un resultado conjunto de los antecedentes históricos y de una estructura social (contextual) determinada. Así lo demuestran los coeficientes de correlación múltiple entre la proporción de votos de la CEDA en 1936 combinada con cualquiera de los demás factores que definen la estructura social y la proporción de votos UCD:

$R_{a \cdot bc} = 0,776$

$R_{a \cdot bd} = 0,753$

$a =$ Voto UCD.
$b =$ Voto CEDA.
$c =$ Consumo kW/mes.
$d =$ Población activa agraria.

En este caso, en efecto, se refuerzan los efectos de las variables b y c o b y d, y el coeficiente de correlación ve incrementado su valor, pasando del 0,4 original al 0,7 actual.

12.7. Terminología

Se recomienda la memorización y comprensión del significado de cada uno de los términos y conceptos siguientes:

— Factor de prueba, variable de control.
— Asociación de orden cero.
— Tablas condicionales, tablas parciales.

— Tablas condicionales de primer orden, de segundo orden.
— Fórmula de recuento de Lazarsfeld.
— Elaboración de tipo P, o parcial.
— Elaboración de tipo M, o marginal.
— Variable antecedente.
— Variable consecuente.
— Variable interviniente.
— Diseños longitudinales.
— Diseños de panel.
— Interacción estadística.
— Especificación.
— Explicación.
— Relación espuria.
— Variable ajena.
— Variable supresora.
— Variable transformadora.
— Análisis del sistema social.
— Análisis estructural.
— Análisis contextual.
— Falacia ecológica, falacia agregacional.
— Falacia atomística.
— Correlación parcial.
— Coeficiente de correlación parcial de primer orden.
— Coeficiente de correlación parcial de segundo o tercer orden.

EJERCICIOS

1. En un estudio sobre las oportunidades ocupacionales de la población oriunda y de la población inmigrante en una ciudad industrial, se obtuvieron los siguientes datos para el conjunto de la población de la muestra, teniendo en cuenta el nivel de educación alcanzado por los individuos. El autor del estudio mantenía la hipótesis de que el tipo de origen de la población —oriunda o inmigrante— condiciona la estructura de las oportunidades ocupacionales. A la vista de los datos, ¿qué se puede afirmar sobre dicha hipótesis? (Or: oriundo; I2: inmigrante de segunda generación; I1: inmigrante de primera generación.)

Ocupación	POBLACION TOTAL		
	Or	I2	I1
No manual	52	40	29
Manual	39	48	50
En paro	9	12	21
	(64)	(159)	(85)

	EDUCACION								
	Primaria o menos			Secundaria			Intermedia o universitaria		
Ocupación	Or	I2	I1	Or	I2	I1	Or	I2	I1
No manual	15	5	13	32	17	9	83	70	58
Manual	69	70	45	50	67	76	17	26	36
En paro	15	24	42	18	15	14	—	4	6
	(13)	(37)	(31)	(22)	(37)	(21)	(29)	(76)	(33)

2. En un estudio sobre la opinión de la población respecto de la aprobación de una ley que regule el aborto, se estableció la hipótesis de que las posturas afirmativas serían más frecuentes entre los individuos de clase social elevada que entre los de clase más baja. Una encuesta con una muestra representativa de la población ofreció los siguientes resultados:

Opinión Ley Aborto	CLASE SOCIAL			Total
	Baja	Media	Alta	
Sí	49	46	50	49
No	51	54	50	51
	(383)	(189)	(225)	(797)

Al estratificar la población según la preferencia política, medida a través de la intención de voto, en partidarios de un partido de derechas y partidarios de un partido de izquierdas, se obtuvieron las siguientes tablas condicionales:

DERECHA

Opinión Ley Aborto	CLASE SOCIAL			Total
	Baja	Media	Alta	
Sí	42	26	23	34
No	58	74	77	66
	(262)	(98)	(102)	(462)

IZQUIERDA

Opinión Ley Aborto	CLASE SOCIAL			Total
	Baja	Media	Alta	
Sí	64	67	72	68
No	36	33	28	32
	(113)	(89)	(119)	(321)

A la vista de los anteriores cuadros, ¿se puede rechazar o aceptar la hipótesis? ¿Qué tipo de papel desempeña la variable preferencia política en la relación entre clase social y opinión sobre la Ley del Aborto?

3. Los siguientes datos de 15 ciudades, reflejan los índices de anomia, satisfacción con la vida y movilidad social de las correspondientes muestras aleatorias y representativas de la población que en ellas reside:

Ciudad	Indice de anomia	Indice de satisfacción con la vida	Indice de movilidad social
A	17,0	18,6	14,0
B	15,2	14,4	18,2
C	14,8	21,2	13,8
D	14,2	13,4	17,5
E	13,5	15,2	14,6
F	13,4	23,4	19,3
G	12,8	20,8	16,5
H	12,2	17,4	18,6
I	11,7	15,3	20,3
J	11,5	18,7	16,2
K	10,4	14,3	18,3
L	10,3	22,5	13,5
M	10,1	20,6	16,4
N	9,9	18,2	20,1
O	9,8	12,6	17,2

a) Calcular la correlación parcial entre anomia y satisfacción con la vida, controlando la movilidad social.

b) Calcular la correlación parcial entre anomia y movilidad social, controlando la satisfacción con la vida.

4. Seleccionar un modelo teórico que se pueda representar mediante un diagrama de flechas. Explicar cómo deberían utilizarse las tablas condicionales y los coeficientes de correlación parcial para contrastar el modelo. ¿Qué tipo de relaciones cabría esperar de los datos a la vista del modelo?

BIBLIOGRAFIA

BLALOCK, Hubert M.: *Causal Inference in Non-experimental Research*, Chapel Hill, U. N. Carolina Press, 1964.
DURKHEIM, Emile: *Le Suicide*, París, P. U. F., 1960 (e. o. 1987).
GARCÍA FERRANDO, Manuel: *Deporte y Sociedad*, Madrid, 1982 (en prensa).
HYMAN, Herbert H.: *Survey Desing and Analysis*, New York, Free Press, 1955.
LAZARSFELD, P. F.; B. BERELSON y H. GAUDET: *The People's Choice*, N. Y. Columbia University Press, 1948.
LAZARSFELD, P. F. y M. ROSEMBERG (eds.): *The Language of Social Research*, Glence, I, 11, Free Press, 1955.

LINZ, Juan J., et al: *Informe Sociológico sobre el Cambio Político en España, 1975-1981*, Madrid, Euramérica, 1981.
LOETHER, H. J. y D. E. MCTAVISH: *Descriptive Statistics for Sociologists*, Boston, Allyn and Bacon, 1974.
LÓPEZ GUERRA, Luis: «Niveles de Análisis, falacia ecológica y falacia contextual», *Revista Española de la Opinión Pública*, 48, 1977, págs. 69-87.
PARRA, Francisco: «¿Para qué sirve la teoría de sistemas en Sociología?», *Revista Española de Investigaciones sociológicas*, 15, 1981, págs. 77-111.
RILEY, Matilda White: *Sociological Research. A Case Approach*, New York: Harcourt, Brece & World, 1963.
ROBINSON, W. S., «Ecological Correlations and the Behavior of Individuals», *American Socialogical Review*, 15, 1950, págs. 351-357.
ROSENBERG, Morris: *The Logic of Survey Analysis*, New York, Basic Books, 1968.
SÁNCHEZ CARRIÓN, J. J.: «Análisis de Tablas de Contingencia», en J. J. Sánchez Carrión (ed.), *Introducción a las Técnicas de Análisis multivariable aplicadas a las Ciencias Sociales*, Madrid, C.I.S., 1984, págs. 267-294.
SELVIN, Hanan C.: «Durkeim Suicide and Problems of Empirical Social Research», *American Journal of Sociology*, vol. 63, 1958, págs. 607-619.
VILA CARRO, D.; F. A. ORIZO y M. G. REINO: «Sociología del Actual Cambio Político en España», en varios, *Síntesis actualizada del III Informe FOESSA, 1978*, Madrid, Euramérica, 1978, pág. 681-731.
ZEISEL, Hans: *Dígalo con números*, México, F. C. E., 1962.

Capítulo 13
MAS ALLA DE LA ELABORACION DE VARIABLES: EL ANALISIS MULTIVARIABLE

La comprensión de una realidad social compleja y multidimensional obliga al investigador social a introducir en sus análisis un número creciente de variables, que reflejan la multitud de factores que intervienen en la producción de los fenómenos sociales. La elaboración de la relación entre dos variables, que hemos expuesto en el capítulo anterior, trata de dar respuesta a los problemas que surgen al introducir un factor de prueba en una relación bivariable. Pero el método de análisis expuesto se hace inviable cuando se consideran simultáneamente los efectos de tres o cuatro variables de control.

Si los científicos sociales no han hecho con anterioridad un uso mayor del tratamiento analítico con cuatro o cinco variables simultáneamente es debido, precisamente, a las dificultades de cálculo que se originan con ello. Sin embargo, la difusión del uso del ordenador en los últimos años ha permitido de pronto la desaparición en la práctica de las dificultades de cálculo, ya que la gran capacidad operacional de los modernos ordenadores permite resolver, en cuestión de breves minutos, problemas estadísticos cuyo cálculo manual representaría el esfuerzo de largas horas a equipos completos de investigadores.

En este sentido, la situación con la que se encuentra el científico social en las últimas décadas del siglo xx, desde el punto de vista del tratamiento estadístico de la información empírica, es auténticamente revolucionaria en relación a la situación que disfrutaban los sociólogos de generaciones anteriores, que sólo disponían de una tecnología elemental para almacenar datos y resolver sus problemas de cálculo.

El uso y difusión del ordenador ha revolucionado, pues, el panorama informativo, estadístico y de cálculo de las ciencias en general, y de las ciencias sociales en particular, haciendo posible y necesaria la utilización de métodos de análisis multivariables y la elaboración y contraste de modelos matemáticos para tratar de explicar la realidad social. Dado el carácter introductorio del presente libro, vamos a limitarnos a ofrecer aquí una breve panorámica del análisis multivariable aplicado a la sociología, refiriendo al lector interesado en la ampliación de tales conocimientos a la bibliografía que se citará en nuestra exposición.

13.1. EL ANÁLISIS MULTIVARIABLE EN LA INVESTIGACIÓN SOCIOLÓGICA

No existe apenas dificultad en aceptar que el factor más importante en la rápida difusión de las técnicas multivariables en la investigación sociológica es la amplia disponibilidad de programas de ordenadores. De hecho, la difusión de tales programas ha permitido superar, en cierta medida, el desequilibrio que existía entre los bancos de datos sociológicos que es posible encontrar en muchas universidades e institutos oficiales y privados de investigación social, y el pobre análisis estadístico que habitualmente se ha venido haciendo a partir de tales datos. En España, antes de que se difundiesen los programas de ordenador para el análisis multivariable, se habían realizado ya numerosas y amplias encuestas sociales que, posteriormente, eran tratadas simplemente a niveles bivariables y trivariables. La difusión en la década de los setenta de tales programas —como, por ejemplo, el *Statistical Package for the Social Sciences* (denominado abreviadamente *SPSS*) o el *Biomedical Computer Programs (BMD)*— ha permitido una paulatina incorporación de los investigadores sociales españoles a la utilización de tales técnicas, que todavía son, con frecuencia, poco comprendidas en sus fundamentos lógicos.

Pero ¿por qué la revolución de los ordenadores se ha traducido, en el campo de la sociología, en la difusión de las técnicas de análisis multivariable? Sencillamente, porque la tecnología del ordenador aplicada a las ciencias sociales apenas permite otro uso, a diferencia de lo que ocurre en el campo de las ciencias naturales. Veamos con un poco de detalle esta cuestión. La difusión de los ordenadores se ha producido en una época en que la mayor parte de las ciencias naturales poseían ya un número sustancioso de leyes bien desarrolladas, basadas en un razonamiento deductivo. En esta situación, el ordenador ofrece unas excelentes oportunidades para la creación de modelos y la programación de una compleja red de operaciones que permiten la comprobación a gran escala de las leyes físicas. El éxito obtenido en la exploración del espacio exterior, por medio de sofisticados cohetes y satélites, es la mayor prueba de la aplicación sobresaliente de la tecnología del ordenador a la física aplicada y de la resolución de los complejos problemas teóricos que ello comporta.

Sin embargo, la situación en las ciencias sociales, incluida la sociología, está muy lejos de asemejarse siquiera a la que ofrecen las ciencias naturales. La ausencia de leyes sociales invariables es notoria, y buena parte de la investigación social continúa siendo de naturaleza empírica, exploratoria o inductiva. En consecuencia, el ordenador se ha utilizado primordialmente, en el campo de la sociología, para analizar, seleccionar, almacenar, clasificar y procesar, en general, datos sobre actitudes, opiniones, valores y comportamientos que provienen, fundamentalmente, de las encuestas sociológicas. Dada la gran capacidad del ordenador para procesar tal tipo de datos, y partiendo de la reconocida complejidad multidimensional de la realidad social, lo más natural ha sido utilizarlo para investigar apropiadamente, es decir, multidimensionalmente, dicha realidad.

La rápida difusión y aceptación del análisis multivariable en el campo de la sociología se refleja en los siguientes hechos: 1) Se ha desarrollado y se ha puesto a la disposición del gran público un número creciente de programas de ordenador para tales técnicas, como el *SPSS* o el *BMD*. 2) Prácticamente todos los artículos de naturaleza empírica que se publican en las revistas de sociología más prestigiosas utilizan casi exclusivamente técnicas estadísticas multivariables, dejando ya como obsoletos los tratamientos meramente porcentuales de la información. 3) Los libros y artículos metodológicos recientes, de naturaleza empírica, que se ocupan de problemas sociológicos contienen casi exclusivamente tratamientos multivariables.

13.2. Definición de análisis multivariable

Aceptada la importancia del análisis multivariable en sociología, podemos pasar a responder a la pregunta de qué se entiende por tal tipo de análisis y qué técnicas estadísticas engloba. La definición más purista quizá la ofrezca Sir Maurice Kendall, auténtico padre estadístico del análisis multivariante, quien destaca como rasgo más característico de dicho tipo de análisis «la consideración de una serie u de objetos, en cada uno de los cuales se observan los valores de p variables. La serie de objetos puede ser completa o puede ser la muestra de una serie más amplia. Las variables pueden ser continuas o discontinuas, y ellas mismas pueden formar un subconjunto dentro de un grupo más amplio. Formalmente, se puede definir el análisis multivariante como aquella rama de la estadística interesada en el estudio de las relaciones entre series de variables dependientes y de los individuos que las sustentan» (Kendall, 1975, pág. 1).

Siguiendo a Kendall, los objetivos más importantes que se persiguen al aplicar un análisis multivariante * son los siguientes:

1. Simplificación estructural. Como afirma Kendall, el objetivo en este caso es el de «contemplar el bosque a partir de los árboles» al examinar las formas más simples de representación del complejo de variables inicial, bien transformando una serie de variables

---

* Obsérvese que Kendall utiliza el término *multivariante* y no *multivariable*, como es más habitual en el lenguaje sociológico. La primera forma es más precisa y general que la segunda, ya que el término «variante» se refiere a atributos de naturaleza tanto métrica como no métrica, mientras que el término «variable» se refiere, en puridad, a atributos métricos. Sin embargo, y por extensión, se emplea el término variable en sociología para referirse a cualquier tipo de atributo, tal como hacemos en el presente texto.

interdependientes en independientes o reduciendo la dimensionalidad del complejo inicial.
2. Clasificación. Se trata en este caso de ordenar los objetos en grupos o conglomerados *(clusters)*.
3. Agrupamiento de variables. Mientras que la clasificación se refiere al agrupamiento de objetos, también podemos estar interesados en la ordenación de las variables en grupos significativos.
4. Análisis de la interdependencia. Se trata de examinar la interpendencia de las variables, que puede variar desde la independencia a la colinearidad, esto es, la situación en que una variable es una función lineal de otras variables (o, más generalmente, es una función no lineal de otras).
5. Análisis de la dependencia. Así como en el análisis de la interdependencia todas las variables se encuentran en la misma situación por lo que se refiere a sus relaciones mutuas, en el análisis de la dependencia se destacan una o más variables para examinar el grado de dependencia de otras, como ocurre en el análisis de regresión.
6. Construcción y contraste de hipótesis.

Más adelante tendremos ocasión de ver la forma en que estos objetivos diferentes dan lugar al desarrollo de diversas técnicas de análisis multivariable. Pero ahora continuemos exponiendo aspectos generales del mismo. Tanto por razones de su desarrollo histórico como por el uso que se hace del análisis multivariable, ofrece una restricción operativa, y es la de no considerar el desarrollo temporal de los complejos multivariables, el cual se reserva, estadísticamente, al estudio de las propias series temporales. Pero, tal como apunta el propio Kendall (*op. cit.*, página 2), no existen razones lógicas de peso para que el análisis multivariable no considere los efectos temporales en el tratamiento de sus complejos estadísticos. No obstante, lo cierto es que el uso dominante que se hace hoy en día de las técnicas de análisis multivariable es de carácter puramente sincrónico, estando ausente prácticamente el tratamiento diacrónico de los complejos multivariables.

De una forma menos purista que la que ofrece Kendall, se puede definir el análisis multivariable como el conjunto de técnicas estadísticas que analizan simultáneamente más de dos variables en un complejo de observaciones, o también, el conjunto de técnicas estadísticas referentes a múltiples mediciones analíticas efectuadas en un determinado grupo de individuos. De hecho, cualquier análisis simultáneo de más de dos variables forma parte del análisis multivariable. En este sentido, la elaboración de variables «a lo Lazarsfeld», que hemos estudiado en el capítulo anterior, se puede considerar igualmente un caso de análisis multivariable. Sin embargo, las técnicas de análisis multivariable que se contienen «enlatadas» en los modernos programas de ordenador, tales como el *SPSS* o el *BMD*, difieren de las técnicas lazarsfeldianas por su mayor complejidad estadística y por basarse fundamentalmente en el cálculo matricial para obtener los correspondientes algoritmos.

Diversas son las ventajas que el análisis multivariable de base matricial tiene sobre el análisis bivariable clásico, que hemos tenido ocasión de estudiar en los capítulos precedentes. Cattell (1966) señala cuatro ventajas distintivas del análisis multivariable sobre el análisis bivariable: 1) economía en el almacenamiento de datos; 2) mayor consistencia en la inferencia estadística; 3) desarrollo de conceptos teóricos más adecuados, y 4) mayor precisión y perspectiva conceptual.

Por lo que se refiere al tratamiento y reducción de datos, existe, además, como señala Castelló i Vila (1977, pág. 31), un salto cualitativo, desde un punto de vista analítico, entre ambos tipos de análisis estadístico. Con las técnicas univariables y bivariables se realiza un tratamiento analítico interactivo de los datos. Este tipo de tratamiento va acompañado de procedimientos estadísticos descriptivos, tales como la frecuencia, moda, mediana, desviación típica, etc. (para los tratamientos bivariables). Tal como hemos visto antes al exponer la estadística inductiva, cada uno de estos procedimientos estadísticos comporta, al contrastar hipótesis a partir de muestras significativas y aleatorias, sus propios tests de significatividad, tales como el test de estabilidad del valor medio, el test del chi-cuadrado, el análisis simple de la varianza, etc.

Por otro lado, las técnicas multivariables comportan un tratamiento sintético de los datos, y van unidas a procedimientos estadísticos tanto descriptivos como inductivos, aparte de que los métodos de cálculo son mucho más complejos, por lo que sólo son viables con la ayuda, imprescindible, del ordenador. Como destaca Castelló i Vila, los métodos descriptivos o clásicos implican un análisis de los datos «realizado por partes y de forma progresiva», mientras que los métodos multivariables «suponen un análisis más global de los datos realizados de forma simultánea» (Castelló i Vila, *op. cit.*, pág. 32).

Mas antes de continuar con la exposición del análisis multivariable, desearía formular una nota de advertencia ante este tipo de análisis, ya que no todo son ventajas en su uso en el campo de la sociología. En efecto, ya hemos visto al comienzo de este capítulo que las ciencias naturales se han visto más beneficiadas que las ciencias sociales de la revolución en el cálculo que ha supuesto la fácil disponibilidad de ordenadores, sencillamente porque se encuentran más desarrolladas desde el punto de vista de la construcción de teorías. Ahora bien, las técnicas de análisis multivariable no son más que instrumentos que facilitan el análisis de los datos, pero poco pueden hacer por mejorar la calidad de los propios datos sociológicos. Por eso, mientras la sociología no avance más en el camino de la conceptualización y de la operativización de sus variables, y no mejore sus procedimientos de obtención de los datos, las conclusiones analíticas que se logren mediante la utilización de técnicas multivariables serán tan limitadas como las logradas dos décadas atrás.

En este sentido, no podemos más que lamentar y denunciar el desfase existente en la actualidad «entre el grado de desarrollo de los métodos de obtención de datos —que es muy precario— y el correspondiente grado de desarrollo de los métodos de análisis de datos, que es muy grande» (García Ferrando, 1979, pág. 156). Tal desfase, de continuar, no puede otra cosa que producir alardes técnicos sin consistencia teórica y, lo que es peor, sin relevancia para la producción de conocimientos sociológicos. Conviene estar prevenidos, pues, contra el uso indiscriminado del análisis multivariable para cualquier tipo de datos sociológicos. La elaboración al modo lazarsfeldiano de una relación bivariable continúa siendo relevante para el buen analista social y, con frecuencia, sobre todo para estudios exploratorios en los que se carece de un modelo teórico consistente de partida, más aconsejable que los sofisticados recursos analíticos de las técnicas multivariables. Estas últimas crean un cierto distanciamiento entre la información básica y los algoritmos resultantes del análisis, que el investigador difícilmente puede trascender, mientras que en el tratamiento tabular clásico el analista posee en todo momento el control del proceso analítico y una mayor oportunidad de vigilar el papel de la teoría en la interpretación de los resultados.

Realizada esta disgresión acerca de las ventajas e inconvenientes del análisis multivariable en la sociología, vamos a estudiar algunas nociones elementales y previas del tipo de álgebra matricial que se utiliza en el análisis multivariable, que nos va a permitir comprender un poco mejor la finalidad de las diversas técnicas multivariables.

13.3. Nociones algebraicas elementales en las técnicas multivariables

El tipo de información sociológica que habitualmente se somete a los cálculos analíticos de las técnicas multivariables es la que proviene de las encuestas, aunque nada impide que también se sometan a tales cálculos datos agregados provenientes de fuentes primarias o secundarias, tales como censos, anuarios estadísticos de diversa índole, archivos históricos, etc. Para simplificar nuestro argumento expositivo, supondremos que la realidad social la estamos estudiando a través de la técnica de encuesta. Por ejemplo, supongamos que hemos realizado un estudio sobre la satisfacción en el trabajo y las condiciones laborales en un sector industrial y que, a través de un cuestionario aplicado a una muestra representativa de obreros y empleados, hemos obtenido información sobre absentismo, afiliación sindical, satisfacción en el trabajo, movilidad ocupacional, etc. Los datos obtenidos en una encuesta de este tipo pueden representarse por medio de un cuadro de doble entrada, de la siguiente manera:

Unidades de informantes \ Preguntas	1	2	3	4	.....m	
1						
2						
3						
4						
⋮ n						

En las columnas se representan las variables antedichas (satisfacción en el trabajo, nivel de absentismo, afiliación sindical, etc.) medidas a través de las preguntas del cuestionario. Las filas representan las unidades objeto de estudio, esto es, los obreros encuestados. Cada celdilla del cuadro contiene las respuestas, convenientemente codificadas, de cada obrero entrevistado.

Un cuadro de este tipo se conoce como *matriz general de datos*. Para obtenerla, la diversidad de información reunida se ha distribuido sistemáticamente en una matriz de n filas y m columnas, siendo, por tanto, $m \times n$ el número total de los datos en bruto. En general, se ha aceptado la regla convencional de incluir las variables en las columnas, mientras que las filas se refieren a las unidades individuales de observación; en nuestro ejemplo, los obreros.

Con el fin de disponer de un lenguaje que permita representar en una notación simple las operaciones que se realizan con las matrices, se ha desarrollado el *álgebra matricial*. Aunque tales operaciones no suelen ser complicadas, sí son complejas por la extensión que tienen muchas matrices, es decir, por el elevado número de filas y columnas que contienen, lo que ha conducido al desarrollo de una serie de procedimientos operativos que permiten describir de una forma más simplificada tales operaciones.

Las técnicas de análisis multivariable parten siempre de una matriz de datos como la anterior. Tal como destaca Van de Geer en su excelente texto introductorio al análisis multivariable en las ciencias sociales (Van de Geer, 1971, págs. 4 y sigs.), la mayor parte de ellas utilizan como medidas resumen no las medias de las variables, sino las varianzas y covarianzas *. Por tanto, y de forma general, la matriz de datos

---

* Recuérdese que la varianza y la covarianza son las medidas de dispersión más utilizadas y representan índices de la variabilidad de los N individuos de una población alrededor de su media, en relación a una o dos variables, respectivamente.

inicial se transforma en una matriz en donde las columnas tienen de medias cero y en donde los números en columna representan desviaciones alrededor de la media. Una vez calculadas las varianzas de todas las variables y las covarianzas para cada par de variables se constituye la *matriz de varianza y covarianza*, de m filas y m columnas, en la que el número de la fila i, columna i (en la diagonal) representa la varianza de la variable i, mientras que el número en la fila i, columna j (siendo $i=j$), representa la covarianza entre el par de variables i y j, y es el mismo número que se encuentra en la fila j, columna i, es decir, se trata de una matriz simétrica.

Una transformación útil de la matriz de datos, como señala Van de Geer (*op. cit.*, págs. 4 y sigs.), es la *estandarización* de la misma, que se logra del siguiente modo: se toman las desviaciones alrededor de la media de cada columna y se dividen por cada desviación típica para la misma columna. El resultado será una *matriz de correlaciones*, que no es otra cosa que una matriz de varianza-covarianza para variables estandarizadas. En la diagonal de dicha matriz los valores son iguales a la unidad, mientras que en el resto de las celdillas se encuentran las correlaciones.

A menudo se necesita una variable que sea un *componente lineal* de diversas variables iniciales. El componente lineal es simplemente una variable cuyos valores se obtienen a través de una suma ponderada de los valores de variables originales. Así, por ejemplo, con dos variables iniciales, x_1 y x_2, se pueden definir los valores del componente como $y = w_1 x_1 + w_2 x_2$, en donde w_1 y w_2 son pesos. También se denomina a un componente lineal una suma ponderada.

Las técnicas de análisis multivariable requieren, con frecuencia, la solución de ecuaciones en las que la *inversión de matrices* es una rutina de cálculo muy común. También resulta frecuente el cálculo de *máximos y mínimos* de diferentes clases, como puede ser la búsqueda de un componente lineal de diversas variables que tenga una correlación máxima con otra variable (esto ocurre en la correlación múltiple), o la búsqueda de un componente lineal de las puntuaciones observadas que ofrezca una varianza máxima (éste es el caso del análisis factorial). Finalmente, y para terminar este breve repaso de nociones de álgebra de matrices, señalemos, siguiendo a Van de Geer (*op. cit.*, pág. 5), que un procedimiento muy frecuente de búsqueda de valores máximos bajo ciertas condiciones adicionales es el cálculo de *vectores y valores propios*, o *eigen*, para una determinada matriz. Los valores propios o *eigen* son, en realidad, varianzas y que, al igual que las funciones lineales no correlacionadas de las variables originales, llamadas también *componentes principales*, son elementos del álgebra matricial que requieren cálculos muy arduos *(severe)*, como señala Sir Maurice Kendall (*op. cit.*, pág. 15). Pero, como el propio Kendall aclara, la disponibilidad de los nuevos programas de ordenador ha resuelto totalmente los problemas de cálculo y, en la actualidad, el analista «no necesita ya discutir los procedimientos de solución de los cálculos matriciales, excepto destacar que algunos programas son mejores que otros» (Kendall, *op. cit.*).

13.4. Clasificación de las técnicas de análisis multivariable

Las técnicas multivariables parten, como hemos visto anteriormente, de una matriz de datos multivariable, en la que se recogen los resultados de un número determinado de observaciones en un número de variables simultáneamente. El análisis multivariable se reduce, en último término, a la realización de una serie de operaciones con las columnas —que, como se recordará, representan a las variables— y, en menor frecuencia, con las filas —que contienen las unidades individuales de observación—. Como señala Van de Geer (*op. cit.*, págs. 83 y sigs.), el tipo de operaciones que tienen que realizarse depende del modelo específico que inspira el análisis; de ahí que el análisis multivariable no dependa tanto de la naturaleza de la matriz como de las cuestiones específicas formuladas acerca de las variables y de sus interrelaciones.

En su forma más general, estas cuestiones girarán alrededor de la *explicación de variables*, es decir, se trata de saber, o explicar, por qué una variable varía, o, dicho de otro modo, por qué no permanece constante su valor, y dicha explicación consistirá en el hallazgo de un determinante o fuente al que se pueda atribuir la variación *. Por supuesto, el determinante o fuente será otra variable, que en los casos más sencillos será una *variable observada*. Así, por ejemplo, la variación en la variable «nivel de consumo de las familias» depende de la variación que se produzca en la variable observada «nivel de renta familiar». Pero con frecuencia también hay que referirse a variables no observadas. En su forma más sencilla, el término *«variable no observada»* ** se utiliza cuando suponemos que una variable observada está sometida a error y no es perfectamente fiable. Este supuesto significa que existen dos fuentes de error en la variación de la variable observada: una fuente es lo que medimos, y la segunda es un componente aleatorio que se añade a lo que medimos. La primera fuente se denomina *componente sistemático*, y la segunda fuente, *componente de error*. Ambos componentes pueden conceptualizarse como variables no observadas, ya que no se conocen los valores que toman. Todo lo que se conoce es que el valor observado es la suma de dos componentes cuyos valores respectivos se desconocen. Obsérvese que las variables no observadas son construccio-

---

* Obsérvese que no hemos introducido los términos «causación» o «análisis causal» porque entendemos que hay que reservarlos para describir fenómenos sobre los que se tiene un profundo conocimiento teórico. La explicación, tal como se utiliza aquí, tiene que ver más con la correlación que con la causación.

** De hecho, lo que se introduce en las columnas de la matriz no son las variables mismas, sino los valores que toman. En este sentido, cualquier variable es no observada, aunque convencionalmente se utiliza el término «variable observada» para todas ellas.

nes teóricas, en el sentido de que surgen de una teoría o de una cierta interpretación de la variable observada.

Van de Geer, al que estamos siguiendo en esta exposición, destaca que, en un sentido formal, es cierto que los dos componentes «explican» la variable observada, ya que identificamos dos fuentes de variación. Pero, por otro lado, se trata de una explicación excesivamente formal, sin significado alguno. El significado se hace más evidente cuando se toma en consideración la fiabilidad de la variable, es decir, la proporción de varianza que puede atribuirse al componente sistemático de la varianza de la propia variable observada. Una estimación tal de la fiabilidad se puede obtener si disponemos de otra variable de la que puede asumirse con seguridad que depende del mismo componente sistemático y difiere tan sólo en el componente de error. En tal caso, la dependencia conjunta en un componente sistemático se revela cuantitativamente por medio de la correlación entre las dos variables. Se puede, pues, afirmar que la correlación entre dos variables se explica porque dependen, conjuntamente, de una misma variable no observada.

Así, pues, la variable observada que se desea explicar puede interpretarse como dependiente de diversas fuentes que, a su vez, son variables observadas, con sus correspondientes componentes sistemáticos y de error, y que se encuentran interrelacionados entre sí. Kendall subdivide el análisis multivariable en dos grandes ramas, distinguiendo entre las técnicas que tienen en cuenta relaciones de interdependencia entre las variables y aquellas otras que se basan en relaciones de dependencia (Kendall, *op. cit.*, pág. 12).

Las técnicas basadas en relaciones de dependencia establecen, previamente, una distinción entre las variables a explicar y las variables explicativas u observadas. Las primeras también se suelen llamar dependientes, endógenas o criterios, mientras que las segundas se denominan independientes, exógenas o predictivas. Tales técnicas tienen por objeto establecer la relación entre las variables como base para realizar una predicción.

Las técnicas basadas en relaciones de interdependencia no establecen, de forma apriorística, ninguna diferenciación entre las variables, recibiendo todas ellas el mismo tratamiento. El objetivo principal que se persigue al utilizar tales técnicas es el de organizar los datos de forma que sean más manejables para el investigador y ofrezcan una mayor comprensión global.

Para establecer la relación entre cada par de variables y poder así constituir la matriz de correlaciones se utilizan diferentes *índices de semejanza o afinidad*, que posteriormente serán utilizados selectivamente por cada técnica multivariable. El índice de semejanza más utilizado entre pares de variables es un coeficiente de correlación. Cuando el análisis se refiere no a variables, sino a individuos, el índice de semejanza más empleado es un *coeficiente de distancia*. Se trata de índices que reflejan la distancia geométrica a la que se hallan dos individuos en un *espacio de n dimensiones* (cada dimensión es una variable o pregunta) en función de las respuestas dadas por cada individuo. Como señala Castelló i Vila (*op. cit.*, pág. 32), el coeficiente de distancia más usual es la *distancia cuadrática,* cuya forma más simple es la siguiente:

$$d^2(a,b) = (X_a^1 - X_b^1)^2 + (X_a^2 - X_b^2)^2 + \ldots + (X_a^n - X_b^n)^2$$

en donde X_a^i y X_b^i son las respuestas de los individuos a y b a la pregunta i.

Cuando la relación se establece entre objetos, el índice de semejanza más empleado es el índice de disimilaridad. Así como en las técnicas que utilizan coeficientes de correlación y de distancia los datos son de naturaleza métrica, las técnicas que se basan en el índice de disimilaridad parten de datos no métricos, como, por ejemplo, escalas ordinales obtenidas al agrupar u ordenar el entrevistado diversos objetos, conceptos o entidades, en función de su grado de semejanza o preferencia personal. El índice de disimilaridad consistirá en asignar un valor pequeño, por ejemplo la unidad, al par de objetos más semejantes, y el valor más elevado al par de objetos que se perciben como más diferentes.

Se ha extendido la denominación de *técnicas R* a las que se basan en correlaciones entre variables, y la de *técnicas Q* a las que operan a través de correlaciones entre unidades u objetos (Cooley y Lohnes, 1962). A su vez, una misma técnica multivariable puede emplearse en su versión *R* o en su versión *Q.* Así, por ejemplo, cuando el análisis factorial —técnica multivariable interdependiente que estudiaremos en un capítulo próximo— se aplica a una matriz de correlaciones de unidades (objetos, individuos, comunidades, etc.) se denomina análisis factorial *Q,* mientras que el tipo más utilizado, basado en una matriz de correlaciones entre variables, se denomina análisis factorial *R* (Stephenson, 1953).

Siguiendo el esquema de Kendall desarrollado posteriormente por Sheth (1971), podemos elaborar el siguiente cuadro clasificatorio de las técnicas de análisis multivariable:

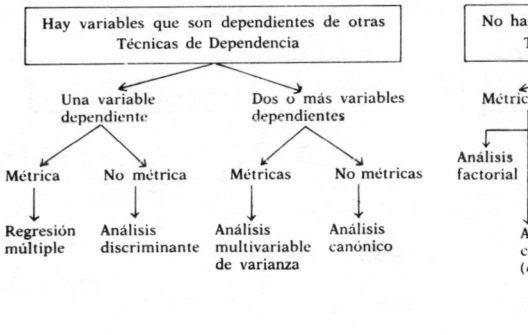
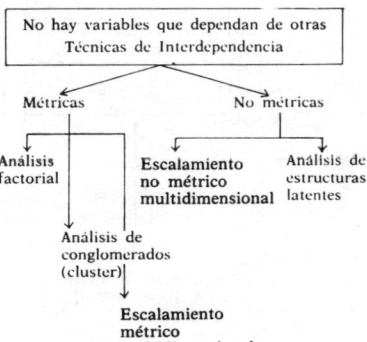

Dos son los criterios que realmente se han introducido en la anterior clasificación: la dependencia-interdependencia de las variables y el nivel de medición a que se encuentran, esto es, si se trata de variables métricas o no métricas. Además, se ha diferenciado en las técnicas basadas en la dependencia de variables el número de variables dependientes implicadas en el análisis.

Dentro de las técnicas basadas en relaciones de dependencia entre las variables aparecen el análisis de *regresión múltiple* (una sola variable dependiente y métrica), el *análisis discriminante múltiple* (una sola variable dependiente pero no métrica), el *análisis multivariable de varianza* (dos o más variables dependientes, de carácter métrico), el *análisis canónico* (dos o más variables dependientes, de carácter no métrico); mientras que el *análisis factorial*, el *análisis de conglomerados (cluster analysis)* y el *escalamiento métrico multidimensional* se basan en variables interdependientes de carácter métrico, y el *escalamiento no métrico multidimensional* y el *análisis de estructuras latentes* se basan en variables interdependientes de carácter no métrico.

Con ser ésta la más difundida, existen otras clasificaciones, aparte de la de Kendall, que también se utilizan con cierta frecuencia. Así, en el área del análisis de mercados pueden verse clasificaciones basadas en: *a)* técnicas que parten de la semejanza entre variables; *b)* técnicas que parten de la semejanza entre unidades informadoras, y *c)* técnicas que parten de la semejanza entre «objetos», según que las unidades de análisis respectivas sean variables, unidades informadoras —habitualmente individuos— u «objetos» —normalmente productos, conceptos o entidades—. Castelló i Vila (*op. cit.*, pág. 34) ofrece la siguiente clasificación de las técnicas multivariables, que reproducimos aquí por ofrecer una visión complementaria a la clasificación más clásica de Kendall y por ser la más utilizada en el influyente campo del *marketing*:

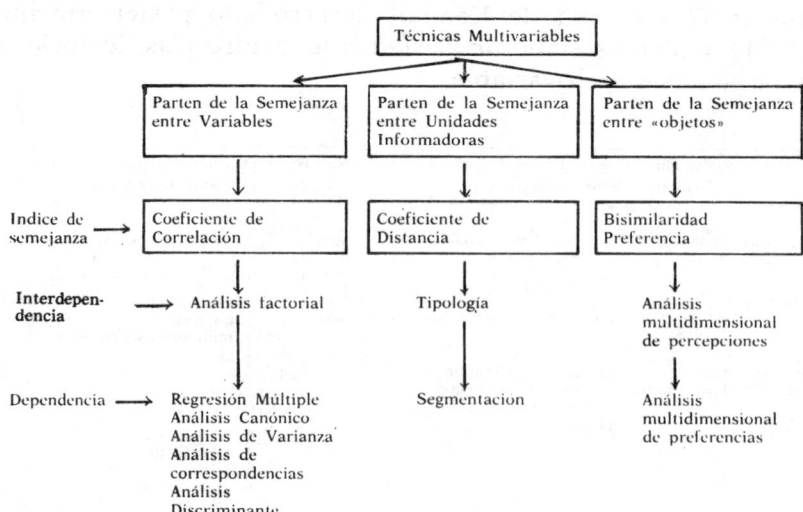

En este esquema se introducen tres criterios clasificatorios: 1) datos de partida; 2) índice de semejanza utilizado, y 3) relación dependencia-interdependencia entre las variables. Entre las técnicas que parten de la semejanza entre variables y que utilizan como índice de semejanza algún coeficiente de correlación hay que distinguir las técnicas basadas en relaciones de interdependencia entre las variables, como el análisis factorial, y las basadas en relaciones de dependencia, como la regresión múltiple, el análisis canónico, el análisis de varianza, el análisis de correspondencias y el análisis discriminante. Entre las técnicas más conocidas de las que parten de la semejanza entre las unidades informadoras, si las relaciones entre ellas son de interdependencia, tenemos el análisis de tipologías y, si las relaciones entre las unidades son de dependencia, el análisis de segmentación. Finalmente, las técnicas que parten de la semejanza entre «objetos» se subdividen en el análisis multidimensional de percepciones, basado en relaciones de interdependencia, y el análisis multidimensional de preferencia, basado en relaciones de dependencia.

Aunque en los capítulos siguientes se desarrollarán extensamente algunas de estas técnicas, a continuación vamos a ofrecer un breve panorama de cada técnica, destacando los objetivos de análisis más comunes que abarcan.

13.5. Breve panorama descriptivo de las técnicas multivariables

13.5.1. *Técnicas basadas en la dependencia entre las variables*

La *regresión múltiple*, incluyendo algunas de sus variaciones, tales como la regresión múltiple con variables ficticias, la regresión múltiple escalonada, la regresión simultánea y el análisis de camino, es la técnica de análisis apropiada cuando el investigador dispone de una variable dependiente y métrica, que se supone es función de otras variables independientes. Este objetivo se alcanza mediante la regla estadística de los mínimos cuadrados.

La regresión múltiple es, sobre todo, una técnica predictiva que trata de explicar la variación en una variable dependiente (por ejemplo, dinero gastado en espectáculos) a partir de diversas variables explicativas (por ejemplo, nivel de ingresos, nivel de educación, lugar de residencia, edad, etcétera). Recuérdese que cuando sólo interviene una variable independiente el procedimiento estadístico se llama regresión simple y, como estamos viendo, cuando intervienen dos o más variables independientes se llama regresión múltiple. Gráficamente, se puede representar la regresión múltiple con tres variables, siguiendo a Van de Geer (*op. cit.*, págs. 87 y siguientes), del siguiente modo:

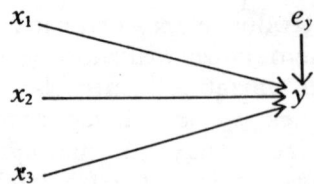

en donde x_1, x_2 y x_3 son las variables explicativas o independientes, mientras que la variable dependiente se representa por y. Dado que normalmente la explicación que suministren las variables x_i no será completa, es decir, que el conjunto de variables x_i no dan cuenta de toda la varianza de y, se ha añadido una variable no observada, e_y, que se interpreta como la varianza de y que no es explicada por el conjunto de x_i. Esta variable no observada puede ser una fuente de error, un componente sistemático independiente de x o una mezcla de ambos.

En términos estadísticos, el objetivo de la regresión múltiple es la estimación de los parámetros de una ecuación que maximice la explicación de la variación de la variable dependiente. Establecida la forma de la ecuación, que puede ser lineal o no lineal —lo que vendrá dado por nuestro conocimiento previo de la distribución de las variables—, el problema estadístico a resolver consiste en hallar los parámetros de un hiperplano a través de un ajuste por mínimos cuadrados. Un problema frecuente en la regresión múltiple es el de la multicolinealidad, es decir, la existencia de una fuerte correlación entre las propias variables independientes o explicativas. Idealmente, la técnica de regresión múltiple debe utilizarse cuando las variables explicativas sean verdaderamente independientes entre sí.

Una extensión del análisis de regresión múltiple se produce cuando se dispone de diversas variables independientes, que pueden ser ordenadas temporalmente, es decir, sabemos que si x_1 antecede en el tiempo a x_2, entonces x_1 puede ser determinante de x_2, pero no al contrario. Consecuentemente, se pueden trazar flechas que vayan desde las variables con los números subfijos más bajos a las que tienen subfijos más altos, suponiendo que los subfijos reflejan el orden temporal de las variables. Este tipo de análisis es el llamado *análisis de camino*, o *path analysis*, y se puede ilustrar del siguiente modo:

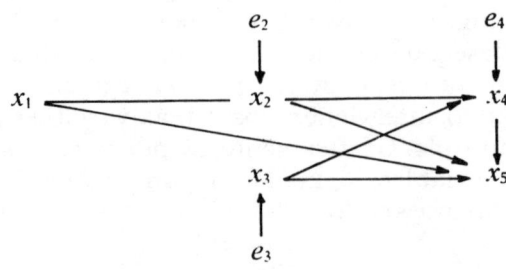

Cada variable va acompañada del factor e no observado, ya que en el análisis de camino se presupone una determinación incompleta de todas las variables. En último término, el análisis de camino no es otra cosa que una aplicación repetida del análisis de regresión múltiple a cada variable sucesivamente, siendo las variables previas las antecedentes o determinantes.

Otra extensión del análisis de regresión múltiple, cuando son dos o más las variables a explicar, es el *análisis canónico*. En este caso, pues, se pretende explicar diversas variables y a partir de una serie de variables x. De esta forma se debe aplicar un análisis de regresión múltiple a cada variable dependiente y, tal como se sugiere en la siguiente figura, en la que se han omitido, por simplificación, las variables no observadas:

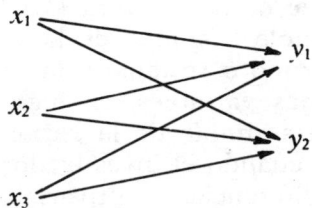

Los modernos programas de ordenador han desarrollado procedimientos para aplicar el análisis canónico tanto a datos métricos como no métricos. El procedimiento empleado consiste en obtener unos componentes lineales para las variables dependientes e independientes, que proporcionan la máxima correlación simple entre la variable dependiente compuesta y la variable independiente compuesta (Warwick, 1975, página 517). Aunque no existen muchas aplicaciones disponibles de esta técnica —el libro de Cooley y Lohnes anteriormente referido cita sólo un ejemplo de su aplicación—, lo cierto es que ofrece grandes posibilidades para la sociología empírica, toda vez que los fenómenos sociales implican una variedad de factores del entorno e individuos que pueden ser tratados multidimensionalmente por esta técnica. Esta técnica, que contiene elementos comunes con el análisis factorial y la regresión múltiple, ha sido utilizada con mayor frecuencia en los estudios de mercado, para explicar comportamientos del consumidor.

Si la única variable dependiente es dicotómica (por ejemplo, católico o no católico, hombre y mujer) o multitónica (por ejemplo, mucho, bastante, poco o nada) y, por tanto, no métrica, la técnica multivariante más apropiada es el *análisis discriminante múltiple*. Cuando se desea distinguir estadísticamente entre dos o más grupos de casos, grupos que vienen determinados por los objetivos de la investigación, el análisis discriminante es la técnica más adecuada. Así, supongamos que en un estudio de comportamiento electoral, distinguimos entre los grupos de individuos que han votado por partidos de derecha, centro e izquierda. Para diferenciar estos grupos, el investigador selecciona una serie de *variables discriminantes* que se refieren a características en las que se supone se diferencian los tres grupos. El objetivo matemático del análisis discriminante es la estimación de los pesos y la combinación lineal de las variables discriminantes de tal manera que los grupos sean, desde el punto de vista estadístico, lo más diferentes posible (Klecka, 1975, pág. 435). Dicho de otro modo, se trata de saber si, por ejemplo, la opinión sobre el papel del Estado en la regulación de las actividades sociales y económicas, la religiosidad y alguna otra variable son las dimensiones que más discriminan entre los grupos de votantes de centro, derecha e izquierda. Como es muy difícil que una sola variable diferencie perfectamente a los tres grupos, se trata de encontrar una combinación lineal de unas pocas variables que permita agrupar a los tres tipos de votantes en valores lo más distantes entre sí.

El *análisis multivariable de la varianza (MULTI-ANOVA)* es una extensión del análisis bivariable o simple de la varianza para el caso en el que la variación intra-grupo o residual y la variación entre-grupos se calcula mediante dos o más variables, en lugar de una sola variable, como ocurre con el análisis simple de la varianza. El análisis MULTI-ANOVA resulta apropiado cuando el investigador trata de contrastar hipótesis referentes a las diferencias multivariables en grupos que son objeto de manipulaciones experimentales o, lo que es más corriente en sociología, pseudoexperimentales. Así, por ejemplo, se puede tratar de analizar los efectos de una campaña política de información y propaganda en dos grupos de población, uno de control y otro de prueba, y determinar la forma del impacto, el grado de conocimiento de los líderes políticos por parte de la población, etc. En este caso está indicada la técnica de análisis MULTI-ANOVA.

13.5.2. *Técnicas basadas en la interdependencia de las variables*

Anteriormente hemos centrado nuestra exposición panorámica en las técnicas multivariables aplicables a datos que contienen tanto variables dependientes como variables independientes. Pero cuando el investigador trata de analizar las interrelaciones, es decir, la interdependencia entre todas las variables, otras técnicas multivariables son pertinentes. De todas estas técnicas, el *análisis factorial* es el más utilizado en sociología, habiéndose llegado a decir que la mejor forma de superar la actual dispersión de métodos de investigación social es la utilización más amplia de la técnica del análisis factorial a todo tipo de problemas de investigación social. (Golembienski *et al.*, 1969). Aun sin llegar a compartir tamaño optimismo, justo es reconocer el amplio uso que se viene haciendo del análisis factorial en las ciencias sociales. Ultimamente se está haciendo un uso muy prometedor del análisis factorial en la medición de conceptos sociológicos (Jackson y Borgatta, 1981), no pareciendo exagerado admitir la afirmación de estos autores de que buena parte de los problemas de medición que presentan las ciencias sociales podrían superarse por medio de una utilización más amplia y rigurosa de algunas técnicas de análisis multivariable, sobre todo del análisis factorial.

Siguiendo a Sheth (*op. cit.*, pág. 8), podremos afirmar que el análisis factorial se basa en la siguiente proposición: si existe una interdependencia sistemática entre el grupo de variables (manifiestas) que se observa, ello se debe a la existencia de una variable más fundamental (latente) que origina dicho conjunto de características comunes. En tal caso, todas las variables manifiestas se pueden considerar como indicadores de dicho factor fundamental. Dicho de otro modo, mediante el análisis factorial se trata de reducir un conjunto de datos referentes a n variables a una sola serie de k factores básicos, de tal modo que k sea menor que n y que, además, se pierda el mínimo posible de la información que suministran las n variables. Es decir, se trata de reducir la variación original de las n variables en el menor número k de factores, al mismo tiempo que se retiene la flexibilidad de reproducir la relación original entre las variables manifiestas.

Andrés Orizo (1979, págs. 189 y sigs.) ofrece un ejemplo interesante de análisis factorial aplicado al estudio de los estilos de vida y de las corrientes socioculturales dominantes en la población española. A partir de 27 indicadores incluidos en una encuesta dirigida a una muestra representativa de población, realiza un análisis factorial que le permite extraer cinco factores, que los adjetiva del siguiente modo: I) consumismo integrado; II) aprovechamiento y libre disfrute de la vida; III) sentido de la autoridad y disciplina; IV) plan y equilibrio, y V) éxito profesional, con los que caracteriza los principales componentes de cada tipo de comportamiento. El nombre de estos factores es asignado por el analista en base al contenido de cada factor, es decir, de los *items* que lo componen.

Existen otras técnicas, muy similares entre sí, que parten de la semejanza entre unidades informadoras, y que suelen englobarse bajo los nombres de *taxonomía numérica* o *estratificación óptima*. La base de partida de tales técnicas suele ser la noción de distancia vista con anterioridad o algún coeficiente de afinidad. El objetivo de estas técnicas es el de obtener una clasificación de las unidades en un pequeño número de grupos que sean mutuamente exclusivos y exhaustivos (Frank *et al.*, 1972).

Básicamente, existen dos tipos de técnicas de estratificación óptima: 1) *Técnicas jerárquicas aglomerativas* (clumping), en las que se parte de la situación en que cada individuo constituye un grupo. A partir de aquí se van seleccionando parejas de grupos para los que existe una distancia más pequeña y se les reúne para formar un nuevo grupo, y así sucesivamente. 2) *Técnicas jerárquicas divisoras* (clustering), en las que se parte de la situación de considerar el conjunto de la población como un grupo único, y se va dividiendo progresivamente en pares de grupos para los que la distancia es máxima. Consideraciones de orden teórico y práctico determinan el momento en que se dejan de segmentar más grupos.

En el análisis de mercados se ha hecho un uso muy amplio de la *tipología*, que es una técnica estratificacional que considera por igual a todas las variables. El objetivo que se persigue al aplicar una tipología es el encontrar, en una población determinada, una estructura latente de grupos de individuos, determinados por la semejanza de las respuestas dadas a una serie de preguntas (variables), de las que se desconoce previamente cuáles son las más significativas. Tales grupos latentes reciben el nombre de tipos. El método de cálculo utilizado generalmente por la tipología es el jerárquico aglomerativo.

En un conocido estudio, Canguilhem (1972) realizó una encuesta entre mujeres francesas para conocer su actitud ante la alimentación. La aplicación de una tipología puso de manifiesto seis tipos de amas de casa: nodrizas, reivindicadoras, normativas, liberales, pletóricas y dietéticas, cada una de ellas con una diferente y significativa actitud hacia la alimentación y la cocina. Una técnica de estratificación óptima muy utilizada en sociología es el *análisis de segmentación (tree analysis)*, que presupone la existencia *a priori* de dos grupos de variables: variables explicativas y variables a explicar. La situación más frecuente en la práctica es la de que se trabaje sólo con una variable a explicar (por ejemplo, porcentaje de individuos con preferencias ideológicas de izquierda) y diversas variables explicativas que dividen a la población en clases (por ejemplo, tipo de residencia, nivel de educación, nivel de ingresos, etc.). El objetivo de la segmentación consiste en dividir a la población en grupos homogéneos con ayuda de las variables explicativas, de tal modo que la diferencia entre grupos respecto a la variable a explicar sea máxima.

En un estudio sobre comportamiento político y sindical de la población española, Katharina Horter (1978, págs. 145-157) realizó un análisis de segmentación múltiple para determinar los factores que explican la dirección del voto. El análisis de segmentación reveló la existencia de seis grupos de electores sindicales, determinados por los siguientes factores explicativos: 1) trabajo por cuenta propia/cuenta ajena; 2) práctica religiosa; 3) nivel educativo, y 4) rama de actividad. En cuanto a la intención de voto político, el análisis de segmentación reveló la existencia de otros seis grupos, determinados por las siguientes variables: 1) práctica religiosa, y 2) edad.

Paul F. Lazarsfeld desarrolló una técnica multivariable, el *análisis de estructuras latentes* (Lazarsfeld, 1959), que, al igual que otras técnicas multivariables interdependientes, trata de encontrar los factores latentes a una serie de variables o *items* observados, obtenidos fundamentalmente a través de la aplicación de tests y escalas de índole sociopsicológica a grupos concretos de población. A pesar de las grandes esperanzas que puso Lazarsfeld en el desarrollo de su técnica, lo cierto es que en la actualidad apenas se utiliza, ya que otras técnicas multivariables, principalmente el análisis factorial, la tipología y el análisis del espacio mínimo, han mostrado mayor facilidad de cálculo y mayor flexibilidad para adaptarse a los programas estándar de ordenador que se han difundido en el mercado en los últimos años.

13.5.3. *Técnicas basadas en la semejanza entre objetos*

La aplicación de las técnicas conocidas bajo el nombre de *escalamiento multidimensional métrico y no métrico (metric and non-metric multidimensional scaling)* en el campo de la sociología, psicología y estudios de mercados es muy reciente, ya que los primeros algoritmos de escalación multidimensional tratables mediante ordenador datan de principios de los años sesenta *.

La variedad de técnicas subsumibles bajo la etiqueta de escalamiento multidimensional surge con un claro propósito unificador de las muchas técnicas multidimensionales existentes. Su propósito, con este fin, es doble: *a)* descubrir cualquier estructura implícita en una matriz de datos empíricos; *b)* representar dicha estructura en una forma mucho más accesible al ojo humano, normalmente a través de un modelo geométrico o de una figura. Las unidades objeto de estudio, sean estímulos, personas, grupos o naciones, se representan a través de puntos en el modelo espacial, de tal manera que los rasgos significativos de los datos sobre esos objetos se revelan en las relaciones geométricas entre los puntos (Shepard *et al.*, 1972, págs. 1 y sigs.).

En un estudio sobre los temas que más preocupan a la población israelí, se realizaron una serie de encuestas, en cinco momentos diferentes en el tiempo, en relación a dos áreas específicas: *a)* sectores vitales concretos (salud, seguridad, economía, moral), y *b)* el grupo al que se refiere la preocupación (la familia o uno mismo, el Estado, el resto de la población). La aplicación del análisis del espacio mínimo, que es un tipo de técnica de escalación multidimensional desarrollada por Guttman (1968), permitió representar en un espacio tridimensional los aspectos invariantes de las preocupaciones más importantes para la población israelí (Levy y Guttman, 1975), al mismo tiempo que el estudio correlacional ponía de manifiesto qué variables antecedentes son las más influyentes en la determinación de los aspectos que más preocupan a la población.

Las técnicas de escalamiento multidimensional, tanto las métricas como las no métricas, parten de la información correspondiente a seme-

---

* En el campo de la Sociología y de la Psicología, Shepard publica en 1962 un trabajo titulado «The Analysis of Proximities», mientras que Kruskal publica otro en 1964 con el título «Nonmetric multidimensional scaling», con el que se inaugura la etapa más reciente del análisis multidimensional sociológico. Por lo que se refiere al campo del marketing, las primeras aplicaciones de estas técnicas datan de 1962 cuando Green y sus colaboradores en la Universidad de Pensilvania estudian el posicionamiento de productos, marcas o empresas en el mercado.

janzas relativas tal como son percibidas en un conjunto de objetos. El presupuesto básico del escalamiento multidimensional es el siguiente: los individuos perciben un conjunto de objetos (situaciones, problemas, etcétera), que son más o menos similares entre sí, en varias dimensiones —generalmente no correlacionadas entre sí— y no en una sólo. Pero como resulta imposible obtener directamente este espacio multidimensional —entre otras cosas, porque la población normalmente no es consciente de que está evaluando similitudes entre objetos basados en diversas dimensiones—, hay que recurrir a las técnicas estadísticas del escalamiento multidimensional para poder inferir el número y tipo de dimensiones que se supone sirven de apoyo a las similitudes relativas entre los objetos.

Otras técnicas de escalamiento multidimensional, en lugar de basarse en similitudes, lo hacen en base a las preferencias que manifiesta la población (Vicens Otero, 1975). En este caso, la representación de los objetos de estudio se hace a través de las preferencias manifestadas por cada individuo sobre los objetos.

A pesar de las similitudes entre el escalamiento multidimensional métrico y no métrico, existen dos diferencias importantes entre ellas, que Sheth (*op. cit.*) resume del siguiente modo. En primer lugar, el escalamiento multidimensional métrico extrae la dimensionalidad de los datos a partir de una matriz de semejanzas de tipo métrico, mientras que el escalamiento multidimensional no métrico opera con semejanzas no métricas (ordinales). Además, las técnicas no métricas, antes de representar los datos en el espacio n-dimensional correspondiente, transforman los datos no métricos en métricos y, después, reducen la dimensionalidad. En otro capítulo tendremos ocasión de estudiar la forma en que se produce esta transformación. Por ahora, baste decir que las técnicas de escalamiento multidimensional están siendo objeto de continuos desarrollos, conducentes la mayoría de ellos a incorporar a los programas estándar de ordenador los cálculos que permitan a la mayoría de los investigadores sociales, y no a la actual minoría de especialistas metodólogos matemáticos, el fácil manejo de tales técnicas. Mientras tanto, continúan siendo técnicas de análisis estadístico multivariable muy prometedoras, pero de uso muy restringido a los centros de investigación que disponen de grandes facilidades de cálculo mediante programas especiales de ordenador.

Con este breve repaso dado a las diversas técnicas multivariables creemos haber conseguido la visión de conjunto necesaria para poder situar, sin error notorio, cada técnica en el proceso global de investigación sociológica. En los próximos capítulos vamos a tratar con mayor profundidad las técnicas de análisis más utilizadas en la actualidad por los sociólogos, tratando de soslayar, siempre que sea posible, los detalles de cálculo que hasta ahora han mantenido alejadas de su uso, por la mayoría de los investigadores sociales, a tales técnicas. Insistamos de nuevo en que el análisis multivariable sólo es posible, en la práctica de la investigación cotidiana, gracias a la ayuda que presta el ordenador. Por eso, el sociólogo no especialista en metodología cuantitativa, más que aprender, lo que resulta improbable, por otro lado, a calcular por sí mismo las complejas operaciones matriciales y algebraicas que comportan las técnicas multivariables, debe en su lugar familiarizarse con los principios lógicos que sirven de soporte a tales técnicas, a la vez que aprende igualmente los objetivos y limitaciones de las mismas. Sólo de esta manera podrá utilizar con provecho las facilidades de cálculo que permiten los programas estadísticos de ordenador. Con esta idea se han redactado los siguientes capítulos.

13.6. Terminología

Se recomienda la memorización y comprensión del significado de cada uno de los términos y conceptos siguientes:

— Análisis multivariable o multivariante.
— Matriz general de datos.
— Algebra matricial.
— Matriz de varianza y covarianza.
— Estandarización.
— Matriz de correlaciones.
— Inversión de matrices.
— Componentes principales.
— Variable observada.
— Variable no observada.
— Componente sistemático.
— Componente de error.
— Indice de semejanza o afinidad.
— Indice de disimilaridad.
— Coeficiente de distancia.
— Distancia cuadrática.
— Espacio de n dimensiones.
— Técnicas R.
— Técnicas Q.
— Análisis de regresión múltiple.
— Análisis discriminante múltiple.
— Análisis multivariable de varianza.
— Análisis canónico.
— Análisis de camino *(path analysis)*.
— Análisis de conglomerados *(cluster analysis)*.
— Escalamiento métrico y no métrico multidimensional.
— Análisis de estructuras latentes.

— Análisis de tipologías.
— Segmentación *(tree analysis)*.
— Análisis factorial.
— Taxonomía numérica o estratificación óptima.

BIBLIOGRAFIA

CANGUILHEM, J. F.: *Hacia una Definición Rigurosa de la Tipología y de la Segmentación*, Bruselas, Esomar Seminar, 1972.
CASTELLÓ I VILA, J. L.: «Análisis Multivariable y Marketing», *Cuadernos Universitarios de Planificación Empresarial y Marketing*, 3, 1977, págs. 25-61.
CATTELL, R. B. (ed.): *Handbook of Multivariate Experimental Psychology*, Chicago, Rand McNally & Co., 1966.
COOLEY, W. W. y P. R. LOHNES: *Multivariate Procedures for the Behavioral Sciences*, New York, J. Wiley, 1962.
FRANK, R. E.; W. F. MASSY y Y. WIND: *Market Segmentation*, Englewood, Cliffs, N. Y., Prentice-Hall, 1972.
GARCÍA FERRANDO, Manuel: *Sobre el Método. Problemas de Investigación Empírica en Sociología*, Madrid, C.I.S., 1979.
GOLEMBIESWKI, R. W. et al.: *A Methodological Primer for Political Scientists*, Chicago, Rand McNally, 1969.
GREEN, P. E. y F. CARMONE: «Multidimensional Scaling: An Introduction and Comparison of Nonmetric Unfolding Techniques», *Journal of Marketing Research*, 6, 1979.
GUTTMAN, Louis: «A general nonmetric tecnique for finding the smallest coordinate space for a configuration of points», *Psychometrica*, 33, 1968, pág. 469-506.
HORTER, Katharina: «Análisis Multivariable de los votos Político y Sindical», *Revista Española de Investigaciones Sociológicas*, 1, 1978, págs. 145-157.
JACKSON, D. J., y E. F. BORCATTA: *Factor Analysis and Measurement in Sociological Research*, Beverly Hills, Sage Publ, 1981.
KENDALL, Maurice: *Multivariate Analysis*, Londres, Charles Griffin and Co., 1975.
KLECKA, Willian R.: *Discriminant Analysis*, en Nie, N. H. et al., 1975, págs. 434-467.
KRUSKAL, J. B.: «Nonmetric multidimensional scaling: A numerical method, *Phychometrica*, 29, 1964, págs. 115-129.
LAZARSFELD, Paul F. M.: «Latent Structure Analysis, en T. Koch (ed.), *Psychology: A study of a Science*, New York, McGraw-Hill, 1959, págs. 476-543.
LEVY, Shlomit, y L. GUTTMAN: «Structure and Dynamics of Worries», *Sociometry*, 38, 1975, págs. 445-473.
NIE, Norman H., et al.: *Statistical Package for the Social Sciences*, New York, McGraw-Hill, 1975.
SÁNCHEZ CARRIÓN, J. J. (ed.): *Introducción a las Técnicas de Análisis multivariable aplicadas a las Ciencias Sociales*, Madrid, C. I. S., 1984.
SHEPARD, R. N.: «The analysis of proximities: Multidimensional Scaling with an unknown distance funtion», *Psychometrica*, 27, 1962, págs. 219-246.
SHEPARD, R. N.; A. K. ROMNEY y S. NERLOVE: *Multidimensional Scaling. Theory and Applications in the Behavioral Sciences*, New York, Seminar Press, 1972.
SHETH, Jagdish M.: «The Multivariate Revolution in Marketing Research», *Journal of Marketing*, vol. 35, 1971.
STEPHENSON, W.: *The Study of Behavior*, Chicago, The University of Chicago, Press, 1953.
VAN DE GEER, John, P.: *Introduction to Multivariate Analysis for the Social Sciences*, San Francisco, Freeman and Co., 1971.
VICENS OTERO, José: «Análisis Multidimensional no métrico en Marketing», *Cuadernos Universitarios de Planificación Empresarial y Marketing*, 3, 1977.
WARWICK, Paul V.: *Cananonical Correlacion Analysis*, en Nie, N. H. et. al., 1975, páginas 515-527.

Capítulo 14
REGRESION Y CORRELACION MULTIPLES. EL ANALISIS DE CAMINO («PATH ANALYSIS»)

14.1. Planteamiento general

Con el nombre genérico de análisis de regresión múltiple, se utilizan en sociología diversas técnicas de análisis. La regresión múltiple es la forma de análisis apropiada cuando el investigador tiene una sola variable dependiente y métrica que se supone es función de otras variables independientes. Habitualmente, se utiliza la predicción de una variable dependiente, X_1, por medio de la combinación de la capacidad predictiva de otras variables independientes, X_2, X_3, ..., X_k, a través de una ecuación, que se denomina *ecuación de regresión múltiple*. El grado de ajuste de los valores estimados de la variable dependiente con sus valores observados, viene dado por el *coeficiente de correlación, R*.

La regresión múltiple puede ser muy útil para el sociólogo cuando trata de predecir el comportamiento de un fenómeno dependiente. Así, puede predecir el nivel de ahorro de una población a través del nivel de ingresos, de la clase social, de la propensión al consumo y de otras variables psicosociológicas; o puede estar interesado en predecir el nivel de participación política de un colectivo social por medio de su conducta electoral anterior, de su *status* socioeconómico, de su religiosidad y de otras variables socioeconómicas y sociopsicológicas; en *marketing*, el comportamiento del consumidor se predice por el conocimiento de la personalidad y del contorno socioeconómico.

En el presente capítulo no se pretende otra cosa que introducir al estudiante de sociología en algunas técnicas de regresión múltiple, con el fin de que pueda interpretar mejor aquellos trabajos sociológicos que, de manera creciente, hacen uso de tales técnicas. En consecuencia, las técnicas que se van a presentar en este capítulo, como son la *correlación y la regresión múltiples*, la *regresión múltiple con variables ficticias (dummy variables)*, la *regresión múltiple escalonada (stepwise)* y el *análisis de camino (path analysis)*, serán tratadas a un nivel interpretativo-teórico, dejando los detalles de cálculo y los desarrollos de las fórmulas para que el estudiante interesado en ellos consulte cursos más avanzados de análisis de regresión.

Hay que insistir de nuevo que, en la actualidad, la facilidad de acceso a programas de ordenador, equipados casi todos ellos con diversas soluciones para los coeficientes que se incluyen en las ecuaciones de regresión múltiple, desaconsejan que el estudiante de sociología no interesado particularmente en la estadística y matemáticas sociológicas, dedique excesivo tiempo a dominar cálculos tan complejos como los que requiere el tratamiento manual o mecánico de la regresión múltiple. Los programas de ordenador preparados para ello, con una matriz de entrada de datos adecuados, realizan en breve tiempo tales cálculos, permitiendo que el sociólogo concentre su atención y sus esfuerzos en el diseño adecuado de la investigación y en la interpretación correcta de los resultados estadísticos.

14.2. Introducción a la regresión múltiple: Supuestos básicos

A través de la regresión múltiple se pretende predecir una sola variable dependiente a partir de cualquier número de variables independientes. El propio contexto teórico y práctico del diseño de la investigación indicará al investigador cuál es la variable dependiente y cuáles son las independientes. La regresión múltiple puede considerarse como una extensión de la regresión lineal simple al estudio de la interdependencia entre una variable dependiente, X_1, y un conjunto de variables independientes explicativas $(X_2, X_3, ..., X_k)$ relacionadas por una ecuación del tipo:

$$X_1 = a + b_2 X_2 + b_3 X_3 + ... + b_k X_k \qquad [14.1]$$

que se denomina ecuación de regresión múltiple. Con una notación funcional se puede escribir $X_1 = f(X_2 + X_3 + ... + X_k)$, que se lee X_1 es función de $X_2, X_3, ...$ y X_k.

Desde el punto de vista del desarrollo de la teoría sociológica, el análisis de regresión múltiple es de gran interés para el sociólogo, porque le puede ser de ayuda para tratar en su complejidad los fenómenos reales del mundo social, en los que suelen intervenir un número amplio de factores o variables. Con todo, los modelos de regresión múltiple que utiliza el sociólogo son simplificaciones de los modelos teóricos que suelen desarrollar las teorías sociológicas. En cualquier caso, para que en un diseño de investigación concreto pueda emplearse el análisis de regresión múltiple es necesario que las variables que se incluyan en el modelo cumplan una serie de requisitos o supuestos, que Loether y MacTavish (1974, 307-308) detallan de la forma siguiente.

Un supuesto básico del análisis de regresión múltiple es que la interdependencia entre las variables responda a un modelo *lineal*, por lo que suele ser recomendable construir diagramas de dispersión para comprobar hasta qué punto los datos de que dispone el sociólogo satisfacen tal requisito. Cuando los datos siguen un diagrama curvilíneo suele ser conveniente, algunas veces, aplicar una transformación sencilla, tal como la logarítmica, para lograr la linealidad. Además, los efectos de las variables deben poder sumarse entre sí, para así predecir la variable dependiente. Cuando se sospecha que existe «interacción estadística» se hace necesaria su cuantificación y su inclusión como una variable separada en la ecuación de regresión. Otro supuesto obliga a que *todas* las variables que componen la ecuación de regresión hayan sido medidas como mínimo al nivel de *intervalo*. Finalmente, se encuentra el requisito de la ausencia de correlación entre las variables independientes, de tal forma que los efectos de cada variable sobre la variable dependiente, cuando se controlan los efectos de las restantes, puedan ser calculados con suficiente confianza *.

Pocas veces, sin embargo, los datos sociológicos permiten satisfacer completamente los cuatro supuestos anteriores, y las desviaciones que se suelen producir y su tratamiento ulterior son objeto de debates metodológicos de gran interés. No obstante, existen una serie de recursos que se suelen emplear habitualmente para sortear la rigurosidad de los supuestos básicos. Así, por ejemplo, por lo que respecta al requisito de que las variables estén medidas a nivel de intervalo, cosa no siempre fácil de cumplir en sociología, se puede operar con variables medidas incluso a nivel nominal, tan frecuentes en sociología, utilizando las llamadas «variables ficticias», de las que nos ocuparemos más adelante. Y por lo que se refiere a la «ausencia de correlación entre las variables independientes», la interpretación que suele hacer el sociólogo de este requisito es la existencia de una «intercorrelación baja», requisito este más fácil de cumplir realmente por parte de las variables sociológicas.

A los supuestos anteriores hay que añadir otros cuando se pretende hacer un uso más amplio del análisis de regresión múltiple. Así, si el investigador se encuentra interesado en realizar una prueba de decisión estadística acerca de una población determinada, a partir de datos muestrales aleatorios, es preciso que la variable dependiente se encuentre distribuida normalmente dentro de las categorías de las variables independientes, y que la varianza en la variable dependiente sea la misma para todas las categorías de las variables independientes.

Si, además, el investigador pretende aplicar el análisis de regresión múltiple a la comprobación de modelos causales sobre tipos de relaciones existentes entre las variables, habrá que añadir otros supuestos a los anteriores, tales como que se conozca previamente la ordenación causal de las variables dependientes e independientes o la necesidad de que el sistema sea cerrado, es decir, la serie constituida por las variables

---

* Se denomina *multicolinearidad* (en inglés, «multicollinearity») a la situación en la que algunas o todas las variables independientes se encuentran altamente interrelacionadas, lo que resta fiabilidad a los resultados obtenidos en regresión múltiple. De ahí la necesidad de controlar sus efectos.

independientes y dependientes debe incluir a todas las variables principales que ejercen una influencia en la variable dependiente.

14.2.1. *Regresión múltiple y mínimos cuadrados*

Para simplificar vamos a considerar tres variables, en cuyo caso la ecuación de regresión más sencilla de X_1 sobre X_2 y X_3 tiene la forma:

$$X_1 = b_{1.23} + b_{12.3}X_2 + b_{13.2}X_3 \qquad [14.2]$$

donde $b_{1.23}$, $b_{12.3}$ y $b_{13.2}$ son constantes.

Si en la ecuación [14.2] se considera X_3 como constante, la representación de la ecuación resultante en unos ejes X_1 y X_2 es una línea recta con pendiente $b_{12.3}$. Si se mantiene constante X_2, la representación en los ejes X_1 y X_3 es otra línea recta con pendiente $b_{13.2}$. Debido precisamente al hecho de que X_1 varía parcialmente cuando varía X_2 y parcialmente cuando varía X_3, los coeficientes $b_{12.3}$ y $b_{13.2}$ se denominan *coeficientes de regresión parcial* de X_1 sobre X_2 manteniendo X_3 constante, y de X_1 sobre X_3 manteniendo X_2 constante, respectivamente. La constante de regresión $b_{1.23}$ se corresponde con el término a_{yx} de la ecuación de regresión simple $Y = a_{yx} + b_{yx}X$, y realiza un papel de ajuste en la localización de las puntuaciones en la variable dependiente.

La ecuación de regresión lineal de X_1 sobre X_2 y X_3, en un sistema tridimensional de coordenadas rectangulares, representa un plano que se llama *plano de regresión*, y puede considerarse como una generalización de la recta de regresión para dos variables, como se observa en la figura 1:

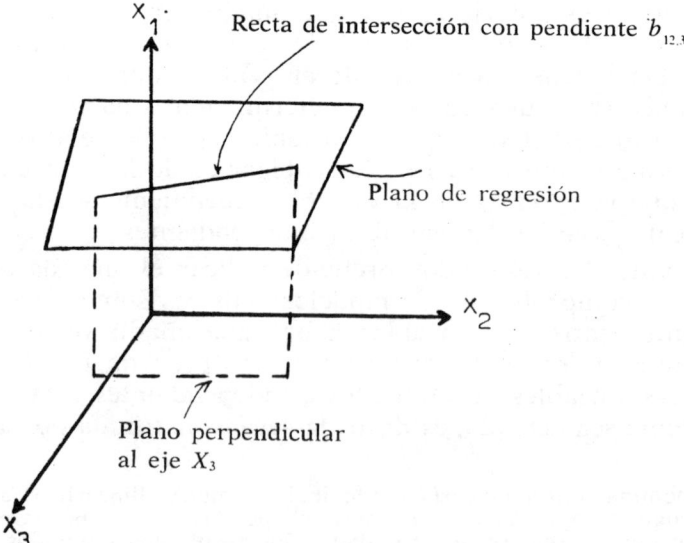

Figura 1. Interpretación geométrica de la regresión múltiple de X_1 en X_2 y X_3

En efecto, si hacemos X_2 y X_3 iguales a cero, $X_1 = b_{1.23}$, lo que indica que el plano de regresión corta al eje X_1 a la altura $b_{1.23}$. Para interpretar los coeficientes de regresión parcial hay que considerar las intersecciones del plano de regresión con planos perpendiculares a los ejes X_2 y X_3. Así, si tomamos un plano perpendicular al eje X_3, equivale a considerar X_3 constante, ya que todos los puntos en dicho plano tendrán el mismo valor. Pues bien, dicho plano se intersecciona con el plano de regresión en una línea recta, cuya pendiente es $b_{12.3}$. Y lo mismo ocurre si trazamos un plano paralelo al eje X_2, cuya línea de intersección con el plano de regresión tendrá una pendiente de valor $b_{13.2}$.

De igual modo a como existen las rectas de regresión de mínimos cuadrados de aproximación a una serie de N pares de puntos (X_i, X_j) en un diagrama de dispersión de dos dimensiones, existen los *planos de regresión de mínimos cuadrados* que se ajustan a una serie N de puntos (X_{1i}, X_{2i}, X_{3i}) en un diagrama de dispersión de tres dimensiones.

El plano de regresión de mínimos cuadrados de X_1 sobre X_2 y X_3 tiene la ecuación [14.2], donde los coeficientes $b_{1.23}$, $b_{12.3}$ y $b_{13.2}$ se determinan resolviendo el sistema de ecuaciones normales siguiente:

$$\left. \begin{array}{l} \Sigma X_1 = b_{1.23} N + b_{12.3} \Sigma X_2 + b_{13.2} \Sigma X_3 \\ \Sigma X_1 \cdot X_2 = b_{1.23} \Sigma X_2 + b_{12.3} \Sigma X_2^2 + b_{13.2} \Sigma X_2 \cdot X_3 \\ \Sigma X_1 \cdot X_3 = b_{1.23} \Sigma X_3 + b_{12.3} \Sigma X_2 \cdot X_3 + b_{13.2} \Sigma X_3^2 \end{array} \right\} \quad [14.3]$$

La interpretación del plano de regresión de mínimos cuadrados en un sistema tridimensional es bien sencilla (fig. 2). Se trata de minimizar la cantidad $(X_1 - \overline{X}_1)^2$, que representa la suma de las desviaciones al cuadrado en relación al plano de mínimos cuadrados en la dimensión vertical X_1.

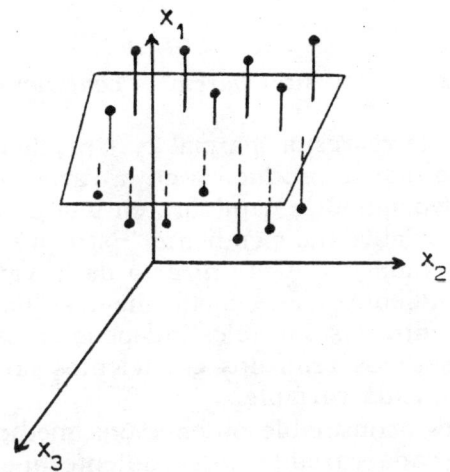

Figura 2. Plano de regresión de mínimos cuadrados con respecto al eje X_1

El resultado es un plano de ajuste óptimo que viene determinado por los valores específicos de los coeficientes $b_{1.23}$, $b_{12.3}$ y $b_{13.2}$, determinados mediante la resolución del sistema de ecuaciones [14.3]. Como se verá más adelante, se puede utilizar un coeficiente de correlación múltiple para medir el grado de ajuste de los puntos al plano de mínimos cuadrados.

Mientras no se especifique de otra manera, *siempre que se hable de una ecuación de regresión, se entenderá que se trata de la ecuación de regresión de mínimos cuadrados*. Habitualmente se suele utilizar un programa estándar de ordenador para resolver [14.3].

Si hacemos $x_1 = X_1 - \overline{X}_1$, $x_2 = X_2 - \overline{X}_2$ y $x_3 = X_3 - \overline{X}_3$, la ecuación de regresión de X_1 sobre X_2 y X_3 puede escribirse más sencillamente como:

$$x_1 = b_{12.3} x_2 + b_{13.2} x_3 \qquad [14.4]$$

donde $b_{12.3}$ y $b_{13.2}$ se obtienen resolviendo el sistema de ecuaciones:

$$\left. \begin{array}{l} \Sigma x_1 x_3 = b_{12.3} \Sigma X_2^2 + b_{13.2} \Sigma X_2 X_3 \\ \Sigma x_1 x_3 = b_{12.3}\ X_2 X_3 + b_{13.2} \Sigma X_3^2 \end{array} \right\} \qquad [14.5]$$

Las ecuaciones [14.5] son equivalentes a las [14.3], aunque de más fácil cálculo. Sin embargo, y tal como se ha apuntado anteriormente, los resultados de los coeficientes $b_{ij.k}$ suelen obtenerse directamente de las salidas de los programas de ordenador, por lo que el estudiante de sociología no tiene que dedicar mayores esfuerzos a la resolución de los sistemas de ecuaciones [14.3] y [14.5], ya que, sobre todo en los casos de más de tres variables, los correspondientes sistemas de ecuaciones alcanzan una mayor complejidad.

14.2.2. *Coeficientes de regresión parcial y coeficientes beta*

Los coeficientes de regresión parcial $b_{ij.k}$ pueden interpretarse como el cambio hipotético que se produciría en la variable dependiente si una de las variables independientes cambiara en una unidad, permaneciendo constante la otra variable independiente. Esto puede entenderse igualmente como una medida del *efecto directo* de la variable independiente en la variable dependiente; ahora bien, mientras no se especifiquen las relaciones causales entre las variables independientes y sólo conozcamos sus intercorrelaciones, los referidos coeficientes no podrán dar cuenta del impacto total de cada variable.

Con frecuencia es aconsejable obtener una medida asimétrica de los efectos directos de cada variable independiente que no dependa de las unidades de medición utilizadas. Así, si una variable está medida en pesetas y la otra en años, no tiene sentido comparar un cambio unitario en una variable con un cambio unitario en la otra. Con el fin de corregir este inconveniente, las variables se suelen estandarizar dividiendo por su desviación típica, obteniendo de este modo pendientes ajustadas comparables entre sí. Tales pendientes parciales ajustadas son coeficientes b estandarizados, que con frecuencia se llaman *pesos beta*, $\beta_{ij \cdot k}$, y, como veremos más adelante, en los modelos causales lineales y simples se denominan *coeficientes de camino (path coefficients)*. Nótese que los coeficientes beta no son la misma cosa que los coeficientes $b_{ij \cdot k}$ de la ecuación de regresión, ya que éstos se refieren a características de la *población* y no han sido ajustados para las diferencias en la variabilidad, mientras que los coeficientes beta se obtienen de *datos muestrales* y son funciones simples de los coeficientes $b_{ij \cdot k}$, según la fórmula:

$$\beta_{ij \cdot k} = b_{ij \cdot k} \frac{s_j}{s_i} \qquad [14.6]$$

en donde s_j y s_i representan la desviación típica de la variable independiente j y de la variable dependiente i, respectivamente.

Empleando valores estandarizados, el plano de regresión de mínimos cuadrados tiene la ecuación:

$$x_1' = \beta_{12 \cdot 3} x_2' + \beta_{13 \cdot 2} x_3' \qquad [14.7]$$

en donde:

$$x_1' = \frac{X_1 - \overline{X}_1}{s_i}, \quad x_2' = \frac{X_2 - \overline{X}_2}{s_2} \quad y \quad x_3' = \frac{X_3 - \overline{X}_3}{s_k}$$

Los coeficientes beta se calculan de tal forma que minimizan la suma de las desviaciones al cuadrado entre los valores observados y los estimados de la variable dependiente. Este criterio de los mínimos cuadrados requiere, pues, que:

$$\Sigma (x_1 - x_1')^2 = \text{mínimo}$$

y sustituyendo x_1' por la fórmula [14.7], la cantidad que tiene que ser minimizada es:

$$\Sigma (x_1 - \beta_{12 \cdot 3} x_2' + \beta_{13 \cdot 2} x_3')^2 = \text{mínimo}$$

De aquí resulta una correlación lineal máxima entre los valores observados y los estimados de la variable dependiente.

Con el objeto de calcular los coeficientes beta, el criterio de los mínimos cuadrados permite establecer una serie de ecuaciones normales, del mismo modo que se hizo anteriormente para calcular los coeficientes de regresión parcial. Para el caso de tres variables, estas ecuaciones normales son las siguientes:

$$\beta_{12\cdot 3} + r_{23}\beta_{13\cdot 2} = r_{12}$$
$$r_{23}\beta_{12\cdot 3} + \beta_{13\cdot 2} = r_{13}$$

Vemos, pues, que los coeficientes beta son calculables, en principio, a partir de los coeficientes de correlación entre las variables. De una forma genérica, y para tres variables, las fórmulas para calcular los dos coeficientes beta son como sigue:

$$\beta_{ij\cdot k} = \frac{r_{ij} - r_{ik}r_{jk}}{1 - r^2_{jk}} \qquad [14.8]$$

$$\beta_{ik\cdot j} = \frac{r_{ik} - r_{ij}r_{jk}}{1 - r^2_{jk}} \qquad [14.9]$$

donde, tal como venimos empleando las notaciones de los subíndices, i se refiere a la variable dependiente y j y k son las variables independientes para las que se calculan los *coeficientes o pesos beta*.

Estos coeficientes beta son muy útiles para el investigador, ya que ofrecen una base de comparación de la contribución relativa de cada variable a la predicción de la variable dependiente. Así, si $\beta_{12\cdot 3}$ es mayor que $\beta_{13\cdot 2}$ se puede afirmar que, para un cambio dado de X_3, se producirá un cambio mayor en la variable dependiente que el que se produciría con un cambio análogo en X_2.

Los coeficientes $\beta_{ij\cdot k}$ y los coeficientes de correlación parcial $b_{ij\cdot k}$ tienen en común algunas características. Así, ambos coeficientes reflejan el efecto de una variable independiente, cuando se tienen en cuenta los efectos de las restantes variables independientes, aunque el tipo de información que suministran es diferente. El coeficiente beta indica la cuantía de cambio en la variable dependiente cuando varía en una unidad una variable independiente, manteniendo el resto constante, mientras que el coeficiente de correlación parcial es una medida simétrica que refleja el grado total de ajuste de la relación entre una variable dependiente y otra independiente, cuando se mantiene constante el resto de las variables independientes. De este modo, *el coeficiente de correlación parcial suministra una medida de la precisión* de la predicción, midiendo el cuadrado de dicho coeficiente la proporción de la variación en la variable dependiente que es explicada por la contribución directa de una variable independiente, cuando se tienen en cuenta los efectos de las otras variables independientes. Por otra parte, el *coeficiente beta suministra una medida de la contribución de una variable independiente a la predicción de la variable dependiente*.

14.2.2.1. *Ejemplo de cálculo del coeficiente beta*

Oltra y De Miguel (1976) se han ocupado de estudiar la evolución de la organización del sistema sanitario español, el cual se encuentra, como todo sistema, en íntima relación con el nivel de desarrollo económico. Tomando como indicador de la estructura de los sistemas sanitarios el número de camas en establecimientos sanitarios por diez mil habitantes, y como indicadores de la estructura socioeconómica la renta provincial *per capita* y el porcentaje de población activa agraria, la matriz de correlaciones de estas tres variables para datos correspondientes al año 1970 es como sigue:

		X_1	X_2	X_3
X_1	Camas	—	0,42	−0,26
X_2	Renta	—	—	−0,79
X_3	P. agraria	—	—	—

A partir de esta matriz se pretende calcular los coeficientes de la ecuación:

$$x_1' = \beta_{12.3} x_2' + \beta_{13.2} x_2'$$

Tomando las fórmulas [14.8] y [14.9], se tiene que:

$$\beta_{12,3} = \frac{r_{12} - r_{13} r_{23}}{1 - r^2_{23}} = \frac{0,42 - (-0,26)(-0,79)}{1 - (-0,79)} = \frac{0,42 - 0,21}{1 - 0,62} = \frac{0,21}{0,38} = 0,57$$

y

$$\beta_{13,2} = \frac{r_{13} - r_{12} r_{23}}{1 - r^2_{23}} = \frac{-0,26 - (0,42)(-0,79)}{1 - (-0,79)} = \frac{-0,26 + 0,33}{1 - 0,62} = \frac{0,07}{0,38} = 0,19$$

La ecuación de regresión estandarizada, estimando los valores de la variable típica de X_1, número de camas, a partir de la variable 2, renta *per capita*, y de la variable 3, población activa agraria, será:

$$x_1' = 0,57 x_2' + 0,19 x_3'$$

La renta *per capita*, pues, tiene un mayor peso que la proporción de población activa agraria en la predicación del número de camas hospitalarias en las diferentes provincias españolas, es decir, que los cambios en la renta *per capita* tienen un mayor impacto en el cambio de la estructura sanitaria que los cambios que se puedan producir en la proporción de población activa agraria. Nótese, sin embargo, que la renta *per capita* y la población activa agraria son variables altamente correlacionadas entre sí, por lo que a la hora de explicar la estructura sanitaria habrá que tener en cuenta el grado de correlación entre ambas variables independientes.

14:2.3. *Regresión múltiple utilizando coeficientes no tipificados*

Como hemos visto anteriomente, los coeficientes beta son de interés para el sociólogo cuando trata de comparar la importancia de las variables independientes. La utilización de los coeficientes comporta la tipificación de las variables, y el valor estimado de la variable dependiente resulta también tipificado. Por lo tanto, a través de este camino no se puede obtener el valor de la variable dependiente en las unidades de medida que le corresponden, sean unidades monetarias, de tiempo, de longitud, número de nacimientos, elecciones de consumo o cualquier otra unidad de medida a la que responda el fenómeno estudiado.

Por eso, cuando la investigación sociológica no va dirigida tanto a la verificación de ideas generales sobre qué variables son más importantes para ser tenidas en cuenta en la teoría, como en la predicción o estimación de resultados reales, la ecuación de regresión múltiple debe calcularse con variables no tipificadas y coeficientes de regresión parcial. Así, los estudios electorales se ocupan de la predicación del porcentaje real del voto dirigido a los diferentes candidatos. Dentro de los estudios demográficos es corriente estimar la tasa de natalidad o la tasa de crecimiento de la población. En tales tipos de estudios se utilizan ecuaciones de regresión múltiple no tipificadas.

Con el fin de pasar desde un coeficiente tipificado beta (β) a otro coeficiente no tipificado (b), deben ser tenidas en cuenta las cantidades de variación relativas en la variable dependiente y en las variables independientes, lo cual se logra a través de la fórmula [14.6], en donde se tiene que:

$$b_{ij \cdot k} = \beta_{ij \cdot k} \frac{s_i}{s_j} \qquad [14.10]$$

es decir, que el coeficiente de regresión es igual al coeficiente beta multiplicado por la razón entre la desviación típica de la variable dependiente y la desviación típica de la variable independiente específica a la que se refiere el coeficiente beta.

La constante de regresión $b_{i \cdot jk}$ puede calcularse a partir de la fórmula:

$$b_{i \cdot jk} = \overline{X}_1 - b_{ij \cdot k} \overline{X}_2 - b_{ik \cdot j} \overline{X}_3 \qquad [14.11]$$

en donde $\overline{X}_1$, $\overline{X}_2$ y $\overline{X}_3$ son los valores medios de las variables X_1, X_2 y X_3, respectivamente.

14.2.3.1. Ejemplo de cálculo de coeficientes de regresión parcial

Para el estudio de Oltra y De Miguel (1976) calculamos anteriormente los coeficientes beta, los cuales tenían los siguientes valores:

$$\beta_{12.3} = 0{,}57 \quad \text{y} \quad \beta_{13.2} = 0{,}19$$

Teniendo en cuenta los valores típicos siguientes, que aparecen igualmente en el trabajo de Oltra y De Miguel:

$$s_1 = 210{,}091; \quad s_2 = 152{,}858; \quad s_3 = 15{,}716$$

se pueden calcular directamente los correspondientes coeficientes de regresión parcial:

$$b_{12.3} = \beta_{12.3} \frac{s_1}{s_2} = 0{,}57 \frac{210{,}091}{152{,}858} = (0{,}57)(1{,}37) = 0{,}78$$

$$b_{13.2} = \beta_{13.2} \frac{s_1}{s_3} = 0{,}19 \frac{210{,}091}{15{,}716} = (0{,}19)(13{,}36) = 2{,}53$$

Recordando la fórmula [14.11], y teniendo en cuenta que los valores medios de las variables son los siguientes: $\overline{X}_1 = 446{,}2$; $\overline{X}_2 = 498{,}3$ y $\overline{X}_3 = 39{,}8$, se puede calcular la constante de regresión $b_{1.23}$:

$$b_{1.23} = \overline{X}_1 - b_{12.3}\overline{X}_2 - b_{13.2}\overline{X}_3 = 446{,}2 - (0{,}78)(498{,}3) - (2{,}53)(39{,}8) =$$

$$= 446{,}2 - 388{,}7 - 100{,}7 = 1{,}582$$

Con lo que la ecuación de regresión correspondiente al problema estudiado por Oltra y De Miguel (1976), y que hemos utilizado como ejemplo en las secciones anteriores, se podría escribir así:

$$X_1 = 158{,}2 + 0{,}78 X_2 - 2{,}53 X_3$$

en donde X_1 representa el número de camas hospitalarias por 10.000 habitantes, X_2 la renta *per capita* provincial y X_3 el porcentaje de la población activa agraria.

14.3. Correlación múltiple

Dado que el interés del investigador se centra más en la capacidad explicativa de las variables independientes, cuando se consideran en su conjunto, que en el tipo de relación existente entre variable dependiente y las independientes, se puede preferir utilizar el *coeficiente de correlación múltiple R*, el cual mide el grado de ajuste del plano de regresión de mínimos cuadrados a los datos. Al igual que el cuadrado del coeficiente de correlación de orden cero en la regresión simple, indica la proporción de variación que viene explicada por la línea de ajuste; asimismo, el coeficiente de correlación múltiple se puede interpretar más fácilmente elevándolo al cuadrado, en cuyo caso representa el porcentaje de variación en la variable dependiente que es explicada por la ecuación de regresión [14.1], y se denomina a R^2 *coeficiente de determinación múltiple*.

Otra forma de concebir la correlación múltiple es simplemente como la correlación existente entre los valores reales u observados en la variable dependiente, y los valores de la variable dependiente estimados por la ecuación de regresión múltiple. Si todos los puntos se encontraran en la superficie del plano de regresión de mínimos cuadrados, los valores observados y estimados coincidirían, y el coeficiente de correlación múltiple R valdría la unidad. Por el contrario, cuanto mayor sea la dispersión sobre la ecuación de mínimos cuadrados, menor será la correlación entre los valores observados y estimados, pudiendo alcanzar R el valor 0 cuando no existe correlación alguna. Así, pues, el valor R oscila entre 0 y +1,00.

Tal como señala Blalock (1972, 454), la fórmula de la correlación múltiple puede desarrollarse fácilmente teniendo en cuenta el hecho de que el cuadrado de R es igual al porcentaje de la variación explicada por todas las variables independientes. Al escribir la fórmula para la correlación múltiple, en primer lugar se deja que una de las variables independientes explique todo lo que pueda de la variable dependiente. A continuación se permite que la segunda variable explique la porción de variación no explicada por la primera. Naturalmente, al hacer esta operación, con la segunda variable independiente se controlan los efectos de la primera. Y así se puede continuar este proceso hasta permitir que actúen todas las variables independientes. Para el caso de tres variables, y simbolizando el coeficiente de correlación múltiple como $R_{1.23}$, en donde 1 representa la variable dependiente, se puede escribir:

$$R^2_{1.23} = r^2_{12} + r^2_{13.2}(1 - r^2_{12})$$

$$\begin{pmatrix}\text{proporción}\\ \text{explicada}\\ \text{por}\\ 2 \text{ y } 3\end{pmatrix} = \begin{pmatrix}\text{proporción}\\ \text{explicada}\\ \text{por}\\ 2\end{pmatrix} + \begin{pmatrix}\text{proporción}\\ \text{adicional}\\ \text{explicada}\\ \text{por } 3\end{pmatrix}\begin{pmatrix}\text{proporción}\\ \text{no}\\ \text{explicada}\\ \text{por } 2\end{pmatrix}$$

[14.12]

En el caso poco frecuente, al menos en sociología, de que las correlaciones entre las variables independientes fueran cero, entonces el cuadrado del coeficiente de correlación múltiple sería simplemente la suma de los cuadrados de las correlaciones entre cada variable independiente y la variable dependiente, tal como:

$$R^2_{1.23} = r^2_{12} + r^2_{13} \qquad [14.13]$$

Pero si, como suele ser más corriente en sociología, algunas variables independientes están relacionadas entre sí, hay que tener en cuenta el solapamiento que se produce en la contribución realizada a la explicación de la variable dependiente y hay que eliminarlo de la fórmula [14.13], con el fin de calcular R^2. Esto se realiza ajustando el coeficiente de correlación r al multiplicarlo por el correspondiente peso beta, quedando entonces:

$$R^2_{1.23} = r_{12}\beta_{12.3} + r_{13}\beta_{13.2} \qquad [14.14]$$

Otras alternativas a la fórmula [14.14] pueden ser desarrolladas. Una de las más utilizadas para calcular R^2 es la que opera exclusivamente con coeficientes de correlación de orden cero, siendo entonces, para el caso de tres variables:

$$R^2_{1.23} = \frac{r^2_{12} + r^2_{13} - 2r_{12}r_{13}r_{23}}{1 - r^2_{23}} \qquad [14.15]$$

Naturalmente, las anteriores fórmulas pueden utilizarse para el caso de más de tres variables, añadiendo los correspondientes términos adicionales.

14.3.1. *Ejemplo de cálculo del coeficiente de correlación múltiple*

En el caso del trabajo anteriormente citado de Oltra y De Miguel (1976), donde el número de camas por 10.000 habitantes, como indicador de la estructura sanitaria, es la variable dependiente, y la renta *per capita* y la proporción de la población activa agraria son las variables independientes, disponemos de los siguientes coeficientes de correlación parcial y de correlación de orden cero:

$r_{12} = 0{,}42;$ $r_{23} = -0{,}79;$ $r_{13.2} = 0{,}13;$ $r_{13} = -0{,}26;$ $r_{12.3} = 0{,}37$

$$R^2_{1.23} = \frac{r^2_{12} + r^2_{13} - 2r_{12}r_{13}r_{23}}{1 - r^2_{23}} = \frac{(0{,}42)^2 + (-0{,}26)^2 - 2(0{,}42)(-0{,}26)(-0{,}79)}{1 - (-0{,}79)^2} =$$

$$= \frac{(0{,}18) + (0{,}06) - 2(0{,}08)}{0{,}38} = 0{,}24$$

$R^2_{1.23} = 0{,}24 =$ coeficiente de determinación múltiple

$R_{1 \cdot 23} = \sqrt{R^2_{1 \cdot 23}} = \sqrt{0{,}24} = 0{,}48 =$ coeficiente de correlación múltiple

Nótese que la variable 2 (renta *per capita*) explica $0{,}42^2 = 0{,}18$ de la variación en la variable 1 (número de camas), y deja $(1 - 0{,}18) = 0{,}82$ por explicar.

De 0,82 dejado por explicar por la variable 2, la variable 3 explica $(-0{,}13)^2 = 0{,}02$; como $0{,}02 \cdot 0{,}82 = 0{,}016$, las variables 2 y 3 sumadas explican un total de $0{,}88 + 0{,}016 = 0{,}194$, es decir, aproximadamente el 19 por 100 de la variación en la variable 1 es explicada por la asociación lineal de las variables 2 y 3.

14.4. Inferencia estadística en los problemas de regresión

En las páginas anteriores hemos estudiado el análisis de regresión múltiple desde el punto de vista de la estadística descriptiva. Sin embargo, el análisis de regresión se realiza frecuentemente con datos muestrales que el investigador puede desear generalizar a la población a la que pertenece la muestra, bien sea estimando los parámetros poblacionales a partir de los estadísticos de la regresión muestral o bien mediante el contraste de una hipótesis estadística acerca de los parámetros poblacionales. Dado que la mayor parte de los estadísticos calculados para un análisis de regresión tienen una distribución muestral conocida, es posible aplicar los procedimientos usuales de inferencia estadística a la determinación de límites de confianza para las estimaciones y al contraste de hipótesis.

Aquí sólo mencionaremos los dos procedimientos más utilizados en el contraste de hipótesis: 1) la prueba global de ajuste de la ecuación de regresión, y 2) la prueba de ajuste de un coeficiente específico de regresión. Mediante la prueba global se pretende contrastar la hipótesis nula de que la correlación múltiple es cero en la población de la que se ha extraído la muestra. La prueba estadística que se emplea para tal fin se basa en la distribución de F, que, como se recordará (ver capítulo 11), es igual al cociente entre la varianza explicada y la varianza no explicada. Para el caso de la regresión múltiple, el estadístico F se define como el cociente entre la varianza explicada y la varianza residual. Así, pues, el valor de F se puede escribir como una función del coeficiente R, o, en términos del cociente de varianzas:

$$F = \frac{R^2/k}{(1-R^2)/(N-k-1)} = \frac{SC_{reg}/k}{SC_{res}/(N-k-1)} \quad [14.16]$$

en donde SC_{reg} es la suma de cuadrados explicada por la ecuación de regresión; SC_{res} es la suma de cuadrados residual (no explicada); R es el coeficiente de correlación múltiple; k es el número de variables independientes, y N es el tamaño de la muestra. El estadístico F así calculado se distribuye aproximadamente de la misma manera que la distribución F (ver tabla F del apéndice estadístico), con $n_1 = k$ y $n_2 = N - k - 1$ grados de libertad, respectivamente.

Supongamos que en un estudio sobre tolerancia política, realizado con una muestra de 100 profesionales, se ha tratado de explicar la misma en función de los niveles de renta y educación y del tipo de ocupación de los individuos. Para contrastar la hipótesis nula de que la correlación múltiple es cero en la población a la que pertenece la muestra estudiada se realiza la prueba F, con los siguientes resultados:

		Suma de cuadros	Grados de libertad	F
R	0,5312			
R^2	0,2822	Regresión 27,9399	3	12.5820
Error típico	0,8603	Residual 71,0600	96	

FUENTE: KIM y KOHOUT, 1975, pág. 335.

El estadístico F lo calcula automáticamente el ordenador, pero aquí podemos comprobar que es el resultado de aplicar la fórmula [14.16].

En efecto:

$$F = \frac{R^2/k}{(1-R^2)/(N-k-1)} = \frac{0,2822/3}{(1-0,2822)\,96} = 12,5820$$

$$F = \frac{SC_{reg}/k}{SC_{res}/(N-k-1)} = \frac{27,9399/3}{71,0600/96} = 12,5820$$

De las dos formas se alcanza el mismo valor para F. Consultando ahora la distribución muestral de F (ver tabla F en el apéndice estadístico), se observa que la probabilidad de obtener un valor de F igual o mayor que 12,582 es menor que 0,001. Se concluye, pues, que es muy improbable que la muestra se extrajera de una población cuyo coeficiente de correlación múltiple R sea igual a cero.

La hipótesis nula global H_0 de que el coeficiente de regresión múltiple $R = 0$ es equivalente a la hipótesis nula de que los k coeficientes de regresión valen también cero en la población, esto es, que $H_0: b_1 = b_2 = \ldots = b_k = 0$. La hipótesis alternativa H_1 establecerá que alguno o algunos de los coeficientes de regresión sea diferente a cero. Por tanto, cuando se rechaza la hipótesis nula, se puede concluir que uno o más de los coeficientes de regresión de la población tienen un valor absoluto distinto de cero. Ahora bien, la prueba global no especifica qué valores de los coeficientes de regresión son diferentes de cero, y es por ello por lo que se realizan pruebas de contraste adicionales para coeficientes de regresión específicos.

La forma más corriente de contrastar los coeficientes particulares de regresión consiste en descomponer la suma de cuadrados explicada en componentes atribuibles a cada variable independiente en la ecuación. Una vez calculada la suma de cuadrados explicada por cada variable se evalúa su significación mediante el correspondiente valor de F, calculado mediante una expresión similar a la [14.16]. Dicho valor de F se compara, como en el caso anterior, con los valores de la tabla F para unos grados de libertad igual a 1 y $(N-k-1)$.

14.5. Uso de variables ficticias («dummy variables») en la regresión múltiple

Con cierta frecuencia ocurre en sociología que el investigador se encuentra con que algunas de las variables independientes que desea utilizar en el análisis de regresión múltiple sólo alcanzan el nivel nominal de medición, y no el nivel de intervalo, tal como requiere el modelo de regresión. En tales casos es posible incluir tales variables nominales en el análisis mediante la creación de las llamadas «variables ficticias» *(dummy variables)*. Se trata de variables dicotómicas que señalan la presencia (puntuación 1) o ausencia (puntuación 0) de una cierta característica en cada respuesta individual.

Así, por ejemplo, podemos suponer que nos enfrentamos con un problema de regresión múltiple, en donde la variable dependiente X_1 son los ingresos percibidos por la población y las variables independientes son las siguientes: X_2, nivel de educación; X_3, posición en una escala de ocupaciones, y X_4, región de origen, clasificadas las regiones según su nivel de desarrollo. Si considerados cuatro niveles de desarrollo (subindustrial, semiindustrial, industrial y postindustrial), se puede representar la misma información de X_4 a través de cuatro variables ficticias, de la siguiente manera:

Nivel desarrollo regional, X_4

1. Subindustrial
2. Semiindustrial
3. Industrial
4. Postindustrial

Variables ficticias

Z_1 Subindustrial (Sí=1) (No=0)
Z_2 Semiindustrial (Sí=1) (No=0)
Z_3 Industrial (Sí=1) (No=0)

Si una persona residiese en una región industrial, utilizando el anterior esquema, en vez de tener una puntuación de 3, tendría tres puntuaciones, una por cada una de las tres variables ficticias, 0,0,1. La «puntuación» 0,0,0 indicaría una persona que no reside ni en una región subindustrial, ni en una semiindustrial, ni en una industrial, es decir, residiría en una región postindustrial. De una forma general, se ha convenido en que la creación de variables ficticias se haga de tal manera que exista un número menor en una unidad de variables ficticias que categorías nominales tiene la variable en cuestión. La categoría que se suprime se convierte en la base de comparación con el resto de las categorías.

La ecuación de regresión múltiple con las variables anteriormente delimitadas se podrá escribir, introduciendo las variables ficticias creadas, de la siguiente manera:

$$X_1 = a + b_2 X_2 + b_3 X_3 + c_1 Z_1 + c_2 Z_2 + c_3 Z_3 \qquad [14.17]$$

La interpretación de esta ecuación es como sigue. Si se trata de una persona residente en una región postindustrial, $Z_1 = Z_2 = Z_3 = 0$, en cuyo caso la ecuación queda reducida a:

$$X_1 = a + b_2 X_2 + b_3 X_3 \qquad [14.18]$$

Si comparamos esta persona con otra residente en una región semiindustrial, $Z_1 = 0$, $Z_2 = 1$ y $Z_3 = 0$, con lo que la anterior ecuación contendría un término adicional, $c_2 Z_2 = c_2 (1) = c_2$. De este modo, para la persona residente en la región semiindustrial, la ecuación de regresión se puede escribir así:

$$X_1 = (a + c_2) + b_2 X_2 + b_3 X_3$$

Se puede interpretar c_2 como la diferencia en el nivel de ingresos entre las dos regiones. De igual modo, c_1 y c_3 pueden interpretarse como las diferencias entre los ingresos para las personas de regiones subindustriales e industriales. Es en este sentido como se entiende el carácter comparativo de la categoría suprimida. En términos causales se pueden interpretar los coeficientes c_i, para el caso del ejemplo propuesto, como los incrementos o disminuciones en los ingresos que experimentarán las personas al pasar a residir de una región a otra.

14.6. REGRESIÓN MÚLTIPLE ESCALONADA («STEP-WISE»)

Cuando un investigador dispone de un número amplio de variables independientes, con las que intenta explicar un determinado fenómeno o variable dependiente, puede desear conocer, de todos los datos disponibles, el conjunto de variables que mejor predicen el fenómeno en cuestión. En tal caso utilizará la regresión múltiple escalonada, que consiste fundamentalmente en un procedimiento analítico, normalmente realizado con la ayuda de un ordenador, que comienza con una sola variable independiente, que es la mejor predicción de la variable dependiente. A continuación añade una segunda variable, que es la que mejor explica la variación residual de la variable dependiente que no haya podido explicar la primera variable introducida. El objetivo final, pues, del procedimiento de la regresión múltiple escalonada es la de encontrar un R^2 lo mayor posible con el mínimo de variables independientes. Cuando las variables independientes que van siendo añadidas sucesivamente a la ecuación producen incrementos insignificantes en el valor de R^2, se detiene el proceso y tales variables no se tienen en cuenta para la ecuación de regresión con la que operará el investigador.

Los programas de ordenador mejor preparados para resolver problemas de regresión múltiple escalonada pueden examinar todas las posibles combinaciones de los diferentes números de variables independientes elegidas del conjunto de datos originales. De este modo, el investigador no tiene que preocuparse de conocer con anticipación cuál es la posible variable de mayor poder explicatorio que tiene que ser introducida en primer lugar.

14.6.1. *Ejemplo de regresión múltiple escalonada*

Un equipo de sociólogos ha investigado los resultados del referéndum para la Reforma Política celebrado en España en diciembre de 1976 (D. Vila, P. A. Orizo y M. Gómez Reino, *III Informe FOESSA*, 1978, páginas 691-700). Para ello han utilizado un doble modelo: el modelo del análisis estadístico de sus resultados a nivel municipal y provincial, y el modelo de una encuesta nacional sobre las motivaciones y dinámica del comportamiento de voto.

Con los datos estadísticos se efectuó un análisis de regresión lineal múltiple, en su modalidad escalonada *(step-wise)*, con base en la provincia como unidad de análisis. Como variables independientes utilizaron las de tipo histórico (voto en las elecciones de 1936: porcentaje de votos de centro y porcentaje de votos a la CEDA), los de actitudes políticas actuales (actitudes izquierda-derecha y actitudes centralismo-regionalismo, obtenidas a través de encuesta), los de tipo social (índice de polarización religiosa), los demográficos (población fija y de otra región, saldos migratorios), los de tipo socioeconómico (índice de desarrollo económico-demográfico, población con bachillerato en población activa 1970, índice de disminución de viviendas por herencia 1968-75, población activa 1975 y población activa en industria 1975) y los de tipo económico (renta *per capita* provincial, consumo de kilowatios al mes y gasto anual medio por persona en enseñanza).

En un primer examen de la matriz de correlaciones obtenidas con las más de 70 variables elaboradas se aislaron 15 variables, que fueron las que entraron en el análisis de regresión múltiple escalonada. Los resultados obtenidos son los incluidos en el cuadro adjunto.

La primera variable que explica una proporción apreciable de conducta (participación) en el referéndum es estrictamente política: puntuación media en la escala izquierda-derecha. La proporción de variación explicada (0,395) pone de manifiesto, según los autores del análisis, que la participación se debió fundamentalmente a la orientación política de la población.

Fase	Variable seleccionada	Valores obtenidos en cada fase				Valores cuando ha terminado el proceso de selección	
		F. para cada variable	Propor. de variación reducida	Propor. reducida acumulada	Coef. de correlac. múltiple	Coef. de regresión	Coef. beta
1	Puntuación media (izda.-dcha.)	31,343	0,395	0,395	0,629	4,895	0,378
2	% de votos a la CEDA	7,573	0,084	0,479	0,692	0,206	0,284
3	% favorable al centralismo	3,157	0,033	0,512	0,716	0,113	0,231

La segunda variable seleccionada es la variable histórica porcentaje de votos obtenido por la CEDA en las elecciones de 1936, que mejora más la explicación: la proporción de variación explicada pasa de 0,395 a 0,479. La proporción acumulada llega a 0,512 con una tercera variable, la de proporción favorable al centralismo (derivada de la actitud «centralismo-regionalismo»). El análisis realizado conduce al final a un coeficiente de correlación múltiple de 0,716, que es bastante significativo.

14.7. ANÁLISIS DE CAMINO («PATH ANALYSIS»)

El análisis de camino y las correlaciones y regresiones parcial y múltiple son técnicas complementarias. El análisis de camino utiliza las ecuaciones de regresión múltiple estandarizada en el examen de modelos teóricos. Fue desarrollado por Sewall Wright * (1934-1960) con el objeto

---

* Originalmente, Sewall Wright sugirió el análisis de camino como un algoritmo para calcular varianzas genéticas bajo ciertas condiciones, cuando se conoce la línea de herencia de genes de una generación a otra.

de lograr una interpretación más adecuada que la basada exclusivamente en el análisis de la correlación parcial, en aquellos casos en que se puede suponer que variables observadas relacionadas entre sí están determinadas completamente por otras variables «últimas» o exógenas. Estas variables exógenas pueden, a su vez, ser ellas mismas variables observadas (como «ingresos» en la determinación del «nivel de ahorro») o pueden ser variables hipotéticas (como la «inteligencia» en la determinación de las puntuaciones obtenidas en diversos tests).

La figura 1 describe una situación en la que X_1 y X_2 son variables exógenas observadas y X_u y X_v son variables exógenas latentes (no observadas, hipotéticas). Las variables exógenas determinan completamente las variables endógenas X_3 y X_4, tal como lo indican las flechas de una sola punta. Nótese que X_4 no depende sólo directamente de las variables exógenas X_1 y X_2, sino que también depende indirectamente de ellas a través de la variable intermedia X_3. La flecha de doble punta trazada, en la figura 3, entre las variables X_1 y X_2 indica que ambas son interdependientes, pero que la dirección de la influencia no se ha hecho explícita. Por otro lado, X_u y X_v son independientes entre sí, por lo que no aparecen conectadas por ninguna flecha, y también son independientes de X_1 y X_2.

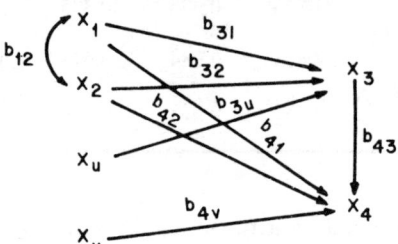

Figura 3. Ilustración de un diagrama de camino.

El análisis de camino trata de especificar las ecuaciones lineales que son equivalentes a un diagrama como el de la figura 1. Cualquier variable en la que converjan las flechas de una sola punta puede expresarse como una función de las variables de donde parten las flechas. Por ejemplo, a partir del diagrama anterior se puede escribir la siguiente ecuación:

$$X_3 = b_{31}X_1 + b_{32}X_2 + b_{3u}X_u \qquad [14.19]$$

que indica que X_3 depende totalmente de X_1, X_2 y X_u.

De igual modo, se puede escribir:

$$X_4 = b_{41}X_1 + b_{42}X_2 + b_{43}X_3 + b_{4v}X_v \qquad [14.20]$$

Los coeficientes b, en ecuaciones tales como [14.19] y [14.20], se denominan *coeficientes de camino* (*path coefficients*). Las ecuaciones se llaman también *ecuaciones estructurales* (Van de Geer, 1971, 115).

Los coeficientes b_{ij} que se escriben directamente en los trazos del diagrama, reflejan cuantitativamente la contribución directa de una variable dada sobre otra cuando se controlan los efectos de otras variables relacionadas con ellas. Los coeficientes de camino se simbolizan por la letra p_{ik}, representando los subíndices i y k las variables conectadas con el trazo. Los coeficientes de camino son idénticos a los coeficientes b de las ecuaciones estandarizadas de regresión múltiple discutidas anteriormente, en donde la ecuación de regresión refleja la estructura del modelo que se está analizando. De este modo, el modelo de camino y los coeficientes de camino suministran una imagen de la parcela del mundo social que el sociólogo se esfuerza por explicar, al mismo tiempo que los coeficientes describen el impacto de las variables independientes. Tal impacto viene dado en términos de la cantidad de cambio en la variable dependiente que acompaña a una unidad de cambio en una variable independiente dada, controlando la contribución de otras variables a la variable dependiente.

El *teorema básico del análisis de camino* y la forma en que un modelo estructural determinado se refleja en el cálculo de los coeficientes de camino es como sigue:

$$r_{ij} = \Sigma_k (p_{ik} \cdot r_{kj}) \qquad [14.21]$$

en donde k incluye cada una de las variables conectadas directamente a la variable dependiente i y previas a i en la ordenación teórica que aparece en el diagrama de camino (Loether y McTavish, 1974, 322-323).

Dadas las grandes posibilidades analíticas y teóricas del análisis de camino, el número de presupuestos básicos que los datos tienen que cumplir para que se pueda utilizar dicha técnica, es mayor que en el caso de la regresión múltiple. Como ocurre con la mayoría de las técnicas de análisis multivariable, sus presupuestos básicos han sido establecidos pensando en los datos del mundo físico y natural, y no en los del mundo social, por lo que una interpretación «purista» de tales supuestos podría descalificar el empleo de dicha técnica con datos sociológicos. Sin embargo, una interpretación amplia y poco estricta de los supuestos originarios permite la utilización del análisis de camino en los problemas de investigación social empírica, aunque, como se verá más adelante, no siempre justifican los datos de que dispone el sociólogo el empleo de dicha técnica.

Heise (1969) ha explicitado concisamente los seis presupuestos básicos del análisis de camino. En primer lugar, se presupone la existencia de una relación aditiva y lineal. Esto es, el valor de cualquier variable dada en el sistema se atribuye a la suma de los valores de otras variables en dicho sistema, lo que presupone que cualquier variable interna al sistema debe estar completamente explicada (esto es, la varianza explicada debe ser la unidad). Por lo tanto, si R^2 es menor que 1, como ocurre generalmente en sociología, se debe emplear un término residual o error para satisfacer este presupuesto. En el caso multivariable, el término residual se define a través de: $p_{ij} = \sqrt{1-R^2}$, y su interpretación es como sigue: «El coeficiente de camino residual representa la porción de la desviación estándar, y su cuadrado representa la porción de la varianza de la variable endógena causada por todas las variables no medidas, exteriores al conjunto de ellas bajo consideración en el modelo de camino» (Land, 1969, 12).

Un segundo supuesto se refiere al establecimiento de una serie de *ecuaciones recursivas*, ya que la influencia de una variable en otra tiene que ser unidireccional. En un sistema recursivo, pues, deben estar ausentes las causaciones recíprocas entre el conjunto de variables.

El tercer supuesto, uno de los más difíciles de cumplir en sociología, es el siguiente: «Las leyes causales que rigen el sistema deben formularse suficientemente como para especificar las prioridades causales entre las variables de forma indiscutible» (Heise, 1969, 52). Desde luego, cualquier sociólogo no dogmático sabe que existen pocos fenómenos sociológicos, si es que existe alguno, para los que se conozca de manera tajante el orden causal de las variables que los determinan. Sólo una interpretación amplia de este supuesto, en el sentido de que podamos al menos ordenar causalmente las variables, permite utilizar el análisis de camino en el análisis sociológico.

Dados estos cuatro supuestos, la relación entre cualquier par de variables en un modelo puede tratarse como un problema separado de regresión. Los coeficientes de regresión parcial resultantes, una vez estandarizados, se convierten en los mejores estimadores de los coeficientes que relacionan las variables. Dados los procedimientos de estimación por mínimos cuadrados utilizados en la estimación de los coeficientes de camino, cabe esperar que los presupuestos básicos utilizados en la regresión múltiple sean también necesarios. Recordemos los citados al estudiar anteriormente el análisis de regresión múltiple: unidades muestrales independientes, nivel de intervalo en la medición de las variables, varianzas iguales (homocedasticidad) y ausencia de niveles elevados de multicolinearidad.

El último supuesto que formula Heise (1969, 69) se refiere a la necesidad de que el instrumento de medida utilizado para obtener los datos empíricos sea altamente fiable. Por supuesto, hay que reconocer que el problema de la medición penetra por igual a todo el campo de la investigación empírica en las ciencias sociales. Pero para el caso que nos concierne aquí conviene destacar que el error aleatorio de medida provoca una desigualdad entre el verdadero valor y el valor medido; cualquier estimación de la pendiente que relacione dos variables será errónea. El error es resultado de la base empírica de β_{ij}. En tal caso, cualquier explicación que surja del modelo propuesto será falsa.

La gran cantidad de supuestos que hay que cumplir para poder aplicar con fiabilidad la técnica del análisis de camino no ha sido óbice, sin embargo, para que los sociólogos la hayan utilizado en los últimos años de manera creciente. Miller y Stokes se han preocupado de estudiar el uso que se ha hecho del análisis de camino en los trabajos de investigación publicados en las principales revistas profesionales de sociología americanas. Pues bien, en el período estudiado, que va de 1966 a 1973, 48 artículos publicados en tales revistas han utilizado el análisis de camino en 174 modelos elaborados con un número diverso de variables (sólo dos en el modelo más sencillo y trece en el modelo más complejo).

Pues bien, con el fin de evaluar el uso realizado del modelo de camino en los referidos artículos, Miller y Stokes calcularon el valor del término residual $(1-R^2)$, que representa el porcentaje de varianza explicado por las variables que no *intervienen* en el modelo. Sus resultados fueron sorprendentes. En los modelos que habían utilizado alrededor de seis variables, el valor medio del término residual fue de 0,79. Un residuo de esta magnitud indica que, por término medio, se ha explicado menos del 40 por 100 de la varianza. Otros resultados del examen del empleo del análisis de camino fueron que, mientras que el 20 por 100 de los modelos tenían términos residuales menores de 0,70, otro 25 por 100 tenían residuos incluso superiores a 0,90. Dicho de otra forma, un artículo de cada cuatro explica menos del 20 por 100 de la varianza con una media de cinco variables. Además, casi un 11 por 100 de tales artículos no pudieron explicar más del 10 por 100 de la varianza total, e incluso otro 10 por 100 de los artículos no incluyeron el término residual ni ningún otro coeficiente que hubiera permitido calcular la varianza no explicada. Todos estos datos, como afirman Miller y Stokes (1975, 199), despiertan un fundado escepticismo en los modelos cuantitativos basados en el análisis de camino tal como vienen siendo utilizados en la investigación sociológica, al mismo tiempo que con este hecho se pone de manifiesto que el empleo de una técnica analítica sofisticada es insuficiente para realizar un mejor trabajo de investigación, si no va acompañada de un papel más relevante de la teoría.

La anterior discusión pone de manifiesto la cautela que debe guiar el uso del análisis de camino en sociología. Con el fin de obtener una visión más práctica del empleo del análisis de camino, vamos a presentar dos ejemplos sociológicos de su uso, uno de ellos con resultados positivos y otro con resultados menos satisfactorios.

14.7.1. *Ejemplo de análisis de camino en la verificación de una teoría sociológica*

Land (1970) ha utilizado la teoría funcionalista de la estratificación social para poner de manifiesto las posibilidades del análisis de camino en la verificación de teorías sociológicas. La teoría funcionalista de la estratificación social, tal como fue formulada por Davis y Moore, sostiene que, en cualquier sistema social, la estratificación es funcional para la adecuada marcha del sistema. Según ambos autores, debe partirse del hecho universal de la estratificación. Toda sociedad conocida presenta un sistema de desigualdades sociales y una serie de roles estratégicos que alguien ha de ocupar para que la sociedad funcione. Para que los miembros se sientan motivados, la sociedad establece un sistema de recompensas diferenciales que mueven a ciertos individuos a querer ocupar esos roles y a aceptar el contenido normativo de los mismos. Estas recompensas diferenciales implican u originan un sistema de estratos o niveles. Las recompensas utilizadas incluyen ingresos, ocio y prestigio, y se distribuyen entre las diferentes ocupaciones, por ejemplo, en términos de: 1) la importancia de la ocupación en la sociedad, y 2) la escasez de individuos adecuadamente preparados que son necesarios para dicha ocupación. La figura 4 describe este modelo, con la salvedad de que ingresos y ocio están combinados como «otras recompensas», diferentes de «prestigio». Nótese que las variables X_a y X_b están incluidas en el diagrama para representar otras variables externas al modelo y errores de medición que puedan influir en las variables dependientes.

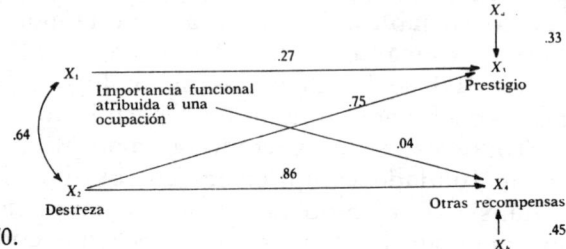

FUENTE: Land 1970.

Figura 4. Modelo de estratificación social de Davis y Moore.

Utilizando X en vez de X' para representar el valor estándar de una variable dada (dado que ésa es la convención en este caso), se puede expresar el modelo gráfico en términos de un «modelo de camino» de la forma siguiente:

$$X_3 = p_{31}X_1 + p_{32}X_2 + p_{3a}X_a$$
$$X_4 = p_{41}X_1 + p_{42}X_2 + p_{42}X_b$$

Estas ecuaciones estructurales pueden volver a escribirse en forma de coeficientes de camino y coeficientes de correlación de orden cero, de una manera similar a la empleada en el caso de la ecuación de regresión múltiple, teniendo en cuenta que los coeficientes de camino son coeficientes b estandarizados. De hecho, y para este ejemplo, se puede utilizar un programa de ordenador que resuelva ecuaciones de regresión múltiple con datos estandarizados utilizando X_1 y X_2 para predecir X_3, y X_1 y X_2 para predecir X_4. Si se dispone de la información necesaria, los coeficientes de camino se obtienen directamente.

Para construir las ecuaciones estimadoras de camino se recurre al teorema básico del análisis de camino, utilizando los coeficientes de camino y los coeficientes de correlación calculados con la información disponible:

$$r_{31} = p_{31}r_{11} + p_{32}r_{21} = p_{31} + p_{32}r_{21} \text{ (por ser } r_{11}=1,0) \quad [\text{I}]$$

$$r_{32} = p_{31}r_{12} + p_{32}r_{22} = p_{31}r_{12} + p_{32} \text{ (por ser } r_{22}=1,0) \quad [\text{II}]$$

$$r_{41} = p_{41}r_{11} + p_{42}r_{21} = p_{41} + p_{42}r_{21} \text{ (por ser } r_{11}=1,0) \quad [\text{III}]$$

$$r_{42} = p_{42}r_{12} + p_{42}r_{22} = p_{42}r_{12} + p_{42} \text{ (por ser } r_{22}=1,0) \quad [\text{IV}]$$

Vemos, pues, que el subíndice k de la fórmula del teorema de camino [14.20] ha tomado, en las ecuaciones [I], [II], [III] y [IV], dos valores, 1 y 2, reflejando el hecho de que las variables X_1 y X_2 están directamente relacionadas y son previas a X_3 y X_4. Para cada una de las anteriores cuatro ecuaciones es posible predecir cada una de las cuatro correlaciones existentes entre las variables independientes y dependientes. A efectos de cálculo, tenemos un sistema de cuatro ecuaciones con cuatro incógnitas, que son precisamente los cuatro coeficientes de camino, p_{31}, p_{32}, p_{41} y p_{42}. Un programa de ordenador como el empleado por Nygreen (1971) puede realizar sin más los cálculos *. Todo lo que se necesita ya es un estudio con mediciones adecuadas de las variables incluidas en el modelo. Land (1970) hace esto utilizando los datos recogidos en una encuesta realizada entre 185 estudiantes de segunda enseñanza, los cuales ofrecieron sus evaluaciones de la importancia funcional, destreza, prestigio y recompensas de 24 ocupaciones (Lopreato y Lewis, 1963):

	Varianza explicada	Varianza no explicada
$R_{3.12} = 0,94$	$R^2_{3.12} = 0,89$	$1 - R^2_{3.12} = 0,11$
$R_{4.12} = 0,89$	$R^2_{4.12} = 0,80$	$1 - R^2_{4.12} = 0,20$

* Nygreen (1971) ofrece una valiosa discusión del análisis de camino y de un programa para calcular coeficientes de camino.

Aunque el modelo no explica el 100 por 100 de la varianza, los porcentajes explicados de las variables dependientes, 80 y 89 por 100, son ciertamente altos y, por desgracia, poco frecuentes en sociología —recuérdese que, según los cálculos realizados por Miller y Stokes (1975), la media del término residual en los artículos sociológicos que utilizan análisis de trazos y aparecidos en diversas revistas profesionales es de 0,79—. La variación no explicada se debe, como ya se sabe, a variables o errores de medida no incluidos en el modelo. Con el fin de completar el modelo, las raíces cuadradas de tales valores se adscriben a las variables residuales (en el ejemplo, variables a y b):

$$p_{3a} = \sqrt{1 - R^2_{3,12}} = \sqrt{0,11} = 0,33$$

$$p_{4b} = \sqrt{1 - R^2_{4,12}} = \sqrt{0,20} = 0,45$$

En el caso de que los coeficientes de camino residuales fueran de menor cuantía, el investigador debería pensar en un modelo alternativo que incluyera otras variables independientes, a la vez que debería revisar las operaciones de medición para descubrir el posible error de medición. Como éste no es el caso, la conclusión que se puede extraer del examen de los datos es que el modelo teórico de Davis y Moore ofrece una interpretación válida de las evaluaciones ocupacionales realizadas por los estudiantes encuestados por Lopreato y Lewis.

14.7.2. Ejemplo de análisis de camino en un estudio de sociología electoral

En un estudio sobre la ideología política de los españoles, un equipo de investigadores del Centro de Investigaciones Sociológicas (1977) realizó diversas encuestas a nivel nacional en un período que abarca dos años. De una manera más concreta, los investigadores estudiaron la evolución de las tendencias ideológicas en dicho período, preguntando en cada encuesta cómo y dónde se autoubican los entrevistados dentro de una escala ideológica cuyos valores extremos son el 1 y el 7, correspondiendo el 1 a la posición de extrema izquierda y el 7 a la posición de extrema derecha, representando el resto de las puntuaciones posturas políticas intermedias entre ambos extremos.

Con el fin de cuantificar e interpretar la relación entre la ideología política y las variables sociodemográficas (edad, sexo, estudios y ocupación) utilizadas para explicarla, los autores utilizaron un modelo recursivo causal que, para la segunda de las encuestas realizadas (11 de diciembre de 1976), es el siguiente:

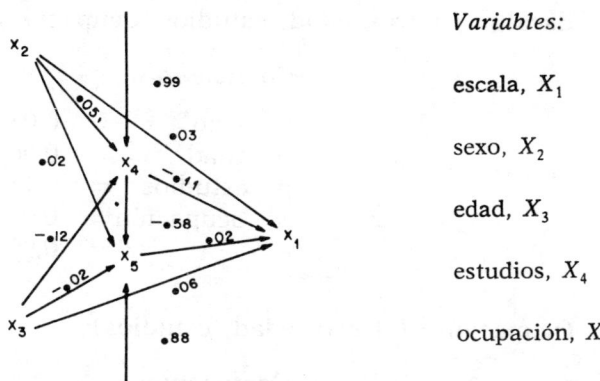

Variables:

escala, X_1

sexo, X_2

edad, X_3

estudios, X_4

ocupación, X_5

Figura 5. Modelo recursivo causal de las relaciones de algunas variables sociodemográficas con una escala de ideología política.

Se parte, pues, de un sistema de ecuaciones estructurales, en las que el sexo (variable X_2) y la edad (variable X_3) actúan como variables exógenas, y los estudios (variable X_4), ocupación (variable X_5) y la escala (variable X_1) lo hacen como variables endógenas. El sistema de ecuaciones empleado es el que sigue, en base al teorema básico del análisis de camino [14.21]: 1, escala; 2, sexo; 3, edad; 4, estudios; 5, ocupación.

Escala = f (sexo, edad, estudios, ocupación):

$$r_{12} = p_{12} + p_{13}r_{32} + p_{14}r_{42} + p_{15}r_{52}$$
$$r_{13} = p_{12}r_{23} + p_{13} + p_{14}r_{43} + p_{15}r_{53}$$
$$r_{14} = p_{12}r_{24} + p_{13}r_{34} + p_{14} + p_{15}r_{54}$$
$$r_{15} = p_{12}r_{25} + p_{13}r_{35} + p_{14}r_{45} + p_{15}$$

Ocupación = f (sexo, edad, estudios):

$$r_{52} = p_{52} + p_{53}r_{32} + p_{54}r_{42}$$
$$r_{53} = p_{53}r_{23} + p_{53} + p_{54}r_{43}$$
$$r_{54} = p_{54}r_{23} + p_{53}r_{34} + p_{54}$$

Estudios = f (sexo, edad):

$$r_{42} = p_{42} + p_{43}r_{32}$$
$$r_{43} = p_{42}r_{23} + p_{43}$$

La solución de este sistema de ecuaciones, cuyos cálculos se realizaron a través del correspondiente programa de ordenador, ofrece los siguientes coeficientes numéricos.

Escala = f (sexo, edad, estudios, ocupación):

Coeficientes

p sexo = 0,03
p edad = 0,06
p estudios = 0,11
p ocupación = 0,02
e = 0,99

Ocupación = f (sexo, edad, estudios):

Coeficientes

p sexo = 0,02
p edad = −0,07
p estudios = −0,58
e = 0,82

Estudios = f (sexo, edad):

Coeficientes

p sexo = 0,05
p edad = −0,12
e = 0,99

Los coeficientes de camino estimados, esto es, los coeficientes estandarizados de la ecuación de regresión, miden los efectos, directos e indirectos, entre cada una de las variables. Con su cálculo, a través del modelo recursivo causal diseñado, los autores pretenden lo siguiente:

— Determinar cuantitativamente cuál de las variables (endógenas o predeterminadas) tienen mayor influencia sobre la ideología política.
— Determinar hasta qué punto las variables sociodemográficas usadas explican adecuadamente las variaciones ideológicas.

Los coeficientes de camino calculados son los que aparecen en el siguiente cuadro, en el que se detallan los efectos totales, indirectos y directos, de las variables sociodemográficas utilizadas sobre la escala de ideología política:

Variable	Total	Indirecto vía variable X_3	Indirecto vía* variable X_4	Directo
X_2	0,0254	— 0,0050	0,0004	0,03
X_3	0,0718	— 0,0014	0,0132	0,06
X_4	— 0,1216	— 0,0116	—	— 0,11
X_5	0,02	—	—	0,02

Los datos que aparecen en este cuadro permiten realizar una serie de consideraciones interesantes a los autores. Así, si nos fijamos en la columna directo, se observa que tanto el sexo como la ocupación tienen escasa influencia en la ideología política. Los coeficientes de ambas variables son menores que los de los estudios y edad, y no son diferentes de cero de un modelo significativo. La edad y los estudios son, pues, con sus coeficientes un poco más altos, los que tienen una cierta influencia sobre la ideología, de tal modo que a mayor edad, más a la derecha, e inversamente, y a mayor nivel de estudios, más a la izquierda.

Esta interpretación no varía si, en vez de considerar los efectos directos de las distintas variables sobre la ideología, se utilizan los efectos totales (que vienen dados por la suma de los efectos directos de cada variable más sus influencias a través de otras variables sobre las que influye). En efecto, se observa que los coeficientes apenas varían, lo que significa que lo importante es el efecto directo.

La interpretación sociológica del poco efecto del sexo o de la ocupación sobre la ideología hay que entenderlo del siguiente modo. Las diferencias ideológicas existentes entre las mujeres son tan grandes como las existentes entre los hombres, y lo mismo ocurre dentro de las diferentes categorías ocupacionales.

Llegados a este punto, cabe preguntarse ahora por el grado de ajuste del modelo a los datos. Para ello se utiliza el criterio de la cantidad de variación en la variable dependiente explicada por las variables independientes. A la vista de los coeficientes de camino ya calculados, y teniendo en cuenta que los cuadrados de los coeficientes de correlación múltiple son los siguientes:

* En el análisis de camino se distingue el *efecto directo* de una variable sobre otra, que se mide por medio del coeficiente de camino que relaciona ambas variables ($x_i \xrightarrow{p_{ij}} x_j$), del *efecto indirecto* de una variable sobre otra, que se mide mediante el producto de los coeficientes de camino que determinan la ruta (no directa) que hay que seguir para pasar de una variable a otra

$$(x_i \downarrow p_{ik} \quad p_{kj} \\ x_k \xrightarrow{} x_j)$$

En este caso, el efecto indirecto de x_i sobre x_j sería $p_{ik} \cdot p_{kj}$. El *efecto total* es la suma del efecto directo y del efecto indirecto.

$$R^2(X_2, X_3, X_4, X_5) = 0,0098; \quad R(X_2, X_3, X_4) = 0,0484$$

cabe concluir que la varianza explicada, el poder explicativo del modelo, es mínimo, casi inexistente. Los autores del estudio proponen, en consecuencia, el abandono del modelo sociológico empleado para explicar la ideología política y la adopción de un modelo más psicologista, que incluya variables psicológcas (principalmente de personalidad) para poder explicar mejor la ideología.

Otra alternativa en la que cabría pensar es la de construir un modelo con otras variables sociológicas, tales como actitudes religiosas, sin abandonar las variables sociodemográficas empleadas originalmente. Esto requeriría un nuevo diseño de la encuesta para poder obtener los datos que se ajustasen a un modelo sociológico diferente que explicara la ideología política.

Este ejemplo pone de manifiesto que cuando se trabaja con datos sociológicos insuficientes para tratar de explicar fenómenos más complejos, las técnicas estadísticas más sofisticadas poco pueden añadir a la capacidad explicativa de los análisis más tradicionales. En todo caso, el análisis estadístico más elaborado, como el modelo de análisis de camino aquí empleado, sirve para poner más claramente de manifiesto el rechazo de los modelos teóricos simplistas, evidenciando así la necesidad de diseños más complejos y de mediciones más rigurosas. Y es que la posesión de una mejor técnica analítica es por sí misma insuficiente para lograr mejorar el proceso de la investigación. La metodología del análisis de camino, aunque representa un claro avance en el desarrollo de la metodología sociológica, no es un sustituto para una conceptualización precisa, una firme teoría, unas rigurosas mediciones o una imaginación creativa.

14.8. Terminología

Se recomienda la memorización y comprensión del significado de cada uno de los términos y conceptos siguientes:

— Ecuación de regresión múltiple.
— Supuestos básicos de la regresión múltiple.
— Coeficientes de correlación múltiple.
— Coeficientes de regresión parcial y coeficientes beta.
— Plano de regresión.
— Plano de regresión de mínimos cuadrados.
— Coeficiente de determinación múltiple.
— Error típico o estándar de la estimación.
— Variables ficticias.
— Regresión múltiple escalonada.
— Análisis de camino.
— Coeficientes de camino.
— Ecuaciones estructurales.
— Diagrama de camino.

- Teorema básico del análisis de camino.
- Multicolinearidad.

EJERCICIOS

1. Los datos siguientes se refieren a la distribución de tres índices en un estudio sobre el bienestar social en 20 grandes ciudades. El índice de bienestar social se ha elaborado a partir de los niveles de gasto por persona en seguridad y bienestar sociales y ocio. El índice de estabilidad se elaboró a partir de una combinación de indicadores sobre delincuencia, paro y conflictividad laboral, mientras que el índice de integración se midió a través de los indicadores de movilidad social de la población inmigrante.

Ciudad	Indice de bienestar social	Indice de estabilidad	Indice de integración
1	28,2	21,2	38,3
2	28,0	25,4	63,4
3	27,8	79,4	36,2
4	27,2	26,0	64,8
5	26,0	21,4	70,2
6	25,6	23,8	81,6
7	25,4	65,0	33,4
8	25,0	31,4	48,3
9	24,0	38,4	42,7
10	23,6	32,2	83,9
11	22,6	80,3	24,3
12	22,2	35,8	54,8
13	21,8	40,4	43,9
14	19,6	63,6	38,1
15	19,2	18,5	62,3
16	18,0	34,6	64,4
17	17,6	26,2	76,8
18	16,0	46,2	68,4
19	14,2	48,3	50,2
20	14,0	32,9	70,4

Se pide lo siguiente:

a) Calcular la correlación parcial entre bienestar social y estabilidad, controlando la integración. Calcular la correlación parcial entre bienestar social e integración, controlando la estabilidad.
b) Obtener la ecuación de regresión múltiple de mínimos cuadrados, tomando el bienestar social como la variable dependiente.
c) Calcular los coeficientes o pesos beta y compararlos con los coeficientes de correlación parcial obtenidos en a).
d) Calcular el coeficiente de correlación múltiple tomando el bienestar social como variable dependiente.
e) Suponiendo que las 20 ciudades constituyen una muestra representativa del conjunto de grandes ciudades, contrastar la hipótesis de que la correlación múltiple es cero para dicho conjunto de ciudades, para un nivel de significatividad del 99 por 100.

2. En un estudio sobre el prestigio académico-profesional de un conjunto de profesores universitarios, se encontró que el prestigio —medido a través de una escala de prestigio aplicada a una muestra representativa de profesores universitarios— estaba correlacionado significativamente con las variables «cantidad de publicaciones» y «calidad de publicaciones» de tales profesores. Calculados los coeficientes de correlación entre cada par de variables, se obtuvo la siguiente matriz de coeficientes de correlación parcial:

	(1) Prestigio académico-profesional	(2) Cantidad de publicaciones	(3) Calidad de publicaciones
(1)	—	.47	.35
(2)		—	.74
(3)			—

Se pide lo siguiente:

a) Calcular los coeficientes beta.
b) Sabiendo que los valores típicos alcanzan las siguientes puntuaciones: $s_1=93,2$; $s_2=87,5$, y $s_3=46,8$, calcular los coeficientes de regresión parcial y escribir la correspondiente ecuación de regresión múltiple.
c) Sabiendo que $r_{13\cdot2}=0,26$ y $r_{12\cdot3}=0,41$, calcular el coeficiente de correlación múltiple. Interpretar los resultados en función de la proporción de variación explicada por las dos variables independientes.

3. En un estudio sobre los factores predictivos del número de alumnos admitidos en los exámenes de ingreso en la Universidad con notas superiores a la media, se seleccionaron 100 colegios de los que se obtuvieron mediciones de los siguientes índices: tamaño colegio, homogeneidad social, calidad enseñanza, y *ratio* profesor/alumno. Con los datos obtenidos se efectuó un análisis de regresión escalonada, de los que se obtuvieron los siguientes coeficientes R:

Fase	Variable seleccionada	R	R^2
1	*ratio* profesor/alumnos	.580	.336
2	calidad enseñanza	.591	.349
3	tamaño colegio	.593	.352
4	homogeneidad social	.594	.353

Interpretar los resultados, destacando la influencia de cada variable en la determinación del éxito escolar para el ingreso en la Universidad.

4. En un estudio sobre la influencia de los padres en las preferencias políticas de los hijos, se ensayó el siguiente modelo que supone que además de influir el padre en las preferencias del hijo, lo hace también sobre su esposa, es decir, sobre la madre:

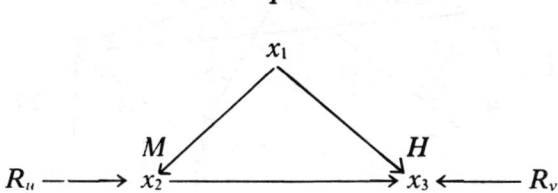

en donde:

x_1 = preferencia política del padre.
x_2 = preferencia política de la madre.
x_3 = preferencia política del hijo.
R_u = influencias residuales sobre la preferencia política de la madre.
R_v = influencias residuales sobre la preferencia política del hijo.

Se pide lo siguiente:

1. Escribir las ecuaciones estructurales correspondientes a este modelo.
2. ¿Cuáles son las variables endógenas y cuáles son las exógenas?
3. ¿Qué supuestos hay que incorporar al modelo si se desea utilizar el análisis de regresión múltiple de mínimos cuadrados para estimar sus parámetros?
4. Construir las ecuaciones estimadoras de camino a partir del teorema básico del análisis de camino y de las ecuaciones estructurales.
5. A partir de la matriz de correlaciones siguiente, calcular el valor de los coeficientes de camino (P_{31}, P_{32}, P_{21}):

	x_1	x_2	x_3
x_1	—	.714	.573
x_2		—	.618
x_3			—

5. En un estudio sobre la movilidad intergeneracional en España, los autores desarrollaron el siguiente modelo de cinco variables. Los números que aparecen escritos encima de las flechas son coeficientes de camino que representan estimaciones no sesgadas de los efectos causales de las variables:

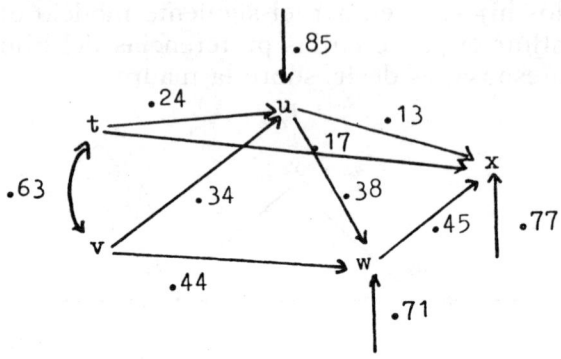

x: ingresos del sujeto.
w: ocupación del sujeto.
u: educación del sujeto.
t: educación del padre.
v: ocupación del padre.

Los autores trataron de contrastar resultados previos obtenidos sobre estratificación y movilidad social en España. Algunos de tales resultados sostenían que en la sociedad española el factor adscripción es muy importante en la determinación del posicionamiento social de los individuos, es decir, depende en buena medida del origen social. También, que la movilidad ocupacional a través de la educación ha sido relativamente baja, por lo que el sistema educativo parece jugar un papel de refuerzo del sistema social, en lugar de reformarlo.

A la vista de los resultados de los coeficientes de camino obtenidos en el anterior modelo, ¿qué cabe decir sobre las anteriores afirmaciones acerca de la movilidad intergeneracional en la sociedad española?

BIBLIOGRAFIA

BLALOCK, Hubert M.: *Social Statistics*, New York, McGraw-Hill, 1972.
BOUDON, R.: «A method of linear causal analysis: dependence analysis», *American Sociological Review*, 30, 1965, págs. 365-374.
DUNCAN, D. D.: «Path analysis: sociological examples». *American Journal of Sociology*, 72, 1966, págs. 1-16.
HEISE, D. R.: «Problems in path analysis and causal inference», en Edgar F. Borgatta (ed.), *Sociological Methodology 1969*, San Francisco, Jossey-Bass, Inc, 1969, páginas. 38-73.
KIM, Lae-On y F. J. KOHONT: «Multiple regresión analysis», en Norman H. Nie et. al. *Statistical Package for the Social Sciences*, New York, MacGraw-Hill, 1975, páginas. 320.367.
LOETHER, H. J. y D. G. McTAVISH: *Descriptive Statistics for Sociologists*, Boston. Allyn and Bacon, 1974.
LOPREATO, J. y L. S. LEWIS: «An Analysis of variables in the Funtional Theory of Stratification», *Sociological Quarterly 4*, 1963, págs. 301-310.
MILLER, M. K. y C. S. STOKES: «Path analysis in sociological research», *Rural Sociology 40*, 1975, págs. 193-201.
NYGREEN, G. T.: «Interactive Path analysis», *American Sociologist*, 6, 1971, páginas 37-43.
OLTRA, B. y J. M. DE MIGUEL: «Sistema Sanitario y Cambio Social, *Papers*, 5, 1976, páginas 55-98.
Varios: *La Reforma Política*, Madrid, C.I.S., 1977.
VILA, D.; F. A. ORIZO y M. GÓMEZ REINO: «Sociología del actual cambio político en España», en la síntesis actualizada del *III informe FOESSA*, 1978, Madrid, páginas 681-732.
WRIGHT, S.: «The Method of Path Coeficientes», *Annals of Mathematical Statistics*, 5, 1934, págs. 161-215.
WRIGHT, S.: «Path Coefficients and path regression: alternative or complentary concepts». *Biometric*, 16, 1960, págs. 189-202.

Capítulo 15
EL ANALISIS ESPACIAL EN SOCIOLOGIA

15.1. Introducción: Conceptos generales

En este capítulo vamos a estudiar un conjunto de técnicas que ofrecen una perspectiva muy útil para tratar problemas multivariables en la investigación sociológica. La idea básica es antigua aunque su desarrollo y aplicación generalizada es reciente, dado que ha habido que esperar a disponer de las facilidades de cálculo que ofrece el ordenador, por las dificultades prácticas de cálculo manual que encierran.

La idea de localizar un punto en el espacio mediante un sistema de coordenadas, es familiar para todos nosotros. De igual modo, se puede caracterizar a un individuo a través de la puntuación obtenida en dos atributos diferentes. Ambas puntuaciones permiten situar al individuo en un espacio, que Lazarsfeld y colaboradores denominaron «de atributos o de propiedades» (Barton, 1973, págs. 195 y sigs.). Un espacio de atributos formados por dos características cualitativas, se representa en un conjunto de celdillas, cada una de las cuales corresponde a una combinación de valores definidos en ambas propiedades. Ahora bien, los objetos o individuos suelen caracterizarse por un número más amplio de atributos o propiedades. De este modo, se hace preciso pensar en un *espacio sociológico multidimensional* (Loether y Mctavish, 1974, págs. 341 y sigs.). Esto nos permite estudiar de forma simultánea las similitudes o diferencias de k individuos en relación a n atributos, características o propiedades. Siguiendo la analogía con el espacio bidimensional, se puede medir la «posición» de un individuo en un número de variables, dimensiones o factores de interés sociológico, que definen una región o espacio sociológico.

Resulta obvio que al tratar de localizar a los individuos, o casos individuales, en un espacio de varias dimensiones, no resulta posible visualizar gráficamente dicha situación, aunque sí se puede recurrir a la imaginación conceptual. De cualquier modo, los desarrollos más recientes en el escalamiento multidimensional tratan de forzar la reducción del espacio n-dimensional, a un número de dimensiones asequibles al ojo humano. Así, las técnicas «radex», «simplex», «cilindrex» y en general el «análisis del espacio mínimo» de Guttman (1968), tratan de reducir los tratamientos multidimensionales en los estudios de actitudes, opiniones y valores sociales, a estructuras bi y tridimensionales (estructuras cilíndricas) de más fácil comprensión.

En efecto, el problema básico que se presenta en este tipo de tratamientos es el de cómo manejar simultáneamente tantas variables al explorar y descubrir el espacio sociológico así definido. De una forma general, se puede afirmar que el análisis espacial sigue una línea de razonamiento similar a la empleada cuando se utiliza una línea de regresión como simplificación de la correlación entre dos variables. La pregunta básica que se trata de responder al utilizar cada técnica es la siguiente: ¿existe un número reducido k de dimensiones subyacentes que pueden utilizarse para definir el espacio n, siendo n mayor que k? Claramente, se trata siempre de reducir k a su valor mínimo, sin violentar la naturaleza de los datos y sin perder significatividad.

Con la reducción de dimensiones, se obtienen ciertas ventajas. Así, una representación de menos dimensiones será siempre científicamente más parsimoniosa ya que permite representar los mismos datos por medio de un número más pequeño de parámetros numéricos (las coordenadas espaciales de los puntos). Además, en la medida en que se estima a partir de los datos un número más pequeño de parámetros, cada uno de estos se basará en un subconjunto más amplio de datos y, correspondientemente, tendrán una mayor fiabilidad estadística. Finalmente, y quizá más importante, si se puede lograr la reducción a dos o tres dimensiones, será posible obtener una representación gráfica, que permite visualizar del mejor modo posible los resultados (Shepard, 1972, pág. 2).

Hasta ahora, las técnicas multivariables de tipo especial, han sido utilizadas sobre todo de forma exploratoria y clasificatoria, para describir la forma en que los casos se agrupan o difieren entre sí, y para obtener nuevas escalas de medida. Ultimamente comienzan a ser utilizadas en la contrastación de hipótesis y se trata de incorporarlas al desarrollo y verificación de las teorías sociológicas. Sin embargo, las posibilidades de que cristalicen estos últimos usos del análisis espacial no depende tan sólo del logro de programas de ordenador que faciliten y difundan su uso, como de la propia capacidad de la sociología para desarrollar métodos para la obtención de datos relevantes, más rigurosos y fiables.

Por lo que se refiere al procedimiento estadístico, lo que se pretende con un análisis espacial es analizar la matriz de los datos en función de la «distancia» o «cercanía» con que se distribuyen en las celdillas los individuos o los atributos o variables. El valor de cada celdilla indicará la relativa distancia entre dos items. Se puede imaginar una matriz de correlaciones como una *matriz de «similitudes»* o *«proximidades»*, porque los números de las celdillas varían con el tipo de relación entre pares de items, de tal manera que cuanto más elevado sea el valor de dichos números mayor será la relación. También puede pensarse que los números representan distancias y entonces a mayor valor del número mayor será la distancia que separa los dos items. En este último caso hablaremos de *una matriz de «distancias»* (Loether y Mctavish, *op. cit.*, pág. 348).

Con frecuencia se utiliza la propia matriz de correlaciones como matriz de distancias para realizar el análisis espacial. Cuando no es posible o no resulta aconsejable calcular el coeficiente *r* de Pearson, se puede recurrir a medidas de distancia alternativas. Habitualmente, la distancia en un espacio euclideano se calcula a partir de la siguiente fórmula, para expresar la distancia lineal entre dos puntos *i* y *j*:

$$d_{ij} = \sqrt{(X_i - X_j)^2 + (Y_i - Y_j)^2 + \ldots + (Z_i - Z_j)^2}$$

Es decir, la distancia entre los puntos *i* y *j* es la raíz cuadrada de la suma al cuadrado de las diferencias entre sus puntuaciones en cada dimensión.

Las distancias se pueden calcular entre individuos o casos individuales, o entre variables o items. Es decir, podemos calcular las correlaciones, o distancias, entre las puntuaciones en el mismo conjunto de variables entre pares de individuos, objetos o casos. Por ejemplo, si estamos interesados en analizar diferencias entre individuos, podemos medir cada individuo en función de un determinado número de variables (por ejemplo: edad, educación, voto, preferencias, etc.). Así, se puede correlacionar el mismo conjunto de medidas para cada posible pareja de individuos. Estas medidas dan lugar a una matriz de correlaciones que ofrece la correlación entre parejas de individuos, y dicha matriz se suele llamar *matriz-Q* y a las técnicas para analizar tal tipo de matrices se les denomina *técnicas-Q*.

Por otro lado, el interés del investigador puede estar dirigido al estudio de las correlaciones entre parejas de variables o items pertenecientes a *N* individuos. Este es el tipo más corriente de correlación bivariable que hemos analizado en el capítulo correspondiente al análisis de dos variables. La matriz de correlaciones entre todos los pares de items o variables se llama una *matriz-R*, y las técnicas que se ocupan del análisis de estas matrices se denominan *técnicas-R*.

Las distancias que se calculan mediante el análisis *Q*, correlacionan a *N* individuos en relación a las mediciones de *K* variables, lo que da como resultado $N(N-1)/2$ distancias entre pares de individuos. Cada coeficiente de correlación, pues, expresa la similitud o distancia entre individuos. Cuando las distancias se calculan en el análisis *R*, reflejan correlaciones entre *K* variables o items de *N* individuos, lo que da como resultado una matriz de distancias entre los $K(K-1)/2$ pares de items y los coeficientes de correlación representan similitudes o distancias entre variables o items. Obsérvese que en principio nada impide utilizar el mismo tipo de coeficiente estadístico en una matriz de tipo R o de tipo Q.

15.2. Análisis factorial

El término *análisis factorial* no es un concepto unitario, ya que en realidad se subsume en él una amplia variedad de procedimientos estadísticos que comparten el objetivo de tratar de determinar el número y la naturaleza de las variables subyacentes entre un amplio número de medidas. Dicho de una forma más sucinta y técnica, el análisis factorial es una técnica que permite determinar k variables subyacentes (factores) a partir de una serie n de medidas, siendo k menor que n. También puede definirse como una técnica que se ocupa de extraer factores de varianza común a partir de una serie de medidas.

El análisis factorial sirve, como ninguna otra técnica estadística, a la causa del logro de la parsimonia científica o economía de descripción. El principio de la parsimonia es común a toda teoría científica, y establece que todo modelo debe ser más simple que los datos en los que se basa. Así, si diversas variables miden el mismo fenómeno, los valores de dichas variables pueden sumarse unas a otras, cosa que no puede hacerse cuando las variables miden fenómenos diferentes. Pues bien, el análisis factorial nos dice qué variables pueden adicionarse y ser estudiadas conjuntamente en lugar de hacerlo por separado. También permite al investigador la localización e identificación de unidades y propiedades fundamentales.

Antes de la difusión de los ordenadores de alta velocidad y de los programas estadísticos estándar, el análisis factorial, sobre el que ya en 1904 el estadístico Spearman publicara un primer trabajo, estaba notablemente restringido en su uso por las dificultades de cálculo que comporta, sobre todo cuando se parte de un número elevado de variables. Thurstone, en los años 40, popularizó el empleo del análisis factorial en el campo de la psicología, para tratar de identificar los principales factores que intervienen en la inteligencia humana. Los psicólogos especialistas en educación se percataron bien pronto de que los numerosos tests o pruebas que se aplican corrientemente no miden aspectos o dimensiones diferentes de la inteligencia.

En realidad, los estudios correlacionales realizados ponían de manifiesto que algunos tests o pruebas estaban muy relacionados entre sí. Precisamente Thurstone propuso la utilización del análisis factorial para poder explicar las correlaciones mutuas en los resultados de los tests en términos de algunos factores de inteligencia básica. La identificación y diferenciación de la capacidad espacial, verbal y cuantitativa en la inteligencia humana se debe al empleo del análisis factorial.

15.2.1. Introducción al análisis factorial por medio de un ejemplo hipotético

Dado que el primer uso sistemático que se hizo del análisis factorial en las ciencias sociales estuvo dirigido sobre todo al tratamiento de los tests o pruebas de inteligencia, utilizaremos un ejemplo hipotético relacionado con tales pruebas para glosar los conceptos y términos básicos de esta técnica estadística.

Supongamos que administramos a los alumnos de una clase un conjunto de seis tests diferentes, que tratan de medir el vocabulario (V), la capacidad de lectura (L), el uso de sinónimos (S), el uso de números (N) y la capacidad de cálculo aritmético (para esto último suponemos que utilizamos dos tests aritméticos diferentes, A_1 y A_2). Sospechamos, sin embargo, que los seis tests no miden seis sino un número más pequeño de variables. Para comprobar esta hipótesis, y después de haber evaluado los tests realizados por los alumnos, calculamos los coeficientes de correlación entre cada pareja de tests y construimos la siguiente matriz (llamada matriz R) a partir de tales coeficientes:

TABLA 1

Matriz R: Coeficientes de correlación entre seis tests o pruebas de inteligencia

		V	L	S	N	A_1	A_2
Conglomerado I →	V	—	0,70	0,59	0,08	0,07	0,00
	L	0,70	—	0,60	0,11	0,14	0,08
	S	0,59	0,60	—	0,13	0,14	0,07
	N	0,08	0,11	0,13	—	0,58	0,61
	A_1	0,07	0,14	0,14	0,58	—	0,74
	A_2	0,00	0,08	0,07	0,61	0,74	—

↑
Conglomerado II

Lo que ahora nos interesa es saber qué factores subyacen a los seis tests, según se reflejan en los coeficientes de correlación. Si dos o más tests están sustancialmente correlacionados, entonces los tests comparten una varianza, es decir, tendrán una varianza factorial común, ya que miden algo en común.

La tabla 1 revela la existencia de dos factores, señalados por los conglomerados I y II que rodean a sendos grupos de coeficientes de correlación elevados. Ambos conglomerados revelan que los tests V, L, y S, por un lado, y los N, A_1 y A_2, por otro, miden algo en común, ya que dentro de cada grupo los coeficientes de correlación son superiores a 0,50, mientras que la correlación entre un test cualquiera del conglomerado I y otro test cualquiera del conglomerado II, no alcanza para ninguna pareja el valor de 0,15.

Una vez encontrados los dos factores, cabe preguntarse por su significado y por el nombre que se les puede dar. Al observar con detenimiento el contenido de los tests V (vocabulario), L (capacidad de lectura) y S (uso de sinónimos), se puede concluir que los tres se basan en palabras, por lo que se puede denominar al factor I subyacente como *capacidad verbal*. Al hacer lo propio con los otros tres tests, N (uso de números) y A_1 y A_2 (aritmética), se puede concluir que comparten en común el cálculo numérico o aritmético, por lo que al factor II cabe denominarlo como *capacidad aritmética*.

Conviene decir cuanto antes, sin embargo, que los nombres que se dan a los factores son siempre tentativos y en función del marco teórico que rodea a la investigación. No existen, en absoluto, reglas que ordenen este proceso ya que, en último término, cabe considerar a los factores extraídos como hipótesis que han de contrastarse en la investigación ulterior que se realice, bien sea a través de más análisis factorial o del empleo de otras técnicas.

Ahora bien, las cosas no son siempre tan sencillas en la realidad de la investigación, y los factores no son tan evidentes por sí mismos como en el caso anterior. Si una variable mide un solo factor se dice que es factorialmente «pura». En la medida que una variable mide un factor, se dice que está *saturada* por el factor. En realidad, un análisis factorial no se termina hasta que sabemos si una variable es factorialmente pura o si está saturada por el factor. Lo habitual es que una variable se encuentre saturada por más de un factor, diciéndose entonces que es *factorialmente compleja*. Para poder estudiar estas relaciones más complejas hace falta algo más que la inspección de una tabla sencilla como es la tabla 1. Se necesita entonces un método objetivo que permita determinar el número de factores y los coeficientes de saturación de cada variable en cada factor. Aunque más adelante veremos algunas de las técnicas más recientes utilizadas para determinar tales valores, sigamos con la discusión de los datos sencillos del ejemplo anterior para familiarizarnos con los aspectos básicos del análisis factorial.

Uno de los resultados finales de un análisis factorial es la llamada *matriz factorial*, que consiste en una tabla de coeficientes que expresan las relaciones entre las variables (en nuestro ejemplo, se trata de tests de inteligencia) y los factores subyacentes. Supongamos, hipotéticamente, que aplicamos una de las técnicas propuestas inicialmente por Thurstone, el Método Centroide (Thurstone, 1947, capítulo 8), para realizar dicho cálculo, y que obtenemos los siguientes datos:

TABLA 2

Matriz factorial de los datos de la tabla 1, solución rotada

TEST	A	B	C	h^2
V	0,81	0,00	0,04	0,71
L	0,80	0,08	0,12	0,77
S	0,72	0,10	−0,06	0,61
N	0,11	0,71	−0,07	0,58
A_1	0,08	0,79	0,11	0,70
A_2	0,01	0,70	0,02	0,71

Los factores de cada celdilla se denominan *factores o coeficientes de saturación* («factor loadings»). Pueden escribirse como a_{ij}, que significa la saturación a de la variable i en el factor j. Su valor oscila entre −1,00 y +1,00, al igual que los coeficientes de correlación y se interpretan como las correlaciones entre variables y factores.

Los valores de la última columna se denominan *comunalidades*, h^2, y representan las sumas de los cuadrados de los coeficientes de saturación. Su interpretación es sencilla: la comunalidad de una variable es una varianza factorial común. Su significado se verá con más claridad una vez estudiemos los fundamentos de la teoría factorial, cosa que hacemos a continuación.

15.2.2. *Fundamentos teóricos*

Como es sabido, la varianza de una variable puede expresarse en función de sus fuentes de varianza del siguiente modo:

$$V_t = V_{co} + V_{sp} + V_e \qquad [15.1]$$

en donde V_t = varianza total de la variable; V_{co} = varianza factorial común, o la varianza que dos o más variables comparten en común; V_{sp} = varianza específica, o la varianza que no es compartida con ninguna otra variable; V_e = error de la varianza.

A su vez, la varianza factorial común V_{co} puede descomponerse en sus fuentes de varianza. Para el caso de dos variables o factores:

$$V_{co} = V_A + V_B \quad [15.2]$$

en donde V_A es la varianza del factor A y V_B es la varianza del factor B.

La fórmula [15.2] responde a un sentido lógico, ya que si tenemos en cuenta que la comunalidad de cualquier variable i se puede representar por:

$$h_i^2 = a_i^2 + b_i^2 + \ldots + k_i^2 \quad [15.3]$$

en donde a_i^2, b_i^2, ..., k_i^2 son los cuadrados de los coeficientes de saturación de la variable i. Ahora bien, $h_i^2 = V_{co}$, y por lo tanto podemos escribir que $V_A = a^2$ y $V_B = b^2$, con lo que la ecuación teórica [15.2] puede convertirse en operaciones analíticas reales.

Para el caso general, de más de dos factores se puede escribir:

$$V_{co} = V_A + V_B + \ldots + V_k \quad [15.4]$$

y sustituyendo [15.4] en [15.1], se obtiene:

$$V_t = V_A + V_B + \ldots + V_k + V_{sp} + V_e \quad [15.5]$$

y dividiendo por V_t se obtiene una representación proporcional:

$$\frac{V_t}{V_t} = 1{,}00 = \underbrace{\underbrace{\frac{V_A}{V_t} + \frac{V_B}{V_t} + \ldots + \frac{V_k}{V_t}}_{h^2} + \frac{V_{sp}}{V_t}}_{r_{tt}} + \frac{V_e}{V_t} \quad [15.6]$$

en donde h^2 es la proporción de la varianza total que es varianza factorial común, r_{tt} es la proporción de la varianza total que es varianza fiable y V_e/V_t es la proporción de la varianza total que es error de varianza. Como señala Thurstone (*op. cit.*, capítulo II), la fórmula [15.6] reúne a la teoría factorial y a la teoría de la medición, poniendo de manifiesto que el problema principal del análisis factorial es la determinación de los componentes de la varianza factorial común total.

Con el fin de obtener una mejor perspectiva de los objetivos del análisis factorial, resulta conveniente considerarlo en términos espaciales y geométricos. Aunque hay varias formas de hacerlo, aquí lo haremos tratando las filas de la matriz factorial como coordenadas y representándolas en un espacio geométrico. Así, los dos factores A y B de la tabla 2 pueden representarse del siguiente modo:

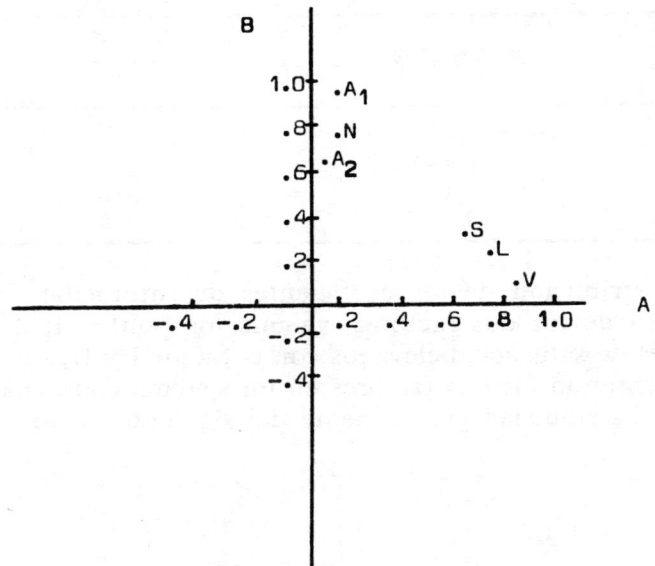

Los dos factores *A* y *B* se representan cada uno en un eje de coordenadas, o *ejes de referencia*, y cada coeficiente de saturación se representa en el diagrama. Así, los coeficientes de la variable *V* son (0,81, 0,00), los de *L* (0,80, 0,08) y así sucesivamente hasta A_2 (0,01, 0,70).

Al representar cada par de puntos la estructura factorial se aprecia con más facilidad. Cada variable (test) está saturada fuertemente en un factor pero no en el otro. Todas ellas son medidas relativamente «puras» de sus factores respectivos. Por supuesto, la mayoría de los estudios dan cuenta de más de dos factores y en tal caso la representación gráfica de tales estructuras factoriales no es posible hacerlo en un diagrama cartesiano. Solamente con fines heurísticos se visualizan las estructuras bidimensionales y se generaliza posteriormente a un espacio *n*-dimensional.

Otra operación básica en algunas técnicas de análisis factorial es la *rotación de factores* en *factores terminales*. Dado que la configuración exacta de la estructura factorial no es única, una solución factorial puede transformarse en otra sin forzar los supuestos básicos o las propiedades matemáticas de una solución dada. Por eso, es posible introducir marcos de referencia o ejes más apropiados para que los coeficientes de saturación se configuren de la manera más diferenciada posible. Veamos a través de un sencillo ejemplo hipotético en qué consiste la rotación de los factores.

Supongamos que de una matriz factorial de cinco variables se han logrado aislar dos factores, tal como se muestra en la siguiente tabla:

PUNTOS	Factores no rotados	
	I	II
1	0,50	0,70
2	0,70	0,50
3	0,30	0,10
4	0,60	0,40
5	0,50	0,50

Esta distribución de los coeficientes de saturación dificulta la interpretación de los dos factores, ya que los puntos 1, 2, 3 y 4 tienen coeficientes de saturación elevados con el factor I y II, simultáneamente.

Representando los dos factores en un sistema coordenado I y II, los puntos se distribuirían gráficamente del siguiente modo:

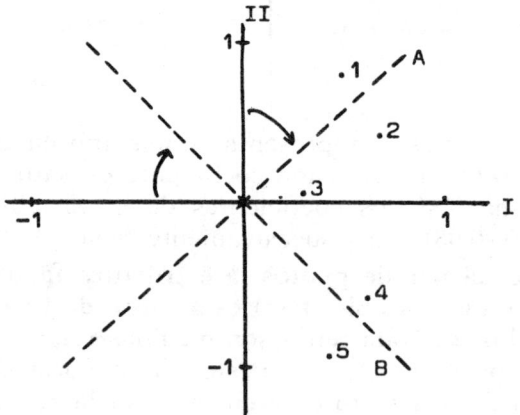

Los cinco puntos quedan bastante alejados de los ejes I y II. Pero si ahora giramos ortogonalmente, en la dirección de las manecillas del reloj, aproximadamente unos 40°, y denominamos a estos «nuevos» ejes A y B, se observa que los cinco puntos quedan mucho más cerca de los ejes. Cálculos más precisos pondrían de manifiesto que en relación a los nuevos ejes A y B los cinco puntos adquirirían los siguientes valores de sus respectivos coeficientes de saturación:

PUNTOS	Factores rotados	
	A	B
1	— 0,07	0,86
2	0,22	0,83
3	0,17	0,27
4	0,72	0,08
5	0,71	— 0,06

El problema parece ahora resuelto con la rotación. Los dos factores quedan más claramente delimitados, el factor I por los puntos 4 y 5, y el factor II por los puntos 1 y 2. De este modo, es posible interpretar con mayor precisión los factores. Desde luego, en la realidad de los estudios complejos, la rotación no es tan sencilla porque no conocemos previamente el número de factores, ni la dimensionalidad del espacio factorial ni el número de ejes, como tampoco la localización de los puntos en el espacio. Cada técnica ofrece un camino diferente para resolver estos aspectos a partir de los datos iniciales. Veamos, pues, a continuación los fundamentos de cada técnica o tipo de análisis factorial, y la clase de soluciones que ofrece.

15.2.3. *Tipos de análisis factorial*

Siguiendo a Kim (1975, págs. 469 y sigs.), se puede establecer una clasificación general de los diferentes procedimientos de análisis factorial, según la forma en que cada uno de ellos se ocupa de los tres pasos principales que sigue todo análisis factorial: 1) preparación de la matriz de correlaciones; 2) extracción de los factores iniciales, esto es, la exploración de la reducción de los datos, y 3) la rotación hasta encontrar una solución terminal, o búsqueda de factores más simples y fácilmente interpretables.

Por lo que se refiere al primer paso, hay que decidir la naturaleza y alcance de las variables que se van a incluir en el análisis y el tipo de medidas de asociación o correlación que se van a emplear. La mayor parte de los tipos de análisis factorial, utilizan el coeficiente de correlación r de Pearson. Por lo que se refiere a las unidades que se introducen en el análisis factorial, pueden referirse a variables o atributos, o a individuos u objetos. En el primer caso se habla de *análisis factorial de tipo R* y en el segundo tenemos el *análisis factorial de tipo Q*. En la práctica de la investigación sociológica, el análisis factorial más comúnmente empleado es el tipo R o entre variables.

Para resolver el segundo paso del análisis factorial —la reducción de las dimensiones de la matriz original de datos—, se pueden definir los nuevos factores o variables como transformaciones matemáticas de los datos originales, o bien se pueden formular presupuestos inferenciales acerca de la estructuración de las variables y acerca de su fuente de variación. Para extraer factores definidos se utiliza el *análisis de componentes principales*, que es en la actualidad una de las técnicas más comúnmente empleadas, mientras que los factores inferidos se extraen por medio del *análisis factorial clásico*, hoy en mayor desuso. Tanto se trate de factores definidos o de factores inferidos, los factores iniciales se extraen por la mayor parte de las técnicas de tal manera que un factor sea independiente de otro, esto es, se trate de *factores ortogonales*.

Como se ha dicho anteriormente, al análisis factorial, más que una técnica estadística unitaria, representa en realidad un conjunto muy diverso de técnicas o soluciones. Kruskal (1979, pág. 327) ofrece la siguiente clasificación de análisis factoriales: 1) método de Karl Pearson (se trata en realidad del primer autor que habló de análisis factorial; 2) análisis factorial de Eckart Young; 3) análisis factorial principal; 4) método de Thompson; 5) análisis factorial de máxima verosimilitud («maximun likelihood factor analysis»); 6) análisis de imagen (Guttman); 7) análisis factorial canónico (Rao); 8) análisis de correspondencia; 9) método de componentes principales moderno, y 10) método de componentes principales de Hotelling.

Esta clasificación nos ofrece una buena imagen de la complejidad de cálculos y decisiones que envuelven al análisis factorial. Incluso hay autores como Kendall, que prefieren tratar el análisis de componentes principales como una técnica diferente del análisis factorial. Tanto se la considere una variedad del análisis factorial como que se la distinga como una técnica propia, lo cierto es que el análisis de componentes principales es probablemente la técnica factorial más comúnmente empleada en sociología. Dejando aparte los detalles de cálculo *, el análisis de componentes principales es un método bastante directo de transformar una serie dada de variables en una nueva serie de variables compuestas o componentes principales no relacionadas entre sí. Las nuevas variables representan aquellas combinaciones lineales de las variables originales, que maximizan la varianza explicada de los datos iniciales.

El modelo de componentes principales puede expresarse del siguiente modo:

$$Z_i = a_{i1}F_1 + a_{i2}F_2 + \ldots + a_{in}F_n$$

en donde cada una de las n variables observadas se describe linealmente en términos de n nuevos componentes $F_1, F_2 \ldots F_n$ no relacionados entre sí, cada uno de los cuales se define a su vez como una combinación lineal de las n variables originales.

Ahora bien, como el primer componente principal es el mejor resumen de relaciones lineales que muestran los datos, el segundo componente es la segunda mejor combinación de variables, bajo la condición de que sea ortogonal con el primero, y así sucesivamente para el tercer, cuarto ... n componentes, usualmente los primeros m componentes —siendo m menor que n— pueden explicar la mayor parte de la varianza de los datos. En la práctica de la investigación, el analista sólo retiene unos pocos de los primeros componentes, para someterlos posteriormente a la rotación.

* El lector interesado en un tratamiento estadístico del análisis de componentes principales y del análisis factorial, puede consultar las obras de KENDALL, *Multivariate Analysis*, 1975; VAN DE GEER, *Introduction to Multivariate Analysis*, 1971, y MULACK, *The foundation of factor analysis*, 1972, de entre la amplia bibliografía dedicada al tema.

Tal como venimos señalando, la configuración exacta de la estructura factorial no es única. Más bien se produce una indeterminación en la solución factorial, porque no existe una solución óptima que esté aceptada con carácter general. Además y tal como destaca Kim (*op. cit.*, página 472), no todas las soluciones factoriales estadísticas son igualmente significativas desde un punto de vista teórico. Unas son más simples que otras, las hay que suministran más información que otras e incluso algunas nos dicen cosas ligeramente diferentes que otras acerca de la estructura de los factores. Por tanto, el analista debe decidir por sí mismo la solución terminal que mejor satisfaga sus objetivos de investigación. Generalmente, deberá elegir entre un *método rotacional ortogonal* o un *método rotacional oblicuo*, siendo los primeros más fáciles de manejar mientras que los segundos son más realistas desde un punto de vista empírico.

Ahora bien, conviene no olvidar que pese a la gran variedad de análisis factoriales existentes, el sociólogo normalmente tiene que recurrir en sus investigaciones a los tipos de análisis factorial que incluyen los programas estadísticos estándar, tales como el SPSS o cualquier otro de los disponibles en el mercado. Así, de las distintas rotaciones ortogonales, tales como la *quartimax*, la *equimax* o la *varimax*, la última es, con mucho, la más utilizada, ya que responde bastante bien a las necesidades de investigación que se le presentan habitualmente a los sociólogos.

15.2.4. *Un ejemplo de aplicación del análisis factorial en el estudio de actitudes políticas*

Los sociólogos españoles vienen realizando una utilización creciente del análisis factorial y en temas tan diferentes como estudios de actitudes básicas de la población (López Pintor y Buceta, 1976) o en estudios de imagen de mercado (García Ferrando, 1976). En el ejemplo que vamos a exponer aquí tendremos oportunidad de ver no sólo el funcionamiento operativo del análisis factorial en la investigación sociológica, sino también la capacidad de esta técnica multivariable para ofrecer resultados más profundos que el que permite el análisis bivariable tradicional.

En un estudio sobre las actitudes y valores políticos de los españoles (Gómez Reino y cols., 1976, págs. 1152 y sigs.), los autores se preguntan acerca del carácter autoritario o liberal de la población española. Utilizando los mismos indicadores empleados por Amando de Miguel en un estudio anterior, los autores someten la escala de autoritarismo-liberalismo empleada por este sociólogo a un estudio factorial, y los resultados obtenidos ponen de manifiesto la existencia de dos factores, como se observa a continuación en la tabla 3:

TABLA 3

Factores rotados (procedimiento varimax) de la matriz de correlaciones de las variables

Variables	Factores rotados		Comunalidades
	F.I	F.II	
A. En España lo que está haciendo falta a manos llenas es cambiar muchas cosas para que haya más justicia ...	0,77	—0,02	0,598
B. La historia está hecha a base de la miseria y explotación de los de abajo y va siendo hora de que las cosas cambien	0,74	—0,04	0,545
C. En España las cosas no andan bien porque la mayoría de los españoles no podemos hacernos oír	0,73	—0,03	0,536
D. Los jaleos que hay de vez en cuando se deben a que hay muchas cosas que van mal y es preciso cambiarlas.	0,67	—0,04	0,456
E. Es preciso hacer lo que sea para que disminuyan las diferencias entre ricos y pobres	0,63	—0,13	0,412
F. Cada cual debería tener el derecho de opinar como quisiera	0,58	0,02	0,333
G. Lo que necesitamos los españoles es disciplina. Los problemas de la juventud de hoy por ejemplo, como otros muchos hay que resolverlos a base de autoridad	—0,06	—0,69	0,487
H. En España lo más importante es mantener el orden y la paz	—0,02	—0,69	0,458
I. Sólo fijando la vista en nuestra gloriosa historia podremos conseguir una España grande	0,09	—0,65	0,429
J. Desde que el mundo es mundo ha habido pobres y ricos, no sé porqué ahora también tendría que ser distinto	—0,02	—0,62	0,393
K. La verdad sólo es una, y el tolerar diferencias de opinión es peligroso.	0,22	—0,59	0,393
L. Las cosas no funcionan bien porque la gente ya no cree en Dios	0,06	—0,53	0,285
Valores propios («eigen values»)	3.067	2.252	
Porcentajes acumulados	25,56	44,32	

En efecto, el análisis de componentes principales complementado con una rotación varimax, revela la existencia de dos factores independientes, I y II, que explican entre los dos el 44,32 por 100 de la varianza de todas las variables. La varianza explicada se calcula por medio de los *valores propios o eigenvalues*, cada uno de los cuales representa la varianza explicada por cada factor, según la fórmula

Varianza explicada por un factor = valor propio $\sum_{j=1}^{n} a^2_{jl}$; $j = 1, 2, ..., n$.

Para el caso del factor 1, el valor propio se calcula del siguiente modo:

Valor propio factor $1 = (0,77)^2 + (0,74)^2 + ... + (0,06)^2 = 3.067$

y para el

Valor propio factor $2 = (-0,02)^2 + (-0,04)^2 + ... + (-0,53)^2 = 2.252$

Dado que todas las variables se encuentran normalizadas, la varianza de cada variable es 1; por lo tanto, la varianza total de los datos es igual al número de variables. En consecuencia, *la proporción de varianza total* explicada por un factor dado, por ejemplo el factor I, será la siguiente:

Proporción de la varianza explicada por el factor $1 = \dfrac{\sum_{j=1}^{n} a^2_{j1}}{n} = \dfrac{3.067}{12} = 0,2556$

y la total

Proporción de la varianza total explicada por el factor $2 = \dfrac{\sum_{j=1}^{n} a^2_{j2}}{n} = \dfrac{2.252}{12} = 0,1876$

De este modo se ha podido conocer que la varianza total explicada conjuntamente por los dos factores es $0,2556 + 0,1876 = 0,4432$, o en términos porcentuales, 44,32 por 100. Por supuesto, todos estos cálculos los realiza directamente el programa de ordenador correspondiente.

Pues bien, los items o variables que definen cada sector, son los siguientes:

Factor I

1. En España lo que está haciendo falta a manos llenas es *cambiar muchas cosas* para que haya más *justicia*.
2. La historia está hecha a base de la *miseria* y *explotación* de los de abajo y va siendo hora de que las cosas *cambien*.

3. En España *las cosas no andan bien* porque la mayoría de los españoles no podemos *hacernos oír*.
4. Los jaleos que hay de vez en cuando se deben a que hay muchas *cosas que van mal* y es preciso *cambiarlas*.
5. Es preciso *hacer lo que sea* para que *disminuyan* las *diferencias entre pobres y ricos*.
6. Cada cual debería tener derecho a *opinar como quisiera*.

Factor II

1. Lo que necesitamos los españoles es *disciplina*. Los problemas de la juventud de hoy, por ejemplo, como otros muchos, hay que resolverlos a base de *autoridad*.
2. En España lo más importante es mantener el *orden* y la *paz*.
3. Sólo fijando la vista en nuestra gloriosa historia podemos conseguir una *España grande*.
4. Desde que el mundo es mundo *ha habido pobres y ricos*, no sé por qué ahora también tendría que *ser distinto*.
5. La *verdad es sólo una*, y el tolerar diferencias de opinión es peligroso.
6. Las cosas no funcionan porque *la gente ya no cree en Dios*.

Veamos ahora cómo han interpretado los autores del estudio a los factores obtenidos. Los dos factores, que Amando de Miguel había definido como autoritarismo y liberalismo, son en realidad dos tipos de actitudes independientes entre sí que sitúan a la población con respecto a cada uno de los tipos en un *continuum* que va del máximo al mínimo acuerdo. La observación del contenido de las frases de cada factor, permite identificar al primero como *reformismo* y al segundo como *autoritarismo*.

Con el fin de utilizar los resultados del análisis factorial de una forma más operativa, y dado que no representan los factores a dos variables dicotómicas, sino que forman un *continuum* en los que los dos polos suponen el mayor o menor acuerdo con este tipo de valores, los autores decidieron dividir a la población en cada caso en función de la mediana, con lo que se consiguen dos grupos para cada uno de los factores mencionados. Cada grupo incluye a los individuos que tienen valores con respecto al factor que los sitúa por encima o por debajo de la mediana. De esta manera, la población queda clasificada de acuerdo con el siguiente esquema:

FACTOR I	FACTOR II		
	Autoritarios	Liberales	Total
Reformistas	C	A	C + A
No reformistas	D	B	D + B
	C + D	A + C	

en ocho grupos, que quedan denominados así:: A) liberales reformistas; B) liberales no reformistas; C) autoritarios no reformistas; D) autoritarios reformistas; C+D) autoritarios; A+B) liberales; C+A) reformistas; D+B) no reformistas. Vemos, pues, como el análisis factorial ha permitido trascender los resultados del análisis bivariable tradicional (el empleado por Amando de Miguel) y obtener una clasificación más compleja, y sociológicamente más interesante, de la población por lo que a sus actitudes políticas básicas se refiere.

15.2.5. *Otras aplicaciones del análisis factorial*

Los programas estadísticos de ordenador, como el SPSS, realizan, rutinariamente, otras tareas que amplían notoriamente el campo de aplicación del análisis factorial de la investigación sociológica. Así, los factores rotados pueden representarse gráficamente en un espacio bidimensional, por lo que en cada gráfico sólo se podrán representar a la vez a dos factores, que ocupan los ejes, representándose las variables por medio de puntos. Al interpretar los gráficos, es preciso tener en cuenta lo siguiente: 1) la distancia relativa de cada variable a los dos ejes; 2) la dirección de cada variable en relación a los ejes (puede indicar una saturación positiva o negativa), y 3) el agrupamiento de las variables y su posición relativa. De esta manera, el analista obtiene una información más clara del grado de correlación real entre los factores (Kim, *op. cit.*, págs. 486-7).

En el ejemplo anterior sobre actitudes políticas de los españoles, los autores del estudio representaron gráficamente los dos factores y las variables (items) que intervienen en el análisis factorial, obteniendo la **siguiente representación:**

GRAFICO 1

Representación gráfica de las variables en base a las correlaciones con los factores

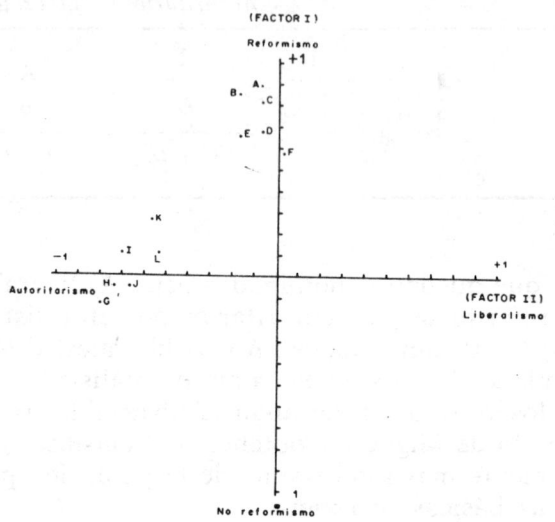

La distribución de las variables en el gráfico 1 confirma la interpretación dada a los resultados de la tabla 3, ya que se observa que las variables se distribuyen claramente en dos conglomerados alrededor de los ejes, cada uno en una dirección de signo contrario.

Otro uso muy interesante del análisis factorial, una vez obtenidos los factores terminales, lo ofrece la construcción de escalas compuestas que representan las dimensiones teóricas asociadas con los respectivos factores. Las puntuaciones factoriales («factor scores») para los datos individuales se calculan a partir de la matriz de coeficientes de puntuaciones factoriales. Esta matriz sólo se puede calcular con exactitud para el caso del análisis de componentes principales, en cuyo caso dicha matriz $F = (A^T A)^{-1} A^T$, en donde A es la matriz de factores rotados y A^T es la matriz transpuesta de A.

Así, se puede construir una escala compuesta (de puntuaciones factoriales) para cada factor terminal. Para cada factor se puede calcular un vector f de puntuaciones factoriales FZ, en donde F es la matriz de coeficientes de puntuaciones factoriales y Z es el vector de los valores estandarizados de las variables que han sido analizadas factorialmente. En el ejemplo anterior podemos construir las puntuaciones factoriales del vector f_1 correspondiente al factor I, del siguiente modo:

$$f_1 = 0{,}77 Z_1 + 0{,}74 Z_2 + 0{,}73 Z_3 + \ldots + 0{,}06 Z_{12}$$

en donde $Z_1, Z_2, \ldots Z_{12}$ representan los valores estandarizados de las variables $A, B, \ldots Z$ *.

En un estudio sobre la conciencia regional en España, se consiguió aislar cuatro componentes o factores de la misma, por medio del análisis factorial (Jiménez Blanco y cols., 1977). Una vez interpretados los factores, se calcularon las puntuaciones factoriales para cada factor y para el conjunto de los cuatro factores, lo que permitió disponer de una escala de conciencia regional en la que se pudieron ordenar todas las regiones. Los resultados obtenidos fueron los siguientes (ver Jiménez Blanco y cols., op. cit., pág. 83):

TABLA 4

Escala factorial de la conciencia regional en España

	TOTAL	Gestión admtva.	Lengua	Economía	Política	Total casos
Total	19,61	5,34	6,42	5,64	2,22	6.342
Barcelona	24,48	6,86	9,08	4,87	3,66	780
Vasco-Navarra	23,85	6,46	8,13	5,50	3.76	434
Galicia	22,99	5,92	8,21	6,32	2,54	474
Catalana-Balear	20,14	5,01	7,98	5,06	2,10	368
Madrid	19,26	4,74	6,37	6,02	2,13	713
Canarias	19,23	5,49	6,26	5,00	2,48	188
Valencia	19,17	5,31	6,70	5,19	1,97	564
Extremadura	19,03	5,33	6,15	5,98	1,57	197
Aragón	18,60	5,86	5,00	5,57	2,17	254
Castilla la Vieja	17,64	4,63	5,62	5,71	1,68	422
Murcia	17,36	4,52	5,21	6,07	1,57	178
Andalucía	17,33	4,68	5,03	6,07	1,55	1.047
Castilla la Nueva	17,18	4,60	5,40	5,73	1,45	284
Asturias	16,05	6,43	2,18	5,82	1,61	207
León	13,39	3,47	3,08	5,62	1,21	232

Las puntuaciones factoriales que se contienen en la tabla 4 permite ordenar a las regiones españolas según el grado de conciencia regional, observándose diversos resultados que desde el punto de vista sociológico son de gran interés. Así, Barcelona (área metropolitana) y la región vasco-navarra manifiestan los valores más altos en la escala conjunto, pero no ocurre así para cada dimensión o factor, ya que en la dimensión económica Galicia, Canarias y Andalucía (regiones subdesarrolladas) ma-

* Recuérdese que en general Z_i, variable estandarizada $= \dfrac{\text{Variable } i - \text{Media variable } i}{\text{Desviación típica de } i}$

nifiestan mayor conciencia regional que Barcelona y Vasco-Navarra. Todo esto pone de manifiesto que no se puede hablar de una **conciencia regional** en sentido absoluto, ya que sus diversas dimensiones y la diversidad de valores que adquieren en cada región demuestran la existencia de un fenómeno sociológico sumamente complejo. Complejidad que queda en cierta medida desvelada, gracias al empleo del análisis factorial.

Finalmente, vamos a señalar un uso reciente del análisis factorial que abre grandes posibilidades para la investigación sociológica. Se trata del empleo de las técnicas del análisis factorial como instrumento de medición. Y para ello se utiliza la capacidad factorial para extraer los componentes lineales que explican el máximo de varianza de una serie amplia de variables. En buena medida los estadísticos y psicómetras han desarrollado el análisis factorial con estos propósitos, pero posteriormente los sociólogos y los psicólogos sociales se han interesado principalmente por la extracción de factores que pudieran tener un significado en función de fenómenos subyacentes. Recientemente Marradí (1981, págs. 13 y sigs.), ha destacado la capacidad del análisis factorial para establecer relaciones entre variables de bajo nivel con el fin de aportar evidencia, en favor o en contra, del establecimiento de una relación semántica de indicación entre tales variables y un concepto abstracto, que puede medirse y transformarse en una variable de mayor importancia teórica y alta extensión semántica. El procedimiento que propone Marradí para medir un rasgo o atributo profundo de la personalidad, o una orientación general de valores, o cualquier otra variable compleja, consta de las siguientes fases: 1) selección de una lista apropiada de indicadores que son posteriormente medidos; 2) cálculo de una matriz de coeficientes de correlación entre los indicadores y obtención de un vector de saturación por medio del análisis factorial; 3) consideración de las **magnitudes** de saturación con el fin de articular mejor la comprensión del concepto y descartar los indicadores menos correlacionados si ello es plausible semánticamente. Los pasos 1) y 2) se repiten hasta encontrar una solución satisfactoria; 4) cálculo de un vector de los coeficientes de las puntuaciones factoriales con los indicadores que se han retenido; 5) consideración de la magnitud de los coeficientes con el fin de comprobar si se pueden abandonar algunos indicadores. Repetir los pasos 4) y 5) con diferentes grupos de los indicadores retenidos; 6) selección de la solución preferida, considerando de una forma ponderada la ecuación y el rango adecuado del espacio semántico, y 7) cálculo de una puntuación factorial para cada individuo, por medio de la fórmula:

$$F_i = c_1 S_{1i} + c_2 S_{2i} + \ldots + c_n S_{ni}$$

en donde c_1 es el coeficiente de la puntuación factorial para el indicador 1 y S_{1i} es la puntuación del individuo i en el indicador 1.

Así, a través de una combinación de procedimientos subjetivos y objetivos, es como Marradí sugiere la construcción y medición de variables y conceptos de rango superior. Frente a los que sostienen el carácter puramente objetivo de la ciencia, la utilización propuesta por Marradí del análisis factorial presupone una concepción de la ciencia como una tarea exploratoria e intersubjetiva, ya que el investigador no se apoya sólo en los resultados estadísticos del análisis factorial para tomar sus decisiones, sino que sus interpretaciones se apoyan en un marco teórico y empírico más amplio que el puramente estadístico.

15.3. Análisis de conglomerados («Cluster analysis»)

La técnica del análisis de conglomerados se utiliza para descubrir la forma en que objetos, individuos o fenómenos sociales se agrupan o difieren entre sí (Johnson, 1967). En un análisis sobre la élite política española, Vila, Orizo y Gómez Reina (1976, págs. 1295 y 22) estudiaron la continuidad y renovación de dicha élite, como una expresión de grupos oligárquicos y cerrados. Así, altas tasas de continuidad de las élites indican poca renovación y fuerte permanencia de grupos oligárquicos, aunque las tasas bajas de continuidad no significan forzosamente renovación, ya que los que aparecen por primera vez en una legislatura, aun tratándose de personas diferentes, pueden tener los mismos intereses e idología que los anteriores.

Con el fin de comprobar hasta qué punto existe o no renovación en las élites, los autores analizaron la composición profesional de ocho legislaturas, que van desde 1879 (Restauración) hasta la legislatura de 1968 de un gobierno de Franco. Para ello compararon la profesión de los procuradores o parlamentarios en base a diez ocupaciones diferentes para las ocho legislaturas seleccionadas, y posteriormente calcularon una matriz de distancias para las ocho legislaturas. El concepto de distancia que se empleó fue el de la media de las diferencias entre las legislaturas, y los cálculos realizados por el programa correspondiente de ordenador, fueron como se indica en la tabla 5.

En función de los datos que se incluyen en la tabla 5 se calculó la matriz de distancias que aparece en la segunda mitad de la tabla. En esta matriz se efectuó el análisis de conglomerados o «cluster analysis», que tiene como objeto agrupar en cada conglomerado aquellos objetos (en nuestro caso legislaturas según su composición profesional) que se encuentran más íntimamente relacionados —que están más cerca, en términos de distancia— entre sí. Así, y por lo que se refiere a nuestro ejemplo, deberán agruparse en un mismo conglomerado o «cluster» aquellas legislaturas que más se asemejan en la composición profesional de sus miembros.

Para visualizar mejor los resultados del conglomerado o «cluster»,

TABLA 5

Composición profesional de ocho legislaturas y matriz de distancias entre ellas

LEGISLATURAS

PROFESIONES	1879	1907	1910	1914	1927	1931	1.ª 1968	2.ª 1968
Grandes empresarios	11	7	5	6	6	1	12	11
Pequeños y medios empresarios	4	2	1	1	4	4	5	4
Agricultores	15	11	8	13	2	2	5	5
Militares	8	5	3	4	10	3	5	4
Funcionarios de élite (a)	7	11	12	10	21	14	18	18
Funcionarios no élite (b)	3	2	3	3	9	2	5	4
Ingenieros y arquitectos	5	4	3	3	10	5	3	3
Médicos	—	2	2	1	5	10	3	3
Abogados	33	34	38	39	16	35	17	17
Trabajadores manuales	—	—	—	—	—	9	1	1
TOTALES	(375)	(397)	(387)	(396)	(359)	(464)	(528)	(528)

MATRIZ DE DISTANCIAS

LEGISLATURAS	1879	1907	1910	1914	1927	1921	1.ª 1968	2.ª 1968
1879	—	—	—	—	—	—	—	—
1907	219	—	—	—	—	—	—	—
1910	330	150	—	—	—	—	—	—
1914	260	140	109	—	—	—	—	—
1927	670	610	640	710	—	—	—	—
1931	570	410	380	489	640	—	—	—
1968, 1.º	500	439	470	540	330	590	—	—
1968, 2.º	480	420	430	500	330	550	40	—

FUENTE: FOESSA, 1975, pág. 128.

se recurre a la representación gráfica en un *dendograma*, tal como se puede ver a continuación:

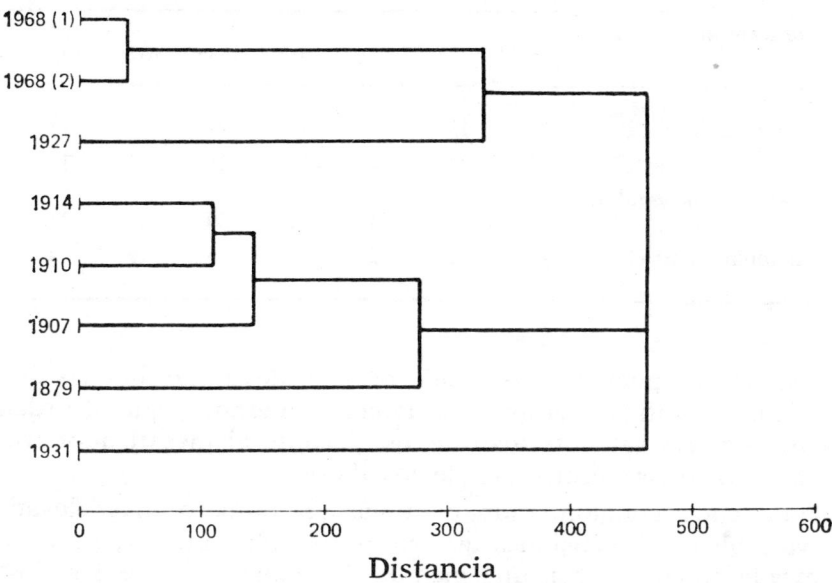

DENDOGRAMA DE LAS DIFERENTES LEGISLATURAS

Los resultados obtenidos los interpretan los autores distinguiendo entre tres tipos de legislatura: 1) legislaturas de la Dictadura (comprende, por un lado, las Cortes de 1968 y la Asamblea Nacional de 1927, por otro); 2) legislaturas de la Monarquía (comprenden las legislaturas de 1879, 1907, 1910 y 1914), y 3) legislaturas de la Segunda República.

En función de estos resultados, y por lo que respecta a su estructura interna, los autores establecen las siguientes hipótesis en cuanto a la élite legislativa: 1.º la renovación de las élites legislativas se da de forma más acusada cuando hay un cambio de sistema político; 2.º la renovación más acusada se producirá en los cambios de una Dictadura a una República, o viceversa, y 3.º la renovación, dentro de un mismo sistema político, será lenta y poco acusada.

Con el fin de analizar las diferencias que existen entre los tres tipos de legislaturas, los autores agruparon las diez profesiones utilizadas, comprobando cuáles son antagónicas y cuáles son paralelas en las diferentes legislaturas, lo que les permitió realizar los siguientes agrupamientos: a) agricultores, grandes empresarios y abogados; b) funcionarios, militares, ingenieros y arquitectos, y c) médicos y obreros. Ahora bien, el contenido de estas profesiones se puede considerar representativo de la defensa de diversos intereses, que los autores caracterizan por: interés del capital, pluralidad de intereses, defensa del orden establecido y popularización-apertura. En base a estos indicadores se definen las legislaciones en función del predominio de los indicadores en la comparación de los diferentes tipos:

INDICADORES	LEGISLATURAS							
	1879	1907	1910	1914	1927	1931	1.ª 1968	2.ª 1968
Intereses del capital	26	18	13	19	8	3	17	16
Pluralidad de intereses... ...	33	34	38	39	16	35	17	17
Defensa del orden establecido	23	22	21	20	50	24	31	29
Popularización-apertura ...	—	2	2	1	5	19	4	4

De este modo, pues, hemos tenido ocasión de comprobar las grandes posibilidades analíticas del análisis de conglomerados, que al ordenar y clasificar significativamente los objetos, permite al investigador trascender el puro análisis descriptivo de los datos.

Cuando cada conglomerado contiene un número más elevado de items, variables o dimensiones que en el ejemplo anterior, puede resultar conveniente contar con una medida de *cuán diferentes* son los conglomerados, en función de los items contenidos en cada uno de ellos. A tal fin, se utiliza el *coeficiente de pertenencia*, B, que se define del siguiente modo (Fruchter, 1954, capítulo 2):

$$B = \frac{\text{Media de la intercorrelación entre los items dentro del mismo conglomerado}}{\text{Media de la intercorrelación de pares de items, en donde un item en cada par pertenece al conglomerado de interés}}$$

El numerador expresa, pues, el grado de correlación entre los items de un mismo conglomerado, mientras que el denominador representa el grado de correlación entre los items de un mismo conglomerado y el resto de los items. Si el conglomerado está bien elegido, el numerador será superior a la unidad, sugiriéndose que para un valor de B igual o superior a 1,30, se puede considerar que un conglomerado ha sido identificado. Con el manejo de coeficientes B no es necesario recurrir a la visualización gráfica de los resultados del análisis, ya que los coeficientes B más elevados representarán los conglomerados más significativos. Naturalmente, todos estos cálculos los realiza el ordenador y en caso de que el programa de ordenador que manejemos no contenga el cálculo de los coeficientes B, habrá que limitarse al cálculo de la matriz de distancias y a la representación del dendograma.

15.4. Análisis de segmentación («Tree analysis»)

El análisis de segmentación es una técnica estadística multivariable, conocida también como análisis arborescente («Tree analysis»), porque produce una serie de agrupamientos dicotomizados en un modelo que asemeja las ramas de un árbol. La división de los casos en grupos dicotomizados los realiza el análisis de segmentación de modo que en ellos quede explicada de la mejor forma posible la variación de una cierta variable, que llamamos dependiente, respecto de otras variables que llamamos independientes. La división en grupos dicotomizados se hace en cada paso de tal forma que la variación dentro de los mismos sea mínima, es decir, que sean lo más homogéneos posible, al mismo tiempo que la variación entre los mismos sea la mayor posible, es decir, los dos grupos resultantes en cada paso de la segmentación sean lo más heterogéneos posible entre sí (Sokal y Sneatm, 1962; Frank, Massy y Wind, 1972).

El fundamento teórico del análisis de segmentación es el análisis de varianza, ya que el criterio que se utiliza para realizar las diferentes estratificaciones óptimas de los datos es precisamente la varianza. De este modo, se va eligiendo en cada paso del análisis aquella variable independiente que divida, de forma óptima, a los datos en dos grupos que mejor expliquen la variación de la variable dependiente. Los programas más modernos de ordenador realizan automáticamente el proceso de iteración (en muchos manuales el análisis de segmentación aparece referido como la técnica AID o Detector Automático de Interacción, p. ej., en Doyle, 1973) hasta aquella segmentación cuya varianza adicional explicada sea poco significativa. Además de explicar la varianza de la variable dependiente, las categorías terminales de las ramas forman agrupamientos reconocibles y discretos de casos, de acuerdo con las variables que comparten; el tamaño y características de cada grupo terminal es también de gran interés analítico, ya que permite estratificar en grupos significativos a la población, de acuerdo con las categorías o valores de la variable dependiente.

Aunque desde un punto de vista teórico es posible trabajar con más de una variable dependiente, divididas a su vez en más de dos categorías, la mayoría de los programas de ordenador disponibles tan sólo operan con una variable dependiente dicotomizada, como puede ser izquierda-derecha, consumidor-no consumidor, etc.

Con el fin de poder entender con más aprovechamiento los objetivos y posibilidades del análisis de segmentación, vamos a exponer un ejemplo de su uso en una investigación sociológica sobre la conciencia regional en España. Al estudiar la evolución de las aspiraciones políticas de carácter regionalista en Aragón en el período 1976-1979, se encontró que las aspiraciones autonomistas en general habían crecido significativamente 42 por 100 en 1976 y 72 por 100 en 1979. Con el fin de determinar las variables sociodemográficas y políticas teóricamente responsables de las aspiraciones regionalistas, se realizó un análisis de segmentación con la variable «aspiración autonomista», dicotomizada entre las dos categorías «favorable-contrario» a la autonomía. Los datos provenían de una encuesta realizada a partir de una muestra representativa de la población adulta en Aragón, en 1979 (García Ferrando, 1982).

Pues bien, el análisis de segmentación, cuyos resultados aparecen en la figura 1, puso de manifiesto que con cuatro variables se consigue explicar un 30,1 por 100 de la varianza de la «aspiración autonomista», porcentaje que no es ciertamente muy alto, lo que se debe a que al estar el sentimiento autonomista ampliamente difundido en todos los estratos de la población aragonesa, resulta difícil, si no imposible, aislar analíticamente unas pocas variables que den cuenta de dichas aspiraciones. Con todo, las variables aisladas por el análisis de segmentación ofrecen la suficiente perspectiva con la que comprender el funcionamiento de la aspiración autonomista en Aragón.

La primera variable que segmenta a la población aragonesa es el nivel de estudios, que agrupa, por un lado, a la población con un nivel

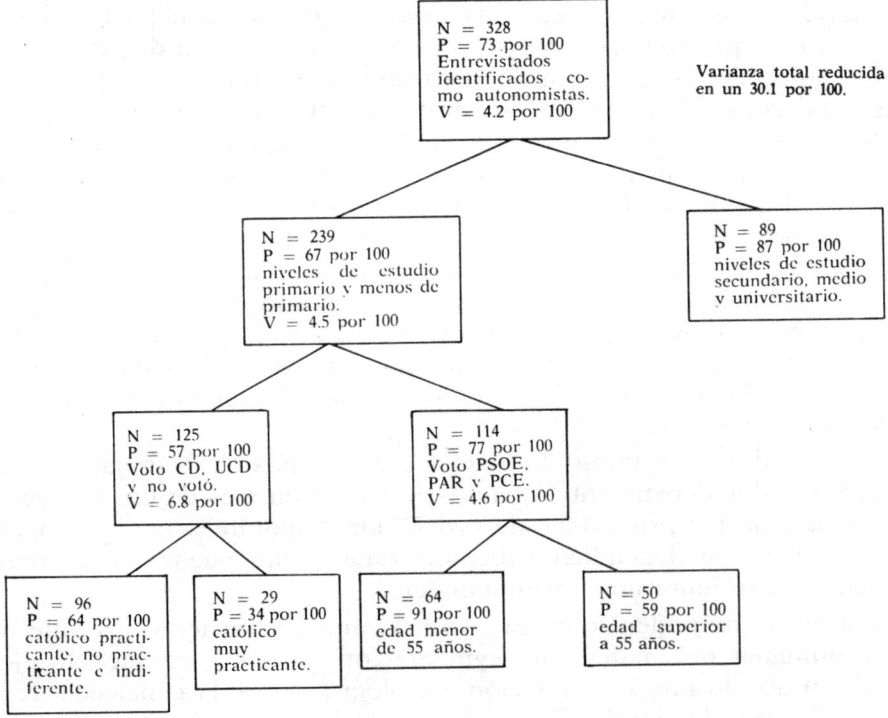

Figura 1.—Análisis de segmentación de la aspiración política autonomista en Aragón.

cultural más bajo, y que es la menos autonomista, el 67 por 10, y por otro, a la población con un nivel cultural más alto, que es la más autonomista, el 87 por 100. Este último grupo ya no se segmenta, lo que revela que es altamente homogéneo desde el punto de vista autonomista, mientras que el primer grupo vuelve a ser segmentado por el voto político. Los votantes de partidos conservadores son menos autonomistas, el 57 por 100, que los votantes de partidos de izquierda y regionalistas, el 77 por 100.

A su vez, los dos grupos segmentados por el voto político son diferenciados nuevamente por la religiosidad —las personas más religiosas son menos autonomistas que las menos religiosas— y por la edad —los más jóvenes son más autonomistas que los de edad superior—.

A partir de los grupos terminales, es posible recomponer una estratificación de la población aragonesa según sus aspiraciones político-regionalistas, en cinco estratos o grupos. En la tabla 6 se presentan las características de tales grupos, así como la importancia numérica que tales grupos tienen dentro del conjunto de la población aragonesa.

TABLA 6

Grupos según sus actitudes autonomistas en Aragón

	N	% total	% autonomistas
A. Nivel de estudios primario y menos. Voto PSOE, PAR y PCE. Edad menor 55 años ...	64	20	91
B. Nivel de estudios secundario, medio y universitarios ...	89	27	87
C. Nivel de estudios primario y menos. Voto CD, UCD y no votó. Católico practicante, no practicante e indiferente ...	96	29	64
D. Nivel de estudios primarios y menos. Voto PSOE, PAR y PCE. Edad superior a 55 años ...	50	15	59
E. Nivel de estudios primario y menos. Voto CD, UCD y no votó. Católico muy practicante ...	29	9	34
Total ...	328	100	

Los cinco grupos se distribuyen en tres niveles de autonomismo, alto, medio y bajo. El nivel alto de autonomismo lo integran dos grupos que representan un 47 por 100 de la población; el nivel medio está representado por otros dos grupos que totalizan un 44 por 100 de población, y el nivel más bajo de autonomismo está constituido por un pequeño grupo del 9 por 100 de población.

De este modo, pues, el análisis de **segmentación** ha permitido determinar las variables teóricamente responsables de las aspiraciones autonomistas, a la vez que ha hecho posible la estratificación de la población aragonesa según sus respectivos niveles de autonomismo.

15.5. EL ESCALAMIENTO MULTIDIMENSIONAL

Existe una variedad de técnicas para el análisis multivariable de datos correspondientes a fenómenos sociales, que se pueden etiquetar con el término de «escalación o escalamiento multidimensional». Como señala Shepard (1972, pág. 1), el objetivo unificador de todas las técnicas subsumidas con la anterior denominación, es doble: *a)* obtener la estructura subyacente en una matriz de datos empíricos, y *b)* representar dicha estructura en una forma geométrica bi o tridimensional. En tal caso, los objetos que son estudiados (personas, estímulos, productos comerciales, regiones, etc.) se representan por puntos en un modelo espacial de tal modo que los rasgos más significativos de los datos acerca de tales objetos se reflejen en las relaciones geométricas entre los puntos.

La representación espacial resultante o «escala» se asemeja a otras escalas tradicionales, como las de temperatura, peso o inteligencia, en el sentido de que trata de reflejar las propiedades fundamentales de los objetos estudiados por medio del establecimiento de correspondencias de tales propiedades con las posiciones en un *continuum* espacial. Sin embargo, y a diferencia de las simples escalas unidimensionales tradicionales, las nuevas técnicas analíticas deben recurrir a espacios bidimensionales, o tridimensionales, e incluso de orden mayor, con el fin de reflejar la mayor complejidad de los datos de partida.

En relación a otras técnicas utilizadas con mayor amplitud hasta ahora, tales como el análisis factorial o el análisis de componentes principales, en los que con frecuencia el número de factores o dimensiones aislados puede ser cinco, diez o más, el escalamiento multidimensional trata de obtener un número más reducido de dimensiones, idealmente dos o tres, con el fin de poder alcanzar una representación gráfica. Esto se consigue mediante el manejo de relaciones lineales y no lineales, cosa que hasta ahora no han podido hacer las técnicas clásicas del análisis factorial, basadas como están en presupuestos rígidos de linealidad. Con todo, el éxito y consiguiente uso generalizado del escalamiento multidimensional, dependen de la capacidad de los analistas para desarrollar modelos lineales y no lineales que puedan ser programados para su cálculo automático en el ordenador, ofreciendo representaciones gráficas de fácil interpretación para los sociólogos no especialistas en temas metodológicos.

En el desarrollo del escalamiento multidimensional conviene diferenciar entre la perspectiva «métrica» de Torgerson (1958), que es la más antigua y en la que se ha trabajado más en el campo de la psicología, y la perspectiva «no métrica» de Shepard-Kruskal, que fue denominada originalmente por Shepard (1962) *análisis de proximidades*, y que fue mejorada en su doble aspecto de aproximación conceptual y facilidad de cálculo por Kruskal (1964). Desde entonces se han multiplicado las técnicas, muchas de ellas experimentales, que tratan de encontrar soluciones de más fácil visualización; pero tanto se trate del «análisis de proximidades» de Shepard, del «análisis del espacio mínimo» de Guttman-Lingoes (Guttman, 1968, y Lingoes, 1972), o de la «escalación multidimensional no métrica» de Kruskal (1964), los resultados que se obtienen son prácticamente similares.

La actual generación de técnicas de escalamiento multidimensional, presentan diversas ventajas con respecto a las primeras técnicas que iniciaran los trabajos de Torgerson. Aunque se continúa manteniendo la denominación de «técnicas no métricas», lo cierto es que las nuevas técnicas realizan representaciones métricas a partir de datos puramente ordinales, y por tanto, no métricos. Esta capacidad, casi paradójica, de extraer información métrica a partir de datos no métricos, es lo que las hace más interesantes para la investigación sociológica, basada tantas veces en datos de bajo nivel de medición. En efecto, con frecuencia los datos de los que parte el sociólogo son informaciones ofrecidas por los sujetos acerca de preferencias y juicios que no pueden medirse de forma estrictamente cuantitativa, ya que en un principio no se puede precisar el grado de acuerdo o desacuerdo que existe entre dos sujetos en relación al tema objeto de estudio (todo lo más se puede precisar quién está más de acuerdo, pero sin precisarlo numéricamente).

Como señala Shepard (*op. cit.*, pág. 7), la base conceptual de las nuevas técnicas no paramétricas de escalamiento multidimensional es extremadamente simple. Para cada par de «objetos» (i y j) de un conjunto n, se calcula el dato s_{ij} que representa la similitud, sustituibilidad, afinidad, asociación, correlación o, en general, la «proximidad» entre ambos. Lo que se busca es que en la configuración de los n puntos en el espacio euclideano del menor número posible de dimensiones, las distancias entre los pares de puntos, d_{ij}, estén monotónicamente * relacionadas con los datos que miden la proximidad de los datos en el sentido de que:

$$d_{ij} < d_{kl} \quad para\ todo \quad s_{ij} > s_{kl}$$

---

* Recuérdese que las *relaciones monotónicas* se refieren a aquel tipo de relación existente entre dos variables ordinales X e Y, cuando crecen o decrecen simultáneamente. Al tratarse de variables ordinales, el concepto de distancia lineal entre los valores X e Y resulta inapropiado, aunque sí se puede hablar de relaciones o funciones que crecen o decrecen conjuntamente. Frecuentemente, se encuentran en sociología proposiciones teóricas del tipo «cuanto mayor X, mayor Y». Tales proposiciones implican que la relación entre X e Y es monotónica, sin especificar la forma. Las medidas ordinales son apropiadas para proposiciones de esta naturaleza.

Para lograr la configuración óptima de los puntos, hace falta aún otra especificación que no es otra que la de disponer de una función explícita que mida la desviación, que ha de ser mínima, de la relación monotónica deseada entre los datos de proximidad s_{ij} y las distancias d_{ij}. Mediante sucesivas iteracciones se va produciendo el ajuste hasta lograr la desviación mínima.

Un problema que se presenta en las técnicas de escalamientos multidimensionales, y que ya hemos visto al estudiar el análisis factorial, es el de la interpretación de los ejes o direcciones que enmarcan la representación espacial. Conviene tener en cuenta que en la medida que nos alejamos en el espacio siguiendo una dirección particular, los puntos que se van encontrando corresponden a objetos que poseen más y más de alguna particular e identificable propiedad. De esta forma se puede concluir que dicha propiedad juega un papel importante en los procesos que dan lugar a los datos. Con este criterio, y a partir de la propia familiaridad con el problema estudiado, el investigador puede, razonablemente, interpretar el significado teórico de los ejes.

En un intento de aplicar a un caso de investigación concreto una técnica de escalamiento multidimensional mediante un programa de ordenador KYST, de los laboratorios de la Bell Telephone, Vicens Otero (1976) estudió las imágenes y preferencias de seis políticos españoles, Blas Piñar, Carrillo, Felipe González, Fraga, Ruiz-Giménez y Suárez. La aplicación se realizó con trece profesores universitarios que emitieron sus percepciones y preferencias. Los datos de similitud se obtuvieron mediante 15 tarjetas en cada una de las cuales figuraba una pareja de políticos. Cada encuestado ordenó las tarjetas de más similares a menos similares. Se aconsejó formar dos grupos, uno de más similares y otro de menos similares para realizar posteriormente la ordenación. Los datos de partida, pues, fueron 13 ordenaciones de similitud y otras tantas de preferencia, y sobre ellos se realizó el escalamiento multidimensional.

Para realizar el agrupamiento de los datos, se calculó la distancia entre los individuos a agrupar. Mediante el coeficiente de Spearman se calculó dicha medida, a partir de las ordenaciones de similitud. Así, dos individuos con ordenaciones muy parecidas tendrán un coeficiente próximo a 1. Los agrupamientos se realizan juntando individuos con ordenaciones similares o coeficientes elevados. Los coeficientes de Spearman encontrados para las 78 parejas de individuos y para los datos de similitudes, quedan reflejados en el siguiente cuadro:

	1	2	3	4	5	6	7	8	9	10	11	12	13
1													
2	0,90												
3	0,95	0,90											
4	0,85	0,80	0,85										
5	0,70	0,55	0,65	0,60									
6	0,85	0,09	0,85	0,80	0,65								
7	0,90	0,09	0,95	0,06	0,05	0,85							
8	0,85	0,08	0,85	0,80	0,70	0,75	0,90						
9	0,50	0,50	0,50	0,70	0,55	0,60	0,40	0,40					
10	0,80	0,65	0,08	0,70	0,85	0,70	0,85	0,90	0,50				
11	0,85	0,80	0,80	0,80	0,85	0,80	0,85	0,90	0,05	0,95			
12	0,75	0,65	0,75	0,75	0,85	0,30	0,80	0,85	0,05	0,90	0,85		
13	0,35	0,50	0,35	0,05	—0,35	0,60	0,45	0,40	0,15	0,25	0,20	0,45	

Mediante la agrupación de dos individuos con mínima distancia, en este caso, máximo coeficiente, se obtuvo un dendograma similar al que se obtiene trabajando con la técnica del análisis de conglomerados («cluster»):

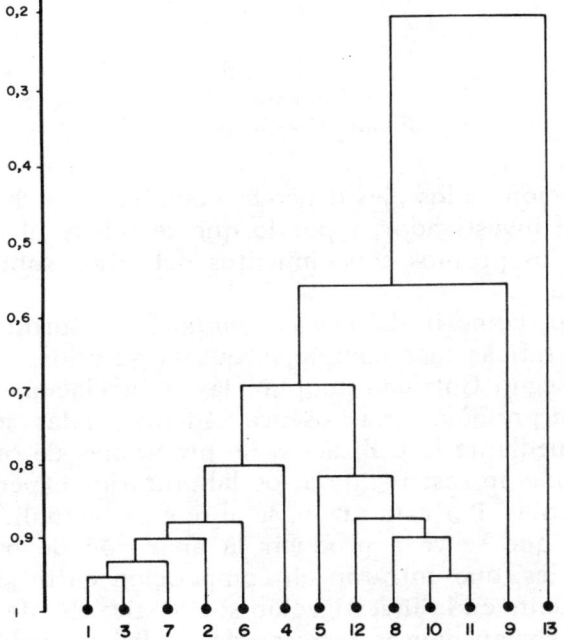

Figura 10.—Relación de similitudes.

Este dendograma revela la existencia de dos grupos claramente definidos, cuyas respectivas distancias medias son inferiores a 0,8. Un grupo (A) formado por los individuos 1, 3, 7, 2, 6 y 4, y otro grupo (B) formado por los individuos 5, 12, 8, 10 y 11. Los individuos 9 y 13 no son asimilables ni al grupo A ni al B, lo que puede deberse a que pertenece a otro grupo de individuos que lo reducido de la muestra no ha permitido cuantificar.

Tomando por separado los grupos A y B, y realizando en cada uno de ellos un escalamiento multidimensional de similitudes, se obtuvieron sendas representaciones de la configuración de los políticos, en función de las preferencias y similitudes de los individuos de cada grupo. Por lo que se refiere al grupo A, la situación de los políticos adquirió la siguiente forma:

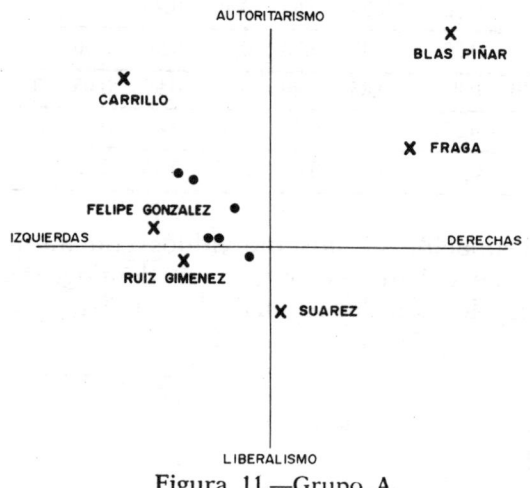

Figura 11.—Grupo A.

La interpretación de los ejes depende, como se ha dicho anteriormente, del juicio del investigador, y por lo que se refiere al presente ejemplo, se basa en los propios conocimientos del autor sobre la situación política española.

Otras técnicas, como la del *espacio mínimo* de Guttman, ofrecen representaciones gráficas más complejas que la anterior. Las estructuras cilíndricas que según Guttman adoptan las interrelaciones entre actitudes, son de interpretación más oscura. Además, tales soluciones sólo son obtenibles mediante la utilización de programas de ordenador cuyo uso está normalmente restringido a los laboratorios experimentales que trabajan estos temas. Por esta razón, se abre en la actualidad un compás de espera en el que se va a producir la aparición de nuevas técnicas multidimensionales, que entrarán en competición entre sí por alcanzar un puesto pertinente en la investigación sociológica. Es de desear que de tal competición surjan nuevas técnicas de análisis sociológico que faciliten el desarrollo teórico y empírico de la disciplina.

15.6. Terminología

Se recomienda la memorización y comprensión del significado de cada uno de los términos y conceptos siguientes:

— Espacio sociológico multidimensional.
— Matriz de similitudes o proximidades.
— Matriz de distancias.
— Matriz-Q y técnicas-Q.
— Matriz-R y técnicas-R.
— Matriz factorial.
— Factores o coeficientes de saturación.
— Comunalidades.
— Rotación de factores.
— Factores terminales.
— Análisis factorial de tipo R.
— Análisis factorial de tipo Q.
— Análisis de componentes principales.
— Análisis factorial clásico.
— Método rotacional ortogonal.
— Método rotacional oblicuo.
— Valores propios.
— Análisis de conglomerados.
— Dendograma.
— Coeficiente de pertenencia.
— Escalación multidimensional.
— Análisis de proximidades.
— Análisis del espacio mínimo.
— Relaciones monotónicas.
— Análisis de segmentación.

EJERCICIOS

1. Una muestra de estudiantes de Bachillerato evaluaron nueve ocupaciones en una escala de cinco puntos. Cada estudiante evaluó las diferentes ocupaciones en términos de su supuesto ajuste personal a las mismas y del éxito profesional que esperaría obtener en ellas. De los resultados obtenidos se obtuvo una matriz de correlaciones que posteriormente se sometió a un análisis factorial por el método de componentes principales. Los factores rotados se distribuyeron del siguiente modo:

| | FACTORES ROTADOS | | | h^2 |
Variables	I	II	III	Comunalidades
1. Escritor de novelas	0,90	0,08	−0,05	0,82
2. Escritor de relatos infantiles	0,89	0,07	−0,10	0,80
3. Periodista	0,69	0,15	−0,17	0,53
4. Programador de ordenadores	0,14	0,81	−0,08	0,69
5. Economista-contable	−0,01	0,76	0,03	0,57
6. Profesor de matemáticas.	0,20	0,73	−0,20	0,62
7. Enfermera	−0,02	−0,13	−0,83	0,70
8. Médico	0,28	0,14	−0,77	0,69
9. Técnico de laboratorio ...	0,13	0,36	−0,68	0,61

Se pide lo siguiente:

a) Calcular los valores propios (*eigen values*) para cada factor.
b) ¿Qué proporción de la varianza explica cada factor?
c) Interpretar el significado de cada factor.

2. En un estudio sobre las actitudes políticas de los españoles, se realizó un análisis factorial de las respuestas a diversas preguntas sobre cuestiones políticas, del que emergieron cuatro dimensiones de actitud o factores, cuyo contenido aparece en la tabla siguiente (sólo se incluyen los coeficientes igual o superiores a 0.40):

| | FACTORES | | | |
Cuestiones	F_1	F_2	F_3	F_4
1. El futuro está muy claro, no hay por qué preocuparse	.75			
2. Ojalá que en política las cosas siguieran igual otros treinta años	.69			
3. La policía debería ser más dura	.63			
4. La huelga no debe ser permitida	.62			
5. Creo que el refrán «la letra con sangre entra» es cierto		.72		
6. Lo que la juventud necesita es disciplina		.51		
7. No deberían dejar entrar en España a los «hippies»		.49		
8. Los bancos y grandes industrias deberían ser del Estado			.73	
9. El capitalismo es inmoral porque quita al trabajador parte del salario			.63	
10. Pertenezco a uno o más clubes y asociaciones ...				.79
11. Me intereso mucho por la política				.49

Los autores del estudio denominaron a los factores del siguiente modo: autoritarismo político, radicalismo, interés político y autoritarismo básico. A la vista de la tabla anterior, señalar qué cuestiones definen cada uno de los cuatro factores así nombrados.

3. En base al análisis factorial anterior, se definieron cuatro tipos de personas con diferentes sistemas de valores políticos: Tipo I, la mayoría indiferente; Tipo II, una generación tolerante; Tipo III, el hombre político autoritario; Tipo IV, apéndices del autoritarismo dominante. A continuación se preparó una tabulación cruzada de estos cuatro tipos por algunas variables sociodemográficas, del siguiente modo:

	Tamaño muestra (1.007) %	TIPOS			
		I (493) %	II (375) %	III (122) %	IV (17) %
Clase social:					
Alta y media alta	19	14	28	15	6
Media	38	35	42	37	41
Baja	43	51	30	48	53
Edad (años):					
16 - 24	27	18	46	5	24
25 - 34	18	16	23	11	6
35 - 44	20	23	14	26	18
45 - 54	19	22	11	27	35
Más de 54	16	20	6	31	18
Posición en la familia:					
Cabeza de familia	64	76	38	91	82
Hijo	32	22	55	7	18
Otro	4	3	7	2	—
Hábitat:					
50 - 100.000	15	17	11	18	12
100 - 200.000	24	24	26	19	12
Más de 200.000	26	25	27	30	24
Barcelona	12	13	13	8	24
Madrid	22	21	23	25	29

A la vista de estos datos, describir las características sociodemográficas de cada uno de los cuatro tipos.

4. El análisis político tradicional ha puesto de manifiesto la importancia de la clase social y de la religión en la determinación de la conducta política en los países europeos. Con el fin de precisar tal influencia, se realizó un análisis de segmentación con los resultados de una encuesta basada en una muestra representativa de electores de una región centroeuropea. La variable dependiente es la preferencia por el partido socialista (PS), y como variables socioestructurales se utilizaron las siguientes: clase ocupacional, religión, asistencia a la iglesia (AI), educación, ingresos, afiliación a sindicatos (AS), hábitat, regionalismo, edad y sexo. Los resultados del análisis de segmentación fueron los siguientes:

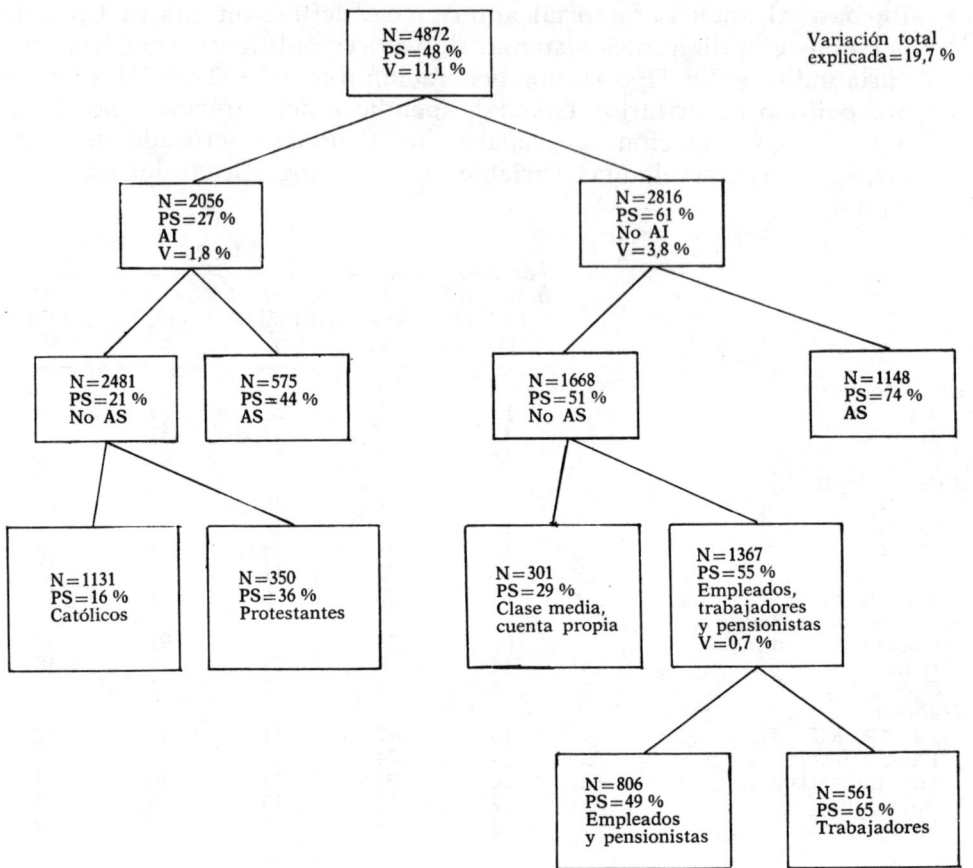

Se pide lo sigüiente:

a) A la vista de los resultados del análisis de segmentación, ¿qué cabe decir sobre la afirmación inicial de que la clase social y la religión determinan la conducta política de dicho electorado?
b) A partir de los grupos terminales, estratificar la población en siete estratos o grupos, en orden descendiente según el apoyo al PS.

BIBLIOGRAFIA

BARTON, Allen: «Concepto de espacio de atributos en sociología», en R. Boudon y P. Lazarsfeld, *Metodología de las Ciencias Sociales*, Barcelona, Laia, 1973, páginas 195-220.
DOYLE, P.: «The Use of AID and Similar Search Procedures, *Operational Research Quaterly*, 24, 1973.
FRANK, R. E.; W. F. MASSY e Y. WIND: *Market Segmentation*, Englewood Cliffs, N. Y., Prentice Hall, 1972.
GARCÍA FERRANDO, Manuel: «El Análisis Factorial: su Aplicación al Estudio de Imagen de Mercados Agrarios en España», *Cuadernos Universitarios de Planificación Empresarial y Marketing*, 3, 1976, págs. 405-420.
GARCÍA FERRANDO, Manuel: *Regionalismo y Autonomías en España, 1976-1979*, Madrid, Centro de Investigaciones Sociológicas, 1982.
GÓMEZ-REINO, M.; F. A. ORIZO y D. VILA: «Sociología Política», en Fundación FOESSA, *Estudios Sociológicos sobre la situación Social de España*, Madrid, Euramérica, 1976, págs. 1.145-1.320.
GUTTMAN; Louis: «A general nonmetric technique for finding the smallest coordinate space for a configuration of points», *Psychometrica*, 33, 1968, págs. 469-506.
JACKSON, D. J. y E. F. BORGATA (eds.): *Factor Analysis and Measurement in Sociological Research: Multi-dimensional Perspective*, Londres, Sage Pub. 1981.
JIMÉNEZ BLANCO, J. et. al.: *La Conciencia Regional en España*, Madrid, C.I.S., 1977.
JHONSON, S. S.: «Hierarchical Clustering Schemes», *Psychometrica*, 32, 1967.
KENDALL, Maurice: *Multivariate Analysis*, Londres, Charles Griffin, 1975.
KIM, Jae-On: «Factor Analysis», en Norman H. Nie, et. al.: *Statistical Package for the Social Sciences*, N. Y., McGraw-Hill, 1975, págs. 468-514.
KRUSKAL, J. B.: «Nonmetric multidimensional scaling: A numerical method», *Psycometrica*, 24, 1964, págs. 115-129.
KRUSKAL, Joseph B.: «Factor Analysis and Principal Components», en William H, Kruskal y Judith M. Tanur (eds.), *International Encyclopedia of Statistics*, N. Y. The Free Press, 1978, págs. 307-330.
LINGOES, J. C.: «A general survey of the Guttman-Lingoes nonmetric program series», en R. N. Shepard, et. al., *Multidimensional Scaling, op. cit*, 1972.
LOETHER, Herman J. y D. G. MCTAVISH: *Descriptive Statistics for Sociologists*, Boston, Allyn & Bacon, 1974.
LÓPEZ PINTOR, R. y R. BUCETA: *Los Españoles de los años 70*, Madrid, Tecnos.
MARRADÍ, Alberto: «Factor Analysis as an Aid in the Formation and Refinement of Empirically Useful Concepts», en D. J. Jackson y E. F. Borgatta (eds.) *op. cit.*,
MARTÍNEZ RAMOS, E.: «La clasificación de los datos», en J. J. Sánchez Carrión (ed.), *Introducción a las Técnicas de Análisis Multivariable*, Madrid, C. I. S., 1984, págs. 139-208.
1981, págs. 11-50
MULAIK, S. J.: *The Foundation of Factor Analysis*, N. Y., McGraw-Hill, 1972.
SHEPARD, R. N.: «The analysis of proximities: multidimensional scaling with an unknow distance function», *Psychometrica*, 27, 1962, págs. 125-140.
SOKAL, R. y P. M. SNEATM: *Principles of Numerical Taxonomy*, San Francisco, W. H. Freeman, 1963.
TORGERSON, W. S.: *Theory and methods of scaling*, N. Y. Wiley, 1958.
THURSTONE, L.: *Multiple Factor Analysis*, Chicago, University of Chicago Press, 1947.
VAN DE GEER, John P.: *Introduction to Multivariate Analysis for the Social Sciences*, San Francisco, W. H. Fresman, 1971.
VICENS OTERO, J.: «Análisis Multidimensional no Métrico en Marketing», *Cuadernos Universitarios de Planificación Empresarial y Marketing*, 3, 1977.

Apéndice I
TABLAS ESTADISTICAS

Tablas estadísticas

TABLA A. Números aleatorios.

TABLA B. Areas bajo la curva normal.

TABLA C. Tabla de probabilidades asociadas con valores observados de x en la prueba binomial.

TABLA D. Distribución de x^2.

TABLA E. Distribución t de Student.

TABLA F. Distribución de F.

TABLA G. Valores críticos del coeficiente rho de Spearman.

Las tablas estadísticas han sido reproducidas de las obras que se indican a continuación:

Tablas	Procedencia
A	THE RAND CORPORATION: *A Million Random Digits*, Glencoe, Ill, Free Press, 1955, págs. 1-2.
B	HUBERT M. BLALOCK: *Social Statistics*, New York, McGraw-Hill, 1979, página 602.
C	H. WALKER y J. LEV: *Statistical Inference*, New York, Hol, 1953, página 458.
D	H. J. LOETHER y D. G. MCTAVISH: *Inferential Statistics for Sociogists*, Boston, Ally & Bacon, 1974, pág. 297-8.
E-F	R. A. y F. YATES: *Statistical Tables for Biological, Agricultural and Medical Research*, Londres, Oliver & Boyd, 1948.
G	SIDNEY, SIEGEL: *Nonparametric Statistics for the Behavioral Sciences*, New York, McGraw-Hill, 1956, pág. 284.

TABLA A

Números aleatorios

10 09 73 25 33	76 52 01 35 86	34 67 35 48 76	80 95 90 91 17	39 29 27 49 45
37 54 20 48 05	64 89 47 42 96	24 80 52 40 37	20 63 61 04 02	00 82 29 16 65
08 42 26 89 53	19 64 50 93 03	23 20 90 25 00	15 95 33 47 64	35 08 03 36 06
99 01 90 25 29	09 37 67 07 15	38 31 13 11 65	88 67 67 43 97	04 43 62 76 59
12 80 79 99 70	80 15 73 61 47	64 03 23 66 53	98 95 11 08 77	12 17 17 68 33
66 06 57 47 17	34 07 27 68 50	36 69 73 61 70	65 81 33 98 85	11 19 92 91 70
31 06 01 08 05	45 57 18 24 06	35 30 34 26 14	86 79 90 74 39	23 40 30 97 32
85 26 97 76 02	02 05 16 56 92	68 66 57 48 18	73 05 38 52 47	18 62 38 85 79
63 57 33 21 35	05 32 54 70 48	90 55 35 75 48	28 46 82 87 09	83 49 12 56 24
73 79 64 57 53	03 52 96 47 78	35 80 83 42 82	60 93 52 03 44	35 27 38 84 35
98 52 01 77 67	14 90 56 86 07	22 10 94 05 58	60 97 09 34 33	50 50 07 39 98
11 80 50 54 31	39 80 82 77 32	50 72 56 82 48	29 40 52 42 01	52 77 56 78 51
83 45 29 96 34	06 28 89 80 83	13 74 67 00 78	18 47 54 06 10	68 71 17 78 17
88 68 54 02 00	86 50 75 84 01	36 76 66 79 51	90 36 47 64 93	29 60 91 10 62
99 59 46 73 48	87 51 76 49 69	91 82 60 89 28	93 78 56 13 68	23 47 83 41 13
65 48 11 76 74	17 46 85 09 50	58 04 77 69 74	73 03 95 71 86	40 21 81 65 44
80 12 43 56 35	17 72 70 80 15	45 31 82 23 74	21 11 57 82 53	14 38 55 37 63
74 35 09 98 17	77 40 27 72 14	43 23 60 02 10	45 52 16 42 37	96 28 60 26 55
69 91 62 68 03	66 25 22 91 48	36 93 68 72 03	76 62 11 39 90	94 40 05 64 18
09 89 32 05 05	14 22 56 85 14	46 42 75 67 88	96 29 77 88 22	54 38 21 45 98
91 49 91 45 23	68 47 92 76 86	46 16 28 35 54	94 75 08 99 23	37 08 92 00 48
80 33 69 45 98	26 94 03 08 58	70 29 73 41 35	53 14 03 33 40	42 05 08 23 41
44 10 48 19 49	85 15 74 79 54	32 97 92 65 75	57 60 04 08 81	22 22 20 64 13
12 55 07 37 42	11 10 00 20 40	12 86 07 46 97	96 64 48 94 39	28 70 72 58 15
63 60 64 93 29	16 50 53 44 84	40 21 95 25 63	43 65 17 70 82	07 20 73 17 90
61 19 69 04 46	26 45 74 77 74	51 92 43 37 29	65 39 45 95 93	42 58 26 05 27
15 47 44 52 66	95 27 07 99 53	59 36 78 38 48	82 39 61 01 18	33 21 15 94 66
94 55 72 85 73	67 89 75 43 87	54 62 24 44 31	91 19 04 25 92	92 92 74 59 73
42 48 11 62 13	97 34 40 87 21	16 86 84 87 67	03 07 11 20 59	25 70 14 66 70
23 52 37 83 17	73 20 88 98 37	68 93 59 14 16	26 25 22 96 63	05 52 28 25 62
04 49 35 24 94	75 24 63 38 24	45 86 25 10 26	61 96 27 93 35	65 33 71 24 72
00 54 99 76 54	64 05 18 81 59	96 11 96 38 96	54 69 28 23 91	23 28 72 95 29
35 96 31 53 07	26 89 80 93 54	33 35 13 54 62	77 97 45 00 24	90 10 33 93 33
59 80 80 83 91	45 42 72 68 42	83 60 94 97 00	13 02 12 48 92	78 56 52 01 06
46 05 88 52 36	01 39 09 22 86	77 28 14 40 77	93 91 08 36 47	70 61 74 29 41
32 17 90 05 97	87 37 92 52 41	05 56 70 70 07	86 74 31 71 57	85 39 41 18 38
69 23 46 14 06	20 11 74 52 04	15 95 66 00 00	18 74 39 24 23	97 11 89 63 38
19 56 54 14 30	01 75 87 53 79	40 41 92 15 85	66 67 43 68 06	84 96 28 25 07
45 15 51 49 38	19 47 60 72 46	43 66 79 45 43	59 04 79 00 33	20 82 66 95 41
94 86 43 19 94	36 16 81 08 51	34 88 88 15 53	01 54 03 54 56	05 01 45 11 76
59 58 00 64 78	75 56 97 88 00	88 83 55 44 86	23 76 80 61 56	04 11 10 84 08
38 50 80 73 41	23 79 34 87 63	90 82 29 70 22	17 71 90 42 07	95 95 44 99 53
30 69 27 06 68	94 68 81 61 27	56 19 68 00 91	82 06 76 34 00	05 46 26 92 00
65 44 39 56 59	18 28 82 74 37	49 63 22 40 41	08 33 76 56 76	96 29 99 08 36
27 26 75 02 64	13 19 27 22 94	07 47 74 46 06	17 98 54 89 11	97 34 13 03 58

TABLA A

Números aleatorios (continuación)

```
91 30 70 69 91   19 07 22 42 10   36 69 95 37 28   28 82 53 57 93   28 97 66 62 52
68 43 49 46 88   84 47 31 36 22   62 12 69 84 08   12 84 38 25 90   09 81 59 31 46
48 90 81 58 77   54 74 52 45 91   35 70 00 47 54   83 82 45 26 92   54 13 05 51 60
06 91 34 51 97   42 67 27 86 01   11 88 30 95 28   63 01 19 89 01   14 97 44 03 44
10 45 51 60 19   14 21 03 37 12   91 34 23 78 21   88 32 58 08 51   43 66 77 08 83

12 88 39 73 43   65 02 76 11 84   04 28 50 13 92   17 97 41 50 77   90 71 22 67 69
21 77 83 09 76   38 80 73 69 61   31 64 94 20 96   63 28 10 20 23   08 81 64 74 49
19 52 35 95 15   65 12 25 96 59   86 28 36 82 58   69 57 21 37 98   16 43 59 15 29
67 24 55 26 70   35 58 31 65 63   79 24 68 66 86   76 46 33 42 22   26 65 59 08 02
60 58 44 73 77   07 50 03 79 92   45 13 42 65 29   26 76 08 36 37   41 32 64 43 44

53 85 34 13 77   36 06 69 48 50   58 83 87 38 59   49 36 47 33 31   96 24 04 36 42
24 63 73 87 36   74 38 48 93 42   52 62 30 79 92   12 36 91 86 01   03 74 28 38 73
83 08 01 24 51   38 99 22 28 15   07 75 95 17 77   97 37 72 75 85   51 97 23 78 67
16 44 42 43 34   36 15 19 90 73   27 49 37 09 39   85 13 03 25 52   54 84 65 47 59
60 79 01 81 57   57 17 86 57 62   11 16 17 85 76   45 81 95 29 79   65 13 00 48 60

03 99 11 04 61   93 71 61 68 94   66 08 32 46 53   84 60 95 82 32   88 61 81 91 61
38 55 59 55 54   32 88 65 97 80   08 35 56 08 60   29 73 54 77 62   71 29 92 38 53
17 54 67 37 04   92 05 24 62 15   55 12 12 92 81   59 07 60 79 36   27 95 45 89 09
32 64 35 28 61   95 81 90 68 31   00 91 19 89 36   76 35 59 37 79   80 86 30 05 14
69 57 26 87 77   39 51 03 59 05   14 06 04 06 19   29 54 96 96 16   33 56 46 07 80

24 12 26 65 91   27 69 90 64 94   14 84 54 66 72   61 95 87 71 00   90 89 97 57 54
61 19 63 02 31   92 96 26 17 73   41 83 95 53 82   17 26 77 09 43   78 03 87 02 67
30 53 22 17 04   10 27 41 22 02   39 68 52 33 09   10 06 16 88 29   55 98 66 64 85
03 78 89 75 99   75 86 72 07 17   74 41 65 31 66   35 20 83 33 74   87 53 90 88 23
48 22 86 33 79   85 78 34 76 19   53 15 26 74 33   35 66 35 29 72   16 81 86 03 11

60 36 59 46 53   35 07 53 39 49   42 61 42 92 97   01 91 82 83 16   98 95 37 32 31
83 79 94 24 02   56 62 33 44 42   34 99 44 13 74   70 07 11 47 36   09 95 81 80 65
32 96 00 74 05   36 40 98 32 32   99 38 54 16 00   11 13 30 75 86   15 91 70 62 53
19 32 25 38 45   57 62 05 26 06   66 49 76 86 46   78 13 86 65 59   19 64 09 94 13
11 22 09 47 47   07 39 93 74 08   48 50 92 39 29   27 48 24 54 76   85 24 43 51 59

31 75 15 72 60   68 98 00 53 39   15 47 04 83 55   88 65 12 25 96   03 15 21 92 21
88 49 29 93 82   14 45 40 45 04   20 09 49 89 77   74 84 39 34 13   22 10 97 85 08
30 93 44 77 44   07 48 18 38 28   73 78 80 65 33   28 59 72 04 05   94 20 52 03 80
22 88 84 88 93   27 49 99 87 48   60 53 04 51 28   74 02 28 46 17   82 03 71 02 68
78 21 21 69 93   35 90 29 13 86   44 37 21 54 86   65 74 11 40 14   87 48 13 72 20
```

TABLA B
Areas bajo la curva normal

El uso de la tabla B requiere que el valor observado se transforme en una puntuación típica z, y que la variable se encuentre distribuida normalmente. Los valores de la tabla B representan la proporción de área en la curva normal típica que tiene una media de 0, una desviación típica de 1,00 y un área total igual a 1,00. Como la curva normal es simétrica, sólo se indican las áreas correspondientes a los valores de z positivos. Los valores de z negativos tendrán las mismas proporciones de área que los correspondientes valores positivos.

z	0,00	0,01	0,02	0,03	0,04	0,05	0,06	0,07	0,08	0,09
0,0	0000	0040	0080	0120	0159	0199	0239	0279	0319	0359
0,1	0398	0438	0478	0517	0557	0596	0636	0675	0714	0753
0,2	0793	0832	0871	0910	0948	0987	1026	1064	1103	1141
0,3	1179	1217	1255	1293	1331	1368	1406	1443	1480	1517
0,4	1554	1591	1628	1664	1700	1736	1772	1808	1844	1879
0,5	1915	1950	1985	2019	2054	2088	2123	2157	2190	2224
0,6	2257	2291	2324	2357	2389	2422	2454	2486	2518	2549
0,7	2580	2612	2642	2673	2704	2734	2764	2794	2823	2852
0,8	2881	2910	2939	2967	2995	3023	3051	3078	3106	3133
0,9	3159	3186	3212	3238	3264	3289	3315	3340	3365	3389
1,0	3413	3438	3461	3485	3508	3531	3554	3577	3599	3621
1,1	3643	3665	3686	3718	3729	3749	3770	3790	3810	3830
1,2	3849	3869	3888	3907	3925	3944	3962	3980	3997	4015
1,3	4032	4049	4066	4083	4089	4115	4131	4147	4162	4177
1,4	4192	4207	4222	4236	4251	4265	4279	4292	4306	4319
1,5	4332	4345	4357	4370	4382	4394	4406	4418	4430	4441
1,6	4452	4463	4474	4485	4495	4505	4515	4525	4535	4545
1,7	4554	4564	4573	4582	4591	4599	4608	4616	4625	4633
1,8	4641	4649	4656	4664	4671	4678	4686	4693	4699	4706
1,9	4713	4719	4726	4732	4738	4744	4750	4758	4762	4767
2,0	4773	4778	4783	4788	4793	4198	4803	4808	4812	4817
2,1	4821	4826	4830	4834	4838	4842	4846	4850	4854	4857
2,2	4861	4865	4868	4871	4875	4878	4881	4884	4887	4890
2,3	4893	4896	4898	4901	4904	4906	4909	4911	4913	4916
2,4	4918	4920	4922	4925	4927	4929	4931	4932	4934	4936
2,5	4938	4940	4941	4943	4945	4946	4948	4949	4951	4952
2,6	4953	4955	4956	4957	4959	4960	4961	4962	4963	4964
2,7	4965	4966	4967	4968	4969	4970	4971	4972	4973	4974
2,8	4974	4975	4976	4977	4977	4978	4979	4979	4980	4981
2,9	4981	4982	4983	4984	4984	4984	4985	4985	4986	4986
3,0	4986,5	4987	4987	4988	4988	4988	4989	4989	4989	4990
3,1	4990,0	4991	4991	4991	4992	4992	4992	4992	4993	4993
3,2	4993,129									
3,3	4995,166									
3,4	4996,631									
3,5	4997,674									
3,6	4998,409									
3,7	4998,922									
3,8	4999,277									
3,9	4999,519									
4,0	4999,683									
4,5	4999,966									
5,0	4999,997133									

TABLA C

Tabla de probabilidades asociadas con valores observados de x en la prueba binomial

Los valores contenidos en la tabla son las probabilidades para una sola cola bajo H_0 de la prueba binomial, cuando $P=Q=\frac{1}{2}$. Por razones de espacio, se han omitido los puntos decimales.

N \ x	0	1	2	3	4	5	6	7	8	9	10	11	12	13	14	15
5	31	188	500	812	969	†										
6	16	109	344	656	891	984	†									
7	8	62	227	500	773	938	992	†								
8	4	35	145	363	637	855	965	996	†							
9	2	20	90	254	500	746	910	980	998	†						
10	1	11	55	172	377	623	828	945	989	999	†					
11		6	33	113	274	500	726	887	967	994	†	†				
12		3	19	73	194	387	613	806	927	981	997	†	†			
13		2	11	46	133	291	500	709	867	954	989	998	†	†		
14		1	6	29	90	212	395	605	788	910	871	994	999	†	†	
15			4	18	59	151	304	500	696	849	941	982	996	†	†	†
16			2	11	38	105	227	402	598	773	895	962	989	998	†	†
17			1	6	25	72	166	315	500	685	834	928	975	994	999	†
18			1	4	15	48	119	240	407	593	760	881	952	985	996	999
19				2	10	32	84	180	324	500	676	820	916	968	990	998
20				1	6	21	58	132	252	412	588	748	868	942	979	994
21				1	4	13	39	95	192	332	500	668	808	905	961	987
22					2	8	26	67	143	262	416	584	738	857	933	974
23					1	5	17	47	105	202	339	500	661	798	895	953
24					1	3	11	32	76	154	271	419	581	729	846	924
25						2	7	22	54	115	212	345	500	655	788	885

† 1,0 ó aproximadamente 1,0.

TABLA D

Distribución de x^2

df	\	\	\	Probabilidades	\	\	\
	0,99	0,98	0,95	0,90	0,80	0,70	0,50
1	0,000157	0,000628	0,00393	0,0158	0,0642	0,148	0,455
2	0,0201	0,0404	0,103	0,211	0,446	0,713	1,386
3	0,115	0,185	0,352	0,584	1,005	1,424	2,366
4	0,297	0,429	0,711	1,064	1,649	2,195	3,357
5	0,554	0,752	1,145	1,610	2,343	3,000	4,351
6	0,872	1,134	1,635	2,204	2,070	3,828	5,348
7	1,239	1,564	2,167	2,833	3,822	4,671	6,346
8	1,646	2,032	2,733	3,490	4,594	5,527	7,344
9	2,088	2,532	3,325	4,168	5,380	6,393	8,343
10	2,558	3,059	3,940	4,865	6,179	7,267	9,342
11	3,053	3,609	4,575	5,578	6,989	8,148	10,341
12	3,571	4,178	5,226	6,304	7,807	9,034	11,340
13	4,107	4,765	5,892	7,042	8,634	9,926	12,340
14	4,660	5,368	6,571	7,790	9,467	10,821	13,339
15	5,229	5,985	7,261	8,547	10,307	11,721	14,339
16	5,812	6,614	7,962	9,312	11,152	12,624	15,338
17	6,408	7,255	8,672	10,085	12,002	13,531	16,338
18	7,015	7,906	9,390	10,865	12,857	14,440	17,338
19	7,633	8,567	10,117	11,651	13,716	15,352	18,338
20	8,260	9,237	10,851	12,443	14,578	16,266	19,337
21	8,897	9,915	11,591	13,240	15,445	17,182	20,337
22	9,542	10,600	12,338	14,041	16,314	18,101	21,337
23	10,196	11,293	13,091	14,848	17,187	19,021	22,337
24	10,865	11,992	13,848	15,659	18,062	19,943	23,337
25	11,524	12,679	14,611	16,473	18,940	20,867	24,337
26	12,198	13,409	15,379	17,292	19,820	21,792	25,336
27	12,879	14,125	16,151	18,114	20,703	22,719	26,336
28	13,565	14,847	16,928	18,939	21,588	23,647	27,336
29	14,256	15,574	17,708	19,768	22,475	24,577	28,336
30	14,953	16,306	18,493	20,599	23,364	25,508	29,336

TABLA D

Distribución de x^2 (continuación)

				Probabilidades			
df	0,30	0,20	0,10	0,05	0,02	0,01	0,001
1	1,074	1,642	2,706	3,841	5,412	6,635	10,827
2	2,408	3,219	4,605	5,991	7,824	9,210	13,815
3	3,665	4,624	6,251	7,815	9,837	11,345	16,268
4	4,878	5,989	7,779	9,488	11,668	13,277	18,465
5	6,064	7,289	9,236	11,070	13,388	15,086	20,517
6	7,231	8,558	10,645	12,592	15,033	16,812	22,457
7	8,383	9,803	12,017	14,067	16,622	18,475	24,322
8	9,524	11,030	13,362	15,507	18,168	20,090	26,125
9	10,656	12,242	14,684	16,919	19,679	21,666	27,877
10	11,781	13,442	15,987	18,307	21,161	23,209	29,588
11	12,899	14,631	17,275	19,675	22,618	24,725	31,264
12	14,011	15,812	18,549	21,026	24,054	26,217	32,909
13	15,119	16,985	19,812	22,362	25,472	27,688	34,528
14	16,222	18,151	21,064	23,685	26,873	29,141	36,123
15	17,322	19,311	22,307	24,996	28,259	30,578	37,697
16	18,418	20,465	23,542	26,296	29,633	32,000	39,252
17	19,511	21,615	24,769	27,587	30,995	33,409	40,790
18	20,601	22,760	25,989	28,869	32,346	34,805	42,312
19	21,689	23,900	27,204	30,144	33,687	36,191	43,820
20	22,775	25,038	28,412	31,410	35,020	37,566	45,315
21	23,858	26,171	29,615	32,671	36,343	38,932	46,797
22	24,939	27,301	30,813	33,924	37,659	40,289	48,268
23	26,018	28,429	32,007	35,172	38,968	41,638	49,728
24	27,096	29,553	33,196	36,415	40,270	42,980	51,179
25	28,172	30,675	34,382	37,652	41,566	44,314	52,620
26	29,246	31,795	35,563	38,885	42,856	45,642	54,052
27	30,319	32,912	36,741	40,113	44,140	46,963	55,476
28	31,391	34,027	37,916	41,337	45,419	48,278	56,893
29	32,461	35,139	39,087	42,557	46,693	49,588	58,302
30	33,530	36,250	40,256	43,773	47,962	50,892	59,703

TABLA E

Distribución t de Student

	Nivel de significación para una prueba unilateral					
	0,10	0,05	0,025	0,01	0,005	0,0005
	Nivel de significación para una prueba bilateral					
df	0,20	0,10	0,05	0,02	0,01	0,001
1	3,078	6,314	12,706	31,821	63,657	636,619
2	1,886	2,920	4,303	6,965	9,925	31,598
3	1,638	2,353	3,182	4,541	5,841	12,941
4	1,533	2,132	2,776	3,747	4,604	8,610
5	1,476	2,015	2,571	3,365	4,032	6,859
6	1,440	1,943	2,447	3,143	3,707	5,959
7	1,415	1,895	2,365	2,998	3,499	5,405
8	1,397	1,860	2,306	2,896	3,355	5,041
9	1,383	1,833	2,262	2,821	3,250	4,781
10	1,372	1,812	2,228	2,764	3,169	4,587
11	1,363	1.796	2,201	2,718	3,106	4,437
12	1,356	1,782	2,179	2,681	3,055	4,318
13	1,350	1,771	2,160	2,650	3,012	4,221
14	1,345	1,761	2,145	2,624	2,977	4,140
15	1,341	1,753	2,131	2,602	2,947	4,073
16	1,337	1,746	2,120	2,583	2,921	4,015
17	1,333	1,740	2,110	2,567	2,898	3,965
18	1,330	1,734	2,101	2,552	2,878	3,922
19	1,328	1,729	2,093	2,539	2,861	3,883
20	1,325	1,725	2,086	2,528	2,845	3,850
21	1,323	1,721	2,080	2,518	2,831	3,819
22	1,321	1,717	2,074	2,508	2,819	3,792
23	1,319	1,714	2,069	2,500	2,807	3,767
24	1,318	1,711	2,064	2,492	2,797	3,745
25	1,316	1,708	2,060	2,485	2,787	3,725
26	1,315	1,706	2,056	2,479	2,779	3,707
27	1,314	1,703	2,052	2,473	2,771	3,690
28	1,313	1,701	2,048	2,467	2,763	3,674
29	1,311	1,699	2,045	2,642	2,756	3,659
30	1,310	1,697	2,042	2,457	2,750	3,646
40	1,303	1,684	2,021	2,423	2,704	3,551
60	1,296	1,671	2,000	2,390	2,660	3,460
120	1,289	1,658	1,980	2,358	2,617	3,373
∞	1,282	1,645	1,960	2,326	2,576	3,291

TABLA F

Distribución de F

$p = 0{,}05$

n_2 \ n_1	1	2	3	4	5	6	8	12	24	∞
1	161,4	199,5	215,7	224,6	230,2	234,0	238,9	243,9	249,0	254,3
2	18,51	19,00	19,16	19,25	19,30	19,33	19,37	19,41	19,45	19,50
3	10,13	9,55	9,28	9,12	9,01	8,94	8,84	8,74	8,64	8,53
4	7,71	6,94	6,59	6,39	6,26	6,16	6,04	5,91	5,77	5,63
5	6,61	5,79	5,41	5,19	5,05	4,95	4,82	4,68	4,53	4,36
6	5,99	5,14	4,76	4,53	4,39	4,28	4,15	4,00	3,84	3,67
7	5,59	4,74	4,35	4,12	3,97	3,87	3,73	3,57	3,41	3,23
8	5,32	4,46	4,07	3,84	3,69	3,58	3,44	3,28	3,12	2,93
9	5,12	4,26	3,86	3,63	3,48	3,37	3,23	3,07	2,90	2,71
10	4,96	4,10	3,71	3,48	3,33	3,22	3,07	2,91	2,74	2,54
11	4,84	3,98	3,59	3,36	3,20	3,09	2,95	2,79	2,61	2,40
12	4,75	3,88	3,49	3,26	3,11	3,00	2,85	2,69	2,50	2,30
13	4,67	3,80	3,41	3,18	3,02	2,92	2,77	2,60	2,42	2,21
14	4,60	3,74	3,34	3,11	2,96	2,85	2,70	2,53	2,35	2,13
15	4,54	3,68	3,29	3,06	2,90	2,79	2,64	2,48	2,29	2,07
16	4,49	3,63	3,24	3,01	2,85	2,74	2,59	2,42	2,24	2,01
17	4,45	3,59	3,20	2,96	2,81	2,70	2,55	2,38	2,19	1,96
18	4,41	3,55	3,16	2,93	2,77	2,66	2,51	2,34	2,15	1,92
19	4,38	3,52	3,13	2,90	2,74	2,63	2,48	2,31	2,11	1,88
20	4,35	3,49	3,10	2,87	2,71	2,60	2,45	2,28	2,08	1,84
21	4,32	3,47	3,07	2,84	2,68	2,57	2,42	2,25	2,05	1,81
22	4,30	3,44	3,05	2,82	2,66	2,55	2,40	2,23	2,03	1,78
23	4,28	3,42	3,03	2,80	2,64	2,53	2,38	2,20	2,00	1,76
24	4,26	3,40	3,01	2,78	2,62	2,51	2,36	2,18	1,98	1,73
25	4,24	3,38	2,99	2,76	2,60	2,49	2,34	2,16	1,96	1,71
26	4,22	3,37	2,98	2,74	2,59	2,47	2,32	2,15	1,95	1,69
27	4,21	3,35	2,96	2,73	2,57	2,46	2,30	2,13	1,93	1,67
28	4,20	3,34	2,95	2,71	2,56	2,44	2,29	2,12	1,91	1,65
29	4,18	3,33	2,93	2,70	2,54	2,43	2,28	2,10	1,90	1,64
30	4,17	3,32	2,92	2,69	2,53	2,42	2,27	2,09	1,89	1,62
40	4,08	3,23	2,84	2,61	2,45	2,34	2,18	2,00	1,79	1,51
60	4,00	3,15	2,76	2,52	2,37	2,25	2,10	1,92	1,70	1,39
120	3,92	3,07	2,68	2,45	2,29	2,17	2,02	1,83	1,61	1,25
∞	3,84	2,99	2,60	2,37	2,21	2,09	1,94	1,75	1,52	1,00

Los valores de n_1 y n_2 representan los grados de libertad asociados con la mayor y la menor de las estimaciones de la varianza, respectivamente.

TABLA F

Distribución de F (continuación)

$p = 0,01$

n_2 \ n_1	1	2	3	4	5	6	8	12	24	∞
1	405,2	499,9	540,3	562,5	576,4	585,9	598,1	610,6	623,4	636,6
2	98,49	99,01	99,17	99,25	99,30	99,33	99,36	99,42	99,46	99,50
3	34,12	30,81	29,46	28,71	28,24	27,91	27,49	27,05	26,60	26,12
4	21,20	18,00	16,69	15,98	15,52	15,21	14,80	14,37	13,93	13,46
5	16,26	13,27	12,06	11,39	10,97	10,67	10,27	9,89	9,47	9,02
6	13,74	10,92	9,78	9,15	8,75	8,47	8,10	7,72	7,31	6,88
7	12,25	9,55	8,45	7,85	7,46	7,19	6,84	6,47	6,07	5,65
8	11,26	8,65	7,59	7,01	6,63	6,37	6,03	5,67	5,28	4,86
9	10,56	8,02	6,99	6.42	6,06	5,80	5,47	5,11	4,73	4,31
10	10,04	7,56	6,55	5,99	5,64	5,39	5,06	4,71	4,33	3,91
11	9,65	7,20	6,22	5,67	5,32	5,07	4,74	4,40	4,02	3,60
12	9,33	6,93	5,95	5,41	5,06	4,82	4,50	4,16	3,78	3,36
13	9,07	6,70	5,74	5,20	4,86	4,62	4,30	3,96	3,59	3,16
14	8,86	6,51	5,56	5,03	4,69	4,46	4,14	3,80	3,43	3,00
15	8,68	6,36	5,42	4,89	4,56	4,32	4,00	3,67	3,29	2,87
16	8,53	6,23	5,29	4,77	4,44	4,20	3,89	3,55	3,18	2,75
17	8,40	6,11	5,18	4,67	4,34	4,10	3,79	3,45	3,08	2,65
18	8,28	6,01	5,09	4,58	4,25	4,01	3,71	3,37	3,00	2,57
19	8,18	5,93	5,01	4,50	4,17	3,94	3,63	3,30	2,92	2,49
20	8,10	5,85	4,94	4,43	4,10	3,87	3,56	3,23	2,86	2,42
21	8,02	5,78	4,87	4,37	4,04	3,81	3,51	3,17	2,80	2,36
22	7,94	5,72	4,82	4,31	3,99	3,76	3,45	3,12	2,75	2,31
23	7,88	5,66	4,76	4,26	3,94	3,71	3,41	3,07	2,70	2,26
24	7,82	5,61	4,72	4,22	3,90	3,67	3,36	3,03	2,66	2,21
25	7,77	5,57	4,68	4,18	3,86	3,63	3,32	2,99	2,62	2,17
26	7,72	5,53	4,64	4,14	3,82	3,59	3,29	2,96	2,58	2,13
27	7,68	5,49	4,60	4,11	3,78	3,56	3,26	2,93	2,55	2,10
28	7,64	5,45	4,57	4,07	3,75	3,53	3,23	2,90	2,52	2,06
29	7,60	5,42	4,54	4,04	3,73	3,50	3,20	2,87	2,49	2,03
30	7,56	5,39	4,51	4,02	3,70	3,47	3,17	2,84	2,47	2,01
40	7,31	5,18	4,31	3,83	3,51	3,29	2,99	2,66	2,29	1,80
60	7,08	4,98	4,13	3,65	3,34	3,12	2,82	2,50	2,12	1,60
120	6,85	4,79	3,95	3,48	3,17	2,96	2,66	2,34	1,95	1,38
∞	6,64	4,60	3,78	3,32	3,02	2,80	2,51	2,18	1,79	1,00

Los valores de n_1 y n_2 representan los grados de libertad asociados con la mayor y la menor de las estimaciones de la varianza, respectivamente.

TABLA F

Distribución de F (continuación)

$$p = 0,001$$

n_2 \ n_1	1	2	3	4	5	6	8	12	24	∞
1	405,284	500,000	540,379	562,500	576,405	585,937	598,144	610,667	623,497	636,619
2	998,5	999,0	999,2	999,2	999,3	999,3	999,4	999,4	999,5	999,5
3	167,5	148,5	141,1	137,1	134,6	132,8	130,6	128,3	125,9	123,5
4	74,14	61,25	56,18	53,44	51,71	50,53	49,00	47,41	45,77	44,05
5	47,04	36,61	33,20	31,09	29,75	28,84	27,64	26,42	25,14	23,78
6	35,51	27,00	23,70	21,90	20,81	20,03	19,03	17,99	16,89	15,75
7	29,22	21,69	18,77	17,19	16,21	15,52	14,63	13,71	12,73	11,69
8	25,42	18,49	15,83	14,39	13,49	12,86	12,04	11,19	10,30	9,34
9	22,86	16,39	13,90	12,56	11,71	11,13	10,37	9,57	8,72	7,81
10	21,04	14,91	12,55	11,28	10,48	9,92	9,20	8,45	7,64	6,76
11	19,69	13,81	11,56	10,35	9,58	9,05	8,35	7,63	6,85	6.00
12	18,64	12,97	10,80	9,63	8,89	8,38	7,71	7,00	6,25	5,42
13	17,81	12,31	10,21	9,07	8,35	7,86	7,21	6,52	5,78	4,97
14	17,14	11,78	9,73	8,62	7,92	7,43	6,80	6,13	5,41	4,60
15	16,59	11,34	9,34	8,25	7,57	7,09	6,47	5,81	5,10	4,31
16	16,12	10,97	9,00	7,94	7,27	6,81	6,19	5,55	4,85	4,06
17	15,72	10,66	8,73	7,68	7,02	6,56	5,96	5,32	4,63	3,85
18	15,38	10,39	8,49	7,46	6,81	6,35	5,76	5,13	4,45	3,67
19	15,08	10,16	8,28	7,26	6,61	6,18	5,59	4,97	4,29	3,52
20	14,82	9,95	8,10	7,10	6,46	6,02	5,44	4,82	4,15	3,38
21	14,59	9,77	7,94	6,95	6,32	5,88	5,31	4,70	4,03	3,26
22	14,38	9,61	7,80	6,81	6,19	5,76	5,19	4,58	3,92	3,15
23	14,19	9,47	7,67	6,69	6,08	5,65	5,09	4,48	3,82	3,05
24	14,03	9,34	7,55	6,59	5,98	5,55	4,99	4,39	3,74	2,97
25	13,88	9,22	7,45	6,49	5,88	5,46	4,91	4,31	3,66	2,89
26	13,74	9,12	7,36	6,41	5,80	5,38	4,83	4,24	3,59	2,82
27	13,61	9,02	7,27	6,33	5,73	5,31	4,76	4,17	3,52	2,75
28	13,50	8,93	7,19	6,25	5,66	5,24	4,69	4,11	3,46	2,70
29	13,39	8,85	7,12	6,19	5,59	5,18	4,64	4,05	3,41	2,64
30	13,29	8,77	7,05	6,12	5,53	5,12	4,58	4,00	3,36	2,59
40	12,61	8,25	6,60	5,70	5,13	4,73	4,21	3,64	3,01	2,23
60	11,97	7,76	6,17	5,31	4,76	4,37	3,87	3,31	2,69	1,90
120	11,38	7,31	5,79	4,95	4,42	4,04	3,55	3,02	2,40	1,56
∞	10,83	6,91	5,42	4,62	4,10	3,74	3,27	2,74	2,13	1,00

Los valores de n_1 y n_2 representan los grados de libertad asociados con la mayor y la menor de las estimaciones de la varianza, respectivamente.

TABLA G

Valores críticos del coeficiente rho de Spearman

N	Nivel de signifación (prueba unilateral)	
	0,05	0,01
4	1,000	
5	0,900	1,000
6	0,829	0,943
7	0,714	0,893
8	0,643	0,833
9	0,600	0,783
10	0,564	0,746
12	0,506	0,712
14	0,456	0,645
16	0,425	0,601
18	0,399	0,564
20	0,377	0,534
22	0,359	0,508
24	0,343	0,485
26	0,329	0,465
28	0,317	0,448
30	0,306	0,432

Apéndice II
SOLUCION DE LOS PROBLEMAS*

CAPITULO 2

1. La variación de la población española provincial que se ha producido en el período 1940-1975 ha sido la que sigue, tomando la población de 1940 como base 100:

   Alava, 211; Albacete, 88; Alicante, 175; Almería, 108; Avila, 80; Badajoz, 86; Baleares, 155; Barcelona, 227; Burgos, 92; Cáceres, 83; Cádiz, 159; Castellón, 132; Ciudad Real, 91; Córdoba, 94; Coruña (La), 118; Cuenca, 67; Gerona, 137; Granada, 100; Guadalajara, 68; Guipúzcoa, 206; Huelva, 109; Huesca, 93; Jaén, 86; León, 107; Lérida, 117; Logroño, 109; Lugo, 79; Madrid, 272; Málaga, 136; Murcia, 123; Navarra, 131; Orense, 90; Oviedo, 131; Palencia, 86; Palmas (Las), 221; Pontevedra, 129; Salamanca, 90; S. C. Tenerife, 191; Santander, 125; Segovia, 80; Sevilla, 113; Soria, 65; Tarragona, 143; Teruel, 67; Toledo, 97; Valencia, 154; Valladolid, 136; Vizcaya, 225; Zamora, 77; Zaragoza, 135. Total España, 139.

   Agrupar las provincias en categorías que sean sociológicamente significativas en relación a la tasa de variación de la población.

Solución:

Como la variación total en España se sitúa en 139, podríamos clasificar las provincias españolas en las siguientes categorías:

Crecimiento fuerte. Aquellas provincias cuya variación supera a 139.
Crecimiento débil. Aquellas provincias cuya variación se sitúe entre 100 y 139.
Decrecimiento débil. Aquellas provincias cuya variación se sitúe entre 90 y 100.

---

* Para la solución de estos problemas he contado con la inestimable ayuda de los profesores del Departamento de Sociología de la Facultad de Ciencias Políticas y Sociología de la Universidad de Granada, Jaime Andreu, Angel Rodríguez y Manuel Vela, bajo la supervisión de la profesora Margarita Latiesa.

Decrecimiento fuerte. Aquellas provincias cuya variación se sitúe por debajo de 90.

2. La población de los países europeos era, en 1983, la siguiente (en millones de personas):

Europa del Norte	82,0	*Europa Occidental*	155,0
Dinamarca	5,1	Alemania Federal	61,5
Finlandia	4,8	Austria	7,6
Irlanda	3,5	Bélgica	9,9
Islandia	0,2	Francia	54,6
Noruega	4,1	Luxemburgo	0,4
Reino Unido	56,0	Países Bajos	14,4
Suecia	8,3	Suiza	6,5
Europa Oriental	111,0	*Europa del Sur*	141,0
Alemania Oriental		Albania	2,9
Bulgaria	8,9	España	38,4
Hungría	10,7	Grecia	9,9
Polonia	36,6	Italia	56,3
Rumanía	22,7	Malta	0,4
Checoslovaquia	15,4	Portugal	9,9
		Yugoslavia	22,3

Calcular los porcentajes que representan las poblaciones de cada país en relación al total europeo y al total del área geográfica a la que pertenecen.

Solución:

Total de la población europea en millones 489.

Europa del Norte	82,0	%T	%A
Dinamarca	5,1	1,0	6,2
Finlandia	4,8	1,0	5,9
Irlanda	3,5	0,7	4,3
Islandia	0,2	0,0	0,2
Noruega	4,1	0,8	5,0
Reino Unido	56,0	11,4	68,3
Suecia	8,3	1,7	10,1
Europa Occidental	155,0	%T	%A
Alemania Federal	61,6	12,6	39,7
Austria	7,6	1,5	4,9
Bélgica	9,9	2	6,4
Francia	54,6	11,2	35,2

Luxemburgo	0,4	0,1	0,2
Países Bajos	14,4	2,9	9,3
Suiza	6,5	1,3	4,2

Europa Oriental	111,0	%T	%A
Alemania Oriental	16,7	3,4	15,0
Bulgaria	8,9	1,8	8,0
Hungría	10,7	2,2	9,6
Polonia	36,6	7,5	32,9
Rumanía	22,7	4,6	20,4
Checoslovaquia	15,4	3,2	13,9

Europa del Sur	141	%T	%A
Albania	2,9	0,6	2,1
España	38,4	7,9	27,2
Grecia	9,9	2	7,0
Italia	56,3	11,5	39,9
Malta	0,4	0,1	0,3
Portugal	9,9	2,0	7,0
Yugoslavia	22,3	4,6	15,8

%T = Porcentaje con respecto al total europeo.
%A = Porcentaje con respecto al área geográfica.

3. En una encuesta sobre victimización, las 560 personas que respondieron afirmativamente a la pregunta ¿ha sido víctima de algún delito o de algún intento de delito a lo largo de su vida?, se distribuyeron del siguiente modo de acuerdo con la edad:

Edad (años)	f_i
16-25	100
26-35	130
36-45	120
46-55	120
56-65	90

Desarrollar la distribución, calculando lo que sigue:

a) Frecuencias relativas y frecuencias acumuladas «menos de» y «o más de».
b) Porcentajes y porcentajes acumulados.

Solución:

Edad (años)	f_i	f_r	$F_a(-)$	$F_a(+)$	%	% acumulado
16-25	100	0,18	100	560	18	18
26-35	130	0,23	230	460	23	41
36-45	120	0,21	350	330	21	62
46-55	120	0,21	470	210	21	83
56-65	90	0,16	560	90	16	99
	560					

$F_a(-) \equiv$ Frecuencias acumuladas «de menos».
$F_a(+) \equiv$ Frecuencias acumuladas «de más».

4. Al visitar 84 hogares de un barrio, un encuestador encontró los siguientes números de miembros que viven en cada hogar.

3	5	6	1	2	4	4	3	5	1	3	2
4	5	3	6	4	5	3	4	8	7	4	3
4	5	4	2	6	7	1	3	2	4	3	4
6	7	4	5	3	4	7	4	3	5	6	3
7	2	9	10	3	2	1	3	2	3	4	4
6	7	1	2	3	4	7	3	4	6	1	3
8	4	3	2	3	9	3	6	2	2	4	5

a) Construir una distribución de frecuencias y una distribución acumulada, agrupando los datos en intervalos que sean sociológicamente significativos.

b) A partir de tales distribuciones, dibujar un histograma, un polígono de frecuencias y una ojiva.

Solución:

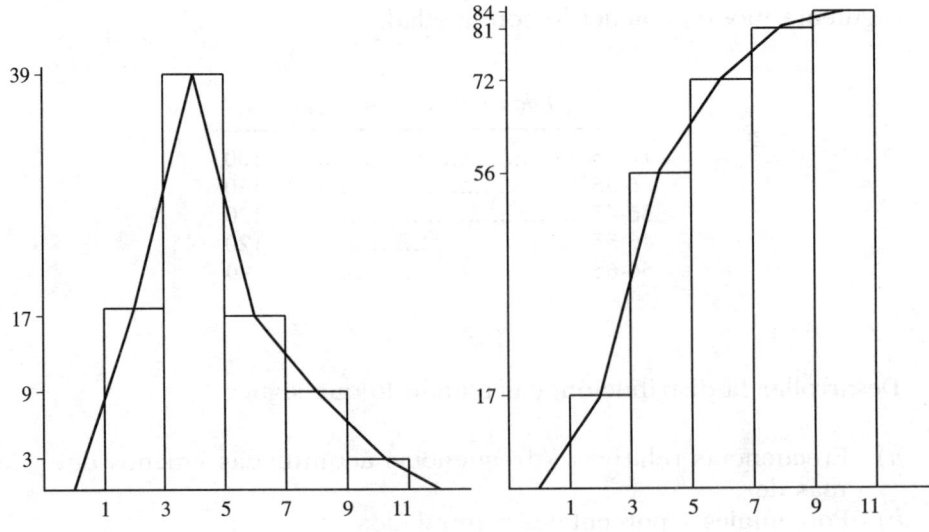

Intervalos	f_i	F_a
1-3	17	17
3-5	39	56
5-7	16	72
7-9	9	81
9-11	3	84
	84	

5. Supóngase que los siguientes números representan los ingresos mensuales (en miles de pesetas) de una muestra de residentes en una comunidad determinada:

```
 68   54   78  150   75   84  175   70   71   53   91   66
 76   45   61   87  103   95  108  100   85   89   87   72
 65   96   88  200  100  120  105   66   97  136  119   93
 82  100  140   78   99  138   87  100   88  143  106  106
112  120   92  205   95   68   90   93  118   75   87  140
 90   86  110   66   80  135   75  115   90   78   93  185
```

a) Construir una distribución de frecuencias y una distribución acumulada, agrupando los datos en intervalos que sean sociológicamente significativos.

b) A partir de tales distribuciones, dibujar un histograma, un polígono de frecuencias y una ojiva.

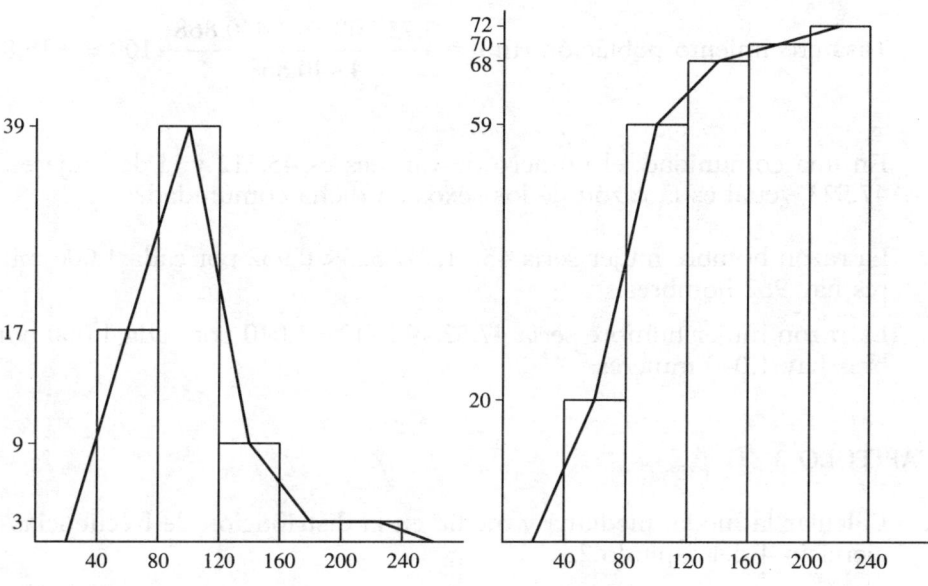

Intervalos	f_i	F_a
40-80	20	20
80-120	39	59
120-160	9	68
160-200	2	70
200-240	2	72
	72	

6. En 1960 la población urbana en España alcanzaba la cifra de 17.363.790 habitantes, y en 1970 llegó a la cantidad de 22.576.000. También en 1960 la población rural era 4.440.868, mientras que en 1970 descendió a 3.737.000. Calcular las tasas de crecimiento relativo (expresadas porcentualmente) para la población rural y para la población urbana, en el período considerado.

Solución:

$$\text{Tasa de crecimiento relativo} = \frac{b-a}{a} \cdot k$$

siendo a y b las cantidades al principio y al final del período, y k la base que se decida, normalmente la unidad seguida de ceros:

$$\text{Tasa crecimiento población urbana} = \frac{22.576.000 - 17.363.790}{17.363.790} \cdot 100 \approx 30\%$$

$$\text{Tasa crecimiento población rural} = \frac{3.737.000 - 4.440.868}{4.440.868} \cdot 100 \approx -15,8\%$$

7. En una comunidad, el número de varones es 45.712 y el de mujeres es 47.523, ¿cuál es la razón de los sexos en dicha comunidad?

La razón hombre mujer sería 45.712/47.523 ≈ 0,962 por cada 1.000 mujeres hay 962 hombres.

La razón mujer hombre sería 47.523/45.712 ≈ 1,040 por cada 1.000 hombres hay 1.040 mujeres.

CAPITULO 3

1. Calcular la moda, mediana y media en la distribución de frecuencias de ejercicio 4 del capítulo 2.

Solución:

Intervalos	f_i	x_i	$x_i f_i$	F_a
1-3	17	2	34	17
3-5	39	4	156	56
5-7	16	6	96	72
7-9	9	8	72	81
9-11	3	10	30	84
	84		388	

Intervalo modal $3-5$ y la moda $(3+5)/2=4$ Moda $=4$

$$\text{Mediana} = L_{i-1} + \frac{(N/2)-F_{i-1}}{f_i} \cdot a_i = 3 + \frac{42 \cdot 17}{39} \cdot 2 \approx 4{,}28 \quad \text{Mediana} = 4{,}28$$

$$\text{Media} = \frac{\Sigma x_i f_i}{N} = \frac{388}{84} \approx 4{,}62 \quad \text{Media} = 4{,}62$$

2. Calcular la moda, mediana y media en la distribución de frecuencias del ejercicio 5 del capítulo 2.

Solución:

Intervalos	x_i	f_i	$x_i f_i$	F_a
40-80	60	20	1.200	20
40-80	100	39	3.900	59
120-160	140	9	1.260	68
160-200	150	2	300	70
200-240	220	2	440	72
		72	7.100	

Intervalo modal $80-120$ y la moda $(80+120)/2=100$ Moda $=100$

$$\text{Mediana } L_{i-1} + \frac{(N/2)-F_{i-1}}{f_i} \cdot a_i = 80 + \frac{36-20}{39} \cdot 40 = 96{,}41 \quad \text{Mediana} = 96{,}41$$

$$\text{Media} = \bar{x} = \frac{\Sigma x_i f_i}{N} = \frac{7.100}{72} = 98{,}61 \quad \text{Media} = 98{,}61$$

3. En una encuesta de opinión pública la población se autoubicó en una escala ideológica izquierda-derecha (recorrido 1-10) tal como aparece en la siguiente distribución. Calcular la media y la mediana.

Escala izquierda-derecha	f_i
1-2	13
3-4	17
5-6	42
7-8	17
9-10	11

Solución:

Intervalos	f_i	x_i	$x_i f_i$	F_a
1-2	13	1,5	19,5	13
3-4	17	3,5	59,5	30
5-6	42	5,5	231	72
7-8	17	7,5	127,5	89
9-10	11	9,5	104,5	100
	100		542	

Media = 542/100 = 5,42   Media = 5,42

Mediana = 5 + [(50 − 30)/42] · 1 = 5 + 0,48 = 5,48   Mediana = 5,48

4. Las calificaciones de un estudiante en los cuatro exámenes parciales del curso fueron 5, 7, 6, 8. Si los pesos asignados a cada examen son 1, 2, 2, 1, ¿cuál es la nota final del curso? ¿Cuál sería si todos los pesos fuesen iguales?

Solución:

Notas	Pesos	
5	1	5
7	2	14
6	2	12
8	1	8
	6	39

Nota final = $\Sigma(x_i \cdot P_i)/\Sigma P_i$ = 39/6 = 6,5

si todos los pesos fuesen iguales, la nota media final sería:

$\bar{x} = (5 + 7 + 6 + 8)/4 = 26/4 = 6,5$

5. El salario medio percibido por los empleados de una empresa es 80.000 pesetas. El salario medio de un hombre en dicha empresa es 85.000 pesetas y el de las mujeres 78.000 pesetas. Determinar el porcentaje de hombres y mujeres que trabajan en la empresa.

Solución:

Media empresa: $\bar{x}_E = 80.000$ ptas.
Media hombres: $\bar{x}_H = 85.000$ ptas. $\qquad X = \%$ de hombres
Media mujeres: $\bar{x}_M = 78.000$ ptas. $\qquad 100 - X = \%$ de mujeres

$$80.000 = \frac{85.000 \cdot X + 78.000 \cdot (100 - X)}{100} = 850X + 78.000 - 780X$$

$$\Rightarrow 2.00 = 70X \Rightarrow X = 2.000/70 = 28,6$$

Porcentaje de hombres en dicha empresa 28,6 %

Porcentaje de mujeres en dicha empresa 71,4 %

6. Calcular el recorrido, el rango intercuartílico, la desviación media, la varianza y la desviación típica en la distribución de frecuencias del ejercicio 4 del capítulo 2.

Solución:

Intervalos	x_i	f_i	F_a	$/x_i - \bar{x}/f_i$	$x_i^2 f_i$
1-3	2	17	17	44,2	68
4-5	4	39	56	23,4	624
5-7	6	16	72	22,4	576
7-9	8	9	81	30,6	576
9-11	10	3	84	16,2	300
		84		136,8	2.144

$\bar{x} = 4,6$

Recorrido $\Rightarrow 11 \cdot 1 = 10$; $\qquad$ Recorrido $= 10$

$Q_1 = 3 + \dfrac{21 - 17}{39} \cdot 2 = 3,2$

$Q_3 = 5 + \dfrac{63 - 56}{16} \cdot 2 = 5,9$; $\qquad$ Rango intercuatílico $= Q_3 - Q_1 = 5,9 - 3,2 = 2,7$

$DM = \dfrac{\Sigma |x_i - \bar{x}| f_i}{N} = \dfrac{136,8}{84} = 1,6$; $\qquad$ Desviación media $= 1,6$

$S_x^2 = \dfrac{\Sigma x_i^2 f_i}{N} - \bar{x}^2 = \dfrac{2.144}{84} - 21,2 = 4,3$; $\qquad$ Varianza $= 4,3$

$S_x = \sqrt{4,3} = 2,1$; $\qquad$ Desviación típica $= 2,1$

7. Calcular el recorrido, el rango intercuartílico, la desviación media, la varianza y la desviación típica en la distribución de frecuencias del ejercicio 5 del capítulo 2.

Solución:

Intervalos	f_i	x_i	F_a	$/x_i - \bar{x}/f_i$	$x_i^2 f_i$
40-80	20	60	20	790	72.000
80-120	39	100	59	19,5	390.000
120-160	9	140	68	364,5	176.400
160-200	2	180	70	161	64.800
200-240	2	220	72	241	96.800
	72			1.576	800.000

$\bar{x} = 7.160/72 = 99,44$

Recorrido $\Rightarrow 240 - 40 = 200$;   Recorrido $= 200$

$Q_1 = 40 + \dfrac{18-0}{20} \cdot 40 = 76$

$Q_3 = 80 + \dfrac{54-20}{39} \cdot 40 = 114,9$

Rango intercuatílico $= Q_3 - Q_1 = 114,9 - 76 = 38,9$

$DM = \dfrac{\Sigma |x_i - \bar{x}| f_i}{N} = \dfrac{1.576}{72} = 21,9$;   Desviación media $= 21,9$

$S_x^2 = \dfrac{\Sigma x_i^2 f_i}{N} - \bar{x}^2 = \dfrac{800.000}{72} - 9.888 = 1.223$

Varianza $= 1.223$; $S_x = \sqrt{1.223} = 34,97$;   Desviación típica $= 34,97$

8. Si la media de una distribución normal es 70 y su desviación típica 8:

   a) ¿Qué proporción de casos se encuentra entre 70 y 85?
   b) ¿Qué proporción de casos se encuentra entre 80 y 93?
   c) ¿Qué proporción de casos es menor de 65?
   d) ¿Cuántas unidades de desviación típica a ambos lados de la media hay que recorrer para obtener dos colas que contengan cada una de ellas el 3 por 100 del área total? ¿Y el 10 por 100?
   e) ¿Qué puntuación tiene el 5 por 100 de los casos por encima de ella? (es decir, localizar el percentil 95).

Solución:

a)

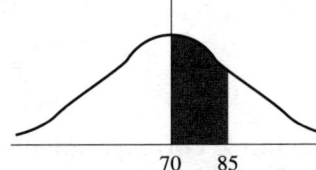

$$Z = \frac{85-70}{8} = 1{,}875; \quad \text{proporción } 0{,}4693$$

b)

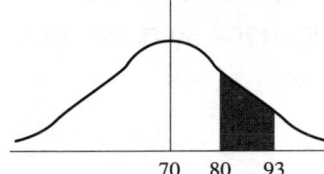

El z correspondiente a 93 es
$Z = (93-70)/8 = 2{,}875$

El z correspondiente a 80 es
$Z = (80-70)/8 = 1{,}25$

Area correspondiente a $Z = 2{,}875$ es $0{,}4980$
Area correspondiente a $Z = 1{,}25$ es $0{,}3944$
La proporción pedida es $0{,}4980 - 0{,}3944 = 0{,}1036$

c)

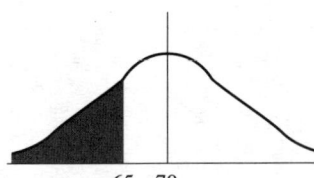

Tipificamos el valor 65 así
$Z = (65-70)/8 = -0{,}625$

El área correspondiente a $-0{,}625$
es $0{,}2340$
La proporción: $0{,}5 - 0{,}234 = 0{,}266$

d)

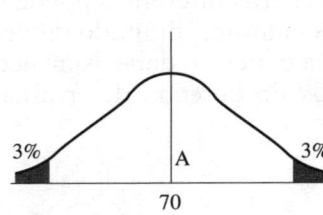

Para que el área de cada una de las colas sea 0,03, el área comprendida entre la media y Z ha de ser 0,47. El valor de Z que corresponde a esa área es (tablas) 1,88.
Si queremos ahora que el área de cada una de las colas sea 0,1, hemos de buscar en la tabla el área que corresponde a 0,4. El valor de Z que se obtiene es 1,28.

e)

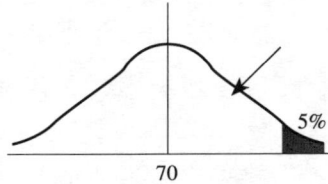

Area de $0{,}5 - 0{,}05 = 0{,}45$; la puntuación Z correspondiente a 0,45 es de 1,64, por tanto la puntuación directa sería de $70 + 1{,}64 \cdot 8 = 83{,}12$ o el percentil 95 vale 83,12.

9. Supóngase que una curva normal tiene una media de 50 y que el 7 por 100 de los casos tienen puntuaciones por encima de 70. ¿Cuál es la desviación típica?

Solución:

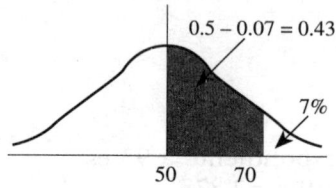

La puntuación Z correspondiente a un área de 0,43 es de 1,48, de donde

$$1,48 = (70-50)/S_x \Rightarrow$$
$$S_x = (70-50)/1,48 = 13,5$$

Desviación típica 13,5.

CAPITULO 4: EJERCICIOS RESUELTOS

1. ¿De cuántas maneras pueden sentarse ocho estudiantes a lo largo de una mesa en el caso de que puedan sentarse de cualquier manera?

Solución:

Permutaciones de ocho elementos

$$P_{8,8} = 8! = 40.320$$

2. Con un total de siete diputados de izquierda y cinco diputados de derecha, se pretende formar un comité de tres diputados de izquierda y dos diputados de derecha. De cuántas maneras diferentes puede formarse el comité, si a) puede pertenecer a él cualquier diputado de derecha y de izquierda; b) un diputado de izquierda concreto debe estar necesariamente en el comité, y c) dos diputados de derecha determinados no pueden estar en el comite?

Solución:

a) $C_{7,3} \cdot C_{5,2} = \dfrac{7 \cdot 6 \cdot 5}{1 \cdot 2 \cdot 3} \cdot \dfrac{5 \cdot 4}{1 \cdot 2} = 35 \cdot 10 = 350$

b) $C_{6,2} \cdot C_{5,2} = \dfrac{6 \cdot 5}{1 \cdot 2} \cdot \dfrac{5 \cdot 4}{1 \cdot 2} = 15 \cdot 10 = 150$

c) $C_{7,3} \cdot C_{3,2} = \dfrac{7 \cdot 6 \cdot 5}{1 \cdot 2 \cdot 3} \cdot \dfrac{3 \cdot 2}{1 \cdot 2} = 35 \cdot 3 = 105$

3. Explicar el significado de la siguiente proposición: una probabilidad no es una predicción de un suceso aislado, sino de un gran número de sucesos. Si el 60 por 100 de los estudiantes que siguen un curso de sociología aprueban el examen final, ¿se puede afirmar que un estudiante determinado tiene un 60 por 100 de probabilidades de aprobar?

Solución:

No se puede afirmar que un estudiante determinado tiene un 60 por 100 de probabilidad de aprobar, por la falta de estabilidad de la frecuencia relativa.

4. Supóngase que a los estudiantes de un curso de sociología se les clasifica según sus aspiraciones ocupacionales a trabajar en la empresa pública o en la empresa privada. Teniendo en cuenta el sexo de los entrevistados, se obtuvieron los siguientes datos:

Sexo	Empresa privada	Empresa pública
Varón	20	86
Mujer	106	142

Si se seleccionan aleatoriamente individuos del conjunto de los estudiantes:

a) ¿Cuál es la probabilidad de seleccionar un estudiante varón que aspire a trabajar en una empresa pública? ¿Y la probabilidad de seleccionar una estudiante que aspire a trabajar en la empresa privada?
b) Supóngase que se seleccionan individuos al azar (sin reemplazamiento), tratando de adivinar si el estudiante desea trabajar en la empresa pública o en la empresa privada, ¿con qué frecuencia se adivinaría que el estudiante preferiría la empresa pública?, ¿y la empresa privada?; por qué?

Solución:

Sea V el suceso «el estudiante elegido es varón».
Sea M el suceso «el estudiante elegido es mujer».
Sea A el suceso «el estudiante elegido prefiere la empresa pública».
Sea B el suceso «el estudiante elegido prefiere la empresa privada».

a) $P(V$ y $A) = 86/354 = 0,24$
   $P(M$ y $B) = 106/354 = 0,30$

b) $P(A) = 228/354 = 0,64$
   $P(B) = 126/354 = 0,36$

5. Un grupo de jóvenes se distribuyen del siguiente modo, teniendo en cuenta si son estudiantes o trabajan, y sus preferencias políticas:

Preferencias políticas	Estudiantes	Trabajadores
Izquierda	150	450
Derecha	250	350

Si se seleccionan individuos al azar y $P(A)$ = probabilidad de elegir a un estudiante, $P(B)$ = probabilidad de elegir a un individuo de izquierda, y $P(C)$ = probabilidad de elegir a un trabajador, se pide calcular lo siguiente: a) $P(ABC)$; b) $P(A \text{ o } B)$; c) $P(A \text{ o } C)$.

Solución:

a) $P(ABC) = P(AB) \cdot P(C/AB) = P(A) \cdot P(B/A) \cdot P(C/AB) = 0$

b) $P(A \text{ o } B) = P(A) + P(B) - P(A \text{ y } B) =$
$= (400/1.200) + (600/1.200) - (150/1.200) = 850/1.200 = 0,71$

c) Como A y C son incompatibles se verifica:

$P(A \text{ o } C) = P(A) + P(C) = 400/1.200 + 800/1.200 = 1$

6. Supóngase que del conjunto de hogares españoles, que según el censo de población de 1970 eran 8.853.660, se ha obtenido muestra aleatoria de 5.000 hogares. En la muestra, el número de hogares constituidos por familias nucleares reducidas (dos a cinco miembros) es 2.970, mientras que los hogares sin núcleo familiar (una o varias personas que ocupan una vivienda) son 530. A partir de estos datos, se desea estimar el número de hogares con familias reducidas y el número de hogares sin núcleo familiar, el error de muestreo y el intervalo de confianza, con un riesgo del 5 por 1.000.

Solución:

T. población = 8.853.660
T. muestra = 5.000
De la muestra se obtiene 2.970 familias nucleares reducidas.
De la muestra se obtiene 530 hogares sin núcleos familiares.

Estimación del número de hogares con familias reducidas sería:

$$n = 8.853.660 \cdot (2.970/5.000) = 5.259.074$$

Estimación del número de hogares sin núcleo familiar sería:

$$n = 8.853.660 \cdot (530/5.000) = 938.488$$

Error de muestreo (familias reducidas)

$$p = \frac{2.970}{5.000} = 0,59 \Rightarrow q = 0,41; \quad E = \sqrt{(p \cdot q)/5.000} = 0,007$$

Intervalo de confianza $0,59 \pm K \cdot \text{error}$
[0,59 − 2,81 · 0,007; 0,59 + 2,81 · 0,007]
[0,59 − 0,0197; 0,59 + 0,0197]
(0,57, 0,061)

7. En 1982, la población activa en España ascendía a 13.426.000 personas, de las que 2.876.000 trabajaban en el sector industrial. Se desea conocer el número de personas activas que sería necesario incluir en una muestra nacional para estimar el porcentaje de trabajadores en el sector industrial en España, con un error absoluto de $E = 0,05$ y una probabilidad del 95 por 100.

Solución:

P. activa = 13.426.000
P. activa es el sector industrial = 2.876.000

Tamaño de muestra $n = (4p \cdot q)/E^2$

$$p = \frac{2.876.000}{13.426.000} = 0,21 \Rightarrow q = 0,79; \quad \text{luego } p \cdot q = 0,1659$$

$n = (4 \cdot 0,1659)/E^2 = 0,6636/0,0025 = 265$

EJERCICIOS. Capítulo 6

1. Un profesor realiza un examen que consta de 10 preguntas tipo verdadero-falso. Con el fin de probar la hipótesis de que los estudiantes aciertan por azar, adopta la siguiente regla de decisión: a) si un estudiante acierta siete o más respuestas, no lo hace por azar, y b) si un estudiante acierta seis o menos respuestas, lo hace por azar. Hallar la probabilidad de rechazar la hipótesis cuando en realidad es correcta (en otras palabras, se pide la probabilidad de error tipo I).

Solución:

$$P(\text{pedida}) = P(x=7) + P(x=8) + P(x=9) + P(x=10) =$$

$$= \binom{10}{7} 0,5^7 \cdot 0,5^3 + \binom{10}{8} 0,5^8 \cdot 0,5^2 + \binom{10}{9} 0,5^9 \cdot 0,5 + \binom{10}{10} 0,5^{10} =$$

$$= \left[\binom{10}{7} + \binom{10}{8} + \binom{10}{9} + \binom{10}{10} \right] 0{,}5^{10} = \mathbf{0{,}1719}$$

Por tanto, la probabilidad de cometer un error tipo I es de 0,1719.

2. En una encuesta de opinión pública, se formuló la siguiente pregunta ¿se considera muy partidario, bastante, poco o nada partidario de que España se integre definitivamente en la OTAN? Las respuestas del conjunto de la población (total nacional) y las del grupo de jóvenes menores de 21 años, se distribuyeron del siguiente modo:

	Muy partidario	Bastante partidario	Poco partidario	Nada partidario	No sabe
Total	3	10	15	42	30
Jóvenes	3	10	19	56	12

¿Hasta qué punto se puede afirmar que las opiniones de los jóvenes sobre la integración de España en la OTAN difieren de las del conjunto de la población, para un nivel de significación del 0,01?

Solución:

Tabla de frecuencias esperadas. Se obtiene para cada celdilla, multiplicando el total de la fila a la que pertenece dicha celdilla por el total de la columna dividido por el total de la población.

TABLA DE FRECUENCIAS OBSERVADAS

	Muy partidario	Bastante partidario	Poco partidario	Nada partidario	No sabe	
Total	3	10	15	42	30	100
Jóvenes	3	10	19	56	12	100
	6	20	34	98	42	200

TABLA DE FRECUENCIAS ESPERADAS

	Muy partidario	Bastante partidario	Poco partidario	Nada partidario	No sabe
Total	3	10	17	49	21
Jóvenes	3	10	17	49	21

$$\chi^2 = \sum \frac{(O_i - E_i)^2}{E_i} = \frac{(3-3)^2}{3} + \frac{(10-10)^2}{10} + \frac{(15-17)^2}{17} + \frac{(42-49)^2}{49} +$$

$$+ \frac{(30-21)^2}{21} + \frac{(3-3)^2}{3} + \frac{(10-10)^2}{10} + \frac{(19-17)^2}{17} + \frac{(56-49)^2}{49} + \frac{(12-21)^2}{21} =$$

$$= 4/17 + 49/49 + 81/21 + 4/17 + 49/49 + 81/21 = 8/17 + 2 + 162/21 = 10{,}18$$

Como $\chi^2(\text{real}) = 10{,}18 < \chi^2$ teórico $= 13{,}277$ no es significativa la diferencia.

3. Tres profesores imparten sus enseñanzas a los alumnos de tres clases diferentes. Al final del curso, los alumnos aprobados por los tres profesores son 50, 47 y 56, mientras que los suspendidos ascienden a 5, 14 y 8, respectivamente. Contrastar la hipotésis de que las proporciones de alumnos suspendidos por los tres profesores son similares, para un nivel de significación $a = 0{,}05$.

Solución:

TABLA DE FRECUENCIAS OBSERVADAS

	1.° prof.	2.° prof.	3.° prof.	Total
Aprobado	50	47	56	153
Suspenso	5	14	8	27
Total	55	61	64	180

TABLA DE FRECUENCIAS ESPERADAS

	1.° prof.	2.° prof.	3.° prof.	Total
Aprobado	46,75	51,85	54,4	153
Suspenso	8,25	9,15	9,6	27
Total	55,00	61,00	64,0	180

$$\chi^2 = \sum \frac{(O_i - E_i)^2}{E_i} = \frac{(50-46{,}75)^2}{46{,}75} + \frac{(47-51{,}85)^2}{51{,}85} +$$

$$+ \frac{(56-54{,}4)^2}{54{,}4} + \frac{(5-8{,}25)^2}{8{,}25} + \frac{(14-9{,}15)^2}{9{,}15} + \frac{(8-9{,}6)^2}{9{,}6} =$$

$$= 0{,}23 + 0{,}45 + 0{,}05 + 1{,}28 + 2{,}6 + 0{,}27 = 4{,}88$$

El valor del $\chi^2(\text{real})$ es de 4,88. El valor del χ^2 teórico al 0,05 de nivel de significación y $df = (3-1)(2-1) = 2$ es de 5,991. Por tanto, al ser

χ^2(teórico) > χ^2(real) NO podemos rechazar la hipótesis nula, es decir, no podemos rechazar la hipótesis de que las proporciones de alumnos suspendidos por tres profesores son similares.

$$df = \text{grados de libertad} = (\text{filas} - 1) \cdot (\text{columnas} - 1)$$

4. Supóngase que se está evaluando un programa de estudios en un conjunto de escuelas experimentales de EGB. Uno de los objetivos principales de la evaluación es observar el número de alumnos que aprueban los exámenes de final de curso. Se establece como aceptable en el ámbito nacional un porcentaje de aprobados del 60 por 100. En una muestra aleatoria de 26 de tales centros se encuentra que el porcentaje de aprobados es el 50 por 100, con una desviación típica del 11 por 100. ¿Existen razones para sospechar que los centros de la muestra tienen un nivel de aprobados que está por debajo del nivel considerado como aceptable en el ámbito nacional, para un nivel de significación $a = 0,05$?

Solución:

H_0 (hipótesis nula) $\mu = 60$, como el tamaño de la muestra es pequeño debemos utilizar como prueba de significación la t de Student en lugar de la normal.

El valor límite de t para $\alpha = 0,05$ y $df = 26 - 1 = 25$ es de:

$$t = 1,708 \text{ (se busca en las tablas)}$$

El valor real de t sería:

$$t = \frac{\bar{x} - \mu}{S/\sqrt{N-1}} = \frac{50 - 60}{11/\sqrt{25}} = \frac{-10}{11/5} = \frac{-50}{11} = -4,545$$

Como el valor real de t queda fuera del intervalo $\pm 1,708$, debemos rechazar la hipótesis nula y, por consiguiente, pensar que la media obtenida para la muestra está por debajo de lo esperado.

5. En campañas políticas anteriores, un candidato ha reunido en una comunidad un porcentaje medio de intenciones favorables de voto del 50 por 100. Para conocer el grado de apoyo de los electores en una campaña actual, se toma una muestra aleatoria de 10 electores y se encuentra que el porcentaje medio de votos favorables es del 53 por 100, con una desviación típica del 3 por 100. ¿Hasta qué punto se puede afirmar que el grado de apoyo de los electores al candidato en la campaña actual es diferente del manifestado en el pasado, al nivel de significación de *a*) 0,05 y *b*) 0,005?

Solución:

H_0 (hipótesis nula) $\mu = 50$; H_1: $\mu \neq 50$. Prueba bilateral

$$\bar{x} \text{ (muestral)} = 53$$
$$S_{\bar{x}} \text{ (muestral)} = 3$$
$$N = 10$$

Utilizamos para la toma de decisión la prueba t-student por ser el tamaño de N pequeño. Así:

a) el valor de t(teórico) para $\alpha = 0,05$ y $df = 10 - 1 = 9$ es de 2,2622
el valor de t(real) sería: $t = \dfrac{53-50}{3/\sqrt{10-1}} = \dfrac{3}{3/3} = 3$

Como t(real) es mayor que t(teórico) se rechaza la hipótesis nula al 0,05 de nivel de significación.

b) el valor de t(teórico) para $\alpha = 0,005$ y $df = 10 - 1 = 9$ es de 3,250
el valor de t (real) es de 3.

Como el valor de t(real) es menor que el valor de t(teórico) no podemos rechazar la hipótesis nula, a este nivel de significación tendríamos que ampliar el tamaño de la muestra para tomar una «buena» decisión.

6. De una muestra de 500 votantes elegidos aleatoriamente en una comunidad, el 55 por 100 de ellos son partidarios de un determinado candidato. Hallar los límites de confianza del a) por por 100 y b) 99 por 100 para la proporción de todos los votantes que son partidarios de dicho candidato.

Solución:

a) $IC = p \pm z\sigma_p$; como σ_p no es conocida se estima a través de S_x (desviación típica muestral)
z al 95 por 100 es de 1,96

$$S_{\bar{x}} = \sqrt{\dfrac{p \cdot q}{N}} = \sqrt{\dfrac{0,55 \cdot 0,45}{500}} = 0,022$$
$$IC = 0,55 \pm 1,96 \cdot 0,022 = 0,55 \pm 0,04$$

b) $IC = p \pm z\sigma_p$
z al 99 por 100 es de 2,58

$$IC = 0,55 \pm 2,58 \cdot 0,022 = 0,55 \pm 0,06$$

7. ¿Qué tamaño de muestra debería tomarse en el caso del ejercicio anterior para que la confianza de que el candidato salga elegido (es decir, obtenga el 50 por 100 o más de votos) fuera del 95 por 100? ¿y del 99 por 100?

Solución:

Los límites de confianza al 95 por 100 era:

$55 \pm 1,96 \sqrt{p \cdot q/N}$ para que el candidato salga elegido

con el 95 por 100 de confianza el valor de $1,96 \sqrt{p \cdot q/N}$ no puede ser superior a 5, así:

$$1,96 \sqrt{\frac{55 \cdot 45}{N}} = 6 \Rightarrow 1,96^2 \frac{55 \cdot 45}{N} = 25^2 \Rightarrow 9.504 = 25N$$

$\Rightarrow N = 380,2$, así el tamaño de la muestra ha de ser 381 o más.

Análogo con el 99 por 100

$$55 \pm 2,58 \sqrt{p \cdot q/N} \quad \text{así} \quad 2,58 \sqrt{55 \cdot 45/N} = 5 \Rightarrow \frac{6,66 \cdot 55 \cdot 45}{25} = N = 658,9$$

por tanto, el tamaño de la muestra ha de ser 659 o más.

8. En un estudio sobre la ideología de los trabajadores de una gran empresa, se pidió a 100 trabajadores elegidos al azar que se posicionasen en una escala de preferencia política que tiene un recorrido del 1 al 10 (1 = extrema izquierda; 10 = extrema derecha). El valor medio de los posicionamientos de los trabajadores fue $\bar{X} = 4,2$, con una desviación típica de 0,04. Estimar el valor medio del posicionamiento ideológico de todos los trabajadores, con un intervalo de confianza de a) 95 por 100 y b) 99 por 100.

Solución:

a) El valor medio del posicionamiento ideológico se situaría con un 95 por 100 de confianza en el intervalo

$$4,2 \pm 1,96 \cdot 0,04 \quad \text{así:} \quad 4,2 \pm 0,08 \Rightarrow [4,2; \ 4,28]$$

b) $4,2 \pm 2,58 \cdot 0,04$, así: $4,2 \pm 0,1 \Rightarrow [4,1; \ 4,3]$.

EJERCICIOS. Capítulo 7

1. De los siguientes pares de variables: ¿Cuáles están formados por variables independientes entre sí (es decir, no es posible a priori especificar una ordenación casual o temporal entre ellas)?; ¿cuáles están formados por variables, desde un punto de vista lógico, antecedente de la otra?

   1) Tamaño de familias y religiosidad de los cónyuges.
   2) Edad y región de nacimiento.
   3) Interés por la política y nivel de educación.
   4) Fallecimiento por crisis cardiacas y ocupación.
   5) Consumo de alcohol y lugar de residencia.
   6) Absentimso laboral y status civil.
   7) Preferencia política y sexo.
   8) Religiosidad y nivel de ingresos.
   9) Número de libros leídos al año y preferencia política.
   10) Afiliación sindical y origen social.

Solución:

   1) Tamaños de familia y religiosidad de los cónyuges.
      Son dependientes sociológicamente y la variable religiosidad antecede al tamaño de la familia.
   2) Edad y región de nacimiento.
      Son independientes.
   3) Interés por la política y nivel de educación.
      Son dependientes y la variable nivel de educación antecede a la variable interés por la política.
   4) Fallecimiento por crisis cardiacas y ocupación.
      Son dependientes y la variable ocupación antecede a la otra variable.
   5) Consumo de alcohol y lugar de residencia.
      Son dependientes y el lugar de residencia antecede al consumo.
   6) Absentismo laboral y status civil.
      Son dependientes y el status antecede al absentismo.
   7) Preferencia política y sexo.
      Son independientes.
   8) Religiosidad y nivel de ingresos.
      Son independientes.
   9) Número de libros leídos al año y preferencia política.
      Son independientes.
   10) Afiliación sindical y origen social.
       Son dependientes siendo el origen social la variable que antecede a la afiliación sindical.

2. En un estudio sobre las preferencias del público por lo que respecta a los programas de televisión, se obtuvieron los siguientes resultados al agrupar a la población encuestada en tres segmentos según el nivel de su status socioeconómico.

Programa preferido	Status socioeconómico		
	Alto	Medio	Bajo
Seriales	33	108	75
Informativos	44	90	32
Teatro	15	66	30
Películas cine	85	288	202

A partir de la distribución bivariable de frecuencias de la tabla anterior calcular las distribuciones porcentuales en el sentido vertical, horizontal y en relación al total de casos. Explique en sus propias palabras lo que expresan los porcentajes en cada tabla acerca de la existencia, grado, dirección y naturaleza de la asociación de la tabla. ¿Qué se puede decir acerca del efecto del status socioeconómico de la población en relación la preferencia de los programas de televisión? ¿Cómo atraen los diferentes programas a los tres grupos de población?

Solución:

Programa preferido	Status socioeconómico			Totales
	Alto	Medio	Bajo	
Seriales (v. absoluto)	33	108	75	216
% en columnas	18,6	19,6	22,1	
% en filas	15,3	50,0	34,7	
% respecto al total	3,1	10,1	7,0	
Informativos (v. absoluto)	44	90	32	166
% en columnas	24,8	16,3	9,4	
% en filas	26,5	54,2	19,3	
% respecto al total	4,1	8,4	3,0	
Teatro (v. absoluto)	15	66	30	111
% en columnas	8,5	12,0	8,8	
% en filas	13,6	59,5	27,0	
% respecto al total	1,4	6,2	2,8	
Películas de cine	85	108	288	575
% en columnas	48,0	52,2	59,6	
% en filas	14,8	50,1	35,1	
% respecto al total	8,0	27,0	18,9	
Totales	177	552	339	1.068

3. En una encuesta de la juventud, realizada en 1982, la identificación religiosa de los jóvenes se distribuyó del siguiente modo teniendo en cuenta su edad:

Religiosidad	Edad (años)		
	19-20	17-18	15-16
Católico practicante	343	431	468
Católico no practicante	657	576	411
Otras religiones	15	11	12
No creyente	91	71	28
Indiferente	205	133	90

De las dos variables, edad y religiosidad, ¿cuál se puede considerar antecedente de la otra?

Calcular los porcentajes en la dirección de la variable antecedente o causal y explique en sus propias palabras lo que expresan los porcentajes acerca de la existencia, grado, dirección y naturaleza de la asociación de la tabla.

Solución:

a) La edad es la variable antecedente.

b) Distribución porcentual es la dirección de la variable edad.

Religiosidad	Edad (años)		
	19-20	17-18	15-16
Católico practicante % en columnas	26,2	35,3	46,4
Católico no practicante % en columnas	50,1	47,1	40,7
Otras religiones % en columnas	1,1	0,9	1,2
No creyentes % en columnas	6,9	5,8	2,8
Indiferentes % en columnas	15,6	10,9	8,9
Totales	100,0	100,0	100,0

4. En una empresa de opinión pública sobre la policía, la evaluación del trabajo de la policía en el cumplimiento de su deber se distribuye del

siguiente modo, teniendo en cuenta las siguientes variables sexo, nivel de estudios, ideología, partido político, región y hábitat.

Evaluación del trabajo de la policía

Variables	Bueno	Regular	Malo	NS/NC
— Edad				
Menos de 21 años	26	41	24	9
Más de 60 años	49	22	6	23
— Sexo:				
Hombre	41	35	14	10
Mujer	43	30	10	17
— Nivel de studios:				
Primarios	12	35	9	13
Universitarios	29	36	28	7
— Ideología:				
Izquierda	29	43	21	7
Derecha	60	26	7	7
— Partido que voto:				
P.C.E.	27	40	26	7
C.D.	64	24	4	7
— Región:				
Andalucía	51	24	12	13
Vascongadas	15	36	32	17
— Hábitat:				
Rural	53	28	6	13
Metropolitano	39	38	14	9

A la vista de las anteriores distribuciones porcentuales, ¿qué se puede decir sobre la evaluación que realizan los distintos grupos sociales sobre el trabajo de la policía?

5. En una encuesta sobre actitudes de la población hacia el aborto, las opiniones sobre la legislación o prohibición del aborto se distribuyeron del siguiente modo, teniendo en cuenta la identificación ideológica de la población:

¿Debe permitirse el aborto?

	En ningún caso	Por necesidad	Por decisión libre
Izquierda	100	280	370
Centro	250	410	90
Derecha	370	280	60

A la vista de la anterior distribución, ¿se puede afirmar que existe asociación entre ambas variables? ¿De qué tipo es? En caso afirmativo calcular el grado de asociación mediante el coeficiente de contingencia C de Pearson. Comparar el valor máximo de C que se podría obtener para una tabla del tamaño como la presente.

Solución:

Como las diferencias entre los valores observados y esperados son distintos de cero se concluye en la existencia de asociación entre ambas variables:

$$C = \sqrt{\frac{\chi^2}{\chi^2 + N}} \qquad \chi^2 = \sum \frac{(O_i - E_i)^2}{E_i} \qquad C(\text{máximo}) = \sqrt{\frac{K-1}{K}}$$

Tabla de frecuencias esperadas:

	En ningún caso	Por necesidad	Por decisión libre	Total
Izquierda	244,3	329,2	176,5	750
Centro	244,3	329,2	176,5	750
Derecha	231,3	311,6	163,1	710
Total	720	970	520	2.210

$$\chi^2 = \frac{(100-224,3)^2}{224,3} + \frac{(280-329,2)^2}{329,2} + \frac{(370-176,5)^2}{176,5} +$$

$$+ \frac{(250-244,3)^2}{244,3} + \frac{(410-329,2)^2}{329,2} + \frac{(90-176,5)^2}{176,5} +$$

$$+ \frac{(370-231,3)^2}{231,6} + \frac{(280-311,6)^2}{311,6} + \frac{(60-167,1)^2}{167,1} = 505,75$$

$$C = \sqrt{505,75/(505,75 + 2.210)} = 0,43$$

$$C(\text{máximo}) = \sqrt{2/3} = 0,82$$

EJERCICIOS. Capítulo 8

1. En una en encuesta realizada entre la población juvenil, se obtuvo la siguiente distribución de la identificación religiosa de los jóvenes según el lugar de residencia:

Religiosidad	Lugar de residencia			
	Rural	Semi-urbano	Urbano	Metro-politano
Católico practicante	320	305	188	80
Católico no practicante	432	290	170	62
Indiferente	280	212	126	66
No creyente	60	35	20	3

Calcular el valor de la asociación ente ambas variables mediante el coeficiente Lambda, considerando el lugar de residencia como la variable independiente.

Solución:

Religiosidad	Lugar de residencia				Total
	Rural	Semi-urbano	Urbano	Metro-politano	
Católico practicante	320	305	188	0	893
Católico no practicante	432	290	170	62	954
Indiferente	280	212	126	66	684
No creyente	60	35	20	3	118
Total	1.092	842	504	211	2.649

$$\lambda_{y,x} = \frac{\Sigma m_y - M_y}{N - M_y}$$

N = tamaño total de la muestra, M_y = frecuencia modal global de la variable dependiente Y, Σm_y = suma de las frecuencias modales de la variable dependiente Y,

$$\lambda_{y,x} = \frac{1.005 - 954}{2.649 - 954} = \frac{51}{1.695} = 0{,}03 \qquad \lambda_{y,x} = 0{,}03 \quad \text{ó} \quad 3\%$$

$N = 2.649$
$M_y = 954$
$\Sigma m_y = 432 + 305 + 188 + 80 = 1.005$

Se interpreta como el error que se podría reducir en el caso de hacer una inferencia de la variable Religiosidad conocido el lugar de residencia.

2. La siguiente tabla contiene la distribución de la situación laboral de la población activa de una muestra, según el nivel de estudios:

| | Nivel de estudios | | |
Situación laboral	Alto	Medio	Bajo
Trabaja	22	42	47
No trabaja	8	19	23

Con el conocimiento del nivel de estudios de la población, ¿en qué tanto por ciento se puede reducir el error de la predicción de la situación laboral?

Solución:

| | Nivel de estudios | | | |
Situación laboral	Alto	Medio	Bajo	Total
Trabaja	22	42	47	111
No trabaja	8	19	23	50
Total	30	61	70	161

$\bar{x}$ = Situación laboral ⇒ v. dependiente
$\bar{y}$ = Nivel de estudios ⇒ v. independiente

No es adecuado utilizar λ, pues la categoría que trabaja tiene más del doble de individuos que la que no trabaja. Utilizaremos el coeficiente τ.

3. En un estudio sobre la movilidad social de un grupo de población, se encontró la siguiente distribución de la movilidad social de los individuos estratificados según el grado de movilidad social de los padres:

| Movilidad social | Movilidad social de los padres | | |
de los individuos	Baja	Media	Alta
Alta	31	53	65
Media	57	51	46
Baja	68	34	28

La hipótesis del estudio se formuló en el sentido de que existe una asociación moderada entre la movilidad social de los individuos y la movilidad social de los padres mediante el cálculo del coeficiente Gamma, ¿qué cabe decir sobre dicha hipótesis?

Si se considera la movilidad social de los padres como la variable independiente, calcular el coeficiente de Somers. Comparar las interpretaciones de los resultados obtenidos mediante el cálculo del coeficiente «d» de Sommers.

Solución:

$$\text{Gamma} = \frac{N_s - N_d}{N_s + N_d} \qquad \begin{array}{l} N_s = \text{pares semejantes o concordantes} \\ N_d = \text{pares desemejantes o discordantes} \end{array}$$

1.º diagonal positiva alto-alto con bajo-bajo (65 − 51 − 68)
2.º diagonal negativa bajo-alto con alto-bajo (31 − 51 − 28)

$$T = \text{número total de pares diferentes} = \frac{N(N-1)}{2} = \frac{433 \cdot 432}{2} = 93.528$$

$$N_s = 68(53 + 51 + 65 + 46) + 34(65 + 46) + 57(53 + 65) + 51 \cdot 65 = 28.435$$

$$N_d = 31(51 + 46 + 34 + 28) + 53(46 + 28) + 57(34 + 28) + 51 \cdot 28 = 13.813$$

$$\text{Gamma} = \frac{28.435 - 13.813}{28.435 + 13.813} = \frac{14.622}{42.248} = 0{,}37$$

Este valor nos indica la reducción proporcional en el error cometido al producir el ordenamiento de los casos en una variable mediante el conocimiento de la ordenación de los casos en la otra variable. En nuestro caso el conocer el ordenamiento en cuanto a la movilidad de los padres nos hace reducir el error en cuanto a la predicción sobre la movilidad de los individuos en un 37 por 100.

$$T_x = 31(53 + 65) + 53 \cdot 65 + 57(51 + 46) + 51 \cdot 46 + 68(34 + 28) + 34 \cdot 28 =$$
$$= 20.146$$

$$d_{xg} = \frac{N_s - N_d}{N_s + N_d + T_x} = \frac{28.435 - 13.813}{28.435 + 13.813 + 20.146}$$

La interpretación de este valor o coeficiente es el mismo que para la interpretación vista anteriormente para el coeficiente gamma.

4. Los estudios sobre el incremento de las tasas de la delincuencia en las grandes ciudades han puesto de manifiesto la existencia de una serie de causas, siendo una de las más importantes el deterioro de la situación del empleo entre amplios sectores de la población. Los siguientes datos recogen los incrementos del paro juvenil y de la tasa de delincuencia que han tenido lugar en los últimos años en diez ciudades:

Ciudad	Incremento paro juvenil	Incremento tasa delincuencia
A	9,8	2,5
B	6,3	2,4
C	10,5	3,4
D	11,2	3,3
E	3,4	0,5
F	7,8	2,6
G	10,8	2,9
H	8,6	1,9
I	12,2	3,6
J	12,3	3,5

Calcular el coeficiente «rho» de Spearman y explicar hasta qué punto se verifica la existencia de una asociación entre delincuencia y paro.

Solución:

Ciudad	Incremento paro juvenil	Orden	Incremento tasa delincuencia	Orden	d	d²
A	9,8	6.º	2,5	7.º	−1	1
B	6,3	9.º	2,4	8.º	1	1
C	10,5	5.º	3,4	3.º	2	4
D	11,2	3.º	3,3	4.º	−1	1
E	3,4	10.º	0,5	10.º	0	0
F	7,8	8.º	2,6	6.º	2	4
G	10,8	4.º	2,9	5.º	−1	1
H	8,6	7.º	1,9	9.º	−2	4
I	12,2	2.º	3,6	1.º	1	1
J	12,3	1.º	3,5	2.º	−1	1

$$\rho_s = 1 - \frac{6\Sigma d^2}{n(n^2-1)} = 1 - \frac{6 \cdot 18}{10 \cdot 99} = 1 - 0,1 = 0,9$$

Existe una fuerte asociación positiva, es decir, que al incrementarse el paro juvenil se ha incrementado la tasa de delincuencia.

5. En un estudio sobre las preferencias políticas de los estudiantes universitarios, se aplicaron sendas escalas de autoposicionamiento político en una escala izquierda-derecha (1-7) y de evaluación del Presidente del Gobierno (1-10), a una muestra de estudiantes de 10 Facultades. Los resultados obtenidos fueron los siguientes:

Facultad	Media autoposicionamiento político	Evaluación Presidente Gobierno
A	3,6	6,8
B	3,4	6,9
C	3,1	6,0
D	4,0	6,3
E	4,1	5,9
F	3,5	6,4
G	3,3	6,7
H	3,0	7,0
I	3,7	6,1
J	3,8	6,5

Calcular el grado de asociación de ambas variables mediante el coeficiente «rho» de Spearman, e interpretar el resultado obtenido.

Solución:

Facultad	Media autoposicionamiento político	Orden	Evaluación Presidente Gobierno	Orden	d	d²
A	3,6	5.º	6,8	3.º	2	4
B	3,4	7.º	6,9	2.º	5	25
C	3,1	9.º	6,0	9.º	0	0
D	4,0	2.º	6,3	7.º	−5	25
E	4,1	1.º	5,9	10.º	−9	81
F	3,5	6.º	6,4	6.º	0	0
G	3,3	8.º	6,7	4.º	4	16
H	3,0	10.º	7,0	1.º	9	81
I	3,7	4.º	6,1	8.º	−4	16
J	3,8	3.º	6,5	5.º	−2	4
						252

$$\rho_s = 1 - \frac{6\Sigma d^2}{n(n^2-1)} = 1 - \frac{6 \cdot 252}{10 \cdot 99} = 1 - 1,5 = -0,5$$

Si tenemos en cuenta que la interpretación del valor de este coeficiente es el mismo que el del coeficiente de correlación lineal de Pearson, ($-1 \leq \rho_s \leq 1$) podemos decir que a la vista del valor que hemos obtenido la asociación que existe entre el autoposicionamiento político y la Evaluación del Presidente es negativa y ciertamente débil.

EJERCICIOS. Capítulo 9

1. Ajustar una recta de mínimos cuadrados a los datos de la siguiente tabla, utilizando: *a)* x como variable independiente, y *b)* x como variable dependiente:

x	1	3	4	6	9	11	13
y	1	4	5	5	7	8	10

Solución:

x_i	y_i	$x_i y_i$	x_i^2	y_i^2
1	1	1	1	1
3	4	12	9	16
4	5	20	16	25
6	5	30	36	25
9	7	63	81	49
11	8	88	121	64
13	10	130	169	100
47	40	344	433	280

a) recta de regresión de y sobre $x \Rightarrow y - \bar{y} = \dfrac{S_{xy}}{S_x^2}(x - \bar{x})$

b) recta de regresión de x sobre $y \Rightarrow x - \bar{x} = \dfrac{S_{xy}}{S_y^2}(y - \bar{y})$

$\bar{x} = 6{,}71 \qquad \bar{y} = 5{,}71$

$S_{xy} = \dfrac{\Sigma x_i y_i}{N} - \bar{x}\bar{y} = 344/7 - 6{,}71 \cdot 5{,}71 = 49{,}1 - 38{,}2 = 10{,}83$

$S_x^2 = \dfrac{\Sigma x_i^2}{N} - \bar{x}^2 = \dfrac{433}{7} - 6{,}71^2 = 16{,}78$

$S_y^2 = \dfrac{\Sigma y_i^2}{N} - \bar{y}^2 = \dfrac{280}{7} - 5{,}71^2 = 40 - 32{,}6 = 7{,}4$

a) $y - 5{,}71 = (10{,}83/16{,}78)(x - 6{,}7) = 0{,}65(x - 6{,}71) = 0{,}65x - 4{,}33$, de donde

$$y = 0{,}65x + 1{,}38$$

b) $x - 6{,}71 = (10{,}83/7{,}4)(y - 5{,}71) = 1{,}46y - 8{,}36$, de donde

$$x = 1{,}46y - 1{,}65$$

2. En una encuesta sobre ingresos familiares se obtuvieron los siguientes resultados sobre los ingresos medios familiares para hogares de diferentes tamaños:

Número de miembros del hogar	Ingresos medios (miles pesetas)
1	94
2	152
3	218
4	248
5	268
5	281

Se pide: *a*) ajustar una recta por el método de los mínimos cuadrados al diagrama de dispersión determinado por estos datos; *b*) calcular el coeficiente de correlación «r» de Pearson para ambas variables; *c*) ¿cuál es la variación explicada y la no explicada por la ecuación de regresión?

Solución:

x_i	y_i	x_i^2	y_i^2	$x_i y_i$
1	94	1	8.836	94
2	152	4	23.104	304
3	218	9	47.524	654
4	248	16	61.504	992
5	268	25	71.824	1.340
6	281	36	78.961	1.686
21	1.261	91	291.753	5.070

a) recta de regresión de y sobre x, $y - \bar{y} = \dfrac{S_{xy}}{S_x^2}(x - \bar{x})$

$\bar{x} = 3,5 \qquad \bar{y} = 210,2 \qquad S_{xy} = \dfrac{\Sigma x_i y_i}{N} - \bar{x}\bar{y} = 845 - 735,7 = 109,3$

$$S_x^2 = \dfrac{\Sigma x_i^2}{N} - \bar{x}^2 = 15,2 - 12,25 = 2,95$$

$y - 210,2 = (109,3/2,95) \cdot (x - 3,5) = 37,05x - 129,7 \Rightarrow y = 37,05x + 80,5$

b) $\rho = \dfrac{S_{xy}}{S_x \cdot S_y}$ $\qquad S_x = \sqrt{S_x^2} = 1,7$

$S_y = \sqrt{(\Sigma y_i^2/N) - \bar{y}^2} = \sqrt{48.625,5 - 44.184,04} = 66,6$

$\rho = 109,3/66,6 \cdot 1,7 = 109,3/113,2 = 0,96$

c) Variación total = Variación no explicada + Variación explicada

$$\Sigma(y_i - \bar{x})^2 = \Sigma(y_i - y'_i)^2 + \Sigma(y'_i - \bar{y})^2$$

Siendo y'_i las puntuaciones obtenidas a partir de la recta de regresión cuya ecuación es

$$y = 37,05x + 80,5$$

x	y_i	y'_i	Variación no explicada $(y_i - y'_i)^2$	Variación explicada $(y'_i - \bar{y})^2$	Variación Total $(y_i - \bar{y})^2$
1	94	117,5	552,25	8.593,3	13.502,4
2	152	154,5	6,76	3.091,4	3.387,2
3	218	191,5	702,25	349,7	60,84
4	248	228,7	372,49	342,3	1.428,8
5	268	265,7	5,29	3.080,3	3.340,8
6	281	302,8	475,24	8.574,8	5.012,6
	1.261	1.260,8	2.114,38	24.031,8	26.732,64

$\Sigma(y_i - \bar{x})^2 = \Sigma(y_i - y'_i)^2 + \Sigma(y'_i - \bar{y})^2$
26.732,6   2.114,3   24.031,8

V. total = V. no expl. + V. expl.; no coincide por los redondeos que se han ido haciendo a lo largo de la resolución del problema.

3. Los siguientes datos se refieren a la evolución en el período 1970-1978 de las tasas de participación de los salarios en la distribución de la renta nacional en España, Francia e Inglaterra:

	1970	1971	1972	1973	1974	1975	1976	1977	1978
España	63,7	64,5	66,5	67,0	66,6	68,1	69,3	69,5	70,3
Francia	68,2	68,6	68,5	69,5	71,3	72,0	72,9	73,2	73,1
Inglaterra	80,2	80,2	80,4	80,4	81,5	83,1	82,6	81,8	82,0

Se pide: a) representar los datos en un diagrama cartesiano; b) hallar las respectivas ecuaciones de la recta de mínimos cuadrados que se ajustan a los datos; c) estimar la participación de los salarios en la distribución de la renta para 1980, en los tres países; d) comentar el significado de las tres distribuciones. (Para hallar las ecuaciones de la recta, asignar el valor $x = 0$ al primer año de la serie, esto es, 1970; $x = 1$ al segundo año, 1971, y así sucesivamente para cada año de la serie.)

Solución:

x_i	España		Francia		Inglaterra	
	y_i	$x_i y_i$	y_i	$x_i y_i$	y_i	$x_i y_i$
0	63,7	0	68,2	0	80,2	0
1	64,5	64,5	68,6	68,6	80,2	80,2
2	66,5	133,0	68,5	137	80,4	160,8
3	67,0	201,0	69,5	208,5	80,4	241,2
4	66,6	266,4	71,3	285,2	81,5	326
5	68,1	340,5	72,0	360	83,1	415,5
6	69,3	415,8	72,9	437,4	82,6	495,6
7	69,5	486,5	73,2	512,4	81,8	572,6
8	70,2	561,6	73,1	584,8	82,0	656
36	605,4	2.469,3	637,3	2.593,9	732,2	2.947,9

España:

Recta de regresión: $y - \bar{y} = \dfrac{S_{xy}}{S_x^2}(x - \bar{x})$; $\bar{y} = 67,3$; $\bar{x} = 4$; $S_x = 2,6$; $S_x^2 = 6,8$

$$S_{xy} = \dfrac{Sx_i y_i}{N} - \bar{x}\bar{y} = \dfrac{2.469,3}{9} - 4 \cdot 67,3 = 274,4 - 269,2 = 5,2$$

Recta de regresión: $y_E - 67,3 = (5,2/6,7)(x - 4)$; $y_E = 0,78x + 64,18$

Francia:

$$\bar{y} = 70,8 \quad S_{xy} = (2.593,9/9) - 4 \cdot 70,8 = 288,2 - 283,2 = 5$$

Recta de regresión: $y_F - 70,8 = (5/6,7)(x - 4)$; $y_F = 0,75x + 67,8$

Inglaterra:

$$\bar{y} = 81,4 \quad S_{xy} = (2.947,9/9) - 81,3 \cdot 4 = 327,5 - 325,2 = 2,3$$

Recta de regresión: $y_I - 81,4 = (2,3/6,7)(x - 4)$; $y_I = 0,34x + 80$

c) La participación de los salarios en la distribución de la renta para el año 1980 en cada uno de los países sería:
- En España $\quad y_E = 0,78 \cdot 10 + 64,18 = 71,98$
- En Francia $\quad y_F = 0,75 \cdot 10 + 67,80 = 75,30$
- En Inglaterra $\quad y_I = 0,34 \cdot 10 + 79,94 = 83,34$

4. La siguiente tabla presenta una matriz de correlaciones de coeficiente «r» de Pearson entre pares de ítems que representan actitudes hacia el fenómeno autonómico. Uno de los objetivos del estudio es el de diferenciar, y caracterizar, a la población autonomista de la población centralista.

Analizar la matriz de correlaciones mostrando cómo la distribución de los pares de ítems configura la dicotomía autonomismo-centralismo.

Actitudes	1	2	3	4	5	6	7	8	9	10
1. Utilización lengua propia prensa-radio	—	.32	.35	.40	.42	.13	.21	.26	.19	.25
2. La lengua propia en las escuelas		—	.31	.38	.32	.10	.18	.25	.17	.20
3. La emigración beneficia zonas receptoras			—	.33	.30	.24	.32	.11	.22	.31
4. La autonomía mejora servicios locales				—	.45	.14	.18	.24	.18	.23
5. La autonomía controla recursos locales					—	.28	.19	.22	.21	.18
6. La autonomía rompe unidad del país						—	.42	.39	.44	.29
7. La autonomía incrementa diferencias							—	.8	.46	.39
8. La autonomía dificulta la planificación								—	.47	.40
9. La autonomía es cara.									—	.39
10. El castellano lengua dominante										—

Solución:

«Es evidente a la vista de la matriz de correlaciones que entre los ítem «favorables» a las autonomías existe alta correlación en contra de lo que ocurre cuando observamos las correlaciones entre ítem «favorables» a las autonomías y por ejemplo el ítem «el castellano, lengua dominante». También se observa que la correlación entre: «la autonomía dificulta la planificación» y «la autonomía es cara».

EJERCICIOS. Capítulo 10

1. Las diferencias rural-urbano tienen variadas manifestaciones sociales. Al estudiar 18 comarcas rurales y 26 comarcas urbanas se encontró que la media de las tasas de divorcio eran las siguientes en ambos tipos de comarcas.

Solución:

Rural	Urbano
$\bar{x}_1 = 25$	$\bar{x}_2 = 32$
$S_1 = 5$	$S_2 = 9$
$N_1 = 18$	$N_2 = 26$

A partir de estos datos se pretende ver si existe una diferencia significativa que nos permita concluir que en los dos tipos de hábitat hay una diferencia respecto al tema del divorcio.

Para ello, aplicamos el test de la diferencia de medidas y como la varianza poblacional es desconocida se estima ésta por medio de las varianzas muestrales mediante la expresión siguiente:

$$S^2 = \frac{(N_1 - 1) S_1^2 + (N_2 - 1) S_2^2}{N_1 + N_2 - 2}$$

La hipóteis nula la formulamos como que las medias poblacionales son iguales y la alternativa que son distintas. Se trata, pues, de un ensayo de dos colas. Para un nivel de significación del 1 por 100 el valor crítico (tablas) es de 2,57, por lo que la región de aceptación de la hipótesis nula está formada por todos los valores comprendidos entre $-2,57$ y $2,57$.

El estadístico de prueba que utilizamos es:

$$Z = \frac{(\bar{x}_1 - \bar{x}_2) - (\mu_1 - \mu_2)}{\sigma_{\bar{x}_1 - \bar{x}_2}}$$

Como suponemos que H_0 es cierta $\mu_1 - \mu_2 = 0$, y $\sigma_{\bar{x}_1 - \bar{x}_2}$ lo estimamos

$$\sqrt{S^2 \left(\frac{1}{N_1} + \frac{1}{N_2} \right)} \qquad S^2 = \frac{17 \cdot 25 + 25 \cdot 81}{18 + 26 - 2} = \frac{2.450}{42} = 58,33$$

luego

$$\sigma_{\bar{x}_1 - \bar{x}_2} = \sqrt{58,33 \left(\frac{1}{18} + \frac{1}{26} \right)} = \sqrt{5,48} = 2,34$$

Por tanto

$$Z = \frac{25 - 32}{2,34} = \frac{-7}{2,34} = -2,99$$

Como $-2,99$ queda fuera de la región de aceptación hemos de rechazar H_0 y concluir que con un nivel de significación del 1 por 100 si hay diferencia significativa en el tema del aborto entre las zonas urbana y rural.

2. Supóngase que esperamos encontrar que la diferencia en los ingresos mensuales de los funcionarios de élite de la Administración Central y de las Administraciones Autonómicas sea de 20.000 ptas. (esto es, que $\bar{x}_1 - \bar{x}_2 = 20.000$ ptas.). La estimación de las desviaciones típicas para $s_1 = 15.000$ ptas. y para $s_2 = 13.000$ ptas. Si se intenta tomar el mismo número de funcionarios de ambos tipos de Administración ¿cuántos casos habrá que tomar con el fin de establecer una diferencia significativa entre las medias de los ingresos de ambos tipos de funcionarios, para un nivel de significación del 1 por 100? Si lo que se pretende es extraer una muestra de funcionarios de las Administraciones Autonómicas que sea tres veces más grande que la correspondiente muestra de funcionarios de la Administración Central, ¿cuántos casos se necesitarían para el mismo nivel de significación?

Solución:

$$\bar{x}_1 - \bar{x}_2 = 20.000$$
$$S_1 = 15.000 \qquad N_1 = N_2$$
$$S_2 = 13.000$$

Igual que en el espacio anterior, estimamos la varianza poblacional desconocida por:

$$S^2 = \frac{(N_1 - 1) S_1^2 + (N_2 - 1) S_2^2}{N_1 + N_2 - 2}$$

como en este caso $N_1 = N_2 = N$ nos queda

$$S^2 = \frac{(N-1) S_1^2 + (N-1) S_2^2}{2N - 2} = \frac{(N-1)(S_1^2 + S_2^2)}{2(N-1)} = \frac{S_1^2 + S_2^2}{2}$$

luego

$$S^2 = \frac{225.000.000 + 169.000.000}{2} = \frac{394 \cdot 10^6}{2} = 197 \cdot 10^6$$

así

$$\sigma_{\bar{x}_1 - \bar{x}_2} = \sqrt{197 \cdot 10^6 \left(\frac{1}{N} + \frac{1}{N}\right)} = \sqrt{\frac{197 \cdot 10^6 \cdot 2}{N}} = \sqrt{\frac{394 \cdot 10^6}{N}}$$

por tanto el estadístico de prueba es

$$Z = \frac{20.000}{\sqrt{\frac{394 \cdot 10^6}{N}}}.$$

Para un nivel de significación del 1 por 100 y un ensayo de dos colas el valor crítico vale 2,57. Luego para poder afirmar que hay diferencia significativa se ha de cumplir que $Z<2,57$, por tanto:

$$\frac{20.000}{\sqrt{\frac{394\cdot 10^6}{N}}}>2,57 \qquad 20.000>2,57\cdot\sqrt{\frac{394\cdot 10^6}{N}}$$

$$4\cdot 10^8 > 6,6\,\frac{394\cdot 10^6}{N} \qquad 4\cdot 10^8 N > 6,6\cdot 394\cdot 10^6$$

$$N>\frac{6,6\cdot 394\cdot 10^6}{4\cdot 10^8} \qquad N>\frac{650}{100}=6,5$$

luego el valor de N ha de ser 7 o más de 7.

3. En una muestra de población activa, el 61 por 100 de los trabajadores manuales se declaran identificados con posiciones ideológicas de izquierdas, mientras que así lo hace el 47 por 100 de los empleados. La muestra está integrada por 225 trabajadores manuales y 217 empleados. ¿Se puede considerar significativa la diferencia al nivel de significación del 1 por 100?

Solución:

Trabajadores manuales
$P_1=0,64$
$N_1=225$
H_0 (hipótesis nula):

Trabajadores en general
$P_2=0,47$
$N_2=217$
$P_1=P_2=P$

Optimizamos P_1 así

$$P=\frac{0,64\cdot 225 + 0,47\cdot 217}{225+217}=0,55$$

así $p_2=1-0,55=0,45$

$$S_{p_2-p_2}=\sqrt{P_1 P_2(1/N_1+1/N_2)}=\sqrt{0,55\cdot 0,45(1/225+1/217)}=0,047$$

La z que se obtiene sería

$$z=(0,64-0,47)/0,047=3,61$$

como el valor de la z teórico para una zona de rechazo de la hipótesis del 1 por 100 es $z=1,64$.

3,61 > 1,64 se rechaza la hipótesis nula siendo, por tanto, significativa la diferencia entre los trabajadores manuales y el colectivo total.

4. La distribución de las notas obtenidas en las asignaturas de Estadística Social y de Teoría Sociológica por los alumnos de una Facultad de Ciencias Sociales, es la que sigue:

	Estadística social		
Teoría sociológica	Notas altas	Notas medias	Notas bajas
Notas altas	56	71	12
Notas medias	47	163	38
Notas bajas	14	42	85

Ensayar la hipótesis de que las notas de Estadística sean independientes en Teoría, a un nivel de significación de a) 0,01 y b) 0,001. Calcular el coeficiente de contingencia C para medir el grado de asociación de ambas variables.

Solución:

$$\chi^2 = \sum \frac{(O_i - E_i)^2}{E_i} = \frac{(56 - 30,8)^2}{30,8} + \frac{(71 - 72,6)^2}{72,6} + \frac{(12 - 35,3)^2}{35,5} +$$

$$+ \frac{(47 - 54,9)^2}{54,9} + \frac{(163 - 129,6)^2}{129,6} + \frac{(38 - 63,4)^2}{63,4} + \frac{(14 - 31,2)^2}{31,2} +$$

$$+ \frac{(42 - 73,7)^2}{73,7} + \frac{(85 - 36)^2}{36} = 145,9 = \chi^2 \text{ real}$$

el valor de χ^2 teórico para 4 grados de libertad y 0,01 y 0,001 de significación respectivamente es de 13,277 y 18,465, por tanto la asociación entre ambas variables es significativa, rechazándose la hipótesis de que son independientes.

$$C = \sqrt{\frac{\chi^2}{\chi^2 + N}} = 0,216$$

Valor máximo de $C = \sqrt{(K-1)/K} = \sqrt{2/3} = 0,816$.

5. En base a los datos del ejercicio 3 del capítulo 8, ensayar la hipótesis de la relación entre la movilidad social de los padres y la de los hijos, para un nivel de significación del 1 por 100.

Solución:

	Movilidad social de los padres			
Movilidad social de los hijos	Baja	Media	Alta	Total
	$E_i O_i$	$E_i O_i$	$E_i O_i$	
Baja	53,6/31	43,4/53	47,8/65	149
Media	55,5/57	49,1/51	49,4/46	154
Alta	46,8/68	41,4/34	41,7/28	130
Total	156	138	139	433

$$\chi^2 = \sum \frac{(O_i - E_i)^2}{E_i} = \frac{(31-53,6)^2}{53,6} + \frac{(53-43,4)^2}{43,4} + \frac{(65-47,8)^2}{47,8} + \frac{(57-55,5)^2}{55,5} +$$

$$+ \frac{(51-49,1)^2}{49,1} + \frac{(46-49,4)^2}{49,4} + \frac{(68-46,8)^2}{46,8} + \frac{(34-41,4)^2}{41,4} + \frac{(28-41,7)^2}{41,7} =$$

$$= 9,5 + 0,6 + 6,2 + 0,04 + 0,07 + 0,23 + 9,6 + 1,32 + 4,5 = 32,15$$

El valor del χ^2 teórico para cuatro grados de libertad y al 0,01 de nivel de significación es χ^2(teórico) = 13,27 como el χ^2 real (32,15) es mayor que el χ^2(teórico) (13,27) la relación entre movilidad social de los padres e hijos es significativa, así la hipótesis nula de que no existe relación entre ambas movilidades se rechaza.

6. A partir de los datos del ejercicio 4 del capítulo 8, ensayar la hipótesis de la relación entre el incremento del paro juvenil y el incremento de la tasa de delincuencia, para un univel de significación del 5 por 100.

Solución:

Ciudad	Incremento paro juvenil	Orden	Incremento tasa delincuencia	Orden	d	d²
A	9,8	6.º	2,5	7.º	−1	1
B	6,3	9.º	2,4	8.º	1	1
C	10,5	5.º	3,4	3.º	2	4
D	11,2	3.º	3,3	4.º	−1	1
E	3,4	10.º	0,5	10.º	0	0
F	7,8	8.º	2,6	6.º	2	4
G	10,8	4.º	2,9	5.º	−1	1
H	8,6	7.º	1,9	9.º	−2	4
I	12,2	2.º	3,6	1.º	1	1
J	12,3	1.º	3,5	2.º	−1	1
Total						18

$$\gamma_s = 1 - \frac{6\Sigma d^2}{N(N^2-1)} = 1 - \frac{6 \cdot 18}{10 \cdot 99} = 1 - 0,1 = 0,9$$

Para $N=10$ y un nivel de significación 0,05 el valor de γ_s (crítico) es de 0,564 como el valor obtenido de γ_s es 0,9 mayor que 0,564 rechazamos la hipótesis nula en el sentido de la no existencia de asociación entre las variables estudiadas.

EJERCICIOS. Capítulo 11

1. Las tasas de delitos debidos a problemas relacionados con la droga se distribuyeron del siguiente modo en tres grupos de ciudades:

Ciudades industriales	Ciudades de servicios	Agro-ciudades
30,2	20,4	18,2
20,6	26,2	23,4
25,2	30,4	19,3
26,3	24,2	21,6
28,6	25,6	24,2
32,3	28,2	22,2

A partir de estos datos, se desea conocer si existen o no diferencias significativas en las tasas de delitos por drogas en los tres tipos de ciudades, para un nivel de significación del 1 por 100.

Solución:

x	x^2	y	y^2	z	z^2
30,2	912,04	20,4	416,16	18,2	331,24
20,6	424,36	26,2	686,44	23,4	547,56
25,2	635,04	30,4	924,13	19,3	372,49
26,3	691,69	24,2	585,64	21,6	466,56
28,6	817,96	25,6	655,36	24,2	585,64
32,3	1.043,29	28,2	795,24	22,2	492,84

Cálculos del análisis de la varianza:

	Variación	Grados de libertad	Estimación de la varianza	F (Snedecor)
Entregrupos	106,90	$K-1=2$	$106,9/2 = 53,4$	4,7
Intragrupos	171,31	$N-K=15$	$171,3/15 = 11,4$	
Total	278,21	$N-1=17$		

$$\sum_{i=1}^{3}\sum_{j=1}^{6} X_{ij}^2 = 11.383,71 \qquad \left(\sum_{i=1}^{3}\sum_{j=1}^{6} X_{ij}\right)^2 = (447,1)^2 = 199.898,41$$

Variación total =

$$= \sum_{i=1}^{3}\sum_{j=1}^{6} X_{ij}^2 - \frac{\left(\sum_{i=1}^{3}\sum_{j=1}^{6} X_{ij}\right)^2}{18} = 11.383,71 - 11.105,5 = 278,21$$

Variación entre grupos =

$$= \left[\frac{\left(\sum_{j=1}^{6} X_{1j}\right)^2}{6} + \frac{\left(\sum_{j=1}^{6} X_{2j}\right)^2}{6} + \frac{\left(\sum_{j=1}^{6} X_{3j}\right)^2}{6}\right] - \frac{\left(\sum_{i=1}^{3}\sum_{j=1}^{6} X_{ij}\right)^2}{18} =$$

$$= (162,2)^2/6 + (155)^2/6 + (128,9)^2/6 - 11.105,5 = 11.212,4 - 11.105,5 = 106,9$$

Variación intra-grupos = Variación total − Variación entre-grupos

Variación intra-grupos = 278,21 − 106,9 = 171,31

Valor real del estimador es 53,4/11,4 = 4,7

El valor teórcio del F (Snedecor) para un 0,01 de nivel de significación y para 2,15 grados de libertad es 6,636

$$F_{2,15} = 6,36$$

y 0,01 nivel de significación

Como 6,36 > 4,7

Tenemos que aceptar la hipótesis nula o lo que es igual no existen diferencias significativas entre las medias y los distintos tipos de ciudades.

2. Suponiendo que los datos sobre ingresos familiares del ejercicio 2 del capítulo 9 corresponden a una muestra significativa de cabezas de familia de una población dada, ensayar la hipótesis de la relación entre tamaño de la familia ingresos familiares, para un nivel de significación del 1 por 100.

Solución:

Número de miembros del hogar	Ingresos medios (en miles)	y_i^2	x_i^2	$x_i y_i$
1	94	1	8.836	94
2	152	4	23.104	304
3	218	9	47.524	654
4	248	16	61.504	992
5	268	25	71.824	1.340
6	281	36	78.961	1.686
$\Sigma y_i = 21$	$\Sigma x_i = 1.261$	91	291.753	5.070

$$\Sigma y_i = 21 \qquad \Sigma y_i^2 = 91 \qquad \Sigma x_i y_i = 5.070$$
$$\Sigma x_i = 1.261 \qquad \Sigma x_i^2 = 291.753$$
$$\bar{x} = 210,1 \qquad \bar{y} = 3,5$$

$$\gamma = \frac{S_{yx}}{S_x \cdot S_y} = \frac{(\Sigma x_i y_i / N) - \bar{x}\bar{y}}{\sqrt{(\Sigma x_i^2 / N) - \bar{x}^2} \sqrt{(\Sigma y_i^2 / N) - \bar{y}^2}} =$$

$$= \frac{(5.070/6) - 210,1 \cdot 3,5}{\sqrt{(291.753/6) - (210,1)^2} \cdot \sqrt{(91/6) - (3,5)^2}} = \frac{109,6}{67 \cdot 1,7} = \frac{109,6}{113,4} = 0,96$$

	Suma de cuadrados	Grados de libertad	Estimación de la varianza	F
Total	Σy_i^2	$N - 1 = 5$		
Explicada	$\gamma^2 \Sigma y_i^2$	1	$\gamma^2 \Sigma y_i^2$	$\dfrac{\gamma^2 (N-2)}{1 - \gamma^2} = 47,02$
No explicada	$(1 - \gamma^2) \Sigma y_i^2$	$N - 2 = 4$	$\dfrac{(1 - \gamma^2) \Sigma y_i^2}{N - 2}$	

Valor teórico de la F (Snedecor) para un nivel de significación del 0,01 y para 1,4 grados de libertad es de $F_{1,4} = 21,20$ de manera que F(teórico) es menor que el F(real) por consiguiente hay que rechazar la hipótesis nula o lo que es igual aceptar la existencia de una relación lineal entre tamaño de la familia e ingresos.

3. En un estudio sobre autoritarismo, se aplicó una escala (1-10) para medir dicho componente de la personalidad a 16 líderes de tres partidos políticos, obteniéndose los siguientes resultados:

Partido A	Partido B	Partido C
4,6	3,9	5,4
5,2	6,1	5,9
3,9	4,8	7,1
1,2	5,3	6,3
3,8	5,5	4,9
5,1		

Aplicando la prueba Kruskal-Wallis, analizar la relación existente entre autoritarismo y pertenencia a uno de los tres partidos políticos, para un nivel de significación del 5 por 100.

Solución:

Partido A	Rango	Partido B	Rango	Partido C	Rango
4,6	5	3,9	3,5	5,4	11
5,2	9	6,1	14	5,9	13
3,9	3,5	4,8	6	7,1	16
1,2	1	5,3	10	6,3	15
3,8	2	5,5	12	4,9	7
5,1	8				
	$R_1 = 28,5$		$R_2 = 45,5$		$R_3 = 62$

El estadístico utilizado en la prueba de Kruskal-Wallis es

$$H = \frac{12}{N(N+1)} \sum_{j=1}^{1} \frac{R_j^2}{n_j} - 3(N+1)$$

En nuestro caso sería:

$$H = \frac{12}{16(16+1)} \left[\frac{28,5^2}{6} + \frac{45,5^2}{5} + \frac{62^2}{5} \right] - 3(16+1) =$$
$$= (15.818,7/272) - 51 = (15.818,7 - 13.872)/272 = 1.946,7/272 = 7,15$$

Consultando la tabla de la distribución muestral del chi-cuadrado, tenemos que para $3 - 1 = 2$ grados de libertad y 0,05 de nivel de significación el valor teórico es de 5,991. Como el valor obtenido es 7,151 mayor que el valor teórico límite, tendremos que rechazar la hipótesis nula y aceptar por consiguiente la existencia de relación significativa entre autoritarismo y pertenencia a un determinado partido.

4. Con el fin de analizar los efectos de la información sobre los efectos de la droga en las actitudes de los adolescentes hacia las mismas, se eligie-

ron los alumnos de 18 clases del curso primero de varios institutos de Bachillerato, y durante un año se ofreció un servicio de información amplio y continuo de las drogas a un grupo formado por los alumnos de seis clases. A un segundo grupo, integrado por los alumnos de otras seis clases, se les ofreció una información discontinuada y menos detallada sobre las drogas. Finalmente, a un tercer grupo de alumnos pertenecientes a otras seis clases, no se les dio información alguna sobre la droga.

Transcurrido el año se aplicó una escala de actitudes hacia la droga (1, rechazo fuerte; 10, aceptación total) a los jóvenes y, a través de la composición por sexo y origen social, se emparejaron las clases correspondientes a los tres grupos, obteniéndose los siguientes resultados:

Conjunto	Información amplia	Información media	Sin información
A	1,2	2,3	3,1
B	1,4	1,9	2,1
C	2,1	2,8	4,2
D	1,6	3,1	1,9
E	2,2	3,2	3,6
F	1,9	2,5	4,1

Aplicando la prueba de Friedman, analizar el tipo de relación que existe entre las actitudes de los jóvenes hacia la droga, y el nivel de información recibida sobre la misma (para un nivel de significación del 1 por 100).

Solución:

Conjunto	Información amplia	Rango	Información media	Rango	Sin información	Rango
A	1,2	1	2,3	2	3,1	3
B	1,4	1	1,9	2	2,1	3
C	2,1	1	2,8	2	4,2	3
D	1,6	1	3,1	3	1,9	2
E	2,2	1	3,2	2	3,6	3
F	1,9	1	2,5	2	4,1	3
R_j		$R_1 = 6$		$R_2 = 13$		$R_3 = 17$

$$S = \sum_{j=1}^{3} (R_j - \bar{R})^2 = (6-12)^2 + (13-12)^2 + (17-12)^2 = 62$$

$$\chi^2 = (12S)/NK(K-1) = (12 \cdot 62)/(6 \cdot 3 \cdot 4) = 62/6 = 10,3$$

El valor de chi-cuadrado para 2 grados de libertad y 0,01 de nivel de significación nos da un valor teórico de 9,210. Como el valor obtenido para c2(real) es de 10,3 y éste es mayor que el valor de c2(teórico)=9,21, se rechaza la hipótesis nula. Existe relación entre tasa de consumo de droga y nivel de información recibida.

EJERCICIOS. Capítulo 12

1. En un estudio sobre las oportunidades ocupacionales de la población oriunda y de la población inmigrante en una ciudad industrial, se obtuvieron los siguientes datos para el conjunto de la población de la muestra, teniendo en cuenta el nivel de educación alcanzado por los individuos. El autor del estudio mantenía la hipótesis de que el tipo de origen de la población —oriunda o inmigrante— condiciona la estructura de las oportunidades ocupacionales. A la vista de los datos, ¿qué se puede afirmar sobre dicha hipótesis? (Or: oriundo; I2: inmigrante de segunda generación; I1: inmigrante de primera generación.)

Ocupación	Población total		
	Or	I2	I1
No manual	52	40	29
Manual	39	48	50
En paro	9	12	21
	(64)	(159)	(85)

	Educación								
	Primaria o menos			Secundaria			Intermedia o universitaria		
Ocupación	Or	I2	I1	Or	I2	I1	Or	I2	I1
No manual	15	5	13	32	17	9	83	70	58
Manual	69	70	45	50	67	76	17	26	36
En paro	15	24	42	18	15	14	—	4	6
	(13)	(37)	(31)	(22)	(37)	(21)	(29)	(76)	(33)

Solución:

Podría aceptarse la hipótesis ya que al introducir la variable educación, como cabría espear, las ocupaciones manuales la realizarían aquellas personas con estudios secundarios o inferiores. Dentro de este grupo las ocupaciones manuales son realizadas con porcentajes más elevados, por inmigrantes. Al contrario de lo que ocurre con las ocupaciones no manuales, en donde los oriundos suelen ocupar puestos, en mayor proporción, que inmigrantes con igual nivel de estudios.

2. En un estudio sobre la opinión de la población respecto de la aprobación de una ley que regule el aborto, se estableció la hipótesis de que las posturas afirmativas serían más frecuentes entre los individuos de clase social elevada que entre los de clase más baja. Una encuesta con una muestra representativa de la población ofreció los siguientes resultados:

Opinión Ley Aborto	Clase social			Total
	Baja	Media	Alta	
Sí	49	46	50	49
No	51	54	50	51
	(383)	(189)	(225)	(797)

Al estratificar la población según la preferencia política, media a través de la intención de voto, en partidarios de un partido de derechas y partidarios de un partido de izquierda, se obtuvieron las siguientes tablas condicionales:

DERECHA

Opinión Ley Aborto	Clase social			Total
	Baja	Media	Alta	
Sí	42	26	23	34
No	58	74	66	—
	(262)	(98)	(102)	(462)

IZQUIERDA

Opinión Ley Aborto	Clase social			Total
	Baja	Media	Alta	
Sí	64	67	72	68
No	36	33	28	32
	(113)	(89)	(119)	(321)

A la vista de anteriores cuadros, ¿se puede rechazar o aceptar la hipótesis? ¿Qué tipo de papel desempeña la variable preferencia política en la relación entre clase social y opinión sobre la Ley del Aborto?

Solución:

El papel que desempeña la variable preferencia política como factor de prueba es el de una variable de control o factor de prueba.

Habría que rechazar la hipótesis y pensar que es la preferencia política la que realmente hace que dentro de la preferencia política de izquierdas sean más favorables al sí en la opinión sobre el aborto, mientras que los de preferencia política de derechas el pronunciamiento favorable al sí es mayor paa las clases bajas que las medias altas.

3. Los siguientes datos de las ciudades reflejan los ínices de anomia, satisfacción con la vida y movilidad social de las correspondientes muestras aleatorias y representativas de la población que en ellas reside:

Ciudad	Indice de anomia	Indice de satisfaccion con la vida	Indice movilidad social
A	17,0	18,6	14,0
B	15,2	14,4	18,2
C	14,8	21,2	13,8
D	14,2	13,4	17,5
E	13,5	15,2	14,6
F	13,4	23,4	19,3
G	12,8	20,8	16,5
H	12,2	17,4	18,6
I	11,7	15,3	20,3
L	11,5	18,7	16,2
K	10,4	14,3	18,3
L	10,3	22,5	13,5
M	10,1	20,6	16,4
N	9,9	18,2	20,1
O	9,8	12,6	17,2

a) Calcular la correlación parcial entre anomia y satisfacción con la vida, controlando la movilidad social.
b) Calcular la correlación parcial entre anomia y movilidad social, controlando la satisfacción con la vida.

Solución:

Matriz de correlación:

	X Anomia	Y Satisfacción de la vida	Z Movilidad social
Anomia	1	0,287	0,054
Satisfacción con la vida		1	0,021
Indice de movilidad social			1

$$\gamma_{x,y} = \frac{S_{xy}}{S_x \cdot S_y} = \frac{2{,}02}{2{,}13 \cdot 3{,}3} = 0{,}287 \qquad \gamma_{y,z} = \frac{S_{yz}}{S_y \cdot S_z} = \frac{0{,}15}{3{,}3 \cdot 2{,}16} = 0{,}021$$

$$\gamma_{x,z} = \frac{S_{x,z}}{S_x \cdot S_z} = \frac{0{,}25}{2{,}13 \cdot 2{,}16} = 0{,}054 \qquad \begin{array}{lll} \bar{x} = 12{,}45 & \bar{y} = 17{,}77 & \bar{z} = 16{,}96 \\ S_x = 2{,}13 & S_y = 3{,}3 & S_z = 2{,}16 \end{array}$$

$$S_{xy} = \frac{\Sigma x_i y_i}{N} - \bar{x}\bar{y} = \frac{3.322{,}6}{15} - 12{,}4 \cdot 17{,}7 = 2{,}02$$

$$S_{xy} = \frac{\Sigma x_i z_i}{N} - \bar{x}\bar{z} = \frac{3.147{,}2}{15} - 12{,}4 \cdot 16{,}9 = 0{,}25$$

$$S_{xy} = \frac{\Sigma y_i z_i}{N} - \bar{y}\bar{z} = \frac{4.489{,}3}{15} - 17{,}7 \cdot 16{,}9 = 2{,}02$$

a) $r_{x,y \cdot z} = \dfrac{0{,}287 - 0{,}021 \cdot 0{,}054}{\sqrt{(1 - 0{,}054^2)(1 - 0{,}021^2)}} = \dfrac{0{,}285}{\sqrt{0{,}997 \cdot 0{,}999}} = \dfrac{0{,}285}{0{,}998} = 0{,}285$

b) $r_{x,z \cdot y} = \dfrac{0{,}054 - 0{,}287 \cdot 0{,}021}{\sqrt{(1 - 0{,}021^2)(1 - 0{,}287^2)}} = \dfrac{0{,}048}{\sqrt{0{,}999 \cdot 0{,}917}} = \dfrac{0{,}048}{0{,}957} = 0{,}05$

Los valores que se obtienen en la correlación parcial nos indican claramente que no se reduce prácticamente en nada las relaciones iniciales cuando se controla la movilidad social en el apartado a) y la satisfacción con la vida en el apartado b).

Además diríamos que no están correlacionadas las variables anomia con movilidad social y muy poco con la satisfacción por la vida.

4. Seleccionar un modelo teórico que se pueda representar mediante un diagrama de flechas. Explicar cómo debería utilizarse las tablas condicionales y los coeficientes de correlación parcial para contrastar el modelo. ¿Qué tipo de relaciones cabría esperar de los datos a la vista del modelo?

EJERCICIOS. Capítulo 14

1. Los datos siguientes se refieren a la distribución de tres índices en un estudio sobre el bienestar social en 20 grandes ciudades. El índice de bienestar social se ha elaborado a partir de los niveles de gasto por persona en seguridad y bienestar sociales y ocio. El índice de estabilidad se elaboró a partir de una combinación de indicadores sobre delincuencia, paro y conflictividad laboral, mientras que el índice de integración

se midió a través de los indicadores de movilidad social de la población inmigrante.

Ciudad	Indice de bienestar social	Indice de estabilidad	Indice de integración
1	28,2	21,2	38,3
2	28,0	25,4	63,4
3	27,8	79,4	36,2
4	27,2	26,0	36,2
5	26,0	21,4	64,8
6	25,6	23,8	81,6
7	25,4	65,0	33,4
8	25,0	31,4	48,3
9	24,0	38,4	42,7
10	23,6	32,3	83,9
11	22,6	80,3	24,3
12	22,2	35,8	54,8
13	21,8	40,4	43,9
14	19,6	73,6	38,1
15	19,2	18,5	62,3
16	18,0	34,6	64,4
17	17,6	26,2	76,8
18	16,0	46,2	68,4
19	14,2	48,3	50,2
20	14,0	32,9	70,4

Se pide lo siguiente:

a) Calcular la correlación parcial entre bienestar social y estabilidad, controlando la integración. Calcular la correlación parcial entre bienestar social e integración, controlando la estabilidad.
b) Obtener la ecuación de regresión múltiple de mínimos cuadrados, tomando el bienestar social como la variable dependiente.
c) Calcular los coeficientes y pesos beta y compararlos con los coeficientes de correlación parcial obteniddos en a).
d) Calcular el coeficiente de correlación múltiple tomando el bienestar social como variable dependiente.
e) Suponiendo que las 20 ciudades constituyen una muestra representativa del conjunto de grandes ciudades, contrastar la hipótesis de que la correlación múltiple es cero para dicho conjunto de ciudades, para un nivel de significación del 99 por 100.

Solución:

La solución de este problema se ha realizado mediante el programa informático SPSS/PC, no obstante, se detalla la fórmula a aplicar en cada apartado.

```
TITLE "Tema 14-Ejercicio 1./spss".
DATA LIST /ciu 1-2 Ib 4-6 (1) Ie 8-10 (1) Ii 12-14 (1).
BEGIN DATA.
 1 282 212 383
 2 280 254 634
 3 278 794 362
 4 272 260 648
 5 260 214 702
 6 256 238 816
 7 254 650 334
 8 250 314 483
 9 240 384 427
10 236 322 839
11 226 803 243
12 222 358 548
13 218 404 439
14 196 636 381
15 192 185 623
16 180 346 644
17 176 262 768
18 160 462 684
19 142 483 502
20 140 329 704
END DATA.
REGRESSION /VARIABLES IB IE II /DESCRIPTIVES CORR /DEPENDENT
IB /METHOD ENTER.
```

Pat.1 Tema 14-Ejercicio 1./spss
       4/14/94

     * * * * M U L T I P L E   R E G R E S S I O N * * * *

Listwise Deletion of Missing Data

N of Cases =   20

Correlation:

	IB	IE	II
IB	1.000	-.043	-.218
IE	-.043	1.000	-.698
II	-.218	-.698	1.000

Pat.2 Tema 14-Ejercicio 1./spss
       4/14/94

     * * * * M U L T I P L E   R E G R E S S I O N * * * *

Equation Number 1   Dependent Variable..   IB
Block Number 1. Method: Enter

```
Pat.3  Tema 14-Ejercicio 1./spss
       4/14/94

       * * * *  M U L T I P L E   R E G R E S S I O N  * * * *

Equation Number 1    Dependent Variable..    IB
Variable(s) Entered on Step Number
     1..  II
     2..  IE

Multiple R              .34974
R Square                .12232
Adjusted R Square       .01906
Standard Error         4.54233

Analysis of Variance
                  DF      Sum of Squares      Mean Square
Regression         2            48.88252         24.44126
Residual          17           350.75748         20.63279

F =       1.18458      Signif F = .3299
```

```
Pat.4  Tema 14-Ejercicio 1./spss
       4/14/94

       * * * *  M U L T I P L E   R E G R E S S I O N  * * * *

Equation Number 1    Dependent Variable..    IB

--------------- Variables in the Equation ---------------

Variable           B          SE B        Beta         T       Sig T

II             -.129175      .084573    -.484842    -1.527     .1451
IE             -.093121      .077411    -.381858    -1.203     .2455
(Constant)   33.193509     7.271714                  4.565    0.0003

End Block Number   1  All requested variables entered.
```

Solución:

a)
$$r = \frac{N\Sigma xy - (\Sigma x)(\Sigma y)}{\sqrt{[N\Sigma x^2 - (\Sigma x)^2][N\Sigma y^2 - (N\Sigma y)^2]}}$$

IB = Indice de Bienestar.
IE = Indice de Estabilidad.
II = Indice de Integracdón.

$$r = \frac{N\Sigma IB \cdot IE - (\Sigma IB)(\Sigma IE)}{\sqrt{[N\Sigma IB^2][N\Sigma IE^2 - (N\Sigma IE)^2]}}$$

La correlación parcial entre bienestar social y estabilidad, es de −0,43, es decir, hay un grado de correlación muy bajo entre estas dos variables, y además esta pequeña correlación es negativa.

$$r = \frac{N\Sigma IB \cdot II - (\Sigma IB)(\Sigma II)}{\sqrt{[N\Sigma IB^2][N\Sigma II^2 - (N\Sigma II)^2]}}$$

La correlación parcial entre bienestar social e integración según los valores de los índices presentados es algo más elevada que la anterior −0,218 y también negativa, es decir, cuando sube el bienestar social en esas ciudades baja la estabilidad y viceversa.

No obstante, ninguno de los dos coeficientes de asociación presentados son significativos estadísticamente.

b) Se obtiene a través del programa de SPSS/PC.

Las fórmulas para realizar los cálculos manualmente serían:

$$x_1 = IB$$
$$x_2 = IE$$
$$x_3 = II$$

$$\beta_{12 \cdot 3} = \frac{r_{12} - r_{13}r_{23}}{1 - r_{23}^2}$$

$$\beta_{13 \cdot 2} = \frac{r_{13} - r_{12}r_{23}}{1 - r_{23}^2}$$

$$b_{12 \cdot 3} = \beta_{12 \cdot 3} \frac{S_1}{S_2}$$

$$b_{13 \cdot 2} = \beta_{13 \cdot 2} \frac{S_1}{S_3}$$

$$b_{1 \cdot 23} = \bar{x}_1 - b_{12 \cdot 3}\bar{x}_2 - b_{13 \cdot 2}\bar{x}_3$$

$$IB = 33,193 + (-0,093)IE + (-0,129)II$$

c) El coeficiente Beta que resulta del programa de ordenador o de los cálculos de la fórmula indicada en el apartado anterior para el Indice de Estabilidad (−0,382), es menor, que el del Indice de Integración (−0,485) que se corresponden con los grados de asociación o correlación parcial que alcanzan dichos índices, con la variable Bienestar Social. Menor también para el caso de la variable Estabilidad Social (−0,43) frente a (−0,218) alcanzado por la otra variable (Indice de Integración).

d) $R^2_{1,23} = R_{12}\beta_{12,3} + R_{13}\beta_{13,3}$
$R^2_{1,23} = (-0,043) \cdot (-0,382) + (-0,218) \cdot (-0,485)$
$R^2_{1,23} = 0,016 + 0,106$
$R^2_{1,23} = 0,122$

La variable Indice de Integración explica al 10,6 por 100 de todo lo que le es posible explicar a ambas variables independientes sobre el Bienestar Social. La variable Estabilidad Social sólo es capaz de explicar el 1,6 por 100 del total explicado por la asociación lineal de ambas variables 12,2 por 100.

e) La fórmula a aplicar sería:

$$F = \frac{\dfrac{R^2}{R}}{\dfrac{(1-R^2)}{(N-K-1)}}$$

$F = 1,18458 \qquad \text{Sing } F = 0,3299$

Por encima de una significación del 0,01, por tanto, no podemos rechazar la hipótesis nula.

2. En un estudio sobre el prestigio académico-profesional de un conjunto de profesores universitarios, se encontró que el prestigio —medido a través de una escala de prestigio aplicada a una muestra representativa de profesores universitarios— estaba correlacionado significativamente con las variables «cantidad de publicaciones» y «calidad de publicaciones» de tales profesores. Calculados los coeficientes de correlación entre cada par de variables, se obtuvo la siguiente matriz de coeficientes de correlación parcial:

	(1) Prestigio académico-profesional	(2) Cantidad de publicaciones	(3) Calidad de publicaciones
(1)	—	0,47	0,35
(2)		—	0,74
(3)			—

Se pide lo siguiente:

a) Calcular los coeficientes beta.
b) Sabiendo que los valores típicos alcanzan las siguientes puntuaciones: $s_1 = 93,2$; $s_2 = 87,5$, y $s_3 = 46,8$, calcular los coeficientes de regre-

sión parcial y escribir la correspondiente ecuación de regresión múltiple.

c) Sabiendo que $r_{13.2}=0,26$ y $r_{12.3}=0,41$, calcular el coeficiente de correlación múltiple, interpretar los resultados en función de la proporción de variación explicada por las dos variables independientes.

Solución:

a) $\beta_{12.3} = \dfrac{r_{12} - r_{13} \cdot r_{23}}{1 - r_{2.3}^2}$

$\beta_{12.3} = \dfrac{0,47 - (0,35)(0,74)}{1 - (0,74)^2} = \dfrac{0,47 - 0,259}{1 - 0,55}$

$\beta_{12.3} = 0,468$

$\beta_{13.2} = \dfrac{r_{13} - r_{12} \cdot r_{23}}{1 - r_{2.3}^2}$

$\beta_{13.2} = \dfrac{0,35 - (0,47)(0,74)}{1 - (0,74)^2} = \dfrac{0,35 - 0,348}{1 - 0,55}$

$\beta_{13.2} = 0,004$

La cantidad de publicaciones tiene más peso que la cantidad de publicaciones en la predicción del prstigio académico.

b) $b_{12.3} = \beta_{12.3} \dfrac{S_1}{S_2} = 0,468 \dfrac{93,2}{87,5} = (0,468) \cdot (1,065)$

$b_{12.3} = 0,498$

$b_{13.2} = \beta_{13.2} \dfrac{S_1}{S_3} = 0,004 \dfrac{93,2}{46,8} = (0,004) \cdot (1,991)$

$b_{13.2} = 0,008$

Con estos coeficientes en la ecuación de regresión calculamos la cantidad exacta de prestigio académico a través de ambas variables.

Como se ve en la siguiente fórmula a través de las puntuaciones medias calcularíamos la constante:

$$b_{1.23} = \bar{x}_1 - b_{12.3} = \bar{x}_2 - b_{13.2} = \bar{x}_3$$

La ecuación de regresión múltiple quedaría como sigue:

$$x_1 = b_{1.23} + 0,498 x_2 - 0,008 x_3$$

c) $R^2_{1.23} = r_{12}\beta_{12.3} + r_{13}\beta_{13.2}$

$R^2_{1.23} = 0{,}41(0{,}468) + 0{,}26(0{,}004)$

$R^2_{1.23} = 0{,}193$. Coeficiente de determinación múltiple.

3. En un estudio sobre los factores predictivos del número de alumnos admitidos en los exámenes de ingreso en la Universidad con notas superiores a la media, se seleccionaron 100 colegios de los que se obtuvieron mediciones de los siguientes índices: tamaño colegio, homogeneidad social, calidad enseñanza, y ratio profesor/alumno. Con los datos obtenidos se efectuó un análisis de regresión escalonada, de los que se obtuvieron los siguientes coeficientes R:

Fase	Variable seleccionada	R	R
1	ratio profesor/alumnos	0,580	0,336
2	calidad enseñanza	0,591	0,349
3	tamaño colegio	0,593	0,352
4	homogeneidad social	0,594	9,353

Interpretar los resultados, destacando la influencia de cada variable en la determinación del éxito escolar para el ingreso en la Univesidad.

Solución:

$$R^2_{1.23} = r^2_{12} + r^2_{13.2} \ldots (1 - r^2_{12})$$
$$0{,}353 = 0{,}336 + 0{,}013 + 0{,}003 + 0{,}001\ldots$$

— El «ratio profesor/alumno» explica el 33,6 por 100 del éxito en el ingreso en la universidad, y deja sin explicar $(1-0{,}336)$ el 66,4 por 100.
— La «calidad en la enseñanza» explica el 1,3 por 100 de la variabilidad no explicada por la variable «ratio profesor/alumnos».
— El «tamaño del colegio» explica el 0,3 por 100 de la variabilidad no explicada por la variable «ratio profesor/alumno».
— La «homogeneidad social» explica el 0,1 por 100 de la variabilidad no explicada por la variable «ratio profesor/alumno».
— La asociación lineal de las 4 variables explican el 35,3 por 100 $(33{,}6 + 1{,}3 + 0{,}3 + 0{,}1 = 35{,}3)$ del éxito en el «ingreso en la universidad» y dejan sin explicar el 64,7 por 100.

4. En un estudio sobre la influencia de los padres en las preferencias políticas de los hijos, se ensayó el siguiente modelo que supone que además de influir el padre en las preferencias del hijo, lo hace también sobre su esposa, es decir, sobre la madre:

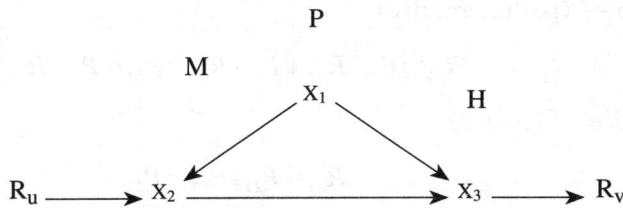

x_1 = preferencia política del padre
x_2 = preferencia política de la madre
x_3 = preferencia política del hijo.
R_u = influencias residuales sobre la preferencia política de la madre
R_v = influencias residuales sobre la preferencia política del hijo

Se pide lo siguiente:

1. Escribir las ecuaciones estructurales correspondientes a este modelo.
2. ¿Cuáles son las variables endógenas y cuáles son las exógenas?
3. ¿Qué supuestos hay que incorporar al modelo si se desea utilizar el análisis de regresión múltiple de mínimos cuadrados para estimar sus parámetros?
4. Construir las ecuaciones estimadoras de camino a partir del teorema básico del análisis de camino y de las ecuaciones estructurales.
5. A partir de la matriz de correlaciones siguiente, calcular el valor de los coeficientes de camino (P_{31}, P_{32}, P_{21}):

	x_1	x_2	x_3
x_1	—	0,714	0,573
x_2		—	0,618
x_3			—

Solución:

1. $x_2 = b_{21}x_1 + b_{2u}R_u$
   $x_3 = b_{31}x_1 + b_{3v}R_v$

2. x_1 = es una variable endógena observada.
   R_u = es una variable exógena latente. No observada hipotéticamente.
   R_v = es una variable exógena latente.
   x_2 = es una variable endógena.
   x_3 = es una variable endógena.

3. — Unidades muestrales independientes.
   — Nivel de intervalo en la medición de las variables.
   — Varianzas iguales.
   — Y ausencia de niveles elevados de multicolinialidad.

4. Hijo = f (padre, madre)

$$R_{31} = P_{31} \cdot R_{11} + P_{32} \cdot R_{21} = P_{31} + P_{32} \cdot R_{21}$$

Madre = f (padre)

$$R_{21} = P_{21} \cdot R_{11} = P_{21}$$

Hijo = f (madre)

$$R_{32} = P_{32} \cdot R_{11} = P_{32}$$

5. $R_{31} = P_{31} + P_{32} \cdot R_{21}$
   $0,573 = P_{31} + 0,618(0,714)$
   $0,573 = P_{31} + 0,441$
   $P_{31} = 0,573 - 0,441 = 0,132$

   $P_{31} = 0,132$
   $P_{32} = 0,618$
   $P_{21} = 0,714$

5. En un estudio sobre la movilidad intergeneracional en España, los autores desarrollaron el siguiente modelo de cinco variables. Los núcleos que aparecen escritos encima de las flechas son coeficientes de camino que representan estimaciones no sesgadas de los efectos causales de las variables:

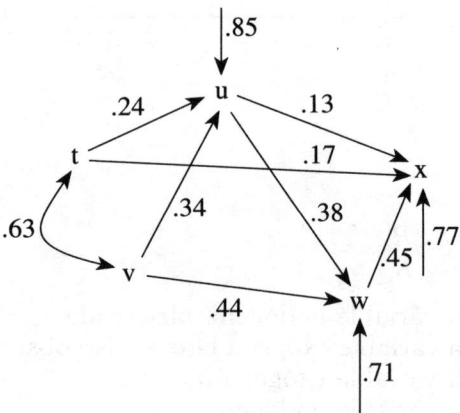

x: ingreso del sujeto.
w: ocupación del sujeto.
u: educación del sujeto.
t: educación del padre.
v: ocupación del padre.

Los autores trataron de contrastar resultados previos obtenidos sobre estratificación y movilidad social en España. Algunos de tales resultados sostenían que en la sociedad española el factor adscripción es muy importante en la determinación del posicionamiento social de los individuos, es decir, depende en buena medida del origen social. También, que la movilidad ocupacional a través de la educación ha sido relativamente baja, por lo que el sistema educativo parece jugar un papel de refuerzo del sistema social, en lugar de reformarlo.

A la vista de los resultados de los coeficientes de camino obtenidos en el anterior modelo, ¿qué cabe decir sobre las anteriore afirmaciones acerca de la movilidad intergeneracional en la sociedad española?

Solución:

Var.	Totales	Indirectas				Directas
		Vía T	Vía V	Vía W	Vía U	
W	0,45					0,45
U	0,51			0,38		0,13
T	1,04		0,63		0,24	0,17
V	1,41	0,63		0,44	0,34	—

$$X = F(W, U, T, V)$$

Ingresos sujeto = Función {ocupaciones del sujeto; educación del sujeto; educación del padre; ocupación del padre}.

Según los efectos directos, las variables con más transcendencia sobre los ingresos del sujeto (x) serían:

1. (W) Ocupación del sujeto.
2. (T) Educación del padre.
3. (U) Educación del sujeto.

Teniendo en cuenta los efectos totales de las variables (efecto directo + efecto indirecto), el influjo de las variables cambia bastante.

1. (V) Ocupación del padre.
2. (T) Educación del padre.
3. (U) Educación del sujeto.
4. (W) Ocupación del sujeto.

Por tanto, se cumple la hipótesis de que el posicionamiento social de los individuos, depende en buena medida del origen social, más que de la educación y formación recibida por los sujetos, ya que el sistema educativo, parece jugar un papel de refuerzo del sistema social y por tanto, afianza los posicionamientos iniciales de los individuos.

EJERCICIOS. Capítulo 15

1. Una muestra de estudiantes de Bachillerato evaluaron nueve ocupaciones en una escala de cinco puntos. Cada estudiante evaluó las diferentes ocupaciones en términos de su supuesto ajuste personal a las mismas y del éxito profesional que esperaría obtener en ellas. De los resultados obtenidos se obtuvo una matriz de correlaciones que posteriormente se sometió a un análisis factorial por el método de componentes principales. Los factores rotados se distribuyeron del siguiente modo:

Variables	Factores rotados			h^2 Comuna- lidades
	I	II	III	
1. Escritor de novelas	0,90	0,08	−0,05	0,82
2. Escritor de relatos infantiles......	0,89	0,07	−0,10	0,30
3. Periodista	0,69	0,15	−0,17	0,53
4. Programador de ordenadores ...	0,14	0,81	−0,08	0,69
5. Economista-contable	−0,01	0,76	0,03	0,57
6. Profesor de matemáticas	0,20	0,73	−0,20	0,62
7. Enfermera	−0,02	−0,13	−0,83	0,70
8. Médico	0,28	0,14	−0,77	0,69
9. Técnico de laboratorio	0,13	0,36	−0,68	0,61

Se pide lo siguiente:

a) Calcular los valores propios (eigen values) para cada factor.
b) ¿Qué proporción de la varianza explica cada factor?
c) Interpretar el significado de cada factor.

Solución:

a) Valor propio factor I = $(0,90)^2 + (0,89)^2 + (0,69)^2 + (0,14)^2 +$
$+ (−0,01)^2 + (0,20)^2 + (−0,02)^2 + (0,28)^2 + (0,13)^2 = 0,810 + 0,792 +$
$+ 0,476 + 0,020 + 0 + 0,040 + 0 + 0,078 + 0,017 = 2,233$

Valor propio factor II = $(0,08)^2 + (0,07)^2 + (0,15)^2 + (0,81)^2 +$
$+ (0,76)^2 + (0,73)^2 + (−0,13)^2 + (0,14)^2 + (0,36)^2 = 0,006 + 0,005 +$
$+ 0,023 + 0,656 + 0,578 + 0,533 + 0,017 + 0,020 + 0,130 = 1,968$

Valor propio factor III = $(-0,05)^2 + (-0,10)^2 + (-0,17)^2 + (-0,08)^2 +$
$+ (0,03)^2 + (-0,20)^2 + (-0,83)^2 + (-0,77)^2 + (-0,68)^2 = 0,003 +$
$+ 0,010 + 0,029 + 0,006 + 0,001 + 0,040 + 0,689 + 0,593 + 0,462 = 1,833$

b) Proporción de la varianza aplicada Factor I

$$\text{Factor I} = \frac{\text{Valor propio Factor I}}{n} = \frac{2,233}{9}$$

Factor I = $0,2481 \approx 24,81\%$

Proporción de la varianza aplicada Factor II

$$\text{Factor II} = \frac{\text{Valor propio Factor II}}{n} = \frac{1,968}{9}$$

Factor II = $0,2186 \approx 21,86\%$

Proporción de la varianza aplicada Factor III

$$\text{Factor III} = \frac{\text{Valor propio Factor III}}{n} = \frac{1,833}{9}$$

Factor III = $0,2036 \approx 20,36\%$

La varianza aplicada por los tres factores es de:

$$0,2481 + 0,2186 + 0,2036 = 0,6703 \approx 67,03\%$$

c) El Factor I se podría interpretar como «factor de ocupaciones» basado en Ciencias de la Comunicación y Letras (escritor de novelas-escritor de relatos infantiles-periodista).

El Factor II lo interpretamos como ocupaciones basadas en Ciencias Técnicas y Matemáticas (programador ordenadores-economista contable-profesor de matemáticas).

El Factor III lo entendemos como ocupaciones basadas en Ciencias de la Sanidad y Naturaleza (enfermería-médico-técnico laboratorio).

2. En un estudio sobre las actitudes políticas de los españoles se realizó un análisis factorial de las respuestas a diversas preguntas sobre cuestiones políticas, del que emergieron cuatro dimensiones de actitud o factores, cuyo contenido aparece en la tabla siguiente (sólo se incluyen los coeficientes igual o superiores a 0,40):

Cuestiones	Factores			
	F_1	F_2	F_3	F_4
1. El futuro está muy claro, no hay por qué preocuparse	0,75			
2. Ojalá que en política las cosas siguieran igual otros treinta años	0,69			
3. La política debería ser más dura	0,63			
4. La huelga no debe ser permitida	0,62			
5. Creo que el refrán «la letra con sangre entra» es cierto		0,72		
6. Lo que la juventud necesita es disciplina		0,51		
7. No deberían dejar entrar en España a lo «hippies»		0,49		
8. Los bancos y grandes industrias deberían ser del Estado			0,73	
9. El capitalismo es inmoral porque quita al trabajador parte del salario			0,63	
10. Pertenezco a uno o más clubes y asociaciones				0,79
11. Me intereso mucho por la política				0,49

Los autores del estudio denominaron a los factores del siguiente modo: autoritarismo político, radicalismo, interés político y autoritarismo básico. A la vista de la tabla anterior, señalar qué cuestiones definen cada uno de los cuatro factores así nombrados.

Solución:

$$F_1 = \text{Autoritarismo político}$$

1. El futuro está muy claro, no hay por qué preocuparse.
2. Ojalá que en política las cosas siguieran igual otros treinta años.
3. La política debería ser más dura.
4. La huelga no debe ser permitida.

$$F_2 = \text{Autoritarimso básico}$$

5. Creo que el refrán la «la letra con sangre entra» es cierto.
6. Lo que la juventud necesita es disciplina.
7. No deberían dejar entrar en España a los «hippies».

$$F_3 = \text{Radicalismo}$$

8. Los bancos y grandes industrias deberían ser del Estado.
9. El capitalismo es inmoral porque quita al trabajador parte del salario.

F_4 = Interés político

10. Pertenezco a uno o más clubs y asociaciones.
11. Me intereso mucho por la política.

3. En base al análisis factorial anterior, se definieron cuatro tipos de personas con diferentes sistemas de valores políticos: Tipo I, la mayoría indiferente; Tipo II, una generación tolerante; Tipo III, el hombre político autoritario; Tipo IV, apéndices del autoritarismo dominante. A continuación se preparó una tabulación cruzada de estos cuatro tipos por algunas variables sociodemográficas, del siguiente modo:

	Tamaño muestra (1.007) %	Tipos			
		I (493) %	II (375) %	II (122) %	IV (17) %
Clase social:					
Alta y media alta	19	14	28	15	6
Media	38	35	42	37	41
Baja	43	51	30	48	53
Edad (años):					
16-24	27	18	46	5	25
25-34	18	16	23	11	6
35-44	20	23	14	26	18
Posición en la familia:					
Cabeza de familia	64	76	38	91	82
Hijo	32	22	55	7	18
Otro	4	3	7	2	—
Hábitat:					
50.000-100.000	15	17	11	18	12
100.000-200.000	24	24	26	19	12
Más de 200.000	26	25	27	30	24
Barcelona	12	13	13	8	24
Madrid	22	21	23	25	29

A la vista de estos datos, describir las características sociodemográficas de cada uno de los cuatro tipos.

Solución:

Tipologías:

Tipo I: La mayoría indiferente
- Clase social baja (51).
- Entre 25-40 años (23).
- Cabeza de familia (76).
- Ciudades de más de 200.000 habitantes exceptuando Barcelona y Madrid (25).

Tipo II: Una generación tolerante
- Clase media (42).
- Entre 16-24 (46).
- Hijo (55).
- Ciudades de más de 200.000 habitantes exceptuando Barcelona y Madrid (27).

Tipo III: Hombre político autoritario
- Clase social baja (48).
- Entre 35-44 (26).
- Cabeza de familia (91).
- Hábitat de más de 200.000 habitantes exceptuando Barcelona y Madrid (30).

Tipo IV: Apéndices autoritarismo dominante
- Clase baja (53).
- Entre 16-24 (25).
- Cabeza de familia (82).
- Madrid (29).

4. El análisis político tradicional ha puesto de manifiesto la importancia de la clase social y de la religión en la determinación de la conducta política en los países europeos. Con el fin de precisar tal influencia, se realizó un análisis de segmentación con los resultados de una encuesta basada en una muestra representativa de electores de una región centroeuropea. La variable dependiente es la preferencia por el partido socialista (PS), y como variables socioestructurales se utilizaron las siguientes: clase ocupacional, religión, asistencia a la iglesia (AI), educación, ingresos, afiliación a sindicatos (AS), hábitat, regionalismo, edad y sexo. Los resultados del análisis de segmentación fueron los siguientes:

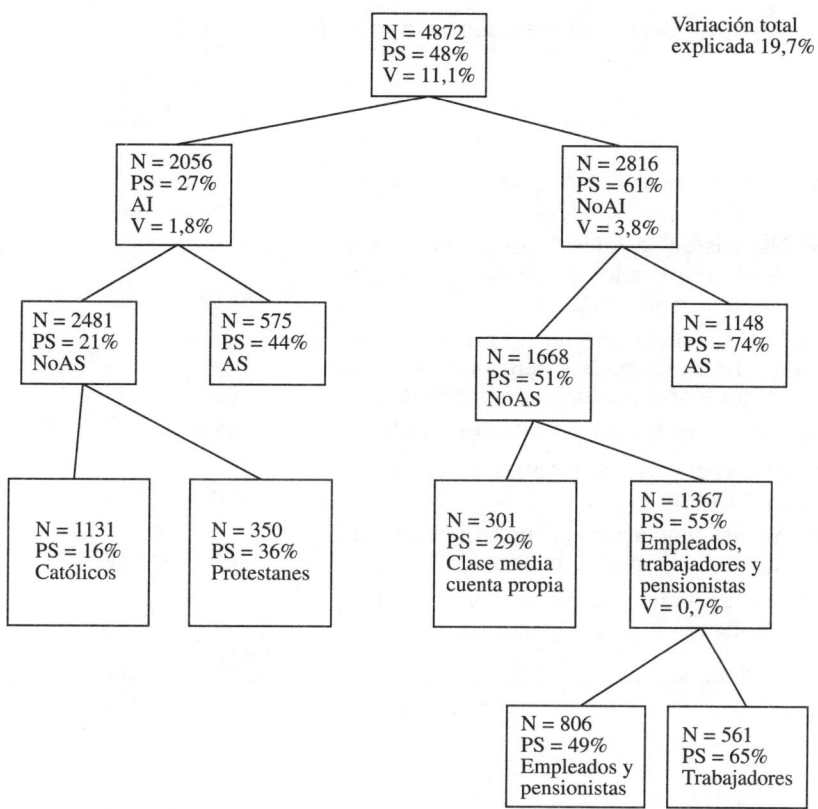

Se pide lo siguiente:

a) A la vista de los resultados del análisis de segmentación, ¿qué cabe decir sobre la afirmación inicial de que la clase social y la región determinan la conducta política de dicho electorado?
b) A partir de los grupos terminales, estratificar la población en siete estratos o grupos, en orden descendiente según el apoyo al PS.

Solución:

a) Se cumple dicha afirmación puesto que la afiliación sindical además de ser el grupo más homogéneo es el que apoya de una forma más amplia al PS (74%).

En la otra banda estarían los segmentos que se derivan de la asistencia a la iglesia y filiación religiosa que alcanzan los mínimos porcentajes de apoyo al PS, sobre todo los católicos (16%).

b) Grupos descendentes según apoyo PS:

	N	% Total	% Apoyo PS
A) No asistencia iglesia y afiliación a sindicatos	1.148	24	74
B) No asistencia iglesia, no afiliación sindical. Trabajadores (empleados, trabajadores, pensionistas)	561	11	65
C) No asistencia iglesia, no afiliación sindical. Empleados, pensionistas (empleados, trabajadores, pensionistas)	806	17	49
D) Asistencia iglesia y afiliación sindical	575	12	44
E) Asistencia iglesia, no afiliación sindical, protestante	350	7	36
F) No asistencia iglesia, no afiliación sindical, clase media, cuenta propia	301	6	29
G) Asistencia iglesia, no afiliación sindical, católicos	1.131	23	16
Total	4.872	100	

BIBLIOGRAFIA

ALCAIDE INCHAUSTI, Angel: *Estadística aplicada a las Ciencias Sociales*, Madrid, Pirámide, 1976.
AMÓN, Jesús: *Estadística para Psicólogos. Estadística descriptiva*, Madrid, Pirámide, 1978.
ANDRES ORIZO, Francisco: *Cambio Socio-Cultural y Comportamiento Económico*, Madrid, Centro de Investigaciones Sociológicas, 1979.
BARTON, Allen: «Concepto de espacio de atributos en sociología», en R. BONDON y P. LAZARSPELD: *Motodología de las Ciencias Sociales*, Barcelona, Laía, 1973, páginas 195-220.
BLALOCK, Hubert M., *Causal Inference in Non-experimental Research*, Chapel Hill, U. N. Carolina Press, 1964.
BLALOCK, Hubert M.: *Social Statistics*, New York, McGraw-Hill, 1960.
BLALOCK, Hubert M.: *Social Statistics* (2.ª edición corregida), New York, McGraw-Hill, 1979.
BOUDON, R.: «A method of linear causal analysis: dependence analysis», *American Sociological Review*, 30, 1965, págs. 365-374.
BURKE, Cletus J.: «Measurement Scales and Statistical Models», capítulo 7 en BERNHARDT LIEBERMAN: *Contemporary Problems in Statistics: A Book of Readings for the Behavioral Sciences*, New York, Orford University Press, 1971.
CANGUILHEM, J. F.: *Hacia una Definición Rigurosa de la Tipología y de la Segmentación*, Bruselas, Esomar Seminar, 1972.
CASTELLÓ I VILA, J. L.: «Análisis Multivariable y Marketing», *Cuadernos Universitarios de Planificación Empresarial y Marketing*, 3, 1977, págs. 25-61.
CATTELL, R. B. (ed.): *Handbook of Multivariate Experimental Psychology*, Chicago, Rand McNally & Co., 1966.
COCHRAN, W. G.: «Some methods for strengthering the common x^2 tests», *Biometrics*, 10, 1954, págs. 417-451.
COOLEY, W. W. y P. R. LOHNES: *Multivariate Procedures for the Behavioral Sciences*, New York, J. Wiley, 1962.
COSTNUER, Herbert L.: «Criteria for measures of association», *American Sociological Review*, 30, 1965, págs. 341-353.
DE MIGUEL, Amando: *La Pirámide Social Española*, Barcelona, Ariel, 1977.
DE MIGUEL, Amando: *Manual de Estructura Social de España*, Madrid, Tecnos, 1974.
DEL CAMPO, Salustiano: «Para la democratización de la enseñanza superior en España. Apéndice Metodológico», en Varios, *Sociología Española de los años setenta*, Madrid, Confederación Española de Cajas de Ahorro, 1971, págs. 414-425.
DÍEZ NICOLAS, H. y J. R. TORREGROSA: «Aplicación de la Escala de Cantril en España: Resultados de un Estudio Preliminar», *Revista Española de la Opinión Pública*, 10, 1967, págs. 77-100.
DÍEZ NICOLÁS, Juan: *Los Españoles y la Opinión Pública*, Madrid, Ed. Nacional, 1976.
DOMÉNECH I MASSONS, J. M.: *Bioestadística. Métodos estadísticos para investigadores*, Barcelona, Herder, 1977.

DOYLE, P.: «The Use of AID and Similar Search Procedures, *Operational Research Quaterly*, 24, 1973.
DUNCAN, D. D.: «Path analysis: sociological examples». *American Journal of Sociology*, 72, 1966, págs. 1-16.
DURKHEIM, Emile: *Las Reglas del Método Sociológico*, Buenos Aires, La Pléyade, 1972 (e. o., 1895).
DURKHEIM, Emile: *Le Suicide*, París, PUF, 1960 (e. o. 1897).
FOESSA: *Estudios Sociológicos sobre la situación social de España 1975*, Madrid, Euramérica, 1976.
FRANK, R. E.; W. F. MASSY e Y. WIND: *Market Segmentation*, Englewood Cliffs, N. Y., Prentice-Hall, 1972.
FREEMAN, Linton C.: *Elementos de Estadística Aplicada*, Madrid, Euramérica, 1971.
GAMES, P. A. y G. A. KLARE: *Elementary Statistics: data analysis for the Behavioral Sciences*, New York, McGraw-Hill, 1967.
GARCÍA FERRANDO, Manuel: *Deporte y Sociedad*, Ministerio de Cultura, Madrid, 1982.
GARCÍA FERRANDO, Manuel: «El Análisis Factorial: Su aplicación al Estudio de Imagen de Mercados Agrarios en España», *Cuadernos Universitarios de Planificación Empresarial y Marketing*, 3, 1976, págs. 405-420.
GARCÍA FERRANDO, Manuel: «Estratificación Social en el Campo Español», *Revista de Estudios Agrosociales*, 102, 1978, págs. 7-31.
GARCÍA FERRANDO, Manuel: *Regionalismo y Autonomías en España, 1976-1979*, Madrid, Centro de Investigaciones Sociológicas, 1982.
GARCÍA FERRANDO, Manuel: *Sobre el Método. Problemas de Investigación Empírica en Sociología*, Madrid, C.I.S., 1979.
GOODMAN, L., y W. KRUSKAL: «Measures of association for cross classification», *Journal of the American Statistical Association*, 49, 1954, págs. 733-764.
GOODMAN, Leo A., y W. H. KRUSKAL: «Measures of Association for Cross Classifications III: Aproximate Sampling Theory», *Journal of the American Statistical Association*, 58, 1963, págs. 310.364.
GOLEMBIEWSKI, R. W., y cols.: *A Methodological Primer for Political Scientists*, Chicago, Rand McNally, 1969.
GÓMEZ-REINO, M., F. A. ORIZO y D. VILA: «Sociología Política», en Fundación FOESSA, *Estudios Sociológicos sobre la situación Social de España*, Madrid, Euramérica, 1976, págs. 1145-1320.
GONZÁLEZ BLASCO, Pedro: *El Investigador Científico en España*, Madrid, C.I.S., 1980.
GREEN, P. E., y F. CARMONE: «Multidimensional Scaling: An Introduction and Comparison of Nonmetric Unfolding Techniques», *Journal of Marketing Research*, 6, 1979.
GUTTMAN, Louis: «A general normetric tecnique for finding the smallest coordinate space for a configuration of points», *Psychometrica*, 33, 1968, págs. 469-506.
GUTTMAN, Louis: «An outline of the statistical theory of prediction», en P. HORST (ed.), *The Prediction of Personal Adpustment*, Social Science Research Council Bulletin, 48, 1941, págs. 261-262.
GUTTMAN, Louis: «Malos usos en estadística», *REIS*, núm. 6, 1979, págs. 101-127 (traducción de Manuel García Ferrando).
HAYS, W. L., y R. L. WINKLER: *Statistics: Probability, Inference and Decision*, New York, Holt, Rinehart & Winston, 1971.
HEISE, D. R.: «Problems in path analysis and causal inference», en Edgar F. BORGATTA (ed.), *Sociological Methodology 1969*, San Francisco, Jossey-Bass, Inc., 1969, págs. 38-73.
HOMANS, George C.: *The Nature of Social Science*, New York, Harcourt, Brace & World, 1967.
HORTER, Katharina: «Análisis Multivariable de los Votos Político y Sindical», *Revista Española de Investigaciones Sociológicas*, 1, 1978, págs. 145-157.
HYHAN, Herbert H.: *Survey Design and Analysis*, New York, Free Press, 1955.
JACKSON, D. J., y E. F. BORGATTA (eds.): *Factor Analysis and Measurement in Sociological Research: Multi-dimensional Perspective*, Londres, Sage Pub., 1981.
JIMÉNEZ BLANCO, J., et al.: *La Conciencia Regional en España*, Madrid, C.I.S., 1977.
JOHNSON, S. S.: «Hierachical Clustering Schemes», *Psycometrica*, 32, 1967.

KENDALL, Maurice G.: «The History of Statistical Method», en W. H. KRUSKAL y J. M. TANUR (eds.), *International Encyclopedia of Statistics*, New York, Free Press, 1978, págs. 1093-1101.
KENDALL, Maurice G.: *Multivariate Analysis*, Londres, Charles Griffin and Co., 1975.
KENDALL, Maurice G.: *Rank Correlation Methods*, New York, Hafner, 1955.
KIM, Jae-On: «Predictive Measures of Ordinal Association», *American Jornal of Sociology*, 76, 1971, págs. 891-907.
KIM, Jae-On: «Factor Analysis», en Norman H. NIE et al., *Statistical Package for the Social Sciences*, N. Y., McGraw-Hill, 1975, págs. 468-514.
KIM, JAE-ON, y F. J. KOHONT, «Multiple Regresion Analysis», en NORMAN H. NIE et al., *Statistical Package of the Social Sciences*, New York, McGraw-Hill, 1975, págs. 320-367.
KLECKA, Willian R.: *Discriminant Analysis*, en NIE, N. H. y cols., 1975, págs. 434-467.
KRUSKAL, Joseph B.: «Factor Analysis and Principal Components», en William H. KRUSKAL y Judith M. TENUR (eds.), *International Encyclopedia of Statistics*, N. Y., The Free Press, 1978, págs. 307-330.
KRUSKAL, William H.: «The Field of Statistics», en W. H. KRUSKAL y J. M. TANUR (eds.), *International Encyclopedia of Statistics*, New York, Free Press, 1978, págs. 1071-1091.
KRUSKAL, J. B.: «Nonmetric multidimensional scaling: A numerical method», *Psychometrica*, 29, 1964, págs. 115-129.
LABOVITZ, Sanford: «The Nonutility of Significance Tests: The Significance of Tests of Significance Reconsidered», *Pacific Sociological Research*, vol. 13, núm. 3, 1970, págs. 141-147.
LAZARSFELD, Paul F.: «Notes on the History of Quantification in Sociology: Trends, Sources and Problems», *ISIS*, 52, 1962, págs. 277-233.
LAZARSFELD, P. F., B. BERELSON y H. GAUDET, *The People's Choice*, N. Y., Columbia University Press, 1948.
LAZARSFELD, P. F., y M. ROSEMBERG (eds.): *The Language of Social Research*, Glence, Ill., Free Press, 1955.
LAZARSFELD, Paul F. M.: «Latent Structure Analysis», en T. KOCH (ed.), *Psychology: A study of a Science*, New York, McGraw-Hill, 1969, págs. 476-543.
LEIK, Robert D., y Walker R. GOVE: «Integrated approach to measuring association», en H. L. COSTNUER (ed.), *Sociological Methodology 1971*, San Francisco, Jossey-Bass Inc., 1971, págs. 297-301.
LEVY, Shlomdt, y L. GUTTMAN: «Structure and Dynamics of Worries», *Sociometry*, 38, 1975, págs. 445-473.
LINDMAN, H. R.: *Analysis of Variance in Complex Experimental Design*, San Francisco, Freeman & Co., 1974.
LINGOES, J. C.: «A general survey of the Guttman-Lingoes nonmetric program series», en R. N. SHEPARD y cols., *Multidimensional Scaling*, op. cit., 1972.
LINZ, Juan J. y cols.: *Informe Sociológico sobre el Cambio Político en España, 1975-1981*, Madrid, Euramérica, 1981.
LINZ, Juan J.: *Informe de la Encuesta sobre la Juventud 1977*, Madrid, Instituto de la Juventud, 1978.
LOETHER, Herman J., y Donald G. MCTAVISH: *Descriptive Statistics for Sociologists* Boston, Allyn and Bacon Inc., 1974.
LOETHER, H. J., y D. G. MCTAVISH: *Inferential Statistics for Sociologists*, Boston, Allyn & Bacon, 1974.
LÓPEZ GUERRA, Luis: «Niveles de Análisis, falacia ecológica y falacia contextual», *Revista Española de la Opinión Pública*, 48, 1977, págs. 69-87.
LÓPEZ PINTOR, R.: «El estado de la opinión pública y la transición a la democracia», *REIS*, núm. 13, 1981, págs. 7-47.
LÓPEZ PINTOR, R., y R. BUCETA: *Los Españoles de los años 70*, Madrid, Tecnos.
LÓPEZ PINTOR, Rafael: «Satisfacción en el trabajo y formalismo como fenómenos burocráticos: un análisis de actitudes en Chile», *REOP*, 44, 1976. págs. 101-145.
LOPREATO, J., y L. S. LEWIS: «An Analysis of variables in the Funtional Theory of Stratification», *Sociologycal Quarterly*, 4, 1963, págs. 301-310.
MARTÍN MARTÍNEZ, José Luis: «Ensayo de tipificación de los sin opinión», *Revista Española de Investigaciones Sociológicas*, 16, 1981, págs. 9-37.
MARRADÍ, Alberto: «Factor Analysis as an Aid in the Formation and Refinement of Empirically Useful Concepts», en D. J. JACKSON y E. F. BORGATTA (eds.), *op. cit.*, 1981, págs. 11-50.

MATEO, M.ª José: *Ejercicios resueltos sobre fundamentos estadísticos en investigaciones sociales*, Madrid, Paraninfo, 1985.
MILLER, M. K., y C. S. STOKES: «Path analysis in sociological research», *Rural Sociology*, 40, 1975, págs. 193-201.
MORRISON, D. E., y R. E. HENKEL: *The Significance Test Controversy*, Chicago, Aldine, 1970.
MOSIMANN, Thomas F.: «Mathematical Statistics and Real Statistics», *IASI, Estadística*, junio 1957, págs. 390-394.
MULAIK, S. J.: *The Foundation of Factor Analysis*, N. Y., McGraw-Hill, 1972.
MURILLO FERROL, Francisco: «La distribución de la renta en Andalucía», *Anales de Sociología*, 4, 1968.
NAMBOODIRI, N., L. CARTER y H. BLALOCK: *Applied Multivariate Analysis and Experimental Designs*, New York, McGraw-Hill, 1975.
NIE, Norman H. et al.: *Statistical Package for the Social Sciences*. New York, McGraw-Hill, 1975.
NYGREEN, G. T.: «Interactive Path analysis», *American Sociologist*, 6, 1971, págs. 37-43.
OLTRA, B., y J. M. de MIGUEL: «Sistema Sanitario y Cambio Social», *Papers*, 5, 1976, págs. 55-98.
PARL, Boris: *Basic Statistics*, New York, McGraw-Hill, 1960.
PARRA, Francisco: «¿Para qué sirve la teoría de sistemas en Sociología?», *Revista Española de Investigaciones Sociológicas*, 15, 1981, págs. 77-111.
RILEY, Matilda White: *Sociological Research. A Case Aproach*, New York, Harcourt, Brece & World, 1963.
ROBINSON, W. S.: «Ecological Correlations and the Behavior of Individuals», *American Sociological Review*, 15, 1950, págs. 351-357.
ROSENBERG, Morris: *The Logic of Survey Analysis*, New York, Basic Books, 1969.
SÁNCHEZ CARRIÓN, J. J. (ed.): *Introducción a las Técnicas de Análisis multivariable aplicadas a las Ciencias Sociales*, Madrid, C.I.S., 1984.
SÁNCHEZ-CRESPO, J. L.: *Diseño de Encuestas por Muestreo Probabilístico*, Madrid, INE, 1967.
SÁNCHEZ-CRESPO, J. L.: *Principios Elementales del Muestreo y Estimación de Proporciones*, Madrid, INE, 1971.
SELLTIZ, C. y cols.: *Métodos de Investigación en las Relaciones Sociales*, Madrid, Rialp, 1971.
SELVIN, Hanan C.: «Durkheim Suicide and Problems of Empirical Social Research», *American Journal of Sociology*, vol. 63, 1958, págs. 607-619.
SHEPARD, R. N.: «The analysis of proximities: Multidimensional Scoling with an unknown distance funtion», *Psychometrica*, 27, 1962, págs. 219-246.
SHEPARD, R. N., A. K. ROMNEY y S. NERLOVE: *Multidimensional Scaling. Theory and Applications in the Behavioral Sciences*, New York, Seminar Press, 1972.
SHETH, Jagdish M.: «The Multivariate Revolution in Marketing Research», *Journal of Marketing*, vol. 36, 1971.
SIEGEL, Sidney: *Nonparametric Statistics for the Behavioral Sciences*, New York, McGraw-Hill, 1956.
SJOBERG, G., y R. NETT: *A Methodology for Social Research*, New York, Herper & Row, 1968.
SMITH, H. W.: *Strategies of Social Research*, Englewood Cliffs, New Jersey, Prentice-Hall, 1975.
SOKAL, R., y P. M. SNEATM: *Principles of Numerical Taxonomy*, San Francisco, W. H. Freeman, 1963.
SOMERS, Robert H.: «A New asymetric measure of association for ordinal variables», *American Sociological Review*, 27, 1962, págs. 799-811.
SPIEGEL, Murray E.: *Estadística*, Madrid, Ediciones de la Colina, S. A., 1975.
STEPENSON, W.: *The Study of Behavior*, Chicago, The University of Chicago Press, 1953.
STEVENS, S. S.: «Mathematics, Measurement and Psychophysics», en S. STEVENS (ed.), *Handbook of Experimental Psychology*, New York, Wiley, 1951, págs. 1-30.
STOUFFER, Samuel A.: «Some observations on Study Design», *American Journal of Sociology*, 40, 1950, págs. 355-361.

TAGLICARNE, G.: *Técnica y práctica de las Investigaciones de Mercado*, Barcelona, Ariel, 1962.
THOMPSON, Warren S.: *Population and Progress in the Far East*, Chicago, The University of Chicago Press, 1959.
THURSTONE, L.: *Multiple Factor Analysis*, Chicago, University of Chicago Press, 1947.
THURSTONE, L. L.: «Attitudes can be measured», *American Sociological Review*, vol. 33, 1928, págs. 529-554.
TORGERSON, W. S.: *Theory and methods of scaling*, N. Y., Wiley, 1958.
VAN DE GEER, John P.: *Introduction to Multivariate Analysis for the Social Sciences*, San Francisco, Freeman and Co., 1971.
VICENS OTERO, José: «Análisis Multidimensional no métrico en Marketing», *Cuadernos Universitarios de Planificación Empresarial y Marketing*, 3, 1977.
VILA CARRO, D., F. A. ORIZO y M. G. REINO: «Sociología del Actual Cambio Político en España», en varios, *Síntesis Actualizada del III Informe FOESSA, 1978*, Madrid, Euramérica, 1978, págs. 681-731.
WALKER, Helen W.: «Karl Pearson», en W. H. KRUSKAL y J. M. TANUR (eds.), *International Encyclopedia of Statistitics*, New York, Free Press, 1978, págs. 691-698.
WARWICK, Paul V.: *Canonical Correlation Analysis*, en N. H. NIE y cols. (1975), págs. 515-527.
WEITZMAN, Murray S.: «Measures of Overlap of Income Distributions of White and Negro Families in the United States», *Technical Paper*, núm. 22, Washington D.C., U. S. Bureau of the Census, 1970.
WRIGHT, S.: «The Method of Path Coefficientes», *Annals of Mathematical Statistics*, 5, 1934, págs. 161-215.
WRIGHT, S.: «Path Coefficients and path regressions: alternative or complementary concepts», *Biometrics*, 16, 1960, págs. 189-202.
ZEISEL, Hans: *Dígalo con números*, México, Fondo de Cultura Económica, 1974 (e.o. 1947).

INDICE DE MATERIAS

A

Abscisa, 64.
Aleatorios, números, 135.
   tabla de, 469.
Ajuste por mínimos cuadrados.
   (ver regresión).
Amplitud de clase o categoría.
   (ver clase o categoría).
Análisis de camino.
   (ver camino, análisis de).
Análisis canónico, 383, 387.
Análisis de conglomerados.
   (ver conglomerados, análisis de).
Análisis contextual, 358.
Análisis del espacio mínimo, 462.
Análisis discriminante múltiple, 368, 372.
Análisis estructural, 343.
Análisis de estructuras latentes, 383, 390.
Análisis factorial.
   (ver factorial, análisis).
Análisis multivariable o multivariante.
   (ver multivariable, análisis).
Análisis de proximidades, 459.
Análisis de regresión múltiple.
   (ver regresión múltiple, análisis de).
Análisis de segmentación.
   (ver segmentación, análisis de).
Análisis del sistema social, 357.
Análisis de tipologías, 390.
Análisis de varianza.
   (ver varianza, análisis de).
Asociación entre dos variables, 217.
   asociación negativa, 221.
   asociación perfecta, 226.
   asociación positiva, 220.
   asociación de orden cero, 338.
   dirección de la, 220.
   existencia de la, 217.
   frecuencias esperadas, 218.
   frecuencias observadas, 218.
   fuerza o grado de la, 220.
   independencia estadística, 220.
   matriz de asociaciones, 255.
   medidas de asociación.
      (ver medidas de asociación).

B

b, coeficiente.
   (ver regresión).
Beta, coeficiente o pesos, 400.
Binomial, distribución, 176.
Bivariable.
   asociación, 205.
   estadística descriptiva, 205.

C

Cadenas de Markov, 127.
Camino, análisis de, 386, 413.
   coeficientes de, 415.
   diagrama de, 414.
   ecuaciones estructurales, 415.
   teorema básico del análisis de, 415.
Categoría o clase, 53.
   amplitud, tamaño o longitud de, 54.
   error de agrupamiento, 53.
   frecuencia de, 53.
   límites de, 54.
   límites reales o verdaderos de, 54.
   punto medio de la, 55.
Causalidad.
   y asociación, 283.
   y correlación, 283.
Cluster, análisis de.
   (ver conglomerados, análisis de).
Coeficientes de asociación.
   (ver medidas de asociación).
Combinaciones, 131.
Comparación, 45.
   entre grupos, 48.
   entre un grupo y un individuo, 48.
   entre diferentes resultados, 49.
   operaciones básicas de, 49.
   análisis comparativo, 45.
Componentes principales.
   (ver factorial, análisis).
Comunalidades.
   (ver factorial, análisis).
Conglomerados (cluster), análisis de.
   coeficiente B de pertenencia, 454.

dendograma, 452.
matriz de distancias, 451.
objetivo del, 451.
Contingencia, coeficiente C de, 224, 301.
Coordenadas, sistema de, 64.
Correlación, 272.
    coeficiente r de correlación de Pearson, 272.
    coeficiente de alienación, 279.
    con valores típicos, 281.
    interpretación del coeficiente de, 278.
    matriz de correlaciones, 281.
    y causación, 283.
Correlación curvilínea, 325.
    cociente o ratio de correlación, E^2, 326.
Correlación múltiple, 405.
    coeficiente R de, 406.
Correlación parcial, 363.
    coeficiente de primer orden, 364.
    coeficiente de segundo o tercer orden, 364.
Covariación, 270.
Covarianza, 270.
Cuartil, 60.
Curtosis, 109.
Curva normal, 114.

CH

Chi-cuadrado.
    coeficiente, 223.
    prueba de chi-cuadrado para una muestra, 183.
    prueba de chi-cuadrado para dos muestras, 294.
    prueba de chi-cuadrado para K muestras, 298.
    y coeficiente de contingencia, 224, 301.

D

d, coeficiente de Somers, 251.
Decil, 60.
Decisión estadística.
    (ver pruebas de).
Delta, coeficiente, 220.
Dendograma, 452, 461.
Desviación media, 101.
Desviación típica.
    cálculo de la, 102, 103.
    definición de la, 102.
    interpretación de la, 114, 115.
Diseños longitudinales, 343.
Diseño de panel, 343.
Distancia cuadrática, 383.
Distribuciones, 53.
    distribución acumulada, 59.
    distribución de frecuencias, 53.
    distribución porcentual, 57.

Distribución condicional, 209.
Distribución muestral, 164.
Distribución porcentual bivariable, 209, 211.
Distribuciones muestrales específicas.
    (ver pruebas específicas).
Distribución normal, 113.
Distribución univariable, 85.
    forma de una, 107.
    posición de una, 88.
    simetría/asimetría de una, 112.
    variación o dispersión de una, 99.

E

Ecuación de regresión lineal.
    (ver regresión).
Ecuación de regresión múltiple.
    (ver regresión múltiple).
Ecuación de regresión tipificada o estandarizada (ver regresión).
Elaboración de Tipo P, 340.
Elaboración de Tipo M, 340.
Epsilón, coeficiente, 218.
Equimax, 434.
Errores de muestreo, 133, 138.
Errores no muestrales, 133.
Error típico, 168, 187.
    de la diferencia de medias, 289.
    de la diferencia de proporciones, 289.
Error tipo I, 160.
Error tipo II, 160.
Escalamiento métrico multidimensional, 384.
Escalamiento no métrico multidimensional, 391.
Escalamiento multidimensional, 458.
Escalas.
    de cociente o proporción, 40.
    de intervalo, 39.
    nominales, 35.
    ordinales, 37.
Espacio sociológico multidimensional, 431.
Especificación, 343.
Espuria, relación, 343.
Estadística descriptiva, 28.
Estadística inferencial, 28, 119.
Estadístico, 29.
Estandarización, 380.
Estimación.
    de medias, 200.
    por intervalo de parámetros, 194.
    puntual de parámetros, 194.
    de proporciones, 196.
    de varianzas, 201.
    sesgo de una, 197.
Estimadores, 138.
Estocástico, proceso, 127.
Estratificación óptima, 389.

F

F de Snedecor, prueba, 309, 318, 409.
   distribución muestral de, 476.
Factor de prueba, 336.
Factorial, análisis, 434.
   clásico, 441.
   de componentes principales, 441.
   como instrumento de medida, 450.
   comunalidades, 436.
   equimax, 443.
   factores o coeficientes de saturación, 437.
   factores ortogonales, 441.
   factores terminales, 439.
   matriz factorial, 436.
   método rotacional ortogonal, 443.
   método rotacional oblicuo, 443.
   puntuaciones factoriales, 441.
   quartimax, 443.
   y representación gráfica, 447.
   tipos de, 443.
   de tipo Q, 441.
   de tipo R, 441.
   valores propios o eigenvalues, 445.
   variable factorialmente compleja, 436.
   variable saturada por un factor, 436.
Factorial de un número, 129.
Falacia agregacional, 361.
Falacia atomística, 361.
Falacia ecológica, 361.
Fi, coeficiente, 224.
Fiabilidad, 34.
Fórmula de recuento de Lazarsfeld, 339.
Fracción de muestreo, 138.
Frecuencia esperada, 296.
Frecuencia observada, 296.
Friedman, prueba de, 329.

G

Gamma, coeficiente, 250.
   prueba para, 305.
Grados de libertad, 184, 225.
Gráfica, representación.
   técnicas básicas, 64.
Gráfico rectangular, 73.
Gráfico de sectores, 75.
Gráfico semilogarítmico, 77.
Gráfico triangular, 75.
Grafos, línea de, 71.

H

Hipótesis.
   alternativa, 158.
   de investigación, 158.
   nula, 158.
Histograma, 64.
Homocedasticidad, 317.
   y regresión múltiple, 398.

I

Indicador, 34.
   estadístico, 120.
Indice, 34.
   de afinidad o semejanza, 382.
   de disimilaridad, 382.
Intervalo.
   de confianza, 139, 196.
   de probabilidad, 162.
Interacción estadística, 343.
Inversión de matrices, 380.

L

Lambda, coeficiente, 236.
Ley de los grandes números, 167.
Límite central, teorema del, 166.

M

Matriz.
   de asociaciones, 255.
   de correlaciones, 380.
   de distancias, 433.
   factorial, 436.
   general de datos, 379.
   de similitudes, 432.
Media.
   aritmética, 92.
   armónica, 96.
   cuadrática, 97.
   geométrica, 96.
Mediana, 90.
Medición, 33.
   medidas de asociación o proporción, 40.
   medidas de intervalo, 38.
   medidas nominales, 35.
   medidas ordinales, 37.
Medidas de asociación, 222.
   asimétricas y simétricas, 228.
   basadas en el criterio RPE, 233.
Medidas de asociación nominales, 236.
   coeficiente Lambda, 236.
   coeficiente Tau-y, 241.
Medidas de asociación ordinales, 244.
   coeficiente d, 251.
   coeficiente Gamma, 250.
   coeficiente rho, 253.
   coeficiente Tau-a, 250.
   coeficiente Tau-b, 251.
Moda, 88.
Momentos de orden n, 110.
Muestra estadística, 132.
   tamaño de la, 140, 201.
Muestras, tipos de.
   accidentales, 150.
   de cuota, 150.
   intencionadas, 150.

probabilísticas, 134.
no probabilísticas, 134, 149.
sistemáticas, 150.
Muestreo, 132.
aleatorio simple, 135.
de áreas, 146.
de conglomerados, 146.
estratificado, 146.
polietápico, 146.
probabilístico o aleatorio, 134.
no probabilístico, 134.
con y sin reemplazamiento, 137.
teoría del, 132.
Multicolinearidad, 397.
Multivariable, análisis, 375.
álgebra matricial, 379.
coeficientes de distancia, 382.
componente de error, 381.
componentes principales, 380.
componente sistemático, 380.
distancia cuadrática, 383.
espacio de n dimensiones, 383.
índice de disimilaridad, 383.
índice de semejanza o afinidad, 383.
inversión de matrices, 380.
matriz de correlaciones, 380.
matriz general de datos, 379.
matriz-Q y técnicas-Q, 433.
matriz-R y técnicas-R, 433.
matriz de similitudes, 432.
matriz de varianza y covarianza, 380.
técnicas R y Q, 383.

N

Nivel de significación, 159.
Normal, curva y distribución, 125.
Números aleatorios, 113.
tabla de, 469.

O

Observaciones estadísticas, 31.
Ojiva, 68.
Operaciones básicas de comparación, 49.
Ordenada en el origen, 265.
Organización de los datos, 50.

P

Parámetros, 120.
Pares de observaciones, 245.
pares semejantes, 245.
pares desemejantes, 245.
pares empatados, 245.
Percentil, 60.
cálculo de, 60.
Permutaciones, 130.

Pirámide de población, 72.
Plano de regresión.
(ver regresión).
Población, 28.
estadística finita, 31.
estadística infinita, 31.
Polígono de frecuencias, 67.
Porcentaje, 57.
Posición de una distribución, 88.
Potencia de una prueba, 161.
Probabilidad(es).
a priori, 122.
adición de, 123.
condicional, 123.
empírica, 122.
matemática u objetiva, 121.
producto de, 125.
real o personalista, 122.
verdadera, 123.
Proceso estocástico, 127.
Proporción, 57.
Pruebas de decisión estadística, 156, 175.
aparamétricas y paramétricas, 156.
bilateral y unilateral, 169.
binominal, 176.
de chi-cuadrado, 183, 294, 298.
de diferencia entre medias, 287.
de diferencia entre proporciones, 292.
de Friedman, 329.
de Kruskal-Wallis, 327.
F de Snedecor, 313.
para el coeficiente Gamma, 305.
para el coeficiente rho, 304.
para el coeficiente Tau, 306.
Puntuación, 31.
normalizada o tipificada, 106.

Q

Q, coeficiente de Yule, 227.
Q, matriz, 433.
Q, técnicas, 383, 433.

R

R, coeficiente de correlación de Pearson, 272.
Rango o recorrido, 56, 100.
Razón, 62.
Recorrido.
intercuartílico, 100.
semiintercuartílico, 100.
Reducción proporcional del error (RPE), 234.
Región de rechazo, 169.
Regresión curvilínea, 325.
Regresión múltiple.
coeficientes beta, 400.
coeficiente de determinación múltiple, 406.

ecuación de, 396.
escalonada («step-wise»), 411.
y correlación múltiple, 405.
inferencia estadística en la, 408.
plano de regresión, 408.
plano de regresión de mínimos cuadrados, 399.
coeficientes de regresión parcial, 400.
supuestos básicos de la, 400.
variables ficticias («dummy variables»), 410.

Regresión simple.
ajuste por mínimos cuadrados, 265.
coeficiente angular o pendiente de la recta, 265.
coeficiente de alienación, 279.
y correlación, 261.
ecuación de regresión lineal, 262.
ecuación de regresión tipificada, 280.
prueba de decisión estadística para la, 320.

S

Segmentación, análisis de («tree analysis»).
fundamento teórico, 455.
grupos terminales, 456.
representación gráfica, 457.
Sesgo.
de una distribución, 112.
de una estimación, 197.
Simetría de una distribución, 112.
Sistema de coordenadas, 64.
Sucesos dependientes e independientes, 125.

T

t, distribución de Student, 191.
T, coeficiente de Tschruprow, 225.
Tablas condicionales, 338.
de primer orden, 338.
de segundo orden, 339.
Tablas parciales, 338.
Tasa, 63.
Tasa de crecimiento relativo, 63.
Taxonomía numérica, 387.
Típica, desviación, 102.
Típica, puntuación, 106.

U

Unidad de análisis, 31.
Universo.
general, 133.
de trabajo, 133.

V

V, coeficiente de Cramer, 226.
Validez, 34.
Valor esperado de un estadístico, 136.
Valores verdaderos, 132.
Variabilidad, coeficientes de, 106.
Variables, tipos de, 40.
ajena, 352.
antecedente, 341.
consecuente, 341.
continua, 41.
de cociente o proporción, 40.
dependiente, 42.
discreta, 41.
de intervalo, 38.
interviniente, 42, 341.
nominal, 36.
no observada, 381.
ordinal, 37.
supresora, 353.
transformadora, 353.
Variación, 314.
Variación o dispersión de una distribución, 99.
Variaciones, 129.
Varianza, 102.
Varianza, análisis de.
con dos factores, 319.
con un solo factor, 311.
coeficiente F, 316.
entre grupos, 316.
explicada, 315.
homocedasticidad, 317.
inexplicada, 315.
intra-grupo o residual, 316.
multivariable, 384, 388.
por rangos de Kruskal-Wallis, 327.
total, 316.
para variables no paramétricos, 327.